Rochus Hahn

Meine genialsten 10 Drehbücher, die nie verfilmt wurden

Für Cosmo und Franka

Rochus Hahn VITA

Mit 22 Jahren schrieb er sein erstes Drehbuch für die Münchener Bavaria Film. Bereits ein Jahr später war er an der Kultserie "Sketch-up" mit Beatrice Richter und Diether Krebs maßgeblich beteiligt, für die er über 100 Sketche schrieb. Mit "Der Formel-1-Film" debütierte Hahn 1985 als Kinoautor. Nach Erfolgen wie "Die Chaos-Queen" oder "Götterdämmerung – Morgen stirbt Berlin" kam aber erst 2003 mit "Das Wunder von Bern" der Durchbruch. Auch "Warum Männer nicht zuhören und Frauen schlecht einparken" war ein Kinoerfolg. Rochus Hahn schrieb für den Tatort, war Headwriter für die Comedyserie "Bewegte Männer" und verfasste die Vorlagen für zwei Sonntagsmärchen. Literaturverfilmungen wie "Der Geschmack von Apfelkernen" finden sich ebenso in seiner beruflichen Vita wie humorige Krimi-Plots für "Hubert und Staller" oder Romantic Comedys a la "Meine teuflisch gute Freundin". Zuletzt machte sich Rochus Hahn auf dem Feld der Romanerzählungen einen Namen. Neben "Die Kunst, Elch-Urin frisch zu halten" (Goldmann) und "Die Silvergirls reiten wieder" (Verlag Schwarzer Turm) veröffentlichte er unter dem Namen R.P. Hahn den Krimi "Der Korndämon" bei Piper. Die romantische Novelle "Die Liebe ist ein Dobermann" wird voraussichtlich 2021 herauskommen.

Bibliografische Information der Deutschen Nationalbibliothek
Die Deutsche Nationalbibliothek verzeichnet diese Publikation
in der Deutschen Nationalbibliografie; detaillierte
bibliografische Daten sind im Internet über http://dnb.dnb.de
abrufbar.

© 2020 Rochus Hahn
Cover: Toni Greis
Herstellung und Verlag
BoD - Books on Demand, Norderstedt

ISBN: 978-3-7526-0618-8

INHALTSANGABE

Impressum 4
Vorwort 5
1. "Das letzte Streichholz"
Drama 9
2. "Der Schädelkäfer"
Thriller, Horror 75
3. "Artur zieht in den Krieg"
Drama 144
4. "Bad Aschenputtel"
Märchen, Abenteuer, Action 220
5. "Schiffbruch"
Drama 290
6. "Die Silvergirls reiten wieder"
Mädchenbuch, Abenteuer 361
7. "Das seltsame Verschwinden der Familie Vogt"
Komödie, Politsatire 444
8. "Was meine Mutter nicht von mir wissen darf"
Drama, Schwarzer Humor 517
9. "Hugo war sein Name"
Romantik Comedy, Kammerspiel 584
10. "Im Arsch"
Pilotbuch für eine Palliativ-Sitcom 647
Danksagung 676

Vorwort

Im Juni 2019 bin ich mit meiner Familie von Frankfurt nach Fulda gezogen. Dabei verkleinerten sich Wohnfläche und Stauraum von 200 auf 100 qm. Also war es Zeit, mal all meine Leitzordner und die wilden Regalstapel zu sortieren und dabei auszumisten. Ich habe in meiner Laufbahn viel geschrieben, Sketche, Serien, Reihen, Moderationen, Exposés, Konzepte, Treatments, Comic-Szenarios und dazu fünf Romane. Als ich meine abendfüllenden Drehbücher zusammentrug, zählte ich nun 62 Stück. Wow! Stattliche Menge! Einige davon (13) habe ich mit Co-Autoren verfasst. Verfilmt wurden aber nur zehn meiner Skripts. Wieso so wenig? Zufall. Schlechtes Glück. Schicksal. Manche Sachen klappen, manche nicht. Aber ich produziere auch in der Saure-Gurken-Zeit. Wenn ich eine gute Idee habe, dann muss ich sie aufschreiben. Und richtig aussagekräftig ist nur ein Drehbuch. Viele Produzenten können sich Treatments und andere Inhaltsangaben nicht bildlich vorstellen. Also schreibe ich oft „on spec", wie man so schön sagt, also auf Risiko. Mit den Jahren ist bei mir eine schöne Sammlung zusammengekommen. Natürlich habe ich die Stoffe alle Produzenten angeboten, aber wir sind hier in Deutschland. Hier wollten alle Entscheider erprobte und bewährte Formate. Innovation? Zu riskant! Streaming-Plattformen wie Netflix und Prime kamen nach meiner Blüte-Zeit (zwischen 2000 und 2013). Ein Beispiel: Ich habe mich 2013 an der Ausschreibung des „Otto-Meissner-Preises" beteiligt. Da ging es um das beste Serienkonzept. Es gab fette Preisgelder für die ersten drei Plätze. Ich reichte das Endzeit-Format „Der Verlust der Elektrizität" als Konzept ein. Und ich gewann gegen 850(!) Mitbewerber. Die Odeon-Film optionierte den Stoff und bot ihn deutschen Fernsehsendern an. Aber trotz des beispiellosen Auswahlverfahrens wollte sich keiner darauf einlassen. End of Story. Doch halt! Zwei Jahre später kamen die Amerikaner, die auf eine ähnliche Idee gekommen waren, mit einer solche Serie um die Ecke. Für Deutschland sind derartige Formate eben fast undenkbar.
Auch mein Drehbuch „Das letzte Streichholz", mit dem diese Sammlung beginnt, hatte einen guten Start. Es wurde 2007 mit dem hessischen Drehbuchpreis für ein noch nicht verfilmtes Skript ausgezeichnet. Es fand sich zwar ein renommierter Produzent, dem es aber nicht glückte, den Stoff bei einem Sender unterzubringen. „Das letzte Streichholz" passte in keine klassische Schublade und war einfach zu „unique".
Ich war meiner Zeit oft voraus. Etwa 1985 schrieb ich in meiner Hochschulzeit das Drehbuch „Mutterstadt". In einer öden Zukunft vegetieren die Menschen nur noch dahin und verfolgen im Fernsehen live das Leben in sogenannten „Spielstädten". Die Bewohner dort leben in idyllischen Enklaven und ahnen nicht, dass sie einem Millionenpublikum vorgeführt werden. „Animateure", die neuen Fernsehstars, leben unter den Ahnungslosen in den Spielstädten und setzen immer wieder geskriptete Impulse. In der Story begleiten wir einen jungen Mann aus einer solchen TV-Stadt, der ahnt, dass etwas nicht stimmt und versucht, auszubrechen.

1998 kam dann Peter Weirs „Truman Show" in die Kinos. Die Idee war in beiden Fällen an eine Vorlage von Philip K. Dick angelehnt und unsere Bücher wiesen große Parallelen auf. 1994 traf ich mich in München mit einem Produzenten, der von sich selbst eine hohe Meinung hatte. Er trat jedenfalls auf wie der Pate persönlich. Er fragte mich bedächtig, ob mir die „X-Akten" ein Begriff seien. Natürlich, wie hätten sie das nicht sein können, sie waren ja weltweit ein Renner. Der Produzent meinte dann, so etwas wolle er auch, aber natürlich ganz anders. Ich verwies den Mann auf die Heftchen-Romanserie „Dämonenkiller" aus den Siebziger Jahren, die ungewöhnlich gut gemacht war. Darin jagte eine Sektion des britischen Geheimdienstes Dämonen, Vampire, Werwölfe, Ghouls, Janusköpfe und weitere Geschöpfe der Dunkelheit. Mein Vorschlag war ernst gemeint, aber der Produzent wischt ihn verächtlich vom Tisch. Vampire? Geht's noch? Ich habe nie wieder von dem Mann gehört. - 1997 kam dann „Buffy - Im Banne der Dämonen" heraus. Mit einer ganzen Menge von Vampiren.

Letzte Anekdote zu dem Thema 'Seiner Zeit voraus': Zombies! Ich bin ja ein eifriger Comicleser und verfolgte von Beginn an die Graphic Novel „The Walking Dead", die in den USA ab 2003 erschien. Ich arbeitete in dieser Zeit sehr eng mit der Constantin-Film zusammen. Als 2004 der zweite Teil der Resident-Evil-Reihe bei Constantin herauskam, machte ich meinen Produzenten Herman Weigel auf den Comic „The Walking Dead" aufmerksam. Horror ist zwar nicht Deutschlands Kernkompetenz, aber die beiden „Resident-Evil"-Filme waren gut gemacht und sehr erfolgreich, da wäre es zu einer Serie kein großer Schritt mehr gewesen. Da man die Resident-Evil-Rechte hatte, hätte ich zu dem Sujet eine Reihe entwickeln können, die sich ein Stück weit an dem Comic-Vorbild von „The Walking Dead" orientierte. Meine Worte verhallten in den geschäftigen Fluren der Constantin-Film in München ungehört. 2011 kam Produzent Weigel auf mich zu, als die US-Serie „The Walking Dead" im TV eingeschlagen hatte, und meinte, dass ich wohl doch den richtigen Riecher gehabt hätte. Das hätte ein guter Schachzug sein können mit einer Resident-Evil-Serie, damals. (Wie ich höre, entwickelt die Constantin jetzt wirklich so ein Format) Okay, es geht mir hier nur nachrangig darum, meine eigenen Hätte-wäre-wenn-Heldengeschichten zu erzählen, sondern eher aufzuzeigen, dass es Autoren-Pioniergeist in Deutschland die längste Zeit sehr schwer hatte und kaum Hürden nehmen konnte. Außer jemand hat bereits einen großen Namen, wie etwa Tom Tykwer oder Baran bo Odar.

Mein Anspruch an eine Geschichte ist simpel: Ich will etwas Neues erzählen. Ob das Genre Thriller oder Satire ist, ob Drama oder erotische Novelle, ob Horror oder Nonsense, spielt dabei keine Rolle. Eine gute Geschichte ist eine gute Geschichte. Hier kommen nun die meiner Meinung nach zehn Top-Drehbücher aus meinem Fundus, alle nicht realisiert, geschrieben in den letzten 20 Jahren.

Viel Vergnügen!

Rochus Hahn

Zur Beachtung:

Ein Drehbuch setzt sich zusammen aus den Regieanweisungen und den Dialogen. Das ist ähnlich wie bei einem Theaterbuch. Der Schauspieler unterstreicht die Zeilen, die mit seinem groß geschriebenen Rollennamen beginnen und lernt sie.

Drehbücher sind anders, luftiger strukturiert und hätten hier über 1000 Seiten eingenommen. Deswegen habe ich sie zu kompakteren Texten umgearbeitet.

Es gibt Kürzel beim Drehbuchschreiben, die nicht jedem geläufig sein dürften.

(O.S.) bedeutet „Off sight", es spricht jemand, der gerade nicht im Bild zu sehen ist.

(V.O.) bedeutet „Voice over". So etwas wird eingesetzt, wenn es etwa einen Erzähler gibt, oder wenn die Gedankenstimme des Protagonisten bemüht wird, oder wenn ein Brief in der Stimme seines Verfassers vorgelesen wird. Das ist aber nicht in allen Drehbüchern gleich. Manchmal wird die Erzählstimme wie ein normaler Dialog präsentiert. Aber wie dem auch sei, es wird für Sie alles klar ersichtlich und verständlich sein.

"EXT." heißt, es spielt „Außen", im Freien

"INT." bedeutet, handelt sich um ein Innenmotiv

"I/E." heißt, es gibt eine Mischform von "Innen" und "Außen", zum Beispiel Szenen in einem Auto.

Das Drehbuchprogramm Final Draft, mit dem ich arbeite, ist in Englisch. Daher kommen auch oft die Begriffe „Morning", „Day", „Night" etc. vor. Ich habe sie so belassen, weil ich das für Marginalien halte. Hauptsache, die Geschichte kommt verständlich herüber. Auch sind einige Bücher szenenmäßig nummeriert, andere nicht. Das hat nichts zu bedeuten.

Jedem Drehbuch in dieser Sammlung geht eine Seite mit einer kurzen Einleitung voraus, in der auch die Grundidee der Geschichte kurz angerissen wird. Dadurch kann man sich die Storys herauspicken, die einen am meisten ansprechen. Im Zuge der Zusammenstellung für diese Sammlung wurde einige Bücher von mir neu überarbeitet. Besonders für "Das seltsame Verschwinden der Familie Vogt" trifft das zu, ebenso wie für "Hugo war sein Name", für das ich einen ganz neuen Schluss geschrieben habe.

Und jetzt geht es schon los...

„Das letzte Streichholz"

Ein Knacki, der ausbricht, um seine Beute zu holen, bevor darüber ein Einkaufszentrum gebaut wird... Das kommt einem irgendwie bekannt vor. Zu meiner Verteidigung sei gesagt, dass „Fack ju Göhte" erst 2013 in die Kinos kam und ich mit meiner Geschichte deutlich früher dran war.

In jedem Fall bekam ich den Tipp, das Buch 2007 beim „Hessischen Drehbuchpreis" einzureichen, wo ich prompt gewann. D.I.E. Film GmbH sicherte sich die Rechte für dieses Drehbuch und mein Dank geht an den Produzenten Uli Aselmann, der mir freundlicherweise gestattet hat, diesen Edelstein meiner Auswahl hinzuzufügen.

Die Trophäe für den "Hessischen Drehbuchpreis", eine schmucke Glasskulptur mit einem hessischen Löwen darauf, ist einem Versuch zu lüften zum Opfer gefallen. Der Durchzug wehte einen Rahmen um und der riss den Preis mit sich. Er ist buchstäblich in tausend Stücke zersprungen. Das ist schade, denn so viele tolle Preise habe ich in meinem Leben nun auch wieder nicht gewonnen. Ich habe mich aber auch nicht getraut, beim hessischen Kultusministerium anzurufen und zu fragen, ob ich eine Kopie haben könnte. Sei's drum.

In der Story schleppt sich der angeschossene Ausbrecher Richie in die Gartenlaube eines Waisenhauses. Hier trifft er auf Babette, eine 12jährige Waise, die glaubt, dass ihr wirklicher Vater ein Geliebter ihrer verunglückten Mutter war. Sie hilft Richie unter der Bedingung, dass er sie im Gegenzug bei der Suche nach ihrem wahren Vater unterstützt. Dadurch entsteht ein ungewöhnliches Gespann, das von allen gejagt wird.

„Das letzte Streichholz" war das Lieblingsbuch meines Vater, der 2009 gestorben ist, deswegen ist es mir auch besonders wichtig.

"DAS LETZTE STREICHHOLZ"

1. EXT. LANDSTRAßE -- DAY

TEXTEINBLENDUNG: Februar 2001

Die kleine fünfjährige Babette mit den schwarzen Locken hockt auf der Rückbank des Pkw. Während der Vater lenkt, sitzt die blonde Mutter auf dem Beifahrersitz und spielt gedankenverloren mit einem schön gearbeiteten Medaillon um ihren Hals.

BABETTE (nölig): „Mami, ich will endlich ein Kaugummi!"

Der Vater schaut nach hinten und kramt in seiner Tasche

VATER: „Warte, Babette!"

Er reicht etwas nach hinten. Babette verschränkt die Arme.

VATER: „Was ist? Ich denke, du willst eins?"

Babette schaut bockig vor sich hin. Die Mutter nimmt dem Vater das Päckchen aus der Hand und reicht es Babette. Jetzt, wo es von der Mutter angeboten wird, greift Babette zu.

VATER: „Ach so, von der Mama wird es genommen und von mir ist es nicht gut genug? Ne, Fräulein, so nicht!"

Er greift nach hinten und will Babette das Päckchen wieder wegnehmen, doch die hält es fest.

VATER: „Lass los!"

BABETTE: „Nein! Es gehört mir!"

MUTTER (entsetzt): „Martin! Vorsicht!"

2. EXT. LANDSTRAßE - DAY

Der umgestürzte Baum hinter der Biegung kommt völlig unerwartet. Der Vater versucht auszuweichen und der Wagen bricht aus. Er überschlägt sich mehrmals.

3. EXT. LANDSTRAßE - DAY

Als Babette die Augen öffnet, sieht sie den umgestürzten Wagen. Nicht weit von ihr entfernt liegt ihre Mutter. Sie hat die Augen geschlossen und sieht aus, als würde sie schlafen. Es wird wieder schwarz vor Babettes Augen...

TEXTEINBLENDUNG ÜBER BILD: 6 JAHRE SPÄTER
STRAFVOLLZUGSANSTALT ST.GEORGEN-BAYREUTH

4. EXT. STRAFVOLLZUGSANSTALT - DAY

Strafvollzugsanstalt. Ein Auto fährt durch das Tor.

5. INT. IM GEFÄNGNISHOF - DAY

Richie Gabriel (40) spielt mit fünf Mithäftlingen Fußball auf Hockeytore. Richie hat den Ball. Er spielt einen Gegenspieler aus, lässt den zweiten ins Leere rutschen und versucht den letzten Mann, einen Marokkaner, auch noch zu umdribbeln, ohne den völlig freien Mitspieler in der Mitte zu bedienen. Er bleibt hängen und verliert den Ball.

AKKI: „Eyh, du Arschloch! Ich steh total frei!"

Richie springt auf und spurtet dem verlorenen Ball nach. Er grätscht von hinten in den Ball führenden Marokkaner. Der stürzt. Aber er rappelt sich auf und packt Richie am Kragen.

FAISAL: „Bist du irre?"

Er schlägt Richie die Faust ins Gesicht. Der taumelt nach hinten. Faisal, ein ganz offensichtlich erfahrener Kämpfer, springt in die Luft und tritt Richie derb in die Rippen. Der fällt schwer getroffen. Die anderen Spieler sehen tatenlos zu. Faisal ist über Richie und zerrt ihn wieder hoch.

FAISAL: „Du grätschst mir nicht in die Beine, du Spast!"

Ansatzlos verpasst Richie ihm einen Kopfstoß, der Faisal die Nase bricht. Blutend taumelt der Marokkaner zurück. Richie setzt nach und rammt ihm seinen Ellenbogen in den Rücken. Im nächsten Moment sind die Wärter da und zerren Richie zurück. Der starrt den Marokkaner mit brennendem Hass an.

RICHIE: „Ich mach dich platt, du Scheißkanake!"

Er hustet, spuckt Blut und wird bewusstlos...

6. INT. KRANKENZIMMER - NIGHT

Richie liegt in einem dunklen Raum. Er ist an Händen und Füßen mit Gurten an sein Bett geschnallt. Alles ist ruhig.

RICHIE (raunend): „Faisal?"

FAISAL: „Ist dir klar, wie schweineweh mir der Rüssel tut? Du hast mir die Nase gebrochen, du Penner!"

RICHIE: „Das war nicht geplant! Du hast den Kopf gedreht!"

Richie hat mit der Hand etwas Spielraum. Er wirft die Decke zu Faisals Bett hinüber. Der erste Versuch ist zu kurz. Aber beim zweiten bekommt Faisal die Decke zu fassen. Die Männer beginnen zu ziehen und die Betten rutschen zueinander. Faisal öffnet mit seiner Hand den Gurt an Richies Handgelenk. Sie huschen zur Tür. Sie ist verschlossen. Faisal nickt genervt.

FAISAL: "Na, super! Wir hätten warten sollen, bis wir einen besseren Plan haben..."

RICHIE: „Ich hab dir schon gesagt: Ich kann nicht warten!"

Er macht seinen Unterarm frei. Hier prangt ein harmlos aussehendes Pflaster. Richie zieht es ab. Innen ist ein kleiner Rest eines Zündholzes mit intaktem Zündkopf..

7. INT. SCHWESTERNZIMMER KRANKENHAUS - NIGHT

Zwei Schwestern versehen ihren Dienst, als mit einem Male die Feuersirene losgeht. Die Frauen sehen sich bestürzt an.

OBERSCHWESTER: „Das ist der Feuermelder in Zimmer vierzwölf! Guck nach! Ich ruf die Feuerwehr an!"

Die Krankenschwester stürzt aus dem Raum, während die andere zum Telefon greift.

8. INT. FLUR KRANKENHAUS - NIGHT

Die Schwester läuft aufgeregt zu dem Polizeibeamten, der vor dem Zimmer mit Faisal und Richie auf einem Stuhl sitzt.

SCHWESTER: „Es brennt!"

BEAMTER: „Deswegen riecht es so..."

Rauch dringt unter dem Türspalt hervor. Im Krankenzimmer hört man Husten. Der Beamte zieht seine Waffe und nickt der Krankenschwester zu. Die schließt die Türe auf und öffnet.

9. INT. KRANKENZIMMER - NIGHT

Im verqualmten Zimmer hockt Richie rittlings auf Faisals Bett und schlägt wie von Sinnen auf die Person unter sich ein.

RICHIE: „Ich bring dich um, du Drecksau! Ich mach dich platt!"

Der Beamte springt in den Raum, mit der Waffe im Anschlag.

BEAMTER (schneidend): „Hören Sie sofort auf!"

In diesem Moment taucht Faisal hinter dem Beamten auf, und dreht ihm mit den Oberarmen die Luft ab. Die Krankenschwester schreit und will fliehen, aber Faisal drückt mit dem Rücken die Tür zu. Dann packt sie Richie, der nur auf ein paar harmlose Kissen eingeschlagen hatte und hält ihren Mund zu.

RICHIE: „Wenn du tust, was ich dir sage, passiert dir nichts! Wir wollen nur raus, okay?"

Die Krankenschwester nickt in Todesangst. Richie lässt sie los. Faisal zieht dem Beamten die Uniformjacke aus.

10. EXT. VOR DEM KRANKENHAUS - NIGHT

Richie trägt die Polizeiuniform und kommt mit dem mittels Handschellen gefesselten Faisal aus dem Krankenhaus heraus.

FAISAL: „Mir wäre wohler, wenn ich die Bullenuniform hätte!"

RICHIE: „Ich hätte sie dir auch gelassen, aber wieviel marokkanische Bullen gibt es wohl hier in Bayreuth?"

In diesem Moment wird eine Polizei-Sirene laut. Richie zückt den Schlüssel für die Handschellen und schließt sie auf. Das Blaulicht eines Streifenwagens ist in der Ferne zu sehen.

FAISAL: „Das war's, Kumpel! Dann heiß es: Jeder für sich!"

RICHIE: „Warte!"

Richie tastet die Uniform ab und findet eine Brieftasche. Er durchsucht sie und zieht Geldscheine hervor. Ein Fünfziger, ein Zwanziger und ein Fünf-Euro-Schein. Richie gibt Faisal den Fünfziger. Der nickt und sprintet davon. Richie türmt in die andere Richtung. Der Streifenwagen ist heran. Die Beamten springen aus ihrem Fahrzeug und nehmen die Verfolgung auf.

POLIZIST (hinter Richie her): „Stehen bleiben!"

Er schießt in die Luft. Aber Richie läuft weiter.

POLIZIST: „Bleiben Sie stehen oder ich schieße!"

Richie springt an einer Mauer hoch und bekommt den oberen Rand zu fassen. Ein Schuss kracht. Richie wird getroffen und stößt einen erstickten Laut aus. Dann beißt er die Zähne zusammen und zieht sich an der Mauer hoch...

11. EXT. KINDERHEIM -- DAY

Es regnet Bindfäden. Das alte Gebäude des Kinderheimes liegt von einem Park und einer hohen Mauer umgeben in einem Vorort.

12. INT. GEMEINSCHAFTSSAAL - DAY

Frau Munro, eine attraktive Mittvierzigerin mit einem harten Zug um die Mundwinkel kommt herein. Sie geht durch die Reihen der Kinder. Die Heimleiterin gewahrt einen leeren Platz.

FRAU MUNRO: „Carmen! Wo ist Babette?"

CARMEN: „Sie hat gesagt, sie geht auf die Toilette..."

Frau Munro sieht das Mädchen forschend an und nickt dann. Sie setzt ihren Rundgang fort.

13. INT. SEKRETARIAT KINDERHEIM - DAY

Ein leeres Sekretariat. Eine Kinderstimme ist zu hören.

BABETTE (O.S.): „Entschuldigen Sie, dass ich störe, aber ich wollte fragen, ob Sie eine Wiebke Schmidt kennen? Ich bin ihre Tochter und ich bin auf der Suche nach meinem Vater..."

Wir bewegen uns auf den Schreibtisch zu.

BABETTE (O.S.): „Oh, dann entschuldigen Sie! Mein Fehler!"

Unter dem Schreibtisch sitzt ein 11jähriges Mädchen, das vor einem aufgeschlagenen Telefonbuch sitzt und neben einen Namen einen Punkt macht. Neben einigen Namen sind bereits Punkte. Sie wählt die nächste Nummer.

FRAU MUNRO (scharf): „Babette! Leg auf! Sofort!"

Babette sieht zu der Lehrerin hoch, die wie hingezaubert vor dem Tisch steht und legt den Hörer auf.

14. INT. SPEISESAAL - DAY

Babette steht mit gesenktem Kopf auf einem Tisch. Die etwa sechzig Kinder des Kinderheimes sitzen in mehreren Kreisreihen um den Tisch herum. Frau Munro hat die Arme verschränkt und mustert Babette ungerührt.

FRAU MUNRO: „Babette, du hast wiederholt gegen die Heimregeln verstoßen. Da die Strafen offenbar keine Wirkung zeigen, möchte ich, dass Du den anderen Kindern das Versprechen gibst, die in Zukunft an unsere Regeln zu halten..."

Babette sieht Frau Munro verstockt an.

FRAU MUNRO: „Du wirst solange da stehen bleiben, bis du uns dein Versprechen gegeben hast! Nur so zur Information: Der Rekord steht bei 22 Stunden und neun Minuten. Aber ich hoffe, dass du es nicht so spannend machst..."

Frau Munro nimmt einen Stuhl und setzt sich. Babette sieht in die Gesichter der Heiminsassen. Sie kann nirgendwo Mitgefühl entdecken. Sie atmet durch und hebt den Kopf.

BABETTE: „Ich... ich verspreche, dass ich mich in Zukunft an die Regeln des Heims halten werde. Es tut mir leid, dass ich soviel Ärger gemacht habe..."

Frau Munro steht auf und tritt neben den Tisch. Sie blickt in die Gesichter der Kinder rundherum.

FRAU MUNRO: „Und? Könnt Ihr sie spüren?"

Die Kinder schütteln den Kopf.

FRAU MUNRO: „Sie können dich nicht spüren, Babette...!"

Babette schaut verunsichert. Dann sammelt sie sich wieder.

BABETTE: „Ich werde mich an die Regeln zu halten! Wirklich!"

Frau Munro schaut zu den anderen Kindern.

FRAU MUNRO: „Spürt Ihr sie?"

Wieder schütteln die Kinder verneinend den Kopf.

FRAU MUNRO: „Babette! Niemand hier glaubt, dass du wirklich meinst, was du da sagst!"

Babette sieht in die Gesichter der anderen Kinder. Alle schauen ernst, nur eines der Mädchen, Ilvy grinst feixend.

FRAU MUNRO: „Ilvy, möchtest du die Nächste sein?"

ILVY (ihr Grinsen erstirbt): „Nein, Frau Munro!"

FRAU MUNRO (zu Babette): „Nun, Babette, wir alle warten!"

BABETTE: „Ich muss mal auf die Toilette..."

FRAU MUNRO: „Sobald du dein Versprechen abgegeben hast..."

Babette schaut gequält.

15. INT. SPEISESAAL - EVENING

Die Uhr zeigt halb sechs. Babette steht immer noch auf dem Tisch. Ihre Hose ist vollkommen eingenässt, aber sie schaut mit trotzigem Gesicht. Frau Munro wird ungeduldig.

FRAU MUNRO: „Babette! Du musst zur Vernunft kommen. Gib endlich deine verrückten Ideen auf und füge dich in die Gemeinschaft ein... Bitte!!"

Babette schließt die Augen und holt tief Luft.

BABETTE: „Ich verspreche, mich an die Regeln zu halten..."

Frau Munro seufzt resigniert. Sie wendet sich an die Kinder.

FRAU MUNRO: „Und? Könnt ihr sie spüren?"

Viele Arme gehen hoch. Frau Munro runzelt die Stirn.

FRAU MUNRO: „Erstaunlich, wie feinfühlig ihr plötzlich seid. Könnte es damit zu tun haben, dass seit einer Stunde Essenszeit ist?

Die Kinder sehen sie ohne Reaktion an.

FRAU MUNRO (seufzt): „Wir belassen es dabei! Mittagessen!"

Die Kinder stehen auf und gehen. Auch Babette, die vom Tisch rutscht, will mitgehen. Frau Munro hält sie am Arm.

FRAU MUNRO: „Babette! Kein Abendessen für dich. Zieh dir eine andere Hose an und kehr dann das Laub im Park zusammen...!"

Babette nickt stumm und geht.

16. EXT. IM PARK-GARTEN DES KINDERHEIMES - EVENING

Früher Abend. Babette harkt das Laub zusammen. Sie arbeitet zügig, aber die Fläche des Parks ist sehr groß. Im Fenster des Kinderheimes sieht sie Frau Munro, die sie beobachtet. Babette macht trotzig weiter.

Sie lädt eine Ladung Laub auf die Schubkarre und manövriert das Vehikel zum Laubberg neben dem Geräteschuppen. Frau Munro verschwindet vom Fenster. Babette leert die Schubkarre. Da sieht sie etwas. Dort an der Mauer liegt etwas auf dem Boden. Babette tritt heran. Das, was dort liegt, ist ein Mensch. Offenbar ist es ein Polizist. Da bewegt sich Richie und hebt den Kopf. Er sieht Babette mit müden Augen an...

RICHIE: „Hilf mir... bitte!"

Babette geht unwillkürlich einen Schritt zurück.

BABETTE: „Ich sag Frau Munro Bescheid!"

Sie will los.

RICHIE (schwach): „Nein! Nicht! Sag niemandem etwas..."

BABETTE: „Aber... Sie sind doch ein Polizist!"

RICHIE: „Ich bin kein Polizist... Bitte! Hilf mir!"

Er will sich aufrichten, aber dann schießt ein glühender Schmerz durch seine Seite. Er fällt keuchend auf den Rücken und Babette sieht nun die Schusswunde. Ihre Augen werden groß. Sie dreht sich um und rennt davon.

17. INT. BÜRO FRAU MUNRO - EVENING

Babette stürzt ins Büro der Heimleiterin.

BABETTE: „Frau Munro..."

Die Heimleiterin telefoniert gerade und bedeutet Babette mit einer knappen, herrischen Bewegung zu schweigen. Das Mädchen klappt seinen Mund wieder zu.

FRAU MUNRO (ins Telefon): „Etwa zwanzig Kinder. Gut! 11 Uhr! (sie nickt) Sehr nett, danke! Bis morgen dann!"

Sie legt den Hörer auf und sieht Babette an.

BABETTE: „Frau Munro, ich muss Ihnen etwas sagen..."

FRAU MUNRO (schneidend): „Ist das Laub fertig weggeräumt?"

BABETTE: „Nein, noch nicht. Ich wollte nur sagen, dass..."

FRAU MUNRO (wird ärgerlich): „Babette, der Ausflug ins Naturkunde-Museum ist für dich gestrichen!"

Babette schaut empört. Frau Munro lehnt sich zurück.

FRAU MUNRO: „Und jetzt geh wieder an deine Arbeit! Na los!"

18. INT. FOYER KINDERHEIM - EVENING

Babette will wieder hinaus. Dann bleibt sie stehen.

Offenbar ist ihr soeben ein Gedanke gekommen. Sie überlegt einen Moment und schaut nach oben, wo Frau Munros Büro liegt. Dann läuft sie zu einer Tür mit der Aufschrift KÜCHE...

19. EXT. IM PARK-GARTEN DES KINDERHEIMES -- EVENING

Eine Schubkarre wird vor dem bewusstlosen Richie abgestellt. Babette rüttelt an dem Mann. Richie schlägt die Augen auf.

BABETTE: „Hier! Auf die Schubkarre!"

So gut es geht, hilft sie dem zitternden Sträfling hoch. Der stöhnt, als seine Wunde sich wieder meldet. Aber es gelingt ihm, mit ihrer Hilfe, seinen Körper in die Schubkarre zu stemmen. Babette muss alle Kräfte zusammennehmen, um die Karre mit dem verletzten Mann vorwärts zu bewegen.

20. INT. IM GERÄTESCHUPPEN - EVENING

Babette hat eine Liege aufgeklappt und hilft Richie, sich darauf zu legen. Der Ausbrecher ist völlig unterkühlt und hat Schüttelfrost. Babette feuert den alten Ofen an.

BABETTE: „Ich muss gleich wieder raus und weiter Laub machen, damit niemand was merkt!"

Sie schließt die Ofentür und will hinaus. Sie zieht ein belegtes Brot heraus und eine Flasche Wasser und legt Richie beides auf den Bauch.

BABETTE: „Hier! Wenn Sie Hunger haben..."

Richie nickt kraftlos und ist im nächsten Moment weggedämmert. Babette huscht wieder hinaus.

21. EXT. KINDERHEIM - MORNING

Früher Morgen. Richie erwacht. Er ist mit Kartoffelsäcken bedeckt. Er schiebt die Jutesäcke zur Seite und stemmt sich hoch, aber ihm wird schwindelig. Er fällt zurück auf die Liege. Dann sieht er eine von Babette drapierte Tüte. Er öffnet sie und zieht ein Brot heraus. Gierig beißt er ab...

22. INT. FOYER KINDERHEIM - MORNING

Frau Munro hat die größeren Kinder versammelt. Man ist kurz vor einem Ausflug. Babette kommt vorbei und will hinaus.

FRAU MUNRO: „Babette? Wo willst du hin?"

BABETTE: „Ich muss das Laub noch fertigmachen..."

FRAU MUNRO: „Vergiss das Laub. Ich lasse Gnade vor Recht ergehen und du darfst mit ins Museum!"

Babette bleibt stehen und sieht Frau Munro an.

BABETTE: „Ich finde aber nicht, dass ich es verdient habe, mitzukommen. Ich sollte meine Strafe ableisten. Sie haben selbst gesagt: Inkonsequenz ist die Ursache aller Probleme."

Frau Munro mustert Babette forschend. Dann nickt sie.

FRAU MUNRO: „Du hast Recht. Geh... (zu den anderen) Also, Kinder, Aufstellung! Es geht los!"

Die Kinder verlassen in einer Zweierreihe das Heim.

23. EXT. IM PARK-GARTEN DES KINDERHEIMES - MORNING

Der Geräteschuppen liegt verwinkelt auf der Rückseite des Hauses. Babette schaut sich um und geht darauf zu.

24. INT. IM GERÄTESCHUPPEN - MORNING

Richie, mit der blutdurchtränkten Uniformjacke angetan, ist gerade dabei, die Dienstpistole des Polizisten zu überprüfen, als die Tür aufgeht und Babette hereinkommt.

BABETTE (zögerlich): „Hallo..."

RICHIE (steckt schnell die Pistole weg): „Hallo!"

BABETTE: „Wollen Sie gehen?"

RICHIE: „Ja. Und danke für die Hilfe!"

Er will an ihr vorbei hinaus.

BABETTE: „Warten Sie!"

Richie bleibt stehen.

BABETTE: „Sie laufen vor der Polizei weg, stimmt's? Sie sind Richard Gabriel!"

RICHIE (baff): „Du bist ja erstaunlich gut informiert..."

BABETTE: „Wir haben Internet."

RICHIE: „Tja, dann! Danke für die Hilfe und tschüss!"

Er will gehen, doch Babette legt ihm die Hand auf den Arm.

BABETTE: „Ihre Sachen sind nass. Und blutig. Und Sie können kaum stehen! Bleiben Sie hier, dann helfe Ich Ihnen..."

Richie sieht sie schwankend an. Ihm wird schwindelig.

RICHIE: „Ich bin wirklich nicht in Topform... Wäre vielleicht ganz gut, noch ein Weilchen auszuruhen... (schaut sie prüfend an) Du erzählst deinen Eltern aber nichts, oder?"

BABETTE: „Eltern? (sie lacht freudlos) Das hier ist ein Heim."

RICHIE (achselzuckend): „Ja. Was auch immer..."

Er taumelt zurück zu seiner Liege und sinkt ächzend nieder.

BABETTE. „Ich helfe Ihnen. Aber nur unter einer Bedingung!"

RICHIE (blickt auf): „Ach ja? Und die wäre?"

BABETTE: „Wenn Sie wieder okay sind, nehmen Sie mich mit!"

RICHIE (irritiert): „Ich soll dich mitnehmen? Wozu?"

BABETTE: „Ich muss meinen richtigen Vater finden!"

Richie sieht sie an, als hätte sie eine Schraube locker.

BABETTE (bestimmt): „Ich will, dass Sie mich mitnehmen und mir helfen! Und es gibt da eine Sache, die Sie für mich machen müssen. Etwas, was nur ein Erwachsener kann..."

RICHIE: „Hör zu, ich hab keine Ahnung, was du da erzählst. Aber ich bin ein Knacki und ich bin auf der Flucht. Leute wie ich haben normalerweise keine Kinder dabei!"

BABETTE (hart): „Sie können es sich aussuchen: Ich helfe Ihnen und Sie nehmen mich mit oder ich sage der Polizei Bescheid!"

RICHIE (wird ärgerlich): „Ich lass mich nicht erpressen! Tu, was du nicht lassen kannst..."

Babette dreht sich kurzerhand um, geht hinaus und drückt die Tür zu. Richie sieht ihr nach.

RICHIE: „So eine verfluchte Scheiße!"

Er versucht schnell aufzustehen, aber die Schmerzen bringen ihn fast um. Er taumelt keuchend zur Tür...

25. EXT. VOR DEM GERÄTESCHUPPEN - DAY

Die Tür wird aufgerissen und Richie schaut hinaus. Babette lehnt an der Holzwand des Schuppens und wartet entspannt.

BABETTE: „Und? Haben Sie es sich überlegt?"

Richie presst die Lippen zusammen.

26. EXT. KINDERHEIM -- EVENING

Die Sonne ist bereits untergegangen. Babette läuft mit einem Bündel durch den Park. Sie verschwindet im Geräteschuppen.

27. INT. IM GERÄTESCHUPPEN - EVENING

Richie sieht irritiert an sich herunter. Er trägt eine Pumphose und eine Rüschenbluse.

RICHIE (gallig): „Na toll! Einen Taucheranzug hattest du wohl nicht...?"

BABETTE: „Ist aus unserer Theaterkiste. Mehr gibt's nicht!"

RICHIE (seufzt): „Was soll's? Wird schon gehen. Also dann, bis morgen früh!"

Babette bleibt stehen und rührt sich nicht.

RICHIE: „Ist noch was?"

BABETTE: „Sie haben vor, ohne mich gehen, stimmt's?"

RICHIE (überrumpelt): „Eh.. Ich... Unsinn! Natürlich nicht!"

BABETTE: „Sie sind abgehauen und wollen Ihre Beute suchen, oder?"

Richie bleibt der Mund offen stehen.

RICHIE: „Und das hast du alles aus dem Internet??"

BABETTE: „Sie und ein paar Andere haben vor ein paar Jahren eine Bank überfallen. Die Beute ist nie gefunden worden..."

RICHIE: „Die Beute ist weg. Meine Komplizen haben sie sich unter den Nagel gerissen..."

BABETTE: „Das glaub ich nicht. Im Internet stand, dass die Beute verschwunden ist. Und dass Sie zwei Monate vor Ihrer Entlassung ausgebrochen sind... Sie wollen zum Versteck!"

Richie sieht sie finster an. Babette bebt am ganzen Körper. Die Verhandlung mit dem Ganoven verlangt ihr viel ab.

BABETTE: „Ich will wissen, wo das Versteck ist, oder ich verrate Sie der Polizei!"

RICHIE: „Scheiße, Mann, wozu willst du das wissen?"

BABETTE: „Weil Sie mich sonst draußen an der ersten Straßenecke stehen lassen..."

Richie knetet seine Lippen und denkt nach. Dann nickt er.

RICHIE: „Okay. Ich habe das Geld auf einem Schrottplatz versteckt. Draußen in Laineck... in einem roten Fiat..."

Babette fixiert ihn mit den Augen und sagt nichts.

RICHIE: „Was ist?"

BABETTE: „Ich kann Sie nicht spüren!"

Richie glotzt sie verständnislos an.

BABETTE: „Sie sagen mir nicht die Wahrheit!"

RICHIE: „Doch! Tu ich..."

BABETTE: „Nein. Tun Sie nicht. Sagen Sie mir, wo das Geld ist. Ich werde es Ihnen nicht wegnehmen. Ich kann sowieso nichts damit anfangen. Ich will nur meinen Vater finden..."

RICHIE (stöhnt genervt): „Ich habe es in einem Waldstück vergraben. Bei Wolfsbach..."

BABETTE: „Sie lügen ja schon wieder!"

RICHIE (wütend): „Das tu ich nicht!"

BABETTE: „Warum sind Sie dann ein halbes Jahr früher ausgebrochen? Wieso konnten Sie nicht warten?"

Richie sieht sie genervt an und macht fahrige Handbewegungen.

RICHIE: „Weil... weil... (er packt Babette am Kragen) Ich sage die Wahrheit! Ich hab es vergraben! Und was, frage ich, hindert mich daran, dir den Hals umzudrehen?"

Babette reißt sich los und geht einen Schritt zurück. Sie hat Angst. Richie sieht das und seufzt genervt.

RICHIE: „Jetzt entspann dich! Ich hab das nur so gesagt..."

BABETTE: „Sagen Sie mir, wo die Beute ist. Sonst geh ich zur Polizei... Und belügen Sie mich nicht nochmal!"

Richie setzt sich resignierend.

RICHIE: „Sie steckt in einem stillgelegten Teilstück der Kanalisation in Sankt Johannis..."

BABETTE: „Ich kann Sie nicht spüren..."

Richie platzt der Kragen und er stößt Babette vor die Brust.

RICHIE (cholerisch): „Jetzt mal halblang, ja? Es stimmt! Es steckt in der Kanalisation. Nächste Woche beginnen die Bauarbeiten am neuen Einkaufszentrum. Da, wo das Geld ist, kommt ein Fundament hin. Okay?"

Babette nickt zögernd.

RICHIE (grantig): „Also: Bis morgen früh! Punkt 6! Ich warte nicht."

BABETTE: „Ja. Hab verstanden."

Babette nickt. Dann ist sie verschwunden. Richie stößt die Luft aus und schüttelt den Kopf.

28. EXT. KINDERHEIM -- NIGHT

Still liegt das Gebäude da. Eine Turmuhr schlägt Viertel.

29. INT. SCHLAFSAAL - NIGHT

Babette erhebt sich von ihrem Bett und schleicht aus dem Saal. Eine zweite Gestalt erhebt sich und läuft ihr nach.

30. INT. FLUR HEIM - NIGHT

Babette kommt zur Treppe und späht hinunter.

ILVY: „Babette!"

Das Mädchen fährt herum. Ilvy kommt heran. Sie ist älter und größer als Babette.

ILVY: „Wo willst du denn hin?"

BABETTE (nervös): „Nur in den Aufenthaltsraum. Ich hab was vergessen..."

Ilvy schlägt Babette ansatzlos und hart in den Magen. Babette schnappt nach Luft, während Ilvy sie gegen die Wand drückt.

ILVY: „Verarsch mich nicht! Sag mir, was du vorhast!"

Sie zieht Babette derb an den Haaren.

BABETTE: „Ich will abhauen..."

ILVY (nickt): „Aha! Das hört sich schon besser an..."

BABETTE: „Hör zu! Ich hab Geld. Das hab ich der Munro geklaut. Für meine Flucht. Ich geb dir die Hälfte, okay?"

Ilvy sieht die andere misstrauisch aber interessiert an.

ILVY: „Okay! Dann lass mal sehen!"

BABETTE: „Es ist draußen im Gartenhäuschen. Ich hol es, okay?"

Ilvy lächelt spöttisch.

ILVY: „Ich komm lieber mit!"

Babette schaut gehetzt zur Wanduhr. Es ist kurz vor sechs.

31. INT. IM GERÄTESCHUPPEN -- NIGHT

Richie läuft hin und her und raucht. In der Ferne ist eine Turmuhr zu hören. Sie schlägt sechs Mal. Richie wirft die Zigarette auf den Boden und tritt sie aus.

RICHIE: „Tja, dann eben nicht, Süße..."

Er will hinaus, als die Tür aufgeht und Babette hereinkommt. Hinter ihr ist Ilvy, die angewurzelt stehen bleibt, als sie Richie sieht. Sie will fliehen, doch Babette packt sie an den Haaren und zerrt sie energisch herein.

RICHIE: „Was denn? Soll die auch noch mit?"

BABETTE: „Nein. Die soll nur nicht schreien! Mach sie kalt, wenn sie schreit!"

Ilvy sieht Richie angstvoll an.

32. INT. IM GERÄTESCHUPPEN -- MOMENTS LATER

Ilvy sitzt auf einen Stuhl gefesselt mit einem Knebel im Mund da. Richie verlässt den Raum. Babette blickt zurück zu Ilvy. Dann geht sie zur Wand, fängt vorsichtig eine fette schwarze Spinne und setzt sie auf Ilvys Kopf. Die verdreht in Panik die Augen. Babette lächelt kühl und verschwindet.

33. EXT. STRAßEN - NIGHT

Richie lässt Babette von der Mauer herunter. Dann springt er selbst. Das tut weh und Richie verzieht das Gesicht. Er reißt sich zusammen und läuft los. Richie versucht Autos aufzumachen. Aber er hat Pech. Sie sind alle abgeschlossen.

BABETTE: „Können Sie nicht eins knacken?"

RICHIE (schüttelt den Kopf): „Es reicht nur zum Kurzschließen. Und auch das geht nur bei den älteren Kisten. Die Mühlen sind heutzutage alles kleine Panzerkisten..."

BABETTE: „Ich kann eins knacken!"

Sie zieht einen Metallstreifen hervor. Richie guckt verdutzt.

BABETTE: „Einer von den Jungs hat es uns gezeigt! Es ist gar nicht so schwer, wenn man den Bogen raushat."

Richie guckt skeptisch. Dann deutet er auf einen älteren BMW.

RICHIE: „Versuchs bei dem da, da kenn ich mich am besten aus."

Babette huscht zu dem Wagen und schafft es, die Tür zu öffnen. Da aber geht die Alarmanlage los. Das Mädchen schaut verstört. Richie öffnet die Motorhaube und greift zum Motorblock. Er reißt eine Verbindung ab und der Alarm verstummt.

RICHIE: „Los jetzt!"

Die beiden springen ins Auto, während Richie versucht, den Wagen kurzzuschließen.

WAGNER (O.S.): „Hee! Was macht ihr mit meinem Auto?"

Aus dem Fenster im ersten Stock des angrenzenden Hauses schaut ein kahlköpfiger Mann. Sein Kopf verschwindet und kurz darauf kommt er aus der Haustür. In diesem Moment springt der Motor des BMWs an und der Pkw prescht davon. Ein junger Bursche mit Stiernacken tritt neben den Kahlen.

WAGNER: „Die Schweine haben mein Auto geklaut!"

STIERNACKEN: „Die schnappen wir uns!"

Er zieht seinen Schlüssel heraus und springt zu einem Toyota. Wagner steigt ebenfalls ein und mit aufheulendem Motor jagt der Toyota dem gestohlenen Fahrzeug hinterher...

34. EXT. STRAßEN IN BAYREUTH - DÄMMERUNG

Der Toyota ist schnell und schließt zum BMW auf...

35. INT. IM BMW - DÄMMERUNG

Richie steuert den BMW und schaut in den Rückspiegel.

RICHIE: „Verdammt! Die bringen die Bullen auf den Plan!"

Richie gibt entschlossen Vollgas.

36. EXT. STRAßEN IN BAYREUTH - DÄMMERUNG

Der BMW schießt nach vorne und schleudert dann herum. Dann heult der Motor auf und das Vehikel rast direkt auf den Verfolger zu.

37. INT. IM TOYOTA - DÄMMERUNG

Der Stiernacken am Steuer und Wagner neben ihm sind von dem selbstmörderischen Manöver des Verfolgten überrascht.

STIERNACKEN: „Scheiße! Was macht der? Ist der irre??"

38. EXT. STRAßEN IN BAYREUTH - DÄMMERUNG

Der BMW erhöht das Tempo. Eine Kollision steht unmittelbar bevor. Der Toyota weicht im letzten Moment aus und kracht in ein parkendes Auto.

39. INT. IM BMW - DÄMMERUNG

Während Babettes geschockt ist, schaut Richie zufrieden.

RICHIE: „Amateure! (zu Babette, um Freundlichkeit bemüht) „Wie heißt du eigentlich?"

BABETTE (zaghaft): „Babette..."

RICHIE: „Sehr erfreut! Ich bin der Richie..."

40. EXT. WOHNGEGEND - DÄMMERUNG

Richie und Babette kommen zu einem abgetakelten Wohnhaus. Richie klingelt.

BABETTE: „Zu wem gehen wir?"

RICHIE: „Zu Lagerbloom. Ist 'n alter Kumpel..."

Richie drückt noch mal auf die Klingel.

BABETTE: „Vielleicht ist Ihr Kumpel nicht da..."

Richie deutet auf ein auffälliges Vehikel am Straßenrand, das schon bessere Tage gesehen hat.

RICHIE: „Er ist da. Da steht sein Auto. Und er läuft nicht mehr gern zu Fuß..."

Der Türsummer geht und Richie drückt die Tür auf.

<u>41. INT. LAGERBLOOMS WOHNUNG - MORNING</u>

Es ist hell. Nebenan hört man die Dusche. Babette sitzt in einem Wohnzimmer voller Horrorfilm-Plakate. Totenkopf-Accessoires, Actionfiguren und Berge von DVDs drängen sich in dem engen Raum. Lagerbloom ist ein dürres Kerlchen ohne Haare, das sich gerade einen Joint dreht. Babette gähnt.

LAGERBLOOM: „Weißte, ich mach jetzt schon die dritte Chemo! Chemo ist scheiße. Kiffen ist zwar auch scheiße, aber man merkt die Schmerzen dann nicht so. Ich hab zu wenig weiße Blutkörperchen. Deswegen ist hier auch so warm. Ich kann mir echt keine Erkältung leisten..."

Während Lagerbloom seinen Joint anzündet, tritt Richie mit einem Handtuch um die Hüften aus dem Nebenraum. Seine Seite ist blutig und der Durchschusses entzündet...

LAGERBLOOM (sieht zu Richie): „Tut sicher weh. Willst du Valeron?"

RICHIE: „Wenn du hast."

Lagerbloom reicht den Joint an die gähnende Babette weiter. Die nimmt ihn überrumpelt und sieht ihn irritiert an.

LAGERBLOOM: „Behutsam ziehen! Die Mischung haut derbe rein!"

Lagerbloom geht zu einem Schrank und zieht eine Schublade auf. Sie ist wirr voll mit Streifen und Blister von Pillen aller Farben. Babette sieht zu Richie, der sich in einen der abgewetzten Sessel sinken lässt. Der bemerkt ihren Blick.

RICHIE: „Ist was?"

BABETTE (zeigt ihm den Joint): „Ich bin ein Kind! Wie können Sie zulassen, dass ich Drogen nehme?"

RICHIE (verdattert): „Wie?"

BABETTE: „Haschisch ist eine Einstiegsdroge! Wollen Sie, dass ich drogensüchtig werde? Ich bin erst elf!"

RICHIE: „Okay. Tschuldige!" (bemüht autoritär) Leg sofort den Joint weg, Mädchen! Drogen? Ich glaub, es geht los hier!"

BABETTE: „Mein Vater würde Haschisch nicht tolerieren!"

Babette legt den Joint in den Aschenbecher auf dem Tisch.

RICHIE (gereizt): „Erstens haben wir deinen Alten noch nicht gefunden und zweitens: Was willst du überhaupt mit dem?"

Babette sieht ihn verständnislos an.

RICHIE: „Denkst du, es wäre so toll mit nem Vater? (lacht freudlos) Mein Pa hat mir Saures gegeben, seit ich denken kann. Der hat mich so was von verdroschen, das glaubst du nicht! Am Ende des Tages lag ich immer in irgendeiner Ecke und die Suppe tropfte mir aus dem Gebälk..."

Richie angelt sich sein Bier und nimmt einen langen Schluck. Dann sieht er wieder zu Babette, die ihn betroffen anstarrt.

RICHIE: „Mein Vater! Dass ich nicht lache! Als er endlich in die Grube gefahren ist, war das für mich der schönste Tag meines Lebens! Wenn keine Leute da gewesen wären, hätt' ich getanzt auf seinem Grab!"

Babette sieht Richie an und schweigt. Lagerbloom seufzt.

LAGERBLOOM: „Mein Alter ist auch hops gegangen. An Krebs. Da war ich noch ein Hosenmatz. Erst war ich sauer, aber heute sind wir gute Kumpel. Wir quatschen über Gott und die Welt!"

RICHIE: „Ihr quatscht? Ich denk, er ist tot!"

LAGERBLOOM: „Klar. Aber wenn ich 'n Trip schmeiße, dann kommt er mich besuchen. Doch, iss so! Und glaubt mir, er ist eine echte Quasselstrippe..."

BABETTE: „Ein Trip? Das ist LSD, stimmt's?"

Lagerbloom hält ein in Quadrate perforiertes Papier mit aufgedruckten Borat-Köpfen hoch.

LAGERBLOOM: „Genau. Einmal Borat und du drehst ne hübsche kleine Runde!"

Er zieht wieder an seinem Joint, während Babette ihn ansieht.

BABETTE: „Kann ich einen haben? Einen Trip!"

Lagerbloom nickt und reicht ihr die Borat-Quadrate.

LAGERBLOOM: „Ein Feld reicht. Top-Qualität!"

Babette will ein Feld herauslösen. Aber da beugt sich Richie vor und nimmt es ihr weg.

BABETTE (protestierend): „He, was soll das?"

RICHIE: „Du bist elf Jahre, Fräulein! Ich hab grad den Job vom Jugendamt! Also keine Drogen bevor du 14 bist!"

Babette zieht einen Flunsch. Dann gähnt sie.

RICHIE: „Warum gähnst du eigentlich ununterbrochen?"

BABETTE: „Ich bin in einem Schlafsaal mit elf anderen Mädchen. Ich konnte mir keinen Wecker stellen. Also musste ich die ganze Nacht wach bleiben..."

Richie verdreht die Augen.

RICHIE (zu Lagerbloom): „Kann sie sich in deine Koje hauen?"

Lagerbloom zuckt gleichmütig mit den Achseln.

42. INT. LAGERBLOOMS WOHNUNG - DAY

Lagerbloom guckt Homeshopping Europe, als Richie aus dem Nebenzimmer kommt. Er zieht sich eine von Lagerblooms abgewetzten Lederjacken über.

LAGERBLOOM: „Und? Schläft die Kleine?"

RICHIE: „Ist sofort weggeknackt... Ich hole jetzt die Kohle. Schmeiß das Mädchen nachher raus und gib den Bullen Bescheid. Die bringen sie schon wieder in das Heim zurück..."

Lagerbloom gibt Richie seinen Autoschlüssel.

LAGERBLOOM (verlegen): „Tja, Alter! Zeit, tschüss zu sagen!"

Richie atmet durch. Er sieht Lagerbloom an, der ein trauriges Bild menschlichen Zerfalls abgibt.

RICHIE: „Wie lange geben sie dir noch?"

LAGERBLOOM: „Egal. Wir werden sowieso alle wiedergeboren..."

RICHIE (grinst schief): „Aber für dieses Leben bleiben mir dann nicht mehr viele Freunde übrig, Alter!"

Die Männer umarmen sich. Dann treten sie in den Flur und Richie verlässt die Wohnung. Lagerbloom schließt die Tür und wischt sich etwas aus dem Auge. Er setzt sich wieder an seinen Tisch und dreht einen neuen Joint.

43. EXT. STRAßE - DAY

Richie steuert Lagerblooms Wagen. Mit einem Mal sieht er Blaulicht in seinem Rückspiegel.

RICHIE: „Scheiße! Was ist das?"

Die Einsatzfahrzeuge überholen ihn nur. Richie atmet durch.

44. EXT. AUSFALLSTRAßE - DAY

Richie hat Schmerzen. Er nimmt eine von den Valeron-Pillen, die Lagerbloom ihm gegeben hat und schluckt sie herunter.

Dann werden seine Augen groß. Direkt vor ihm ist eine Polizeikontrolle. Einige Wagen dürfen durch, aber als Lagerblooms Klapperkiste in Sichtweite kommt, winkt ein Beamter ihn heraus.

RICHIE (gepresst): „Verflucht! Auch das noch!"

45. EXT. AM STRAßENRAND – DAY

Ein Polizist tritt an das Seitenfenster. Richie kurbelt es runter. Er setzt ein breites Grinsen auf.

RICHIE: „'Ne Kontrolle so früh am Morgen?"

STREIFENPOLIZIST: „Zwei Häftlinge aus St. Georgen sind getürmt. Ihre Papiere, bitte!"

RICHIE: „Sicher! Wo hab ich sie denn?"

Er tastet seine Jacke ab und sucht.

RICHIE: „Mensch, da fällt mir ein, ich hab die andere Jacke an. Meine Brieftasche ist im Anorak. So was Blödes!"

STREIFENPOLIZIST: „Steigen Sie bitte mal aus!"

RICHIE: „Hören Sie, ich bin kein Häftling, okay?"

STREIFENPOLIZIST: „Steigen Sie bitte trotzdem aus!"

In diesem Moment bewegt es sich auf dem Rücksitz. Unter einer alten Decke taucht Babettes Köpfchen auf.

BABETTE: „Papa, was ist denn los?"

Richie dreht sich um und traut seinen Augen nicht.

RICHIE: „Äh... Ba... Babette!"

BABETTE: „Warum halten wir? Heute ist Waldtag im Kinderladen! Und wenn wir zu spät sind, dann gehen sie ohne mich!!"

RICHIE: „Ähh... tut mir Leid, Süße! Der blöde Papa hat sein Portmonee vergessen und muss jetzt mit dem Polizisten mit. Aber in drei Monaten kommt ja schon der nächste Waldtag!"

STREIFENPOLIZIST (lächelnd zu Babette): „Na, wenn du Waldtag hast, dann ist das natürlich wichtiger als die Kontrolle! (zu Richie) Fahren Sie! Aber denken Sie nächstes Mal an ihre Brieftasche!"

RICHIE: „Das wird mir eine Lehre sein! Und danke!"

Er gibt Gas.

46. INT. IN LAGERBLOOMS AUTO – DAY

Sie fahren auf einer Landstraße. Richie atmet auf.

RICHIE: „Oh Mann, ich dachte wirklich, das war's jetzt! Das war gerade Eins A, Bettybaby!"

Babette presst die Lippen zusammen und schaut geradeaus. Als eine Reaktion von ihr ausbleibt, schaut Richie in den Rückspiegel. Sie sieht böse aus. Richie kapiert.

RICHIE: „Na komm. Jetzt sei nicht sauer! Ich wollte dich austricksen und jetzt hast du mich ausgetrickst. Und, Mann, ich bin verdammt froh drüber!"

Babette weiß nicht, ob sie sich über das Lob freuen soll.

BABETTE: „Wenn Sie Ihr Geld haben, dann lassen Sie mich zurück... Das ist nicht okay! Wir hatten eine Abmachung!"

RICHIE: „Hör zu, Süße. Du hast mir gerade zum zweiten Mal die Haut gerettet. Und so 'ne Ratte, dass dich jetzt noch ablink, bin ich auch nicht..."

Babette hat keine Wahl, als ihm erstmal zu glauben.

RICHIE: „Lass uns einen Deal machen: Ich helfe dir, deinen Alten zu suchen. Dafür bleibst du jetzt immer in meiner Nähe und ziehst diese 'Papa, heute ist Waldtag!'-Nummer ab. Okay?"

Er sieht sie an und reicht ihr die Hand zum Einschlagen.

RICHIE: „Was ist? Ein besseres Angebot kommt nicht!"

Babette schlägt unsicher ein. Richie grinst sie an.

RICHIE: „Und Schluss mit dem Scheiß-Sie! Ich heiße Richie!"

Babette lächelt zaghaft.

<u>47. INT. KOMMISSARIAT - DAY</u>

Dem Kommissar sitzt Frau Munro in seinem Glaskastenbüro gegenüber.

KOMMISSAR: „Wir werden alles in unserer Macht Stehende tun, das Mädchen zu finden, Frau Munro. Wenn es um Kinder geht, sind wir traditionell sehr engagiert!"

FRAU MUNRO: „Ich mache mir wirklich Sorgen, denn Babette ist zwar ein seltsames und stures Kind, aber sie handelt normalerweise nicht unüberlegt. Dass sie sich mit einem entlaufenen Häftling einlässt, kann ich gar nicht fassen..."

Das Telefon klingelt. Der Kommissar hebt ab.

KOMMISSAR: „Ja, bitte! (nickt) Soll raufkommen!"

Er legt auf und schenkt Frau Munro ein Lächeln.

KOMMISSAR: „Ich hab den Psychologen angefordert, der die Flüchtigen im Knast betreut hat. Er hilft uns sicher..."

Durch die Glasscheiben sieht man einen Mann, der näher kommt. Er ist groß, bullig und hat schüttere Haare. Der Mann tritt ein. Der Kommissar steht auf und schüttelt ihm die Hand.

KOMMISSAR: „Dr. Heyse! Schön, dass es so schnell geklappt hat! (deutet auf die Frau) Das ist Frau Janine Munro, die Leiterin des Heimes, aus dem das Mädchen verschwunden ist..."

Heyse sieht lächelnd zu Frau Munro, die sich erhoben hat.

HEYSE: „Rainer Heyse! Sehr erfreut!"

Frau Munro schüttelt ihm die Hand. Man setzt sich.

HEYSE: „Klären Sie mich doch über die Fakten auf. Es geht doch um Richard Gabriel. Der saß wegen Bankraubes..."

KOMMISSAR (nickt): „Ein Mädchen aus Frau Munros Heim hat uns erzählt, dass ein Fremder bei Babette war. Sie hat Richard Gabriel anhand unserer Fotos identifiziert. Auf ihrer Flucht haben die zwei einen BMW geknackt und sind damit abgehauen... Aber wir wissen nicht, wieso sie gemeinsame Sache machen..."

HEYSE (bedächtig): „Tja, Richie Gabriel. Vier Jahre wegen Bankraub. Ist kein großes Licht, hält sich selber aber für wahnsinnig gerissen..."

KOMMISSAR: „Vorgestern ist die Krankenstation von Sankt Georgen unter ungeklärten Umständen fast völlig ausgebrannt. So mussten die verletzten Häftlinge ins Klinikum gebracht werden. Wäre den zwei Gefangenen der Ausbruch aus der Gefängnis-Krankenstation auch so leicht geglückt wie aus dem Klinikum Bayreuth? Ich finde das nicht unclever!"

HEYSE: „Vielleicht hat Gabriel mitunter auch mal eine schlaue Idee... Aber der Bankraub, den er damals geplant hat, ist jämmerlich gefloppt. Deswegen ist er auch eingefahren. Wenn Sie mich fragen, ist Richie weder gestört noch bösartig, nur ein bisschen einfach gestrickt. Und er will zu seiner Beute!"

KOMMISSAR: „Aber warum ist das Mädchen dabei? Vielleicht besteht ja eine Verbindung zwischen den beiden..."

FRAU MUNRO: „Da kann ich vielleicht helfen: Babette hat ihre Eltern bei einem Autounfall verloren. Aber sie glaubt, dass der Mann im Auto nicht ihr wirklicher Vater war. Und genau den sucht sie... Es ist natürlich eine fixe Idee!"

HEYSE (überlegt): „Vielleicht sollte ich mich mal im Heim umsehen und mit den anderen Kindern reden... Ginge das?"

FRAU MUNRO (nickt): „Wenn es hilft, sicher!"

48. EXT. VOR DEM BAUGRUND - DAY

Richie und Babette haben den Wagen am Straßenrand geparkt und sehen auf die große Fläche eines alten Fabrikgeländes.

Unten auf dem Gelände steht ein Fahrzeug und einige Männer führen Vermessungsarbeiten durch.

RICHIE: „Mist! Die vermessen direkt über dem Eingang zur Kanalisation..."

BABETTE: „Und wenn du einfach tust, als wärst du von der Stadt? Von der Kanalreinigung...?"

RICHIE: „Nein. Zu riskant. Die Bulldozer rücken erst Freitag an. Es ist also noch Zeit. Wir warten, bis es dunkel ist..."

BABETTE: „Ich hab Hunger!"

Richie sieht zu ihr.

BABETTE: „Aber kalt ist mir auch."

RICHIE: „Wir setzen uns ins Auto und ich stell den Motor an. Und ich hab noch Geld... Für eine Tafel Schokolade reicht's!"

BABETTE: „Ich will aber einen Cheeseburger! (leiser) Ich hatte noch nie einen Cheeseburger..."

RICHIE (legt den Gang ein): „Okay. Auf nach Big-Mac-Town..."

49. INT. AM STRAßENRAND - DÄMMERUNG

Richie sitzt am Steuer, während Babette auch dem Rücksitz schläft. Richie geht es dreckig. Schweißperlen stehen auf seiner Stirn. Er zieht sein Hemd hoch. Den Verband, den er sich bei Lagerbloom angelegt hat, ist durchblutet...

RICHIE: „Komm, mach jetzt nicht schlapp, Junge! Du bist so nahe dran!"

Er kramt in seiner Tasche nach etwas und zieht Lagerblooms Tabletten hervor. Es sind nur noch drei darin. Er nimmt zwei und wirft sie sich in den Mund.

BABETTE: „Richie, du musst zum Arzt!"

Richie dreht sich um. Babette ist aufgewacht.

RICHIE: „Glaub mir, ich würd nichts lieber tun. Aber heute ist die Nacht. Heute hole ich mir die Kohle oder all die Jahre waren umsonst..."

Richie reicht ihr einen Muffin. Babette nimmt den Kuchen und isst. Richie beobachtet sie im Spiegel. Das Mädchen wirkt vergnügt, sie wiegt ihren Körper rhythmisch zum Kauen.

RICHIE: „Woher die gute Laune?"

BABETTE: „Naja, du hättest dir das Geld holen und verschwinden können, als ich geschlafen hab. Aber du bist noch da. Jetzt glaub ich, dass du mir hilfst, meinen Papa zu finden..."

RICHIE: „Ich denke, du bist eine Waise. Wieso hast du dann noch einen Papa?"

BABETTE (wie selbstverständlich): „Meine Mutter hatte einen Geliebten. Und der ist mein richtiger Vater..."

RICHIE: „Aha! Und wieso holt der dich nicht?"

BABETTE: „Er weiß nicht, dass ich sein Kind bin. Meine Mutter hat es ihm nicht erzählt. Weil sie verheiratet war..."

RICHIE: „Aber wenn es so einfach ist, wieso fährst du nicht zu ihm?"

BABETTE (kleinlaut): „Ich weiß nicht, wer es ist."

RICHIE: „Aha. Hmm... Und wie findest du raus, wer es ist?"

BABETTE: „Er muss in meinem Heimatort leben. Im Kinderheim habe ich versucht, alle Leute von da nacheinander anzurufen. Aber es sind einfach zu viele gewesen..."

RICHIE: „Und jetzt? Willst du an jeder Haustür klingeln, bis du den Ort durchhast?"

BABETTE: „Es gibt noch einen Hinweis. Aber an den komme ich nicht ran. Jedenfalls nicht ohne Hilfe von einem Erwachsenen!"

Richie sieht sie an und grinst amüsiert.

RICHIE: „Aha! Und was ist das für ein Hinweis?"

BABETTE: „Das sag ich dir dann..."

RICHIE: „Warum sagst du es mir nicht jetzt?"

BABETTE: „Darum."

RICHIE (kopfschüttelnd): „Du bist ein Träumer."

BABETTE: „Wieso denn?"

RICHIE: „Darum. Ich sag dir: Träume sind gefährlich! Was ist, wenn du deinen Vater findest? Was wird dann?"

BABETTE (zuckt die Achseln): „Das ist doch egal. Hauptsache, ich bin dann bei meinem Papa!"

RICHIE: „Und wenn er nun ein Arschloch ist? Kann doch sein!"

Babettes Mund wird ganz klein. Sie schaut böse.

RICHIE: „Guck nicht so! Ich hatte auch meine Träume. Glaub mir! Aber am Ende war alles immer Scheiße!"

BABETTE: „Aber wieso denn?"

RICHIE: „Als ich klein war, wollte ich eine elektrische Eisenbahn. Als ich sie endlich hatte, fiel mir die Lok runter und war hin. Mein Vater hat mich vertrimmt und die Eisenbahn nie wieder aufgebaut... Und dann, mit 15, hab ich mich in das schönste Mädchen der Welt verliebt. Mein erstes Mal und ich bin so hackedicht, dass ich mittendrin anfange zu kotzen. Die Süße war weg und kam nicht wieder. Das Einzige, was mir von ihr blieb, war ein ausgewachsener Tripper..."

Er bemerkt die Delikatesse des Themas. Er schaut zu Babette.

RICHIE: „Du weißt, wovon ich rede?"

BABETTE (pikiert): „Ich bin kein Baby."

RICHIE: „Und als ich siebzehn war, da wollte ich unbedingt eine Triumph... Den Vorläufer von der Tiger...!"

BABETTE: „Was ist das? Ein Motorrad?"

RICHIE: „Nein. Nicht irgendein Motorrad. Das Motorrad! Als ich es zum ersten Mal sah, das war Liebe. Ich hätte meinen rechten Arm für die Mühle gegeben..."

BABETTE: „Ich denke, alle wahren Biker fahren Harley!"

RICHIE: „Harley? Das ist doch nur was für schwule Zahnärzte! Wer wirklich Klasse hat, fährt Triumph! (achselzuckend) Tja, es sollte nicht sein und im Knast hatte ich dann andere Sorgen als Motorräder. Meine Träume habe ich jedenfalls alle begraben. Einen nach dem anderen. Jetzt will ich nur noch meine Kohle und meine Ruhe. Das reicht..."

BABETTE (zaghaft): „Ist das nicht auch ein Traum?"

RICHIE (schaut unwillig): „Hör mal, wir müssen nicht reden, okay? Wir können hier auch sitzen und die Schnauze halten."

Babette hält eingeschüchtert den Mund.

50. INT. GEMEINSCHAFTSRAUM -- EVENING

Die Heimkinder sitzen in einem Kreis zusammen mit Dr. Heyse.

HEYSE: „Sag, Ilvy, hattest du in letzter Zeit Streit oder Auseinandersetzungen mit Babette?"

Ilvys Blick flackert kurz zu Frau Munro.

ILVY: "Nein. Wir alle mögen Babette. Es gab keinen Streit!"

Heyse nickt und lächelt. Er sieht Frau Munro an.

HEYSE: „Frau Munro, kann ich Sie kurz unter vier Augen sprechen?"

Frau Munro schaut etwas überrascht, nickt aber dann. Die beiden erheben sich und gehen vor die Tür.

51. INT. FLUR IM HEIM – EVENING

HEYSE (kühl): „Die Kinder sagen nicht die Wahrheit, Frau Munro! Ich möchte, dass wir jetzt wieder da reingehen und Sie sie bitten, völlig offen zu mir zu sein!"

FRAU MUNRO: „Aber das habe ich doch eingangs schon getan..."

HEYSE: „Frau Munro, behandeln Sie mich nicht wie einen Idioten! Ich bin gut in meinem Job, weil ich sehr genau hinsehe. Als Sie den Kindern sagten, sie sollen mir alles erzählen, hat Ihre Körpersprache gar nicht dazu gepasst."

FRAU MUNRO: „Was wollen Sie damit andeuten?"

HEYSE: „Diese Kids haben einen Mordsbammel vor Ihnen! Und sie klingen, als hätte man vorher Pauschalantworten mit ihnen eingeübt. Sie gehen jetzt da rein und weisen die Kinder an, mir die Wahrheit zu sagen und dann... gehen Sie hinaus!"

Frau Munro sieht Heyse mit versteinerter Miene an. Sie überspielt ihren Ärger und setzt in Bewegung. Die beiden betreten erneut den Gemeinschaftsraum.

52. INT. AM STRAßENRAND – EVENING

Babette und Richie sitzen im Auto und schauen aus dem Fenster.

BABETTE: „Darf ich was fragen?"

RICHIE: „Schieß los!"

BABETTE: „Was machst du, wenn du das Geld hast?"

RICHIE (tippt an seine Schläfe): „Ich hab einen Plan! Das meiste hab ich schon vom Knast aus organisiert: Ein falscher Pass, Klamotten, die Fluchtroute. Ich steig bei einem Kumpel in Holland in seine Werkstatt mit ein... Weißt du, ich bin Schachspieler. Ich denke gerne vier, fünf Züge im Voraus! Richie ist nämlich ein verdammt ausgeschlafenes Kerlchen!"

BABETTE: „Und wieso haben Sie dich dann nach dem Bankraub geschnappt?"

Richie schaut verdrossen.

RICHIE: „Es war nicht meine Schuld. Klebb hat es vermasselt. Er hat sich nicht an meinen Plan gehalten. Er hat..."

Richie bricht ab und sieht in Babettes skeptische Augen.

RICHIE (beleidigt): „Ach lasst mich doch alle in Ruh!"

53. INT. BÜRO FRAU MUNRO – EVENING

Frau Munro steht am Fenster und schaut mit leerem Blick hinaus. Sie wirkt zermürbt. Es klopft. Sie dreht sich um.

FRAU MUNRO: „Kommen Sie herein!"

Heyse tritt ein. Er sieht ernst aus. Frau Munro deutet auf den Platz vor ihrem Schreibtisch. Heyse nimmt Platz.

FRAU MUNRO: „Nun? Haben Sie etwas erfahren?"

HEYSE: „Das habe ich. Ich bin ja einiges gewöhnt, aber Kinder vor versammelter Gemeinschaft Stunden auf Tischen stehen zu lassen, ist heftig! Was ist das hier? Ein Kinderheim oder eine Filiale von Guantanamo? (verschränkt die Arme) Darf ich fragen, wie Sie so ein drastisches Vorgehen rechtfertigen?"

Frau Munro geht ärgerlich zur Tür und öffnet sie.

FRAU MUNRO: „Ich möchte, dass Sie jetzt gehen! Sofort!"

HEYSE (wird zornig): „Denken Sie, dass es damit vom Tisch ist? Dass ich es dabei bewenden lasse, wenn eine Heimleiterin ihre Schützlinge mit schwarzer Pädagogik schikaniert?"

FRAU MUNRO: „Schwarze Pädagogik? Ich verfahre so, wie ich es für richtig halte. Kein Kind kommt dabei zu Schaden!"

HEYSE: „Bitte?? Was Sie hier abziehen, ist Psychofolter aus dem Mittelalter!"

FRAU MUNRO: „Gehen Sie jetzt bitte!"

Sie deutet auf die offene Tür. Heyse schüttelt den Kopf und geht hinaus. Frau Munro schließt die Tür hinter ihm. Sie atmet durch. Dann rollen stille Tränen über ihre Wangen...

<u>54. EXT. AM STRAßENRAND - EVENING</u>

Richie ist eingenickt. Babette sieht wie in einiger Entfernung die Geometer ihre Arbeitsutensilien packen. Babette rüttelt Richie wach und deutet aus dem Fenster.

RICHIE (späht hinaus): „Jetzt dauert es nicht mehr lang..."

Richie steigt aus dem Auto. Babette tut es ihm gleich. Der Sträfling sieht, wie die Autos des Vermessungstrupps abfahren. Er geht los. Das Mädchen eilt ihm nach. Doch dann bleibt Richie unvermittelt stehen. Es verschwimmt vor seinen Augen. Er geht einige Schritte und bricht dann plötzlich zusammen. Babette ist wie der Blitz bei ihm.

BABETTE: „Richie! Was ist los?"

Aber der angeschossene Mann liegt nur mit glasigen Augen da. Babette sieht sich verzweifelt um. Tränen laufen ihr über die Wange. Dann sieht sie eine Kneipe. Sie springt auf und läuft hinüber...

<u>55. EXT. STRAßEN -- NIGHT</u>

Ein Notarztwagen fährt mit Blaulicht durch die Straßen.

56. EXT. AM STRAßENRAND – NIGHT

Der Notarztwagen hält neben Babette und dem weggetretenen Richie. Der Arzt und zwei Sanitäter, ein Mann und eine Frau, springen heraus. Sie laufen auf Richie zu.

ARZT: „Was ist passiert?"

BABETTE: „Mein Papa ist einfach umgefallen!"

Die Sanitäter untersuchen katatonischen Richie.

SANITÄTERIN: „Da ist ja eine Schusswunde!"

ARZT: „Intubieren und Zugang legen!"

Sie holen eine Bahre heraus und legen Richie darauf.

ARZT: „Druckverband und dann ab ins Krankenhaus!"

BABETTE: „Nein!"

Die Sanitäter schauen zu dem Kind. Und sie trauen ihren Augen nicht, denn das Mädchen bedroht sie mit einer Waffe.

BABETTE: „Sie behandeln ihn hier! Na, los!"

ARZT: „Jetzt mal ganz ruhig, Kind, ja! Leg die Waffe weg!"

SANITÄTERIN: „Hast du deinen Vater angeschossen?"

Babette legt die Waffe an und spannt knackend den Hahn...

BABETTE: „Ja, hab ich! Ganz genau!"

Der Arzt und die beiden anderen wechseln ratlose Blicke. Babette richtet die Waffe nun auf den Sanitäter.

BABETTE: „Fangen Sie an, Doktor! Wenn Sie nicht tun, was ich sage, schieße ich ihm ins Knie!"

ARZT: „Jetzt lass uns mal vernünftig reden..."

BABETTE (brüllend): „Machen Sie endlich! Ich bin elf Jahre! Am Ende drück ich noch aus lauter Nervosität ab!"

SANITÄTER (ängstlich zum Doktor): „Ich glaub, die meint es ernst. Tun wir besser, was sie sagt!"

Der Doktor sieht den anderen an und nickt dann. Die Crew macht sich an die Arbeit.

BABETTE: „Versorgen Sie seine Wunde!"

Der Doktor wirft dem Mädchen einen ratlosen Blick zu. Babette geht ein paar Schritte zurück und senkt die schwere Waffe. Die Sanitäterin lächelt ihr zu.

SANITÄTERIN: „Alles wird gut, Kleines!"

Babette hebt wütend die Waffe und zielt auf die Sanitäterin. Die zuckt zurück.

57. INT. IM SANITÄTSFAHRZEUG - LATER

Der Doktor zieht den Verband fest. Er sieht zu Babette.

ARZT: „Hör zu, Mädchen! Es geht deinem Vater schlecht. Er hat einen hypovolämen Schock. Sein Blutverlust ist sehr hoch. Er sollte sofort in die Klinik."

BABETTE: „Nein. Geben Sie ihm irgendwas, was ihn richtig zu Bewusstsein bringt..."

ARZT (fassungslos): „Bitte?"

BABETTE: „Spritzen Sie ihm etwas, damit er Auto fahren kann!"

ARZT: „Also, bitte, das ist ja jetzt wohl nicht dein Ernst!"

Babette steht auf und läuft mit der ausgestreckten Waffe in der Hand auf den Arzt zu.

BABETTE (wütend): „Das ist mein Scheiß-Ernst! Sofort!"

Der Mediziner sieht in die Augen des Kindes. Aber es scheinen keine Kinderaugen zu sein, die ihn da anschauen. Er lässt die Schultern sinken und nimmt aus dem Arzneischrank eine Ampulle. Der Arzt zieht eine Spritze auf und injiziert sie Richie.

BABETTE: „Und jetzt geben Sie mir Ihre Handys! Sofort! Werfen Sie sie raus!"

Die Notarztcrew holt resignierend ihre Funktelefone heraus und wirft sie vor Babette in den Staub. Richie wacht auf und wird allmählich wieder klar im Kopf.

RICHIE (verwirrt): „Was ist los?"

ARZT (bitter): „Das frag ich Sie!"

Richie sieht Babette mit der Pistole.

58. EXT. AM STRAßENRAND - LATER

Die Crew des Notarztwagens liegt nebeneinander flach auf dem Boden. Die Lichter von Lagerblooms Auto gehen an und der Wagen setzt sich in Bewegung.

59. INT. IM AUTO AUF DEN STRAßEN - NIGHT

Richie sitzt wie ein Schluck Wasser hinter dem Steuer und hat Schwierigkeiten, die Augen aufzuhalten.

RICHIE (matt): „Hör zu, Betty, dass ich hier fahre, das ist keine gute Idee... die haben mir irgendeinen Scheiß gegeben!"

BABETTE: „Wir müssen vor allen Dingen schnell von der Straße. Die schlagen bestimmt bald Alarm..."

RICHIE: „Sag mal, hörst du mir überhaupt zu? Ich kann nicht fahren. Ich hab das Gefühl, ich kratze gleich ab... (schüttelt den Kopf) Ich halte an..."

BABETTE (wütend): „Nein! Wenn du jetzt anhältst, dann siehst du deine Beute nie! Niemals! Dann war alles umsonst!"

Richie nickt müde und fährt weiter.

RICHIE: „Ich muss nur etwas ausruhen. Nur ein bisschen..."

BABETTE: „Das geht nicht. Wir müssen unterkriechen! Fahr zu Lagerbloom!"

RICHIE: „Spaßvogel! Wir können nicht zu Lagerbloom. Die haben garantiert diese Autonummer notiert..."

BABETTE: „Aber wo können wir hin?"

RICHIE (stöhnt gequält): „Nirgendwo..."

BABETTE (hysterisch): „Denk nach! DENK NACH!!!"

RICHIE (überlegt): „Naja, es gäbe da noch jemanden..."

BABETTE: „Wen?"

RICHIE: „Meine Ex... Aber die hasst mich wie die Pest!"

BABETTE: „Wieso?"

RICHIE: „Wir waren fünf Jahre zusammen. Und sie wollte immer ein Kind... Und ich hab so getan, als wollte ich auch..."

BABETTE: „Ja, und?"

RICHIE: „Irgendwann hat sie rausgekriegt, dass ich sterilisiert bin..."

Babette schaut nach vorne. Hinter ihrer Stirn arbeitet es.

BABETTE (entschlossen): „Wir fahren zu ihr!"

<u>60. EXT. VOR LISAS HAUSTÜR - NIGHT</u>

Babette steht alleine vor der Haustür und klingelt wiederholt. Endlich geht ein Licht an und die schönste Frau, die Babette je gesehen hat, öffnet die Tür. Allerdings trübt ihre wenig freundliche Stimmung den Gesamteindruck.

LISA (unwillig): „Was ist denn los?"

BABETTE: „Entschuldigen Sie. Unten im Wagen sitzt Richie Gabriel. Er ist bewusstlos. Er braucht dringend ein Bett...!"

Lisa Gesicht zeigt Verblüffung. Dann eilt sie los...

61. INT. IN LISAS SCHLAFZIMMER - NIGHT

Babette nimmt Richie den völlig durchgebluteten Verband ab. Das Mädchen schaut unglücklich.

BABETTE (faltet die Hände und schließt die Augen): „Lieber Gott, lass ihn nicht sterben! Bitte!"

Ein Schlüssel geht in der Tür. Lisa kommt herein. Sie tritt ins Schlafzimmer und sieht die Verwundung.

LISA: „Oh, nein!"

BABETTE: „Wo ist Lagerblooms Wagen?"

LISA: „Ich hab ihn auf meinem Stellplatz in der Tiefgarage gefahren... (kopfschüttelnd) Was ist denn passiert?"

BABETTE: „Sagen Sie, haben Sie vielleicht etwas zu essen?"

62. INT. LISAS KüCHE -- NIGHT

Babette stopft das letzte Stück Brot in sich hinein. Lisa sitzt ihr mit gerunzelter Stirn gegenüber und mustert sie.

LISA: „Woher weißt du denn, dass der Mann deiner Mutter nicht dein Vater ist?"

BABETTE: „Mama hat eine Affäre gehabt."

LISA: „Aber das ist doch kein Beweis."

BABETTE: „So was spürt man! Martin war nicht mein richtiger Vater! Zwischen uns war nichts. Ich glaub, zwischen ihm und Mama war auch nichts. Sie hat nur den Anderen geliebt!"

LISA: „Hat sie dir das gesagt?"

BABETTE: „Sie hat es ihm gesagt. Am Telefon. Ich war erst fünf und sie dachte wohl, ich krieg es nicht richtig mit..."

LISA: „Mal angenommen, es stimmt. Der Andere ist dein Vater. Wie willst du ihn finden? Weißt du, wie er heißt?"

BABETTE (kleinlaut): „Nein. Ich denke halt, dass er irgendwo in Neuenmarkt wohnt...

LISA: „Du meinst, er hat vor sechs Jahren dort gewohnt...?"

BABETTE (nickt müde): „Ja."

LISA: „Kennst du seinen Namen?"

Babette schüttelt den Kopf.

LISA: „Wie willst du ihn dann finden?"

BABETTE: „Ich bin wirklich sehr sehr müde. Kann ich mich irgendwo etwas hinlegen?"

Lisa seufzt und nickt.

63. EXT. POLIZEIPRÄSIDIUM -- MORNING

Es ist noch früh am Tag.

64. INT. POLIZEIPRÄSIDIUM -- MORNING

Heyse sitzt am Schreibtisch des Kommissars und blättert in einer Akte, in der auch die Polizeifotos von Richie prangen. Der Kommissar kommt kopfschüttelnd herein.

KOMMISSAR: „Jetzt ist es amtlich. Gabriel und das Mädchen sind als Gespann unterwegs. Sie hat ein Sanitätsteam mit vorgehaltener Waffe gezwungen, ihn fitzuspritzen..."

HEYSE: „Wirklich? Bewundernswert!"

Der Kommissar schaut genervt.

KOMMISSAR: „Was soll daran bewundernswert sein...?"

HEYSE: „Na, das Kind ist elf Jahre. Und es kontrolliert unter enormem Druck drei Erwachsene. Das ist nicht ohne!"

KOMMISSAR: „Wie auch immer. Wie sollten sie kriegen, bevor die Sache entgleist."

HEYSE: „Ja, das sollten wir..."

KOMMISSAR: „Und? Wie läuft es mit der Heimleiterin?"

Heyse runzelt irritiert die Stirn.

KOMMISSAR: „Na kommen Sie, Sie haben sie angeguckt, wie eine Marienerscheinung!"

Heyse lächelt ertappt.

HEYSE: „Okay, rein äußerlich gefällt mir... Aber ich hatte nicht den besten Einstand... mit ihr."

65. INT. IN LISAS SCHLAFZIMMER -- DAY

Richie schlägt die Augen auf. Er hat Mühe sich zu orientieren. Da sieht er Babette auf einem Stuhl sitzen. Sie hat einen Spiegel auf den Knien und schminkt sich mit Lisas Utensilien.

RICHIE: „Babette?"

Das Mädchen legt schnell den Spiegel zur Seite.

BABETTE: „Wie geht es dir?"

RICHIE (sieht ihr Make-up): „Wie siehst du denn aus?"

BABETTE (verlegen): „Naja, es ist der erste Versuch..."

RICHIE (sieht sich um): „Wo, zum Teufel, sind wir?"

Er will sich aufrichten, doch Babette kommt zum Bett und drückt ihn zurück ins Kissen.

BABETTE: „Wir sind bei Lisa."

Richie sieht Babette mit einem erschrockenen Blick an.

BABETTE: „Sie hat dich immerhin versorgt..."

RICHIE: „Und wo ist sie jetzt?"

BABETTE: „Arbeiten. Also, wie geht es Dir?"

RICHIE (stöhnt): „Ziemlich miserabel, fürchte ich..."

BABETTE: „Dann ruh dich aus! Wir holen morgen dein Geld und danach bin ich dran!"

Richie sieht sie an und nickt müde.

66. EXT. VOR LISAS NEUBAU - EVENING

Die Sonne ist bereits untergegangen. Lisas Fiat rollt heran und setzt rückwärts in eine Parklücke. Lisa steigt aus...

67. INT. WOHNUNG LISA - EVENING

Lisa betritt ihre Wohnung. Babette kommt gerade mit einem Tablett aus der Küche und will zu Richie.

LISA: „Hallo, Babette! Ist alles klar?"

BABETTE: „Ja. Richie hat fast den ganzen Tag geschlafen. Er ist gerade aufgewacht..."

Lisa sieht zur Tür. Es freut sie sichtlich nicht, bald Richie gegenüber zu treten. Sie hängt ihre Jacke auf und geht dann energisch durch die Tür zu ihrem Schlafzimmer.

68. INT. IN LISAS SCHLAFZIMMER - EVENING

Richie liegt im Bett. Er sieht schlecht aus. Seine Augen sind geschlossen. Als er hört, wie jemand eintritt, öffnet er die Augen. Lisas und sein Blick kreuzen sich.

RICHIE (versucht zu lächeln): „Hallo, Lisa! Wie geht's?"

Lisa geht zu ihm und fasst seine Stirn an.

LISA: „Du hast Fieber! (sie öffnet ihre Handtasche) Hier ist ein Breitbandantibiotikum. Nimm davon jeden Tag eine Pille!"

Sie drückt eine Pille heraus und gibt sie ihm. Dann reicht sie ihm ein Glas Wasser. Babette steht in der Tür und beobachtet die beiden. Richie schluckt die Tablette herunter.

RICHIE: „Wo hast du das her?"

LISA: „Ein Arzt, den ich kenne."

RICHIE: „Vielen Dank!"

Lisa strafft sich und setzt eine kühle Miene auf.

LISA: „Ich will, dass du schnell wieder verschwindest..."

Sie geht zur Tür und sieht Babette. Sie schließt die Tür von innen und dreht sich böse zu Richie um.

LISA: „Wieso ziehst du ein Kind in deine krummen Sachen rein? Ist dir nicht klar, dass ihr beide überall gesucht werdet?"

RICHIE: „Es war nicht meine Idee..."

LISA: „Aber du hast dem Mädchen da draußen weisgemacht, dass du ihr helfen wirst, ihren Vater zu finden?"

RICHIE: „Das hab ich ja auch vor."

LISA: „Dass ich nicht lache. Sobald du dein Geld hast, wirst du ins Grübeln kommen. Es wäre viel zu riskant, dem Mädchen zu helfen. Und dann heißt es: ‚Sorry, Babette, ich hätte es gerne versucht, aber die Umstände!' Und zack, bist du weg...!"

RICHIE (seufzt): „Okay, ich bin kein Heiliger, aber meinen Deckel hab ich immer gezahlt. Und im Moment steh ich bei dem Mädchen wirklich tief in der Schuld..."

LISA: „Was wird das jetzt? Das hohe Lied der Ganovenehre?"

RICHIE (ruhig und bestimmt): „Ich werde ihr helfen! Das hab ich gesagt und das mach ich auch..."

Lisa schaut ihn verächtlich an und geht dann hinaus. Richie presst die Lippen zusammen.

69. INT. WOHNZIMMER LISA - NIGHT

Während Lisa im Flur telefoniert, sieht Babette im Fernsehen die Bilder von Richie und sich selbst.

NACHRICHTENSPRECHER (O.S.): „Das ungewöhnliche Duo ist immer noch flüchtig und bewaffnet. Die Gründe, die die Heimwaise Babette Schmidt dazu bewogen haben, sich mit einem Schwerverbrecher zusammenzutun, sind weiterhin unklar.

Die Behörden gehen davon aus, dass Richard Gabriel sich das Kind gefügig gemacht hat und es als Tarnung benutzt..."

Babette nimmt wütend die Fernbedienung und schaltet aus.

BABETTE: „Gefügig gemacht! So ein Schwachsinn!"

Lisa legt den Hörer auf. Sie sieht finster aus und presst die Lippen zusammen. Babette kommt in den Flur und nimmt ihre Jacke. Lisa sieht zu ihr...

LISA: „Wo willst du hin?"

BABETTE: „Wir holen die Beute! Richie und ich!"

LISA (perplex): „Du gehst mit?"

BABETTE: „Natürlich! Wenn er allein geht, seh ich ihn vielleicht nie wieder!"

LISA (schüttelt den Kopf): „Babette, das lass ich nicht zu!"

BABETTE: „Ist mir egal! Ich geh trotzdem!"

LISA: „Tust du nicht! Richie wird nicht noch mehr Schaden anrichten! Ich bringe dich jetzt zurück ins Heim!"

Babette sieht sie geschockt an.

RICHIE: „Nein! Sie bleibt bei mir! Wir haben einen Deal...!"

Richie kommt langsam herein. Er sieht Lisa trotzig ins Gesicht. Die Frau ist von seiner Aura sichtlich eingeschüchtert. Trotzdem stellt sie sich ihm entgegen.

LISA: „Babette ist noch ein Kind! Und ich werde es nicht zulassen, dass du sie für deine Zwecke benutzt!"

RICHIE: „Worum geht es, Lisa? Um Babette? Oder um die alten Geschichten?"

LISA (mit kalter Wut): „Ich weiß nicht, wovon du redest!"

RICHIE: „Lisa, ich war verrückt nach dir! Hätte ich dir gesagt, ich kann keine Kinder haben, wärst du weg gewesen..."

LISA: „Ach ja? Wer sagt das...?"

RICHIE: „Du hast doch von nichts anderem geredet, als von einer Familie! Aber ich war schon sterilisiert..."

LISA (heftig): „Wie konntest du glauben, dass diese Lüge nicht auffliegt?"

RICHIE (senkt verlegen den Blick): „Ich dachte, wir könnten auch so zusammen sein. Ich dachte, ich wäre Grund genug..."

LISA (aufgebracht): „Du kapierst es einfach nicht, oder?"

Lisa weint. Richie sieht hilflos zu Babette. Er zuckt die Achseln. Er will an Babette vorbei. Doch die hält ihn.

RICHIE: „Was?"

BABETTE (leise): „Entschuldige dich!"

Richie schaut genervt. Dann dreht er sich zu Lisa um. Wie sie da steht und haltlos schluchzt, lässt auch ihn nicht kalt. Er gestikuliert und will etwas sagen, doch ihm fällt nichts ein. Da schiebt Babette ihn von hinten. Richie tritt zu Lisa.

RICHIE: „Hör zu, Lisa, ich hab das doch alles nicht gewollt. Es tut mir leid. Es hat mir schon damals leidgetan..."

Lisa sieht ihn an.

RICHIE: „Im Bau hab ich ständig daran gedacht: Wäre es anders geworden, wenn ich dir gleich reinen Wein eingeschenkt hätte? Was, wenn ich noch mal die Chance hätte und es anders machen könnte...? (hilflos) Ich glaube, ich würde wieder lügen. Weil ich dich dann wenigstens eine Zeitlang hätte, anstatt nie..."

Lisa wischt sich ihre Tränen weg, nur um wieder in Tränen auszubrechen. Richie nimmt die Frau in die Arme.

RICHIE: „Es tut mir leid, Lissy! Es tut mir wirklich leid!"

Lisa weint in Richies Armen. Babette wechselt einen kurzen Blick mit ihm und geht leise hinaus.

70. EXT. STRAßE - NIGHT

Richie wirkt angestrengt, als er mit Babette unterwegs ist. Das Mädchen läuft neben ihm. Sie deutet auf ein Auto.

BABETTE: „Der da!"

RICHIE: „Okay."

Babette holt ihren flachen Metallstreifen aus der Tasche und schiebt ihn zwischen Tür und Seitenscheibe. In wenigen Momenten hat sie den Wagen geknackt und die Tür geöffnet.

RICHIE: „Gute Arbeit!"

BABETTE: "Du auch!"

RICHIE: „Ich? Wieso?"

BABETTE: „Vorhin, bei Lisa. Das hast du gut gemacht. Ich dachte eigentlich, du bist ein schlechter Mensch..."

Richie guckt blöd. Er steigt ein und schließt den Wagen kurz.

71. EXT. VOR DEM BAUGRUND -- NIGHT

Der gestohlene Wagen hält vor dem Baugrund.

72. INT. IM AUTO - NIGHT

Richie lehnt mit geschlossenen Augen am Sitz und atmet flach. Schweiß läuft ihm über das Gesicht.

BABETTE: „Ist alles klar?"

RICHIE: „Ich kann mich kaum bewegen... Verfluchter Dreck..."

Babette sieht ihn besorgt an. Sie sieht hinaus in die Dunkelheit. Alles ist ruhig.

BABETTE: „Sag mir, wo es ist, dann hol ich es!"

Richie dreht mühsam den Kopf und sieht sie misstrauisch an.

BABETTE: „Du denkst, ich hau ab, wenn ich das Geld hab!? Sicher! Meinen Vater, den hab ich doch nur erfunden..."

Richie muss grinsen.

73. EXT. AUF DEM BAUGRUND - NIGHT

Babette huscht lautlos über den Baugrund. Sie sucht etwas. Dann hat sie den Kanaldeckel gefunden. Mit einem Haken zieht sie den Deckel auf. Sie lässt eine Taschenlampe aufleuchten und schaut nach unten. Es stinkt ganz offensichtlich. Sie zögert keine Sekunde und gleitet in den Schacht.

74. INT. IM KANALSCHACHT - NIGHT

Ratten laufen über Babettes Füße. Sie leuchtet herum und geht gebückt weiter. Dann sieht sie etwas Dunkles. Es ist eine verdreckte Segeltuchtasche. Sie öffnet den Reißverschluss und sieht hinein. Darin liegen geradezu obszön viel Geldbündel.

BABETTE: „Junge, Junge!"

Sie schließt den Reißverschluss wieder und zerrt die Tasche hinter sich her zum Ausstieg.

75. EXT. VOR DEM BAUGRUND - NIGHT

Lisa hat sich die Tasche, die nahezu so groß ist wie sie selbst, auf den Buckel geladen und kommt gebückt wie ein chinesischer Kuli auf den geparkten Wagen zu. Von Richie auf dem Fahrersitz ist nur ein Schatten zu sehen. Sie lässt das Geld zu Boden rutschen und klopft gegen die Scheibe.

BABETTE: „He, aufwachen!"

In diesem Moment dreht sich ein wildfremdes Gesicht zu ihr. Babette schreit auf und stolpert zurück, in die Arme eines anderen Mannes, der sie packt. Der Mann aus dem Auto, Klebb, steigt aus und greift sich die Tasche mit der Beute.

BABETTE: „Wer sind Sie?"

Da sieht sie Richie. Er liegt auf dem Gesicht und rührt sich nicht. Neben ihm steht ein Hüne von einem Kerl. Klebb hat die Tasche geöffnet und ein Geldbündel herausgenommen.

KLEBB (lächelnd): „Wir sind die rechtmäßigen Besitzer des Geldes! Und wer bist du? Kim Possible?"

Seine Kumpane lachen. Klebb schließt die Geld-Tasche und nimmt sie auf seinen Rücken. Er winkt Babette fröhlich zu.

KLEBB: „Und danke für's Bringen!"

Dann hat die Nacht das Trio verschluckt. Babette läuft zu Richie und dreht ihn herum. Man hat ihn übel zugerichtet. Er atmet nicht mehr. Babette versucht Mund-zu-Mund-Beatmung...

BABETTE: „Komm schon! Lass mich nicht hängen!"

Sie presst ihre Lippe erneut auf seine und versucht ihm Luft einzublasen. Dann jedoch ist Lisa da. Sie schiebt das Mädchen einfach zur Seite. Lisa presst ihre Handballen rhythmisch auf Richies Brust. Der beginnt stoßweise zu atmen...

LISA (zu Babette): „Hilf mir! Wir bringen ihn zu mir...!"

Sie tragen Richie mühsam fort...

76. INT. LISAS WOHNZIMMER - NIGHT

Lisa fasst Richies Stirn an und sieht dann bleich zu Babette.

BABETTE: „Was?"

LISA: „Ich weiß nicht. Aber ich glaube, es steht nicht gut!"

Lisa geht zum Telefon und wählt eine Nummer.

BABETTE: „Was machst du?"

LISA: „Ich rufe einen Arzt!"

BABETTE: „Nein! Der wird uns sofort melden!"

LISA: „Willst du, dass er stirbt?"

Babette schaut zu Richie in seiner Bewusstlosigkeit. Dann blickt sie zu Lisa und schüttelt den Kopf. Lisa nickt.

77. INT. WOHNZIMMER - NIGHT

Ein hässlicher kleiner Mann mit fleckiger Glatze beugt sich über Richie und setzt ein Stethoskop an. Babette und Lisa stehen im Hintergrund und sehen zu.

DR. WARMUT (dreht sich zu Lisa): „Könntest du mir einen Kaffee machen? Ich lag schon im Bett..."

LISA: „Natürlich!"

78. INT. LISAS KÜCHE - NIGHT

Lisa brüht Kaffee, während Babette nervös zur Tür schaut...

BABETTE: „Wie kannst du sicher sein, dass er uns nicht verrät?"

LISA: „Ich bin ganz sicher! Sei beruhigt!"

Sie trägt das Tablett hinüber ins Wohnzimmer.

79. INT. LISAS WOHNZIMMER -- NIGHT

Der hässliche kleine Mann setzt seine Brille zurecht und stellt einige Medikamentenschächtelchen vor Lisa hin.

DR. WARMUT: „Es sieht gar nicht so schlecht aus. Er hat Prellungen. Nichts Wildes. Aber das Breitbandantibiotikum schlägt gut an. Er hat Glück gehabt, dass sie die Wunde nicht getroffen haben. Ihm fehlt nichts, aber er ist erschöpft..."

BABETTE: „Wann kann er wieder aufstehen?"

Dr. Warmut sieht das Kind interessiert an.

DR. WARMUT (schaut Babette an): „Wenn er sich besser fühlt... (zu Lisa) Tja, ich hab meinen Teil erledigt!"

LISA (lächelt): „Natürlich!"

Sie wendet sich an Babette.

LISA: „Du machst jetzt einen kleinen Spaziergang, okay?"

Sie schiebt Babette in den Flur.

80. INT. FLUR LISAS WOHNUNG -- NIGHT

Lisa steckt Babette in ihren Anorak.

LISA: „Eine Dreiviertelstunde, okay?"

Damit schiebt sie das Kind hinaus und schließt die Tür. Sie dreht sich um und sieht sich Dr. Warmut gegenüber.

LISA (freundlich): „Komm! Wir gehen ins Schlafzimmer..."

81. EXT. VOR LISAS NEUBAU - NIGHT

Babette steht frierend vor dem Haus. Da geht die Tür auf und Dr. Warmut kommt heraus. Er ignoriert das Mädchen und geht dann die Straße hinunter. Babette läuft zum Haus und klingelt bei Lisa. Der Summer ertönt und das Mädchen geht ins Haus...

82. INT. LISAS BAD - NIGHT

Babette sitzt in einer vollen Schaumbadewanne. Lisa sitzt im Bademantel auf dem geschlossenen Klo und raucht.

BABETTE: „Magst du ihn?"

LISA (müde): „Wen?"

BABETTE: „Den Arzt."

LISA: „Iwo."

Babette nickt. Dann sieht sie Lisa erneut an.

BABETTE: „Und Richie?"

Lisa schmeckt mit einem Male die Zigarette nicht mehr.

LISA: „Richie? Nein, nicht besonders..."

BABETTE: „Wieso bist du uns dann nachgefahren?"

LISA (seufzt): „Was denkst du wohl, wieso Klebb plötzlich da war und sich das Geld unter den Nagel gerissen hat?"

BABETTE (überrascht): „Wie? Du hast...?"

LISA: „...Klebb angerufen. Vorhin. Ich hatte so einen Hass auf Richie. Aber als er und ich vorhin geredet haben, da hab ich gefühlt, dass er es ehrlich meint...und ich dachte sogar... (sie seufzt) ... ach was! Ist auch egal..."

Lisa drückt die Zigarette aus. Sie streicht Babette kurz über den Kopf, steht auf und geht hinaus.

83. INT. RESTAURANT - NIGHT

Frau Munro betritt das seriöse Restaurant. Rainer Heyse, der hinter einem Tisch sitzt, erhebt sich und geht ihr entgegen.

HEYSE: „Frau Munro! Ich bin froh, dass Sie gekommen sind..."

FRAU MUNRO: „Ich weiß nicht, was ich hier soll. Ich bin jedenfalls nicht in der Stimmung, mit Ihnen zu dinieren."

HEYSE: „Hören Sie! Ich möchte mich entschuldigen! Ich habe mich Ihnen gegenüber im Ton vergriffen! Bitte setzen Sie sich für einen Moment zu mir. Nur auf ein Glas Wein..."

Frau Munro antwortet nichts, aber als Heyse einladend den Stuhl zurecht rückt, nimmt sie Platz. Heyse gießt ihr aus einer Flasche Rotwein ein und setzt sich ebenfalls.

HEYSE: „Mein Auftreten gestern... nun, ich neige wohl manchmal etwas zur Selbstgerechtigkeit... Aber ich hab diese Geschichte im ersten Moment wirklich für bare Münze genommen..."

FRAU MUNRO: „Welche Geschichte?"

HEYSE: „Ihre Zöglinge haben es erzählt: Dass ein Mädchen mal 20 Stunden auf dem Tisch stand, bis sie zusammenbrach..."

FRAU MUNRO: „Es waren 22 Stunden."

HEYSE: „Wie? Das stimmt?"

FRAU MUNRO: „Ja. Es waren 22 Stunden und neun Minuten, um genau zu sein... (lächelt dünn) Ich muss es wissen... Ich war nämlich das Mädchen!"

Heyse starrt sie schockiert an.

FRAU MUNRO: „Ich war selbst ein Heimkind..."

HEYSE: „Das wusste ich nicht..."

FRAU MUNRO: „Es ist auch nicht so wichtig..."

HEYSE: „Find ich schon. Ich hatte das Glück, bei meinen Eltern aufzuwachsen. Es war nicht richtig, Sie an den Pranger zu stellen... Ich entschuldige mich!"

FRAU MUNRO: „Nein! Das müssen Sie nicht..."

HEYSE: „Doch! Ich habe mich umgehört. Man hat großen Respekt vor Ihnen. Allen voran viele Ihrer ehemaligen Schützlinge..."

FRAU MUNRO: „Ja. Früher. Da war das auch so. Aber vieles hat sich geändert..."

Heyse sieht sie fragend an.

FRAU MUNRO: „Ihre Vorwürfe gestern haben mich wütend gemacht. Und lange in mir nachgehallt. Aber die traurige Wahrheit ist: Sie liegen nicht so falsch, wie ich zuerst dachte..."

HEYSE: „In welcher Hinsicht?"

FRAU MUNRO: „Meine Kindheit hat mich geprägt. Ich musste diesen Beruf wählen, weil es irgendwie der einzige Weg war, mir selbst zu helfen. Wenn ich es schaffte, dass die mir anvertrauten Kinder nicht durch dieselbe Hölle gehen mussten wie ich, dann konnten so auch meine Wunden heilen..."

Heyse nickt.

FRAU MUNRO: „Der Anfang im Job war schwer, aber ich hab gekämpft und mich durchgesetzt. Dann übertrug man mir die Leitung für dieses Heim... Ich hatte große Pläne und ich habe sicher einiges bewegt. Aber der Strom der Kinder riss nicht ab. Immer neue Schicksale, immer neue Tragödien... Es waren einfach zu viele. Ich wollte allen helfen, aber irgendwann hatte ich mein Pulver einfach verschossen..."

HEYSE: „Das ist doch völlig normal..."

FRAU MUNRO: „Ich weiß nicht. Ich wollte zu viel. Dann dachte ich, ich mache eine Pause, um etwas ausruhen. Aber in Wahrheit habe ich aufgegeben. Ich habe innerlich zugemacht. Ich wollte die Not der Kinder einfach nicht mehr spüren..."

Sie trinkt vom Rotwein. Tränen stehen in ihren Augen.

FRAU MUNRO: „Aber das geht nicht so einfach. Die Kleinen suchen verzweifelt eine Heimat und sie tun alles, um durchzukommen. Irgendwann hab ich das nur noch als Folter erlebt. So, als würden sie mich aussaugen... (leise) Und dann kommt der Moment, in dem man anfängt, die Kinder zu hassen. Und man merkt es nicht einmal... (sieht Heyse an) Sie haben Recht gehabt. Ich bin keine gute Heimleiterin mehr. Ich agiere nur noch mit Strenge und Härte. Jetzt gehöre ich auch zu denen, die mir als Kind eine Todesangst gemacht haben..."

Sie schweigt bitter. Heyse dreht sein Glas.

HEYSE: „Sie sind hart! Vor allem gegen sich selbst. Finden Sie nicht, dass das, was Sie in Ihrem Beruf geleistet haben, bevor der Akku schlapp machte, ein wenig Anerkennung verdient hat?"

FRAU MUNRO (lacht spöttisch): „Der Psychologe spricht! Klingt gut, aber ich glaube, ich kann Sie mir nicht leisten."

HEYSE: „Oh, keine Angst, ich will Sie nicht therapieren..."

FRAU MUNRO: „Was wollen Sie dann?"

Heyse schaut etwas ertappt. Er überspielt mit einem Lächeln und reicht ihr die Karte.

HEYSE: „Ich möchte, dass Sie heute mit mir... einfach nur zu Abend essen...!"

Frau Munro zögert einen Moment, aber dann nimmt sie die Karte und schlägt sie auf.

84. EXT. SÜDSTADT - DAY

Ein verhangener Regentag. Die Stadt liegt in düsterem Grau.

85. INT. IN LISAS KüCHE - DAY

Richie blättert im Telefonbuch. Er sieht verbissen aus. Babette kommt herein. Richie reagiert nicht.

BABETTE: „Wie geht es dir?"

Richie sieht unwillig zu ihr. Er hebt das Telefon ab und wählt eine Nummer. Babette beobachtet ihn.

RICHIE (ins Telefon): „Andy! Hi! Ich bin's. Richie! Du musst mir helfen! Ich brauch 'ne Automatik. Ne Smissmade Double Action und Schnellladeringe. Zwei Boxen Patronen dazu... (unwillig) Nein, das ist mir zu spät! Ich brauch es schnell. Am besten heute Abend! (hört zu) Also gut. Elf! Ich bin da!"

Richie legt auf.

BABETTE: „Wen hast du angerufen?"

RICHIE (rau): „Niemand! Und jetzt lass mich in Ruhe, okay?"

BABETTE: „Du willst das Geld holen..."

RICHIE: „Scheiße, bist du meine gottverdammte Gouvernante, oder was?"

BABETTE: „Wenn du da mit einer Pistole hingehst, bist du tot!"

RICHIE (bellend): „Geht dich einen verdammten Dreck an!"

Er läuft an ihr vorbei. Babette sieht ihn böse an.

BABETTE: „Du bist ein Idiot! Ein dummer Idiot!"

Richie bleibt stehen und dreht sich finster zu ihr um.

BABETTE: „Du denkst, wer weiß wie clever du bist, aber du bist einfach nur dumm!"

Sie lässt ihn stehen und geht aus dem Zimmer.

86. EXT. VOR LISAS NEUBAU - AFTERNOON

Die Tür öffnet sich und Babette kommt gespornt und gestiefelt heraus. Sie marschiert blass die Straße hinunter.

LISA (O.S.): „Babette!"

Babette bleibt stehen. Lisa steht mit einer Einkaufstüte neben ihrem Auto und schaut zu ihr. Babette geht weiter. Lisa stellt die Einkaufstüte im Wagen ab und läuft dem Mädchen hinterher.

87. EXT. AN EINER STRAßENECKE - AFTERNOON

Lisa hat Babette erreicht und hält sie an der Schulter fest.

LISA: „Wo willst du denn hin?"

BABETTE (finster): „Das weißt du doch."

LISA: „Allein? Und Richie?"

BABETTE: „Richie macht nicht mehr mit."

LISA: „Wie? Hat er das gesagt?"

BABETTE: „Er hat am Telefon eine Pistole bestellt..."

Lisa sieht Babette bestürzt an.

LISA: „Oh Gott! Er will zu Klebb! ... Das ist Selbstmord!"

BABETTE: „Ich sag ja, er hilft mir nicht mehr!"

Sie will weiter, aber Lisa hält sie fest.

LISA: „Warum besprechen wir das nicht in aller Ruhe bei mir? Oder weißt du schon so genau, wie's weiter geht? Ich meine, die Polizei ist schließlich auch auf der Suche nach dir!"

Babette zuckt ratlos die Achseln. Lisa legt den Arm um die Schultern des Mädchens und zieht sie mit sich.

88. INT. LISAS KÜCHE - NIGHT

Lisa sitzt mit Babette am Tisch.

LISA: „Und wenn ich ein paar Tage Urlaub nehme und dir helfe?"

BABETTE (schüttelt den Kopf): „Nein, das geht nicht. Ich brauche einen Mann dazu."

In diesem Moment klingelt es an der Tür. Lisa geht und öffnet.

Richie stapft herein. Er sieht verdrossen aus und lässt sich erschöpft auf den Küchenstuhl fallen.

RICHIE: „Lisa! Ich brauch Geld! Fünfhundert. Leihst du's mir?"

LISA: „Dir was leihen? Für eine Pistole? Damit Klebbs Leute dich umlegen? Ganz sicher nicht!"

Richie steht auf und nimmt ein Messer aus der Küchenschublade.

RICHIE: „Dann geht es eben anders!"

BABETTE: „Was willst du tun?"

RICHIE: „Ich überfall eine Tankstelle oder einen Supermarkt. Mit dem Geld hol ich mir die Automatik. Und dann schnapp ich mir die Ratte Klebb..."

Richie geht zur Tür. Dabei knickt ihm das Knie weg und er fällt gegen die Wand. Ächzend richtet er sich auf und will weiter. Dann ist Lisa bei ihm und hält ihn am Arm.

LISA: „Richie, vergiss das Geld. Ich meine, ich hab nachgedacht... es ist mir egal, wenn wir keine Kinder haben. Ich kann bestimmt damit leben..."

RICHIE (lacht freudlos): „Und was, wenn nicht? Was, wenn du's nicht kannst?"

Er will an ihr vorbei und taumelt. Lisa ist bei ihm, bevor er fällt. Mit Babette bringt sie Richie ins Schlafzimmer.

89. INT. LISAS WOHNZIMMER -- NIGHT

Babette sitzt vor dem Terminal des PC als Lisa reinkommt. Sie zieht Geldscheine aus der Tasche. Babette schaut groß.

BABETTE: „Du gibst ihm das Geld?"

Lisa bekommt unwillkürlich Tränen in den Augen.

LISA: „Geht das dich was an?"

Babette schaut eingeschüchtert und schüttelt den Kopf.

BABETTE: „Dürfte ich mal deinen Computer benutzen?"

LISA: „Ja, sicher. Was hast du vor?"

BABETTE: „Ich hab da so eine Idee. Vielleicht schaff ich es ja, Richie von seinem Plan abzubringen..."

Lisa nickt müde. Babette fährt den Computer hoch.

90. INT. LAGERBLOOMS WOHNUNG - NIGHT

Lagerbloom liegt mit sanftem Lächeln tot auf seiner Couch. Der Kommissar steht neben den Männern der Spurensicherung, als Heyse hereinkommt. Der Kommissar nickt dem Mann zu.

HEYSE: „Wer ist das?"

KOMMISSAR: „Manuel Lagerbloom. Er hat Gabriel geholfen. Er und die Kleine waren jedenfalls hier..."

HEYSE (blickt zur Leiche): „Moment! War das etwa Richie?"

KOMMISSAR: „Nein. Der Junge hat sich den goldenen Schuss gesetzt. Krebs im Endstadium."

HEYSE: „So wie es riecht, ist die Spur nicht gerade heiß..."

KOMMISSAR: „Wir haben aber was anderes: Einer unserer Informanten hat uns erzählt, dass Richies Beute aufgetaucht ist. Roman Klebb hat sie angeblich..."

HEYSE (amüsiert): „Typisch Richie! Erst Mordsbetrieb machen und dann lässt er sich die Kohle abnehmen... Aber wenn dieser Klebb das Geld wirklich hat, dann taucht Richie früher oder später bei ihm auf..."

KOMMISSAR: „Nicht, wenn er noch bei Trost ist..."

HEYSE: „Richie ist schlicht. Er hat zu viel für dieses Geld durchgestanden... Er wird wie ein wütender Bulle in Klebbs Hauptquartier stürmen... Brief und Siegel drauf!"

KOMMISSAR: „Okay. Dann überwachen wir Klebb..."

Der Kommissar greift zum Telefon.

91. EXT. STRAßE VOR LISAS NEUBAU - DAY

Der Briefträger kommt und wirft Post ein.

92. INT. IN LISAS SCHLAFZIMMER - DAY

Richie kommt zu sich. Er will sich bewegen und stöhnt auf. Sein Schädel rast vor Kopfschmerzen.

RICHIE: „Lisa?"

Es ist still in der Wohnung. Richie steht auf. Sein Blick fällt auf den Nachtschrank. Da liegt ein Umschlag. Er nimmt ihn und öffnet ihn. Ein kleines Bündel Fünfzig-Euro-Scheine liegt drin. Richie nickt zufrieden...

93. EXT. VOR LISAS NEUBAU - DAY

Richie kommt mit finsterem Gesicht aus dem Haus. Er wirkt wesentlich fitter als beim letzten Versuch, aufzubrechen. Babette sitzt vor der Tür und liest. Sie blickt auf.

BABETTE: „Richie!"

Richie bleibt stehen.

RICHIE: „Was ist?"

BABETTE: „Ich hab ein Geschenk für dich..."

RICHIE: „Danke! Ich brauch kein Geschenk!"

Er dreht sich um und geht weiter.

BABETTE (verzweifelt): „Es ist ein Motorrad! Eine Triumph!"

Richie wird langsamer und dreht sich irritiert zu ihr um.

BABETTE: „Es ist wahr! Ich habe ein Motorrad für dich!"

RICHIE: „Du hast doch echt 'n Knall!"

Er wendet sich ab und geht weiter.

BABETTE (wütend): „Bleib stehen! Du darfst nicht gehen!"

Richie ignoriert sie. Babette stürmt hinter ihm her und springt ihn von hinten an. Richie stolpert fast.

BABETTE (verzweifelt): „Du wirst nicht wiederkommen. Sie töten dich!"

RICHIE: „Na und? Wen zum Geier kratzt es?"

BABETTE: „Mich! Mich kratzt es!"

Er schiebt Babette zur Seite und geht weiter. Babette läuft ihm nach und umklammert von hinten sein Bein. Sie beißt ihm mit aller Kraft in den Oberschenkel. Richie brüllt vor Schmerz. Er will sie abschütteln, aber Babette beißt erneut zu. Richie reißt sie an den Haaren weg und schleudert sie gegen die Mauer. Er rastet aus.

Er setzt nach und schlägt dem Kind die Faust ins Gesicht. Babette fällt in sich zusammen. Richie holt in seiner Raserei erneut aus, als er jäh zur Besinnung kommt. Er starrt auf das reglose Kind. Babette blutet. Fassungslos begreift Richie, was er getan hat...

RICHIE: „Babette!"

Das Mädchen rührt sich nicht.

94. INT. IN LISAS SCHLAFZIMMER -- AFTERNOON

Richie sitzt wie ein Häufchen Unglück neben Babette. Die Tür geht auf und Lisa kommt herein. Die sieht Babette, deren Gesicht verfärbt und geschwollen ist.

LISA: „Um Gottes Willen! Was ist passiert?"

Sie sieht Richie an, der verstört ins Leere blickt.

RICHIE: „Ich war es..."

LISA: „Was? Das ist ein Kind! Elf Jahre alt...!"

RICHIE: „Ich weiß nicht, wieso es passiert ist. Ich hab rot gesehen. Ich wollte es nicht..."

Lisa untersucht Babette.

LISA: „Ich hol den Arzt. Und du, verschwinde!"

Lisa packt ihn und bugsiert ihn zur Tür hinaus.

95. EXT. VOR LISAS HAUS -- AFTERNOON

Richie tritt stumm aus dem Haus. Dann blickt er zur Einfahrt, die in den Hinterhof führt. Er geht hinüber...

96. EXT. LISAS HINTERHOF -- AFTERNOON

Richie kommt um die Ecke. Und da steht das Motorrad, von dem Babette gesprochen hatte. Eine glänzende schwarze Triumph Tiger, ein gebrauchtes Modell, aber es hat Stil und Klasse. Richie tritt näher. Auf dem Sitz liegen zwei Helme. Mit Kinderschrift hat jemand ihre Namen auf die Helme gemalt: Richie & Betty. Richie starrt auf die Maschine. Er kniet sich neben das Gefährt und streicht über das Metall. Tränen der Scham laufen ihm herunter. Dann brechen die Dämme. Er weint...

97. INT. BÜRO FRAU MUNRO -- AFTERNOON

Frau Munro ist dabei, ihren Schreibtisch auszuleeren und zu packen. Es klopft. Heyse steckt den Kopf herein.

HEYSE: „Darf ich?"

FRAU MUNRO: „Sicher."

Sie packt weiter, während Heyse ihr befremdet zusieht.

HEYSE: „Was tust du denn da?"

FRAU MUNRO: „Siehst du doch: Ich packe zusammen. Meine Kündigung habe ich schon geschrieben. Das war's!"

Heyse legt die Stirn in Falten. Dann nimmt er Frau Munro einen Ordner, den sie in der Hand hat, weg und zieht sie zur Couch. Er manövriert sie hinein und setzt sich dazu.

HEYSE: „Das ist keine gute Idee, Janine!"

FRAU MUNRO: „Doch. Das ist die beste Idee seit langem!"

HEYSE: „Du vergisst Babette!"

FRAU MUNRO: „Ein Grund mehr! Sie ist nicht zuletzt meinetwegen in dieser Situation..."

HEYSE: „Das ist doch nicht wahr!"

FRAU MUNRO: „Rainer, ich hatte totale Aversionen gegen das Kind. Es bereitete mir Genugtuung, sie zu quälen... Nein! Es ist höchste Zeit, dass ich hier verschwinde!"

HEYSE: „Du vergisst etwas: Du bist die einzige Bezugsperson, die Babette hat. Du kennst sie, seit sie im Heim ist. Auch wenn du sie hart rangenommen hast, du bist ihr vertraut. Wenn wir sie finden, dann wird sie eine Bezugsperson brauchen..."

FRAU MUNRO: (lacht auf): Und das soll ausgerechnet ich sein?"

HEYSE: „Ich habe größtes Vertrauen in dich!"

Frau Munro sieht ihn ungläubig an. Dann steht sie auf, geht ein paar Schritte und schüttelt mutlos den Kopf.

FRAU MUNRO: „Du hast keine Ahnung, wie es in mir aussieht. Die Sache mit Babette, die Erkenntnis über mich, das alles hat mich aufgewühlt. Die letzten Nächte habe ich durchgeheult. Ich bin einfach so fertig...! Ich fürchte, ich brauche wesentlich dringender Halt als Babette..."

Heyse steht auf, geht zu der Heimleiterin und nimmt sie sanft in die Arme. Sie lässt es geschehen.

HEYSE: „Du bist nicht allein! Ich bin auch noch da..."

Frau Munro seufzt müde. Sie verliert ihre Steifheit und wird in seiner Umarmung weich. Sie schließt die Augen.

98. INT. IN LISAS WOHNUNG - NIGHT

Lisa steht am Waschbecken und spült, als es klingelt. Sie schaut müde auf und geht zur Tür. Richie steht vor ihr.

RICHIE: „Darf ich reinkommen?"

Lisa antwortet nicht, lässt aber die Tür offen stehen, als sie in die Küche zurückgeht. Er folgt ihr. Lisa spült weiter. Richie setzt sich.

RICHIE: „Wie geht es der Kleinen?"

Lisa hält inne und dreht sich zu Richie um.

LISA: „Richie, ich weiß, du bist kein schlechter Kerl. Aber wie konntest du diesem Mädchen so etwas antun...?"

Richie windet sich unter ihrem vorwurfsvollen Blick.

RICHIE: „Kann ich zu ihr?"

LISA: „Wenn du dich im Griff hast..."

RICHIE: „Ich hab mich im Griff!"

Er steht auf und geht hinüber ins Schlafzimmer.

99. INT. IN LISAS SCHLAFZIMMER - EVENING

Lisa liegt mit offenen Augen da, als Richie hereinkommt. Ihr linkes Auge schillert grün und blau.

RICHIE: „Hallo!"

Babette sieht zu ihm.

RICHIE: „Kann ich einen Moment mit dir reden?"

Babette nickt. Richie nimmt einen Stuhl und setzt sich zu ihr.

RICHIE: „Hör zu, dieses Geld... Ich... ich war einfach wie vernagelt! Seit sechs Jahren lebe ich nur dafür, dass ich es endlich bekomme. Und als Klebb mir jetzt alles weggenommen hat, da hab ich rot gesehen. Ich war wie irre... Der Schlag, der war nicht für dich. Das musst du mir glauben!"

BABETTE: „Wieso nicht? Ich hab dich doch auch gebissen!"

RICHIE (nickt zögernd): „Stimmt. Das hast du."

BABETTE: „Und? Hat das nicht wehgetan?"

RICHIE: „Das hat sogar schweineweh getan!"

Babette nickt zufrieden. Damit ist doch alles klar!

BABETTE: „Und was wirst du jetzt machen?"

RICHIE (zuckt die Achseln): „Bleibt ja nur noch ein Punkt auf der Liste: Wir suchen deinen alten Herrn!"

Babette nickt und bemüht sich, ihre Freude nicht zu zeigen.

BABETTE: „Gut!"

RICHIE: „Ich würde sagen, dann fahren wir morgen los!"

Babette tut gleichmütig und nickt. Richie geht zur Tür und dreht sich noch einmal um.

RICHIE: „Ach ja! Danke für das Motorrad."

BABETTE (nickt lässig): „Gern geschehen!"

RICHIE: „Ich hab schon mal eine Runde gedreht. Hat echt Zorn, das Schätzchen..."

Babette lächelt nun und freut sich.

RICHIE: „Wo hast du sie her?"

BABETTE: „Gegoogelt"

RICHIE: „Und das Geld?"

Babette zögert.

BABETTE: „Ich war mir nicht sicher, ob du mir wirklich hilfst, wenn du dein Geld erstmal hast. Da hab ich im Versteck mal lieber zwei Bündel von der Beute für mich abgezweigt..."

Richie guckt groß. Dann schmunzelt er und nickt anerkennend.

100. EXT. LANDSTRAßEN - DAY

Ein gutturaler Ton wird lauter. Das kehlige Pochen eines schweren Motorrades durchschneidet die Ruhe. Richie und Babette brettern mit Helmen bewehrt durch die Landschaft. Das Motorrad fährt an einem Ortsschild vorbei: NEUENMARKT.

101. INT. HOTELZIMMER - EVENING

Babette liegt auf dem Doppelbett und zappt. Die Tür geht auf und Richie kommt mit einem Klappspaten herein...

RICHIE: „Und? Kam in den Nachrichten was über uns?"

Babette schüttelt den Kopf.

RICHIE: „In der Bild ist ein Riesenfoto von dir. Wenn's um Kinder geht, sind die Bullen voll da! Deshalb sorgen wir vor!"

BABETTE: „Aber das mit Vater und Tochter haben sie uns doch problemlos abgekauft..."

RICHIE (zückt eine Schere): „Noch besser wären falsche Pässe. Aber das geht nicht so schnell..."

BABETTE (irritiert): „Was soll die Schere?"

RICHIE: „Umstyling! Wir machen aus dir einen Jungen!"

Babette guckt entsetzt und fasst schützend auf ihre Haare.

BABETTE: „Nein!"

RICHIE: „Oh, doch! Du musst! Du bist jetzt ein Profi!"

102. EXT. STRAßE VOR EINEM FRIEDHOF -- NIGHT

Die Tiger knattert heran. Richie hält an.

RICHIE: „Was denn? Hier?"

Babette hüpft vom Motorrad und nimmt den Helm ab. Ihre Haare sind nun sehr kurz und sie trägt eine Brille, unter der ein Auge mit einem Wattebausch abgeklebt ist. Dazu hat sie eine Fliegerjacke an und sie sieht mehr nach einem Jungen aus als nach einem Mädchen. Richie bockt die Maschine auf und legt den Helm ab. Er trägt eine Brille und hat die Haare gefärbt.

BABETTE: „Vergiss die Schaufel nicht!"

Richie nimmt den Klappspaten aus dem Topcase. Dann begreift er. Er schaut auf den Spaten und dann auf den Friedhof...

RICHIE (fassungslos) „Oh nein! Das ist jetzt nicht wahr!"

103. EXT. VOR DEM GRAB VON BABETTES ELTERN - NIGHT

Babette und Richie stehen vor dem Grab der Eltern.

RICHIE: „Babette, ich werde das nicht tun!"

BABETTE: „Wieso denn?"

RICHIE: „Na... Störung der Totenruhe! Das ist Grabschändung!"

BABETTE: „Das ist die einzige Chance, meinen Vater zu finden!"

RICHIE: „Nochmal, was genau ist in dem Amulett deiner Mutter?"

BABETTE: „Ein Bild von meinem wirklichen Vater!"

RICHIE: „Wie stellst du dir das vor? (hebt den Spaten) Mit diesem Klappspaten soll ich ein Grab freilegen? Ich allein?"

BABETTE (fauchend): „Ich hab dir im Baumarkt doch gesagt, die Schaufel ist zu klein! Aber nein, der Herr Einstein wusste es ja besser!"

Richie wirft den Klappspaten ärgerlich auf den Boden.

RICHIE: „Vergiss es! Ich nehme immer noch Antibiotika! Ich werde tot sein, bevor ich einen Meter tief bin!"

BABETTE: „Du hast es versprochen!"

Die beiden funkeln sich wütend an...

104. EXT. KINDERHEIM - MORNING

Die Tür des Kinderheims öffnet sich und Heyse und Frau Munro kommen heraus. Sie besteigen Heyses Auto und fahren los.

105. EXT. IN HEYSES AUTO AUF DER LANDSTRAßE - DAY

Heyse steuert und Frau Munro sitzt auf dem Beifahrersitz.

FRAU MUNRO: „Babette hat ein Motorrad gekauft?"

HEYSE: „Als Gabriel und Klebb damals die Bank überfallen haben, waren Geldbündel mit fortlaufenden Nummern unter der Beute. Und mit genau denen hat Babette bezahlt..."

FRAU MUNRO: „Hat sich im Geschäft denn niemand gewundert, dass ein Kind soviel Geld hat?"

HEYSE: „Es war von privat. Der Mann, der das Motorrad verkauft hat, hat das Geld auf die Bank getragen und erst da ist man aufmerksam geworden!"

FRAU MUNRO: „Aber du sagst, Richie würde versuchen, sein Geld bei Klebb zu holen..."

HEYSE: „Okay, da lag ich falsch. Aber das ändert nichts. Ein Mann und ein Kind auf einem Motorrad auf dem Weg nach Neuenmarkt! Der Ort wird hermetisch abgeriegelt! Wir schnappen Gabriel noch heute!"

Frau Munro schaut nachdenklich. Heyse bemerkt das.

HEYSE: „Was ist?"

FRAU MUNRO: „Du bist Psychologe und wahrscheinlich bist du wirklich gut. Warum kannst du dich nicht um das Kind kümmern?"

HEYSE (schüttelt den Kopf): „Sie würde sofort ihre Vaterfantasien auf mich projizieren... (sieht zu ihr) Nein, Janine, du bist das letzte Streichholz in Babettes Schachtel!"

106. INT. HOTELZIMMER - MORNING

Babette erwacht. Die Sonne scheint hell ins Zimmer. Nebenan geht die Dusche aus. Richie kommt mit einem Handtuch um die Hüften gutgelaunt ins Zimmer.

RICHIE: „Das tat gut! Im Knast ist das mit dem Duschen nicht ganz so entspannt wie hier..."

BABETTE: „Und? Hast du es geschafft?"

Richie geht zu ihr und lässt aus seiner Hand grinsend ein Medaillon fallen, das an einer Kette hängt. Babettes Augen werden groß. Sie greift hastig nach dem Medaillon...

RICHIE: „Das war eine Schweinearbeit. Das sag ich dir! Sechs Stunden! Wir sind quitt. Für dieses und das nächste Leben!"

Babette versucht fieberhaft das Amulett zu öffnen.

BABETTE: „Es geht nicht auf!"

RICHIE: „Ich hab es auch schon versucht..."

BABETTE: „Es ist die Arbeit von einem italienischen Goldschmied. Man kann es aufmachen..."

RICHIE: „Glaub mir, ich kenn mich mit Schlössern und Safes aus. Das Ding da hat definitiv kein Geheimfach..."

Es macht Plink! und das Medaillon klappt in zwei Hälften auseinander. Allerdings nicht längs, sondern quer...

RICHIE: „Wow! Darauf muss man kommen!"

Babette klappt ein kleines Gelenk auf. Darin liegt eine mit Wachs fixierte Haarsträhne. Babette starrt sie geschockt an.

BABETTE: „Haare?"

RICHIE: „Warum sollte deine Mutter auch so blöd sein, ein Bild ihrem Lover mit sich rumzuschleppen?"

BABETTE (erschüttert): „Ich war ganz sicher, dass ein Foto drin ist..."

RICHIE: „Immerhin wissen wir jetzt, dass du recht hattest. War dieser Martin, der Mann deiner Mutter, blond?"

BABETTE: „Nein. Martin hatte schwarze Haare."

RICHIE: „Dann hat deine Mama wohl wirklich einen heimlichen Liebhaber gehabt!"

BABETTE (unglücklich): „Aber ohne Foto finde ich ihn nie... Das war's. Jetzt ist alles aus..."

RICHIE (überlegt einen Moment): „Gehen wir mal anders an die Sache ran: Wenn deine Mutter einen Geliebten hatte, dann muss sie ihn ja irgendwann getroffen haben, oder?"

BABETTE: „Ja, schon..."

RICHIE: „Wenn ihr Ehemann das nicht mitkriegen sollte, muss sie dafür eine Tarnung gehabt haben..."

BABETTE (denkt nach): „Ich weiß nicht. Sie war immer mal weg. Zum Einkaufen, zum Friseur, ins Kino..."

RICHIE: „Bei einer echten Liebesgeschichte braucht man mehr Zeit zusammen! Ist sie mal allein in den Urlaub?"

Babette schüttelt den Kopf.

BABETTE: „Nein. Wir sind immer alle zusammen in den Urlaub..."

Ihr fällt etwas ein.

BABETTE: „Moment! Dienstags! Dienstag nachmittags ging sie immer zum Töpfern... Und sie war dann den ganzen Abend weg!"

RICHIE: „Wohin ging sie zum Töpfern?"

BABETTE (langsam): „Nach Wirsberg... Das ist so fünf Kilometer von Neuenmarkt..."

RICHIE: „Aha. Wäre doch mal interessant, herauszufinden, wer alles in diesem Töpferkurs war..."

Babette nickt zustimmend.

RICHIE: „Aber erstmal verschwinden wir hier... Das heißt, ich brauch Geld, um die Zimmer zu bezahlen!"

Babette nickt und zieht aus ihrem Rucksack ihr Schachbrett hervor. Sie klappt es auf und zieht ein Bündel heraus. Sie gibt es Richie. Der stutzt und schaut beunruhigt.

BABETTE: „Was ist?"

RICHIE: „Verflucht! Das sind nagelneue Scheine!"

BABETTE: „Ja. Ich mag neue Scheine!"

Er blättert sie auf.

RICHIE: „Sie sind fortlaufend nummeriert! Die sind also registriert. Hast du mit den Dingern das Motorrad bezahlt?"

Babette nickt bestürzt. Richie überlegt fieberhaft.

RICHIE: „Nicht gut. Aber egal. Wir zahlen mit den Scheinen! Immer noch besser, als die Zeche zu prellen. Aber das Motorrad lassen wir besser mal zurück. Und das tut weh...!"

Die beiden nehmen ihre Sachen und verlassen das Zimmer.

<u>107. EXT. NEUENMARKT - DAY</u>

Ein Einsatzwagen fährt vor. Jede Menge Polizisten springen ab. Der Kommissar spricht mit dem Kommandeur der Truppe.

KOMMISSAR: „Alle Ausfallstraßen von Neuenmarkt werden überwacht. Jeder darf rein. Aber keiner raus. Besonderes Augenmerk auf Motorräder. Aber wir halten uns zurück. Das Kind wird unter keinen Umständen gefährdet!"

Der Kommandeur nickt ruhig.

108. EXT. LANDSTRAßE VOR WIRSBERG -- DAY

Ein Postbus rollt an einem Schild vorbei mit der Aufschrift ‚WIRSBERG 2 km'.

109. INT. IM POSTBUS - DAY

Richie und Babette sitzen ganz hinten im karg besetzten Bus. Richie hat seine Haare mit Gel zurückgekämmt und sieht mit seiner randlosen Brille nun durchaus intellektuell aus.

RICHIE: „Du gehst ins nächste Café und ich sehe, was ich rausfinde!"

BABETTE: „Richie, ich habe Angst..."

RICHIE: „Wird schon schief gehen! Wir finden deinen Alten!"

Babette glaubt ihm zwar nicht, aber die Worte tun gut.

110. EXT. MARKTPLATZ WIRSBERG - DAY

Der belebte Wochenmarkt in Wirsberg. Richie kommt des Weges.

111. INT. IM KOLPINGHAUS WIRSBERG - DAY

Eine Mitarbeiterin des Kolpingwerks kommt mit einem Ordner.

RICHIE: „Ich versteh's nicht! Dreimal sag ich dem Kollegen, ruf an, dass ich komme! Aber Pustekuchen! Ich glaube, heutzutage nehmen sie alles auf der Polizeischule..."

KOLPINGMITARBEITERIN: „Ja, Herr Kommissar, ich müsste natürlich wissen, um welches Jahr es sich dreht..."

RICHIE: „Fangen Sie mal bei 2010 an..."

KOLPINGMITARBEITERIN (blättert suchend): „Und Sie glauben, jemand aus dem Töpferkurs könnte was mit dieser Kindesentführung zu tun haben..."

RICHIE: „Sie ahnen ja nicht wie viele Entführer töpfern..."

Die Kolpingfrau sieht ihn verblüfft an.

RICHIE: „Laut unserer Statistik gibt es fünfzig Prozent mehr Entführer aus Töpferkursen als etwa aus Origami-Kursen..."

KOLPINGMITARBEITERIN: „Warten Sie! Ich habe etwas! Wiebke Schmidt. Sie hat den Töpferkurs von Frau Gerda Matthäi besucht... Das fing 2009 an... und ging bis zu ihrem Tod..."

RICHIE: „Könnte ich die Namen aller Männer haben, die den Kurs mit ihr besuchten?"

KOLPINGMITARBEITERIN: „Da gibt's nur einen Einzigen...!"

RICHIE (platt): „Ach was!?"

KOLPINGMITARBEITERIN: „Er heißt Werner Brehme. Wohnt in der St. Vitusstraße zehn!"

Richie lächelt erfreut.

112. EXT. KREUZUNG - DAY

Richie überquert die Kreuzung und geht auf das kleine Café zu in dem Babette wartet. Er betritt es.

113. INT. CAFÈ KLATSCH - DAY

Babette trinkt einen Milchshake, als Richie sich dazu setzt.

BABETTE: „Und?"

RICHIE: „Volltreffer! Werner Brehme! Er ist es oder keiner!"

BABETTE (schaut unsicher): „Der Name sagt mir gar nichts..."

RICHIE: „Ich hab seine Adresse. Wir können hinlaufen..."

Babette schweigt.

RICHIE: „Okay?"

BABETTE (zögernd): „Ich wollte nur sagen, dass es mir leid tut. Ich meine, dass ich dich einen Dummkopf genannt habe..."

Richie winkt ab. Er legt Geld auf den Tisch und die beiden verlassen das Lokal.

114. EXT. VOR DEM CAFÈ - DAY

Als sie gerade den Marktplatz überquert haben, hält ein Mannschaftswagen der Bereitschaftspolizei vor dem Rathaus. Polizisten schwärmen aus. Während Richie und Babette um die nächste Ecke huschen, betreten zwei Polizisten das Café...

115. EXT. STRAßE IN WIRSBERG - DAY

BABETTE (blickt sich um): „Sind die unseretwegen da?"

RICHIE: „Da geh ich mal schwer von aus. Wir sind am Arsch!"

BABETTE: „Und wenn wir einfach abhauen?"

RICHIE (schüttelt den Kopf): „Vergiss es! Die wissen, dass wir hier sind! Wir haben noch einen Zug, bevor wir Schach matt sind! Und den Zug machen wir noch...!"

Sie beschleunigen ihre Schritte.

116. EXT. ST. VITUSSTRAßE - AFTERNOON

Richie und Babette nähern sich dem Haus von Werner Brehme.

RICHIE: „Wir sind da!"

Babette ist sichtlich mulmig.

RICHIE: „Na geh! Viel Glück!"

Babette geht ein paar Schritte auf das Haus zu. Dann dreht sie sich mit einem Male um und läuft zurück zu Richie. Das Mädchen bebt am ganzen Körper.

BABETTE: „Ich hab Angst, Richie!"

RICHIE (sieht sie an): „Willst du, dass ich mitkomme?"

Babette nickt hastig. Richie lächelt. Er geht mit ihr auf das Haus zu und klingelt. Babette presst sich schutzsuchend an Richie. Ein freundlicher Herr um die fünfzig öffnet.

RICHIE: „Guten Tag! Sind Sie Werner Brehme?

BREHME: „Ja! Worum handelt es sich?"

117. EXT. ZIVILES POLIZEIFAHRZEUG - AFTERNOON

Der Mannschaftswagen der Polizei rast durch die Stadt. Heyse und Frau Munro sitzen beim Kommissar. Ein Polizist mit Headset dreht sich zum Kommissar um.

HAUPTMEISTER: „Sie sind in Wirsberg. Gabriel wurde identifiziert. Wir haben ihn!"

KOMMISSAR: „Gut! Ich will nicht, dass mir der Dreckskerl noch mal durch die Maschen geht! Und besondere Vorsicht! Das Kind kriegt keinen Kratzer ab, klar?"

Der Kommissar schenkt Frau Munro einen aufmunternden Blick.

118. INT. WOHNZIMMER WERNER BREHME - AFTERNOON

Babette und Richie sitzen auf einer Couch. Herr Brehme serviert Kekse und Kaffee.

BREHME (setzt sich): „So, Sie haben mich ja richtig neugierig gemacht. Was ist denn mit dem Töpferkurs?"

Richie schaut zu Babette, aber das Mädchen ist viel zu aufgeregt und eingeschüchtert, um reden zu können.

RICHIE: „Erinnern Sie sich an Wiebke Schmidt?"

Brehme fällt das Lächeln aus dem Gericht.

BREHME: „Wiebke Schmidt? Äh... wieso interessiert Sie das?"

RICHIE: „Hatten Sie mit ihr ein Verhältnis?"

Brehme bekommt eine unwillige Falte über der Stirn.

BREHME (lacht auf): „Ein Verhältnis?? Ich? Machen Sie Witze?"

Babette zupft an Richies Ärmel und deutet auf die Kommode. Dort steht ein Bild mit einer sehr attraktiven Frau.

BABETTE: „Da! Das ist ein Foto von Mama!"

Brehme stößt einen unwilligen Laut aus und erhebt sich abrupt.

BREHME: „Das Gespräch ist beendet! Sie gehen jetzt beide!"

Er steht auf und deutet zur Tür. Richie steht auf und geht auf Brehme zu. Er packt ihn und stößt ihn ruppig gegen die Wand...

RICHIE (gepresst): „Dann muss ich deutlicher werden! Hatten Sie eine Affäre mit Wiebke Schmidt oder nicht?"

BREHME (mit sich weitenden Augen): „Moment mal! Jetzt erkenne ich Sie! Sie sind doch dieser entflohene Bankräuber!"

RICHIE: „Ja, und ich hab absolut nichts zu verlieren! Also, ich will eine Antwort: Verhältnis... 'ja' oder 'nein'?"

Brehme sieht gequält zu Babette. Dann wieder zu Richie.

BREHME: „Ja."

RICHIE: „Ja... und?"

BREHME: „Nichts und. Wir haben uns eben geliebt."

RICHIE (zeigt auf Babette): „Dieses Mädchen hier ist Wiebkes Tochter. Und sie glaubt, dass Sie ihr Vater sind..."

BREHME (verdattert): „Ich?? Ihr Vater?? Nein!"

Brehme starrt Babette an.

RICHIE (zu Brehme): „Könnte Sie nicht doch Ihre Tochter sein? Ich meine, das wäre doch denkbar?"

BREHME: „Niemals! Als ich Wiebke kennengelernt hab, da hatte sie das Kind schon! Sie hatte es gerade abgestillt..."

Stille. Dann, unvermittelt, springt Babette auf Brehme zu und trommelt ihm mit den Fäusten gegen die Brust.

BABETTE: „Sie lügen! Sie lügen, weil Sie mich nicht haben wollen! Deshalb! Sie wollen mich nicht haben!"

Richie drückt das tobende Kind mit einer Hand von Brehme weg.

RICHIE: „Babette! Beruhige dich!!"

BREHME (zittert vor Angst): „Ich sage die Wahrheit! Nur wegen des Kindes hat Wiebke ihren Mann nicht verlassen..."

BABETTE: „Das ist nicht wahr! Er will mich nur nicht haben! Das Schwein! (kreischend) Ich hasse Sie! Ich hasse Sie!"

Richie lässt Brehme los, der die Flucht ergreift und aus dem Haus stürmt. Richie nimmt die heulende Babette in den Arm.

RICHIE (sanft): „Hör auf, Babette! Der hatte viel zu viel Schiss um zu lügen! Es ist vorbei."

BABETTE (kraftlos): „Nein, nein...!"

RICHIE (einfühlsam): „Deine Mama hatte nur einen Geliebten, Süße! Wir haben ihn gefunden und er ist nicht dein Vater..."

Babette bricht zusammen und schluchzt in Richies Armen.

RICHIE: „Tut mir leid für dich!"

Babettes Theorie und ihre ganze Hoffnung liegen in Trümmern und die brutale Ernüchterung schockt sie zutiefst. Richie wiegt das unglückliche Kind in seinen Armen.

RICHIE: „Ich weiß, was du jetzt fühlst... (er seufzt) Weißt du noch, bei Lagerbloom, als ich dir von meinem Vater erzählt hab? Und wie froh ich war, als er endlich gestorben ist? Und dass ich so gerne getanzt hätte auf seinem Grab? (er lächelt traurig) Ja, ich hab meinen Vater gehasst, aber es gab es auch gute Sachen, an die ich mich erinnere. Auf seine Art hat er mich geliebt, glaub ich. Er war einfach nur so total kaputt..."

Babette beruhigt sich allmählich.

RICHIE (leise): „Als mein Vater starb, tat es weh. So verdammt weh! Es war, wie wenn die ganze Welt einfriert. Und bis heute ist sie nicht wieder aufgetaut..."

Draußen werden Polizeisirenen laut.

RICHIE: „Er war mein Papa und ich hätte alles dafür gegeben, ihn zurückzubekommen... Schläge hin, Schläge her..."

Babette blickt Richie an. Der lächelt traurig.

RICHIE: „Sie kommen..."

BABETTE: „Du sollst mein Papa sein!"

Richie sieht sie perplex an.

RICHIE: „Ich?"

BABETTE: „Ja! Du kannst doch mein Papa sein! Richie! Bitte! Bitte!!"

Richie sieht das Kind in seinen Armen erschüttert an.

119. EXT. ST. VITUSSTRAßE - DAY

Der Kommissar, Heyse und Frau Munro steigen aus den Einsatzfahrzeugen. Hinter ihnen schwärmen Einheiten der Polizei aus. Der Kommissar setzt ein Megaphon an die Lippen.

KOMMISSAR: „Richard Gabriel! Das Haus ist umstellt! Kommen Sie mit erhobenen Händen heraus! Dann wird hier nichts passieren!"

Er schaut zum Haus. Es tut sich nichts. Frau Munro steht neben Heyse. Der Psychologe legt ihr mitfühlend die Hand auf den Rücken. Da öffnet sich die Tür und Richie tritt mit Babette heraus. Eine Menge Scharfschützen haben auf Richie angelegt. Er hebt die Hände. Der Kommissar setzt sein Megaphon an.

KOMMISSAR: „Nicht schießen!"

Einige Beamte laufen los und packen Richie. Sie drücken ihn auf den Boden und fesseln ihn. Babette sieht das verschreckt.

BABETTE: „Nein! NEIN!! Lasst ihn los!"

Sie trommelt mit Fäusten gegen den Rücken eines der Polizisten. Dann ist Frau Munro bei ihr.

FRAU MUNRO: „Babette!! Ist alles in Ordnung mit dir?

Babette sieht sie und beginnt zu schreien. Frau Munro hält das tobende Kind fest. Sofort ist ein Arzt da und gibt Babette eine Beruhigungsspritze. Sie klappt zusammen. Richie, der in diesem Moment in ein Auto verfrachtet wird, sieht der Kleinen betroffen nach. Er lässt deprimiert den Kopf sinken...

TEXTEINBLENDUNG: VIER WOCHEN SPÄTER

120. INT. ZIMMER IM HEIM -- EVENING

Das Zimmer ist behelfsmäßig zu einem Schlafzimmer umgestaltet. Babette liegt mit leeren Augen apathisch auf dem Bett. An der Wand sind hübsche Bilder geklebt, die zur Aufmunterung gedacht sind. Frau Munro setzt sich ans Bett zu Babette, die keine Regung zeigt. Sie sieht auf das Tablett mit dem Abendessen, das unangerührt neben Babette auf dem Nachtschrank steht.

FRAU MUNRO: „Babette, was ist nur mit dir? Warum isst du denn gar nichts? Komm, ich helfe dir, okay?"

Frau Munro will Babette füttern. Aber die öffnet den Mund nicht. Die Erzieherin legt den Löffel beiseite.

FRAU MUNRO: „Na gut! Ich sehe gleich noch einmal nach dir..."

Es ist für die Erzieherin schmerzlich zu sehen, dass sie das Kind nicht erreicht. Sie steht auf und verlässt den Raum.

121. INT. BÜRO FRAU MUNRO - EVENING

Heyse sitzt in Frau Munros Büro und liest Zeitung, als die Heimleiterin hereinkommt. Er schaut zu ihr, doch ihre Miene spricht Bände. Frau Munro setzt sich auf die Couch.

FRAU MUNRO: „Sie isst immer noch nichts. Wir werden sie ins Krankenhaus bringen müssen... Wenn sie nicht künstlich ernährt wird, ist sie bald tot... Ich verstehe es nur nicht. Sie hatte immer so einen unglaublich starken Willen... Und jetzt..."

HEYSE „Den Willen hat sie immer noch. Nur jetzt will sie sterben..."

Frau Munro zieht etwas aus der Tasche.

FRAU MUNRO: „Hier! Das habe ich bei Babette gefunden..."

Es ist eine Seite auf der eine Kinderzeichnung zu sehen ist: Ein Mann und ein Kind auf dem Motorrad.

HEYSE: „Das sind Richie und sie..."

FRAU MUNRO: „Vielleicht kann er etwas tun! Sie scheint irgendwie auf ihn fixiert zu sein..."

HEYSE: „Warum rufen wir nicht gleich Wigald Boning?"

Frau Munro schaut missbilligend. Heyse lenkt ein.

HEYSE: „Okay, ist vielleicht ein Stockholm-Syndrom. Wenn alle Stricke reißen, nehmen wir Richie als Joker!"

122. EXT. GEFÄNGNIS ST. GEORGEN - DAY

Das Gefängnis liegt friedlich unter einer klaren kalten Luft.

123. INT. GEFÄNGNISWÄSCHEREI ST. GEORGEN - DAY

Richie steht an einer riesigen Waschmaschine und lädt die schmutzige Wäsche ein. Ein Mitgefangener kommt und steckt ihm einen Zettel zu. Richie faltet ihn auf und liest ihn. Er nickt und lächelt. Da kommt ein Aufseher näher

AUFSEHER: „Gabriel! Was hast du da?"

Richie blickt auf und würgt den Zettel schnell herunter.

AUFSEHER: „Gib mir den Zettel!"

RICHIE: „Klar! Wenn er hinten wieder rauskommt!"

AUFSEHER: „Witzbold! Komm mit! Dein Typ wird verlangt!"

Richie legt die Wäsche aus der Hand und folgt dem Aufseher.

124. INT. IM POLIZEI-TRANSPORTER AUF DEN STRAßEN – DAY

Heyse sitzt mit dem gefesselten Richie auf der Rückbank des Gefängnistransporters.

RICHIE (bestürzt): „Babette wird künstlich ernährt?"

HEYSE: „Seit zwei Wochen. Seit sie zurück ins Heim gebracht wurde, verweigert sie jegliche Kommunikation. Sie spricht nicht und isst nicht. Nur einmal hat sie etwas gemalt..."

Der Psychologe reicht Richie Babettes Zeichnung. Der sieht darauf und ist seltsam berührt.

HEYSE: „Glauben Sie, Sie könnten an sie herankommen?"

RICHIE: „Keine Ahnung. Wieso ist sie denn so weggetreten?"

HEYSE: „Ich habe da eine Theorie: Damals, unmittelbar vor dem Autounfall hatten ihre Eltern ihretwegen einen Streit. Babette denkt vielleicht, sie ist schuld am Tod ihrer Eltern. Sie war zu klein, um alles zu verarbeiten. Sie floh in eine schützende Fantasie und begann zu denken, dass ihr wirklicher Vater noch lebte... Und wenn sie ihn fände, wäre sie erlöst..."

RICHIE: „Aber es gibt keinen anderen Vater!"

HEYSE: „Das ist das Dilemma. Sie kann das nicht akzeptieren, sonst fällt ihr Schutzgebäude zusammen und der ganze aufgestaute Schmerz über den Verlust der Eltern bräche über sie herein. Bevor sie sich dem stellt... stirbt sie lieber!"

RICHIE (seufzt mitfühlend): „Ganz am Ende, da hat sie mich gebeten, ihr Vater zu sein. Ist doch verrückt, oder?"

Heyse sieht Richie und lächelt aufmunternd.

125. INT. KRANKENHAUSZIMMER -- AFTERNOON

Babette liegt apathisch auf dem Bett. Ein Infusionsschlauch geht in ihre Armbeuge. Frau Munro sitzt neben ihr. Die Tür öffnet sich und Richie und Heyse treten ein. Der Justizbeamte nimmt Richie die Handschellen ab. Der geht auf das Bett zu. Babette reagiert nicht. Sie sieht ihn nicht an.

RICHIE: „Hallo, Bettybaby!"

Sie reagiert nicht. Er blickt das Mädchen an und seufzt.

RICHIE: „Was kriegst du denn da? Flüssige Big Mac's?"

Babette reagiert nicht. Richie schaut fragend zu Heyse.

RICHIE: „Vielleicht redet sie ja mit mir, wenn sie mit mir allein ist..."

FRAU MUNRO (sieht zu Heyse): „Ein Versuch ist es wert!"

Sie steht auf und Richie setzt sich zu Babette.

RICHIE: „Na, du Motte! Zu faul mit Messer und Gabel zu essen, was? Aber nicht mit Richie...!"

Heyse, Frau Munro und der Beamte verlassen das Zimmer.

126. INT. FLUR KRANKENHAUS – DAY

Frau Munro atmet tief durch, während Heyse neben ihr steht.

FRAU MUNRO: „Deswegen kann ich den Job nicht mehr machen. Entweder man ist hart wie Beton, oder es macht einen fertig!"

HEYSE: „Mach dir nicht schon wieder Vorwürfe! Im Großen und Ganzen hast dich wirklich tapfer geschlagen!"

Er umarmt sie. Eine junge Krankenschwester kommt vorbei.

KRANKENSCHWESTER: „Schön, dass es mit Babette wieder aufwärts geht! Wir freuen uns alle darüber..."

Heyse und Frau Munro lösen sich und schauen irritiert.

HEYSE: „Aufwärts geht? Wie meinen Sie das?"

KRANKENSCHWESTER: „Sie hatte heute Vormittag Besuch. Einer ihrer Erzieher war da..."

FRAU MUNRO: „Erzieher? Was für ein Erzieher?"

KRANKENSCHWESTER: „So ein südländischer Typ. Er war nett..."

FRAU MUNRO: „Ein südländischer Typ??"

HEYSE (alarmiert): „Da ist doch was faul!"

Er stürzt in das Krankenzimmer. Frau Munro folgt ihm.

127. INT. KRANKENZIMMER – DAY

Das Zimmer ist leer. Nur das Fenster steht weit offen und ein Seil mit Knoten hängt hinaus.

HEYSE (entgeistert): „Das... das ist nicht wahr!"

Er schaut hinaus. Das Knotenseil baumelt knapp über dem Boden. Von Richie und Babette ist weit und breit nichts zu sehen. Der Justizbeamte, der bei ihnen ist, zückt sofort sein Funkgerät.

JUSTIZBEAMTER: „Hallo, Zentrale! Melde einen Fluchtversuch!"

128. INT. TIEFGARAGE KRANKENHAUS – DAY

Ein Kleinwagen fährt vor. Am Steuer sitzt ein alter Bekannter: Faisal.

FAISAL: „Na los! Steig ein, du Opfer!"

Richie tritt mit Babette im Huckepack aus einer Nische. Und sie setzen sich in den Wagen. Faisal gibt Gas.

129. EXT. AUSFAHRT KRANKENHAUS - DAY

Faisals Wagen fährt aus der Auffahrt und fädelt in den Verkehr ein. Sirenen werden laut und Streifenwagen preschen heran. Sie biegen in die Auffahrt zum Krankenhaus ein.

130. INT. IM AUTO IN DER STADT - DAY

Babette sitzt auf dem Rücksitz und stopft sich die Backen mit Butterbrot voll. Sie stöhnt verzückt.

BABETTE: „Oooh, ist das guuut!"

RICHIE (besorgt): „Babette! Langsam! Das verkraftet dein Magen sonst nicht!"

BABETTE (kauend): „Halt bloß die Klappe! Das mit dem Hungerstreik war eine Scheißidee! Das machst du nächstes Mal alleine!"

RICHIE (zu Faisal): „Hast du alles?"

FAISAL: „Die Pässe für dich und die Kleine sind im Handschuhfach. Und die Kohle ist hinten in der Tasche..."

RICHIE: „Du hast was gut bei mir, Alter!"

FAISAL: „Geschenkt, Kartoffel!"

Er hält an und steigt aus. Der rutscht hinter das Steuer und gibt Gas. Faisal geht davon.

131. INT. KOMMISSARIAT - EVENING

Heyse und Frau Munro sitzen wie begossene Pudel vor dem lautstark tobenden Kommissar.

KOMMISSAR: „Ich glaub's nicht! Sie haben sich austricksen lassen wie Amateure!"

HEYSE: „Hören Sie! Wir wollten doch nur..."

KOMMISSAR: „Halten Sie bloß den Mund! Sie Großkotz! Tolle Prognosen rund um die Uhr und jedes Mal Fehlanzeige! Sie machen mich krank mit Ihrem siebengescheiten Psychomist! Hauen Sie ab, bevor ich mich vergesse!"

Heyse will etwas sagen, aber Frau Munro legt die Hand auf seinen Arm. Heyse resigniert und sie verlassen das Büro.

132. EXT. STRAßE VOR DEM KOMMISSARIAT - EVENING

Heyse und Frau Munro gehen nebeneinander her.

HEYSE: „Was für eine Blamage! Ich komm nicht drüber weg, wie er mich auf's Kreuz gelegt hat, dieser kleine Eierdieb...!"

Frau Munro schmunzelt.

HEYSE: „Und wenn ich nur an Babettes herzzerreißende Zeichnung denke... könnte ich kotzen! Spätestens da hätte jeder Anfänger gemerkt, dass sie simuliert..."

Die Heimleiterin lacht.

HEYSE (gereizt): „Was ist so komisch?"

FRAU MUNRO: „Ich bin etwas schadenfroh. Aber wenn man auch immer auftritt wie Moses mit den Steintafeln..."

HEYSE: „Hey, ich hab einfach nur versucht, meinen Job zu machen... (hält inne) Naja... ich hab auch ein Stück weit versucht, dich zu beeindrucken..."

FRAU MUNRO (lacht): "Hat auch funktioniert."

Sie gehen schweigend. Frau Munro schaut auf ihre Uhr.

FRAU MUNRO: „Schon sechs Stunden. Heißt es nicht, ihre Chancen steigen, je länger die Flucht dauert?"

HEYSE: „Rein statistisch ja!"

FRAU MUNRO: „Dieser Richie hat das gut geplant. Ich frage mich, war Babette bei dieser Flucht nur ein Mittel zum Zweck oder ging es um sie?

HEYSE: „Ich hab wirklich keine Lust, darüber nachzudenken..."

FRAU MUNRO: „Ich glaube, er mag sie wirklich..."

HEYSE (abfällig): „Ja sicher! Er ist ein Idiot mit Herz."

FRAU MUNRO: „Wer weiß, vielleicht geht das ja wirklich gut mit den beiden..."

HEYSE: „Die beiden? Das ist absurd..."

FRAU MUNRO: „Ich glaube, mir hätte das gefallen, als kleines Mädchen: Mit einem netten Bankräuber durchzubrennen!"

HEYSE: „Also gut! Wenn es das ist, was du hören willst: Meine besten Wünsche haben sie...!"

FRAU MUNRO: „Ich hoffe es für Babette... In ihrem Interesse. (sie macht eine Pause) Denn wenn sie je zurückkommt, dreh ich der kleinen Kröte den Hals um!"

Heyse schaut irritiert. Scherzt sie oder meint sie es ernst? Sie aber behält ein Pokerface. Die zwei gehen zusammen davon.

133. EXT. AN EINER AUTOBAHNRASTSTÄTTE - EVENING

Richie kommt mit einer Tüte Sandwiches und Wasser zum Auto. Babette liegt in eine Decke gehüllt und mit Krümeln übersät auf der Rückbank und schläft. Richie deckt sie behutsam richtig zu, steigt dann ein und startet den Wagen...

134. EXT. HOLLÄNDISCHE GRENZE - EVENING

Richie steuert das Auto, während ein Schild mit der Aufschrift NIEDERLANDE ist zu sehen. Der Wagen mit Richie und Babette rollt nach Holland hinein.

ENDE

"Der Schädelkäfer"

Als ich mit dem Produzenten von „Rat Pack", Christian Becker zu tun hatte, kamen wir irgendwann mal auf das Thema „Doktor Mabuse". Als Kind hatte ich „Die 1000 Augen des Dr. Mabuse" von Fritz Lang gesehen und natürlich auch die weiteren Teile. Wenn man sich die Filme heute gibt, wirken sie ungewollt komisch, weil sie inzwischen einfach sehr antiquiert sind.

Heute würde man so eine Geschichte sehr viel subtiler und grauenhafter erzählen, realer, und so im Kino richtige Furcht auslösen. Die Horrorfilme der Gegenwart haben eine ganz andere emotionale Wucht als die Holzschnitte der Nachkriegszeit.

Es stellte sich jedenfalls heraus, dass Christian sich die "Dr. Mabuse"-Rechte gesichert hatte und ich bot mich an, einen Entwurf zu schreiben.

Ich hatte den Ehrgeiz, eine neue Dr. Mabuse-Story zu erfinden, so wie M. Night Shyalaman oder ein Christopher Nolan an so ein Sujet herangehen würde. Und so schrieb ich ein eigenes Drehbuch, in der Hoffnung, Christian Becker überzeugen zu können. Der hatte aber bereits eine Regie auf dem Projekt und von der kam eine ganz andere Vision des Stoffes. Was ich sehr schade fand, denn meine neue Version ist eine wirklich superspannende Geschichte, auch richtig hart, was jetzt nicht typisch für mich ist.

Da ich die Rechte an „Dr. Mabuse" leider nicht habe, habe ich das Buch in „Der Schädelkäfer" umbenannt. Obwohl mein „Dr. Mabuse" ebenfalls ein geisteskranker Mörder ist und unter dem Namen „Melchizedek" firmiert, kommt die Story etwas mystisch daher, da sich das letzte Drittel der Geschichte komplett im Bewusstsein des Wahnsinnigen abspielt.

Es gibt einige Kollegen, die den Stoff gelesen haben und die meisten fanden das Buch faszinierend. Deswegen weiß ich, dass ich mit meinem Faible für diesen „Horror-Thriller" nicht ganz alleine stehe. Sehr spannend, wie bereits erwähnt, sehr unterhaltsam und hoffentlich verdammt gruselig!

"DER SCHÄDELKÄFER"

EXT. VOR DEM VARIETÈ/ NACHT

Ein Taxi hält vor dem Theater. Sibylle Färber hilft ihrer blinden Schwester Silvia aus dem Taxi.

SIBYLLE: "Nun komm! Wenn wir zu spät sind, lassen sie uns nicht mehr rein!"

SILVIA: "Wieso denn? Das ist doch nur eine Zaubershow und nicht die Oper!"

SIBYLLE: "Bitte! Es war schwer genug an Karten ranzukommen!"

SILVIA: "Als ich damals in Vegas zu Barry Manilow wollte, hast du dich nicht so angestrengt wegen Karten..."

SIBYLLE: "Barry Manilow? Das ist doch eine Schnarchnase im Vergleich zu Melchizedek!"

Die beiden Frauen eilen auf das Theater zu. Auf einem riesigen Plakat über dem Eingang ist ein Mann im Smoking abgebildet, der eine unheimliche kupferne Maske trägt. Daneben steht MELCHIZEDEK. Die Frauen betreten das Theater.

INT. FOYER/ NACHT

Die Schwestern huschen heran und kommen gerade noch herein, kurz bevor der Ordner die Saaltüre schließt.

INT. THEATERSAAL/ NACHT

Die Veranstaltung ist ausverkauft. Sibylle sieht auf ihre Karten und zieht ihre blinde Schwester mit sich. Doch die bleibt plötzlich stehen.

SIBYLLE: "Silvia! Was ist?"

Silvia sieht sich irritiert um.

SILVIA: "Ich weiß nicht. Für einen Moment... da war es..."

Sibylle zerrt sie mit sich

SIBYLLE: "Komm jetzt! Es geht schon los!"

Die beiden jungen Frauen nehmen ihre Plätze ein, als es bereits dunkel wird. Opulente Musik setzt ein. Dann gibt es Phosphorblitze und der die ganze Bühne einnehmende Schriftzug MELCHIZEDEK brennt rotflammend ab. Ein Spot flammt auf und Picobello, ein Mann, der geschminkt ist wie eine lebende Bauchrednerpuppe, verbeugt sich unter dem Applaus der Anwesenden. Sibylle beugt sich zur blinden Silvia und erzählt in deren Ohr, was auf der Bühne zu sehen ist.

PICOBELLO: "Meine Damen und Herren! Sie sind nicht gekommen, weil Sie sich zerstreuen wollen... Sie sind auch nicht gekommen, um Picobello zu sehen und seine dilettantische Jongliererei..."

Er beginnt mit einer Hand virtuos drei Bälle zu jonglieren, die er bald desinteressiert fallen lässt.

PICOBELLO: "Sie sind wegen etwas anderem gekommen! Wegen etwas, was so unfasslich ist, dass Sie den Berichten in den Zeitungen nicht glauben wollten. Sie wollen sich überzeugen, das nicht sein kann, was nicht sein darf...! (lächelt fein) "Sie sind gekommen, weil Sie sich überzeugen wollen, dass es <u>ihn</u> nicht gibt! Dass er <u>nicht</u> auf diese Bühne kommen wird... Der Mann, dessen wahre Identität keiner kennt, der Mann mit der kupfernen Maske, der Mann, den die Welt nur kennt als..."

Das Licht geht aus.

PICOBELLO "...Melchizedek!!"

Ein dramatischer Musikeinsatz und die Bühne wird in rotes Licht getaucht. Der Vorhang öffnet sich und ein stehender kupferner Sarkophag rollt nach vorne. In genau diesem Moment krallt sich die Hand der blinden Silvia in den Arm ihrer Schwester. Die schaut irritiert. Der Sarkophag steht nun mitten auf der Bühne. Mit einem hässlichen Kreischen öffnet sich der Deckel des Sarkophags. Dahinter steht eine reglose Gestalt mit einer kupfernen Maske. Silvias Hand krampft sich derart in Sibylles Arm, dass diese aufstöhnt.

SILVIA (gepresst): "Sibylle! Da ist etwas...!"

In diesem Moment flammt ein Scheinwerfer auf. Die dramatische Musik schwillt an. Nun sieht man den Mann im Sarkophag genauer. Er trägt einen schwarzen Smoking, und der Kopf wird bis auf die Haare fast komplett von der kupfernen Maske abgedeckt. Unter den Schlitzen der Maske öffnet sich langsam ein Augenpaar...

Silvia keucht erstickt. Dann springt sie in Panik auf, kämpft sich an den anderen Gästen der Reihe vorbei und stolpert zum Ausgang. Sie prallt gegen eine Absperrung und stürzt. Doch sie rappelt sich wieder auf und rennt weiter. Sie fällt erneut, doch dann ist ihre Schwester bei ihr, die ihr nachgeeilt ist und ihr hoch hilft.

SIBLLE: "Sag mal, bist du verrückt?"

Sie bringt die am ganzen Leib zitternde Silvia zum Ausgang und verlässt mit ihr die Veranstaltung.

<u>INT. FOYER/ NACHT</u>

Genervt verschließt der Saaldiener die Tür hinter den Frauen wieder, während Sibylle ihre Schwester ratlos ansieht.

SIBYLLE: "Silvia! Was ist denn los, verdammt?"

SILVIA: "Dieser Mann... Melchizedek!"

SIBYLLE: "Ja, was ist mit ihm...?"

SILVIA (schwer atmend): "Ich weiß nicht. Ich weiß nur, dass ich hier weg muss. Sofort! Sibylle! SOFORT!!"

Sibylle wechselt einen genervten Blick mit dem Saaldiener und begleitet ihre Schwester dann zum Ausgang.

DER SCHÄDELKÄFER - TITEL

EXT. TOTALE HAMBURG/ MORGENDÄMMERUNG

Roland Falk (38) und Hardy Bommer (29) sitzen in einem zivilen Einsatzfahrzeug der Polizei und beobachten einen U-Bahn-Eingang. Sie wirken gelangweilt.

ROLAND: "Ich glaube, der Tip mit Romanov war ein Kalter!"

HARDY: "Warum hat Wagner eigentlich so gezickt, dich auf die Sache anzusetzen?"

ROLAND: "Weil es was Persönliches ist..."

HARDY: "Ach, erzähl!"

ROLAND: "Ist keine lange Geschichte. Er hat einen von unseren Jungs getötet, ich einen von seinen..."

HARDY (nickt): "Meinst du, er ist wegen dir hier?"

ROLAND: "Bestimmt nicht. Romanow macht in Waffen. Von einer LKW-Ladung PMX-Berettas bis zu angereichertem Uran vertickt der Kerl alles... im großen Stil! Andererseits: wenn er die Gelegenheit kriegt, mich auszuknipsen, macht er's sicher!"

Draußen rollt ein Mercedes heran. Ein Mann mit grauem Anzug steigt aus und geht auf den U-Bahn-Eingang zu. Der Wagen rollt weiter. Hardy und Roland rutschen tief in die Sitze.

HARDY: "Ich werd verrückt: Claassens!"

ROLAND: "Der ist jedenfalls Romanovs Kragenweite! Los!!"

Die beiden in Zivil gekleideten Polizisten steigen aus und laufen hinüber zur U-Bahn-Treppe.

INT. AM U-BAHN GLEIS/ TAG

Nur wenige Leute stehen am U-Bahn-Gleis. Claassens schaut sich unauffällig um. Roland kommt, eine Blechdose vor sich her kickend, um die Ecke. Er achtet nicht auf Claassens und setzt sich hin. Am anderen Ende des Bahnsteiges erscheint Hardy Bommer, in einer Zeitung blätternd. Die U-Bahn fährt ein. Claassens geht zum mittleren Wagon. Dort steht an der Tür ein massiger Mann mit einer Adlernase. Roland Falk erkennt ihn sofort: Alexis Romanov!

Claassens steigt ein und stellt sich dem Mann gegenüber auf.
Roland Falk und Hardy Bommer besteigen die U-Bahn ebenfalls.

U-BAHNFAHRER: "Zurückbleiben bitte!"

Die Türen rollen zu. Mit einer Behändigkeit, die man dem
massigen Mann mit der Adlernase nicht zugetraut hätte,
schlüpft er in letzter Sekunde hinaus. Zügig geht er davon.
Claassens sieht dem Mann verdattert nach. Die U-Bahn fährt
los. Im nächsten Moment liegt schon die schwere Hand von
Hardy Bommer auf Claassens Schulter. Roland sieht dem Mann
mit der Adlernase hinterher.

ROLAND: "Verflucht!"

Während er Handschellen um die Gelenke Claassens schnappen
lässt, sieht Hardy zu seinem Partner.

HARDY: "War er das? Romanov?"

Roland nickt bitter.

CLAASSENS: "Ich will sofort meinen Anwalt anrufen!"

HARDY (ignoriert Claassens) "Wieso ist der abgehauen? Hat der
dich gesehen?"

ROLAND: "Was sonst? (wütend) Mann, das darf nicht wahr sein!"

EXT. STRAßEN VON HAMBURG/ TAG

Die Sonne scheint warm vom Junihimmel. Ein Fronleichnamszug
bewegt sich singend durch die Straßen der Stadt, dem
Weihbischof folgend, der an der Spitze des Zuges geht.

EXT. AM FRONLEICHNAMSALTAR/ TAG

Als einer der Priester an den Altar tritt, drängt Weihbischof
Gamber ihn zur Seite. Der Priester schaut verwirrt. Der
Weihbischof beugt sich vor zum Mikrophon.

WEIHBISCHOF: "Wir sind hier versammelt, um die Rückkehr
unseres Herren Jesu Christi zu begehen, aber es sind Menschen
unter uns, die nicht wahrhaftig sind in ihren Herzen. Ich
will nicht länger schweigen und die, die Werkzeuge des
Versuchers geworden sind, benennen. Es sind jene Frau, die
aufreizend und frivol sind, jene, denen kein Mittel zu billig
ist, die Wollust der Arglosen zu erregen, um sie mit in die
Schande zu ziehen..."

Die Gemeinde starrt den Weihbischof befremdet an. Der Mann
wirkt, als hätte er Drogen genommen.

WEIHBISCHOF (immer fanatischer): "Scham- und wahllos reiben
sich diese Dirnen an den Schößen der Schwachen, deren Glaube
nicht stark genug ist, sie zu schützen!"

Der Weihbischof greift umständlich unter seine Robe.

WEIHBISCHOF: "Aber dieses Tun ist nicht würdig angesichts der Leiden unseres Herren, der sein Blute am Kreuze vergoss! Wehe denen, die freveln und die das jüngste Gericht in weiter Ferne wähnen! Wehe Ihnen, denn ich sage Euch, sie sollen sich grausam getäuscht haben!"

Er zieht eine automatische Pistole hervor und legt sie auf die vor dem Altar stehenden Menschen an, die in diesem Moment schreckensstarr sind. Der Weihbischof zielt auf eine junge, sehr hübsche Frau und drückt ab. Ein scharfer Knall und ein Projektil durchschlägt die Brust der Frau. Ein Aufschrei aus vielen Kehlen. Es bricht augenblicklich Panik aus. Der Bischof legt die Waffe auf die nächste attraktive Frau an und drückt wieder ab. Die etwa Vierzigjährige wird in den Kopf getroffen und ist tot, bevor ihr Körper auf dem Boden aufschlägt. Der Waffenarm des Bischofs schwenkt herum.

WEIHBISCHOF: "Wahrlich, ich sage Euch! Der Herr lässt seiner nicht spotten!"

Er legt auf eine Frau mit blonden Haaren an. Die sieht in Panik zurück. Es ist eine Frau, die offensichtlich einmal von den Windpocken entstellt wurde. Der Bischof sieht die Gezeichnete an, und sein Waffenarm schwenkt auf ein anderes Opfer. Ein Priester stürzt sich auf den Bischof. Der Bischof schüttelt den Mann ab und schießt ihm in den Kopf. Als er sich umdreht, sind die Menschen in wilder Flucht begriffen. Viele haben sich zu Boden geworfen und verhalten sich still, um keine Aufmerksamkeit auf sich zu ziehen. Eine junge Nonne springt auf und will davonlaufen. Aber sie strauchelt. Der Bischof geht auf sie zu. Ihr schwarzer Rock ist hochgerutscht und gibt ein Stück nackten Schenkels preis. Er sieht sie voller Verachtung ihre entblößte Haut.

WEIHBISCHOF: "Der Teufel ist in dir!"

Er feuert acht Schüsse auf die Frau ab und wendet sich dann seinem nächsten Opfer zu. Der Weihbischof entdeckt ein Mädchen, das noch sehr jung ist. Keine fünfzehn. Sie liegt wimmernd da und verbirgt ihr Gesicht in den Händen. Ihre Schönheit ist ihr Pech. Der Weihbischof sieht auf ihre Jeans, die eng anliegend ist und ihren Hintern reizvoll zur Geltung bringt. Das Mädchen sieht schluchzend zu ihm hoch.

MÄDCHEN: "Bitte! BITTE NICHT!!"

Der Weihbischof mustert sie düster. Er hebt die Waffe und drückt ab. Es klickt leer. Der Kleriker drückt erneut ab. Ergebnislos. Dann zieht er ein frisches Magazin unter dem Talar hervor und lädt nach. Kein zwei Meter hinter ihm liegt eine andere Frau. Sie ist Mitte dreißig und ebenfalls sehr attraktiv. Sie sieht eine Fronleichnamsfahne auf dem Boden liegen. Der Bischof hantiert umständlich mit dem Magazin. Die Mittdreißigerin packt die Fahnenstange und stemmt sich vom Boden hoch. Erst jetzt ist zu sehen, dass sie hochschwanger ist. Der Weihbischof lädt durch und legt erneut auf das Mädchen an. Die Schwangere rammt die Spitze der Fahne mit aller Wucht in den unteren Rücken des Bischofs.

Der hält inne, verwirrt. Dann dreht er sich herum und sieht die schöne Schwangere. Er hebt zornig die Waffe und schießt ihr in die Brust. Die Frau fällt. Der Weihbischof hat sein anderes Opfer offenbar vergessen. Er zieht sich die Lanze aus dem Rücken, geht weiter und feuert auf die nächste Frau...

EXT. EINSATZORT SCHULTERBLATT/ TAG

Hauptkommissar Eric Kramer (25), ein Mann mit einem Bubigesicht, hat das Kommando vor Ort. Drei Polizeiwagen haben die Straße gesperrt. Von irgendwo sind Schüsse zu hören. Ein weiterer ziviler Einsatzwagen mit Roland Falk und Hardy Bommer rauscht heran. Die beiden Kommissare springen aus dem Wagen. Eric Kramer nimmt den Sprechfunk an den Mund.

ERIC KRAMER: "An alle Einheiten! Nicht feuern! Wiederhole, nicht feuern!"

ROLAND: "Kramer! Was ist los?"

ERIC KRAMER: "Der Amokläufer hat eine Geisel!"

Roland Falk hört Schüsse und sieht die Straße hinunter. Der Bischof hat einen jungen Burschen als Schutzschild vor sich. Er feuert auf einen Polizeibeamten.

ROLAND: "Wir müssen ihn ausschalten!"

ERIC KRAMER: "Das können wir nicht, ohne das Leben der Geisel zu gefährden!"

Roland geht zu einem der Scharfschützen und nimmt ihm das Gewehr ab. Kramer sieht das mit Befremden.

ERIC KRAMER: "Falk! Was haben Sie vor?"

ROLAND: "Ich beende das Elend!"

Roland nimmt den Bischof und seine Geisel ins Visier.

ERIC KRAMER: "Kommissar Falk! Stop! Ich habe hier das Kommando! Hören Sie auf! Das ist ein Befehl!"

Er drückt das Gewehr herunter. Roland packt ihn am Kragen.

ROLAND: "Das hier ist nicht die Akademie, Kramer!"

Er stößt den Kollegen derb zurück, dass der zu Boden stürzt. Dann legt Roland Falk das Gewehr erneut an und zielt...

EXT. AUF DER STRAßE/ TAG

Der Bischof hat den Arm um den Hals des jungen Mannes gelegt und schießt auf eines der Polizeiautos. In diesem Moment peitscht ein Schuss, und der Oberschenkel der Geisel platzt blutig auf. Der Mann brüllt und bricht zusammen. Der Bischof kann ihn nicht halten und sieht verwirrt auf die getroffene Geisel, die sich nun vor ihm auf dem Boden krümmt.

EXT. EINSATZORT SCHULTERBLATT/ TAG

Hinter Roland hat sich Eric Kramer wieder aufgerappelt und erkennt das freie Schussfeld. Er nimmt den Sprechfunk.

ERIC KRAMER: "Feuer frei! FEUER FREI!!"

EXT. AUF DER STRAßE/ TAG

Der Weihbischof wird von mehreren Schüssen getroffen. Er taumelt und stürzt. Die Einsatzkräfte der Polizei laufen heran. Auch Roland Falk und Hardy Bommer sind da. Bommer kickt die Automatik aus der Reichweite des sterbenden Bischofs. Er kümmert sich um die angeschossene Geisel.

WEIHBISCHOF: "Bit...te!"

Roland wendet sich dem Geistlichen zu. Der Sterbende ist bei Bewusstsein und offenbar auch klar.

WEIHBISCHOF: "Sie... Sie müssen ihn... auf...halten... den Käfer...! Halten Sie ihn... auf!"

Seine Augen brechen. Eric Kramer kommt heran. Roland Falk richtet sich auf und starrt ratlos auf den toten Bischof. Kramer zieht ihn beiseite, während sich im Hintergrund Sanitäter um die verletzte Geisel kümmern.

ERIC KRAMER: "Sind Sie völlig verrückt? Sie haben auf die Geisel geschossen!"

ROLAND: "War ein Versehen!"

Er dreht sich um und geht weg, aber Kramer hält ihn fest.

ERIC KRAMER: "So kommen Sie mir nicht davon! Ich hatte das Kommando! Sie können nicht einfach machen, was Sie wollen! Ich werde Beschwerde gegen Sie einlegen..."

ROLAND (kalt): "Lassen Sie mich los, Mann!"

Der Blick Rolands bringt Kramer dazu, ihn loszulassen.

POLIZISTIN: "Kommissar Falk!"

Roland wendet sich einer Polizistin zu, die heranläuft.

POLIZISTIN: "Ihre Frau! Jenny! Sie wurde ebenfalls vom Bischof angeschossen!"

Roland starrt die Frau ungläubig an.

INT. FLUR KRANKENHAUS/ TAG

Roland Falk läuft durch den Flur der Intensivstation. Er sieht in eines der Zimmer, aber es ist leer. Falk wendet sich an eine Krankenschwester, die vorbeieilt.

ROLAND: "Entschuldigen Sie! Ich suche Jenny Falk! Schusswunde!"

SCHWESTER: "Die schwangere Frau? Sie ist immer noch im OP!"

Roland nickt und läuft weiter.

<u>INT. VOR DEM OP/ TAG</u>

Roland Falk steht mit grauem Gesicht vor der Sichtscheibe zum OP. Seine Frau liegt unter einer Beatmungsmaske und ein Team von Chirurgen arbeitet fieberhaft.

<u>INT. WARTEBEREICH KLINIK/ ABEND</u>

Roland Falk sitzt blass da und starrt ins Nichts. Da nähert sich der Professor in seinem cyanfarbenen Kittel.

PROFESSOR: "Herr Falk?"

Roland erhebt sich. Der Professor sieht ihn ernst an.

PROFESSOR: "Tut mir leid! Wir konnten für Ihre Frau nichts mehr tun. Mein herzliches Beileid!"

Roland Falk sieht ihn an. Die grausame Wahrheit trifft ihn hart. Dennoch zwingt er sich zu einem gefassten Nicken.

ROLAND (leise): "Und die Kinder?"

PROFESSOR: "Ich will Ihnen nichts vormachen, Herr Falk! Ihre Frau war Anfang des siebten Monats. Die Zwillinge leben, aber es steht nicht gut..."

ROLAND: "Kann ich sie sehen?"

<u>INT. BABYSTATION DER FRÜHCHEN/ ABEND</u>

Falk steht stumm und hilflos vor den beiden Brutkästen seiner Kinder. Schwester Patruna (55) tritt näher.

SCHWESTER PATRUNA: "Geben Sie die Hoffnung nicht auf!"

ROLAND (rau): "Nein. Das tu ich nicht..."

Sie betrachten gemeinsam die Frühchen.

SCHWESTER PATRUNA: "Haben Sie ihnen schon Namen gegeben?"

ROLAND: "Noch nicht..."

SCHWESTER PATRUNA: "Tun Sie das! Sie sollten Namen haben..."

Sie gibt ihm einen Filzstift, streicht ihm tröstend über die Schulter und geht. Roland sieht seine beiden Mädchen hilflos an. Dann schreibt er auf das Schild am ersten Kasten den Namen RIKE. Dann geht er zum zweiten Brutkasten und sieht auf seine andere Tochter.

ROLAND: "Ich wollte, dass du Susanne heißt. Aber deine Mutter war nicht davon abzubringen, dich Rabea zu nennen... Also dann!"

Er schreibt den Namen Rabea auf den leeren Namensplatz. Dann beginnt er zu weinen...

INT. BÜRO POLIZEIPRÄSIDENT/ NACHT

Polizeichef Karl Wagner ist ein Mann Ende fünfzig. Eric Kramer steht mit finsterer Miene vor ihm.

POLIZEIPRÄSIDENT WAGNER: "Ich weiß nicht, was Sie wollen, Kramer! Falk hat die Sache zu einem Ende gebracht, was Sie nicht geschafft haben!

ERIC KRAMER: Warum rekrutieren wir dann unsere Polizisten nicht im Fernsehen? Nach dem Motto: Deutschland sucht den Supercop? Und dann schicken wir alle Polizisten, die sich an die Vorschriften halten, nach Hause und überlassen die Straße den Jungs, die am schnellsten ziehen..."

POLIZEIPRÄSIDENT WAGNER: "Kramer, ich habe einen Amoklauf, und es sind dabei neun Menschen getötet worden. Ich habe andere Sorgen, als einem meiner Leute ein Disziplinarverfahren anzuhängen!"

ERIC KRAMER: "Okay, ich kümmere mich um Ihre Sorgen! Übertragen Sie mir die Leitung der Soko Weihbischof!"

POLIZEIPRÄSIDENT WAGNER: "Sie? Sie sind ein Frischling! Sie haben doch so gut wie keine praktische Erfahrung!"

ERIC KRAMER: "Ich war auf der Akademie der herausragende Mann. Ich habe einen IQ von hundertneunzig und einen Notenschnitt von nullkommaneun!"

POLIZEIPRÄSIDENT WAGNER (stöhnend) "Oh bitte, verschonen Sie mich! In der Theorie mögen Sie ja ein As sein, aber die Praxis da draußen, das ist eine ganz andere Sache!"

ERIC KRAMER (hartnäckig): "Sie unterschätzen mich! Ich bin geschult, effizient zu sein. Ich löse Probleme, bin überaus progressiv. Ich mache meine Hausaufgaben. (gepresst) Ich bin Ihr bester Mann, Sie wissen es nur noch nicht!"

POLIZEIPRÄSIDENT WAGNER: "Soso! Na, dann machen Sie doch mal einen progressiven Vorschlag!"

Eric Kramer sieht den Vorgesetzten an und nickt dann.

ERIC KRAMER: "Sie übergeben mir die Leitung der Soko. Wenn ich es hinkriege, sind Sie der Vater des Erfolges. Und wenn ich es versaue, können Sie meinen Arsch mit Genuss in die Umlaufbahn treten!"

Wagner sieht den jungen Kommissar skeptisch an.

INT. BESPRECHUNGSRAUM POLIZEIPRÄSIDIUM/ NACHT

Eric Kramer steht an der weißen Tafel und sieht auf die Mitglieder der Soko. Eine Frau ist ebenfalls anwesend, die Psychologin Irina Andreeva (33). Beim Team der Soko sind noch der bullige Hardy, der rothaarige Holger (40) und Jockel (44), ein Mann, der selber aussieht, wie ein schwerer Junge.

ERIC KRAMER: "Irina Andreeva ist Psychologin und ich habe sie hinzugezogen, weil sie eine der besten Spezialistinnen für Serienverbrechen ist!"

HARDY: "Wo ist Roland? Leitet er nicht die Soko?"

ERIC KRAMER: "Er ist im Krankenhaus bei seiner Frau. Er ist nicht in der Verfassung für den Job. Ich habe die Leitung!"

JOCKEL: "Du? Warum nicht gleich Homer Simpson?"

Die anderen Männer grinsen. Kramer ignoriert den Einwurf.

ERIC KRAMER: "Wir haben neun Tote und sechzehn Verletzte. Ich erwarte Professionalität von Ihnen! Das sind wir den Familien, die Opfer zu beklagen haben, wohl schuldig!"

Die Anwesenden sehen Eric Kramer an und finden sich mit dem neuen Leader fürs Erste ab.

EXT. VOR DEM POLIZEIPRÄSIDIUM/ NACHT

Gerade, als der Polizeipräsident Wagner das Präsidium verlässt, kommt Roland Falk die Stufen hoch.

POLIZEIPRÄSIDENT WAGNER: "Roland! Mensch, Junge! Es tut mir so leid! Kann ich etwas tun?"

Roland ergreift die ihm hingereichte Hand.

ROLAND: "Nein. Danke!"

POLIZEIPRÄSIDENT WAGNER: "Sie nehmen sich frei! Solange wie Sie brauchen..."

ROLAND: "Nein, bitte! Ich möchte am Fall arbeiten. Der Weihbischof. Gibt es schon ein Team?"

POLIZEIPRÄSIDENT WAGNER: "Roland, Sie stehen unter Schock! Sie müssen sich ausruhen..."

ROLAND (wütend): "Ich will mich nicht ausruhen, verdammte Hacke!! (zwingt sich zur Ruhe) Bitte, Chef! Ich will einfach nur meine Arbeit machen. Wenn ich auf etwas fokussiert bin, dann bin ich gut, das wissen Sie!"

POLIZEIPRÄSIDENT WAGNER (nickt langsam): "Also gut. Von mir aus können Sie bei der Soko Weihbischof dabei sein, aber die Leitung hab ich bereits Kramer übertragen..."

ROLAND (befremdet): "Kramer? Das ist nicht Ihr Ernst!?"

POLIZEIPRÄSIDENT WAGNER: "Er hat mein vollstes Vertrauen!"

ROLAND: "Egal wie gut seine Noten sind, das hier ist nicht 'Jugend forscht'!"

POLIZEIPRÄSIDENT WAGNER (bestimmt): "Ich sagte ja: Gehen Sie nach Hause und ruhen Sie sich aus!"

Roland schließt die Augen und resigniert.

ROLAND: "Okay! Warten Sie! Es... ist kein Problem. Kramer ist der Boss..."

Wagner klopft ihm auf die Schulter und geht. Roland seufzt und betritt das Polizeipräsidium.

INT. BESPRECHUNGSRAUM POLIZEIPRÄSIDIUM/ NACHT

Roland Falk und die anderen der Soko hören Irina zu.

IRINA: "Normalerweise sind Amokläufer sozial isoliert oder stehen unter großem Druck. Hin und wieder sind auch durch Drogen ausgelöste Psychosen die Ursache für solch extreme Handlungen, aber Bischof Gamber passt nicht in das Profil."

ERIC KRAMER: "Die Zeugen sagen, der Bischof hätte gezielt auf hübsche Frauen geschossen. Frauenhass könnte ein Motiv sein."

IRINA: "Springt mich nicht so richtig an. Nicht unter diesen Umständen!"

Kramer sieht zu Roland, der schweigend in der Ecke sitzt.

ERIC KRAMER: "Roland! Sie waren bei dem Bischof, als er starb. Er hat doch noch etwas zu Ihnen gesagt?"

ROLAND: "Er hat wirres Zeug geredet."

ERIC KRAMER: "Was für wirres Zeug?"

ROLAND (genervt): "Herrjeh! Der Mann war irre. Er redete von einem Käfer, den wir aufhalten sollten..."

IRINA: "Erinnern Sie sich noch an den genauen Wortlaut?"

ROLAND (überlegt) "Halten Sie ihn auf! Den Käfer! Halten Sie ihn auf...! So in etwa!"

Die Mitarbeiter der Soko sehen sich ratlos an.

IRINA: "Gibt es in der Szene jemanden, der den Spitznamen 'Käfer' hat?"

HARDY: "Also keinen, den ich kenne..."

Auch die anderen Kollegen schütteln die Köpfe.

ROLAND: "Wir sollten der Herkunft der Waffe nachgehen! So eine Automatik kriegt man nicht auf dem Flohmarkt..."

ERIC KRAMER (schüttelt den Kopf): "Das wird den Fall nicht lösen. Dieser Amoklauf macht so gar keinen Sinn. Aber nichts auf dieser Welt passiert ohne Grund! (er geht zu seinem Koffer und zieht eine Zeitung hervor) Ich hab einen Fall gefunden, der ähnlich gelagert ist wie unserer: Der Giftanschlag an einer Grundschule in Stuttgart..."

HARDY: "Sekunde! Das war vor einem Monat! Ich erinnere mich. Aber da ist doch niemand ums Leben gekommen!"

ERIC KRAMER: "Das war nur Glück. Sehen wir uns den Fall an: Ein unbescholtener Hausmeister vergiftet das Schulessen und nimmt Hunderte von toten Kindern in Kauf. Der Mann passte nicht ins übliche Profil und ein Motiv fehlte auch..."

JOCKEL: "Was ist mit Kinderhass? Vierzig Jahre johlende Kids auf dem Schulhof, da geht dir eben irgendwann der Hut hoch!"

ROLAND: "Der Hausmeister war in Beugehaft und hat kein Wort gesagt. Was bringen uns Recherchen in diese Richtung?"

ERIC KRAMER: "Schätze, das ist meine Entscheidung! Holger, ich möchte, dass Du dich um den Stuttgarter Fall kümmerst. Ich will die komplette Akte von da unten. Hardy und Jockel kümmern sich um die Zeugenaussagen. Roland und Irina, Sie befragen das Umfeld des Bischofs. Mit der Haushälterin fangen Sie an... Morgen um drei treffen wir uns hier! Das war's!"

Eric Kramer packt seine Sachen und verlässt das Zimmer. Es sieht fast ein bißchen aus wie eine Flucht. Hardy stöhnt.

HARDY (zu Roland) "Der Typ nervt! Können wir den nicht irgendwie absägen?"

HOLGER: "He, Leute, jetzt hört auf zu stressen. Der Tag war scheiße genug. Ich fand, Kramer hat's ganz okay gemacht..."

Er packt seine Sachen und geht hinaus.

IRINA (sieht mitfühlend zu Roland): "Sie sollten sich etwas ausruhen! Sie sehen nicht gut aus..."

Roland nickt genervt, nimmt seine Jacke und geht.

INT. BABYSTATION DER FRÜHCHEN/ NACHT

Roland sitzt vor den Brutkästen und starrt geschlagen ins Leere. Die Uhr zeigt sechs. Draußen wird es langsam hell...

EXT. VOR DEM WOHNHAUS DES BISCHOFS/ TAG

Der Dienstwagen von Roland und Irina hält vor der Michaels-Kirche. Die beiden Polizeibeamten steigen aus und gehen auf das angegliederte Wohnhaus zu.

EXT. AN DER HAUSTÜR VON BISCHOF GAMBER/ TAG

Irina klingelt an der Tür. Roland wirkt abwesend.

IRINA: "Haben Sie überhaupt geschlafen?"

Roland schüttelt den Kopf. Jemand öffnet. Pischetsrieder, ein Mann um die vierzig, öffnet. Irina zeigt ihre Dienstmarke.

IRINA: "Polizei! Wir würden gerne die Haushälterin vom Weihbischof sprechen..."

PISCHETSRIEDER: "Ich habe den Haushalt des Bischofs geführt..."

Irina und Roland wechseln einen überraschten Blick.

PISCHETSRIEDER: "Kommen Sie doch bitte herein!"

INT. WOHNZIMMER DES WEIHBISCHOFS/ TAG

Pischetsrieder und die Polizisten sitzen sich im sehr konservativ ausgestatteten Wohnzimmer gegenüber.

PISCHETSRIEDER: "Ja, da gibt es gar keinen Zweifel. Hans Gamber hatte ein zwiespältiges Verhältnis zu Frauen. Besonders um junge Frauen machte er einen großen Bogen."

ROLAND: "War der Bischof homosexuell?"

Pischetsrieder sieht Roland überrascht an.

PISCHETSRIEDER: "Ach, Sie denken: Haushälterin gleich Geliebte, Haushälter gleich Geliebter?"

ROLAND: "Äh... ich meine... Beantworten Sie meine Frage!"

PISCHETSRIEDER: "Ich denke nicht. Ich bin jedenfalls nicht schwul."

IRINA: "Bischof Gamber hatte sich Waffen besorgt. Das heißt, die Bluttat war geplant. Was könnte ihn dazu getrieben haben?"

PISCHETSRIEDER: "Ich weiß es wirklich nicht... Ich stehe selber noch unter Schock! Als ich hörte, was er getan haben soll, da war ich zuerst überzeugt, dass das jemand anderes war. Jemand, der einfach seine Robe anhatte."

IRINA: "Herr Pischetsrieder! Manchmal staut sich bei Menschen unterschwellig Wut an, die sich irgendwann entlädt. Ist es nicht denkbar, dass beim Bischof dieser Punkt erreicht war?"

PISCHETSRIEDER (schüttelt den Kopf) "Nein. Er schimpfte auf die Frauen. Öfters. Aber es war mehr wie ein gerechter Zorn. Nichts Pathologisches! Hans war ein gütiger Mann. Wahllos auf seine Gemeinde zu schießen, das passt nicht zu ihm!"

ROLAND: "Wie erklären Sie sich die Tat dann?"

PISCHETSRIEDER (zuckt die Achseln) "Ich weiß es nicht. Vielleicht war er besessen..."

Irina und Roland wechseln einen skeptischen Blick.

EXT. TOTALE POLIZEIPRÄSIDIUM/ TAG

Die Sonne steht hoch über Hamburg.

INT. BESPRECHUNGSRAUM POLIZEIPRÄSIDIUM/ TAG

Die Mannschaft der Soko hat sich wieder versammelt.

IRINA: "Wie wir es drehen und wenden, es gibt nichts als diese lauwarme Motiv mit dem Frauenhass..."

HOLGER: "Gibt es keinen Abschiedsbrief? Ich meine, wenn du anfängst, auf offener Straße Leute abzuschlachten, dann planst du doch ein, dass du mit draufgehst!"

IRINA: "Nichts dergleichen..."

Kramer legt ein Stück Zeitung unter einen Overheadprojektor.

ERIC KRAMER: "Ich habe noch einen Fall gefunden wie den in Stuttgart... dieses Mal in Berlin..."

Die Schlagzeile "Staranwalt wegen Dreifachmord angeklagt!" wird an die Wand geworfen.

ERIC KRAMER: "Tim Rohwedder war erfolgreicher Anwalt. Dann erschoss er seine drei Halbgeschwister! Laut Umfeld gab es aber keinen aktuellen Streit unter den Geschwistern..."

HARDY: "Hat man ihn verhört?"

ERIC KRAMER: "Dazu kam es nicht. Er eröffnete das Feuer auf die eintreffende Polizei und die hat ihn erschossen..."

ROLAND (ungeduldig) "Ich weiß echt nicht, was Sie sich da zusammenreimen! Ich sehe da jedenfalls keine Verbindung!"

ERIC KRAMER: "Doch! Keiner der Täter kommt aus dem Profil-Pool der üblichen Massenmörder. Keiner von ihnen hat irgendetwas ausgesagt. Und alle sind ohne plausibles Motiv!"

ROLAND: "Ich weiß noch etwas! Stuttgart, Berlin, Hamburg: In jedem der Städtenamen kommt ein R vor!"

Stille. Man könnte eine Nadel fallen hören.

ERIC KRAMER: "Herr Falk, kommen Sie bitte kurz mit hinaus!"

Er geht zur Tür und verlässt den Raum. Roland erhebt sich und geht ihm nach. Die anderen sehen ihnen besorgt nach.

INT. FLUR IM POLIZEIPRÄSIDIUM/ INNEN

Eric steht geladen am Flurfenster als Roland herauskommt.

ERIC KRAMER (wütend): "Sie betreiben da Insubordination! So wird es nicht funktionieren!"

ROLAND: "Ich bin ganz ihrer Meinung."

ERIC KRAMER: "Wenn zwei Leute unterschiedlicher Meinung sind, aber die Hierarchie unklar ist, dann sind sie nicht effizient. Stimmen Sie mir da zu?"

Roland zuckt die Achseln. Kein Einwand.

ERIC KRAMER: "Ich weiß, dass Sie mich für einen unfähigen Idioten halten, genauso wie ich Sie für ein präpotentes Macho-Arschloch!"

ROLAND: "Oh! Jetzt wird es interessant."

ERIC KRAMER: "Es ist eine Pattsituation. Wenn ich versuche, mich vor den anderen gegen Sie durchzusetzen, werde ich scheitern, weil die anderen sich auf Ihre Seite schlagen..."

ROLAND: "Könnte passieren."

ERIC KRAMER: "Ich schlage vor, wir machen den Anführer hier unter uns aus, dann müssen wir auch nicht mehr als nötig unser Gesicht verlieren..."

ROLAND: "Und wie genau soll das gehen?"

Eric Kramer holt eine Münze aus der Tasche.

ERIC KRAMER: "Wir werfen eine Münze! Gewinnen Sie, sind Sie der neue Leiter. Dann reihe ich mich ein. Gewinne ich, bleibt alles wie es ist und Sie hören auf, mich vor den anderen zu demontieren!"

Roland sieht den anderen abschätzend an.

ERIC KRAMER: "Wenn ich zum Chef gehe und sage, Sie packen es nicht, sind Sie weg. Aber ich finde, Sie mit Ihrer Erfahrung sind für die Soko unverzichtbar. Also?"

ROLAND: "Okay. Ich nehme Adler!"

Eric Kramer wirft die Münze hoch. Als sie aufkommt, zeigt sie den Adler. Eric seufzt und nickt widerwillig.

ERIC KRAMER (stöhnt): "War ja so klar. Gut. Dann ist es so: Sie leiten ab jetzt die Soko Weihbischof..."

Roland lächelt amüsiert, als sein Telefon klingelt. Er holt das Handy aus der Tasche und nimmt das Gespräch an.

ROLAND: "Roland Falk!"

Er hört zu, und dann wird sein Gesicht starr. Eric Kramer sieht zu ihm hin und bemerkt, dass etwas nicht stimmt.

ROLAND (brüchig) "Ja, danke. Ich... ich komme."

Er schaltet das Handy aus und starrt bleich zu Boden.

ERIC KRAMER: "Ist... etwas passiert?"

ROLAND: "Meine Tochter Rike... Sie ist eben gestorben..."

Eric Kramer schaut betroffen und sagt nichts.

ROLAND: "Ich muss ins Krankenhaus..."

ERIC KRAMER: "Das... das tut mir wirklich leid!"

Roland nickt und geht. Dann dreht er sich noch einmal um.

ROLAND: "Kramer!"

Kramer, der gerade im Begriff ist, in das Besprechungszimmer zurückzugehen, bleibt stehen.

ROLAND: "Was die Einsatzleitung angeht... Wir lassen es so, wie es war. Sie machen das!"

ERIC KRAMER (nickt hilflos) "Ja. Okay."

Er geht in den Besprechungsraum.

INT. VOR DEM AUSGANG DES PRÄSIDIUMS/ TAG

Roland Falk kommt bleich heran. In diesem Moment öffnet sich die Tür und die blinde Silvia Färber tritt herein. Der Kommissar schenkt ihr keine Beachtung und eilt hinaus.

INT. BABYSTATION DER FRÜHCHEN/ TAG

Roland tritt zu den zwei Brutkästen. Einer der Behälter ist nun leer. Im anderen liegt Rabea, die überlebende Tochter. Roland steckt seine Hand in den eingearbeiteten Handschuh.

ROLAND: "Hallo, Rabea! Jetzt sind es nur noch wir zwei... (unter Tränen) "Bitte, kämpf, Mädchen! Lass mich nicht allein!"

Er streichelt zart über ihren winzigen Körper.

INT. BÜRO ERIC KRAMER/ TAG

Silvia Färber sitzt Eric Kramer gegenüber.

ERIC KRAMER: "Bitte verstehen Sie mich nicht falsch, Frau Färber, aber eine solche Aussage haben wir hier nicht alle Tage und... naja, ich weiß, ehrlich gesagt, nicht, wie ich damit umgehen soll..."

SILVIA: "Oh, ich bin Skepsis gewöhnt..."

In diesem Moment geht draußen Roland Falk vorbei. Eric springt auf und läuft zur Tür.

ERIC KRAMER: "Bin gleich wieder da!"

INT. FLUR VOR DEM BÜRO/ TAG

ERIC KRAMER: "Kommissar Falk!"

Roland dreht sich um.

ERIC KRAMER: "Wie geht es Ihrer zweiten Tochter?"

ROLAND: "Rabea? Noch hält sie sich..."

ERIC KRAMER: "Hören Sie, ich bin mir gerade etwas unsicher. Ich hab da drinnen eine Blinde. Und die spinnt ein ganz schön heftiges Garn. Hören Sie sich das mal an, okay?"

Roland nickt und geht mit Eric ins dessen Büro.

INT. BÜRO ERIC KRAMER/ SPÄTER

Roland sieht Silvia Färber voller Skepsis an.

ROLAND: "Also nochmal langsam: Sie... sind ein Medium!"

SILVIA: "Ich bin hellfühlig. Ich kann Dinge erspüren. Hin und wieder habe ich Visionen... Und ja, ich arbeite als Medium."

ROLAND: "Okay. Und was genau bringt Sie zu der Überzeugung, dass dieser Varietè-Künstler Meli...Mesi..."

SILVIA: "Melchizedek!"

ROLAND: "Wieso glauben Sie, dass er hinter dem Amoklauf des Bischofs steckt?"

SILVIA: "Weil ich sein Bewusstsein gespürt habe, als der Scheinwerfer anging. Es war unglaublich aggressiv... Ich spürte, wie etwas in meinen Geist eindringen wollte..."

ROLAND: "Ist Ihnen irgendwann schon einmal so etwas in der Art passiert?"

SILVIA: "Nein. Niemals."

ERIC KRAMER: "Und Sie sind überzeugt, dieses aggressive Bewusstsein könnte einen Mann wie den Weihbischof dazu bringen, Amok zu laufen?"

SILVIA: "Ja! Das denke ich!"

Roland sieht sie schweigend an. Dann steht er auf und reicht ihr die Hand. Die Blinde spürt das und ergreift sie.

ROLAND: "Bitte lassen Sie uns Ihre Adresse und Telefonnummer da. Wir melden uns bei Ihnen..."

SILVIA: "Etwas wäre da noch..."

ROLAND (geduldig): "Was denn?"

SILVIA: "Ich habe Ihnen doch von meinen Alpträumen erzählt. Eine Sache wiederholt sich jede Nacht: Ich werde bedroht... Von einem schwarzen Käfer...!"

Eric Kramer schaut überrascht auf. Auch Roland Falk ist verblüfft. Silvia Färber steht auf.

SILVIA: "So, ich störe Sie nicht länger!"

Sie findet sicher die Tür und verlässt den Raum.

ERIC KRAMER: "Puh! Das hätte sie jetzt besser nicht gesagt!"

ROLAND: "Könnte sie das mit dem Käfer irgendwo aufgeschnappt haben?"

ERIC KRAMER (kopfschüttelnd) "Ich habe sie unten abgeholt und sie war die ganze Zeit bei mir. Und von dem, was der Bischof zu Ihnen gesagt hat, kann nichts nach außen gedrungen sein."

Eric geht zum Laptop und schaltet ihn ein.

ROLAND: "Zedek...! Wie war das vorher?"

ERIC KRAMER: "Melchizedek!"

Roland gibt den Namen ein und googelt ihn.

ROLAND: "Gehört hab ich davon schon. Jenny wollte sich die Show ansehen, aber es gab keine Karten mehr..."

Roland drückt auf die Enter-Taste des Keyboards. Eric Kramer steht neben ihm.

ERIC KRAMER: "Da ist es! Melchizedek! Der Mann mit dem Kupferkopf!"

Roland gibt ein paar neue Daten ein.

ERIC KRAMER: "Was tun Sie jetzt?"

ROLAND: "Ich rufe den Tourneeplan auf..."

Es erscheinen die Tourneedaten auf dem Bildschirm.

ROLAND: "Da! Stuttgart! Berlin! Und jetzt Hamburg. Am Ende haben Sie noch Recht mit Ihrer kruden Theorie..."

Eric Kramer geht zum Telefon und wählt eine Nummer.

ERIC KRAMER: "Schießen wir mal ins Blaue!"

Eric Kramer hat jemandem am Apparat.

ERIC KRAMER: "Verzeihen Sie die Störung, Herr Pischetsrieder! Kommissar Kramer von der Soko Weihbischof... Ja, genau...! Ich habe eine Frage: War der Weihbischof zufällig in letzter Zeit bei irgendwelchen öffentlichen Veranstaltungen?"

Er hört zu und nickt dann.

ERIC KRAMER: "Vielen Dank! Sie haben mir sehr geholfen."

Er legt auf. Roland sieht ihn erwartungsvoll an.

ROLAND: "Und?"

ERIC KRAMER: "Der Bischof war mit einer Jugendgruppe bei der Melchizedek-Show. Und es kommt noch besser: Er wurde auch auf die Bühne gebeten und ist hypnotisiert worden!"

Roland sieht den Kollegen ungläubig an...

EXT. VOR DEM VARIETÉ/ ABEND

Die Vorstellung von Melchizedek ist wieder ausverkauft. Von innen ist Applaus zu hören.

INT. THEATERSAAL/ NACHT

Melchizedek, der Mann mit dem Kupferkopf, steht mitten auf der Bühne, unbeweglich, kalt und mysteriös. Roland Falk und Eric Kramer sitzen im Publikum nebeneinander. Picobello, der Conferencier, schreitet mit dem Mikro an der Bühne entlang.

PICOBELLO: "Und nun brauche ich einen Freiwilligen aus dem Publikum! Aber es muss eine honorige Persönlichkeit sein, die über jeden Zweifel erhaben ist!"

Picobello hat einen Freiwilligen ausgemacht. Ein Mann Mitte fünfzig wird von Applaus auf die Bühne begleitet.

PICOBELLO: "Also, Sie sind der Herr..."

WESTPFAHL: "Westpfahl!"

PICOBELLO: "Ihre Fingernägel sind sehr sauber. Gehe ich recht in der Annahme, dass Sie ein Bauarbeiter aus dem Ruhrgebiet sind, der einfach wahnsinnig gerne zur Maniküre geht?"

Das Publikum lacht. Westpfahl lacht mit.

WESTPFAHL: "Nein. Ich bin der Justiziar des Hamburger Sportvereines!"

PICOBELLO: "Sie sind alleine hier?"

WESTPFAHL: "Meine Frau ist mit dabei!"

PICOBELLO: "Na, dann wollen wir sie doch auch nach oben bitten!"

Unter begeistertem Klatschen kommt die deutlich jüngere und sehr attraktive Gattin des Anwalts auf die Bühne.

PICOBELLO: "Frau Westpfahl! Ich muss Sie etwas fragen: Ihr Mann, ist der besonders geschickt? Und ich meine damit nicht sein Talent als Anwalt, anderen das Wort im Munde zu verdrehen..."

Gelächter. Frau Westpfahl sieht ihren Gatten frech an.

FRAU WESTPFAHL: "Naja, er ist ganz nützlich, wenn mal ein Glas mit Lebensmitteln zu fest zugedreht ist..."

PICOBELLO (gluckst amüsiert): "Jetzt mal ganz ehrlich: Kann Ihr Mann jonglieren?"

FRAU WESTPFAHL: "Nicht, dass ich wüsste!"

PICOBELLO: "Wir wollen sehen, ob Melchizedek diese Fähigkeiten bei Herrn Westpfahl hervorholen kann..."

Das Licht ändert sich, und Picobello führt den Justitiar vor Melchizedek. Die Kapelle spielt eine unheimliche Musik. Nur ein Spot lässt den Kupferkopf des Melchizedek leuchten. Der Anwalt lächelt noch, als sich die Augen des Maskierten öffnen, dann lächelt er nicht mehr. Eric und Roland können nicht viel von der Hypnose sehen. Plötzlich ändern sich Musik und Licht. Ein Paukenschlag ertönt, und Picobello springt auf ein Trampolin und überschlägt sich in der Luft. Ein Helfer in einer Gala-Uniform bringt Frau Westpfahl hinter die Bühne. Picobello steht nun neben einem Gestell, das soeben von einem Spot erfasst wird und nimmt zwei Jonglierkeulen.

PICOBELLO: "Hey!!"

Er wirft die Keulen über die Bühne. Westpfahl dreht herum und fängt die Keulen. Als wäre es nichts, beginnt er mit ihnen zu jonglieren. Das Publikum spendet wohlwollendem Applaus. Das Kunststück sieht jedoch aus, als wäre es von überschaubarer Schwierigkeit. Doch Picobello nimmt zwei weitere Keulen.

PICOBELLO: "Und hey!!"

Er wirft auch diese beiden Keulen. Westpfahl fängt sie sicher und baut sie in sein Jonglieren ein. Und das ist schon deutlich spektakulärer. Keine Frage, so etwas lernt man nicht an einem Wochenende, um damit mal eben in einer Show zu brillieren. Auch Roland und Eric im Publikum sind beeindruckt.

PICOBELLO: "Hey!!"

Zwei weitere Keulen fliegen durch die Luft und nun jongliert der Freiwillige aus dem Publikum mit sechs Elementen. Donnernder Applaus aus dem Auditorium.

Überraschend springt Picobello wieder auf das Trampolin und rotiert in der Luft. Er kommt in der Mitte des Publikums traumhaft sicher auf und präsentiert eine Motorsäge. Er zieht am Anlasser, und sie beginnt bösartig zu knattern...

PICOBELLO: "Hey!!"

Er wirft die laute Motorsäge zu Westpfahl, der die Keulen fallen lässt und die Säge fängt. Erschrockene Schreie aus dem Publikum. Picobello zieht zwei weitere Motorsägen auf...

PICOBELLO: "Hey!!"

Er wirft zwei laufende Motorsägen gleichzeitig. Westpfahl fängt sie sicher und jongliert sie, als hätte er sein Leben nichts anderes getan. Im Publikum holt Eric Kramer ein Opernglas hervor und sieht damit auf die Bühne. Roland schaut dumm, als er sieht, dass sein Kollege besser vorbereitet ist als er. Er nimmt ihm kurzerhand das Opernglas weg und sieht selbst hindurch. Er erkennt das ebenso bleiche wie starre Gesicht Westpfahls, der mit mechanischer Präzision die knatternden Maschinen fängt und wieder hoch wirft. Das Publikum applaudiert begeistert. Auf eine Geste von Picobello legt Westpfahl die Motorsägen nieder und verbeugt sich. Das Licht verändert sich wieder in leuchtendes Purpur. Die Helfer in den Livreen rollen eine riesige Holzscheibe auf einem Gestell in den hinteren Teil der Bühne. Während Westpfahl reglos dasteht, jagt Picobello auf Rollerblades heran. Er hat einen Rollwagen dabei. Er kommt neben Westpfahl zum Stehen und deutet auf die große runde Scheibe.

PICOBELLO "Meine Damen und Herrn! Begrüßen Sie mit mir... Frau Westpfahl!!"

Er macht eine magische Geste und schleudert unsichtbare Energie in Richtung der Holzscheibe. Diese dreht sich. Man sieht auf der anderen Seite Frau Westpfahl, die, alle Viere von sich gestreckt, auf die Scheibe geschnallt ist.

PICOBELLO: "Verehrtes Publikum! Ich bitte nun um absolute Ruhe!"

Er hebt ein langes Wurfmesser und wirft es zu Westpfahl, der das Objekt fängt, ohne hinzusehen. Ein Raunen geht durch das Publikum. Ein Trommelwirbel setzt ein. Westpfahl geht zum Tisch und nimmt ein weiteres Messer. Er stellt sich gute sechs Meter von der Scheibe auf und holt aus. Kraftvoll wirft er das erste Messer, dass direkt neben der Wange seiner Frau einschlägt. Dann kommt das zweite Messer. Dieses landet auf der anderen Seite des Kopfes. Das Publikum ist für einen Moment zu geschockt, um zu reagieren, aber dann brüllt es vor Begeisterung.

PICOBELLO: "Aber ganz so leicht wollen wir es unserem Herrn Westpfahl ja nun auch nicht machen!"

Er drückt auf eine Fernbedienung, und die Holzscheibe mit Frau Westpfahl beginnt langsam, sich zu drehen.

Ihr Ehemann nimmt zwei weitere Messer vom Rolltisch und wirft sie auf das bewegte Ziel. Die Messer schlagen links und rechts neben der Taille von Frau Westpfahl ein. Doch das Rad dreht sich nun immer schneller und schneller. Unten im Publikum beugt Roland sich zu Eric Kramer.

ROLAND: "Ist das ein Trick?"

ERIC KRAMER (blass): "Keine Ahnung! Glaub nicht..."

Inzwischen dreht sich die Holzscheibe auf der Bühne so schnell, dass die Gestalt von Frau Westpfahl kaum noch richtig auszumachen ist. Ihr hypnotisierter Ehemann hebt nun zwei Tomahawks und schleudert sie wuchtig auf die Scheibe. Den Leuten stockt der Atem. Das Rad ist nun so schnell, dass die Frau nicht mehr zu erkennen ist. Ihr Gatte wirft schnell Messer, Beile und Spieße auf die rotierende Scheibe. Den Leuten im Saal bleibt der Atem weg. Dann ertönt ein furchtbarer Schrei. Ein regelrechter Ruck geht durch das Publikum. Einige Menschen sind aufgesprungen. Da hält das Rad an, und der Saal wird hell. Frau Westpfahl liegt auf der Scheibe und lächelt. Neckisch stößt sie noch einmal ihren 'Todesschrei' aus. Alles um sie herum ist gespickt mit Wurfobjekten, aber nicht ein einziges hat sie verletzt. Das Publikum rastet nun vollkommen aus... Melchizedek steht stumm an der Bühne und bewegt sich nicht. Da aber bewegt sich der aufrechte Sarkophag hinter ihm und nähert sich ihm. Als er ihn erreicht hat, tritt Melchizedek einen Schritt zurück und der Deckel schließt sich über ihm.

ROLAND: "Meine Fresse! Das war heftig!"

ERIC KRAMER: "Das ist unmöglich! Wie kann das sein? (zu Roland) Was denken Sie? Könnte die blinde Frau Recht haben?"

ROLAND: "Also im Moment nehme ich ihre Aussage gerade sehr ernst! Knöpfen wir uns diesen Melchizedek mal vor...!"

ERIC KRAMER (zückt sein Handy): "Nicht ohne Verstärkung!"

EXT. VOR DEM VARIETÈ/ NACHT

Zwei Streifenwagen und ein Mannschaftsbus halten vor dem Varieté. Ein gutes Dutzend Polizeibeamte steigen aus.

INT. FLUR HINTER DER BÜHNE/ NACHT

Begleitet von den Polizisten gehen Falk und Kramer hinter die Bühne. Ein Mann in Livree stellt sich ihnen in den Weg.

MANN IM LIVREE: "Sie können hier nicht durch!"

ROLAND: "Polizei! Wir müssen mit dem Direktor sprechen!"

Roland präsentiert seine Marke, während die Uniformierten hinter ihm stummberedt sein Anliegen unterstreichen.

MANN IM LIVREE: "Warten Sie hier! Ich hole ihn!"

Der Mann verschwindet.

ROLAND: "Dieser Kupferkopf ist wirklich unheimlich. Ich versteh die blinde Frau langsam..."

ERIC KRAMER: "Und _sie_ konnte ihn nicht sehen!"

Da taucht, bereits halb abgeschminkt, Picobello auf.

PICOBELLO: "Was kann ich für Sie tun?"

ERIC KRAMER: "Wir wollten den Direktor der Show sprechen!"

PICOBELLO: "Das bin ich! Ulf Heidel ist mein Name!"

Er bietet Roland seine Hand, der sie schüttelt.

PICOBELLO: "Kommen Sie doch mit in mein Büro!"

INT. BÜRO HEIDEL/ NACHT

Das Büro von Ulf Heidel ist sehr funktionell. Es gibt ein Regal mit Leitzordnern, einen Computer und ein Telefon. Ein Schrank, ein Tisch, Stühle und eine Pritsche stehen im Raum. Eric sitzt Heidel gegenüber, während Roland am Schrank lehnt.

HEIDEL: "Melchizedek in Verbindung mit einem Kapitalverbrechen? Ich bitte Sie! Das ist doch absurd!"

ERIC KRAMER: "Wir werden sehen. Wo befindet sich Melchizedek? Ich meine, der Mann, der die Kupfermaske trägt!"

HEIDEL: "Melchizedek? Der Mann ist nicht wirklich wichtig. Er ist nur ein Statist. Wir wechseln ihn in jeder Stadt aus..."

Eric Kramer sieht Picobello alias Ulf Heidel prüfend an.

ERIC KRAMER: "Sie lügen."

Heidel guckt verunsichert. Auch Roland Falk ist überrascht.

ERIC KRAMER: "Gehen Sie davon aus, dass ich ein erfahrener Verhörspezialist bin. Ihre Körpersprache verrät mir, wenn Sie lügen. Nämlich gerade eben!

HEIDEL (strafft sich): "Ich will einen Anwalt!"

ROLAND: "Herr Heidel! Sie bringen uns jetzt zu Melchizedek! Sonst sind Sie dran, wegen Beihilfe zum Mord in neun Fällen!"

Heidel sieht von Kramer zu Roland und zurück. Beide Beamte wirken unerbittlich. Heidel resigniert.

HEIDEL: "Also gut! Ich führe Sie zu ihm. Aber glauben Sie mir, es wird Ihnen nicht das Geringste bringen..."

Er steht auf und geht zur Tür.

EXT. KELLERFLUR IM VARIETÉ/ NACHT

Ulf Heidel kommt den Kellergang entlang und zückt einen Schlüsselbund. Roland und Eric schließen zu ihm auf, immer noch von fünf Polizeibeamten begleitet. Heidel steckt den Schlüssel in eine Kellertür und dreht ihn um.

ROLAND (irritiert): "Er ist eingesperrt?"

HEIDEL: "Nur zu seinem eigenen Schutz..."

Er öffnet die Tür und gibt den Blick frei auf Melchizedek.

INT. IN MELCHIZEDEKS ZELLE/ NACHT

Ein Mann Ende sechzig sitzt an einem Tisch und starrt ins Leere. Nichts Bedrohliches geht von dem weißhaarigen Greis aus. Er reagiert nicht, als Roland Falk und Eric Kramer den kleinen Raum betreten. Heidel geht zu ihm, setzt sich und füttert ihn mit einem Löffel Brei aus einer Schale.

HEIDEL: "Okay, ich habe wirklich nicht die Wahrheit gesagt. Wir wechseln Melchizedek nicht in jeder Stadt aus. Sein Name ist Michael Zadek. Er ist geistig behindert..."

Eric sieht zu Roland, der auch zweifelnd dreinschaut.

ROLAND: "Und _er_ ist Melchizedek?"

HEIDEL: "Ja. Sehen Sie, ich war nicht immer beim Varieté. Ich war Krankenpfleger. Unter anderem auch in dem Heim von Zadek... Irgendwann spielten wir ein albernes Spiel. Und dabei hypnotisierte er einen anderen Mann, der plötzlich anfing, zu jonglieren und Messer zu werfen. (sieht zu den Kommissaren) Da kam mir die Idee, damit Geld zu machen. Ich baute diese Show auf..."

ERIC KRAMER: "Haben Sie offiziell Pflegschaft für Herrn Zadek beantragt?"

Diese Frage hatte Heidel befürchtet. Er seufzt.

HEIDEL: "Nein. Ich bin einfach mit ihm weg. (trotzig) Aber er hat es gut bei mir. Ich kümmere mich um ihn, sorge für ihn. Ich füttere ihn und ich wechsele auch seine Windeln. Er ist zufrieden bei mir!"

ERIC KRAMER (überlegt kurz): "Wir nehmen Sie beide mit!"

Heidel sieht die Beamten gequält an, nickt dann aber.

EXT. VOR DEM VARIETÈ/ NACHT

Melchizedek und Ulf Heidel werden von Einsatzfahrzeugen weggebracht. Roland und Eric sehen den Autos nach...

ERIC KRAMER: "Kaufen Sie dem Alten den Geisteskranken ab?"

ROLAND: "Weiß nicht. Wenn er simuliert, macht er das verdammt gut..."

Er geht zum Einsatzfahrzeug und will gerade einsteigen, als sein Handy bimmelt. Er fischt es aus der Tasche und nimmt das Gespräch an, während er einsteigt.

I/E. IM EINSATZWAGEN/ NACHT

Im Wechsel mit

INT. WOHNUNG SILVIA FÄRBER/ NACHT

ROLAND: "Roland Falk hier!"

Silvia Färber steht im Pyjama am Telefon.

SILVIA: "Herr Kommissar! Hier ist Silvia Färber! Die verrückte Blinde..."

ROLAND (lächelt dünn): "Oh ja! Ich erinnere mich gut..."

SILVIA: "Bitte verzeihen Sie die späte Störung. Eine Irina Andreeva hat mir im Revier Ihre Nummer gegeben..."

ROLAND: "Hatten Sie wieder eine Eingebung?"

SILVIA: "Ehrlich gesagt: Ja. Aber es betrifft nicht den Fall. Ich hatte eine Vision, bei der es um Sie selber geht..."

ROLAND (seufzt geduldig): "Um mich? Okay! Ich bin ganz Ohr."

SILVIA: "Sie haben ein Kind, nicht wahr?"

Rolands Überheblichkeit verschwindet aus seinem Gesicht.

ROLAND: "Ja, eine Tochter! Wieso?"

SILVIA: "Das Mädchen braucht Sie!"

ROLAND: "Wie? Ich verstehe nicht..."

SILVIA: "Meine Vision war nicht ganz klar, aber sie übersteht vielleicht die Nacht nicht. Sie braucht Sie!"

Roland sieht stumm nach vorne.

ROLAND: "Okay! Ich... ich werde nach ihr sehen!"

SILVIA: "Ich glaube, das wäre wirklich gut. Tja, das war es schon. Bitte entschuldigen Sie die Störung!"

ROLAND: "Nein. Schon okay. Und... danke!"

Er steckt das Handy weg. Eric Kramer sieht herüber.

ERIC KRAMER: "Ist was mit Ihrem Kind?"

ROLAND: "Können Sie mich zum Maria-hilf-Krankenhaus fahren?"

ERIC KRAMER: "Natürlich! Wenn es Ihnen nichts ausmacht, fange ich dann schon mal mit den Verhören an..."

Roland nickt abwesend. Kramer fährt los...

INT. BABYSTATION DER FRÜHCHEN/ NACHT

Roland sitzt bei Rabeas Brutkasten. Die Augen fallen ihm zu, und sein Kopf sinkt nach vorne. Er ist total übermüdet. Da hört er einen Ton. Er ist sehr schwach, aber er kommt eindeutig von seiner Tochter. Sie hat den Mund weit offen und scheint zu japsen. Roland Falk runzelt die Stirn. Das Ärmchen seiner Tochter beginnt zu zucken. Falk dreht sich um.

ROLAND: "Schwester!"

Aber niemand kommt. Roland Falk steht auf und geht hinaus.

INT. SCHWESTERNZIMMER BABYSTATION/ NACHT

Schwester Sandra und Schwester Patruna haben Dienst, als Roland Falk herein kommt.

ROLAND: "Schwester! Kommen Sie! Irgendetwas ist mit Rabea!"

Schwester Patruna wirft ihren Block hin, auf dem sie gerade etwas notiert hatte und kommt mit dem Polizisten mit.

INT. BABYSTATION DER FRÜHCHEN/ NACHT

Schwester Patruna sieht auf das blau angelaufene Kind...

SchWESTER PATRUNA (alarmiert): "Ich hole einen Arzt! Massieren Sie ihr die Brust!"

Sie eilt davon. Roland steckt seine Hand in die integrierten Handschuhe und beginnt Rabea zu massieren.

ROLAND: "Ganz ruhig, Rabea! Der Papa ist da! Alles wird gut!"

Er sieht nicht aus, als würde er selber daran glauben...

EXT. TOTALE KRANKENHAUS/ MORGENDÄMMERUNG

Es wird allmählich Tag über Hamburg...

INT. FLUR KRANKENHAUS/ TAG

Roland geht ruhelos herum, als Schwester Patruna aus der Chirurgie kommt. Roland starrt sie an, auf alles gefasst.

SCHWESTER PATRUNA: "Es ist alles in Ordnung! Wir konnten Rabea stabilisieren...

ROLAND: "Was ist passiert?"

SCHWESTER PATRUNA: "Das ist schwer zu sagen. Wenn sie so klein sind, kann eines zum anderen führen. Die Atmung hat jedenfalls ausgesetzt..."

ROLAND: "Kann ich zu ihr?"

SCHWESTER PATRUNA: "Sie schläft jetzt! (tätschelt seinen Arm) Gehen Sie nach Hause! Sie sehen müde aus!"

Roland lächelt, doch dann kommen ihm die Tränen...

SchWESTER PATRUNA: "Sie waren bei ihr, als es drauf ankam! Sie haben genug getan!"

Roland nickt. Er nimmt seine Jacke.

ROLAND: "Danke, Schwester Patruna!"

SCHWESTER PATRUNA: "Warten Sie!"

Sie nimmt ein Polaroid von Rabea vom Wandboard.

SCHWESTER PATRUNA: "Hier! Nehmen Sie das Bild! Ich glaube, es ist gut, wenn Sie sie immer nahe bei sich haben..."

Roland nickt dankend und steckt das Bild ein. Die Schwester lächelt aufmunternd und geht davon.

INT. BESPRECHUNGSRAUM POLIZEIPRÄSIDIUM/ TAG

Eric Kramer sitzt mit Jockel und Irina zusammen, als Roland eintritt. Die drei anderen sehen ihn an..

IRINA: "Wie geht's Ihrer Tochter?"

ROLAND: "Wir hatten Glück. Sie hatte eine Krise, als ich gerade da war..."

ERIC KRAMER: "Heißt das, Silvia Färber lag tatsächlich richtig mit ihrer Vision...?"

ROLAND (nickt und setzt sich): "Wie weit sind Sie mit Zadek?"

JOCKEL: "Nicht weit. Er antwortet nicht. Er scheint Nichts und Niemanden wahrzunehmen..."

ROLAND: "Und Heidel, hat er was gesagt?"

ERIC KRAMER: "Wir haben ihn drei Stunden in der Mangel gehabt. Ich glaube, er weiß wirklich nichts..."

IRINA: "Wir denken, er sagt die Wahrheit. Er hat mit den Verbrechen nichts zu tun."

ROLAND: "Und Melchizedek reagiert auf gar nichts?"

IRINA: "Nein. Es ist, als ob er seine Sinne einfach abschalten kann.."

ROLAND: "Aber er hypnotisiert die Leute! Das ist eine bewusste Handlung!"

JOCKEL: "Heidel sagt, dass das helle Scheinwerferlicht Melchizedek weckt! Und er hypnotisiert die Leute aus dem Publikum allein durch den Augenkontakt!"

ROLAND: "Dann simulieren wir das eben! Wir stellen Scheinwerfer auf und gucken, ob wir an ihn rankommen!"

ERIC KRAMER: "Daran habe ich schon gedacht, aber das könnte riskant sein!"

Die Tür geht auf und Hardy kommt herein.

HARDY: "Ach, Roland! Hi! Alles klar?"

ROLAND: "Ja, sicher."

HARDY: "Also, ihr werdet es nicht glauben, aber der..."

ERIC KRAMER: "...Hausmeister aus Stuttgart und der Dreifachmörder aus Berlin waren Freiwillige bei der Melchizedek-Show!"

HARDY (nickt verdutzt): "Ja, äh... ganz genau..."

ROLAND: "Das wird langsam echt gruselig!"

HARDY: "Holger und ich versuchen schon die ganze Zeit, etwas über die Vergangenheit von Melchizedek auszugraben, aber offenbar hat Michael Zadek vor der Zeit im Altenheim gar nicht existiert..."

ERIC KRAMER (ungeduldig): "Benutzt doch mal Euer Gehirn! Laut Heidel zieht Melchizedek auf der Bühne immer die gleiche Nummer durch: Er hypnotisiert die Leute, und die jonglieren und werfen Messer...

JOCKEL: "Hey! Kommt her! Gehirnjogging mit Professor Kawashima!"

ERIC KRAMER (schaut genervt): "Wenn ich jemanden hypnotisiere und ihm sage, dass er fliegen kann, dann wird er sicher nicht wie ein Zeppelin durch den Raum schweben, oder?"

IRINA: "Nein. Wahrscheinlich nicht."

ERIC KRAMER: "Ich denke, Melchizedek kann nicht jemandem befehlen zu jonglieren, außer... er kann es selbst!"

Hardy und Jockel sehen sich an.

HARDY: "Macht Sinn. Das heißt, wir suchen nach einem Mann, der früher Artist war, Messerwerfer und Jongleur..."

ERIC KRAMER: "Und er hatte auch eine Motorsägennummer. Den findet ihr sicher schnell..."

JOCKEL: (anerkennend) "Gut, Kramer, ich nehm's zurück. Du bist doch nicht so blöd."

Kramer grinst säuerlich. In diesem Moment springt die Tür auf und Holger steckt seinen Kopf herein.

HOLGER: "Leute! Ein Attentat!! Bei der Handelskonferenz im Congress-Center wurde eine Bombe gezündet. Sie zählen bis jetzt bereits über hundert Tote..."

Die Mitglieder der Soko sehen Holger bestürzt an.

INT. VOR DEM CONGRESS-CENTER HAMBURG/ TAG

Vor dem Congress-Center stehen Blechsärge in langen Reihen. Die Spurensicherung und Sanitäter verrichten ihre Arbeit. Roland und Eric stehen beieinander.

ERIC KRAMER (kopfschüttelnd): "Es ist dieselbe Nummer: General Findler ist seit zwölf Jahren im Ruhestand. Früher war er ein überzeugter Nato-Falke. Aber er ist nie auffällig geworden..."

ROLAND: "Und jetzt zündet er eine Zehnkilo-Bombe und wir haben achtzig tote Russen..."

Jockel kommt heran.

JOCKEL: "Volltreffer. Auch Findler war bei Melchizedek auf der Bühne!"

Roland und Eric sehen sich freudlos an.

INT. BÜRO POLIZEIPRÄSIDENT/ TAG

Der Polizeipräsident Wagner schüttelt den Kopf.

POLIZEIPRÄSIDENT WAGNER: "Das ist nicht Ihr Ernst, oder?"

ROLAND: "Alles spricht dafür, dass die Leute, die von Melchizedek auf der Bühne hypnotisiert wurden, posthypnotisch konditioniert wurden, Amok zu laufen!"

POLIZEIPRÄSIDENT WAGNER: "Aber... das ist doch Humbug! Das ist unmöglich! Kramer! Was denken Sie?"

ERIC KRAMER: "Bedauerlicherweise denke ich das Gleiche, was Kommissar Falk denkt!"

Wagner sieht von einem zum anderen.

POLIZEIPRÄSIDENT WAGNER: "Sagt mal, wollt Ihr mich zum Besten halten? Erst guckt ihr Euch mit dem Arsch nicht an und jetzt seid ihr plötzlich Hanni und Nanni?"

ERIC KRAMER: "Herr Wagner! Wir haben über hundert Tote! Es gab vier Amokläufe und jedesmal wurde es schlimmer..."

POLIZEIPRÄSIDENT WAGNER: "Aber wir haben doch den Kerl, der das getan hat! Reicht das nicht?"

ROLAND: "Jeder, der vom Mann mit dem Kupferkopf hypnotisiert wurde, ist ein potentieller Amokläufer! Es gab in den letzten Monaten über hundert Aufführungen. Wir müssen also davon ausgehen, dass hier etwa genauso viele Zeitbomben ticken!"

POLIZEIPRÄSIDENT WAGNER: "Und dieser Zadek, aus dem ist wirklich nichts herauszuholen?"

ERIC KRAMER: "Er ist geistig umnachtet. Er markiert auch nicht, das haben wir geprüft. Nein, er ist irrsinnig und wir haben keinerlei Zugang zu ihm..."

ROLAND: "Die einzige Möglichkeit an ihn heranzukommen, wäre ihn zu 'wecken'. Wir simulieren die Bühnensituation und richten in einem dunklen Raum einen Scheinwerfer auf ihn..."

POLIZEIPRÄSIDENT WAGNER: "Ja, und warum tun Sie das nicht?"

ERIC KRAMER: "Der Kollege Falk und ich waren bei der Show. Der Mann hat auf der Bühne keine zehn Sekunden gebraucht, um die Freiwilligen in seinen Bann zu ziehen. Er ist vielleicht wahnsinnig, aber mental extrem stark..."

POLIZEIPRÄSIDENT WAGNER: "Wenn Sie einen Vorschlag haben, wäre ich dankbar. Mir sitzt schon der Staatssekretär im Nacken, der will unbedingt Ergebnisse sehen!"

ROLAND: "Ich würde gerne Silvia Färber hinzuziehen. Sie ist so eine Art Medium. Von ihr kam der Tipp mit Melchizedek!"

Wagner atmet durch und nickt dann.

POLIZEIPRÄSIDENT WAGNER: "Von mir aus! Machen Sie es so."

INT. WOHNUNG SILVIA FÄRBER/ TAG

Silvia Färber sitzt in ihrer Küche Roland Falk gegenüber.

SILVIA: "Ich hoffe, Sie wissen, was Sie da von mir verlangen..."

ROLAND: "Wissen wäre zu viel gesagt..."

Silvia atmet bekümmert durch.

SILVIA: "Ich hatte schon befürchtet, dass es dazu kommen würde..."

Sie steht auf und holt ihre Jacke vom Haken.

ROLAND: "Wieso haben Sie so eine Angst vor diesem Mann?"

SILVIA: "Es ist nicht er, vor dem ich Angst habe. Es ist der Käfer!"

INT. BESPRECHUNGSRAUM POLIZEIPRÄSIDIUM/ TAG

Eric Kramer sitzt mit Holger, Irina und Jockel zusammen.

JOCKEL: "Das wird eine Schweinearbeit! Fotos sind bei den Shows nicht erlaubt. Das heißt, wir schalten überall da Anzeigen, wo Melchizedek aufgetreten ist..."

ERIC KRAMER: "Fangen Sie sofort damit an. Es hat absolute Priorität, jeden zu finden, der hypnotisiert wurde. Jeden!!"

Holger kommt herein. Er schwenkt ein paar Seiten Papier.

HOLGER: "Wir haben Melchizedek! (er übergibt Kramer die Seiten) Es gab einen Jongleur namens Sandor Möbius. Er trat eine Zeitlang in Ungarn, der Tschechoslowakei und Österreich auf. Mit Motorsägen!"

ERIC KRAMER (studiert die Seiten): "Was ist das hier: 'Rätselhafter Massenmord im Kinderheim'...?"

HOLGER: "Möbius wurde in einem Heim in Klagenfurt groß... Es war ein paar Jahre nach dem Krieg. Einige der größeren Zöglinge haben wohl rebelliert und den Heimleiter und das Personal massakriert. So wie es aussieht, hat Sandor Möbius das Massaker entdeckt. Da war er gerade fünf Jahre alt..."

IRINA (schüttelt den Kopf): "Mit fünf? Als Heimkind? Das dürfte ihn nachhaltig traumatisiert haben..."

ERIC KRAMER: "Langsam fügt sich ein Bild. Aber welches Ziel verfolgt Melchizedek? Was will er?"

In diesem Moment öffnet sich die Tür, und ein Polizist steckt den Kopf herein.

POLIZIST: "Kommissar Kramer! Sie möchten sofort in den Verhörraum kommen. Der Chef erwartet Sie da!"

INT. IM VERHÖRRAUM/ TAG

ERIC KRAMER: "Aber wieso? Herr Staatssekretär, ich verstehe das nicht!"

Kramer steht dem Polizeipräsidenten Wagner, zwei Polizisten und einem Herrn in einem feinen Seidenanzug gegenüber, Staatssekretär Immelmann. Im Hintergrund sitzt teilnahmslos der gefesselte Sandor Möbius alias Melchizedek.

STAATSSEKRETÄR IMMELMANN: "Es sterben über hundert Menschen bei einem furchtbaren Anschlag, und Sie verstehen das nicht? Wir müssen diesen Mann sofort aufwecken und verhören!"

ERIC KRAMER: "Wir sollten damit unbedingt warten, bis mein Kollege Falk mit Silvia Färber wieder da ist!"

STAATSSEKRETÄR IMMELMANN: "Sie haben wohl keine Vorstellung von den mannigfaltigen Verpflichtungen eines Staatssekretärs, was? Wir warten hier auf niemanden und fangen sofort an!"

ERIC KRAMER: "Bitte! Das ist keine gute Idee! Das Risiko ist unkalkulierbar! Wir müssen..."

STAATSSEKRETÄR IMMELMANN (unterbricht scharf) "Junger Mann, ich habe Ihre Bedenken zur Kenntnis genommen! (nickt den anderen zu) So! Und jetzt kann es losgehen!"

Einer der Beamten schaltet das Licht aus. Der zweite stellt den Scheinwerfer an und richtet ihn auf Melchizedek. Immelmann nimmt einen Stuhl und setzt sich dem alten Mann gegenüber. Etwas passiert. Melchizedek öffnet die Augen.

STAATSSEKRETÄR IMMELMANN: "Aha! Herr Zadek! Ich bin Staatssekretär Immelmann! Und ich habe einige Fragen an Sie!"

Zadek alias Sandor Möbius sieht ihn nur teilnahmslos an.

STAATSSEKRETÄR IMMELMANN: "Verstehen Sie mich? Sie haben Weihbischof Gamber hypnotisiert! Erinnern Sie sich daran?"

Melchizedek bleibt stumm.

STAATSSEKRETÄR IMMELMANN: "Herr Zadek, reden Sie! Es ist auch in Ihrem Interesse, wenn weiteres Unglück verhindert wird!"

Melchizedek schließt seine Augen langsam wieder.

STAATSSEKRETÄR IMMELMANN: "Herr Zadek! HERR ZADEK!"

Keine Reaktion. Immelmann steht wütend vom Stuhl auf.

POLIZEIPRÄSIDENT WAGNER: "Hat er versucht, Sie zu hypnotisieren?"

Immelmann schüttelt den Kopf und tritt zu einem Beamten.

STAATSSEKRETÄR IMMELMANN: "Entschuldigen Sie bitte!"

Er nestelt an der Waffentasche des Mannes herum und zieht dessen Dienstpistole heraus. Die anderen starren den Politiker irritiert an. Der jedoch entsichert die Waffe, lädt durch und setzt die Mündung auf die Brust des Polizisten.

ERIC KRAMER (entsetzt): "Neeeinn!!!"

Der Schuss kracht ohrenbetäubend in der Kammer, und der Beamte bricht tot zusammen. Immelmann dreht sich um und erschießt den zweiten Beamten. In Polizeipräsident Wagner kommt Leben. Mit einer Gewandtheit, die man ihm in seinem Alter nicht zugetraut hätte, wirft er sich auf den amoklaufenden Politiker. Aber der drückt ihn mit Leichtigkeit zurück und schießt ihm in den Kopf. Als Immelmann sich Eric Kramer zuwendet, hat der jedoch seine Dienstwaffe gezogen und feuert.

Der Staatssekretär wird herumgerissen, als ihn das Projektil trifft, doch er legt erneut auf Kramer an. Dieser gibt vier schnelle Schüsse ab. Immelmann verdreht die Augen und bricht tot zusammen. Eric Kramer prallt mit rauchender Waffe keuchend zurück an die Wand. Noch völlig unter Schock stehend sieht er das Schlachtfeld. Vier Tote und dazwischen unbeteiligt der alte Mann auf dem Stuhl: Michael Zadek alias Sandor Möbius alias "Melchizedek"...

INT. BÜRO ERIC KRAMER/ TAG

Eric Kramer sitzt mit geschlossenen Augen in seinem Sessel, als Roland Falk eintritt.

ROLAND: "Kann ich reinkommen?"

Kramer dreht sich im Stuhl herum und nickt fast unmerklich. Falk schließt die Tür hinter sich und mustert den Kollegen.

ROLAND: "Alles klar mit Ihnen?"

ERIC KRAMER "Ich bin okay... Naja, vielleicht auch nicht..."

ROLAND (setzt sich): "Wenn wir noch einen Beweis gebraucht haben, ob Melchizedek wirklich hinter den Amokläufen steckt, haben wir ihn jetzt..."

ERIC KRAMER: "Zadek hat dem Staatssekretär höchstens zehn Sekunden in die Augen geschaut und ihn dann kontrolliert..."

ROLAND: "Ich hab Silvia Färber, dabei, die blinde Frau. Sie ist bereit, ihm gegenüber zu treten..."

ERIC KRAMER: "Wie? Sie wollen ihn noch einmal wecken?"

ROLAND: "Nein. Die Frau ist ein Medium. Sie kann uns vielleicht weiterhelfen, ohne dass er die Augen öffnet. Sie sagte, schon bei seinem Anblick auf der Bühne wäre ihr ganz anders geworden..."

ERIC KRAMER: "Wer garantiert uns, dass er nicht von selbst die Augen öffnet...?"

ROLAND: "Laut Heidel hat er das noch nie gemacht..."

ERIC KRAMER: "Silvia Färber ist hellfühlig. Das bedeutet doch, dass sie viel empfänglicher für seine Manipulationen sein muss, oder nicht?"

ROLAND: "Sie meint, wenn sie vorbereitet ist, kann sie sich schützen!"

ERIC KRAMER (überlegt): "Sie verstehen, dass ich nicht gerade euphorisch bin, nachdem was vorhin passiert ist..."

ROLAND: "Schon klar. Aber ich denke an all die Schläfer da draußen. Melchizedeks Schläfer! Was, wenn sie einer nach dem anderen aufwachen und ebenfalls Amok laufen?"

ERIC KRAMER (seufzt und nickt): "Wir lassen unsere Waffen draußen und gehen zu dritt rein. Und sollte er die Augen öffnen, verschwinden wir auf der Stelle!"

ROLAND: "Einverstanden!"

Eric Kramer und Roland Falk stehen auf.

INT. FLUR VOR MELCHIZEDEKS ZELLE/ TAG

Silvia Färber steht mit Eric und Roland vor der Tür von Melchizedeks Zelle.

ROLAND: "Noch können Sie zurück!"

SILVIA: "Nein. Bringen wir es hinter uns!"

Eric Kramer und Roland Falk sehen sich an und öffnen die Tür zur Zelle.

INT. ZELLE MELCHIZEDEK/ TAG

Sandor Möbius alias Michael Zadek sitzt in der Mitte des Zimmers auf seinem Stuhl und hat die Augen geschlossen. Silvia Färber tritt näher. Roland Falk ist dicht bei der Frau, während Eric Kramer an der Tür stehen bleibt. Die Blinde legt den Kopf schief. Dann sieht sie zu Roland Falk.

SILVIA: "Könnte ich ihn berühren?"

Falk blickt zu Kramer. Der zuckt ratlos die Achseln. Roland Falk betrachtet den sitzenden Mann, der eher harmlos wirkt. Dann dreht er den Kopf zu Silvia Färber.

ROLAND: "Okay! Aber nur kurz!"

Sie gehen ganz nahe an Melchizedek heran. Silvia Färber zittert, als sie ihre Hand ausstreckt. Kurz bevor sie ihn berührt, beginnt sie unvermittelt aus der Nase zu bluten.

ROLAND: "Silvia! Sie müssen hier raus!"

Silvias Hand verkrampft sich in Falks Arm.

SILVIA: "Warten Sie!"

Sie blutet nun heftig aus beiden Nasenlöchern. Sie hat die Augen geschlossen und lauscht nach innen. Sie gibt sich einen Ruck und berührt die Stirn des alten Mannes. Dann, Sekunden später, dreht sie sich um und läuft mit staksigen Schritten zur geschlossenen Tür, prallt heftig dagegen und bricht zusammen. Erik Kramer fängt sie. Er und Roland Falk bringen die Blinde schnell hinaus.

EXT. BÜRO ERIC KRAMER/ TAG

Kramer holt einen Becher Wasser. Silvia Färber ist es gelungen, ihr Nasenbluten zu stillen.

Sie starrt zum Fenster hinaus. Roland Falk sieht sie an, während Kramer ihr den Becher reicht. Abwesend nimmt sie ihn und trinkt.

ROLAND: "Ist alles in Ordnung mit Ihnen?"

Silvia nickt langsam.

ERIC KRAMER (vorsichtig): "Was ist passiert? Haben Sie... Kontakt mit ihm aufgenommen?"

SILVIA: "Nein. Dann hätte ich meinen geistigen Schutz aufgeben müssen. Aber hatte eine Vision... Eine ungewöhnlich starke Vision!"

ROLAND: "Was für eine Vision war das?"

Silvia Färber schließt die Augen und atmet tief durch.

SILVIA: "Es wird etwas passieren. Etwas das von Melchizedek ausgeht! Etwas Furchtbares..."

Roland und Eric wechseln einen Blick.

ERIC KRAMER: "Könnten Sie das konkretisieren?"

SILVIA: "Ich weiß nicht, was es genau ist, aber es wird viele in den Tod reißen...!"

ERIC KRAMER: "Noch ein Anschlag wie im Kongresscenter?"

SILVIA (schüttelt den Kopf): "Nein! Sehr viel schlimmer. Es werden viele Hunderttausende sterben..."

Die beiden Kommissare starren sie ungläubig an.

ERIC KRAMER: "Viele Hunderttausende? Was, um Gottes Willen, soll dazu führen?"

SILVIA: "Um das zu erfahren, hätte ich in sein Bewusstsein eintauchen müssen. Aber dann würde ich vielleicht nicht mehr mit Ihnen sprechen..."

ERIC KRAMER: "Wissen Sie wenigstens, wann das passiert?"

SILVIA: "Ja! ... Es passiert morgen früh!"

ROLAND (beugt sich ruhig vor) "Silvia! Wie hoch ist die Trefferrate Ihrer Visionen?"

SILVIA (wiegt den Kopf): "Bisher ist immer alles eingetroffen, was ich gesehen habe. Ohne Ausnahme..."

Eric Kramer schließt die Augen und schüttelt den Kopf.

INT. FLUR IM POLIZEIPRÄSIDIUM/ TAG

Im Wechsel mit

INT. BABYSTATION DER FRÜHCHEN/ TAG

Roland ruft mit seinem Handy die Babystation an. Eine der Schwestern geht an den Apparat.

KINDERSCHWESTER: "Babystation, Mariahilf-Krankenhaus! Schwester Ines!"

ROLAND: "Hier ist Roland Falk! Ist Frau Patruna da?"

KINDERSCHWESTER: "Ja, ich hole sie!"

Die Kinderschwester winkt Schwester Patruna, die im Flur ein Bett bezieht. Die Krankenschwester geht zum Telefon.

SCHWESTER PATRUNA: "Herr Falk! Sie wollen wissen, wie es Ihrer Rabea geht?"

ROLAND: "Ja, natürlich!"

SCHWESTER PATRUNA: "Sie ist sehr tapfer! Im Moment ist sie stabil, aber über den Berg sind wir noch nicht, leider!"

ROLAND: "Eine Frage, Schwester Patruna: Wäre es denkbar, Rabea in eine andere Klinik verlegen zu lassen? Nach Lübeck oder Bremen...?"

SCHWESTER PATRUNA: "Ich weiß nicht, wieso Sie fragen, aber ich würde es nicht empfehlen. Rabea hat keine Reserven. Sie würde einen Transport wahrscheinlich nicht überstehen."

Roland schließt die Augen und nickt dann.

ROLAND: "Das wollte ich nur wissen. Vielen Dank, Schwester!"

SCHWESTER PATRUNA: "Ja, nichts zu danken, Herr Falk!"

Roland beendet das Gespräch. Eric Kramer bringt ihm eine Tasse Kaffee. Roland blickt zu ihm und ergreift die Tasse.

ROLAND: "Danke!"

ERIC KRAMER: "Diese Blinde macht mich echt fertig mit ihrem Hokuspokus!"

ROLAND: "Ja. Ich wünschte, sie hätte bisher mehr Fahrkarten geschossen. Aber sie lag mit Melchizedek richtig, und sie hat mich ins Krankenhaus geschickt, wegen meiner Tochter. Ohne sie wäre Rabea jetzt tot..."

ERIC KRAMER: "Aber wir leben im 21. Jahrhundert! Wie können wir sie ernst nehmen?"

ROLAND: "Die Frage ist doch eher: Wollen wir Melchizedek ernst nehmen?"

Eric Kramer nickt und fährt sich durch die Haare.

ROLAND: "Jemand, den Melchizedek auf der Bühne hypnotisiert hat, wird hier in Hamburg morgen eine Katastrophe auslösen. Aber wer? Und wo? Und was für ein Anschlag soll das sein?"

ERIC KRAMER: "Wir sind bereits fieberhaft dabei, alle Bühnen-Freiwilligen ausfindig zu machen. Aber bis morgen schaffen wir das nicht... (er überlegt) Moment! Als der Weihbischof starb, da hat er doch noch mit Ihnen gesprochen, oder?"

ROLAND: "Ja. Wieso fragen Sie?"

ERIC KRAMER: "Naja, er war hypnotisiert, aber als er starb, gewann sein eigener Geist die Oberhand. Er warnte uns vor einem Käfer..."

ROLAND: "Sie meinen, der Hypnotisierte erlebt alles, was passiert, mit! So quasi gefesselt und geknebelt im Hintergrund seines eigenen Bewusstseins?"

ERIC KRAMER: "Und kommt frei, wenn er stirbt..."

ROLAND: "Ist interessant. Aber worauf wollen Sie hinaus?"

ERIC KRAMER: "Wenn wir die Katastrophe verhindern wollen, brauchen wir einen konkreten Hinweis. Dieser Hinweis müsste in Melchizedeks Hirn zu finden sein... Sie haben Silvia Färber ja gehört. Sie sagte, für mehr Informationen hätte sie in sein Gehirn gemusst! Also ist da theoretisch ein Weg!"

Roland Falk sieht seinen Kollegen an.

ROLAND: "Sie denken, Silvia sollte sich freiwillig hypnotisieren lassen? Aber wie bricht man Melchizedeks Bann, ohne sie töten zu müssen?"

ERIC KRAMER: "Weiß ich nicht. Aber wir stehen womöglich vor der größten zivilen Katastrophe der Menschheitsgeschichte. Besser wir finden einen Weg..."

ROLAND: "Besprechen wir das mit Silvia Färber selbst..."

INT. KRAMERS BÜRO/ TAG

Kramer und Falk sitzen mit Silvia Färber zusammen.

SILVIA: "Ich kann es nicht tun!"

ROLAND: "Wieso nicht?"

SILVIA: "Ich bin blind! Ich werde auch in seinem Bewusstsein blind sein. Ich werde keine Hilfe darstellen..."

Roland schließt die Augen und atmet tief durch.

ROLAND: "Und wenn es jemand anderes macht?"

SILVIA: "Grundsätzlich ist das denkbar. Bei der Hypnose findet eine Verschmelzung der Geister statt.

Aber Melchizedek dürfte die Kontrolle über den Hypnotisierten haben. Ich bin mir nicht sicher, ob er seine Gedanken und sein Wissen zugänglich machen wird... Andererseits, er ist wahnsinnig! Vielleicht klappt es auch..."

ROLAND: "Ich denke gerade an den Weihbischof. Wieso konnte sich sein Geist am Ende befreien und uns warnen?"

SILVIA: "Der Tod ist auch ein Prozess der Loslösung. Die Seele verlässt den Körper. Die Hypnose kann nicht..."

Sie bricht ab und legt den Kopf schief. Sie spürt in sich.

ROLAND: "Was ist?"

SILVIA: "Es gibt einen Weg! Ich spüre es! Einen Weg in Melchizedeks Kopf!"

Roland und Eric wechseln einen fragenden Blick.

ERIC KRAMER: "Und wie sieht der aus?"

SILVIA: "Das weiß ich nicht. Aber der Mann, der es Ihnen sagen kann, sitzt in diesem Haus in einer Zelle!"

INT. IN DREIFüRSTS ZELLE/ TAG

Kramer, Falk und Silvia sitzen mit Ulf Heidel zusammen.

HEIDEL: "Ich schwöre Ihnen, ich hab keine Ahnung, wovon Sie sprechen. Ich hab nicht den blassesten Schimmer, wie man Verbindung mit dem alten Mann aufnimmt..."

Roland Falk sieht zu Eric.

ERIC KRAMER: "Er sagt die Wahrheit. Seine Körpersprache bestätigt ihn..."

Silvia beugt sich vor.

SILVIA: "Herr Heidel. Ich spüre, dass das Wissen in Ihnen ist. Vielleicht erkennen Sie nur seine Bedeutung nicht..."

HEIDEL: "Aber was sollte das sein?"

ROLAND: "Okay, nehmen wir einmal an, jemand ließe sich freiwillig von Melchizedek hypnotisieren. Wie könnte man die Hypnose brechen?"

HEIDEL: "Ich weiß nicht. Keine Ahnung... (hält inne und runzelt die Stirn) Moment! Mir fällt grad etwas ein... Als wir vor etwa zwei Monaten in Ulm gastierten, hatten wir einen Freiwilligen auf der Bühne, bei dem die Hypnose nicht funktionierte!"

ERIC KRAMER: "Melchizedeks Hypnose funktionierte nicht? Wieso?"

HEIDEL: "Der Mann aus dem Publikum hatte stecknadelkopfgroße Pupillen. Ich denke, er stand unter Kokain oder sowas..."

Roland sieht zu Silvia. Die nickt.

SILVIA: "Das meinte ich! Das ist es!"

ROLAND: "Kokain... Wäre es denkbar, es so zu dosieren, dass zwar die Hypnose und die Verschmelzung klappen, aber man nicht unter seine Kontrolle gerät?"

SILVIA (wiegt den Kopf): "Ja, ich fühle, dass das möglich ist. Aber es ist riskant!"

ROLAND: "Was ist der Haken?"

SILVIA: "Nehmen wir einmal an, Ihr Geist taucht in sein Bewusstsein ein, dann heißt das nicht, dass Sie einfach so an die Information kommen werden. Sie sind dann im Gehirn eines Wahnsinnigen. Sie werden mit Erinnerungen, Emotionen und Trugbildern konfrontiert werden. Aber selbst wenn Sie die Information bekämen, bleibt die Frage, wie sie sich von Melchizedeks Bewusstsein wieder lösen können. Das Einzige, was sicher funktionieren würde, wäre, wenn Sie sterben..."

Eric Kramer schüttelt resignierend den Kopf.

ERIC KRAMER: "Stopp jetzt! Vergessen wir es! Das ist alles komplett gaga..."

ROLAND: "Vergessen? Wie jetzt? Sollen wir aufgeben?"

ERIC KRAMER: "Bis jetzt ist nichts passiert. Vielleicht liegt Frau Färber doch falsch und es gibt keine hunderttausend Toten..."

SILVIA: "Ich weiß, dass Wahrsagerei keine wissenschaftliche Methode ist. Ich will Ihnen nur sagen, dass ich in der Zwischenzeit meine Schwester und meine engsten Freunde angerufen und ihnen nahegelegt habe, Hamburg noch heute Abend zu verlassen. Weil ich weiß, was passieren wird."

Eric Kramer sieht sie an und wendet sich an Kommissar Falk.

ERIC KRAMER: "Was denken Sie?"

Roland sieht sinnierend auf den Boden.

ROLAND: "Ich habe meine Frau und meine Tochter verloren. Wenn es morgen wirklich diesen Anschlag auf Hamburg gibt, verliere ich am Ende womöglich noch den letzten Menschen, der mir geblieben ist, meine Rabea... (er sieht Kramer an) Ich hab mir in diesem Job noch nie Sorgen gemacht. Aber die Dinge ändern sich. Ich will, das Rabea lebt! Ist mir egal, ob ich dabei draufgehe. Aber das Kind soll leben!"

ERIC KRAMER: "Diese Aktion macht nur Sinn, wenn wir wissen, wie wir Sie da wieder rausbekommen!"

ROLAND: "Der Tod! Der Tod ist manchmal unentschlossen..."

ERIC KRAMER (runzelt die Stirn): "Woran denken Sie? An so etwas wie ertrinken und wiederbeleben?"

ROLAND: "Ich dachte eigentlich mehr an den guten alten Defibrilator!"

ERIC KRAMER (lacht auf): "Elektroschocks?"

ROLAND: "Einer hält mein Herz an, und der zweite setzt es wieder in Gang!"

Eric Kramer sieht zu Silvia Färber. Die spürt die Blicke der Männer, überlegt kurz und nickt dann.

SILVIA: "Versuchen Sie es!"

EXT. TOTALE POLIZEIPRÄSIDIUM/ NACHT

Eine regnerische Nacht ist über Hamburg heraufgezogen.

INT. ASSERVATENKAMMER/ NACHT

Eric Kramer nimmt aus einem Kasten drei Tütchen mit Kokain. Die diensthabende Beamtin sieht ihn spöttisch an.

BEAMTIN DER ASSERVATENKAMMER: "Lass es dir lieber nicht zur Gewohnheit werden, Eric!"

Eric Kramer ignoriert die Bemerkung, unterschreibt auf einer Liste und geht mit dem Kokain aus dem Raum.

EXT. PRIVATKLINIK STERNAU/ NACHT

Totale der Privatklinik in einer mondlosen Nacht.

INT. BÜRO PROFESSOR ROITMAN/ NACHT

Professor Roitman ist Anfang fünfzig und ein schmaler Mann mit kantigen Gesichtszügen. Roland sitzt vor ihm.

PROFESSOR ROITMAN: "Das ist starker Tobak! Bei aller Liebe!"

ROLAND: "Die Zeit läuft uns davon. Für die offiziellen Wege reicht es nicht, ganz abgesehen davon, dass man uns so etwas Unorthodoxes niemals genehmigen würde..."

Professor Roitman steht auf und geht zum Fenster.

PROFESSOR ROITMAN: "Viele Hunderttausende... Das ist ein gespenstisches Szenario..."

ROLAND: "Ja."

Der Professor schweigt. Dann dreht er sich um und nickt.

PROFESSOR ROITMAN (bedächtig): "Ich kenne dich lange genug, Roland. Du bist kein Idiot. Und ich habe selbst Familie. Ich helfe dir, aber ich will kein Personal mit reinziehen. Ich mache die Überwachung alleine, das muss dir reichen!"

ROLAND: "Ja, natürlich!"

PROFESSOR ROITMAN: "Dann gehen wir es an!"

INT. FLUR VOR INTENSIVSTATION KLINIK STERNAU/ NACHT

Roland lehnt an der Wand und hat die Augen geschlossen.

SILVIA: "Herr Kommissar!"

Roland Falk öffnet die Augen und blickt zu Silvia Färber, die mit ihrem Blindenstock näher tritt.

ROLAND: "Alles in Ordnung?"

Silvia nickt. Sie wirkt nervös.

SILVIA: "Auf ein Wort...! Es geht um den Käfer! Der Käfer, vor dem Sie auch der Weihbischof gewarnt hat..."

ROLAND: "Was ist mit ihm?"

SILVIA: "Der Käfer ist der Feind! Sie werden ihn töten müssen!"

Roland runzelt die Stirn.

ROLAND: "Und wie soll das funktionieren?"

SILVIA: "Sie sind doch Polizist! Haben Sie schon mal getötet? Ein größeres Tier oder einen Menschen?"

ROLAND: "Ja. Einmal. Einen Mann..."

SILVIA: "Dann tragen Sie die Fähigkeit in sich. Sie können auch den Käfer töten. Haben Sie eine Waffe bei sich?"

ROLAND: "Normalerweise schon, einen Revolver. Aber ich habe ihn im Auto gelassen, weil wir in Melchizedeks Nähe kein Risiko eingehen wollen..."

SILVIA: "Holen Sie ihn und tragen Sie ihn am Körper! Das ist wichtig!"

ROLAND: "Ich verstehe nicht..."

SILVIA: "Wenn Sie in Melchizedeks Kopf sind, dann werden Sie die Waffe ebenfalls bei sich haben..."

ROLAND: "Okay, ich habe dann eine Waffe. Aber was nutzt sie mir auf einer geistigen Ebene?"

SILVIA: "Sie können sie einsetzen! Sie haben bereits getötet und können Ihre Bereitschaft zu töten in mentale Energie umwandeln, die Sie auf Ihre Waffe projizieren. Diese Energie ist aber nicht unbegrenzt. Sie müssen den Käfer mit dem ersten oder zweiten Schuss treffen... Sonst wird die Energie nicht mehr ausreichen..."

ROLAND (nickt düster): "Ich verstehe!"

SILVIA: "Töten Sie den Käfer! Dann haben Sie Zugriff zu allen Informationen!"

ROLAND: "Der Käfer... wer oder was ist er?"

SILVIA: "Ich weiß es nicht. Er ist fremd. Er ist namenlos."

ROLAND (nickt): "Ich... ich hole dann die Waffe!"

Er geht den Flur hinunter.

INT. EINGANG PRIVATKLINIK/ NACHT

Roland kommt vom Auto zurück und checkt den stumpfnasigen Revolver. Als er die Klinik betritt, erwartet ihn bereits Eric Kramer am Eingang. Er deutet auf die Waffe.

ERIC KRAMER: "Was wird das?"

ROLAND: "Silvia hat gesagt, ich soll die Waffe bei mir haben, damit ich auf geistiger Ebene etwas gegen diesen Käfer ausrichten kann..."

ERIC KRAMER (irritiert): "Und das soll funktionieren?"

ROLAND: "Die ganze Nummer ist derartig abgefahren, dass ich mich über solche Details jetzt auch nicht mehr streite..."

Roland will an Eric vorbei. Der hält ihn am Arm.

ERIC KRAMER: "Ich weiß, dass Sie nicht gerne Vorträge von mir hören, aber ich würde Ihnen gerne etwas mit auf den Weg geben... wenn Sie erlauben...?"

ROLAND: "Doch, sicher! Sagen Sie, was Sie zu sagen haben...!"

ERIC KRAMER: "Unterschätzen Sie den Wahnsinn nicht! Wahnsinn ist nicht gleich Chaos oder Willkür. Auch der Wahnsinn hat seine Gesetze und seine Ordnung. Nichts, aber auch gar nichts passiert ohne Grund!"

ROLAND: "Sie reden so, als würden Sie sich auskennen..."

Eric Kramer schweigt einen Moment und nickt dann.

ERIC KRAMER: "Ich habe einen IQ von hundertneunzig. Ich habe mit zwölf mein Abitur gemacht, mit sechzehn promoviert und danach... vier Jahre in der Psychiatrie verbracht!"

ROLAND (runzelt die Stirn): "Das wusste ich nicht."

ERIC KRAMER: "Ich erzähle das, damit Sie sich innerlich wappnen: Erwarten Sie in Melchizedek keinen sabbernden Idioten! Sein Geist mag auf Abwegen sein, aber wahrscheinlich treffen Sie auf einen brillanten Gegner!"

ROLAND (nickt langsam): "Gut. Ich werde daran denken."

Eric lächelt entschuldigend.

ERIC KRAMER: "Eine kleine Bitte hätte ich dann noch..."

Roland Falk sieht ihn fragend an.

INT. INTENSIVSTATION/ NACHT

Melchizedek ist auf einen Behandlungsstuhl geschnallt und hat eine EEG-Kappe auf dem Kopf befestigt. Professor Roitman kontrolliert die medizinischen Geräte. Eric Kramer reicht Roland Falk einen kleinen Spiegel, auf dem eine Line Kokain ausgelegt ist. Irina Andreeva steht im Hintergrund. Falk schaut hinüber zu Silvia Färber, die auf einem Stuhl an der Wand sitzt.

ROLAND: "Sind Sie sicher, dass Sie hier bleiben wollen?"

SILVIA: "Ja. Ich habe mich auf Melchizedek eingestellt. Vielleicht kann ich Ihnen ja helfen!"

PROFESSOR ROITMAN: "Was passiert eigentlich, wenn der alte Mann stirbt? Ich frage, weil er starke Herzrhythmusstörungen hat und es mit dem Herzen so oder so nicht mehr lange macht!"

SILVIA: "Ich hoffe nicht, dass er stirbt, solange Kommissar Falk noch drinnen ist..."

ROLAND: "Wieso nicht?"

SILVIA: "Melchizedeks Tod würde alles auslöschen. Ihr Wissen, Ihre Erinnerungen, alles. Ihr Körper wäre eine Hülle ohne Inhalt..."

Roland nimmt entschlossen einen Strohhalm und zieht das Kokain durch die Nase. Professor Roitman setzt auch ihm eine Diodenkappe für das Elektroenzephalogramm auf den Kopf.

ERIC KRAMER: "Bereit?"

Roland Falk nickt. Eric Kramer tritt an den Schalter und knipst das Licht aus. Dann tritt er zu einem Scheinwerfer-Spot und macht ihn an. Melchizedek hebt den Kopf leicht und öffnet die Augen. Roland sieht ihm trotzig entgegen. Dann aber scheinen sich die Pupillen seines Gegenübers zu bewegen. Im nächsten Moment schießen sie wie schwarze Lanzen vor und durchbohren Rolands Augäpfel...

INT. SURREALISTISCHER FLUR (IN MELCHIZEDEKS BEWUSSTSEIN)

Keuchend reibt Roland Falk sich die Augen. Der Schmerz war verdammt real. Er steht in einem seltsam asymmetrischen Gang, der sich bis in die Unendlichkeit zu erstrecken scheint. Die Türen tragen römische Nummern. Roland Falk greift sich eine Klinke und öffnet eine der Türen...

INT. THEATERBÜHNE (IN MELCHIZEDEKS BEWUSSTSEIN)

Auf der Bühne steht Picobello und verbeugt sich gerade. Donnernder Applaus der Anwesenden.

PICOBELLO: "Vielleicht kommt er ja gar nicht, der Mann mit der kupfernen Maske, der Mann den die Welt nur kennt als... Melchizedek!"

Ein Tusch und der Mann mit dem Kupferkopf erscheint in seinem Sarkophag. Roland Falk sieht sich ratlos um.

ROLAND: "Ist das meine Erinnerung oder seine?"

PICOBELLO: "Meine Damen und Herren! Der mysteriöse und unglaubliche... Melchizedek!!"

Roland Falk sieht zu Boden. Der scheint lebendig zu sein. Wellen laufen durch den Untergrund und Tentakel schlängeln sich, fast liebkosend, um die Knöchel des Kommissars. Falk hebt die Füße und kommt wieder frei. Er sieht zu dem Mann mit dem Kupferkopf und es fröstelt ihn. Picobello schlägt ein Rad und dreht eine Pirouette. Dann lacht er ins Publikum.

PICOBELLO: "Und jetzt, liebe Anwesenden, brauche ich einen Freiwilligen! (er sieht herum, aber niemand meldet sich) Keiner? Dann muss ich wohl einen Freiwilligen überzeugen!"

Er zieht ein großes abstruses Gewehr hervor, aus dem vorne ein Pümpel herausschaut. Er zielt ins Publikum und lacht.

PICOBELLO: "Oh magischer Pümpel, entdecke mir unseren Freiwilligen..."

Er drückt ab und der Pümpel, der an einer Kordel befestigt ist, fliegt ins Publikum.

PICOBELLO: "Aah! Da ist unser Freiwilliger! Mein Herr, ich darf Sie auf die Bühne bitten! Nur keine Scheu!"

Ein Mann geht unter Applaus nach vorne. Roland Falk muss seine Füße schon wieder von den Tentakeln befreien...

PICOBELLO: "Darf ich fragen, wie Ihr Name ist, mein Herr?"

ALEXIS ROMANOV: "Alexis Romanov..."

Roland Falk erstarrt. Er blickt zur Bühne und sieht den Freiwilligen nun von vorne. Den massigen Mann mit der Adlernase hätte er überall wieder erkannt.

PICOBELLO: "Gehen wir zu... Melchizedek!"

Falk sieht erbleichend, wie Romanov, der gesuchte Waffenhändler, vor den Kupferköpfigen geführt wird. Melchizedek öffnet seine Augen...

ROLAND: "Oh mein Gott! Bitte nicht er!!"

INT. IN EINEM APARTMENT/ NACHT

Alexis Romanov holt ein Bier aus dem Kühlschranktür und öffnet es. Er trinkt. Dann nimmt er ein Schraubendrehset und geht zum Tisch. Hier liegt ein aufgeklappter Metallkoffer mit Zylindern, Verdrahtungen und blinkenden Dioden. Auf einem der Zylinder ist das Symbol für Radioaktivität zu erkennen. Romanov schraubt die Halterung der Schaltuhr fest. Er stellt den Countdown auf zwei Stunden. Die Zeit beginnt zu laufen. Romanov schließt den Koffer. Er zieht einen Mantel an, packt den Griff des Koffers und verlässt das Apartment...

INT. INTENSIVSTATION/ NACHT

Der Professor steht vor der EEG-Anzeige von Roland Falk.

PROFESSOR ROITMAN: "Roland ist bereits jetzt massivem Stress ausgesetzt... (Er sieht hinüber zur Anzeige von Melchizedek) Und der andere ist völlig ruhig... Beeindruckend!"

ERIC KRAMER (zur blinden Silvia): "Spüren Sie irgendetwas?"

SILVIA (schüttelt den Kopf) "Melchizedek hat sich völlig abgeschottet. Kommissar Falk ist jetzt da drinnen auf sich allein gestellt..."

INT. THEATERBÜHNE (IN MELCHIZEDEKS BEWUSSTSEIN)

Die Tentakel winden sich bereits um Rolands Oberkörper. Er kämpft, kann sich aber nicht befreien.

ROLAND: "Zur Hölle mit euch!!"

Er zieht seinen Revolver und feuert auf den Boden. Die Tentakel zerplatzen. Und mit einem Mal ist es totenstill. Alle Köpfe drehen sich zu ihm. Auch die überdimensionale Kupfermaske Melchizedeks wendet sich ihm zu.

PICOBELLO: "Ein Eindringling! Alexis! Töten Sie ihn!"

Während das Publikum sich nicht bewegt, dreht Alexis Romanov sich um und sieht Roland Falk in kaltem Erkennen an. Dann zückt er eine Makarov und lädt die Waffe durch.

ROLAND (freudlos): "Na prima!"

Roland Falk springt zur Saaltür. Er reißt sie auf und hetzt hinaus. Alexis Romanov springt von der Bühne herunter und nimmt mit gezückter Pistole die Verfolgung auf.

INT. IM FOYER (IN MELCHIZEDEKS BEWUSSTSEIN)

Roland Falk muss sich orientieren. Er rennt nach links, aber da ist eine Sackgasse. Nur eine Treppe führt auf die Galerie. Als er zurück will, öffnet sich bereits die Saaltür und Romanov tritt heraus. Falk prallt zurück. Also doch die Treppe! Mit schnellen Sätzen springt er hinauf...

INT. AUF DER GALERIE (IN MELCHIZEDEKS BEWUSSTSEIN)

Roland erreicht die Galerie. Sie ist leer. Er schaut nach unten. Mit schweren Schritten kommt Romanov die Treppe hoch. Roland weicht zurück. Er sieht auf seine Waffe. Wenn er noch einen Schuss abgibt, um sich seines Verfolgers zu erwehren, hat er womöglich sein Pulver bereits verschossen. Da legt sich plötzlich eine Hand auf seine Schulter. Er fährt herum. Vor ihm steht jemand, den er kennt: Westpfahl, der Justiziar, einer von Melchizedeks Freiwilligen. Er bedeutet Roland, ihm zu folgen. Er drückt auf ein Panel an der Wand, und eine verborgene Tür öffnet sich. Er und Roland schlüpfen hindurch.

INT. IN EINEM LANGEN FLUR (IN MELCHIZEDEKS BEWUSSTSEIN)

WESTPFAHL: "Kommen Sie!"

Er läuft voraus und bleibt dann an einer bestimmten Stelle stehen. Er greift nach unten, zieht eine Bodenklappe auf und klettert hinein. Roland folgt ihm und schließt die Klappe. Romanov scheint die Örtlichkeiten nicht so gut zu kennen wie Westpfahl. Er läuft über die Klappe hinweg...

INT. IN EINEM RAUM MIT FILMWAND (IN MELCHIZEDEKS BEWUSSTSEIN)

Westpfahl lässt sich zu Boden sinken. Roland Falk sieht sich um. Sie sind in einem Zimmer, dessen Wände zu leben scheinen. Ein Picobello ähnlicher Clown ist zu sehen, wie er auf einem Einrad herumfährt und jongliert...

ROLAND: "Wo sind wir hier?"

WESTPFAHL: "Vorerst in Sicherheit. Das ist ein Langzeits-Erinnerungsraum... Das hier ist der Moment, als Melchizedek sich entschloss, selber Jongleur zu werden..."

ROLAND: "Sie waren in der Show! Sie waren auf der Bühne! Ich hab gesehen, wie er Sie hypnotisierte..."

Westpfahl nickt bitter.

ROLAND: "Das heißt, Sie sind schon eine Zeit hier! Haben Sie irgendwas mitgekriegt?"

WESTPFAHL: "Nur die Schießerei auf der Wache. Aber was genau passiert ist, weiß ich nicht... Und wer sind sie?"

ROLAND (grinst schief): "Ich bin die Gedankenpolizei!"

Er zeigt Westpfahl seinen Polizei-Ausweis.

WESTPFAHL: "Wenn Sie mich hier beeindrucken wollen, brauchen Sie etwas mehr als eine Polizeimarke!"

ROLAND: "Melchizedek ist verantwortlich für Amokläufe und Mordanschläge. Und in wenigen Stunden soll in Hamburg etwas passieren, das Hunderttausende töten soll..."

WESTPFAHL: "Oh Gott! Dann stimmt es...!"

ROLAND: "Was?"

WESTPFAHL: "Hier geistert die ganze Zeit ein Gedankenfetzen herum... Er zeigt einen Atompilz über Hamburg!"

EXT. IN DER S-BAHN/ NACHT

Alexis Romanov sitzt in der S-Bahn und starrt emotionslos vor sich hin. Er hält den Griff des Metallkoffers fest umklammert. Die S-Bahn hält.

SPRECHERSTIMME (O.S.): "Hauptbahnhof!"

Alexis Romanov erhebt sich und steigt mit dem Koffer aus.

INT. IN EINEM RAUM MIT FILMWAND (IN MELCHIZEDEKS BEWUSSTSEIN)

Roland und Westpfahl sitzen nebeneinander.

ROLAND: "Ich muss wissen, wo die Bombe deponiert wird! Wie oder wo finde ich das heraus?"

WESTPFAHL: "Wenn, dann in der Bibliothek!"

ROLAND: "In der Bibliothek?"

WESTPFAHL: "Es gibt hier einen Raum, in dem man auf jede Frage ein Antwort erhält. Das Problem ist nur: Die Bibliothek ist im Käferland..."

ROLAND: "Und Käferland ist nicht gut?"

WESTPFAHL: "Nein. Gar nicht gut."

ROLAND: "Käferland oder nicht, ich muss trotzdem hin..."

WESTPFAHL: "Niemand kennt sich aus im Käferland, außer Bazooka-Joe!"

ROLAND: "Wer ist Bazooka-Joe?"

WESTPFAHL: "Ein verrücktes Kind. Sie erkennen es an einer Augenklappe. So wie auf diesem amerikanischen Kaugummi..."

ROLAND: "Wo finde ich Bazooka-Joe?"

WESTPFAHL: "Der Junge sitzt meist im Kino. Aber er ist extrem scheu und haut immer sofort ab, wenn man mit ihm sprechen will!"

In diesem Moment ändert sich das Bild an der Wand, und plötzlich ist der Kupferkopf zu sehen, der sie mit brennenden Augen anzustarren scheint. Westpfahl ist aufgesprungen.

WESTPFAHL: "Melchizedek... er fokussiert sich auf mich... Irgendetwas passiert!"

Westpfahl spürt in sich und erbleicht.

WESTPFAHL: "Er plant etwas gegen mich! (er läuft los) Los, wir haben nicht viel Zeit!"

Er zwängt sich durch einen bisher nicht sichtbaren Schlitz in der Wand. Roland folgt ihm.

INT. SCHLAFSAAL/ NACHT (IN MELCHIZEDEKS BEWUSSTSEIN)

Westpfahl hetzt durch einen großen Schlafsaal. Roland versucht mit ihm Schritt zu halten.

ROLAND: "<u>Was</u> plant er gegen Sie?"

WESTPFAHL: "Er tötet meinen physischen Körper!"

ROLAND: "Er befiehlt Ihnen den Selbstmord?"

WESTPFAHL: "Das kann er nicht. Da ist die Grenze. Er kann einem Hypnotisierten nicht befehlen, sich selbst zu töten..."

ROLAND: "Ist doch mal eine gute Nachricht..."

Westpfahl sieht Roland an und schüttelt düster den Kopf.

WESTPFAHL: "Nicht wirklich. Melchizedek kennt andere Wege! Er hat die Fähigkeit, bestehenden Ärger in den Leuten so anwachsen zu lassen, dass sie in einen Blutrausch verfallen!"

ROLAND (sinnierend): "Bischof Gamber regte sich über adrett gestylte Frauen auf..."

WESTPFAHL (nickt): "Ja. Und ich habe eine Abneigung gegen Bullen..."

EXT. VOR DEM POLIZEIPRÄSIDIUM/ NACHT

Ein Wagen hält vor dem Polizeipräsidium im Halteverbot. Westpfahl steigt aus, geht emotionslos zur Heckklappe des Caravan und öffnet sie. Er zieht eine längliche Sporttasche heraus und geht die Stufen zum Polizeirevier hoch.

INT. BESPRECHUNGSRAUM POLIZEIPRÄSIDIUM/ NACHT

Jockel sitzt missmutig über einem Stapel von Unterlagen. Holger ist bei ihm und macht sich Notizen.

JOCKEL: "Jetzt haben wir gerade vierzig von vielleicht zweihundert. Wir brauchen ein Wunder, Alter..."

HOLGER: "Am Ende ist unser böser Messias ja schon dabei..."

JOCKEL: "Nicht nach Murphys Gesetz!"

Die Tür geht auf, und Hardy kommt herein.

HARDY: "Leute, ich hab was ausgegraben. Aber das ist wirklich nur für die, die einen guten Magen haben!"

JOCKEL: "Dann schieß los! Ich kotz' gern."

HARDY: "Das Waisenhaus, in dem Michael Zadek war, stand unter Leitung eines gewissen Dr. Mannheim. Das ist der, der dann auch später von den Kindern umgebracht wurde. Der Bursche hat eine Vorgeschichte. Er arbeitete im Konzentrationslager Ravensbrück unter dem Lagerarzt Percival Treite... Und dessen besonderes Augenmerk galt der Trepanation..."

HOLGER: "Trepanation? Das war irgendwas mit Loch in den Kopf bohren, wie bei den alten Inkas, oder?"

HARDY (nickt): "Bis heute halten sich Theorien, dass Leute mit geöffnetem Schädel glücklicher leben, als die, die noch vakuumverpackt sind..."

JOCKEL: "Was hat das mit dem Heim zu tun?"

HARDY: "Als das Waisenhaus nach dem Massaker am Pflegepersonal evakuiert wurde, stellte man fest, dass die meisten Kinder trepaniert waren..."

JOCKEL (verzieht das Gesicht): "Wie? Heißt das...?"

HARDY (nickt freudlos): "Ja. Dr. Mannheim hat seine Experimente im Kinderheim offenbar fortgesetzt..."

Die Kollegen sind geschockt. Da klopft es an der Tür. Jockel wendet sich auf seinem Drehstuhl zur Tür.

JOCKEL: "Ja! Bitte!"

Die Tür geht auf und Westpfahl tritt ein. Er zieht eine doppelläufige Schrotflinte aus seiner Sporttasche...

JOCKEL: "He, was soll denn...?

Westpfahl legt an und drückt ab. Die Schrotladung hebt Jockel über den Tisch. Westpfahl richtet den Doppelläufer auf Hardy und feuert erneut. Die Schrotladung zerfetzt blutig den Bauch des Polizisten. Holger, mit einer Tasse Kaffee in der Hand, starrt den Amokläufer paralysiert an. Der knickt den Lauf seines Doppelläufers, lässt die beiden Schrothülsen herausspringen und kramt in seiner Tasche nach Patronen. Holger reagiert. Er springt zum Schreibtisch und reißt seine dort liegende Waffe aus dem Holster. Westpfahl klappt die Läufe der Schrotflinte wieder hoch. Holger legt an und feuert. Sein Schuss trifft Westpfahl in den Bauch. Aber der hypnotisierte Mann spannt unbeeindruckt die Hähne der Flinte.

Holger hat Ladehemmung und seine Waffe ist nutzlos. Er starrt gehetzt in die dunklen Läufe der Flinte. Da peitschen mehrere Schüsse, die Westpfahl in den Kopf treffen. Jockel steht mit rauchender Pistole hinter dem Schreibtisch und sieht kreidebleich zu Holger, auf dessen Hose sich ein dunkler nasser Fleck ausbreitet...

EXT. EIN DORF (IN MELCHIZEDEKS BEWUSSTSEIN)/ TAG

Es ist ein altes verlassenes Dorf. Es sieht aus, wie kurz nach dem Krieg. Westpfahl bricht unvermittelt in die Knie. Roland Falk dreht sich um und ist schnell bei ihm.

ROLAND: "Was ist, Mann?"

WESTPFAHL: "Ich... sterbe! (deutet nach vorne) Da... da ist das Kino. Dort finden Sie den Jungen..."

Westpfahl wird durchscheinend und ist verschwunden. Roland Falk wirkt sichtlich geschockt. Dann sieht er zu dem Gemeindehaus. In das Gebäude integriert ist ein kleines Lichtspieltheater. Roland erhebt sich und geht darauf zu.

INT. IM KINO (IN MELCHIZEDEKS BEWUSSTSEIN)

Roland betritt den Zuschauerraum. Ein Schwarzweißfilm läuft. Aber er ist so schadhaft und verdreckt, dass nur Schemen zu erkennen sind. Roland entdeckt Bazooka-Joe erst auf den zweiten Blick, weil nur ein Teil seines Kopfes zu sehen ist. Roland betritt die Reihe hinter dem Jungen und setzt sich hinter ihn. Er beugt sich nach vorne.

ROLAND: "Kacke! Man sieht ja gar nichts..."

BAZOOKA-JOE (ohne sich umzudrehen): "Wird gleich besser..."

Roland hält Bazooka-Joe einen Kaugummi hin. Der Junge dreht sich zu Roland um. Er ist vielleicht zehn Jahre alt, hübsch und trägt eine Augenklappe. Er schaut auf das Kaugummi. Dann nimmt er es. Er befreit es vom Papier, steckt es in den Mund und kaut. Auf der Leinwand verändert sich etwas...

INT. IN EINEM SCHLAFSAAL IM HEIM/ NACHT

Im Wechsel mit

INT. IM KINO (IN MELCHIZEDEKS BEWUSSTSEIN)

Auf der Leinwand ist eine alte, umfunktionierte Fabrikhalle zu sehen. Hier stehen gut fünfzig Betten.

ROLAND: "Was ist das?"

BAZOOKA-JOE: "Das ist mein altes Heim..."

Roland sieht auf die Kinder, die in den Betten angeschnallt sind. Der Polizist erkennt verstört, dass es sich durchgehend um geistig behinderte Kinder handelt.

ROLAND: "Die Kinder sind ja alle..."

BAZOOKA-JOE: "Balla balla? Klar sind sie das! Das ist 'ne Kinderklapse..."

Die Kamera fährt auf ein bestimmtes Bett zu. Hier liegt ein weinender Dreijähriger, der sich eingenässt hat.

BAZOOKA-JOE: "Guck! Das bin ich! Klein-Bazooka!"

ROLAND (schaut genau hin): "Du bist aber nicht behindert..."

BAZOOKA-JOE: "Als meine Mama verschwunden war, hatte ich solche Angst, dass ich einfach nicht mehr sprechen konnte... Deshalb dachten die Leute, die mich fanden, ich hätt' einen an der Waffel..."

ROLAND: "Du hast deine Kindheit in einem Heim für Behinderte verbracht?"

BAZOOKA-JOE: "Anfangs hab ich noch ins Bett gemacht, aber ich hab schnell kapiert, dass es besser ist, es nicht zu tun!"

Ein junger Mann, Jonas, kommt heran. Als er sieht, dass der Junge sich eingenässt hat, zieht er einen Taktstock hervor.

JONAS: "Wieder nass? Na, das üben wir noch!"

Er holt aus und schlägt mit dem Taktstock zu. Ein spitzer Aufschrei geht durch den Schlafsaal. Durch den Schrei werden die anderen Kinder geweckt. Massenpanik greift um sich und die ganze Halle ist plötzlich erfüllt vom Kreischen verstörter Kinder. Roland hält sich die Ohren zu, während Bazooka-Joe beginnt, amüsiert zu lachen...

Der Film läuft wieder in schmutzigem undefinierbaren Grau. Bazooka-Joes Lachen verebbt. Er steht auf.

BAZOOKA-JOE: "Ich muss los..."

ROLAND: "Warte! Willst du noch ein Kaugummi?"

Bazooka-Joe sieht Roland misstrauisch an.

ROLAND: "Was ist? Du magst doch Kaugummi?"

BAZOOKA-JOE: "Ich mag nur Bazooka-Joe-Gum! Außerdem kenn ich dich nicht!"

ROLAND: "Ich heiße Roland und bin Bulle!"

BAZOOKA-JOE: "Bulle? Wirklich?"

Roland zeigt dem Jungen seinen Dienstausweis. Bazookas Interesse ist offensichtlich geweckt.

BAZOOKA-JOE: "Wenn du ein Bulle bist, dann hast du auch ein Schießeisen!"

ROLAND (grinst lässig): "Was denkst du denn, du Zwerg?"

BAZOOKA-JOE: "Zeig!"

Roland steht auf.

ROLAND: "Nicht hier drin!"

<u>EXT. DORFSTRASSE/ TAG (IN MELCHIZEDEKS BEWUSSTSEIN)</u>

Roland geht mit Bazooka zum Ende des Dorfes.

BAZOOKA-JOE: "Was ist jetzt? Du hast es versprochen!"

Roland bleibt stehen. Er lässt sich auf das Knie sinken und zieht den Revolver aus seinem Knöchelholster. Bazooka-Joe greift nach der Waffe, aber Roland hält sie weg.

ROLAND: "Ansehen! Nicht anfassen!"

Bazookas schaut eingeschnappt. Roland hält dem Kind die Waffe hin. Bazooka sieht sie mit leuchtenden Augen an.

BAZOOKA-JOE: "Wieviel Patronen hat die?"

ROLAND: "Fünf."

BAZOOKA-JOE: "Kann ich mal schießen? Bitte!!"

Roland schüttelt den Kopf und steckt die Waffe weg.

ROLAND: "Ich brauche die Munition noch!"

BAZOOKA-JOE (sichtlich verstimmt): "Hier? Für was denn?"

ROLAND: "Für den Käfer!"

Bazooka starrt Roland entgeistert an.

BAZOOKA-JOE: "Du willst auf den Käfer schießen?"

ROLAND: "Ich muss in die Bibliothek!"

BAZOOKA-JOE: "Niemand traut sich gegen den Käfer, niemand!"

ROLAND: "Ich aber schon!"

BAZOOKA-JOE: "Du bist nicht von hier! Und du bist auch keiner von den Willenlosen... Was willst du von dem Käfer?"

Roland sieht das Kind an. Dann holt er seine Brieftasche aus der Gesäßtasche. Er zieht das Polaroid von Rabea hervor und zeigt es Bazooka-Joe.

BAZOOKA-JOE: "Was ist das? Ein Baby? Ganz schön mickrig..."

ROLAND: "Das ist meine Tochter Rabea! Und wenn ich nicht rechtzeitig in die Bibliothek komme, wird sie sterben..."

Bazooka sieht Roland erstaunt an.

BAZOOKA-JOE: "Du bist ein Papa... und du interessierst dich für dein Kind?"

ROLAND: "Sie ist alles, was ich noch habe!"

BAZOOKA-JOE (heftig) "Du lügst, Mann! Es gibt keine Papas, die sich für ihre Kinder interessieren!"

ROLAND: "Doch. Gibt es. Du kennst vielleicht nur keine..."

Bazooka sieht ihn trotzig an.

ROLAND: "Sag mal, Bazooka, es heißt, du kennst dich aus im Käferland!"

BAZOOKA-JOE: "Klar kenn ich mich aus."

ROLAND: "Dann hilf mir, die Bibliothek zu finden!"

Bazooka schweigt und schaut trotzig.

ROLAND: "Was ist? Hast du Angst vor dem Käfer?"

BAZOOKA-JOE (heftig): "Ich hab keine Angst! Ich habe vor überhaupt nichts Angst!"

ROLAND: "Doch. Ich seh's doch: Du hast Angst vor dem Käfer!"

BAZOOKA-JOE (böse): "Ich hab keine Angst! Ich hasse den Käfer nur! Er hat alles kaputt gemacht! Eines Tages töte ich ihn!"

ROLAND: "Dann ist das jetzt deine Chance! Wir greifen den Käfer zusammen an. Mit meiner Waffe!"

Bazooka mustert Roland und überlegt. Dann nickt er.

BAZOOKA-JOE: "Aber wenn wir ins Käferland wollen, müssen wir durch den Schlamm. Das schafft nicht jeder!"

ROLAND (erhebt sich): "Ich werd es versuchen!"

Bazooka sieht ihn sehr skeptisch an...

<u>EXT. VOR DEM SCHLAMMLOCH/ TAG (IN MELCHIZEDEKS BEWUSSTSEIN)</u>

Eine unwirkliche Umgebung. Die Felsen, die diesen Ort umgeben, scheinen die Gesichter von gequälten Kreaturen wiederzuspiegeln. In der Mitte des Plateaus ist ein blubberndes Schlammloch. Roland runzelt die Stirn.

ROLAND: "Da rein?"

BAZOOKA-JOE (nickt ernst): "Aber es tut weh! Sehr weh!"

ROLAND: "Und das ist der einzige Weg ins Käferland...?"

Bazooka nickt bestimmt. Roland sieht auf das Loch.

ROLAND: "Was passiert, wenn man reinspringt?"

BAZOOKA-JOE: "Erst tut es übelst weh und dann... tut es noch tausend Mal mehr weh!"

ROLAND: "Bange machen gilt nicht!"

Er reicht dem Jungen die Hand, und der ergreift sie nach kurzem Zögern. Dann springen sie in den Schlammgeysir...

INT. IM BEHELFS-OP (IN MELCHIZEDEKS KOPF)/ NACHT

Es ist undeutlich, aber dann klärt sich das Bild. Eine düstere Umgebung. Roland liegt festgeschnallt auf einer behelfsmäßigen OP-Pritsche. Er kann sich selbst in einem Spiegel sehen, der über ihm befestigt ist und das Licht verstärken soll. Roland hat eine Augenklappe über dem linken Auge und es ist klar, dass er Bazookas Erinnerungen mit dem Jungen gemeinsam durchlebt. Eine Gestalt nähert sich...

DR. MANNHEIM: "Tut mir leid, Kleiner! Das Narkosemittel ist knapp. Aber wir zwei kriegen das auch ohne hin!"

Er schiebt dem Kind ein Beißholz zwischen die Zähne. Dann schaltet er eine medizinische Bohrmaschine ein. Er setzt sie auf Rolands Schädeldecke an, die für diesen Zweck rasiert ist. Es blutet. Dann fräst sich die breite Bohrspitze durch den Knochen. Roland brüllt wie am Spieß. Das Beißholz fällt zu Boden. Dr. Mannheim bricht ab und hebt das Holz auf.

DR. MANNHEIM (mit sanfter Stimme): "Nimm das Beißholz, Kleiner! Es ist besser so!"

Er steckt es zurück in den Mund und macht dann weiter. Wie irre beißt Roland hinein. Tränen laufen über seine Wangen.

DR. MANNHEIM: "Siehst du! Ist schon geschafft! Glaub mir, Junge, du verhilfst der Medizin zu revolutionären Erkenntnissen! Du bist ein richtiger kleiner Pionier!"

Dr. Mannheim vergrößert das Bohrloch und passt eine kleine Röhre in die kreisrunde Öffnung an der Schädeldecke. Roland kann das alles im Spiegel, der über ihm hängt, mit beobachten.

DR. MANNHEIM: "Heute schauen wir, was passiert, wenn wir das Gehirn direkter Lichteinstrahlung aussetzen!"

Er stellt hinter dem trepanierten Kopf eine Lampe auf. In diesem Moment ist eine entfernte Tür zu hören.

STIMME (O.S.): "Dr. Mannheim! Sind Sie da?"

DR. MANNHEIM (verärgert): "Ausgerechnet jetzt!"

Er gibt Roland einen beruhigenden Klaps. Dann stellt er einen weißen Paravent vor die OP-Pritsche und geht zum Ausgang des kleinen Gewölbes. Er löscht das Licht und verschwindet nach draußen, die Tür mit einem Schlüssel abschließend. Roland ist allein. Er sieht mit schreckensverzerrtem Gesicht nach oben in den Spiegel. Mal sieht er sich selbst, mal das verzerrte Gesicht eines vierjährigen Kindes. Die Lampe, die seinem Gehirn Lichteinfluss verschaffen soll, verbreitet genug Helligkeit, dass er sehen kann. Aus dem Röhrenstück, das waagerecht aus der Schädelöffnung ragt, tropft Blut auf die OP-Unterlage. In diesem Moment erscheint etwas Schwarzes auf dem OP-Tisch. Es ist ein kleiner schwarzer Käfer, vom Blut angelockt. Seine sechs Beine tragen ihn flink heran. Er krabbelt zum Kopf des Operierten und läuft hinauf. Roland sieht mit wachsendem Grauen, wie das Insekt nun über die metallene Röhre trippelt, die aus seinem Schädel ragt, einen Moment an deren Ende verharrt, die Fühler spielen lässt und dann in die schwarze Öffnung krabbelt. Roland bäumt sich in seinen Fesseln auf. Er brüllt infernalisch. Im nächsten Moment geht die Tür auf, und es wird hell.

DR. MANNHEIM: "Nicht so laut, Junge!"

Roland brüllt hysterisch und zuckt auf dem OP-Tisch. Dr. Mannheim stopft ihm kurzerhand einen Knebel in den Mund.

DR. MANNHEIM: "Ruhig, Kind! Alles wird gut!"

Roland versucht zu sprechen, doch der Knebel hindert ihn.

DR. MANNHEIM: "Wir müssen das Experiment leider abbrechen! Ich habe Besuch. Den habe ich jetzt zwar kurz abwimmeln können, aber er kommt gleich wieder. Pech, oder?"

Er entfernt die Röhre. Dann verschließt er das gebohrte Loch in dem er die Haut darüber zunäht. Mit Mull und einem Verband versorgt er die Verletzung zusätzlich.

DR. MANNHEIM: "Alles in Ordnung, Jungchen! Jetzt ruh dich mal aus! Ich spendiere dir eine Narkosespritze, weil wir Freunde sind! Tjaja, die Wissenschaft ist anstrengend!"

Er gibt dem sich vor Schmerzen windenden Roland eine Injektion. Dr. Mannheims Gesicht erscheint nun über ihm. Ein freundliches, ja gütiges Männergesicht, dass ihn anlächelt. Es wird unscharf und verschwimmt. Schwärze...

<u>INT. INTENSIVSTATION/ NACHT</u>

Dr. Roitman geht von einer Anzeige zu der anderen.

PROFESSOR ROITMAN: "Massiv erhöhter Herzschlag bei beiden! Sie stehen jetzt beide unter extremen Stress! Wenn das so weiter geht, kollabiert der alte Mann!"

ERIC KRAMER: "Sie meinen, wir sollten abbrechen?"

Er wendet sich an Silvia Färber.

ERIC KRAMER: "Frau Färber! Was denken Sie!"

SILVIA: "Nein, nein! Nicht abbrechen!"

IRINA: "Warten Sie! Sie beruhigen sich wieder!"

PROFESSOR ROITMAN (guckt zur Anzeige): "Ja! Tatsächlich. Bei dem Alten ist der Puls wieder auf normal..."

IRINA: "Roland und Melchizedek haben womöglich gemeinsam ein altes Trauma durchlebt. Das wäre ein positives Zeichen..."

ERIC KRAMER: "Ihren Optimismus hätt ich gern!"

Roitman geht zu Roland und sieht auf seine Augenlider.

PROFESSOR ROITMAN: "Zu Optimismus besteht kein Anlass. Im Moment passiert nämlich erstmal gar nichts. Rolands Körper hat die Notabschaltung aktiviert!"

ERIC KRAMER: "Wie, Notabschaltung?"

PROFESSOR ROITMAN: "Er ist gerade bewusstlos..."

ERIC KRAMER: "Und wie lange kann das dauern?"

PROFESSOR ROITMAN: "Ich weiß es nicht..."

ERIC KRAMER: "Na prima! Über Hamburg schwebt ein Damoklesschwert und Kollege Falk macht ein Nickerchen..."

INT. BAHNHOFSSCHLIESSFÄCHER/ NACHT

Alexis Romanov kommt mit dem Koffer heran. Er öffnet eines der großen Schließfächer und deponiert die Bombe. Er wirft eine Münze ein, schließt das Fach ab und geht davon.

EXT. IM KÄFERLAND (IN MELCHIZEDEKS BEWUSSTSEIN)/ DÄMMERUNG

Käferland. Trostlose Steinwüste, schwarzgebrannte Bäume, blattlose Sträucher. Der sonnenlose Himmel taucht das Land in fahlgrünes Licht. Roland kommt zu sich. Er liegt bei einem Schlammloch, das offenbar den Ausstieg markiert. Etwas von ihm entfernt hockt Bazooka-Joe, der seinen Revolver untersucht. Ein steile Falte entsteht auf Rolands Stirn. Er läuft zu dem Kind und nimmt ihm die Pistole weg.

BAZOOKA-JOE: (protestierend): "Was?!"

ROLAND: "Nicht anfassen, hab ich gesagt!"

Er steckt die Waffe weg und sieht sich um.

ROLAND: "Wo ist der Käfer?"

BAZOOKA-JOE: "Wir müssen ein Stück laufen. Er hockt am Brunnen in einem kleinen Ort, nicht weit von hier..."

ROLAND: "Dann gehen wir!"

BAZOOKA-JOE: "Ich würde die Knarre in der Hand behalten! Der Käfer ist verdammt fix!"

Roland blickt Bazooka unschlüssig an. Aber schließlich zieht er seinen Revolver. Man macht sich auf dem Weg...

In diesem Moment schiebt sich eine Hand aus dem Schlammloch. Der Hand folgt ein Arm. Es ist der Arm von Alexis Romanov. Er kriecht aus dem Schlammloch heraus und richtet sich auf. Er greift unter seine Achsel und zieht seine Makarow. Dann setzt auch er sich in Bewegung...

EXT. VOR DEM ORT M. DEM BRUNNEN (IN MELCHIZEDEKS BEWUSSTSEIN)

Vor Roland und Bazooka-Joe ist ein Ortschaft aufgetaucht, die verlassen und unbewohnt aussieht.

ROLAND: "Der Käfer... der in deinen Kopf gekrabbelt ist... ist der drinnen geblieben? Ich meine... war das echt?"

BAZOOKA-JOE: "Ob das echt war? Hast du es nicht gespürt? Hat es nicht wehgetan? Das war scheiße-echt!"

Bazooka guckt herausfordernd. Roland sieht ihn stumm an.

ROLAND: "Dieses Heim... war kein schöner Ort für ein Kind..."

BAZOOKA-JOE: "Ach was, war halb so wild..."

ROLAND: "Und wie war das, als die anderen Kinder den Heimleiter und die Pfleger umgebracht haben und du sie gefunden hast?"

BAZOOKA-JOE: "Die anderen? Welche anderen denn? Die waren komplett meschugge! Die hatten doch alle eine Meise!"

Roland sieht das Kind irritiert an. Bazooka lacht freudlos.

BAZOOKA-JOE: "Dr. Mannheim und seine Leute haben nicht kapiert, dass ich kein Depp war wie der Rest. Ich hab mir eine Zange gekapert, eines Nachts die Gurte durchgeschnitten und bin aus dem Bett. Ich wusste, wo Dr. Mannheim seine K.O.-Tropfen aufbewahrte. Und die hab ich in den Wein getan... Denn den tranken alle!"

Roland Falk sieht Bazooka-Joe ungläubig an.

ROLAND: "Weißt du, was du da sagst?"

BAZOOKA-JOE (kichernd): "Die Nacht vergesse ich nie! Die haben angefangen zu trinken und einer nach dem anderen ist umgekippt. Und dann bin ich los. Ich hab ein Skalpell vom Doc genommen und ihnen allen die Kehlen durchgeschnitten. Gott war das eine Schweinerei...! Habt aber Bock gemacht..."

ROLAND (geschockt): "Mein Gott...! Du warst fünf Jahre alt!"

BAZOOKA-JOE: "Guck nicht so! Das war doch nicht ich. Das war der Käfer!"

ROLAND: "Der Käfer? Aber selbst, wenn Dr. Mannheim ihn im Schädel drinnen gelassen hat, dann ist er da verendet..."

BAZOOKA-JOE: "Ach ja, Klugscheißer? Ist er verendet? Dann sag mir, was für ein Ding das da vorne im Ort ist!"

ROLAND: "Du hast den Käfer schon mal gesehen?"

BAZOOKA-JOE: "Ich habe schon mit ihm gekämpft! Und ihn sogar verletzt! Ich hab's nur nicht geschafft, ihn zu töten..."

Ein schrilles fremdartiges Pfeifen durchschneidet die Luft.

ROLAND: "Was war das?"

BAZOOKA-JOE: "Das war _er_! Es ist _sein_ Land! Er weiß, dass wir kommen. Wir müssen uns beeilen, bevor er angreift!"

Bazooka-Joe spurtet los. Roland läuft ihm nach.

<u>EXT. MARKTPLATZ (IN MELCHIZEDEKS BEWUSSTSEIN) DÄMMERUNG</u>

Bazooka-Joe und Roland hetzten heran und pressen sich gegen eine Häuserwand.

BAZOOKA-JOE: "Da! Um die Ecke wartet er!"

ROLAND (strafft sich) "Ich riskier mal einen Blick!"

Roland lugt vorsichtig, Stück für Stück um die Ecke. Dann sieht er den Käfer. Er hat die gigantischen Ausmaße eines Bulldozers. Seine Fühler bewegen sich ruhelos durch die Luft. Sein Panzer hat viele Löcher, aus denen grüner Schleim quillt. Roland zieht sich wieder zurück.

ROLAND: "Er ist verdammt groß!"

BAZOOKA-JOE (hasserfüllt): "Aber nicht so groß, dass man ihn nicht töten könnte!"

Roland überprüft seine Waffe. Er atmet durch.

ROLAND: "Dann versuche ich es!"

Bazooka nickt. Roland federt um die Ecke und legt die Waffe an. Aber der Käfer ist verschwunden. Roland ist verwirrt, aber dann ist da ein Geräusch. Der Käfer hockt nun in einer Gasse, die auf den Marktplatz mündet und sieht Roland an. Als der die Waffe hinüberschwenkt, gibt das Insekt ein seltsames Geräusch von sich, und plötzlich schießt eine Welle der Unschärfe auf Roland zu. Es trifft ihn, wie wenn die Welt mit einem Male aus Gallert bestünde. Es sind die furchtbarsten Schmerzen, die Roland je erlebt hat. Er lässt die Waffe fallen und windet sich schreiend auf dem Boden...

INT. INTENSIVSTATION/ NACHT

Professor Roitman schüttelt den Kopf. Wilde Ausschläge auf der Anzeige von Roland Falks Elektroenzephalogramm.

PROFESSOR ROITMAN: "Wir sollten abbrechen! Er steht unmittelbar vor einem Herzanfall!"

IRINA: "Ja, ich denke, es reicht!"

SILVIA: "Nein! Eine Sekunde noch!"

Sie steht auf und geht zur Liege, auf der Roland Falk festgeschnallt ist. Auch Kramer tritt vor.

ERIC KRAMER: "Nein! Wir ziehen jetzt die Nummer mit dem Defibrilator durch! Wer sagt uns, dass er die Information nicht schon längst hat?"

Professor Roitman macht den Defibrilator klar. Dies ist der Augenblick, in dem Silvia Färber Rolands Waffe aus dessen Knöchelhalfter zieht und auf Eric Kramers Kopf richtet.

SILVIA: "Sie brechen nicht ab!"

Eric schaut genervt nach vorne und stöhnt bedient.

ERIC KRAMER: "Ich versteh es einfach nicht! Ich weise die Leuten immer wieder darauf hin, wie intelligent ich bin, und trotzdem halten mich alle für komplett unterbelichtet!"

Silvia Färber drückt ab. Ein leeres Klicken des Hammers, der keine Pulverkammer vorfindet. Eric Kramer nimmt Silvia seelenruhig die Waffe weg. Er sieht sie an.

ERIC KRAMER: "Ich hab mit so etwas gerechnet! Ich habe gesehen, zu was Melchizedek fähig ist. Deshalb habe ich Falk vorhin gebeten, die Munition zu entfernen, bevor es losgeht!"

Er legt Silvia Handschellen an und kettet sie an den Stuhl.

ERIC KRAMER: "Silvia, hören Sie mir zu! Haben Sie Kontakt zu Melchizedek?"

SILVIA: "Ja. Aber wenn Sie abbrechen, erreichen Sie nichts! Kommissar Falk kämpft in diesem Moment mit dem Käfer..."

ERIC KRAMER (zu Irina): "Was machen wir jetzt? Vielleicht kämpfen Melchizedek und wir gegen denselben Feind! Gegen den Käfer!"

IRINA (schüttelt den Kopf): "Das ergibt aber keinen Sinn! Melchizedek hat all das geplant. Nein, der Käfer ist die Unbekannte! (zu Silvia) Silvia! Was bedeutet der Käfer?"

SILVIA: "Der Käfer ist der Schmerz! Er ist die Ursache allen Übels! Er hat alles zerstört und ist der Unterdrücker der Hoffnung! Der Käfer ist die Schwärze selbst!"

IRINA (überlegt und schüttelt dann den Kopf): "Das sind alles Klischees! Das scheinen mir kindliche Ängste zu sein... Das ist nur eine Projektion! Der Käfer steht für etwas anderes!"

ERIC KRAMER: "Was heißt das nun wieder?"

IRINA: "Roland tötet den Käfer besser nicht!"

Eric blickt verstört zu dem weggetretenen Roland Falk...

EXT. IN EINER GASSE/ DÄMMERUNG (IN MELCHIZEDEKS BEWUSSTSEIN)

Bazooka zerrt Roland Falk an den Armen in Sicherheit.

BAZOOKA-JOE: "Ich sagte doch Vorsicht! Der Käfer ist schnell!"

Roland rappelt sich auf. Blut läuft ihm aus dem Ohr.

ROLAND: "Womit greift er uns an?"

BAZOOKA-JOE: "Das ist doch egal! Es tut jedenfalls brutal weh, oder?

ROLAND: "Woher wusste er, dass ich kam?"

BAZOOKA-JOE: "Das ist Käferland! Deswegen! Aber ich hab eine Idee! Ich laufe da runter und lenke ihn ab! Und du kommst dann in seinen Rücken und feuerst deinen Ballermann ab!"

Bazooka huscht davon. Roland packt seinen Revolver fester und pirscht sich von der anderen Seite zum Marktplatz vor.

EXT. MARKTPLATZ (IN MELCHIZEDEKS BEWUSSTSEIN) DÄMMERUNG

Der Käfer hockt mitten auf dem Markt neben dem Brunnen. Da springt Bazooka-Joe hinter einer Häuserwand hervor.

BAZOOKA-JOE: "Hier bin ich, du Aas! Na komm! Hol mich!"

Von hinten federt Roland aus einer Gasse. Er legt seinen Revolver auf das riesige Insekt an.

Plötzlich ist eine laute Stimme zu hören.

ERIC KRAMER (O.S.) "Roland! Hören Sie mich? Eric hier! Nicht auf den Käfer schießen! Auf keinen Fall auf ihn schießen!"

Es ist, als würde Gott aus den Wolken sprechen.

INT. INTENSIVSTATION/ NACHT

Kramer spricht in ein Mikrophon. Melchizedek empfängt die Rede über einen Kopfhörer, den man ihm aufgesetzt hat...

ERIC KRAMER: "Schießen Sie nicht auf den Käfer, Roland! Irina sagt, er sei nicht real! Er steht für etwas anders..."

In diesem Moment knallt Silvia Färber den Stuhl, an sie
gefesselt ist, wuchtig auf den Verstärker. Das elektronische
Gerät gibt seinen Geist auf. Irina zerrt die Blinde zurück.

SILVIA (erstickt): "Der Käfer muss sterben! Er muss!!"

EXT. MARKTPLATZ (IN MELCHIZEDEKS BEWUSSTSEIN) DÄMMERUNG

Der Käfer hat sich umgewendet und seine Fühler bewegen sich
in Roland Falks Richtung. Bazooka-Joe rennt am Käfer vorbei
und stößt zu dem Polizisten.

BAZOOKA-JOE: "Schieß! Schieß doch endlich!!"

Roland Falk sieht von dem Kind zum Käfer. Er ist riesig und
bizarr, furchterregend, aber er greift nicht an.

BAZOOKA-JOE: "Worauf wartest du? Töte ihn!"

Roland hört auf seinen Instinkt und lässt die Waffe sinken.

ROLAND: "Aber sieh doch mal! Der Käfer tut gar nichts!"

BAZOOKA-JOE (kreischend): "TÖTE IHN! TÖTE IHN ENDLICH!!"

ROLAND (schüttelt den Kopf): "Nein! (blickt den Jungen ruhig
an) Du steckst hinter Melchizedek, nicht wahr? Du bist es!"

Bazooka-Joe sieht Roland Falk feindselig an.

ROLAND: "All diese Morde, verübt von einem zehnjährigen
Jungen..."

BAZOOKA-JOE: "Ich bin nicht zehn Jahre! Ich bin
fünfundsechzig Jahre!

ROLAND: "Wieso das alles? Du hast zahllose Menschen getötet!"

BAZOOKA-JOE: "Na und? Wen kratzt das? Mir macht's jedenfalls
Laune! Als ich zusah, wie Dr. Mannheim da vor mir auf dem
Boden verblutete, das war einfach nur klasse! Das war wie
Weihnachten in gut, verstehst du? Wie Weihnachten in gut!"

Roland starrt das unheimliche Kind an.

BAZOOKA-JOE: "Und jetzt befehle ich dir, auf den Käfer zu
schießen!"

Roland schüttelt langsam aber bestimmt den Kopf.

BAZOOKA-JOE: "Denk nicht, dass ich nicht vorbereitet bin!"

Da kommt Alexis Romanov aus einer Gasse. Er tritt an Roland
heran und setzt ihm die Makarow an die Schläfe.

BAZOOKA-JOE: "Feuer auf den Käfer, oder er legt dich um!"

ROLAND (sieht zu Romanov): "Romanow hat doch auch eine Waffe! Warum tötet _er_ den Käfer nicht?"

BAZOOKA-JOE: "Weil es nicht geht. Wer von mir kontrolliert wird, entwickelt zu wenig Durchschlagskraft! Deswegen ließ ich dir den freien Willen! Ich brauche jemanden, der den Käfer selber hasst! Jemandem, dem er Frau und Kind genommen hat..."

Roland sieht zu Alexis Romanov. Dann wieder zu Bazooka.

ROLAND: "Aber Romanov kann mich töten?!"

BAZOOKA-JOE: "Natürlich. Dich schon. Er hasst dich! Du hast seinen Bruder erschossen! Aber er tut es nur, wenn ich es sage. Töte den Käfer, und du kommst davon!"

Roland sieht zum Käfer, der nur seine Fühler bewegt.

ROLAND: "Der Amoklauf des Weihbischofs, die blinde Frau mit ihren Tipps, Zirkusdirektor Heidel... all das, nur damit ich hier die Drecksarbeit mache?"

BAZOOKA-JOE: "Das war ein meisterhafter Plan! Der Käfer muss bezahlen... Er darf nicht davonkommen! Er muss sterben!!"

ROLAND: "Hör mir zu! Was meine Kollegen sagen, ergibt Sinn! Der Käfer kann nicht dein Feind sein!"

BAZOOKA-JOE: "Du hast selbst gesehen, wie er unter meine Schädeldecke geschlüpft ist!"

ROLAND: "Aber dieses Insekt ist in deinem Kopf gestorben. Und dieser riesige Käfer dort ist nur ein Hirngespinst!"

BAZOOKA-JOE: "Unsinn! Er hat dich angegriffen!"

ROLAND: "Junge, versteh doch! Du konntest den Käfer nicht töten, weil er kein Fremdkörper ist. Er ist ein Teil von dir! Wenn ich schieße und ihn töte, dann stirbst du mit ihm!"

Bazooka blickt zweifelnd zu dem Käfer, der sich nicht bewegt, außer seinen Fühlern, die wie tastend herumsuchen.

BAZOOKA-JOE: "Das... ist doch Schwachsinn!"

Roland dreht den Jungen an der Schulter herum. Alexis reißt ihn zurück und setzt ihm die Makarov an die Stirn.

ROLAND: "Bazooka! Glaubst du mir, dass ich mein Kind liebe, meine Tochter? Das mickrige Ding? Glaubst du mir das?"

Bazooka sieht ihn an und macht dann eine Handbewegung. Alexis Romanov lässt Roland los. Roland zieht das Foto seiner Tochter aus der Tasche und zeigt es Bazooka.

ROLAND (gepresst): "Glaubst du mir, dass ich bereit wäre, für sie zu sterben?"

Bazooka blickt vom Foto in Rolands Gesicht und erkennt dessen Sorge um das Kind als echt. Der Junge nickt langsam.

ROLAND: "Ich bitte dich, Bazooka, lass uns zum Käfer gehen!"

BAZOOKA-JOE (entsetzt): "Nein... nein, nicht zum Käfer!!"

Roland geht zu ihm und nimmt ihn an der Hand.

ROLAND: "Bringen wir's zu Ende! Wir gehen zusammen, okay?"

BAZOOKA-JOE (bleich): "Zusammen? Ich... nein!"

ROLAND: "Bisher warst du immer allein. Aber jetzt ist etwas anders... Jetzt hast du das erste Mal einen Freund!"

BAZOOKA-JOE: "Ich habe keine Freunde... Und du, du findest mich doch auch ekelhaft!"

ROLAND (mustert den Jungen): "Ja, vielleicht ein wenig. Aber du bist lange nicht so ekelhaft wie der Käfer!"

Er zieht Bazooka unnachgiebig in Richtung des Käfers.

BAZOOKA-JOE (atmet schneller): "Aber ich hab Angst..."

Roland sieht Bazooka an, der am ganzen Leib zittert. Der Käfer bewegt sich nicht. Sie treten dicht an ihn heran.

BAZOOKA-JOE: "Warum tötet er uns nicht?"

ROLAND: "Vielleicht, weil er es gar nicht kann... Bist du bereit, für den letzten Schritt? Schlimmer als das Schlammloch kann es nicht werden...!"

Bazooka nickt fast unmerklich. Dann gehen sie beide vor und werden vom Körper des gigantischen Käfers verschluckt.

<u>INT. BUSHALTESTELLE BEIM BRUNNEN/ NACHT</u>

Eine junge Frau kommt heran. Sie trägt einen Rucksack, einen Koffer und einen etwa zweijährigen Jungen im Arm. Die Frau stellt den Koffer ab und setzt den Jungen darauf.

MUTTER: "Hör zu, Sandor! Bleib ganz brav hier sitzen! Ich komme wieder. Ich muss dringend noch etwas holen, ja?"

SANDOR: "Mama, nicht weggehen!"

MUTTER (nimmt ihn in den Arm): "Ich komme wieder! Ich verspreche es! Ich hab dich doch lieb!"

Sie setzt den Jungen auf den Koffer und läuft dann ins Dunkel. Der kleine Sandor kämpft gegen seine Tränen an. Bazooka-Joe und Roland treten heran. Der Junge zieht seine Augenklappe ab und starrt auf sein jüngeres Ebenbild.

BAZOOKA-JOE: "Das war Mama... sie ist weggegangen..."

ROLAND: "Und dann?"

Bazooka sieht auf den kleinen Jungen, der da ängstlich und verlassen auf dem Koffer sitzt.

BAZOOKA-JOE (tonlos): "Nichts mehr. Das war das letzte Mal, dass ich sie gesehen hab... Sie ist nicht wiedergekommen..."

ROLAND: "Wirklich? Das muss wehgetan haben, oder?"

BAZOOKA-JOE: "Wehgetan? Quatsch! (er lacht verächtlich) Das war mir doch völlig egal!"

ROLAND: "Der Junge da sieht nicht aus, als wär es ihm egal!"

BAZOOKA-JOE: "Natürlich war es das! Ich scheiß auf die Alte!"

ROLAND: "Sie war deine Mutter!"

Bazookas Gesicht verzerrt sich in namenloser Wut.

BAZOOKA-JOE (kreischend): "Na und? Mutter! Mutter!! Die kann mich, die miese Nutte!!! Denkt ihr, ich hätte sie gebraucht, dieses Stück Scheiße? Soll sie doch im Dreck verrecken, hörst du?? Im Dreck soll sie verrecken! (er rastet nun völlig aus) "VERRECK, DU DRECKSAU! VERRECK!! ICH SCHEISS AUF DICH!!!"

ROLAND: "Es ist dir nicht egal. Du bist sauer auf sie..."

BAZOOKA-JOE: "Sauer?? Ich hasse sie! ICH HASSEEE SIE!!! ICH HASSE SIE. Ich hasse sie! Ich... hasse sie..."

Roland nimmt ihn in die Arme. Sein Schreien erstirbt und verwandelt sich in haltloses Schluchzen.

BAZOOKA-JOE (kraftlos): "Ich hasse sie... ich hasse sie..."

ROLAND: "Ja, sicher... Aber es wär auch ganz schön, wenn sie noch mal für einen Moment zurückkäme, oder...?

Der Körper des Jungen wird vom Weinkrampf geschüttelt.

BAZOOKA-JOE (wimmernd): "Mamaa..."

Er weint haltlos.

INT. INTENSIVSTATION/ NACHT

Professor Roitman sieht ungläubig zu Melchizedek. Unter dessen geschlossenen Augendeckeln quellen Tränen hervor.

SILVIA (erhebt sich aufgeregt): "Er ist weg!"

ERIC KRAMER: "Wer ist weg?"

SILVIA: "Melchizedek! Er ist nicht mehr in meinem Kopf!"

Kramer und Irina wechseln einen überraschten Blick.

INT. BAHNHOFSLOKAL/ NACHT

Alexis Romanov, stumpf vor einem Bier sitzend, kommt auch wieder zu sich. Er reibt verwirrt seine Schläfen.

ALEXIS ROMANOV (fluchend): "Yebena mat'!!"

Er sieht auf seine Uhr. Dann hetzt er aus dem Lokal.

INT. BEIM BRUNNEN (IN MELCHIZEDEKS BEWUSSTSEIN) NACHT

Bazooka-Joe liegt mitgenommen in den Armen Rolands.

BAZOOKA-JOE: "Warum hat sie das getan?"

ROLAND: "Ich weiß es nicht. Aber ich hatte den Eindruck, dass sie es ehrlich meinte, als sie sagte, dass sie wiederkommen wollte... Irgendetwas muss dazwischen gekommen sein..."

BAZOOKA-JOE (friedlich): "Dass sie mich geschlagen haben, war nicht schlimm. Dass sie mir den Kopf aufgebohrt haben, das war auch nicht schlimm. Aber diese Nacht, als ich auf Mama gewartet hab, und sie kam nicht... die war schlimm... (unter Tränen) Ich will sie wiedersehen, weißt du, ich will sie fragen, warum sie nicht gekommen ist..."

ROLAND: "Aber das geht nicht. Sie ist längst tot..."

BAZOOKA-JOE (lächelt abwesend): "Ja, sie ist tot... tot..."

Der Junge wird durchscheinend und verschwindet. Im gleichen Augenblick schlägt ein unsichtbarer Blitz in Roland ein, und er wird nach hinten geschleudert.

INT. BAHNHOFSSCHLIESSFÄCHER/ NACHT

Alexis Romanow sperrt das Schließfach mit fliegenden Fingern auf. Er holt den Koffer heraus und klappt ihn auf. Die Zeituhr ist auf elf Minuten heruntergelaufen. Er blickt sich in Panik um. Da sieht er einen Techniker, der an einem Trafokasten arbeitet. Er hetzt zu ihm und reißt ihm die Arbeitstasche weg.

TECHNIKER: "He! Sind Sie verrückt geworden?"

Aber Romanov hat bereits einen Schraubendreher herausgerissen und beginnt fieberhaft, die Schrauben der Abdeckung zu lösen. Der Techniker tritt böse heran.

TECHNIKER: "Ich weiß nicht, was Sie da tun, aber ich werd gleich verdammt sauer!"

ALEXIS ROMANOV (mit hartem Akzent): "Dass hierr ist Attombombe! Versuche ich, Sie zuu äntschärfen!"

Der Techniker starrt entsetzt auf die Apparatur und die mit dem Radioaktiv-Symbol tatsächlich nach einer Atombombe aussieht. Romanov arbeitet fieberhaft...

INT. INTENSIVSTATION/ NACHT

Der Professor schockt Roland erneut mit dem Defibrilator. Kramer schaut auf die Cardio-Anzeige. Sinuskurve.

ERIC KRAMER: "Nichts! Wieso bleibt sein Herz nicht stehen?"

Professor Roitman schüttelt den Kopf.

PROFESSOR ROITMAN: "Das war es! Ich kann nicht weitermachen!"

ERIC KRAMER: "Aber wie soll er zurückkommen?"

PROFESSOR ROITMAN: "Wenn ich jetzt weitermache, verwandele ich sein Hirn in Gelee! (er sieht etwas) Warten Sie!"

Er geht alarmiert zur Anzeige von Melchizedek.

PROFESSOR ROITMAN: "Na, das musste ja so kommen... Melchizedek... er stirbt!"

ERIC KRAMER: "Dann müssen wir es nochmal mit dem Schocken probieren!"

PROFESSOR ROITMAN: "Also gut! Letzter Versuch!"

Er nimmt die Defibrilatoren in die Hand...

INT. MARKTPLATZ MIT DEM BRUNNEN/ DäMMERUNG

Roland steht am Brunnen und wieder zuckt er zusammen, als sein physischer Körper geschockt wird. Doch er ist immer noch da. Der Boden beginnt Risse zu bekommen. Schwarzer Schlamm tritt aus dem Boden.

ROLAND: "Jetzt ist guter Rat teucr!"

Der Schlamm sprudelt nun in Fontänen aus den Rissen im Boden. Roland Falk watet bereits bis zu den Knien darin. Er sieht unglücklich auf die Waffe in seiner Hand.

ROLAND: "Ich hasse, dass ich das tun muss!"

Er atmet durch. Dann steckt er den Revolver in seinen Mund und drückt ab. Donnernd löst sich der Schuss..

INT. BAHNHOFSSCHLIESSFÄCHER/ NACHT

Alexis Romanov überbrückt schweißüberströmt einen Kontakt. Es sind nur noch dreißig Sekunden auf der Anzeige...

AlEXIS ROMANOV: "Zange!"

Der Techniker reicht ihm bibbernd die Zange an. Hinter ihm haben mehrere MEK-Leute ihre Waffen angelegt. Romanovs Hand zittert. Er knipst den letzten Draht durch. Die Anzeige stoppt bei 14 Sekunden. Romanov fällt zurück. Die Polizisten applaudieren erleichtert. Dann klicken die Handschellen...

INT. INTENSIVSTATION/ NACHT

Betretenes Schweigen im Raum. Ein durchgehender Pfeifton. Melchizedeks Sinuskurve ist nicht mehr. Michael Zadek alias Sandor Möbius ist tot. Da schlägt Roland die Augen auf. Irina, der Professor und Eric Kramer beugen sich über ihn.

PROFESSOR ROITMAN: "Roland! Gottseidank! Alles klar?"

Falk richtet sich wacklig auf.

IRINA: "Ich dachte, Sie schaffen es nicht!"

ROLAND: "Ich habe es auch nicht geschafft. Ich habe nicht herausgefunden, was Melchizedek geplant hat..."

ERIC KRAMER: "Doch, haben Sie! Alexis Romanov wurde vor zehn Minuten am Bahnhof festgenommen, nachdem er seine eigene Atombombe entschärft hat!"

Roland sieht Kramer an, schließt die Augen und atmet erleichtert auf. Silvia tritt heran.

SILVIA: "Herr Falk, ich wollte sagen, wie leid es mir tut..."

ROLAND: "Melchizedek hatte Sie unter Kontrolle. Sie konnten nichts dafür... (er hält inne) Hat er Ihnen auch eingegeben, mich zu meiner Tochter ins Krankenhaus zu schicken?"

SILVIA: "Nein. Aber als ich die Vision hatte, da ließ er zu, dass ich es Ihnen sage. Ich weiß nicht, warum... Ich hatte das Gefühl, es war einfach nur Neugier..."

Roland nickt. Er rutscht vom Tisch und geht zur Tür.

ERIC KRAMER: "Wo wollen Sie hin?"

ROLAND: "Zu meiner Tochter!"

ERIC KRAMER: "Einen Moment! Ich fahre Sie..."

INT. BABYSTATION DER FRÜHCHEN/ NACHT

Roland sitzt vor dem Brutkasten mit Rabea und streichelt durch den Handschuh das Baby. Eric Kramer steht neben ihm.

ERIC KRAMER: "Ist ja beängstigend winzig, die Süße!"

ROLAND: "Ja. Ich hoffe, das wird noch..."

ROLAND (lehnt sich zurück): "Ich lass sie besser schlafen."

ERIC KRAMER: "Soll ich Sie nach Hause fahren?"

ROLAND: "Nein. Ich bleibe hier. Ich will jetzt bei ihr sein. Ich brauch grad... meine Familie, verstehen Sie?"

Eric sieht ihn an und nickt.

ERIC KRAMER: "Ich verstehe. (zögernd) Bevor ich gehe, darf ich Sie noch etwas fragen?"

Roland nickt müde.

ERIC KRAMER: "Wie war er? Melchizedek?"

ROLAND (überlegt): "Er war im Grunde genau so wie Sie sagten: Ein brillanter Kopf... und eine einsame Seele."

Kramer nickt. Roland dreht sich und reicht ihm die Hand.

ROLAND: "Ich heiße übrigens Roland!"

Eric Kramer schaut überrascht und ergreift dann die Hand.

ERIC KRAMER: "Freut mich. Eric!"

Roland nickt in Richtung Brutkasten.

ROLAND: "Kommst du zu ihrer Taufe? Ich würde mich freuen!"

ERIC KRAMER (nickt): "Ja. Sehr gern""

ROLAND: "Okay! Bis dann!"

Kramer nickt und geht davon. Roland wendet sich wieder seinem Baby zu. Er sieht es an und ein erlöster Ausdruck erscheint auf seinem Gesicht.

ENDE

„Artur zieht in den Krieg"

Die Idee zu diesem Buch kam mir 2006, als ich mit Alexander Stever und Leander Haußmann an dem Projekt „Warum Männer nicht zuhören und Frauen schlecht einparken" arbeitete.

Regie und Autoren trafen sich in Frankfurt zu einem Meeting, was in einem Hotel der Hilton-Gruppe stattfand. Dort ging es recht nobel zu. Die Bediensteten trugen alle Uniformen und geleiteten uns wie hochrangige Diplomaten in einen Konferenzraum. Ein Staat im Staate dachte ich mir und ich hatte gleich so den Eindruck, dass hier ein straffes Regime herrschte. Wer im Hilton arbeitete und die Livree dieses renommierten Hotels trug, durfte sich wahrscheinlich keine großen Fehler erlauben.

Mir kam eine Idee: Was wäre, wenn es in einem großen Luxushotel eine Art Untergrund-Bewegung geben würde, die sich gegen die Willkür eines selbstherrlichen, neuzeitlichen Managements wehrt, das nach Belieben Leute feuert und immer weniger Angestellten immer mehr Arbeit aufbürden will?

Meine Geschichte beginnt mit dem jungen Assistenz-Hausmeister Artur, der in einem Retro-Hotel arbeitet, wo der Bell-Captain noch einen Zylinder trägt und es schwere Zimmerschlüssel-Klunker gibt. Doch das Management meines "Tudor Grand Hotel" ist von der neuen Sorte. Hauptsache Profit, wer nicht spurt, wird gefeuert. Das widerfährt auch Titus, dem alten Hausmeister und väterlichen Freund von Artur. Der entwurzelte Senior stirbt in der Folge seines Rauswurfs. Artur wird sein Nachfolger. Als dann aus reiner Willkür das Zimmermädchen Marie entlassen wird, in das Artur sich verliebt hat, ist für ihn das Maß voll. Er leistet Widerstand. Er kennt den weitläufigen Hotelkomplex wie seine Westentasche, taucht unter und sabotiert fortan dessen Betrieb, als nicht zu greifendes Phantom, quasi aus dem Untergrund. Der Manager bietet ihm aber die Stirn und schlägt mit übertriebener Härte zurück. So schaukelt sich der Konflikt immer weiter hoch...

Als ich „Artur zieht in den Krieg" geschrieben hatte, bot ich den Stoff an. Die UFA in Berlin griff zu und optionierte meine Geschichte. So wie das Drehbuch war, beginnt es ja wie ein komödiantischer Stoff und kippt dann immer mehr ins Dramatische. Wie naiv ich doch war, zu glauben, dass sie genau das schätzten. Nein, die UFA eröffnete mir kurz darauf in einer Besprechung, dass sie eine Comedy wollten. Als Autor ist man so Vieles gewohnt, dass man irgendwann nicht mehr mit Produzenten diskutiert. Ich schrieb also eine Klamotte. Die gefiel ihnen dann aber auch nicht. (War auch schrottig) Man sagte mir, dass man eigentlich mehr in Richtung Romantic Comedy gedacht hatte...

Aber daraus wurde dann Gottseidank nichts mehr. Die Luft war raus aus dem Projekt. Der erste Wurf jedoch war eine wirklich gute Geschichte, eine richtige Parabel eben. Hier ist sie...

"ARTUR ZIEHT IN DEN KRIEG"

INT. HOTELZIMMER -- TAG

Ein Fernseher in einem Hotelzimmer läuft. Ein Promotionsfilm für ein Hotel. Streifen laufen durch das Bild.

SPRECHERIN: "Seit 99 Jahren hat der Service im Tudor Grand Hotel Tradition. Hier ist der Gast noch König..."

Auf dem Bildschirm ist ein Pärchen an der Rezeption zu sehen, auf dessen Köpfen plötzlich blinkende Kronen sitzen. Zufrieden lächelnd strebt das Paar auf den Fahrstuhl zu.

SPRECHERIN: "Tudor Grand Hotel, das ist First Class im Stil der guten alten Zeit! Tudor Grand Hotel - Für uns ist jeder Gast ein König!"

Eine Auswahl des Hotelpersonals steht beieinander und verbeugt sich tief. Das Wappen des Tudor Grand Hotel erscheint. Die Streifen laufen immer noch durchs Bild. Plötzlich ist die Störung auf der Mattscheibe weg und das Bild wieder einwandfrei. Artur, ein blasser junger Bursche Mitte zwanzig taucht von unten auf und stellt den Fernseher aus. Er schließt den Fernsehschrank und deponiert die Fernbedienung an ihrem Platz. Artur trägt einen blaugrauen Hausmeisterkittel mit einem Namensschild. Er setzt eine Schirmmütze mit dem Emblem des Grand Hotels auf, nimmt seinen Werkzeugkasten und wendet sich zum Gehen.

INT. HOTELFLUR -- TAG

Artur geht den Flur hinunter. Ein Gast begegnet ihm. Artur lüpft höflich die Schirmmütze. Der Gast beachtet ihn gar nicht.

INT. VOR DEM FAHRSTUHL -- TAG

Artur geht an einer Tür vorbei, hinter der ziemlich laute Rockmusik gespielt wird. Artur stutzt. Unter der Hoteltür sickert Wasser hervor. Artur klopft gegen die Tür.

ARTUR: "Hallo! HALLO!!"

Es gibt keine Antwort und der Wasserfleck zu seinen Füßen wird immer größer. Artur zückt seinen beeindruckend großen Schlüsselbund und schließt mit dem Generalschlüssel auf.

INT. HOTELZIMMER ROCKMUSIKER -- TAG

Artur sieht als erstes, dass die Badewanne überläuft und als nächstes das Zimmermädchen Olivia (27), das mit hochgeschobenem Rock von einem langhaarigen jungen Mann, der am ganzen Körper tätowiert ist, gerade von hinten genommen wird. Die beiden blicken zu ihm. Neben dem Bett stehen mehrere Gitarren in Halterungen. Artur ist perplex.

ARTUR: "Die Badewanne... Sie ist übergelaufen. Alles ist nass..."

Olivias Gesicht verzieht sich zu einer wütenden Grimasse.

LANGHAARIGER MANN: "Fuck off, Dude! Now!!"

Der Mann guckt ihn stocksauer an. Artur tritt ins Bad, dreht das Wasser ab und verlässt schnell das Zimmer.

INT. HOTELFLUR -- TAG

Artur geht hastig den Flur hinunter, während der Schlüsselbund in seiner Hand leise klimpert.

TITEL ÜBER BILD: "Artur zieht in den Krieg"

EXT. TOTALTE TUDOR GRAND HOTEL -- TAG

Die Sonne ist über dem großen Hotelbau aufgegangen.

INT. HAUSMEISTERZIMMER -- TAG

Artur sitzt geknickt beim fast siebzigjährigen Hausmeister Titus, der wie er einen grauen Kittel trägt. Titus sitzt vor einem Computerterminal. Er hält Arturs Brief in der Hand.

ARTUR: "Ich bin noch nie zur Geschäftsleitung bestellt worden! Das heißt nichts Gutes!"

Titus reicht ihm den Brief zurück und wendet sich wieder dem Computer zu.

TITUS: "Ist bestimmt ganz harmlos. So, wie war das noch gleich mit der Firewall? Die kann ich doch abstellen, oder?"

Artur tritt genervt neben ihn.

ARTUR: "Was hast du denn die ganze Zeit mit der Firewall? Installieren, Administratorkennwort und fertig."

Er beugt sich vor und erledigt es selbst. Titus lächelt.

TITUS: "War eine gute Idee, dich zu dem Computerkurs zu schicken..."

ARTUR: "Du hättest selber mit hingehen sollen. Wenn sie mich nachher rausschmeißen, sitzt du hier und schraubst blöde an der Firewall."

Titus deutet auf den Brief.

TITUS: "Rausschmeißen? Da steht, dass du dich um 14 Uhr bei Frau Droste melden sollst. Sonst nichts."

ARTUR: "Man nennt sie die 'Kopf-ab-Droste'! Die feuert Leute im Akkord..."

TITUS: "Ich komme einfach mit. Gut?"

Er steht auf und hält plötzlich inne. Er legt reflexartig die Hand auf die Brust und atmet durch.

ARTUR: "Titus! Hast du deine Tabletten genommen?"

TITUS: "Die Tabletten, jaja, hab ich... Komm, wir gehen jetzt einfach!"

INT. BÜRO FRAU DROSTE -- TAG

Frau Droste ist eine sehr attraktive, aber auch durchaus taff wirkende Frau Mitte vierzig. Sie strahlt eine Aura der Macht aus. Artur und Titus sitzen ihr gegenüber.

SISSY DROSTE: "Artur! Es tut mir sehr leid: Aber wir müssen dich leider fristlos entlassen..."

Artur schaut die Frau geschockt an. Titus runzelt die Stirn.

TITUS: "Darf ich fragen, was Sie dem Jungen vorwerfen?"

Frau Droste sieht Titus kühl an. Man merkt sofort, dass ihr seine Anwesenheit gegen den Strich geht.

SiSSY DROSTE: "Artur hat eine 10er-Packung Druckerpatronen aus dem Hotel mitgenommen. Das ist Diebstahl! Wir haben keine andere Wahl!"

ARTUR (aufgebracht): "Druckerpatronen?? Wie bitte? Aber das stimmt nicht! Ich hab nichts geklaut!"

TITUS: "Wer behauptet das?"

SiSSY DROSTE (geduldig zu Titus): "Herr Delius, ich weiß, dass Sie seit vierzig Jahren im Haus sind. Die Geschäftsleitung muss Ihnen dennoch keinen Einblick in die Aktenlage gewähren. Wenn Herr Spitzweg gegen die Kündigung vorgehen will, kann er gerne einen Anwalt bemühen. Und jetzt, bitte, entschuldigen Sie mich..."

TITUS (mit Autorität): "Nicht so schnell, Kindchen!"

Die Frau bleibt stehen. Mehr geschockt von der Impertinenz der Anrede, als von der Schärfe des Tonfalls.

TITUS: "Wenn Artur geht, gehe ich auch!"

SiSSY DROSTE (stirnrunzelnd): "Bitte? Wollen Sie mir drohen?"

TITUS: "Das Tudor Grand ist alt. Tausende von Kabeln, Sicherungskästen, Schaltanlagen und was nicht noch alles... Und ich bin der einzige, der sich damit auskennt... Ja, ich denke schon, dass ich Ihnen drohe! Sie brauchen mich nämlich!"

Frau Droste starrt Titus an und Wut brandet in ihr auf.

SISSY DROSTE: "Dann nehmen Sie zur Kenntnis, dass ich mich nicht erpressen lasse! Wenn Sie gehen wollen, gehen Sie! Die Entlassung von Artur ist in jedem Fall endgültig..."

Ihre Augen bohren sich ineinander. Titus nickt dann.

TITUS: "Also gut. Dann kündige ich auch!"

Artur blickt erschrocken auf.

ARTUR: "Titus, nein! Mach das nicht!"

Titus legt ihm beruhigend die Hand auf den Arm.

SISSY DROSTE (lächelt eisig): "Dann danke ich Ihnen für Ihre langjährige Arbeit und wünsche Ihnen beiden alles Gute!"

Sie steht auf und verlässt das Zimmer. Artur starrt den älteren Kollegen verstört an.

INT. HAUSMEISTERZIMMER -- TAG

Titus und Artur räumen ihre Spinde aus.

ARTUR: "Ich geh einfach nochmal hin und sage, dass sie dich besser behält..."

Titus schüttelt den Kopf.

TITUS: "Das macht sie nur, wenn ich mich entschuldige und um Gnade flehe. Und es ändert doch nichts..."

ARTUR: "Wir kämpfen! Wir könnten zum Direktor gehen..."

TITUS: "Nein. Es ist eben ein neues Management. Eine neue Zeit. Es ist wie es ist."

ARTUR: "Aber du sagst mir doch immer, dass ich mich den Kämpfen in meinem Leben stellen soll!"

TITUS: "Ja. Aber ich bin zu alt, um zu kämpfen..."

EXT. AN DER BUSHALTESTELLE -- TAG

Es ist klirrend kalt. Titus und Artur stehen an der Bushaltestelle. Der Alte nimmt einen Schluck aus seinem Flachmann und sieht zurück zur gigantischen Hotelanlage. Titus sieht zu Artur, der den Kopf hängen lässt. Er reicht ihm den Flachmann. Aber Artur schüttelt den Kopf. Der Bus nähert sich und sie steigen ein.

EXT. IM BUS -- TAG

Artur setzt sich. Als Titus sich neben ihn hieven will, hält er inne und fasst sich wieder an die Brust.

ARTUR: "Was ist?"

TITUS (setzt sich knurrend): "Vierzig Jahre in dem Bunker sind eine lange Zeit. Der Abschied fällt mir schwer... Weißt du was? Wir gehen jetzt was essen und trinken uns einen an. Wenn's mies läuft, muss man feiern..."

ARTUR: "Du hast immer gesagt, die Arbeit ist dein Leben. Was willst du denn jetzt machen?"

Titus sagt nichts. Er stiert schweratmend ins Leere.

ARTUR: "Titus! Was ist?"

TITUS: "Nichts. Ich brauch nur ein Glas... Wasser..."

Seine Augen verdrehen sich, und er kippt zum Gang hin weg. Arthur versucht noch ihn festzuhalten, doch der alte Mann ist zu schwer. Er plumpst wie ein Sack auf den Gangboden.

ARTUR: "Titus! Oh Gott! Hilfe! HILFE!"

Der Busfahrer dreht den Kopf herum. Einige Fahrgäste kommen zu Hilfe. Artur kniet neben dem alten Titus und richtet ihn auf. Aber die Augen des Mannes starren ins Leere.

DOKTOR: "Ich bin Arzt! Darf ich mal?"

Der Mediziner geht neben Titus und Artur in die Knie.

ARTUR: "Er hat ein schwaches Herz!"

Der Arzt hat einen Leuchtstift herausgezogen und strahlt damit in Titus leere Augen. Dann schüttelt er den Kopf.

DOKTOR: "Tut mir leid. Er ist tot..."

Die Fahrgäste raunen. Aber Artur ist wie betäubt. Er sieht auf Titus und schüttelt fassungslos mit dem Kopf.

EXT. VOR DEM GRAND HOTEL -- NACHT

Das Tudor Grand Hotel liegt erhaben in der eisigen Nacht. Mit einem Male gehen im linken Flügel alle Lichter aus...

INT. KELLERRAUM -- TAG

Haase, der Hotelmanager kommt heran. Techniker Fischer, steht vor einem Schaltkasten mit Hunderten von Schaltern.

HAASE: "Das Notaggregat arbeitet doch. Wieso haben wir keinen Saft?"

FISCHER: "Weißt du eigentlich wie alt die Laube ist? Das ganze Technik hier ist ein einziger Flickenteppich!"

HAASE: "Reparieren Sie es!"

Fischer sieht Haase an und lacht dann schallend. Aber er wird schnell wieder ernst.

FISCHER: "Das geht nicht. Die Schaltungen sind alle nur mit Zahlen beschriftet. Keine Ahnung, was sie bedeuten!"

HAASE: "Es wird ja wohl eine Anleitung geben. Ein Manual!"

FISCHER: "Es gibt kein Manual! Wir brauchen den Hausmeister... Titus! Der kennt sich aus!"

Haase schaut genervt, dreht sich um und stapft davon.

INT. BÜRO HAASE -- TAG

Sissy Droste steht verunsichert vor Armin Haase.

HAASE (mustert sie ärgerlich) "Sie haben beide Hausmeister entlassen? Das müssen Sie mir mal erklären, bitte!"

SISSY DROSTE: "Ein Zimmermädchen hat angegeben, dass Artur Spitzweg gestohlen hat! Sie sagten selbst, wir sollten da harte Linie fahren!"

Haase schlägt mit der Faust derb klopfend gegen ihre Stirn.

HAASE: "Hallo!! Gibt es irgendwo intelligentes Leben da drinnen? Warum steigen Sie nicht gleich in ein Flugzeug und erschießen auf zehntausend Meter den Piloten?"

Frau Droste presst die Lippen zusammen.

HAASE: "Irgendwo ist ein Schaden in der Elektrik. Aber niemand blickt durch, wie das Netzwerk hier im Haus funktioniert. Sie holen mir diesen Hausmeister zurück, klar?"

SISSY DROSTE (blass): "Natürlich, Herr Haase!"

Sissi verlässt das Zimmer. Haase blickt ihr böse nach.

INT. BÜRO FRAU DROSTE -- TAG

Sissy Droste steht belämmert vor Erich Barner (33), einem jungen korpulenten Mitarbeiter.

SISSY DROSTE: "Er ist tot? Was? Aber... aber er saß vor ein paar Tagen noch in meinem Büro!"

ERICH: "Ich weiß. Er hatte ganz plötzlich einen Herzinfarkt. Im Stadtbus. Ist wohl ganz schnell gegangen..."

Sissy Droste sieht ihn bestürzt an. Sie schweigt. Und schüttelt dann, nicht ohne schlechtes Gewissen, den Kopf. Dann seufzt sie und strafft sich.

SISSY DROSTE: "Und der Kleine? Artur? Ist der auch tot?"

EXT. FRIEDHOF -- TAG

Nur wenige Menschen geben die Titus Delius die letzte Ehre. geben. Artur steht am Grab und wirft Erde hinein...

EXT. EINGANG FRIEDHOF -- TAG

Als Artur den Friedhof verlässt, wartet Erich Barber auf ihn.

ERICH: "Hallo, Artur! Mein Beileid, Alter! Titus war'n feiner Kerl!"

Artur nickt stumm.

ERICH (deutet auf sein Auto): "Kann ich dich 'n Stück mitnehmen?"

I/E. IN ERICHS AUTO -- TAG

Artur sitzt auf dem Beifahrersitz, während Erich steuert.

ERICH: "Du willst nicht? Aber wieso?"

ARTUR: "Hätte das Hotel ihn nicht gefeuert, würde er noch leben!"

Erich sieht nach vorne und überlegt.

ERICH: "Es ist wirklich schade um Titus, aber ich überlege mir, was hätte er wohl gewollt? Ich meine, was hätte er wohl für dich gewollt?"

Artur zuckt ratlos die Schultern.

ERICH: "Okay. Nehmen wir mal an, er säße hier bei uns. Und nehmen wir an, ich würde dir anbieten, dass du der neue Hauswart im Tudor Grand wirst. Und weiter nehmen wir an, ich biete dir fünf Riesen Handgeld, dafür, dass du wieder bei uns anfängst, zum Gehalt des Hausmeisters... Was würde der alte Titus dir jetzt wohl raten?"

Artur sieht Erich nachdenklich an. Er überlegt.

ARTUR: "Ich mache es nur unter einer Bedingung! Ich will wissen, wer mich angeschwärzt hat! Wer behauptet hat, dass ich stehle!"

INT. BÜRO HAASE -- TAG

Armin Haase steht mit einer versteinert wirkenden Frau Droste vor seinem Schreibtisch und sieht Artur ernst an. Auffällig an seinem Büro sind die alten Automobil-Modelle, die überall in den Regalen herumstehen.

HAASE: "Ich bedauere den Verlust von Herrn Delius sehr. Das müssen Sie mir glauben, Herr Spitzweg!"

Er sieht demonstrativ zu Sissy Droste, die sich beeilt, zustimmend zu nicken. Haase sieht Artur warm an.

HAASE: "Und ich freue mich, dass Sie die Fackel weitertragen, als neuer Hausmeister des Tudor Grand!"

Haase schüttelt Artur feierlich die Hand. Dann blickt er auffordernd zu Sissy Droste. Die tritt näher.

SiSSY DROSTE: "Auf gute Zusammenarbeit. Ich hoffe, dieses Missverständnis in der jüngsten Vergangenheit muss nicht zwischen uns stehen!"

Sie reicht Artur die Hand. Nicht ohne Widerwillen ergreift er ihre Hand. Sissy Droste tritt wieder einen Schritt zurück, während Haase Artur die Hand auf die Schulter legt.

HAASE: "Ich habe unbegrenztes Vertrauen zu Ihnen. Wenn etwas ist, kommen Sie zu mir. Jederzeit! Okay?"

ARTUR: "Ja. Danke, Herr Haase!"

HAASE: "Sie arbeiten einen Assistenten ein. Wenn Sie eine Ölquelle erben, will ich das Hotel nicht abreißen müssen..."

Er lacht breit. Frau Droste und Artur lächeln artig mit. Dann nickt er und geht zur Tür.

HAASE: "Ach, Artur, Sekunde..."

Er geht zu seinem Schreibtisch, während Artur stehenbleibt.

HAASE: "In zwei Wochen kommt die Tochter des Eigentümers, Tatjana Tudor. Sie wird hier ihren zwanzigsten Geburtstag feiern. Sie wünscht, dass Leinwände mit Videobeamern aufgestellt werden... Haben wir sowas?"

ARTUR: "Das muss ich bestellen. Ist aber kein Problem... (ihm kommt ein Gedanke) Äh, wenn ich einen Assistenten einarbeiten soll, könnte ich Leon Winter aus der Wäscherei haben? Er hat uns öfter ausgeholfen. Und er kennt den ganzen Komplex..."

SISSY DROSTE: "Leon Winter? Nein! Der ist nicht zuverlässig! Der steht ganz oben auf meiner Abschuss-Liste!"

HAASE: "Artur will ihn, er kriegt ihn! (zu Sissy Droste) Veranlassen Sie das! Umgehend!"

Die Droste muss schlucken. Dass sie vor einem Angestellten so das Gesicht verliert, ist eine weitere Ohrfeige für sie.

SiSSY DROSTE: "Natürlich, Herr Haase."

HAASE: "Dann an die Arbeit, Leute!"

INT. IM LIFT -- TAG

Frau Droste und Artur stehen schweigend im Lift. Sie beide sehen starr nach vorne. Dann öffnet sich die Tür.

SISSY DROSTE: "Guten Tag noch!"

ARTUR: "Ja. Guten Tag."

Die Personalchefin verlässt den Fahrstuhl. Die Tür schließt sich und Artur blickt auf seinen imposanten Schlüsselbund. Der Lift hält, die Tür öffnet sich und Artur starrt unvermittelt in ein zauberhaft schönes Gesicht. Es gehört einer sehr jungen Frau, die so aussieht, als wäre sie noch nicht 18. Sie wirkt sehr nervös und zittert vor Aufregung.

MARIE: "Entschuldigung! Wissen Sie, wie ich zum Personalbüro komme? Ich hab mich total verlaufen..."

Artur starrt hingerissen in die schönen Augen.

ARTUR: "Äh... wie?`Ach, Personalbüro..."

MARIE: "Um neun werden die neuen Zimmermädchen eingestellt! Und jetzt ist es fast neun!"

ARTUR: "Das schaffen Sie. Ich muss sowieso zur Wäscherei. Das liegt auf dem Weg. Ich bring sie hin..."

Marie lächelt und wird schlagartig noch schöner. Sie tritt zu ihm in den Lift. Die Tür schließt sich...

INT. FLUR VOR PERSONALBÜRO -- TAG

Marie kommt mit Artur heran.

MARIE: "Vielen vielen Dank! Dieses Hotel ist wirklich unglaublich groß..."

ARTUR: "Ja. Wir haben jedes Jahr zwei drei, die vermisst bleiben..."

Marie schaut erst verdutzt und lacht dann glockenhell. Dann wendet sie sich dem Konferenzzimmer zu, vor dem schon andere Bewerberinnen stehen. Artur sieht ihr nach und muss sich richtiggehend von ihrem Anblick losreißen.

INT. IN DER GROSSFÜRSTENSUITE -- TAG

Artur und Leon, ein strohblonder Bursche (23) mit vielen Sommersprossen, schließen zusammen ein Stroboskop an.

LEON: "Das ist so cool, dass du mich aus dieser endbeknackten Wäscherei rausgeholt hast. Ich schwör dir, ich wär da noch mit einer Persil-Lunge verendet..."

ARTUR: "Gib mir mal ne Steckverbindung!"

Leon greift in die Kiste und reicht ihm das Gewünschte.

LEON: "Kennst du Tatjana Tudor?"

ARTUR: "Die Tochter des Besitzers? Nö."

LEON: "Sie soll die heißesten Feten feiern. So richtige Orgien... Ich hab da Zeug auf YouTube gesehen, da hast du keine Fragen mehr..."

ARTUR: "Ich hatte auch vorher keine Fragen. So, wir sind fertig. Lass uns noch einen Funktionstest machen und das war's dann!"

INT. HOTELFLUR -- TAG

Artur und Leon kommen den Flur herauf.

LEON: "Also mit Spiderman kannst du mich jagen. Genauso mit dem Hulk oder den Rächern. Wenns Probleme gibt, kloppen sie sich! Das beleidigt einfach meinen Intellekt..."

ARTUR: "Meinen eigentlich auch. Aber lesen tu ich's trotzdem gern..."

LEON: "Kennst du Mandra, den Magier? Oder Phantom, den wandelnden Geist?"

ARTUR: "Dieser maskierte Typ, der in einer Höhle wohnt? Das ist aber verdammt retro!"

LEON: "Das Retro von heute ist das Hip von morgen! Also, das Phantom wohnt in der Totenkopfhöhle! Unter Pygmäen. Die nennen ihn den wandelnden Geist. Und er hat einen Ring mit einem Totenkopf. Wenn er dann den bösen Jungs ne rechte Gerade verpasst, ist das Kinn für immer mit dem Totenkopf markiert! Abgefahren, oder?"

Da kommt unvermittelt Olivia um die Ecke. Arturs Miene verdüstert sich. Er tritt ihr entgegen.

ARTUR: "Sag mal, Olivia, wie kommst du dazu, der Droste zu erzählen, ich würde Druckerpatronen..."

Bevor Artur mehr sagen kann, biegt ein zweites Zimmermädchen um die Ecke: Marie. Als sie Artur sieht, lächelt sie spontan. Sie ist einfach wunderschön...

MARIE: "Ach, hallo! Wie Sie sehen, hat man mich genommen!"

ARTUR (wird freundlich): "Gratuliere! Aber sagen wir du! Ich bin Artur, der Hausmeister."

MARIE: "Und ich die Marie!"

Sie schütteln sich die Hand. Leon drängelt sich nach vorn.

LEON: "Und ich bin der Leon!"

Marie reicht auch ihm die Hand und lächelt scheu.

OLIVIA (sichtlich genervt): "Wenn Freundschaften für's Leben geschlossen werden, stör ich nur ungern, aber wir haben zu tun!"

Sie zieht Marie weiter. Leon sieht den beiden Zimmermädchen nach, bis sie um die nächste Ecke verschwunden sind.

LEON: "Wow! Das ist ja mal eine Rippe Vollmilchschokolade vom Allerfeinsten!"

ARTUR: "Komm. Wir haben auch zu tun...!"

INT. VOR DEM HOTEL -- ABEND

Direktor Baumann kommt aus dem Fahrstuhl und eilt auf die Rezeption zu. Im Foyer stehen große Schrankkoffer...

BAUMANN: "Wo ist sie?"

CONCIERGE: "Frau Tudor? In der Piano-Bar!"

BAUMANN: "Ah! Sehr gut!"

Er eilt weiter.

INT. PIANOBAR -- ABEND

Baumann eilt auf eine hübsche Frau in Jeans und T-Shirt zu, die mit einem Champagnerglas an der Hotelbar sitzt.

BAUMANN (strahlend): "Frau Tudor! Baumann! Es mir eine Ehre, Sie zu begrüßen! Quasi in Ihrem eigenen Wohnzimmer!"

Er nimmt ihre Hand und deutet einen Handkuss an. Tatjana lächelt geschmeichelt.

TATJANA: "Bitte keine Umstände. Ich bin ein Hotelgast wie jeder andere auch!"

BAUMANN: "Mitnichten! Aber wir hatten Sie erst morgen erwartet und Ihre Suite ist noch nicht ganz fertig!"

TATJANA: "Ein normales Zimmer reicht erstmal. Nach dem Flug will ich einfach nur ein Bad nehmen und dann ins Bett!"

BAUMANN: "Ihr Wunsch ist mir Befehl!"

INT. IM KELLER DES TUDOR GRAND HOTEL -- ABEND

Artur tauscht eine Sicherung am Sicherungskasten aus, während Leon in seinen Blackberry tippt.

LEON: "Wofür war die Sicherung gleich? Für ein Homo-Tor? Wozu braucht man ein Homo-Tor?? Ist das so'n geheimes Hotel-Ding?"

ARTUR (geduldig): "Es ist kein Homo-Tor, es ist ein Humidor! Das ist der Klimaschrank für die Zigarren..."

LEON: "Ach so! Sag's doch gleich!"

Er tippt es in seinen Blackberry.

ARTUR: "Wozu tippst du das ein? Merk es dir lieber!"

LEON: Bist du verrückt? Das ist mein neues Blackberry! Okay, ist auch retro, aber ich liebe es! Das ist ab sofort mein zweites Ich! Sag mal ein Lied, was du gut findest..."

ARTUR (seufzt geduldig): "'Your song' von Elton John..."

Leon schaut auf sein Blackberry und hantiert damit.

LEON: "Das gibt's doch nicht. Das haben sie nicht! Sie haben keinen Elton John!? ... Oder vielleicht doch?"

Er hebt das Gerät und "Your Song" von Elton John ertönt.

LEON: "Cool, oder? Blackberry-Power!"

ARTUR: "Titus hat nie was notiert. Der hat gesagt, du musst alles im Kopf abspeichern..."

LEON: "Und was ist mit den Telefonnummern von den Dienststellen hier im Hotel? Weißt du die etwa auch auswendig?"

ARTUR: "Natürlich. Sind ja nicht mal ganz zweihundert."

Leon staunt ihn mit offenem Mund an.

EXT. VOR DEM TUDOR GRAND HOTEL -- TAG

Eine Reihe von Stretchlimousinen hält vor dem Haupteingang. Eine Rockband steigt aus.

INT. FLUR HOTEL -- TAG

Artur kommt des Weges und späht vorsichtig um die Ecke. Dann sieht er den Service-Wagen der hier arbeitenden Zimmermädchen. Er hebt sein Funkgerät.

ARTUR: "Leon! Piep sie jetzt an, okay?"

INT. IM HOTELZIMMER -- TAG

Olivia und Marie beziehen gemeinsam ein Bett. Es piept. Olivia runzelt die Stirn und zieht ihren Pieper heraus.

OLIVIA: "Hmm, komisch. Ich soll zur Hanna kommen. Mach mal kurz alleine weiter!"

Olivia geht. Marie bezieht das Kopfkissen. An ihren Bewegungen merkt man, dass die Bewegungen noch nicht Routine sind. Da steckt schon Artuhr seinen Kopf ins Zimmer.

ARTUR: "Hausmeister! Ich komme wegen dem Fernseher... oh!"

Artur stellt sich erstaunt, als er Marie sieht.

ARTUR: "So sieht man sich wieder! Ich muss was am Fernseher richten. Das stört doch nicht, oder?"

MARIE: "Nein, gar nicht! Mach nur!"

Artur nickt und beginnt am Fernseher herumzufummeln. Er sieht aus den Augenwinkeln zu Marie.

ARTUR: "Und? Wie gefällt es dir hier?"

MARIE: "Ach naja! Es ist ganz schön hart. Und der Rücken tut mir weh. Hätt ich nicht gedacht..."

ARTUR: "Das wird schon mit der Zeit!"

MARIE: "Ja, ja. Wenigstens habe ich Glück mit Olivia. Sie ist ein Schatz!"

Artur will nicht über Olivia sprechen. Er überspielt.

ARTUR: "Bist du eigentlich von hier?"

MARIE: "Nein, ich komme aus Weimar."

ARTUR: "Ach! Und wo wohnst du?"

MARIE: "Jetzt bei Olivia. Ihr Freund ist ausgezogen und sie hat ein freies Zimmer. Es ist toll bei ihr! Sie passt echt auf mich auf..."

ARTUR: "Ja, Olivia... So! Schon fertig..."

Er stellt den Fernseher zurück. Irgendwie ist ihm die Lust auf ein weiteres Gespräch vergangen.

ARTUR: "Ich muss dann mal... Tschau!"

Er winkt ihr unbeholfen und sie winkt zurück, zauberhaft lächelnd. Sie macht mit ihrer Arbeit weiter.

EXT. TUDOR GRAND HOTEL -- NACHT

Vor dem Hotel halten weitere Limousinen und spucken Gäste in exaltierten Garderoben aus...

INT. BÜRO ERICH - NACHT

Erich Barner steht am Fax, als Artur hereinkommt.

ARTUR: "Du hast mich gerufen!"

ERICH: "Ja. Hör mal, kannst du über Nacht bleiben? Die Tudor will, dass die ganze Nacht Videoclips laufen. Und wenn was mit der Anlage ist, brauch ich einen, der das managt!"

ARTUR: "Ist klar. Ich bin im Hausmeisterzimmer..."

INT. VOR DEM LIFT -- NACHT

Artur tritt zum Lift, vor dem eine aufgedonnerte Frau wartet. Erst beim zweiten Hinsehen erkennt Artur in ihr Olivia...

OLIVIA: "Was guckst du so blöd, Arschloch?"

Bevor Artur reagieren kann, öffnet sich die Lifttür. Olivia tritt ein und fährt mit anderen Gästen hoch zur Party.

INT. HAUSMEISTERZIMMER -- NACHT

Artur sitzt in Boxershorts auf einem Klappbett. Er legt seinen Pieper neben sich. Dann kontrolliert er, ob das Telefon richtig aufgelegt ist. Er sieht, dass Leon einen Stapel Comics auf den Tisch gelegt hat. Er holt sich von den Phantom- und Mandra-Heften und beginnt zu schmökern...

INT. HAUSMEISTERZIMMER -- TAG

Artur schlägt die Augen auf. Es klopft. Dann steckt Leon seinen Kopf herein.

LEON: "Mensch, Alter, steh auf! Es ist schon neun durch!"

Artur fährt erschrocken hoch.

ARTUR: "Wirklich? Mist! (sammelt sich) Ich dachte hundertpro, die brauchen mich heute Nacht... Ich muss anrufen, wieso ich nicht bei der Frühbesprechung war..."

LEON: "Lass nur. Ich hab gesagt, du hättest Brechdurchfall."

ARTUR: "Brechdurchfall?"

LEON: "Ja. Brechdurchfall ist super. Sowas will niemand genauer wissen und es gibt keine Fragen..."

ARTUR: "Naja... danke auch..."

Leon sieht die Comics neben Arturs Bett.

LEON: "Hey, du hast Phantom gelesen! Und? Wie findste?"

ARTUR (zieht den Kittel an): "Also, dieser Ring mit dem Totenkopf! Wenn er damit jemanden ans Kinn haut, bricht er sich den Finger! Das ist doch Bullshit!"

LEON: "Das ist alles, was dir dazu einfällt? Noch nie was von dichterischer Freiheit gehört?"

INT. HOTELFLUR -- TAG

Marie und Olivia schieben den Servicewagen.

MARIE: "Machst du das öfters? Dich so einschleichen?"

OlIVIA: "Klar! Die Stars stehen auf mich!"

MARIE: "Und? Wie war's auf der Fete?"

OLIVIA: "Die eingeladenen Gäste hatten Bändchen mit Clips. Also hab ich mich wieder verdrückt... Pech! Aber jetzt sehe ich ja, wie es innen aussieht, nach der Sause!"

Olivia bleibt vor der Großfürstensuite stehen und holt ihren Schlüsselbund hervor. Am Türknauf hängt das Schild: "Bitte nicht stören!"

MARIE (ängstlich) "Da gehen wir doch jetzt nicht rein, oder?"

Olivia reißt das Schild ab und wirft es in den Müllsack.

OLIVIA: "Hat doch irgendein Arsch einfach das Schild abgerissen! Sowas!"

Sie grinst frech und öffnet die Tür.

<u>INT. IN DER GROSSFÜRSTENSUITE -- TAG</u>

Marie und Olivia erwartet ein Chaos. Die Suite ist völlig verwüstet. Essen liegt auf dem Teppich verteilt, die Couch ist mit Brandflecken übersät und mitten im Zimmer liegen aufgerissene Kissen, deren Federkerne herausgequollen sind.

MARIE: "Himmel! Was ist denn hier los?"

OLIVIA: "Und das war nur der erste Teil! Tatjana hat in ihren Geburtstag reingefeiert und heute Abend feiert sie auch wieder raus... (seufzend) Fangen wir an, aufzuräumen..."

In diesem Moment kommt ein Arm hinter dem Sofa hoch. Dann wird der Kopf von Tatjana sichtbar. Sie richtet sich auf. Sie ist bis auf ein Höschen völlig nackt und besudelt.

TATJANA: "Was wollt denn ihr hier? Könnt ihr das Schild nicht lesen, ihr Blindgänger? Bitte nicht stören!?"

OLIVIA: "Tut mir leid! Draußen hing kein Schild! Und es ist nach zwölf..."

TATJANA: "Leise. Mann! Sprich leise oder ich dreh ab!"

Sie würgt und bricht auf das Sofa. Sie nimmt ein Hemd und wischt sich den Mund ab. Dann zeigt sie auf Marie.

TATJANA: "Du holst mir Kopfwehtabletten und du... (sie zeigt auf Olivia) ...machst die Kotze da weg! Aber zackeli, bevor es anfängt zu miefen!"

Dann dreht sie sich um und wankt nach hinten in das angrenzende Schlafzimmer. Sie knallt die Tür schlecht gelaunt hinter sich zu. Maria sieht fassungslos zu Olivia.

OLIVIA: "Du hast gehört, was sie gesagt hat!"

Marie nickt eingeschüchtert und verlässt das Zimmer.

INT. HOTELFLUR -- TAG

Artur und Leon tragen eine neue Großleinwand zur Suite. Artur läutet an der außen angebrachten Klingel. Wenig später öffnet Tatjana, inzwischen frisch gemacht, die Tür.

TATJANA: "Ach, die Leinwand! Schön! Ich hab schon darauf gewartet!"

INT. IN DER GROSSFÜRSTENSUITE -- TAG

Artur richtet die Fernbedienung auf die Großleinwand, um die Projektion zu testen, während Tatjana im Hintergrund telefoniert. Die Suite ist nicht wieder zu erkennen. Nichts erinnert mehr an die Verwüstung vom Vormittag.

TATJANA (ins Telefon): "Nein, das war endgeil. Sag mal, fragst du Reggie, ob er nicht noch kanadisches Scoop hat? Das Zeug ist voll der Burner... Bring mit! Aber unten bei Nina ein Bändchen abholen, ich will keine Paparazzi-Asseln hier drinnen, wenn die Post abgeht!"

Sie legt auf und tritt neben Leon und Artur.

ARTUR: "Die Fernbedienung ist okay, aber es stand ein Glas vor der Diode am Gerät und so kam das Signal nicht durch..."

TATJANA: "Ach richtig! Das vergesse ich jedesmal!"

Sie holt ihre Börse aus ihrer Handtasche und gibt jedem vom Hausmeisterteam einen Fünfzigeuroschein.

TATJANA: "Nochmals vielen Dank!"

Artur und Leon nicken artig und verlassen die Suite.

INT. HAUSMEISTERZIMMER -- ABEND

Leon wirft sich den Anorak über.

LEON: "Und? Schaffst du's allein?"

ARTUR: "Kinderspiel."

LEON: "Gut, dann werde ich versuchen, Zuckerschnute zu daten!"

ARTUR: "Wer ist Zuckerschnute?"

LEON: "Na, die Neue im Lakengeschwader, Marie! Ich hab das Gefühl, an dem Mädel hat noch keiner geknabbert."

Artur bekommt eine unwillige Falte an der Stirn.

ARTUR: "Marie? Die lässt du mal schön in Ruhe!"

LEON: "Wie?"

ARTUR: "Lass sie in Ruhe. Wir beide sind ganz neu auf unserem Posten. Die gucken auf uns. Wir belästigen keine Mädchen, klar!?"

LEON: "Mann, du tust gerade so, als wollte ich ihr mein magisches Pendel zeigen... (seufzt einlenkend) Aber du bist der Boss! Also, ciao!"

Er winkt und ist verschwunden.

INT. IN DER GROSSFÜRSTENSUITE -- NACHT

Die zweite Party ist in vollem Gange. Dröhnende Musik, dampfende Crackpfeifen und leidenschaftliche Umarmungen in einem atemlosen Gewimmel von schwitzenden Menschen...

INT. AN DER REZEPTION -- NACHT

Der Concierge hat das Telefon in der Hand und schwitzt.

CONCIERGE: "Nein, Sie haben natürlich Recht! Der Krach ist nicht zumutbar, aber wir haben schon mehrfach gebeten, dass die Musik leiser gestellt wird! Ich sage es nochmal! Bitte um Verzeihung!"

Der Concierge legt auf und sieht zu Britta, seiner Kollegin.

CONCIERGE: "Das war schon die x-te Beschwerde über Tatjanas Fete. Na, die Frühschicht kann sich schon aufs Auschecken freuen..."

EXT. DAS TUDOR GRAND HOTEL -- TAG

Es regnet auf den Hotelkomplex nieder.

INT. ZIMMERMÄDCHENZENTRALE -- TAG

Die Etagenhausdame Hanna tritt zu Olivia und Marie, die soeben ihren Service-Wagen zum Nachfüllen hereinschieben.

HANNA: "Olivia! Die Tudor hat angerufen: Bei ihr soll aufgeräumt werden!"

OLIVIA: "Die ist schon wach? Ihre Fete ging doch wieder bis halb fünf..."

HANNA: "Wen interessiert das? Also los!"

INT. IN DER GROSSFÜRSTENSUITE -- TAG

Tatjana Tudor wirft vier Tabletten in ein Glas und trinkt sie hinunter. Es klopft und sie dreht sich um. Die Suite sieht noch schlimmer aus als am Tag davor. Es klingelt. Tatjana geht und öffnet. Olivia und Marie kommen herein.

TATJANA: "Das hat ja ewig gedauert! Ich hab um elf Uhr ein Interview und ich will, dass es bis dahin glänzt hier. Also hopp hopp, meine Damen!"

Marie und Olivia sehen sich schluckend um. Es sieht aus wie im Schweinestall. Marie deutet auf eine Stelle an der Wand.

MARIE: "Da! Da hat jemand... da hat jemand..."

TATJANA (gelangweilt): "Da hat jemand hingekackt. Ist doch kein Wunder bei nur einem Klo! Was guckst du so? Bist du ein Mongo oder was? Mach's einfach weg!"

Sie geht zur Bar. Marie starrt Tatjana zornig an.

MARIE: "Ich bin kein Mongo! Und ich mach diese ekelhafte Sauerei auch nicht weg! Das mach ich nicht!"

TATJANA (dreht sich langsam um): "Was? Willst du dich mit mir anlegen, du Küken, oder was wird das hier?"

Marie schnappt sich einen Putzeimer und knallt ihn der Hotelerbin vor die Füße, dass es scheppert.

MARIE: "Ich mach das nicht weg! Machen Sie es doch selber!"

Olivia sieht Marie völlig perplex an. Tatjana kommt näher.

TATJANA: "Dir ist nicht klar, mit wem du sprichst, oder?"

MARIE: "Ich bin kein Mongo!"

TATJANA (zischend zu Olivia): "Fängst du jetzt an deinen Job zu machen, oder willst du auch achtkantig rausfliegen, wie die Schlampe da?

Olivia sieht Tatjana an, überlegt und verschränkt die Arme.

OLIVIA: "Wenn ich es mir so überlege, hat Marie Recht! Wir müssen uns hier nicht so behandeln lassen!"

TATJANA: "Ach wirklich...? Ihr zwei Pissnelken wollt es tatsächlich wissen? Na, das wollen wir doch mal sehen..."

Sie geht zum Telefon.

INT. VOR DEM LIFT -- TAG

Artur trägt eine große Pinnwand für Konferenzen in den Lift. Da steht Marie. Sie hat rotgeweinte Augen. Artur sieht sie bestürzt an.

ARTUR: "Marie? Was ist denn?"

MARIE (beginnt zu weinen): "Sie haben mich entlassen!"

Sie schluchzt. Artur starrt sie mit großen Augen an.

INT. BÜRO HAASE -- TAG

Armin Haase sieht unwillig auf den vor ihm stehenden Artur.

HAASE: "Wieso kommen Sie damit zu mir? Dafür ist Frau Droste zuständig!"

ARTUR: "Aber Frau Droste war es, die Marie Gellert entlassen hat. Und nur Sie können diese Entlassung wieder rückgängig machen!"

HAASE: "Aha. Und wieso sollte ich?"

ARTUR: "Marie hat sich geweigert, schon wieder Erbrochenes wegzumachen! Und Kot! Und sie wurde beleidigt!"

HAASE (seufzend): "In der besten aller Welten, wäre Frau Tudor sicher in sich gegangen, hätte selber sauber gemacht und die Zimmermädchen nachher zu einem Entschuldigungs-Cappuccino eingeladen. (schneidend) Aber in dieser Welt hat sie verfügt, dass die zwei Mädels fristlos gefeuert werden! Und fertig ist der Lack!"

Er sieht Artur mit angriffslustig vorgeschobenem Kiefer an. Der weicht reflexartig zurück. Dann aber bleibt er stehen. Unwillkürlich ballt er die Fäuste. Seine Miene wird hart.

ARTUR: "Wenn Sie Maries Kündigung nicht zurücknehmen, dann gehe ich auch!"

HAASE (guckt irritiert): "Wieso ausgerechnet die von Marie? Die waren doch zu zweit..."

ARTUR: "Ich meine... natürlich beide Kündigungen! Sie werden zurückgenommen oder ich bin weg..."

HAASE (lächelt amüsiert): "Bitte! Wir brauchen Sie nicht."

ARTUR: "Sie brauchen mich nicht? Und das alte Schaltwerk? Ohne mich läuft hier gar nichts..."

HAASE (zieht sein Blackberry hervor): "Ich mache keine Fehler zweimal. Deswegen habe ich unserem Freund Leon eine Extraprämie dafür gezahlt, dass er ein Protokoll Ihres gesammelten Geheimwissens erstellt. Voila, hier auf diesem kleinen Gerät ist es! (grinst provozierend) Sie spielen Mäuseaufstand in Ihrer Probezeit. Nicht sehr klug. Tja, Artur, sieht so aus, als rollte gerade Ihr eigener Kopf an ihnen vorbei! C'est la vie! und Au revoir!"

Er tätschelt Artur die Wange und verlässt das Zimmer. Der Hausmeister schaut geschockt ins Leere. Dann geht er wie ein begossener Pudel zur Tür. Er öffnet sie und hält dann inne. Er schüttelt trotzig den Kopf. Immer entschiedener...

ARTUR: "Oh nein, nicht C'est la vie! Ganz und gar nicht C'est la vie!!"

Er sieht zu Haases Schreibtisch, wo dessen Computer steht. Artur blickt ihn an und strafft sich in heiligem Zorn.

ARTUR: "Jetzt ist Schluss! Jetzt ist endgültig Schluss!!"

Er geht zum Schreibtisch und setzt sich an den Computer. Mit kühler Miene ruft er das Mail-Menü auf.

Er beginnt zu schreiben: AN ALLE MITARBEITER DES TUDOR GRAND HOTEL! DASS MASS IST VOLL! DAS MANAGEMENT DES HOTELS IST ZYNISCH UND UNMENSCHLICH! DIESE BOTSCHAFT RICHTET SICH AN DIREKTOR BAUMANN, MANAGER HAASE, PERSONALCHEFIN DROSTE UND AN TATJANA TUDOR! HIERMIT ERKLÄRE ICH IHNEN ALLEN DEN KRIEG! GEZEICHNET, ARTUR SPITZWEG.

Artur hält inne und überlegt. Er löscht kurzerhand seinen Namen und ersetzt ihn durch DAS PHANTOM. Er lächelt. Er aktiviert die Funktion "Allen Antworten"...

INT. HAUSMEISTERZIMMER -- TAG

Leon sortiert den Werkzeugkasten, als Artur hereinkommt. Er merkt an Arturs Miene, dass etwas nicht stimmt.

LEON: "Was ist denn?"

ARTUR: "Ich bin gefeuert!"

LEON: "Wie? Gefeuert?"

ARTUR: "Entlassen! Rausgeschmissen! Weil du mich mit deinem bescheuerten Blackberry ausspioniert hat..."

LEON: "Ausspioniert? Ich??? Spinnst du?"

ARTUR: "Du hast Haase deinen Blackberry mit all deinen Aufzeichnungen gegeben!"

LEON (schaut perplex): " Warte! Warte... Er meinte, er braucht ein Manual und es wär mit dir abgesprochen! (er begreift plötzlich) Und jetzt wissen sie alles und brauchen dich nicht mehr... Oh Mann, das wollte ich nicht!"

ARTUR: "Ist auch egal. Diesmal kommen sie damit jedenfalls nicht durch!"

LEON: "Hä? Was hast du vor?"

ARTUR: "Auf welcher Seite stehst du?"

LEON: "Da fragst du noch? Du hast mich aus der Wäscherei geholt, ich schulde dir mein Leben!"

Artur sieht ihn prüfend an und nickt dann.

ARTUR: "Dann zieh mit mir in den Krieg!"

Leon sieht ihn verständnislos an.

INT. BÜRO BAUMANN -- TAG

Die Tür geht auf und Haase kommt herein. Baumann sitzt mit verdrossener Miene vor dem Schreibtisch.

HAASE: "Sie haben mich rufen lassen?"

Baumann schiebt Haase einen Ausdruck hinüber. Der liest.

HAASE: "...erkläre ich Ihnen allen den Krieg?? Das Phantom?? (er schaut verwirrt auf) Soll das ein Witz sein?"

BAUMANN: "Das wüsste ich auch gern! Diese... Kriegserklärung ist an alle Mailadressen im Haus gegangen. Von Ihrem Server!"

HAASE: "Von meinem Server? Aber wie...? (er begreift) Artur Spitzweg! Das war er!"

BAUMANN: "Der kleine Hausmeister? Wie kommt er dazu? Schmeißen Sie ihn raus!"

HAASE: "Das hab ich schon. Deswegen hat er das auch gemacht. Aber ich greif mir den Knaben!"

Er eilt hinaus.

INT. SICHERHEITSZENTRALE -- TAG

Haase steht mit Jesper Gröning, dem Sicherheitschef zusammen vor einem Dutzend von Security-Männern.

HAASE: "Haben Sie alle Bänder geprüft?"

GRÖNING: "Wenn er nicht im Kofferraum eines Autos aus der Tiefgarage raus ist, dann ist er noch im Gebäude!"

HAASE: "Na, der hat ja Nerven. Ich will, dass Sie den ganzen Kellerbereich durchsuchen, da hat er sich garantiert irgendwo verkrochen..."

Jesper Gröning nickt seinen Leuten zu.

GRÖNING: "Ihr habt es gehört! Ich will den Kerl noch heute Abend haben..."

INT. KELLERFLUR -- NACHT

Taschenlampen kommen näher.

SECURITY RISCHE: "Wieso geht denn das Licht nicht?"

SECURITY MÜLLER: "Gestern ging es noch."

SECURITY RISCHE: "Von wegen, er will den Kerl noch heute Abend haben... In diesem Labyrinth? Das seh ich nicht..."

INT. FLUR VOR DEN SUITEN -- NACHT

Leon kommt mit einem Rucksack heran. Er klopft an die Schwarzwald-Suite.

LEON: "Ich bin es!"

Die Tür geht auf und Leon huscht hinein.

INT. IN DER SCHWARZWALD-SUITE -- NACHT

Artur hat es sich auf dem breiten Bett gemütlich gemacht und sich ein erlesenes Menü auf das Zimmer bringen lassen. Leon staunt nicht schlecht, wie feudal Artur hier lebt.

LEON: "Ist das nicht riskant, sich hier in einer Suite zu verstecken?

ARTUR: "Wieso? Wo suchen sie denn?"

LEON: "Im Keller. In jedem schmutzigen Winkel..."

ARTUR: "Klar. Da, wo Abschaum wie unsereins sich eben gerne verkriecht. Aber ich hab ihnen unten das Licht ausgeknipst..."

Leon grinst und wirft seinen Rucksack aufs Bett.

LEON: "Deine Computersachen. Ich hab alles besorgt. Ich muss gleich weiter, ich bin angepiepst..."

Artur holt einen schwarzen Laptop hervor. Er schließt ihn an den Hot-Spot des Hotelzimmers an und fährt ihn hoch.

LEON: "Was hast du vor?"

ARTUR: "Haase ist der Manager und ich muss wissen, was bei ihm läuft. Das heißt, ich brauche Zugriff auf seinen Computer. Mein Vorteil ist, dass sie mich nicht ernst nehmen. Ich werde zuschlagen, wenn sie es nicht erwarten! (er steht auf) Hast du auch das andere besorgt, um das ich dich gebeten hatte?"

Leon nickt und gibt Artur einen kleinen Koffer.

INT. FOYER -- NACHT

Ein bärtiger Herr mit Brille tritt aus dem Lift. Erst beim zweiten Hinsehen ist der verkleidete Artur zu erkennen. Er geht zur Rezeption, wo Marion Dienst hat.

ARTUR: "Entschuldigen Sie! Kommissar Bastian. Kripo! Herr Haase bat mich her. Ich hörte, er ist in einer Konferenz?"

MARION: "Ja, er ist in einem Meeting. Das wird wohl noch bis zehn dauern..."

ARTUR: "Dann komme ich nochmal wieder!"

Er geht hinüber in den Bürotrakt. Marion denkt sich nichts weiter und kümmert sich um einen eintreffenden Gast.

INT. KELLERGANG -- NACHT

Leon stößt zu Gröning und seinen Männern.

GRÖNING: "Wo haben Sie denn gesteckt, Mann?"

LEON: "Ich hab Brechdurchfall! Muss was Unrechts gegessen haben... Vielleicht die Rouladen heute Mittag..."

GRÖNING (schaut angewidert): "Jaja, schon gut! Wenn's denn geht, fangen Sie mit den Sicherungen da vorne an!"

LEON: "Das ist eine Norm aus den 60er Jahren. Diese Sicherungen sind schwer zu bekommen..."

GRÖNING: "Was heißt das? Müssen wir die jetzt bei Ebay bestellen oder soll ich im Deutschen Museum anrufen?"

LEON: "Wir hatten mal jede Menge, aber der betreffende Kasten ist weg. Am Ende war es das Phantom..."

GRÖNING: "Das Phantom? Spassvogel..."

INT. BÜRO HAASE -- NACHT

In seiner Verkleidung sitzt Artur an Haases Terminal. Die Uhr zeigt zehn. Artur steht auf und verlässt er das Zimmer.

INT. VOR DEM BÜRO -- NACHT

Artur tritt in seiner Verkleidung ins Foyer. Niemand schenkt ihm Beachtung. Er geht zum Lift hinüber und lächelt...

EXT. TUDOR GRAND HOTEL -- DÄMMERUNG

Über dem Grand Hotel dämmert der neue Tag.

INT. TIEFGARAGE -- MORGEN

Eine Limousine rollt auf die Schranke zu. Aus dem Fenster kommt eine Hand und steckt die Kontrollkarte in den Chipleser. Dort erscheint eine Schrift: BITTE NACHZAHLEN! Ein farbiger Chauffeur steigt aus und geht mit der Chipkarte zum Automaten. Die nachzuzahlende Summe erscheint: 1.000.000 Euro. Der Chauffeur guckt verblüfft...

INT. AN DER REZEPTION -- MORGEN

Der Potentat und sein Chauffeur sind sichtlich ungehalten.

CONCIERGE: "We are working on the problem! Sorry!"

Er wendet sich zu seiner Kollegin Britta, die am Terminal arbeitet und der schon die Schweißperlen runterlaufen.

CONCIERGE: "Und? Was ist denn jetzt?"

BRITTA: "Was weiß ich? Das Mistding will aus irgendeinem Grunde eine Million Euro!"

CONCIERGE: "Das kann doch nicht wahr sein! Holen Sie Haase!"

BRITTA: "Er mir eingeschärft, ihn auf keinen Fall zu stören, weil es gestern Nacht so spät geworden ist!"

CONCIERGE (gereizt): "Und das hier ist der Prinzregent von Sumba! Soll ich ihn bitten, neben der Schranke 17 und 4 zu spielen, bis der Manager ausgeschlafen hat?"

Britta läuft los. Ein Herr im Anzug kommt heran.

HERR IM ANZUG: "Entschuldigung! Hier auf meiner Rechnung ist die Benutzung des Erotikkanals aufgeführt!"

Dem verwirrten Concierge wird ein Papier hingeschoben...

HERR IM ANZUG: "Hier! Blue Channel! Elf mal. Und auf der Geschäftsrechnung!"

CONCIERGE: "Oh verstehe! Ich mache Ihnen natürlich eine neue getrennte Rechnung!"

HERR IM ANZUG: "Blödsinn, getrennte Rechnung! Das sind elf Filme in einer Nacht! Glauben Sie, ich will den Weltrekord im Onanieren brechen?"

CONCIERGE: "Dann ist das sicher ein Irrtum..."

In diesem Moment geht die Drehtür und Zirkusleute bringen Lamas, Pferde und einen Elefanten herein. Dem Concierge stockt der Atem. Er rennt den Zirkusleuten entgegen.

CONCIERGE: "Um Gottes Willen! Was tun Sie?"

Der Zirkusdirektor, ein dünner Mann mit seiner kleinen Tochter (4) an der Hand, verbeugt sich tief.

ZIRKUSDIREKTOR: "Guter Herr, ich danke Ihnen für Ihre großzügige Einladung!"

CONCIERGE: "Einladung? Ich verstehe nicht..."

ZIRKUSDIREKTOR: "Aber Sie haben uns eingeladen! Hier ist Ihr Schreiben!"

Der Zirkusdirektor gibt dem Concierge das Schreiben. Der Zirkusdirektor wendet sich an die Leute ringsum.

ZiRKUSDIREKTOR (wohltönend) "Als wir in der Zeitung um Hilfe baten für unseren armen kleinen Zirkus, weil uns in der bitteren Kälte die Tiere sterben, da habe ich nicht wirklich Hilfe erwartet. Doch sie ist gekommen! Das Tudor Grand Hotel hat uns für die Dauer der Frostperiode eingeladen, in ihrer Lobby zu lagern..."

Der Concierge blickt fassungslos von dem Schreiben auf, das den Briefkopf des Grand Hotels trägt. Der Zirkusdirektor wird nun endgültig von seiner Rührung übermannt.

ZIRKUSDIREKTOR (unter Tränen): "Sie ahnen nicht, was Sie für uns getan haben. Sie haben nicht nur unsere Tiere gerettet! Sie haben uns unsere Würde zurückgegeben!"

Er umarmt den überrumpelten Concierge und weint hemmungslos an dessen Schulter, während die Gäste zu applaudieren beginnen. Ein junger Mann tritt vor und schießt ein Foto von dem Gesicht des total überrollten Concierge und dem flennenden Zirkusdirektor. Das Foto friert ein...

INT. BÜRO BAUMANN -- ABEND

Das gleiche Foto in der Abendzeitung. Baumann knallt es vor dem schwitzenden Armin Haase auf den Tisch.

BAUMANN: "Spitzweg hat alle Schlüssel. Das erklärt, wie er an unseren Briefkopf kommt. Aber wie kommt er an das Computer-Passwort?"

HAASE: "Herr Direktor, die Sache ist die: In wenigen Tagen beginnt die Handelskonferenz und ich habe im Moment einen 16-Stunden-Tag..."

BAUMANN: "Haase, beantworten Sie die Frage: Hatte Artur Ihr Passwort?"

Haase schließt die Augen und schüttelt verneinend den Kopf.

HAASE: "Ich hatte den Computer nicht runtergefahren. Er war noch online... Ich bin aus dem Büro gegangen und hab ihn nach seinem Rauswurf da so stehen lassen..."

BAUMANN: "So geht das nicht, Haase! Erst der Kurzschluss, dann das Chaos bei den Rechnungen und jetzt kampiert Dumbo in unserer Lobby!"

HAASE: "Ich regele das!"

Baumann reicht Haase einen Brief.

BAUMANN: "In diesem Schreiben an mich stellt "das Phantom" uns ein Ultimatum: Entweder wir stellen die Zimmermädchen wieder ein, oder der Terror geht weiter..."

HAASE: "Das ist kriminell! Schalten wir die Polizei ein!"

BAUMANN: "Polizei hier im Hotel? Das würde unseren Gästen sicher nicht gefallen, von der negativen Publicity ganz zu schweigen. Nein! Wir erledigen das selbst! Und zwar schnell und effektiv! Habe ich mich verständlich ausgedrückt?"

Haase nickt. Er geht schnell, während Baumann das Schreiben des Phantoms zerknüllt und in den Papierkorb wirft.

INT. FLUR HOTEL -- ABEND

Haase geht vorneweg, während Sissy Droste Mühe hat, Schritt zu halten. Jesper Gröning hat sich zu ihnen gesellt.

HAASE: "Ich will, dass die strategisch wichtigen Punkte des Hotels mit Kameras überwacht werden. Und wir setzen bei der Belegschaft 500 Euro für die Ergreifung von Spitzweg aus..."

GRÖNING: "Was ist mit dem Computer? Wenn er darauf Zugriff hat, kann er uns den meisten Ärger machen..."

HAASE: "Das kann er nicht! Ich hab das Kennwort geändert."

SISSY DROSTE: "Er hat bestimmt Verbündete..."

HAASE (bleibt gereizt stehen): "Ach! Dann sagen Sie mir doch mal, wer hier seine Skatbrüder sind..."

SISSY DROSTE: "Ich würde mit Leon Winter anfangen..."

HAASE: "Winter? Der hat ihn doch bespitzelt. Das ist der Letzte, mit dem er jetzt noch zusammenglucken würde..."

SISSY DROSTE: "Sie haben Winter manipuliert. Er und Artur funken auf der gleichen Wellenlänge. Die halten zusammen!"

Haase sieht sie an. Überlegt. Dann wendet er sich an Gröning.

HAASE: "Können wir diesem Winter einen Sender unterjubeln?"

Gröning überlegt und nickt.

INT. LUXUS-SUITE -- NACHT

Die Tür öffnet sich und Leon kommt herein. Artur sitzt am Schreibtisch und tippt in den Computer.

ARTUR: "Was ist? Willst du abhauen?"

LEON: "Ja. War'n langer Tag..."

Artur steht auf und reicht Leon ein Blatt Papier.

ARTUR: "Kannst du mir das fünfhundert Mal fotokopieren?"

Leon nimmt das Papier und sieht es an. Das Totenkopf-Zeichen ähnelt dem Phantom-Emblem aus dem Comic.

LEON: "Wow! Das Phantom!!"

ARTUR (grinst) "Ja. Ich bin jetzt der "wandelnde Geist" des Grand Hotels..."

LEON: "Die Kollegen lachen sich scheckig, aber die Generäle hier sind mächtig sauer..."

ARTUR: "Die Schweine haben Titus auf dem Gewissen. Die denken, die können machen, was sie wollen! Aber jetzt ist Schluss! Und das bisher war nur der Anfang!"

Leon nickt und geht hinaus, während Artur weitertippt.

EXT. TUDOR GRAND HOTEL -- NACHT

Der Mond scheint über dem Grand Hotel. Alles erscheint friedlich. Da klingelt ein Telefon.

INT. ZIMMER SCHNEIDER -- NACHT

Ein Mann mit rotem Kopf rappelt sich schlaftrunken hoch. Er sieht auf die Uhr. Es ist drei. Das Telefon auf seinem Nachtschrank klingelt. Er hebt ab.

STIMME AUS DEM TELEFON: "Dies ist ihr Weckruf! Beim nächsten Ton ist es drei Uhr!"

Eine Reihe Piepser, dann ein lang gezogener Ton.

MANN MIT ROTEM KOPF: "Seid ihr jetzt total verrückt?"

Er legt auf und dreht sich auf die andere Seite.

EXT. TUDOR GRAND HOTEL -- NACHT

Das Hotel liegt im Dunkeln. Dann läutet wieder ein Telefon. Und noch eines. Und dann beginnt eine ganze Armada von Telefonen zu klingeln. Mehr und mehr Lichter gehen an...

INT. HOTELFOYER -- NACHT

Hektische Betriebsamkeit. Das Foyer ist voll von wütenden Gästen, die abreisen wollen. Soeben kommt Manager Haase zur Drehtür herein. Er wendet sich an Britta, die Nachtdienst hat, und vor der eine Menge erboster Hotelgäste stehen.

HAASE: "Was ist jetzt schon wieder?"

Der Mann mit dem roten Kopf drängelt sich vor.

MANN MIT ROTEM KOPF: "Das frage ich Sie! Erst ständig Weckrufe und als ich das Telefon ausgestöpselt hab, kommt der Hoteldiener und rüttelt mich persönlich wach!"

BRITTA: "Aber hier im Terminal steht, Sie wollten einen Weckruf um drei!"

Eine Österreicherin schlägt mit der Hand auf den Tresen.

ÖSTERREICHERIN: "Ja, san Sie narrisch? Oder finden Sie es normal, dass fünfzig Gäste um drei Uhr Weckrufe wollen?"

LEPTOSOMER MANN: "Und die Fahrstühle fahren auch nicht mehr! Das ist das Letzte!"

INT. BÜRO HAASE -- NACHT

Haase kommt in sein Büro und fährt seinen Computer hoch. Erich Barner ist bei ihm und eben geht die Tür auf und ein verschlafen aussehender Jesper Gröning tritt dazu.

HAASE: "Das gibt's nicht! Ohne Kennwort hat er keinen Zugriff auf das Weckruf-Modul und die Fahrstühle!"

ERICH: "Er hat sich eben reingehackt!"

HAASE: "Ich habe eine 16stellige Buchstabenzahlenreihenfolge als Kennwort! Da <u>kann</u> er sich nicht reinhacken!"

Haase starrt fieberhaft nachdenkend auf den Monitor.

HAASE: "Spitzweg, du miese kleine Ratte! Wie machst du das?"

INT. ANGESTELLTENSPINDE -- MORGEN

Leon inspiziert gerade einen kleinen Camcorder, als Erich Barner hereinkommt. Leon steckt den Camcorder schnell in seine Umhängetasche. Erich grinst Leon breit an.

ERICH: "Hier tanzt echt der Bär..."

LEON: "Ja, hab schon gehört! Apropos Bär! Wo ist denn der Zirkus?"

ERICH: "Haase hat eine beheizte Scheune gefunden. Unsere Filiale quasi."

Er setzt sich neben Leon.

ERICH: "Aber langsam nervt Artur! Wir müssen ihn finden, bevor das Hotel richtig Schaden nimmt..."

Er schaut den Kragen des Hausmeisterkittels an.

ERICH: "Warte mal, der Kragen sitzt schief. Halt still!"

Mit flinken Fingern klemmt er einen Sender an die Kragenrückseite. Dann grinst er Leon an.

ERICH: "Besser! Wenn dir irgendwas auffällt, gib mir Bescheid, okay?"

LEON: "Klar! Mach ich..."

Erich lacht, boxt ihn freundschaftlich und geht.

INT. BEREITSCHAFTSZIMMER DER SICHERHEIT -- TAG

Erich kommt herein und sieht zu Sissy Droste und Gröning, die am Peilsender sitzen und der Übertragung lauschen.

ERICH: "Und? Funktioniert's?"

Gröning nickt konzentriert.

LEON (aus dem Lautsprecher) Hi, Steffi! Weißt du eigentlich, dass du die hübschesten Beine südlich der Saturnringe hast?"

Sissy Droste verzieht angewidert das Gesicht.

SISSY: "Dieser Freak! Das ist sexuelle Belästigung!"

INT. IM LIFT -- TAG

Steffi ist zwar hübsch, aber auch wählerisch. Sie zwickt Leon provozierend in die Wange.

STEFFI: "Fass sie an und du verblutest im Treppenhaus!"

Steffi verlässt den Lift. Der Lift schließt sich.

INT. FLUR VOR DEN SUITEN -- TAG

Leon marschiert über den Flur, während der Sender an seinem Kragen über jeden seiner Schritte Rechenschaft ablegt...

INT. BEREITSCHAFTSZIMMER DER SICHERHEIT -- TAG

Droste, Gröning und Erich sind hoch konzentriert.

GRÖNING: "Er ist im Zehnten!"

Sissy Droste lupft frustriert die Brauen.

SiSSY DROSTE: "Da sind die Suiten. Ich hätte geschworen, er geht als erstes in Arturs Schlupfwinkel..."

GRÖNING (schüttelt den Kopf): "Was will er bei den Suiten?"

INT. LUXUS-SUITE -- TAG

Leon wirft die Tasche mit den Kopien auf das Bett.

LEON: "Respekt! Unten drehen sie am Rad! Wie hast du das alles gemanagt?"

Artur steht vom Stuhl auf und reckt sich.

ARTUR: "Ich hab die Nacht durchgemacht... Hast du den Camcorder?"

INT. BEREITSCHAFTSZIMMER DER SICHERHEIT -- TAG

Sissy Droste zuckt zusammen wie unter einem Stromschlag.

SISSY DROSTE: "Das ist Artur! Kein Zweifel!"

Gröning springt auf.

GRÖNING: "Die Mozart Suite? Echt jetzt?"

SISSY DROSTE: "Verdammt, Gröning! Worauf warten Sie noch?"

Er und die anderen laufen aus dem Raum.

INT. LUXUS-SUITE -- TAG

Artur steht neben Leon und begutachtet die Videokamera.

ARTUR: "Super! Dann können wir ja gleich loslegen. Ich habe im Internet einen Tudor-Blogg eingerichtet. Da kann jeder rein und sagen, was ihm hier stinkt im Hotel..."

LEON: "Und wozu soll das gut sein?"

ARTUR: "Hier gibt es doch genug arme Schweine, die von oben getreten werden. Jeder für sich allein ist schwach. Aber wenn wir ein gemeinsames Bewusstsein schaffen, dann könnte sich vielleicht was ändern..."

Es piepst. Artur runzelt die Stirn und wendet sich zum Computer. Er ruft eine Grafik auf. Auf dem Bildschirm des Laptops erscheint eine dreidimensionale Zeichnung des Hotels. Einige rote Punkte bewegen sich vorwärts.

LEON: "Was ist das?"

ARTUR: "Ich hab den Server der Security angezapft, damit ich weiß, wann sich Sicherheitsleute nähern... Und das ist in genau diesem Augenblick der Fall!"

Leon schaut alarmiert.

INT. FLUR VOR DEN SUITEN -- TAG

Drei Männer der Security sprinten heran. Die Tür der Mozart-Suite ist bereits offen. Sie springen in den Raum.

INT. LUXUS-SUITE -- TAG

Die drei Securitys sehen ein offenes Fenster und einen Security mit Oberlippenbart, der hinunter schaut.

1. SECURITYMANN: "Die Schweine sind zum Fenster raus! Sie sind unten im Neunten wieder rein!"

SECURITY RISCHE: "Ha! Die kommen nicht weit! Die greifen wir uns!"

Die vier Männer rennen hinaus.

INT. VOR DEM LIFT -- TAG

Die vier Sicherheitsleute kommen heran. Zwei weitere Securitys kommen ihnen entgegen.

1. SECURITYMANN: "Nehmt die Fahrstühle! Und blockiert die Treppe! Ich sichere hier oben!"

Zwei der Männer verschwinden im Treppenhaus. Die anderen Sicherheitskräfte warten auf die Fahrstühle. Sie besetzen beide und die Türen schließen sich. Der 1. Securitymann setzt sich in Bewegung. Da kommt Leon angelaufen

1. SECURITYMANN (Artur): "Hast du den Laptop?"

Leon klopft auf seine Umhängetasche. Sie rennen los.

INT. ANDERER FLUR IM HOTEL -- TAG

Gröning, Erich und Sissy Droste laufen heran, als Gröning angefunkt wird.

GRÖNING (in sein Funkgerät): "Was ist?"

INT. VOR DEN 9ER SUITEN -- TAG

Security Udo steht mit Rische und Müller vor offenen Suiten, in denen gerade die Zimmermädchen beschäftigt sind.

SECURITY UDO: "Chef, irgendwas stimmt hier nicht! Ein Kollege hat uns runtergeschickt, weil Leon und Artur angeblich zum Fenster raus sind, aber die Zimmermädchen waren die ganze Zeit hier unten und haben nichts gesehen..."

GRÖNING (aus dem Sprechfunk): "Ein Kollege? Wieso einer? Wir haben Zweierteams! Wir sind immer zu zweit!"

SECURITY UDO (schluckt): "Ja, aber... da war nur einer..."

Ein wilder Schwall von Flüchen kommt aus dem Sprechgerät, so dass Udo es von seinem Körper weghält...

INT. IM LIFT -- TAG

Artur macht den Sender vom Kragen Leons ab und zertritt ihn auf dem Boden. Die beiden Freunde sehen sich an.

LEON: "Das war verdammt knapp..."

Artur legt bleich beide Arme um seinen geretteten Laptop.

ARTUR: "Ja, du hast Recht. Das war Glück. Ich muss mir unbedingt was überlegen für das nächste Mal..."

LEON: "Was meinst du?"

ARTUR: "Ich brauch einen Stopper!"

Leon schaut ihn irritiert an.

ARTUR: "Wenn Sie mich irgendwo erwischen, dann brauch ich etwas, was mir Zeit verschafft. Einen Stopper eben...!"

Der Lift öffnet sich. Artur drückt seinen angeklebten Schnurrbart fest. Sie spähen hinaus und gehen davon...

INT. IM FOYER -- TAG

Hinter dem Tresen ist der Concierge angelegentlich beschäftigt, während vor der Absperrung Manager Haase mit Sissy Droste, Jesper Gröning und Erich zusammensteht.

HAASE: "Sie hatten ihn!! Sie hatten ihn und lassen ihn laufen. Wie ein Amateur!"

GRÖNING: "Wir hatten keine Ahnung, dass er eine unserer Uniformen hat..."

HAASE: "Ausreden. Sie sind Ihrer Aufgabe nicht gewachsen, das ist alles!"

GRÖNING: "Bitte!? Seit 48 Stunden habe ich keinen Schlaf mehr gekriegt. Ich reiß mir hier den Arsch auf für die Company und krieg keinen einzigen Cent mehr!"

HAASE: "Gröning, Sie sind ein unfähiger Trottel!"

Gröning schaut blass, tritt vor und schlägt Haase heftig ins Gesicht. Dem schießt Blut aus der Nase. Sissy und Erich halten den puterrot angelaufenen Gröning zurück.

HAASE: "Das war ein tätlicher Angriff auf einen Vorgesetzten! Sie sind fristlos entlassen!"

SiSSY DROSTE (zu Gröning): "Das sind sie nicht! (zu Haase) Ein neuer Mann braucht Wochen, um sich einzuarbeiten! Behalten wir jetzt besser kühlen Kopf, okay?"

Haase drückt ein Taschentuch gegen seine blutende Nase.

HAASE: "Machen Sie das nie wieder, Sissy! Stellen Sie vor anderen nicht meine Entscheidungen in Frage!"

SISSY DROSTE: "Natürlich nicht, Herr Haase."

Erich stößt einen überraschten Laut aus. Ein flatternder Laut ertönt. Alle blicken nach oben und sehen, wie es Flugblätter regnet. Haase und die anderen schnappen sich jeder eines.

HAASE (liest): "Gegen Unrecht und Willkür! Gegen Unterdrückung und Demütigung! Das Phantom kämpft für dich!"

Haase schüttelt ungläubig den Kopf.

SISSY DROSTE: "Er hat eine Website aufgemacht! Www.PhantomVomGrandHotel.net... Das ist nicht gut!"

Sissy beginnt mit Erich die Flugblätter aufzusammeln, aber fast jeder Gast und auch viele der Hotelangestellten haben bereits eines in der Hand. Da springt die Tür hinter Rezeption auf und Britta kommt aufgeregt heraus.

BRITTA: "Kommt schnell! Das müsst Ihr sehen!!"

<u>INT. HINTERZIMMER -- TAG</u>

In einem Bürozimmer läuft ein Fernseher. Auf dem ist·der maskierte Artur zu sehen, der zu den Zuschauern spricht. Haase, Sissy und die anderen starren auf den Bildschirm.

PHANTOM (Artur): "... und deshalb gilt das Wort: Wenn Unrecht zu Recht wird, wird Widerstand zur Pflicht..."

INT. ZIMMER 118 -- TAG

Zwei Zimmermädchen, Steffi und Astrid, starren auf den Bildschirm und sehen dem Phantom ebenfalls zu.

PHANTOM (Artur): "Das Phantom hat dem Management des Tudor Grand den Krieg erklärt!"

INT. PFÖRTNERLOGE IM TIEFPARTERRE

Zwei Pförtner verfolgen die Ansprache auf ihrem Kontrollmonitor.

PHANTOM (Artur): "Ein Krieg, der solange dauert, bis die Zimmermädchen Marie Gellert und Olivia Kallweis wieder eingestellt werden!"

INT. IM FITNESSBEREICH -- TAG

Radelnde Gäste auf den Ergometern sehen auf vier Monitoren nebeneinander ebenfalls nichts als das Phantom.

PHANTOM (Artur): "Das Phantom ruft allen Unterdrückten zu: Kämpfen wir zusammen..."

INT. HINTERZIMMER -- TAG

Haase, Droste, Gloria und Erich schauen immer noch zu.

PHANTOM (Artur): "..gegen Unterdrückung und Willkür rücksichtsloser Machtmenschen wie zum Beispiel Manager Armin Haase!"

Das Bild bricht zusammen. Der alte Trailer läuft wieder.

SPRECHERIN: "Tudor Grand Hotel, das ist First Class im Stil der guten alten Zeit! Tudor Grand Hotel..."

Haase macht wutschnaubend den Fernseher aus.

HAASE (hasserfüllt): "W...ww.. Wie ko..k...kommt der Dreckskerl in...in...in..."

Er bricht ab und sieht zu den Hotelmitarbeitern, die um ihn herumstehen und in diesem Moment realisieren, dass tief in ihrem Manager ein Stotterer steckt. Haase errötet, presst die Lippen zusammen und geht davon. Sissy sieht ihm nach.

SISSY DROSTE: "Er schafft es nicht mehr! Wird Zeit, dass er abgelöst wird! Ich gehe zu Baumann!"

BRITTA: "Bist du verrückt? Baumann wird nie die Hierarchie durchbrechen. Der schmeißt dich raus!"

SISSY DROSTE: "Glaub ich nicht! Ich hab nämlich eine Trumpfkarte gegen Haase in der Hand..."

Britta sieht sie an.

BRITTA: "Wie? Hat er hier wieder eine Affäre laufen?"

SISSY DROSTE (winkt ab): "Besser! Ich weiß, wie das Phantom Zugriff auf seinen Computer bekommt!"

BRITTA: "Ach!! Wirklich? Sag!"

Sissy Droste nickt triumphierend.

INT. BÜRO HAASE -- TAG

Haase sitzt finster hinter seinem Terminal, als es klopft.

HAASE: "Ich will nicht gestört werden!"

Sissy Droste öffnet die Tür und steckt ihren Kopf herein.

SISSY DROSTE: "Es ist aber dringend, Herr Haase!"

Haase will etwas sagen, aber er sieht, dass hinter der Droste Direktor Baumann hereinkommt. Haase schaut verwirrt.

SISSY DROSTE: "Es ist so, wie ich sagte, Herr Baumann! Selbst in diesem Moment hat das Phantom Zugriff auf das Hotelnetzwerk!"

HAASE: "Was? Wovon reden Sie?"

BAUMANN: "So, Frau Droste! Butter bei die Fisch! Wie macht er es?"

Haase schaut verwirrt, als Sissy Droste hinter ihm an das Regal tritt und auf etwas zeigen will... aber sie stutzt.

SISSY DROSTE: "Sekunde! Hier... hier war sie!"

HAASE: "Was? Wovon reden Sie?"

SISSY DROSTE: "Hier war eine Webcam! Zwischen den Büchern. Deshalb wusste Artur jedes Passwort. Weil er Ihnen die ganze Zeit auf die Finger sehen konnte...!"

HAASE: "Seit das Phantom hier rumspukt bin ich sehr gewissenhaft. Ich hab sogar ein neues Türschloss. Niemand kann hier rein außer mir! Also, wenn es so wäre: Warum ist da dann keine Webcam mehr?"

Sissy Droste sieht sich verzweifelt um.

HAASE: "Herr Direktor, wenn hier das Vertrauen in meine Person beschädigt sein sollte, trete ich selbstverständlich zurück!"

BAUMANN: "Nana! Jetzt mal langsam, ja!"

HAASE: "Nein! Ich kann nicht mit einer Person arbeiten, die hinterrücks gegen mich intrigiert!"

Er sieht Frau Droste kalt an. Baumann nickt bedächtig.

BAUMANN: "Herr Haase hat Recht! Frau Droste, es tut mir Leid für Sie! Ich denke, wir werden uns über eine Abfindung schnell einigen..."

SISSY DROSTE: "Aber... Herr Direktor... Ich..."

BAUMANN: "Sie haben sich verzockt, Sissy!"

Er geht hinaus. Sissy Droste blickt verstört zu Haase.

HAASE: "Alles Gute für Ihre Zukunft, Sissy! Und jetzt entschuldigen Sie mich, ich habe zu tun!"

Er hält ihr kaltlächelnd die Tür auf und sie geht langsam hinaus. Haase geht zu seinem Telefon und wählt eine Nummer.

INT. BÜRO HAASE -- TAG

Im Wechsel mit

INT. AN DER REZEPTION -- TAG

Britta hebt den Hörer ab.

HAASE: "Du hast was bei mir gut, Baby!"

Britta lächelt nervös. Sie sieht sich zu den Kollegen, Marion und dem Concierge, um.

BRITTA: "Ja. Okay."

Dann legt sie schnell wieder auf.

INT. KONFERENZZIMMER -- TAG

Im Wechsel mit

INT. WOHNUNG OLIVIA -- TAG

Ein mit getürmten Tischen und gestapelten Stühlen gefülltes Konferenzzimmer im Tudor Grand. Hinten um die Ecke sitzt Artur vor dem Laptop. Er schaut auf die Personaldaten von Marie, dem Zimmermädchen. Auch die Telefonnummer steht da. Artur hebt den Hörer ab und wählt ihre Nummer.

Marie sitzt am Tisch in Olivias Wohnung und frankiert Bewerbungsbriefe, als das Telefon klingelt. Sie hebt ab.

MARIE: Ja, hallo! Marie Gellert am Apparat!"

ARTUR: "Hallo, Marie! Hier ist Artur!"

Marie hat wohl einen anderen Anruf erwartet.

MARIE: "Ach so, Arthur! Was ist denn?"

ARTUR: "Naja, ich wollte nur fragen, wie es dir so geht..."

MARIE: "Du, das ist wirklich total nett, aber ich hab mich im Esplanade beworben und die können jeden Moment anrufen. Ich muss die Leitung freihalten, okay?"

ARTUR: "Oh! Ja, sicher! Tut mir leid, ich wollte nicht stören..."

MARIE: "Macht ja nichts. Aber es ist total wichtig, dass ich den Anruf nicht verpasse, ja? Machs gut!"

Sie legt auf und frankiert weiter ihre Bewerbungen.

Artur legt etwas frustriert seine Hand auf den Tisch. Es klopft viermal kurz. Artur steht auf und schließt die Tür auf. Leon kommt herein.

LEON: "Na, wie geht's, wandelnder Geist?"

ARTUR: "Haase hat mein Video-Auge entdeckt... Das war's mit dem Zugriff auf das Hotelnetz..."

Artur setzt sich und schließt seufzend die Augen.

LEON: "Was ist? Machst du schlapp?"

ARTUR: "Eigentlich nicht. Aber es ist hart. Ich steh so unter Strom, dass ich gar nicht mehr schlafen kann..."

LEON: "Wenn du zur Ruhe kommen willst, wär eine Frau das Richtige. Ein Freund hat erzählt, dass man sich nach dem Sex fühlt, als könnte man Bäume ausreißen..."

ARTUR (seufzend): "Hört sich gut an... Ich nehm eine."

LEON: "Versuchst du es überhaupt?"

ARTUR: "Bei Zuckerschnute ein bisschen..."

LEON: "Ach, nee! Mir verbietest du sie, aber selber am Graben sein..."

ARTUR: "Ja, Blödkopf. Macht doch Sinn, oder?"

Leon knufft ihn gespielt böse.

LEON: "Sie haben mich natürlich gefeuert! Aber das war es wert. Heißt aber auch, du bist auf dich allein gestellt!"

ARTUR: "Ich komm schon klar..."

Der Laptop macht Ping! Artur drückt eine Taste.

ARTUR: "He! Ein Beitrag im Phantom-Chat! (er liest) Luzie 28 schreibt: Ich bin Zimmermädchen. Und der Gast von 118 tätschelt meinen Hintern. Kannst du was machen, Phantom?"

Artur und Leon sehen sich begeistert an.

LEON: "Und Phantom? Kannst du?"

INT. ZIMMER 118 -- TAG

Ein dicker Herr liest im Zimmer. Es klopft an die Tür.

DICKER HERR: "Was ist denn?"

Die Tür geht auf und Zarah, ein sexy Zimmermädchen, schiebt einen Wäscheroller herein.

DICKER HERR: "Aber... es ist heute doch schon aufgeräumt worden!"

Zarah schließt die Tür und lächelt breit.

ZARAH: "Eines der Mädchen hat mir gesagt, dass Sie nicht so ein Langweiler sind, wie die anderen..."

Sie lässt lasziv einen Zeigefinger über seine Brust gleiten. Der dicke Herr ist überrumpelt.

ZARAH (zieht eine Schnute): "Oder soll ich gehen, Schatzi?"

Der dicke Herr wischt sich die Lippen. Dann grinst er.

DiCKER HERR: "Äh nein! Bleib doch! Ich bin der Günther!"

ZARAH: "Ich bin die Zarah! Und ich mag ganz besondere Spiele! Kennst du Blindekuh?"

DICKER HERR: "Äh, naja... nur die Disneyvariante..."

Zarah zieht ein Tuch hervor.

ZARAH: "Wollen wir es probieren?"

Der dicke Herr nickt. Zarah verbindet ihm die Augen. Dann zieht sie ihm seine Hosen aus. Darunter kommen seltsam gepunktete Boxershorts zum Vorschein. Dann nimmt sie seine Hände und kitzelt mit der Zunge die Innenflächen.

DICKER HERR: "Oh, das kitzelt!"

Zarah nimmt eine Tube Sekundenkleber und drückt den Inhalt je zur Hälfte auf die Handflächen des dicken Mannes.

ZARAH: "Und jetzt rate, was das ist!"

Sie zieht aus dem Wäscheroller eine aufgeblasene Sexpuppe und legt sie bäuchlings auf das Bett. Dann drückt sie die Hände des dicken Herren auf die Plastikhinterbacken.

DICKER HERR: "Das... das fühlt sich an wie Plastik! Wie ein Hintern!"

ZARAH: "Die Hände nicht bewegen! Ich mache jetzt was! Keine Angst!"

Sie holt ein Tütchen aus der Tasche. Zarah schaut auf die Armbanduhr. Dann reißt sie das Papiertütchen auf.

ZARAH: "Und darf man Frauen-Hintern ungefragt anfassen? Nein! Darf man nicht!"

Sie tritt hinter ihm, zieht den Kragen zu sich und schüttet Juckpulver hinein. Dann huscht sie schnell aus dem Zimmer. Der dicke Herr stößt einen irritierten Laut aus.

INT. HOTELFLUR -- TAG

Die Etagenhausdame Hanna und Zimmermädchen Astrid kommen den Flur entlang, als sie ein Kreischen hören. Und da läuft schon der dicke Herr um die Ecke. Seine Hände kleben bombenfest am Hintern der Sexpuppe fest und sind damit nicht imstande, die juckenden Stellen zu kratzen. Der dicke Herr sieht die beiden Frauen und läuft auf sie zu.

DICKER HERR: "Bitte! Kratzen Sie mich!! Bitte!"

Hanna und Astrid wechseln einen verschreckten Blick. Der dicke Herr dreht ihnen den Rücken zu.

DICKER HERR: "Schnell!! Kratzen!! KRATZEN! Bitte, ich dreh noch durch!"

Die Frauen sehen auf seinem Rücken einen Zettel kleben mit der Aufschrift: 'NICHT KRATZEN! DAS PHANTOM'

INT. AN DER REZEPTION -- TAG

Der dicke Herr kommt mit Armin Haase heran. Er ist außerordentlich in Rage. Seine beiden Hände sind verbunden.

DICKER HERR: "Dieses Haus betrete ich nie wieder! Und ich verklage Sie!"

HAASE (entspannt) "Dem Zettel auf ihrem Rücken nach zu urteilen, hätten wir auch einen Klagegrund. Mal sehen, ob ich das Zimmermädchen finde, dass Sie begrapscht haben..."

DICKER HERR (schnell einlenkend): "Wollen wir jetzt mal nicht so einen Ballon aufblasen, ja? Geben Sie mir einfach meine Rechnung und Ade!"

Im Hintergrund gehen zwei Zimmermädchen vorbei. Sie sehen den dicken Mann, tuscheln und kichern. Haase wirft ihnen einen strengen Blick zu. Die Mädchen gehen schnell weg.

INT. TIEFGARAGE -- TAG

Artur gibt Zarah das Geld.

ARTUR: "Zweihundertfünfzig, dreihundert."

ZARAH: "Das hat Spaß gemacht."

ARTUR: "Freut mich."

ZARAH: "Okay. Und wenn hier wieder mal Arschlochalarm ist, ruf mich an! Für sowas komme ich gern!"

Artur lächelt und schüttelt ihr die Hand. Dann steigt sie in ihr Smart-Coupé und fährt davon. Ein weiterer Wagen nähert sich. Artur geht hinter einem Pfeiler in Deckung. Es ist Haase in seinem zitronengelben Aston Martin, einem supergepflegten Oldtimer. Er verlässt die Tiefgarage...

INT. SCHLAFZIMMER ARMIN HAASE -- NACHT

Haase liegt mit hinter dem Kopf verschränkten Armen auf seinem Bett und starrt an die Decke. Britta kommt herein. Sie ist unbekleidet und hat nur ein Handtuch umgeschlungen. Sie schlüpft unter die Decke und kuschelt sich an Haase.

BRITTA: "Ich find ich es schön, mal wieder in deinen Armen zu liegen. Ich dachte schon, ich bin abserviert!"

HAASE (lächelt): "Du hast mir heute den Arsch gerettet, Süße! Da steh ich drauf!"

Haase nimmt sie in seinen Arm, wirkt aber abwesend.

BRITTA: "Woran denkst du? An ihn?"

HAASE: "Diese kleine Ratte ist zu weit gegangen! Er hat mich vor aller Welt an den Pranger gestellt. Jetzt gibt's Krieg!"

BRITTA: "Hast du mal gestottert?"

HAASE (genervt): "Sag mal, seh sich so aus, als ob ich jetzt vor dir meine Kindheit ausbreiten wollte? (er atmet durch) Ich bin einfach genervt! Wenn ich nur wüsste, wie ich dieses Arschloch zur Strecke bringen könnte..."

BRITTA: "Weisst du überhaupt, wieso er das Ganze macht?"

HAASE: "Wegen dem alten Idioten mit dem Herzinfarkt..."

BRITTA (wiegt den Kopf): "Das spielt mit rein. Aber das war nicht der Auslöser für das Ganze..."

Haase sieht sie irritiert an.

HAASE: "Und was ist der Auslöser?"

BRITTA: "Artur ist verknallt!"

HAASE: "Verknallt? In wen?"

BRITTA: "Na, in eins von den Zimmermädchen, die ihr gefeuert habt... Marie Dings..."

HAASE: "Marie Gellert... (begreift langsam) Artur und dieses Küken! Jetzt versteh ich einiges..."

INT. BÜRO HAASE -- TAG

Haase sitzt hinter seinem Schreibtisch, während Jesper Gröning hereinkommt. Haase blickt auf.

HAASE: "Was gibt es? Ich bin beschäftigt!"

GRÖNING: "Ich... ich bin nur da, um mich zu entschuldigen. Tut mir aufrichtig leid, dass ich ausgerastet bin..."

Haase sieht den anderen an und nickt dann.

HAASE: "Okay. Vergessen wir das Ganze. Aber ich erwarte, dass Sie mir Artur schnappen!"

Gröning öffnet seine Tasche. Er holt ein Schloss hervor.

GRÖNING: "Klar! Und ich hab mir da etwas ausgedacht!"

HAASE: "Neue Schlösser? Gröning, ich brauche ein schnelles Ergebnis..."

GRÖNING: "Hiermit dauert es drei Tage!"

HAASE: "In drei Tagen leite ich ein Hotel in Sibirien..."

GRÖNING: "Das hier ist eine Schlüsselfalle! Wenn ein nicht angelernter Schlüssel hineingesteckt wird, schnappt sie zu und hält den Schlüssel fest..."

Das Telefon klingelt. Hase hebt ab.

HAASE: "Ja, Karen? (hört zu) Beide? Gut! Sie sollen warten."

Er legt auf und sieht Gröning und das Schloss an.

HAASE: "Also: Dieses Schloss hält einen falschen Schlüssel fest. Aber auf die Art verliert Artur nur einen Schlüssel von Hunderten..."

Jesper Gröning breitet einen Hotelplan aus.

GRÖNING: "Es gibt sechs strategische Schleusenpunkte hier im Hotel. Wenn er sich im ganzen Komplex bewegt, muss er durch eine dieser Türen. Wir wechseln also genau diese sechs Schlösser aus und postieren je ein Team in der Nähe. Das Schloss sendet bei einem falsch magnetisierten Schlüssel ein Signal und binnen 30 Sekunden sind wir dort. In der Zeit schafft er es nicht, die anderen Schlüssel noch vom Bund abzulösen... Und ohne Schlüssel ist das Phantom erledigt!"

HAASE: "Entschuldigen Sie, Jesper, aber das ist einfach zu umständlich..."

Gröning schaut pikiert. Haase lächelt aufgeräumt.

HAASE: "Ich habe einen besseren Plan. Und einen schnelleren!"

INT. BESPRECHUNGSRAUM -- TAG

Im Besprechungsraum sitzen mit unterwürfigen Mienen Olivia und Marie, die gefeuerten Zimmermädchen. Armin Haase kommt herein. Mit einem Lächeln begrüßt er die jungen Frauen.

HAASE: "Frau Kallweiss! Frau Gellert!"

Die beiden Zimmermädchen erheben sich und geben artig die Hand.

HAASE: "Ich bin wirklich froh, dass Sie beide gekommen sind. Frau Drostes Entscheidung, Sie hinauszuwerfen, war vielleicht ein bisschen hart!"

Olivia und Marie sehen sich erleichtert an.

HAASE: "Wir wären bereit, Sie beide wieder einzustellen. Aber wir möchten gerne von Ihnen ein Zeichen des guten Willens..."

INT. KONFERENZZIMMER -- NACHT

Im Wechsel mit

INT. WOHNUNG LEON -- NACHT

Es ist fünf Uhr. Artur schläft, als sein Handy klingelt. Er fährt hoch und nimmt das Gespräch an.

LEON: "Artur? Schläfst du noch?"

ARTUR: "Ja, was gibt's denn?"

LEON: "Logg dich mal in unseren Blogg ein! Das glaubst du nicht..."

Artur klappt den Computer auf und ruft den Blogg auf.

ARTUR (liest): "Liebes Phantom! Ich arbeite im Restaurant. Ich lispele und werde deswegen vom Restaurantchef ständig lächerlich gemacht..."

LEON: "Nein. Das Posting danach!"

Artur scrollt nach unten. Dann hat er es.

ARTUR (liest): "Sehr geehrtes Phantom! Wir werden Olivia Kallweis und Marie Gellert wieder einstellen. Sie können die beiden gerne treffen und sich persönlich überzeugen. Erwarte Ihre Antwort! Gruß, Armin Haase..."

Artur ist schlagartig hellwach.

LEON: "Wedeln die mit der weißen Fahne? Oder ist das ein Trick?"

ARTUR: "Möglich. Andererseits, wenn ich sie wäre, hätte ich die Schnauze voll vom Phantom..."

INT. BÜRO HAASE -- TAG

Armin Haase ist im Blogg und sieht sich die neuesten Beiträge an.

HAASE: "Da bist du ja, mein Freund!"

Er liest und lächelt maliziös.

HAASE: "Ein Treffen um 11! Das ist gut!"

EXT. VOR DEM TUDOR GRAND HOTEL -- TAG

Ein Taxi fährt vor, und Olivia und Marie steigen aus.

INT. RESTAURANT -- TAG

Ein Mann mit strubbeligem Haar und runden, starken Brillengläsern, Marke zerstreuter Professor, tritt sichtlich orientierungslos zum Restaurantchef. Er trägt eine große Obstkiste aus Holz in der Hand.

ZERSTREUTER PROFESSOR: "Ach, Verzeihung, bitte!"

RESTAURANTLEITER (liebenswürdig): "Ja, was kann ich für Sie tun?

Der zerstreute Mann zieht einen Brief hervor.

ZERSTREUTER PROFESSOR: "Ich suche den Restaurantleiter..."

RESTAURANTLEITER: "Das bin ich!"

ZERSTREUTER PROFESSOR: "Ich habe soviel von Ihnen gehört, ich würde Ihnen zu gerne die Hand schütteln!"

Der Restaurantleiter lächelt geschmeichelt und gibt die Hand. Und ehe er sich es versieht, klickt eine Handschelle um sein Gelenk.

RESTAURANTLEITER: "He! Was soll denn das?"

Aber der strubbelige Mann setzt nur die Holzkiste ab, in der wohl das andere Ende der Handschellen befestigt ist. Dann geht er zügig davon.

RESTAURANTLEITER: "Sind Sie verrückt?? Mach Sie mich los!"

Ärgerlich versucht er die andere Schelle aus der Kiste freizubekommen. Aber die erweist sich als stabil.

RESTAURANTLEITER: "So ein Blödsinn!"

Er packt die Kiste mit beiden Händen und zerschmettert sie auf den Boden. Die Handschelle kommt frei.

Dafür aber auch jede Menge Ratten und Mäuse. Die jagen in alle Ecken des Restaurants davon. Erste Schreie von Speisenden werden laut. An der zweiten Schelle ist ein Papier befestigt. Auf dem steht: BEHANDELN SIE IHRE ANGESTELLTEN MIT RESPEKT! DAS PHANTOM. Der Restaurantleiter sieht sich überrumpelt um, während die ersten Gäste aus dem Essbereich flüchten...

INT. BÜRO HAASE -- TAG

Die Uhr zeigt fünf Minuten vor zwölf. Armin Haase steht mit Jesper Gröning vor Olivia und Marie und reicht ihnen ein Handy. Olivia nimmt es.

HAASE: "Es ist vereinbart, dass er Sie auf diesem Handy anruft... Also dann! Gegen Sie zum Startpunkt!"

Die jungen Frauen nicken und gehen. Besonders Marie wirkt sichtlich nervös. Gröning runzelt die Stirn.

GRÖNING: "Wir wollten sie doch verwanzen!"

HAASE: "Ja, aber so blöd ist Artur leider nicht. Er hat sich von mir das Kennwort vom Securityserver geben lassen. Dadurch kann er sehen, ob wir die Mädchen überwachen..."

GRÖNING (entsetzt): "Das Kennwort von meinem Server??"

HAASE: "Das war seine Bedingung! Aber er hat es erst vor zehn Minuten bekommen und in noch mal zehn Minuten... (lächelt Gröning an) ...haben wir ihn sowieso!"

INT. BALUSTRADE VIERTER STOCK -- TAG

Die beiden geschassten Zimmermädchen treten an die Balustrade und schauen hinunter ins Foyer.

MARIE: "Ich habe Angst, Olivia!"

OLIVIA: "Bleib cool! Es ist alles nicht so wild! Es ist nur Artur..."

INT. BALUSTRADE ACHTER STOCK -- TAG

Im Wechsel mit

INT. BALUSTRADE VIERTER STOCK -- TAG

Artur steht mit Schiebermütze und Schnurrbart an der Balustrade auf der anderen Seite und sieht Olivia und Marie vier Stockwerke tiefer. Er zieht sein Handy und wählt.

Olivia nimmt das Gespräch entgegen.

ARTUR: "Hier spricht das Phantom!"

OLIVIA: "Lass den Scheiß! Ich weiß, dass du es bist, Artur!"

ARTUR: "Gib das Handy Marie! Los, mach!"

Olivia stöhnt genervt und reicht es Marie. Die nimmt es.

MARIE (zaghaft): "Hallo?"

ARTUR: "Hi, Marie! Wie geht's?"

MARIE: "Ich... ich bin wahnsinnig nervös..."

ARTUR: "Mach dir keine Sorgen. Alles wird gut. Geht jetzt zum Südflügel und steigt dort in den Lift..."

MARIE: "Ja, gut!"

Sie nickt Olivia zu und die jungen Frauen gehen los.

INT. IM LIFT -- TAG

Im Wechsel mit

INT. TREPPENHAUS -- TAG

Olivia und Marie stehen im Lift.

OLIVIA: "Wo sollen wir hin?"

MARIE: "Das hat er nicht gesagt."

OLIVIA: "Ich kann's mir sowieso denken!"

Artur geht die Treppen hinunter.

ARTUR (ins Handy): "Drück Etage zwei! Jetzt, Marie!"

Marie im Fahrstuhl drückt gehorsam den Knopf.

ARTUR: "Blockier den Fahrstuhl und sag Olivia, sie soll zum Blumentopf vor der 218 gehen. Da liegt ein Handy, das soll sie holen!"

Der Fahrstuhl hält und die Tür geht auf.

OLIVIA: "Was ist?"

MARIE: "Vor der 218 im Blumentopf ist ein Handy. Das sollst du holen!"

Olivia starrt Marie irritiert an. Dann geht sie hinaus.

ARTUR: "Ist sie weg?"

MARIE: "Ja! Sie ist gerade raus!"

ARTUR: "Gut. Es gibt kein Handy. Ich wollte sie nur loswerden. Fahr weiter zum Ersten und steig dann aus, okay?"

Marie drückt auf den Knopf und der Lift schließt sich.

INT. FLUR IM ERSTEN STOCK -- TAG

Im Wechsel mit

INT. LIFT ERSTER STOCK -- TAG

Artur tritt durch die Treppenhaustür in den Flur, während Marie gerade aus dem Lift steigt.

ARTUR: "Wir treffen uns vor Zimmer 123!"

Er zieht seinen Schlüsselbund hervor und öffnet den Service-Raum. Dann legt er ein Handtuch zwischen Tür und Stock.

Marie kommt um die Ecke und schaut nach den Zimmernummern. Dann steht sie vor der 123. Sie sieht sich suchend um, aber dann öffnet sich die 121 und Artur kommt heraus.

ARTUR: "Hallo! Alles klar?"

Marie holt tief Luft und nickt tapfer. Artur lächelt verlegen. Sie ist von großem Liebreiz.

ARTUR: "Ich fand es eine Sauerei, dass sie dich gefeuert haben. Nur deswegen hab ich das hier alles gemacht. Stellen sie euch wirklich wieder ein?"

MARIE: "Ja. Herr Haase will auch dich wieder einstellen... Hier, auf dem Handy ist eine SMS von ihm..."

Sie reicht Artur das Handy, der etwas ratlos schaut und dann das SMS-Menü aufruft. Er sieht nicht, dass Marie etwas aus der Tasche zieht. Es ist ein Elektroschocker. Ehe Artur reagieren kann, hat sie ihn aktiviert und hält ihn ihrem Gegenüber an die Brust. Der Taser blitzt, Artur krampft und bricht mit erstauntem Blick zusammen. Marie lässt den Schocker fallen, am ganzen Leibe zitternd. Sie nimmt Artur das Handy aus der Hand und wählt bebend eine Nummer.

MARIE: "Herr Haase? Ich bin's! Marie! Ich hab's getan. Artur liegt vor der Nummer 123. Bitte, kommen Sie schnell..."

INT. BÜRO HAASE -- TAG

Armin Haase gibt Jesper Gröning einen Zettel mit der Zimmernummer 123 und der stürzt sofort los.

HAASE: "Marie, das haben Sie super gemacht! Die Security ist gleich da! Atmen Sie tief ein! Marie...? Marie!"

INT. FLUR IM ERSTEN STOCK -- TAG

Marie liegt bewusstlos auf dem Gesicht, während Olivia mit dem knatternden Elektroschocker über ihr steht. Olivia steckt den Handschocker ein, zieht den besinnungslosen Artur zum Serviceraum und verschwindet mit ihm darin.

INT. IM SERVICE-RAUM -- TAG

Olivia schleift Artur zu einer Stelle, wo der Schrank von der Wand weggerückt ist. Da ist eine Klappe. Olivia stemmt Artur hoch und wirft ihn durch die Öffnung. Dann rutscht sie hinterher.

INT. KELLERGANG -- TAG

Artur fällt auf ein Kartonpyramide und purzelt seitlich hinunter. Dann landet Olivia ebenfalls in den Kartons...

INT. FLUR IM ERSTEN STOCK -- TAG

Jesper Gröning und Security Müller sprinten heran. Sie entdecken aber nur die bewusstlose Marie.

GRÖNING: "Verdammt! Wo ist die Ratte?"

SECURITY MÜLLER: "Der hat uns ausgetrickst! Schon wieder. Langsam wird's peinlich!"

Gröning sieht ihn böse an.

INT. IM SERVICE-RAUM -- TAG

Im Wechsel mit

INT. BÜRO HAASE -- TAG

HAASE: "Waaas??"

Der Manager steht kerzengerade mit seinem Funkgerät da.

Gröning schaut im Serviceraum in die alte Wäscheklappe.

GRÖNING: "Es ist der alte Wäscheschacht! Ich kann natürlich den Keller durchsuchen lassen, aber das hatten wir schon. Da macht er dunkel und spielt Katz und Maus mit uns..."

Armin Haase atmet tief durch. Dann bricht es heraus.

HAASE: "Verdammt! VERDAMMT!!"

INT. HEIZUNGSRAUM -- TAG

Olivia schüttet Artur Wasser ins Gesicht. Der kommt wieder zu sich. Als er Olivia sieht, ist er überrascht. Er reibt sich die Stelle, wo der Schocker ihn getroffen hat.

ARTUR: "Marie! Sie hat mich..."

OLIVIA: "Klar hat sie dich. Was denkst du denn? Dass Haase dir alle Wünsche erfüllt wie ne gute Fee?"

ARTUR (sieht sie finster an): "Wieso warst du überhaupt da? Ich hatte dich doch abgehängt..."

OLIVIA: "Ich bin nicht blöd. Für den Fall, das was schief geht, brauchtest du einen schnellen Fluchtweg. Und da ist der alte Wäscheschacht im Ersten ziemlich konkurrenzlos..."

Artur rappelt sich vom Boden hoch.

ARTUR: "Wie lange war ich weg?"

OLIVIA: "Sieben, acht Minuten..."

ARTUR: "Ich muss hier verschwinden. Vielleicht suchen sie hier unten... "

Er läuft zur Tür und schaut hinaus. Olivia folgt ihm.

INT. BÜRO HAASE -- TAG

Haase starrt mit versteinerter Miene an die Wand. Jesper Gröning gestikuliert.

GRÖNING: "Olivia hat ihm geholfen! Wer konnte damit rechnen?"

HAASE: "Na, Sie offensichtlich nicht!"

Die Tür geht auf und Erich kommt herein.

ERICH: "Armin, hier ist ein Gast, der den Manager sprechen möchte..."

Da kommt schon Götte, ein hochgewachsener Mann rein. Er ist ganz klar ein Weißer, aber seine Haut ist dunkelblau.

GÖTTE: "Wer ist der Manager?"

HAASE: "Das bin ich! Armin Haase!"

GÖTTE: "Ich werde Sie zur Verantwortung ziehen! Sehen Sie mich an!! SEHEN SIE MICH AN!"

HAASE (mustert ihn): "Tu ich. Sie sehen aus wie einer von der Blue-Man-Group."

GÖTTE (zischend): "Finden Sie das etwa witzig?"

HAASE: "Natürlich nicht. Was ist passiert?"

GÖTTE: "Jemand hat meinen Badezusatz sabotiert!"

HAASE: "Warten Sie! Sie sind nicht zufällig Edmund Götte..."

Dem Mann bleibt für einen Moment die Spucke weg.

GÖTTE: "Sie kennen jeden Gast auswendig?"

HAASE: "Nein, aber ich habe im Phantom-Blogg gelesen, Sie hätten einen unserer dunkelhäutigen Pagen mit "He, Schoko!" angesprochen..."

Götte sieht Haase perplex und irgendwie ertappt an.

HAASE: "Das hätten Sie besser nicht getan, denn so was kann unser Phantom gar nicht leiden!"

GÖTTE: "Aber dieser tolpatschige Bimbo hat meinen Koffer fallen lassen! Und diese Scheißfarbe geht nicht mehr ab! Darf ich jetzt mal erfahren, was ich tun soll?"

HAASE (lächelt spröde): "Oh da hätte ich eine Idee: Tun Sie Gutes! Helfen Sie anderen! Kaufen Sie sich einen Umhang und nennen Sie sich Käpt'n Blaubär!"

Haase lässt ihn einfach stehen und geht hinaus, während Götte empört nach Luft schnappt und Erich und Gröning sich das Lachen verbeißen müssen.

INT. SAUNA -- TAG

Artur und Olivia sitzen in einer großen Sauna. Artur schüttelt immer wieder den Kopf. Olivia seufzt.

OLIVIA: "Marie ist noch ein Küken! Und ein Nervenbündel. Ihre Eltern waren superpissed, als sie rausgeflogen ist..."

ARTUR: "Aber ich hab ihr nichts getan! Wieso hat sie mich angegriffen?"

OLIVIA: "Haase war alleine mit ihr im Zimmer. Er hat ihr wohl mächtig Druck gemacht. Sie hat panische Angst vor Vorgesetzten. War mir gleich klar, dass er ne linke Nummer plant..."

Artur sieht Olivia verwirrt an.

ARTUR: "Du hast mich doch bei der Droste angeschwärzt, dass ich geklaut hätte, oder?"

Olivia zuckt verlegen die Achseln und nickt.

ARTUR: "Und wieso, wenn ich fragen darf?"

OLIVIA: "Ich dachte, du erzählst denen, dass ich mit dem Gitarristen von Eagle-Pie rumgemacht hab..."

ARTUR: "Bitte? Ich hab noch nie jemanden verpetzt!"

OLIVIA (genervt): "Schön für dich! Aber da, wo ich herkomme, reicht ein Schlag, um einen Kampf zu entscheiden. Also schlag ich lieber zuerst zu...!"

ARTUR: "Du hast doch echt 'n Knall!"

Olivia verzieht das Gesicht. Sie blickt auf den Boden.

OLIVIA: "Ja, okay! Die Aktion war scheiße von mir. Weiß ich inzwischen selber."

ARTUR: "Und wieso, zum Teufel, hilfst du mir plötzlich?"

OLIVIA (blickt auf): "Weil du dich für uns eingesetzt hast. Dass wir unsere Jobs wiederkriegen. Für mich hat noch nie jemand 'n Finger gerührt..."

ARTUR: "Ich hab mich aber nicht für dich eingesetzt!"

Olivia sieht ihn perplex an.

OLIVIA: "Wie jetzt? Versteh ich nicht!"

ARTUR: "Ich hab das für Marie gemacht, nicht für dich! Du bist für mich das Allerletzte!"

Olivia starrt ihn verdattert an. Artur kommt in Fahrt.

ARTUR: "Ja, guck nicht so! Wenn du keine Lügen über mich verbreitet hättest, dann würde Titus noch leben!"

Olivia sieht ihn an. Sie ist sichtlich betroffen.

OLIVIA: "Aber... das hab ich doch nicht gewollt! Ich wollte nicht, dass er stirbt..."

Sie gestikuliert hilflos mit den Armen.

OLIVIA: "Ich wollte das nicht! Ich hatte ihn doch auch gern..."

Tränen laufen über ihre Wangen. Artur sieht sie verwirrt an. Bei ihr hat er mit dieser Reaktion nicht gerechnet.

OLIVIA (schluchzend): "Es tut mir leid, Artur! Wirklich! Das musst du mir glauben..."

Artur sieht Olivia hilflos an. Sein Zorn ist schneller verraucht, als er dachte. Er fischt umständlich ein Taschentuch heraus und reicht es ihr. Sie nimmt es.

OLIVIA: "Danke!"

Sie schnäuzt sich mit hängendem Kopf. Artur räuspert sich.

ARTUR: "Komisch... er mochte dich auch..."

Olivia blickt tränenverschleiert auf.

OLIVIA: "Wie? Titus?"

ARTUR: "Ja. Ich hab ihm mal erzählt, wie eklig du immer zu mir bist. Da hat er gesagt, dass alles nur Show wär und dass du im Grunde ganz patenter Typ bist..."

OLIVIA: "Bin ich auch. (sieht ihn trotzig an) Ich war nur deshalb so eklig, weil du mich heimlich unter der Dusche beobachtet hast..."

Artur verschlägt es die Sprache.

OLIVIA: "Denkst du, wir Mädels kennen das Loch in der Wand nicht? Und kurz darauf hat Astrid dich und Leon gesehen, wie ihr aus dem Boilerraum hinter den Duschen gekommen seid!"

Artur druckst. Das ist ihm nun wirklich peinlich.

ARTUR: "Ich hab das gar nicht gewollt. Leon hat gemeint, er will mir was Supergeniales zeigen und da bin ich eben mit..."

OLIVIA: "Ich hoffe, es hat dir gefallen, was du gesehen hast!"

Artur blickt peinlich berührt zu Boden.

ARTUR: "Tut mir Leid. Das war blöd von mir."

Olivia nickt etwas versöhnt. Sie faltet die Hände.

OLIVIA: "Und mir tut es leid, dass ich Scheiße über dich erzählt hab."

Sie blickt Artur offen an. Er erwidert ihren Blick zögernd.

OLIVIA: "Und jetzt? Waffenstillstand?"

ARTUR: "Ja, klar."

Sie schütteln sich förmlich die Hände. Olivia seufzt.

OLIVIA: "Warum ist der Scheiß-Haase auch nicht auf den Handel eingegangen? Hier im Tudor war die einzige Arbeitsstelle, bei der ich echt klargekommen bin..."

ARTUR: "Wart's nur ab! Nach der Nummer verpass ich dem Schwein ein Ding, an das er noch lange denkt!"

<u>INT. BÜRO BAUMANN -- TAG</u>

Baumann sitzt mit einem Aktenordner in der Konferenzecke des Büros, als es klopft. Baumann blickt unwillig auf. Manager Haase steckt den Kopf herein.

BAUMANN: "Ach, Haase! Was ist? Haben Sie das Phantom?"

Haase tritt ein und schließt die Tür.

HAASE: "Eben nicht. Der Plan, ihn zu fassen, ist fehlgeschlagen. Natürlich übernehme ich die Verantwortung dafür. Ich stelle meinen Posten zur Verfügung!"

BAUMANN (genervt): "Na wunderbar, kündigen Sie schon wieder! Mann, Haase, wir stehen hier kurz vor einem Großevent! Soll ich hier jetzt eine komplett neue Führungsriege einarbeiten?"

HAASE: "Natürlich nicht. Ich wollte mich nur meiner Verantwortung stellen!"

BAUMANN: "Was ist jetzt mit dem Phantom? Unter diesen Umständen kann ich hier doch keine Handelskonferenz abhalten. Soll ich das absagen, oder kriegen Sie es hin?"

HAASE (strafft sich): "Natürlich kriege ich das hin."

Er sieht Baumann erleichtert an. Der blickt zu ihm auf.

BAUMANN: "Und worauf warten Sie? Wollen Sie noch ein Küsschen auf die Stirn, oder was?"

Haase beeilt sich, aus dem Raum zu kommen.

INT. FOYER HOTEL -- TAG

Als Haase zum Foyer kommt, läuft ihm schon Marion entgegen.

MARION: "Herr Haase! Ich versuche schon die ganze Zeit, Sie anzupiepen!"

HAASE: "Ja, was ist denn?"

MARION (hilflos): "Äh... vor dem Hotel... brennt es!"

EXT. VOR DEM HOTEL -- TAG

Armin Haase steht vor seinem gelben Aston Martin. Das Liebhaberstück steht lichterloh in Flammen. Das Gesicht des Managers ist ausdruckslos, doch die stillen Tränen, die ihm über das Gesicht laufen, zeigen, was in ihm vorgeht...

INT. ALTER FITNESSRAUM -- ABEND

Artur sitzt an der Wand. Olivia ist bei ihm.

OLIVIA: "Wenn ich's dir sage: Er hat Rotz und Wasser geheult. Die alte Scheese war sein Ein und Alles..."

Artur wirkt deprimiert. Er steht auf und nimmt seine Jacke.

OLIVIA: "Was hast du vor?"

ARTUR: "Das war's. Ich verschwinde."

Olivia ist für einen Moment fassungslos. Sie steht auf.

OLIVIA: "Du haust ab? Schmeißt einfach so hin?"

ARTUR: "Die Sache ist gelaufen. Haase wird sich auf nichts mehr einlassen. Nicht, nachdem ich sein Auto abgefackelt hab... Und ja, das war vielleicht ein Fehler..."

Er will zur Tür hinaus, aber Olivia stellt sich ihm in den Weg.

OLIVIA: "Artur, nein! Das kannst du nicht machen!"

ARTUR: "Und wieso nicht?"

Olivia zieht ihn zum Laptop und drückt ihn in den Stuhl.

OLIVIA: "Weil das Phantom wichtig ist! Hier! Guck mal in dein Phantom-Blogg!"

Olivia ruft das Menü auf.

OLIVIA: "Über siebzig Beiträge! Und alle sind begeistert! Das Ding ist ein Riesenerfolg. Inzwischen haben die Leute so einen Respekt vor dem Phantom, das schon eine Verwarnung reicht... hier!"

Sie scrollt auf einen Beitrag.

ARTUR: "Eine Verwaltungssekretärin... Dr. Kern hat sie nicht gehen lassen, weil es soviel Arbeit gab. Er hat gedroht, sie zu entlassen... Ein Brief vom Phantom hat gereicht..."

OLIVIA (liest): "Liebes Phantom! Herr Dr. Kern hat sich bei mir entschuldigt und versprochen, dass so etwas nicht mehr vorkommt. Du ahnst nicht wie dankbar ich dir bin. Ich hab ein kleines Kind und ich brauch den Job! Gott schütze dich!"

ARTUR (er lächelt müde): "Klar ist das super. Aber ich bin ganz allein, und ich schaffe das nicht mehr. Ich bin einfach alle!"

OLIVIA: "Es ist vielleicht komisch, dass ausgerechnet ich das sage, aber werd erwachsen! Hast du das alles hier wirklich nur gemacht um bei einer blassen Jungfrau wie Marie einzuzipfeln? Bist du wirklich so schlicht gestrickt?"

Artur reibt sich deprimiert das Gesicht.

ARTUR: "Ich weiß nicht. Ich weiß einfach gar nichts mehr. Ich war so wütend... (seufzt) Warum ist Titus nicht da? Er hat immer gewusst, was zu tun ist..."

OLIVIA: "Hör auf! Du weißt selber weiter! Du bist bis hierher gekommen. Du bist das Phantom, Mann! Die Leute hier im Hotel glauben an dich... Sogar ich glaube an dich! Ich find dich sogar richtig sexy!"

Artur schaut sie ungläubig an.

ARTUR: "Das ist ein Scherz, oder?"

OLIVIA: "Artur, seit die alten Chefs weg sind und hier die Haases und Drostes das Sagen haben, werden die Kleinen hier im Haus in den Arsch getreten, wie's denen da oben passt... Du <u>kannst</u> jetzt nicht aufgeben!"

Artur sieht sie nachdenklich an.

<u>INT. BÜRO BAUMANN -- TAG</u>

Vor Direktor Baumann sitzen drei Vertreter der Presse. Haase steht hinter dem Direktor, neben ihm Erich Barner.

1. JOURNALIST: "Kommen Sie! Das Restaurant hatte eine Rattenplage, ein Mann wurde blau gefärbt und ein Phantom spricht über die Hotelmonitore..."

2. JOURNALIST: "Also wirklich! Da können Sie uns doch nicht mit Bagatell-Vorfällen kommen..."

BAUMANN: "Soll ich Ihnen was sagen: Das sind die Tudor-Wochen. Das hat Tradition. Wie der erste April. Die Angestellten spielen Streiche und, ja, Schande über uns, wir schaffen es nicht, das abzustellen..."

2. JOURNALIST: "Streiche? Der abgebrannte Oldtimer war locker seine hundertfünfzig Millen wert!"

Haase überspielt seine wahren Gefühle souverän.

HAASE: "Ach das! Nein! Das war kein Streich, nur ein Funkenschlag in der Elektrik. Das war einfach Pech..."

JOURNALISTIN: "Und die Zimmermädchen, die angeblich entlassen wurden?"

HAASE: "Die arbeiten hier nach wie vor im Haus. Marie hat noch Schicht. Soll ich sie holen lassen?"

Der 1. Journalist lässt seufzend den Notizblock sinken.

1. JOURNALIST: "Lassen Sie gut sein...

JOURNALISTIN: "Aber dieses Phantom! Das haben doch eine Menge Leute gesehen!"

BAUMANN (lächelt): "Liebe Frau Neidert, denken Sie nicht auch, dass wir die Polizei eingeschaltet hätten, wenn hier im Hotel wirklich so etwas wie ein "Phantom" umgehen würde?"

Die Journalistin schaut nachdenklich.

2. JOURNALIST: "Naja. Wir werden ja sehen, ob der Spuk nächste Woche wirklich vorbei ist..."

Er schaltet sein Aufnahmegerät aus und steckt es weg.

HAASE: "Es ist vorbei. Darauf geb ich Brief und Siegel... (zu Erich) Erich, bitte sorgen Sie doch dafür, dass unsere Gäste noch einen guten Cappuccino bekommen! Grande!"

Erich Barner geleitet die Reporter aus dem Zimmer. Haase schließt die Tür hinter ihnen und seine eben noch freundliche Miene verwandelt sich in kalten Stein. Er dreht sich zu Direktor Baumann und fixiert ihn.

HAASE: "Jetzt ist Schluss mit dem Kerl! Wir räumen das Hotel! Sofort!"

Der Direktor sieht seinen Manager verständnislos an.

BAUMANN: "Räumen? Was meinen Sie mit räumen?"

HAASE (gepresst): "Zeit für härtere Bandagen! Aber dazu brauche ich freie Bahn! Alle Gäste müssen raus!

BAUMANN: "Sind Sie verrückt? Ist Ihnen klar, was uns das kostet?"

HAASE: "Gut! Dann sagen Sie doch die Wirtschaftskonferenz ab. Und verabschieden Sie sich von dem Posten im Aufsichtsrat, auf den Sie schon so lange hinarbeiten! Ist eben dumm gelaufen..."

Baumann presst die Lippen zusammen und sieht dann in Haases Gesicht, in dem er kalte Entschlossenheit erkennt.

BAUMANN: "Was, zum Teufel, haben Sie vor?"

HAASE: "Das wollen Sie gar nicht wissen. Verbringen Sie ein schönes Wochenende mit Ihren Enkeln. Und wenn Sie Montag wiederkommen, ist hier wieder alles im Lot! (lächelt böse) Könnte sein, dass irgendwann eine Rechnung für die Kammerjäger kommt. Die werden Sie dann mit einem Lächeln zahlen... (seine Miene wird kalt) Sind wir uns einig, Herr Baumann?"

Baumann sieht Haase an und presst die Lippen zusammen.

INT. TIEFGARAGE -- ABEND

Leon kommt herangelaufen und nimmt seinen Rucksack ab. Artur tritt ihm entgegen, während er sich sichernd umschaut. Er reicht Artur eine Plastiktüte.

LEON: "Hier ist dein Stopper! Aber keine Ahnung, ob das Ding noch funktioniert. Und dem Typ, der mir das vertickt hat, möchte ich nicht im Dunkeln begegnen..."

ARTUR: "Wer weiß, ob ich ihn überhaupt noch brauche..."

Sie ticken die Fäuste gegeneinander und laufen ihrer Wege.

INT. AN DER REZEPTION -- ABEND

Haase kommt zur Rezeption, wo ziemlich Betrieb ist. Eine Menge Gäste sind dabei, auszuchecken.

MARION (zu einem Gast): "Ich bedaure wirklich, aber das gesamte Heizsystem muss wegen Wartungsarbeiten abgeschaltet werden. Aber das Esplanade ist auch ein sehr gutes Haus!"

Der Concierge tritt zu Haase.

CONCIERGE: "Wenn das mit den Wartungsarbeiten stimmen würde, dann müssten wir vom Hotel doch nicht auch alle nach Hause! Was ist denn los?"

BRITTA: "Die wollen dem Phantom endgültig an den Kragen, stimmt's?"

Haase sieht Britta stirnrunzelnd an.

HAASE: "Klingt ja, als wärst du ein Fan..."

ERICH: "Also, <u>ich</u> bin ein Fan! Ich gebe es offen zu!"

CONCIERGE: "Du bist nicht witzig, Barner! Wegen dem Vollidioten verlieren wir noch alle unsere Jobs..."

Jemand kommt durch die Drehtür. Haase blickt hinüber. Ein blasser, kleiner Mann in einem Tweed-Anzug kommt herein. Er wird von einem Dutzend kräftiger Männer in schwarzen Overalls begleitet. Er tritt lächelnd an die Rezeption.

LEVAN BELZIK: "Levan Belzik! Ein Herr Haase erwartet mich."

Haase reicht ihm breit lächelnd die Hand.

HAASE: "Das bin ich! Wir haben telefoniert!"

Belzik erwidert nüchtern das Lächeln und schüttelt die ihm dargebotene Hand.

<u>INT. AN DER BALUSTRADE IM NEUNTEN STOCK -- NACHT</u>

Artur tritt mit Olivia an die Brüstung und schaut hinunter. Sie sehen aus der Vogelperspektive Männer in schwarzen Overalls und wie die letzten Gäste abgefertigt werden.

ARTUR: "Sie räumen das ganze Hotel!"

OLIVIA: "Was bedeutet das?"

ARTUR: "Kann ich nicht sagen. Aber bestimmt nichts Gutes!"

<u>INT. BESPRECHUNGSRAUM -- NACHT</u>

Haase, Belzik, zwei seiner Männer und Gröning stehen vor einer Stehtafel, auf der ein Hotelplan aufgehängt ist.

BELZIK: "Das gesamte Hotel ist hermetisch abgeriegelt. An jeder Tür nach draußen ist ein Mann postiert. Wir bilden jetzt immer kleiner werdende Ringe um den Partisan. Morgen erfolgt dann der Zugriff."

GRÖNING (tritt vor): "Ich denke, wir sollten in jedem Fall auch..."

BELZIK (unterbricht ihn): "Verzeihung, Herr..."

GRÖNING: "Gröning."

BELZIK: "Herr Gröning. Wir haben noch nicht miteinander gearbeitet. Bei mir läuft das so ab: Wenn ich etwas von Ihnen hören will, frage ich Sie! Wär das okay?"

GRÖNING (nickt gedeckelt): "Ja. Natürlich!"

Belzik schenkt ihm ein knappes Lächeln.

BELZIK: "Danke! Weiter im Text..."

INT. DOPPELZIMMER -- NACHT

Olivia und Artur liegen nebeneinander im Doppelbett. Sie sieht zu Artur und erkennt, dass er die Augen offen hat.

OLIVIA: "Sag mal, warum schläfst du nicht?"

ARTUR: "Tu ich ja. Ich träume sogar..."

OLIVIA: "Du hast doch irgendwas, oder?"

ARTUR: "Ja. Ich hab Bammel."

OLIVIA: "Versteh ich. Die Evakuierung, die Typen in den dunklen Overalls... War vielleicht doch nicht die beste Idee, weiterzumachen... Komm, wir hauen ab, okay?"

ARTUR (schüttelt den Kopf): "Nein. Du hast Recht gehabt: Ich muss diesen Kampf durchziehen..."

OLIVIA: "Und was, wenn du verlierst?"

ARTUR: "Titus sagte immer, es ist nicht wichtig, ob man gewinnt oder verliert. Es ist nur wichtig, dass man einen guten Kampf liefert..."

OLIVIA: "Das machst du doch nur, weil ich gesagt hab, dass ich dich sexy finde! Hätt ich nur meine Klappe gehalten..."

ARTUR (grinsend): "Ja. Hättest du nur deine Klappe gehalten..."

Er streckt den Arm nach ihr aus. Sie zögert einen Moment, dann resigniert sie, legt sich in die angebotene Umarmung und kuschelt sich an ihn. Sie liegen still beieinander...

EXT. VOR DEM GRAND HOTEL -- MORGENDÄMMERUNG

Ein Sprinter-Transporter fährt auf das Hotel zu.

INT. AN DER BALUSTRADE IM NEUNTEN STOCK -- TAG

Olivia schaut hinunter in die Halle und sieht dort die Männer in den schwarzen Overalls geschäftig umeinander eilen. Artur kommt heran. Er sieht angespannt aus.

OLIVIA: "Und? Wie sieht es aus?"

ARTUR: "Sie machen ernst. Alle Schlupflöcher sind dicht... Überall sind Posten. Nur der Seitentrakt ist noch offen..."

OLIVIA: "Dann nehmen wir doch den!"

ARTUR (schüttelt den Kopf): "Glaubst du, die vergessen den? Sie wollen, dass ich dahin gehe!"

OLIVIA: "Aber dann kommen wir nicht mehr raus..."

ARTUR (unbehaglich): "Stimmt auffällig. Vielleicht hätten wir doch abhauen sollen, als es noch ging..."

INT. BESPRECHUNGSRAUM -- TAG

Levan Belzik steht vor seinen Leuten. Neben ihm hat sich Manager Haase positioniert.

BELZIK: "Punkt achtzehnhundert startet die Treiber-Phase im zehnten Stock! Jeder Raum, jede Kammer, jeder Belüftungsschacht wird gecheckt! Ihr geht runter auf fünf... Team Sperber geht auf Position neun! Team Pirol auf die eins und Team Bussard auf die zwei! Und los!"

Die Männer in den schwarzen Overalls verlassen das Zimmer.

INT. FOYER -- TAG

Die große Uhr im Foyer springt auf 18 Uhr.

INT. LIFT IM 10. STOCK -- TAG

Die Lifttüren gehen auf und die Männer von Belzik schwärmen aus. Sie öffnen die Zimmer und durchsuchen die Räume.

INT. DOPPELZIMMER IM 3. STOCK -- TAG

Artur schaut fieberhaft die Hotelpläne durch. In diesem Moment kommt Olivia herein.

OLIVIA: "Sie durchsuchen das Hotel!"

ARTUR (tippt auf den Plan): "Ich weiß jetzt einen Weg, wie wir rauskommen! Hier! Drüben unter dem Seitenflügel ist ein alter Luftschutzraum. Von dem hat Titus mir mal erzählt. Und da geht ein Belüftungsschacht ins Freie..."

OLIVIA (schaut auf den Plan): "Und wo soll der sein?"

ARTUR: "Das ist ja das Gute! Er ist auf den Sanierungsplänen nicht mehr eingezeichnet worden... Also los!"

Sie verlassen das Zimmer.

INT. LIFT IM 8. STOCK -- TAG

Auch hier öffnen sich die Fahrstuhltüren und Männer in schwarzen Overalls schwärmen aus. Gröning tritt als letzter heraus und spricht in das Funkgerät.

GRÖNING: "Etage neun und zehn durchsucht und versiegelt! Alles sauber!"

INT. BESPRECHUNGSRAUM -- TAG

Belzik streicht auf dem Plan das neunte Stockwerk durch. Haase steht angespannt neben ihm.

HAASE: "Ich hoffe nur, er hat sich nicht vorher abgesetzt!"

BELZIK (ruhig): "Er ist da. Und seine Uhr tickt!"

INT. AN DER TÜR ZUM SEITENFLÜGEL -- TAG

Artur und Olivia huschen heran und wollen durch die Tür, doch die ist verschlossen. Artur zückt seinen Schlüsselbund und will aufschließen. Dann ein metallisches Klicken...

ARTUR: "Verdammt!"

OLIVIA: "Was ist?"

ARTUR: "Der Schlüssel! Er sitzt irgendwie fest!"

Olivia sieht ihn bestürzt an.

INT. BESPRECHUNGSRAUM -- TAG

Auf einem Schaltkasten blinkt eine rote Diode und ein Signalton piepst. Belzik tritt näher.

BELZIK: "Da ist er! Schleusenpunkt drei! (ins Funkgerät) Achtung, Team Sperber! Ihr seid auf Go! Wiederhole: Team Sperber auf Go!! (schmunzelnd) Und Gröning... gute Arbeit!"

INT. HOTELFLUR -- TAG

Gröning hört das und lächelt geschmeichelt.

INT. AN DER TÜR ZUM SEITENFLÜGEL -- TAG

Artur blickt gehetzt um sich. Der Schlüssel bewegt sich keinen Zentimeter.

ARTUR: "Ich krieg ihn nicht ab! Hast du deinen Generalschlüssel?"

Olivia holt ihn hastig hervor.

OLIVIA: "Hier!"

ARTUR: "Wir müssen in eines der Zimmer und..."

Er bricht ab und fährt kreidebleich herum.

OLIVIA: "Was ist?"

ARTUR: "Ich hab was gehört!"

OLIVIA: "Was denn?"

Ein entferntes Bellen.

ARTUR (wird blass): "Hunde! Sie haben Hunde...!"

INT. IM LIFT -- TAG

Der Hundeführer hält den drei Dobermännern Arturs Kittel unter die Nase. Als die Lifttür sich öffnet, lässt der Hundeführer die Tiere von der Leine. Sie preschen los...

INT. Flur IM ERSTEN STOCK -- TAG

Artur bugsiert Olivia zu einer der Zimmertüren.

OLIVIA: "Ich will mich nicht verstecken!"

ARTUR: "Ein gutes Phantom lässt nicht zu, dass seiner Liebsten was passiert..."

OLIVIA: "Wow! Fahr ich echt drauf ab, auf deinen Style!"

Sie gibt ihm einen Kuss. Er nimmt ihr den Schlüssel aus der Hand und schließt auf. Das Bellen kommt näher. Die Tür offen und stößt Olivia hinein. Er schließt die Tür von außen zu, als schon der erste der Dobermänner heran jagt. Der Hund ist da und springt. Artur lässt sich im letzten Moment in die Knie fallen und zieht Maries Elektroschocker aus der Tasche. Der wendet flink und springt erneut. Artur erwischt ihn mit dem Schocker direkt am Hals. Das Tier jault und fällt dann zu Boden. Als Artur sich umdreht, springt der zweite Dobermann ihn an. Der junge Mann taumelt gegen die Wand. Der Schocker fällt zu Boden und die Klappe des Batteriefaches springt auf. Die Batterien rollen über den Boden...

INT. IM FLUR BEIM LIFT -- TAG

Der Hundeführer, hinter dem sich vier schwarze Overallmänner fertig machen, spricht in sein Walkie.

HUNDEFÜHRER: "Kontakt! Wiederhole! Team Sperber hat Kontakt!"

INT. BESPRECHUNGSRAUM -- TAG

Belzik will etwas sagen, doch Haase drückt das Walkie Talkie herunter.

HAASE: "Ich will nicht, dass die Rotznase irgendwann Lust auf neue Streiche verspürt! Lassen wir den Hunden doch ein bisschen Spaß, okay?"

Belzik sieht ihn emotionslos an und hebt dann das Funkgerät.

BELZIK: "Wartet noch mit dem Zugriff!"

INT. FLUR IM ERSTEN STOCK -- TAG

Der größere der Dobermänner schnappt zu. Seine Zähne graben sich tief in Arturs Schulter. Der brüllt vor Schmerz.

Der zweite Hund hat sich in sein Bein verbissen. Artur greift nach seinem Rucksack und zieht ihn zu sich heran. Er packt ihn und schlägt ihm dem Hund an seiner Schulter auf die Schnauze. Winselnd lässt das Tier ihn los. Artur tritt nach dem zweiten Tier und bekommt sein Bein frei. Er richtet sich auf und dreht den Hunden den Rücken zu, während er den Elektroschocker packt und nach den Batterien greift. Ein Dämon schießt vor und schnappt sein Handgelenk. Blut spritzt auf und Artur entringt sich ein kehliger Klagelaut. Da springt das zweite Tier auf seinen Rücken und versucht, ihn ins Genick zu beißen. Artur stöhnt auf. Keuchend zieht er den Hund an seinem Handgelenk zur zweiten Batterie. Schluchzend bringt er die Batterien in das Fach des Handschockers. Aber ihm fehlt noch der Verschluss. Und der liegt gute zwei Meter weiter. Er lässt sich fallen und der Hund auf seinem Rücken verliert den Halt. Artur robbt bäuchlings auf den Verschluss zu. Die Hunde beißen wieder in seine Arme. Dann endlich hat Artur den Verschluss und läßt ihn in das Gerät einrasten. Sofort erscheinen die Lichtbögen der Waffe. Artur dreht sich um und erledigt den ersten Dobermann. Der zweite hat sich in sein Bein verbissen. Artur tritt nach dem Tier, bis es loslässt und schaltet ihn dann mit einer Ausfallbewegung seines Schockers aus... Artur fällt erschöpft zurück. Seine Kleidung ist zerfetzt und er blutet aus vielen Bisswunden...

INT. IM FLUR BEIM LIFT -- TAG

Der Hundeführer runzelt lauschend die Stirn.

HUNDEFÜHRER: "Ich hör nichts mehr! Da stimmt was nicht! Los! Los!"

Er und seine vier Kameraden sprinten los.

INT. FLUR IM ERSTEN STOCK -- TAG

Als der Hundeführer und die vier Gorillas um die Ecke biegen, trauen sie ihren Augen nicht. Die drei Dobermänner liegen reglos auf dem Boden, während Artur mit dem Rücken zu ihnen über seinem Rucksack hockt und darin kramt.

HUNDEFÜHRER: "Diese Drecksau! Schnappt ihn!"

Die vier Männer rennen los. Als sie Artur fast erreicht haben, dreht er sich um. Er trägt eine Gasmaske und zieht in diesem Moment den Sicherungssplint aus einem Metall-Zylinder, denen er ihnen entgegen wirft. Ehe die Männer es sich versehen, werden sie vom Tränengas eingenebelt...

INT. BESPRECHUNGSRAUM -- TAG

Schreie aus dem Funkgerät. Belzik nimmt es auf.

HUNDEFÜHRER: "Tränengas! Er hat Tränengas!"

BELZIK (ins Funkgerät) An Alle! Erdgeschoss isolieren! Ein Reserve-Team mit Gasmasken zum Schleusenpunkt drei!

INT. AM 2. LIFT -- TAG

Mit Gasmaske taumelt Artur heran. Er drückt auf den Knopf am Lift. Der Fahrstuhl öffnet sich. Artur stolpert hinein.

ARTUR: "Ihr Idioten! Wieso lasst ihr die Fahrstühle fahren?"

Er drückt auf den Knopf des fünften Stocks. Aber nichts tut sich. Artur lacht hysterisch.

ARTUR: "Okay, okay! Ich nehm den Idiot zurück..."

Dann stemmt er sich wieder hoch. Er verlässt den Fahrstuhl und wendet sich nach links...

INT. SERVICERAUM -- TAG

Artur schließt mit Olivias Schlüssel auf und sieht sich suchend um. Er trägt immer noch die Gasmaske. Dann findet er eine kleine Trittleiter. Er zieht seine Schuhe aus, deren Sohlen blutverklebt sind und Spuren hinterlassen und steckt sie in einen Wäschesack. Dann zieht er einen Kittel über, damit nicht weiteres Blut auf den Boden tropft. Er nimmt ein Laken, reißt einen Streifen davon ab und verknotet es am Trittleitergriff. Aus einer Schublade holt er einen kleinen Akkuschrauber. Dann reißt er das Fenster weit auf und verlässt den Raum wieder.

INT. AM 2. LIFT -- TAG

Artur hetzt zum Lift. Er betritt ihn und stellt die kleine Leiter auf. Das Ende des Lakenstreifens steckt er in seinen Gürtel. Er steigt die Leiter hoch und schraubt mit dem Akkuschrauber die Dachverkleidung des Lifts ab. Ein kurzer Ruck und der Deckel lässt sich nach oben wegheben. Artur will sich hochziehen, aber der Schmerz ist zu stark. Er sammelt sich und holt tief Luft. Dann zieht er sich hoch. Er wuchtet seinen Oberkörper zur Öffnung hinaus und verpustet einen Moment auf dem Rücken. Er nimmt das Lakenstück, zieht daran die Trittleiter hoch und hievt sie durch die Öffnung. Schließlich bringt er die Dachluke wieder in ihren ursprünglichen Zustand. Keine Sekunde zu früh. Er hört Stimmen. Artur zieht sich die Gasmaske vom Gesicht und fällt schwer nach Luft ringend zur Seite...

INT. BESPRECHUNGSRAUM -- TAG

Im Wechsel mit

INT. SERVICERAUM -- TAG

Die Mienen in Haases Kommandozentrale sind nicht mehr so entspannt wie noch vor einer halben Stunde. Belzik nimmt das Funkgerät hoch.

BELZIK: "Habt ihr ihn?"

Der Gruppenleiter der schwarzen Overalls steht in dem Service-Raum und hat das zerrissene Laken in der Hand.

GRUPPENLEITER OVERALLS: "Nein. Wir sind seinen blutigen Fußspuren gefolgt. Sie gehen bis zu einer der Putz-Kammern..."

BELZIK (ungeduldig): "Und weiter?"

Eine kleine Pause. Der Gruppenleiter schaut sich um.

GRUPPENLEITER OVERALLS: "Er ist nicht da."

BELZIK: "Nicht da?? Was heißt "nicht da"?"

GRUPPENLEITER OVERALLS: "Tja, es sieht so aus, als wäre er zum Fenster rausgeklettert..."

BELZIK: "Draußen sind überall Posten! Es gibt keine Meldung! Wo ist er??"

GRUPPENLEITER OVERALLS: "Tja, wenn ich es nicht besser wüsste, würde ich sagen, er hat sich in Luft aufgelöst... Wie es ein Phantom eben so macht..."

EXT. TUDOR GRAND HOTEL -- DÄMMERUNG

Es wird Nacht.

INT. BESPRECHUNGSRAUM -- NACHT

Die Uhr an der Wand zeigt halb zwölf. Haase ist außer sich und verpasst der schluchzenden Olivia eine Ohrfeige.

HAASE: "Rede endlich, verflucht!"

OLIVIA: "Ich weiß es doch selber nicht..."

Belzik streckt sich und steht auf.

BELZIK: "Okay, das war's!"

HAASE (fährt herum): "Was heißt das? Das war's?"

Belzik geht zu Olivia und schließt ihre Handschellen auf.

HAASE: "Was soll das? Sie ist unsere Gefangene!"

Belzik deutet auf die Tür und Olivia geht schnell, bevor er es sich anders überlegt. Armin Haase hält Belzik am Arm, als der ebenfalls gehen will.

HAASE: "Was denn? Wo wollen Sie hin? Es ist noch nicht Mitternacht!"

BELZIK (sehr ruhig): "Lassen Sie meinen Arm los!"

Ein Blick in seine Augen überzeugt Haase, besser zu tun, was der andere sagt. Ihm kommt ein Gedanke...

HAASE: "Warum setzen wir nicht die andere Hundestaffel ein?"

BELZIK: "Zuviel Tränengas. Nein, das war's. Wir rücken ab..."

HAASE (gepresst): "Sie haben mir versprochen, dass Sie ihn kriegen!"

BELZIK: "Das hätten wir auch, wenn Sie uns nicht angewiesen hätten, uns zurückzuhalten, damit die Hunde, wie sagten Sie doch, ihren Spaß haben...? (zuckt die Achseln) Sie haben ihm damit Zeit verschafft. Und so spaßig wie Sie dachten, war's am Ende dann doch nicht!"

Belzik geht. Haase reibt sich über das Gesicht und versucht zu begreifen, dass er verloren hat...

INT. FOYER -- NACHT

Die Uhr zeigt eins. Marion und der Concierge stehen hinter der Rezeption, als Erich Barner heran naht.

MARION: "Und? Weißt du was Neues?"

ERICH (lächelt schadenfroh): "Sie haben ihn nicht gekriegt!"

MARION (ballt die Faust): "Ja!"

INT. FLUR VOR DEN SUITEN -- TAG

Olivia und Leon huschen durch den Flur. Olivia hat das Handy am Ohr.

OLIVIA: "Warum meldet er sich nicht?"

LEON: "Sei mal still..."

Hinter der Tür ist ein Handyklingeln zu hören.

OLIVIA: "Ich kann nicht rein. Er hat meinen Schlüssel..."

LEON: "Wie gut, dass Leon, dieser ausgebuffte Tausendsassa sich ein paar nützliche Zweitschlüssel gemacht hat..."

Leon zieht einen Bund hervor und öffnet die Tür zu der Suite.

INT. LUXUS-SUITE -- NACHT

Leon und Olivia schauen in die Suite.

OLIVIA: "Dort!"

Artur liegt auf dem Boden vor dem Bett und schluchzt. Leon schließt schnell die Tür, während Olivia zu Artur springt.

OLIVIA: "Artur! Wir sind's! Olivia und Leon! (sie stutzt) Oh mein Gott, haben dich die Hunde so zugerichtet?"

LEON: "Komm, wir heben ihn aufs Bett!"

Sie fassen ihn an und legen ihn hoch. Artur schreit vor Schmerzen und schluchzt haltlos. Olivia nimmt geschockt eine Wasserflasche, öffnet sie und flößt Artur Wasser ein.

OLIVIA: "Artur! Sprich mit mir! Du hast es geschafft!! Verstehst du! Es ist vorbei!"

ARTUR (im Weinkrampf): "Nein, ich bin besiegt... Es ist aus... Ich bin besiegt..."

Olivia streichelt über seinen blutverkrusteten Kopf.

LEON: "Die Hunde haben ihn überall gebissen! Das ist nicht gut!"

Leon macht Arturs Hemd auf und sieht seine furchtbaren Bisswunden. Leon fließen ebenfalls die Tränen hinunter.

ARTUR (weinend): "Ich bin besiegt... ich gebe auf... Nicht mehr die Hunde... ich gebe auf... Keine Hunde mehr! Ich ergebe mich... ich bin besiegt...!"

OLIVIA: "Mist! Er glüht! Bestimmt hat er eine Infektion oder so! Er muss ins Krankenhaus! Sofort!"

Leon zieht bestürzt sein Handy heraus.

INT. FOYER -- TAG

Marion, die eben aus dem hinteren Raum zum Concierge und Erich Barner herantritt, sieht, dass sich drüben die Fahrstuhltür öffnet und bleibt stehen. Leon und Olivia kommen heraus, Sie haben sich Arturs Arme um die Schultern gelegt. Er sieht entsetzlich aus, blutverkrustet. Er redet immer noch wirr im Schockzustand.

ARTUR: "Ich bin besiegt... ich bin besiegt... es tut mir leid... Nicht die Hunde... ich will nicht mehr... ich gebe auf..."

In diesem Moment fährt draußen vor der Drehtür eine Ambulanz vor. Hinter der Rezeption hat sich tiefe Bestürzung breit gemacht. Britta hat die Hände auf den Mund gepresst und Marion bricht in Tränen aus. Der Concierge ist lakenbleich. Zwei Sanitäter kommen in die Lobby und bringen eine Bahre. Andere Bedienstete des Hotels eilen heran. Der Notarzt untersucht Artur, der immer noch hysterisch redet.

ARTUR: "Ich ergebe mich! Ich bin besiegt! Nehmt die Hunde weg... Bitte!! Keine Hunde mehr..."

Haase kommt heran. Als er erkennt, das Artur geschlagen abtransportiert wird, tritt Erleichterung in seine Züge.

HAASE: "Na, wer sagt's denn? Hast dich mit dem Falschen angelegt!"

Britta hat das gehört und wendet sich ihrem Liebhaber zu.

BRITTA: "Du bist wirklich das Letzte!"

Haase dreht sich ihr zu und kriegt von ihr eine gepfeffert, das es nur so raucht. Haase hält sich verdutzt die brennende Wange und versteht die Welt nicht mehr. Arthur bekommt gerade eine Spritze und schläft augenblicklich ein. Inzwischen ist das Foyer voll von Angestellten, die versteinert zusehen müssen, wie Artur in die Ambulanz gebracht und weggefahren wird. Dann ist nur noch Stille.

HAASE: "So, die Show ist vorbei! Jeder geht wieder an seine Arbeit!"

Die Angestellten leisten der Aufforderung widerwillig Folge...

EXT. TUDOR GRAND HOTEL -- TAG

Der nächste Vormittag. Es ist kalt und klar. Die Limousinen der Teilnehmer der Handelskonferenz fahren vor. Männer in eisgrauen Anzügen, schräg gestreiften Krawatten und attraktiven Sekretärinnen steigen aus...

INT. FOYER -- TAG

Reges Treiben in der Halle. Ziemlicher Andrang der Konferenzteilnehmer an der Rezeption.

INT. BALUSTRADE ERSTER STOCK -- TAG

Baumann steht an der Balustrade und schaut hinunter auf das Treiben. Haase tritt zu ihm.

BAUMANN: "Und? Wie geht's ihm?"

HAASE (winkt ab): "Artur? Der schläft und die paar Fleischwunden werden heilen...

BAUMANN: "Gute Arbeit! Und keine Sekunde zu früh! Vorhin hat sich der alte Tudor angesagt... Er wird beim Bankett die Eröffnungsrede halten..."

INT. KRANKENZIMMER -- TAG

Olivia sitzt am Krankenbett von Artur und liest ein Buch. Die Uhr auf dem Nachtschrank zeigt 16 Uhr. Artur schlägt die Augen auf. Sie bemerkt es.

OLIVIA: "He! Alles klar?"

Er sieht zum Wasserglas und Olivia hilft ihm zu trinken.

ARTUR: "Wie geht's mir?"

OLIVIA: "Dir geht's übelst scheiße!"

Artur lässt sich zurückfallen. Er verzieht das Gesicht.

ARTUR: "Es tut alles so weh..."

Er beginnt zu weinen. Olivia nimmt ihn tröstend in den Arm.

INT. KÜCHE GRAND HOTEL -- NACHMITTAG

Der Restaurantleiter geht durch die Großküche und klatscht in die Hände.

RESTAURANTLEITER: "Die Tagung hat begonnen! In weniger als einer Stunde geht es los! Also Konzentration!"

Genervtes Nicken der Köche und Küchenangestellten. Olli, einer der Jungköche, zieht eine braune Apothekerflasche aus seinem Rucksack. Er sieht sich nach dem davon eilenden Chefkoch nach und schüttet den Inhalt der Flasche in eine Partie Lachssuppe. Kollege Jan sieht das und tritt heran.

JAN: "Was ist das denn?"

OLLI: "Abführmittel. Hochkonzentriert. Und die erste Qualität am Markt!"

JAN: "Abführmittel? Bist du verrückt?"

Olli hört auf zu kippen, sieht sich um und legt dann die Hand verschwörerisch vor den Mund.

OLLI: "Nein. Ich bin nicht verrückt! Ich bin... das Phantom!"

Er grinst breit. Jan sieht sich nun auch um. Dann sieht er Olli ernst an und nimmt ihm die Flasche aus der Hand.

JAN: "Das werde ich verhindern!"

Olli fällt das Gesicht herunter.

JAN: "Dass du so knickerig bist mit dem guten Tropfen..."

Jan kippt den Rest der Flasche auch noch in die Suppe.

INT. TIEFGARAGE -- ABEND

Ein farbiger Page und Erich laden zwei Metallkoffer von einer Ladefläche. Erich klappt den Deckel eines Koffers aus. Darin stehen in Reih und Glied zwölf Akkuschrauber. Erich klatscht sich mit dem Pagen ab und klappt den Deckel zu. Dann packt er beide Koffer und trägt sie ins Hotel.

INT. IN DER KÜCHE -- ABEND

Jimmy, ein Koch mit Rastalocken kontrolliert die Öfen mit dem feinen Pfirsichauflauf, als der Chefkoch vorbeikommt.

CHEFKOCH: "Ah, ja! Das sieht sehr gut aus!"

Er klopft dem Jamaikaner auf die Schulter und will weiter. Dann aber hält er inne. Er dreht sich um und schnuppert.

CHEFKOCH: "Sag mal, Jimmy, riecht es hier etwa nach Marihuana?"

JIMMY (denkt nach): "Hmm... könnte gut sein, dass ich ein Mädchen geküsst habe, dass einen Joint geraucht hat..."

Der Chefkoch schlägt Jimmy über den Hinterkopf.

CHEFKOCH: "Wenn ich dich mit diesem Teufelszeug erwische, fliegst du!"

Er geht davon. Jimmy schaut liebevoll in den Ofen.

JIMMY: "Ich glaube, von der Quiche probiere ich auch ein Stück!"

INT. EUROPA-SAAL -- ABEND

Der Europa-Saal ist mit den Mitgliedern der Handelskonferenz gefüllt. Man tafelt erlesene Delikatessen.

INT. KRANKENZIMMER -- ABEND

Artur hat den Kopfteil des Bettes aufgestellt und schaut vor sich hin. Die Tür geht auf und Olivia kommt herein.

OLIVIA: "Hallo, wandelnder Geist!"

Artur lächelt. Er greift hinter sich und holt einen Blumenstrauß hervor. Olivia, die gerade ihre Jacke auszieht, macht ein erstauntes Gesicht.

OLIVIA: "Für mich?"

Artur nickt. Sie nimmt die Blumen und riecht dran.

OLIVIA: "Ich hab noch nie von einem Typen Blumen gekriegt..."

ARTUR: "Ich wollte dich fragen, ob du einen Kaffee mit mir trinkst... Also es wäre dann offiziell ein Date..."

Olivia sieht ihn an. Sie ist gerührt. Dann schlägt sie den Blick nieder. Ihr liegt noch etwas anderes auf der Seele.

OLIVIA: "Denkst du nicht, dass ich... eine Schlampe bin? Du weißt schon, wegen meinem lockeren Umgang mit Musikern..."

Artur sieht sie an und überlegt.

ARTUR: "Also mal so von Spanner zu Schlampe: Wär es möglich, dass du mit diesen alten Geschichten aufhörst?"

OLIVIA (überlegt und nickt): "Klar. Wer will schon einen lausigen Rockmusiker, wenn er den wandelnden Geist haben kann?"

Er lacht und streckt die Hand nach ihr aus. Sie ergreift sie und sie umarmen sich.

INT. VOR DEM EUROPASAAL -- NACHT

Die Türen des Europasaals werden geschlossen.

INT. BALUSTRADE ERSTER STOCK -- TAG

Ein Zimmermädchen gibt ein Zeichen nach hinten.

INT. SERVICERAUM -- NACHT

Erich Barner teilt die Akkuschrauber an Zimmermädchen, Hoteldiener und andere Angestellte aus...

INT. IM EUROPASAAL -- NACHT

Direktor Baumann steht am Sprechpult. Im Hintergrund ist Armin Haase im Smoking zu sehen.

BAUMANN: "Wie ich sehe, hat es Ihnen geschmeckt! Und nun übergebe ich das Wort an Graf Valerian Tudor!"

Ein silberhaariger Herr tritt unter Applaus an das Rednerpult.

GRAF TUDOR: "Liebe Gäste, ich begrüße an dieser Stelle Handelsdelegationen aus der ganzen Welt. Darunter erstmals Konsul Li Wan aus der Volksrepublik China, Dr. Charles Obote von der Elfenbeinküste und den Aufsichtsratsvorsitzenden Enrico Chavez von der Mittelamerika-Konferenz! Schön, dass Sie alle hier sind!"

Ein donnernder Applaus der Anwesenden.

INT. FLUR VOR DEN SUITEN -- NACHT

Zimmermädchen rollen ihre Servicewägen hektisch über die Flure, während starke Männer ein Netz über dem Foyer befestigen. Überall tönt das Schnarren der Akkuschrauber.

INT. IM EUROPASAAL -- NACHT

Der Graf ist mitten in seiner Rede.

GRAF TUDOR: "Und daher dürfen nicht die großen Gewinnmargen an erster Stelle stehen, denn die Globalisierung ist ein scharfes Schwert, dass sich genauso wenig gegen die armen Länder wenden darf wie gegen die Industrienationen..."

Jemand prustet los. Der Graf sieht irritiert auf. Der Jemand hält die Hand vor den Mund.

GRAF TUDOR: "...wie gegen die Industrienationen. Wir müssen daher den richtigen Ton treffen in diesem Prozess..."

Ein langer Furz unterbricht den Satz. Ein korpulenter Herr springt auf.

KORPULENTER HERR: "Verzeihung!"

Der Mann rennt zur Tür, wo sich ein weiterer Darmwind löst. Als wäre dies ein Startschuss, erheben sich weitere Männer und Frauen und rennen zur Tür. Graf Tudor runzelt die Stirn. Eine wahre Massenflucht setzt ein.

GRAF TUDOR (bemüht launig): "Wenn Sie mein Vortrag langweilt, kürze ich ihn gerne ab!"

ZWISCHENRUFER: "Wieso abkürzen? Mach einfach Schluss, Graf Zahl!"

Der Jemand prustet erneut los. Und dann stimmen andere ein und unversehens jagt ein Lachorkan durch den Saal. Der Graf runzelt die Stirn.

GRAF TUDOR: "Dann äh... danke ich Ihnen!"

ZWISCHENRUFER: "Dank nicht uns! Dank Flipper!!"

Erneute sinnfreie Lachsalven erschüttern den Raum. Und wieder springen Bankettgäste auf und stürzen zur Tür...

INT. FOYER -- NACHT

Graf Tudor sieht sich befremdet um. Bei den Toiletten gibt es eine Schlägerei. Leute, die vom Marihuana-Auflauf völlig stoned sind, stopfen sich gierig von den bereitliegenden Petit fours in den Mund. Direktor Baumann eilt heran.

GRAF TUDOR: "Baumann, Himmelherrgott, was ist hier los?"

BAUMANN: "Ich... ich weiß es nicht!"

Armin Haase kommt mit blasser Miene heran.

HAASE: "Herr Direktor, es gibt ein Problem!"

GRAF TUDOR (gereizt): "Was Sie nicht sagen!"

HAASE (tonlos): "Im ganzen Hotel wurden die Schilder mit den Zimmernummern abgeschraubt und willkürlich woanders wieder angebracht..."

Baumann sieht seinen Manager an.

BAUMANN: "Aber... das kann nicht sein..."

HAASE: "Das ist noch nicht alles: Wir haben ja Etagenpläne und konnten einigen der Gäste ihre Zimmer aufmachen, aber offensichtlich wurden die Gepäckstücke auch vertauscht...

GRAF TUDOR: "Das war das Phantom, nicht wahr? Ich dachte, es wäre aus dem Verkehr gezogen..."

Baumann schrumpelt unter den Blicken des Grafen sichtlich zusammen.

GRAF TUDOR: "Sie haben mir persönlich versichert, dass nicht mehr die geringste Gefahr besteht für..."

Jemand taumelt heran und kotzt ihm auf die Schuhe.

JEMAND (grinst verlegen): "Äh... nichts für ungut!"

Der Mann wankt weiter. Und gibt den Blick auf einen Dicken frei, der sich gerade in einen großen Blumentopf setzt, um sich dort grunzend zu erleichtern. Dann wird die Aufmerksamkeit von einem Lachorkan abgelenkt. Drei Geschäftsleute lachen dröhnend mit Sektgläsern in der Hand.

1. GESCHÄFTSMANN (kichernd): "Und woher wissen Sie, dass Wolf von der Buchhaltung schwul ist?"

2. GESCHÄFTSMANN (prustend): "Weil ich schon was mit ihm hatte!"

Wieder wiehern die drei Männer los. Graf Tudor wendet sich mit finsterem Blick wieder Baumann und Haase zu.

HAASE (gestikuliert hilflos): "Herr Graf, ich versichere Ihnen, das Phantom ist nicht mehr da! Wir haben es ausgeschaltet! Es ist vorbei! Ein für allemal!"

Es gibt einen lauten Kanonenschlag-Knall und dann löst sich das Netz weit oben an der Decke und Hunderte von bunten Ballons fallen herab. Graf Tudor fängt einen und liest den Aufdruck: DAS PHANTOM LEBT!

Baumann und Haase sehen den Grafen an. In ihren Augen steht nun nackte Angst...

INT. KRANKENZIMMER -- TAG

Olivia und Artur lesen die Tageszeitung mit Bildern aus dem Tudor Grand.

ARTUR: "Die Handelskonferenz ist wirklich geplatzt! Ich kann das gar nicht glauben, was die da alles abgezogen haben!"

OLIVIA: "Das Phantom hat echt sein Meisterstück abgeliefert..."

Artur nickt und legt die Zeitung ernüchtert zur Seite.

ARTUR: "Aber das Phantom bin nun mal ich. Und ich warte auf das dicke Ende."

Es klopft. Die Tür geht auf und Graf Tudor tritt ein.

GRAF TUDOR: "Ich hoffe, ich störe nicht! Gestatten Sie: Mein Name ist Tudor, Valerian Tudor! Mir gehört die Hotelkette."

Artur und Olivia sehen den Mann wie vom Donner gerührt an.

GRAF TUDOR: "Hätten Sie fünf Minuten Zeit unter vier Augen?"

Olivia steht auf und will gehen. Artur greift ihre Hand.

ARTUR: "Ich will, dass sie da bleibt!"

Der Graf zuckt gleichmütig die Achseln und setzt sich. Er blickt Artur freundlich an.

GRAF TUDOR: "Sie sind also das Phantom!"

Artur sagt lieber nichts und stellt sich auf Ärger ein.

GRAF TUDOR: "Geradeheraus: Sie haben da etwas in die Welt gesetzt, was meinem Unternehmen einen gewaltigen Schaden zugefügt hat..."

ARTUR: "Ich wollte nur ein Unrecht verhindern... und Ihr Unternehmen ist scheiße! Okay, das Hotel ist nicht scheiße, aber das Management ist scheiße!"

GRAF TUDOR: "Das mag sein. Vielleicht sind Sie im Recht gewesen. Und das hat zum Krieg geführt. Krieg aber eskaliert in der Regel. Und wie es aussieht, haben wir diesen Krieg verloren..."

Artur runzelt verständnislos die Stirn.

GRAF TUDOR: "Sehen Sie, Herr Spitzweg, ich brauche Ihre Hilfe. Denn wenn das Phantom Schule macht, dann hat bald jedes meiner Hotels eins und ich kann einpacken. So wie es aussieht, sind Sie, Artur, der einzige, der diese Phantom-Bewegung jetzt noch stoppen kann..."

Olivia und Artur sehen sich an.

OLIVIA: "Sekunde! Verhandeln wir gerade Ihre Kapitulation?"

GRAF TUDOR (zückt sein Scheckheft): "Wie viel wollen Sie?"

ARTUR: "Wie viel? Sie denken, ich hab das für Geld gemacht! Darum ging es nie!"

GRAF TUDOR: "Wofür dann? Wollen Sie, dass ich alle rauswerfe, die Ihnen Ärger gemacht haben? Oder soll ich meine Tochter übers Knie legen? (lächelt maliziös) Sie sehen mich durchaus gesprächsbereit...!"

Artur sieht den Grafen lange an.

GRAF TUDOR: "Sagen Sie mir, was Sie wollen, damit Sie den Spuk beenden! Ich gebe Ihnen, was sie wollen, aber wir müssen bitte jetzt zu einer Einigung kommen!"

Artur blickt Olivia in die Augen und holt sich bei ihr Stärke. Dann wendet er sich dem Grafen zu.

ARTUR: "Ich glaube, damit alles Sinn macht, gibt es nur einen Weg..."

INT. FOYER -- NACHT

Ein Willkommens-Schriftzug ist in der Halle aufgehängt. Britta, der Concierge und Erich stehen hinter der Rezeption, als Marion heran läuft.

MARION: "Er kommt! Artur!!"

Britta schlägt mehrfach auf die Rezeptionsklingel. Es ist das Zeichen für die anderen Hotelangestellten. Und sie kommen von überall her. Dann geht die Drehtür und Artur kommt mit Olivia und Leon herein. Spontaner Applaus brandet auf. Artur sieht staunend die vielen Kollegen, die ihm einen begeisternden Empfang bereiten. Als er in der Höhe der Rezeption ist, holt Armin Haase tief Luft und tritt ihm entgegen. Es wird still.

HAASE: "Im Namen aller Mitarbeiter möchte ich Sie im Tudor Grand Hotel begrüßen... Herr Direktor!"

Erneuter tobender Applaus. Artur lächelt noch etwas schüchtern und winkt den Leuten.

INT. BÜRO BAUMANN -- TAG

Haase begleitet Artur in Baumanns Büro. Er sieht sich um.

ARTUR: "Ich glaub, das ist der einzige Raum in diesem Gebäude, in dem ich noch nie war... "

Er dreht sich zu Haase um. Der strafft sich.

HAASE: "Tja, ich kann mir schon denken, was jetzt kommt..."

ARTUR: "JA. Ich möchte mich entschuldigen. Wegen dem Auto. Das war nicht okay... Es tut mir aufrichtig leid!"

Haase ist überrascht. Es entsteht eine Pause.

HAASE: "Nein, war nicht okay. Allerdings... hab ich mich auch nicht gerade mit Ruhm bekleckert..."

Artur geht zur Tür und schließt sie.

HAASE: "Nur falls du vergesslich geworden bist, Artur: Hattest du nicht vor mich zu feuern?"

ARTUR: "Doch! Hab ich mir ausgemalt, in den schönsten Farben... (zuckt die Achseln) Aber ich bin jetzt ein Hotel-Direktor, der von Tuten und Blasen keine Ahnung hat. Und jetzt, wo jeder sein Fett weg hat, finden wir ja vielleicht eine Lösung, die beiden von uns nützt..."

HAASE (kann es kaum glauben): "Ich höre!"

ARTUR: "Ich bin der Direktor und Sie bleiben der Manager. Sie arbeiten mich ein und wir versuchen ein... naja kollegiales Verhältnis aufzubauen. Und wir führen uns den Angestellten gegenüber nicht wie gottverdammte Nazis auf!"

Haase sieht Artur lange an und muss dann grinsen.

HAASE: "Artur, du warst der beste Feind, den ich je hatte! (zuckt die Achseln) Ist ein Jammer um dich!"

Er reicht Artur die Hand und der schlägt lächelnd ein.

HAASE: "Und was wird mit Olivia?"

ARTUR: "Sie rutscht im Lakengeschwader eine Position nach oben und wird Etagenhausdame... (grinst schief) Mehr war nicht drin, wenn ich nicht gleich meine Glaubwürdigkeit verlieren will..."

Das Telefon läutet. Haase geht an den Apparat.

HAASE: "Büro Direktor Spitzweg!"

Er lauscht, und seine Miene drückt Überraschung aus.

HAASE: "Ja, der ehm... Direktor kommt!"

Er legt auf und blickt Artur mit ihrem spröden Lächeln an.

HAASE: "Du rätst nie, wer gerade nach dir verlangt!"

INT. AN DER REZEPTION -- TAG

Artur und Armin Haase gehen auf die Rezeption zu. Da steht neben Marion eine Frau mit einem riesigen Ascot-Hut und Gefolge. Sie dreht sich herum und entpuppt sich als Tatjana Tudor. Mit einem reizenden Lächeln kommt sie auf Artur zu.

TATJANA: "Hallo! Du bist also das Phantom!"

ARTUR (reserviert): "Frau Tudor! Was kann ich für Sie tun?"

TATJANA: "Nun, gestern rief ein Redakteur an und schlug vor, ein paar Fotos von uns zu machen, nach dem Motto die Schöne und das Phantom... Und heute Abend schmeiße ich eine Riesen-Phantom-Party! Und du bist der Ehrengast..."

ARTUR: "Frau Tudor, ich erteile Ihnen hiermit Hausverbot!"

Tatjana sieht ihn fassungslos an.

TATJANA: "Warte! Ich bin nicht gekommen, um Ärger zu machen. Ich bin ein richtiger Fan vom Phantom..."

ARTUR: "Herr Haase, bitte begleiten Sie Frau Tudor hinaus..."

Tatjana lächelt unsicher, geht dann aber brav mit ihrem Tross Haase hinterher. Marion beugt sich zu Artur vor.

MARION: "Komm, Artur, das war jetzt echt zu hart!"

Artur sieht sie an und schaut nachdenklich.

ARTUR: "Ja, meinst du?"

Marion nickt. Artur sieht der Tudor nach.

ARTUR: "Es hat sich aber verdammt gut angefühlt..."

MARION: "Ja, und daran gewöhnen Bosse sich schnell!"

Artur blickt zu Marion, schenkt ihr ein Lächeln und geht dann Tatjana und den anderen nach.

<u>EXT. VOR DEM TUDOR GRAND HOTEL -- TAG</u>

Tatjana hat Tränen in den Augen als sie in ihre Limousine einsteigt. Ihre Begleiter füllen die Stretchlimousine...

ARTUR: "Frau Tudor!"

TATJANA: "Ja?"

ARTUR: "Es ist viel passiert und ich war einfach noch sauer. Also das Foto-shooting vergessen wir. Aber wenn Sie heute Abend hier Ihre Party feiern wollen, soll es an mir nicht liegen. Und ich komme auch gerne vorbei. Mit Begleitung."

Tatjana schaut überrascht. Dann lächelt sie.

ARTUR: "Und wenn jemand vom Personal kommt, sagen wir so um halb drei und Sie bittet, die Lautstärke etwas zu dämpfen, würden Sie das dann in Erwägung ziehen?"

TATJANA: "Versprochen! Du kannst ganz beruhigt sein. Mein Vater hat mir sehr ins Gewissen geredet! Ich lasse den Alkohol weg und jetzt gibt es eine ganz neue Tatjana!"

ARTUR: "Dann willkommen im Tudor Grand!"

<u>INT. IN DER GROSSFÜRSTENSUITE -- NACHT</u>

Es ist eine von Tatjana Tudors üblichen Partys. Die gleichen Exzesse wie immer. Auf der Couch sitzt Artur mit Olivia zusammen. Bei ihnen Leon und Marie, die sehr vertraut wirken. Man kann wegen der Lautstärke kein Wort verstehen. Artur holt gerade drei kleine Papiertütchen aus seiner Tasche. Er reicht Olivia und Leon jeweils eines. Sie öffnen sie und Ringe purzeln heraus. Es sind Phantom-Ringe mit einem Totenkopf als Symbol. Leon legt den Ring an und haut Artur spielerisch ans Kinn. Marie lacht. Leon schaut, ob ein Abdruck am Kinn zurückgeblieben ist. Artur schüttelt den Kopf und schlägt seinerseits sachte zu. An Leons Kinn ist nun ein Totenkopfabdruck. Und Artur präsentiert den anderen lachend ein Stempelkissen. Die drei drücken ihre Ringe in das Kissen und stehen auf um sich neue Opfer zu suchen...

ENDE

ABSPANN

INT. IN DER GROSSFÜRSTENSUITE -- TAG

Es sieht aus wie immer nach einer Party von Tatjana Tudor. Das Apartment ist verwüstet, überall Müll, Dreck und Erbrochenes. Die Tür öffnet sich und Marie und Olivia schieben den Service-Wagen hinein. Tatjana krabbelt benommen hinter einem umgestürzten Sessel hervor.

TATJANA: "Ach, ihr seid's! Gott, tut mir der Schädel weh! Ich muss versehentlich an den falschen Cocktails genippt haben. Fangt schon mal an! Ich geh unter die Dusche..."

Sie richtet sich auf und will zur Dusche. Dann aber hält sie inne und dreht sich um. Sie sieht Maries und Olivias versteinerte Gesichter und lächelt dann gequält.

TATJANA: "Äh... wisst ihr was? Lasst mir einfach das Putzzeug da... Ich mach's schon selber..."

Schwarz.

„Bad Aschenputtel"

Eine meiner absoluten Lieblingsgeschichten! Die Arbeitstitel waren vielfältig: "Meine Freundin Aschenputtel" war einer davon. Spricht vielleicht Dreijährige an, mein Fall war es nicht. "Böses Aschenputtel!" Fand ich besser, aber am Ende haben die Amerikanismen gesiegt. Also "Bad Aschenputtel" und genauso find ich es selbst am besten.

Ich habe als Drehbuchautor einige Märchenstoffe verfasst. Zwei davon sind als Sonntagsmärchen verfilmt worden: „Die Sterntaler" und „Der Teufel mit den drei goldenen Haaren" (2013).

Irgendwann wurde ich von Produzentenseite gefragt, ob ich Interesse hätte, ein Remake von „Drei Haselnüsse für Aschenbrödel" zu schreiben. Natürlich wollte man „frischen Wind" und „Pep".

Dazu muss ich sagen, dass das Niveau von deutschen Kinofilmen für Kinder von, sagen wir "dezenterer" Natur ist, als bei amerikanischen Filmen. Ich habe den Eindruck, dass meine US-Kollegen jeden Platz im Film ausnützen und aus allen Rohren ballern. Da geht es Gag, Gag, Gag, Action, Action, Action! Und jede noch so kleine Nebenfigur ist so fein ausgearbeitet, dass sie locker eine eigene Fernsehserie bekommen könnte. Aber, so ist mein Eindruck, bei deutschen Kinderfilmen wird die Hauptenergie gerne darauf verwendet, prominent zu casten. Sicher, einen Christoph Maria Herbst kann man auch ohne Skript ans Set schicken und er spinnt Stroh zu Gold. Schöner ist es natürlich, wenn man sich als Schauspieler nach einer Filmrolle alle Finger leckt, weil man davon inspiriert wird. Ich liebe Nebenfiguren und deshalb versuche ich, jede einzelne davon möglichst reizvoll zu gestalten.

Jedenfalls, so ein Tempo und so eine Gagdichte wie es die Amerikaner uns regelmäßig vormachen, habe ich mir auch zugetraut, ebenso wie eine wirklich originelle Geschichte.

Also entwarf ich ein Aschenputtel, das kein unterdrücktes Stiefkind darstellt, dessen größtes Glück es ist, vom Prinzen zur Frau genommen zu werden, sondern das ganz eigene Pläne hat und sich nicht die Bohne für den Königssohn interessiert, sondern vielmehr für sein Juwelen. Mein Aschenbrödel soll eine Meisterdiebin sein. Und so schrieb ich es auch auf, was die Hauptfigur emanzipierte. Es wurde ein richtiger cooler bunter Actionstoff, nicht nur für Mädchen, denke ich.

Das Buch bekam eine Drehbuchförderung von der FFA, aber weiter ging es nicht. Ich schlage das Buch noch heute vor, wenn Kinderstoffe und Märchen angefragt werden, aber es hat sich bisher kaum jemand die Zeit genommen das „Bad Aschenputtel" zu lesen. Hier ist nun noch einmal die Möglichkeit:

"BAD ASCHENPUTTEL"

EXT. TOTALE BURG ROSENTRUTZ - TAG

Durch ein Fernrohr sieht man die Burg Rosentrutz, ein Gemäuer, in dem gerade Markttag zu sein scheint. Der Fokus verlagert sich, und wir sehen die Schildwachen am Haupteingang des Schlosses. Es sind mehrere Männer, und sie kontrollieren genau, wer ins Schloss darf und wer nicht...

EXT. AUF EINER ANHÖHE - TAG

Elster schiebt ihr altes Fernrohr zusammen und steckt es in ihren Umhängebeutel. Sie ist ein schwarzhaarige Maid, kaum 18 Jahre alt. Sie trägt eine Kappe, ihr Gesicht ist schmutzig und von weitem könnte man sie für einen Burschen halten. Ihre Kleidung wirkt abgewetzt und verschlissen. Sehr reich ist sie offenbar nicht. Ihr Gesicht wirkt trotz ihrer Jugend gereift und entschlossen. Sie nimmt eine Kupfermünze aus der Tasche und lässt sie über ihre Fingerrücken wandern, bis sie zu dem Ergebnis kommt, das sie sich wünscht. Ein kleiner Taschenspielertrick, den sie gut beherrscht. Sie steckt die Münze weg und wischt sich mit einem Lappen, den sie befeuchtet, das verdreckte Gesicht sauber. Dann geht sie hinüber zu einer Kiepe, die auf einem Felsen steht. Auf dem Tragegestell befindet sich eine große Holzkiste. Elster setzt sich die Kiepe auf den Rücken und marschiert los in Richtung des Schlosses...

EXT. AM SCHLOSSTOR VON SCHLOSS ROSENTRUTZ - TAG

Ein Mann mit einem Handwagen voll mit Gänsen wird in das Schloss gelassen, als Elster mit ihrer Kappe, unter der ihre Haare gebündelt sind, herantritt. Sie wirkt wie ein Junge. Vier Gewappnete bewachen den Eingang zum Schloss und einer davon, ein vollbärtiger Koloss, tritt ihr in den Weg.

HAUPTMANN: "Passierschein!"

Elster zieht einen Wisch aus der Tasche und reicht ihn dem Wächter. Der sieht das Papier an und runzelt die Stirn. Hier sind die Hieroglyphen einer ihm unbekannten Sprache.

HAUPTMANN: "Das kann man gar nicht lesen!"

ELSTER: "Kann man schon, wenn man babylonisch beherrscht! Das heißt: Die Überbringerin ist zum Sommerfest des Königs geladen!"

HAUPTMANN (schaut böse): "Was hast du da auf dem Rücken?"

ELSTER: "Ein Geschenk für den König!"

HAUPTMANN: "Ich will sehen, was das ist!"

ELSTER: "Nein, das wollt ihr nicht! Ihr würdet schreiend davonrennen!"

Der Hauptmann lüpft, derart provoziert, die Brauen.

HAUPTMANN: "Werd hier nicht unverschämt! Ja! (zu seinen Leuten) Los! Macht die Kiste auf!"

ELSTER: "Seid besser sehr sehr vorsichtig damit!"

Der Hauptmann packt die Kiste und knallt sie demonstrativ auf den Boden, um zu zeigen, was er von Elsters Warnung hält. Dann tritt er mit Wucht gegen das Behältnis, so dass die Holzkiste zerbricht. Jetzt erst hören er und seine Kameraden das Geräusch: Ein bösartiges Brummen! Und nun erkennen sie, was in der Kiste war: Ein Bienenstock! Die durch die Erschütterungen wütend gemachten Insekten schwärmen aus. Entsetzensschreie bei den Wächtern, die sofort angegriffen werden. Die Männer der Wache fliehen brüllend, als die ersten Bienen zustechen...

ELSTER: "Ich sagte doch: Ihr werdet schreiend davonrennen!"

Damit betritt sie das Schloss.

INT. THRONSAAL - ABEND

Der König sieht mit dem Hofnarren an seiner Seite den Gauklern zu, die im Saal mit Bällen jonglieren. Auf seinem Haupt trägt der König einen goldenen Reif mit einem großen Rubin in der Mitte. Die Darbietung reißt den König nicht vom Hocker. Auch die zahlreichen Gäste sind Besseres gewohnt.

KÖNIG (verdrossen): "Es ist immer dasselbe! Da freu ich mich seit Tagen auf die Gaukler und kaum fangen sie an, langweilen sie mich zu Tode!"

HOFNARR (lakonisch): "Ist dem Volk mit dem König genau so gegangen..."

Der König sieht den Hofnarren verärgert an. Dann aber winkt er ab. Er sieht sich suchend um...

KÖNIG: "Wieso ist mein Sohn nicht da? Ich sagte doch, ich wünsche, dass Erik beim Sommerfest an meiner Seite ist!"

HOFNARR: "Ihr wisst doch, Majestät: Meister Wu hält nicht viel von Feiern! Sicher sitzen sie irgendwo im Wald und studieren Insekten!"

KÖNIG: "Meister Wu, Meister Wu! Wer ist der König? Er oder ich?"

Der Hofnarr will etwas sagen und bricht dann ab.

HOFNARR: "Nein. Darauf antworte ich besser nicht..."

Der König sieht ihn finster an. Die Gaukler beenden ihre Darbietung und verbeugen sich. Der König applaudiert angeödet. Ein Mann in Livree tritt vor.

ZEREMONIENMEISTER: "Und nun Esmeralda, der blonde Wirbelwind aus den Nordlanden! Sie wird Euch sicher gut unterhalten!"

Da tritt Elster neben ihn, mit einer blauen Maske über den Augen. Sie trägt ein tiefrotes Kleid. Aber sie ist nicht blondhaarig, sondern hat pechschwarzes Haar...

ZEREMONIENMEISTER (schaut sie verwirrt an): "Ich denke, sie ist blond!"

ELSTER: "Wenn man blond ist, denkt jeder, man ist dumm!"

HOFNARR: "Was soll die ganze Diskussion? Sie hat sich eben die Haare gefärbt! Lasst sie nun machen!"

INT. IN EINER KAMMER - ABEND

Hier liegt gefesselt und geknebelt die blonde Esmeralda. Sie kämpft mit den Stricken, aber es ist aussichtslos...

INT. THRONSAAL - ABEND

Elster tanzt. Sie hat einen drahtigen Körper, der nur aus Sehnen und Muskeln zu bestehen scheint und den sie perfekt beherrscht. Ihr Charisma fängt die Zuschauer ein. Wie durch Zufall tanzt sie zu einer Feuerschale und lässt unbemerkt einen kleinen Knollen in die Glut fallen. Dann dreht sie Pirouetten durch die Halle und wiederholt diesen Vorgang bei einer zweiten Schale.

KÖNIG (zum Hofnarren): "Sehr geschmeidig, die Nordländerin, aber ich hasse dieses Getanze..."

Als hätte die Vortragende dies gehört, baut sie sich direkt vor dem Thron auf. Sie dreht sich um sich selbst, geht in den Spagat und kommt mit einer flüssigen Bewegung wieder auf die Füße. Ihre Arme strecken sich nach vorne aus und es gibt plötzlich eine Stichflamme. Der König schreckt zurück, aber dann flattert eine weiße Taube in den Händen der Tänzerin. Der Verblüffung der Zuschauer folgt Begeisterung. Auch der König lacht nun amüsiert und klatscht. Eine zaubernde Tänzerin, das ist mal was anderes! Elster beginnt mit einem Bauchtanz. Dann wirft sie etwas in die Luft, und Blumen regnen auf die Gäste nieder. Spontaner Applaus brandet auf.

Die kleinen Knollen in den Feuerschalen sind schon schwarzgeschmort...

Elster hat plötzlich einen goldenen Ball in ihrer Hand, der über ihrer Hand zu schweben scheint. Er bekommt ein eigenes Leben und huscht frech unter ihr rotes Kleid. Nun beult der Ball das rote Kleid aus, rutscht darunter herum und hebt es plötzlich hoch, so dass die Unterwäsche zu sehen ist.

Elster tut, als wäre ihr das wahnsinnig peinlich und bedeckt hastig die Blöße. Der König kichert und der Hofnarr schmunzelt amüsiert. Die Leute lachen. Elster haut auf den goldenen Ball, der auf den Boden fällt. Dann fängt sie an, ihn auf Fuß, Knie und Kopf tanzen zu lassen, ehe sie ihn volley wegkickt und dem Zeremonienmeister den Hut vom Kopf fegt. Das Publikum jubelt...

DIE GÄSTE: "Zugabe! Zugabe! Zugabe!"

KÖNIG: "Eine Zugabe? Wie komm ich dazu? Ich gewähre niemals Zugaben!"

HOFNARR: "Ach jetzt kommt schon, Kunibert! Wenigstens eine Entscheidung in Eurer Amtszeit könnte ja mal Sinn machen...!"

Der König seufzt und bedeutet Elster, weiterzumachen...

ELSTER: "Eure Durchlaucht! Eine Zugabe habe ich nicht vorbereitet! Aber Ihr habt da was am Ohr! Darf ich?"

Sie beugt sich vor und 'zieht' dem König eine Goldmünze aus dem Ohr heraus.

ELSTER: "Oha! Da ist noch mehr, fürchte ich!"

Sie fördert noch eine Goldmünze aus dem Ohr zu Tage und gibt sie dem verblüfften König.

ELSTER: "Ich will Euch ja nicht zu nahe treten, Herzog, aber Ihr solltet Eure Ohren vielleicht etwas gründlicher waschen!"

Die Anwesenden lachen amüsiert. Elster hält ihre Hand an Königs Ohr und eine ganze Serie von gut zwanzig Goldmünzen klimpert in ihre andere Hand, die den Schatz auffängt. Der König staunt, als sie ihm die Goldmünzen übergibt.

KÖNIG: "Was denn? Will sie mir das als Geschenk überlassen?"

ELSTER: "Ja. Ein Geschenk ist es wohl! Aber nicht von mir, sondern vom edlen Grafen von Greifenklau... dort drüben!"

Sie deutet auf einen dicken, in protziges Tuch gekleideten Mann, der sie verdutzt ansieht. Dann aber wird er bleich, fasst an sein Leibchen und tastet nach seinem Geld. Es ist weg. Er schaut verstört und lächelt gequält.

KÖNIG (amüsiert): "Großartig, Tänzerin! Sie hat uns wahrhaft meisterlich zerstreut! (zum Grafen) Und danke, Greifenklau!"

Der Bestohlene schaut unglücklich. In diesem Moment sind die Knollen in den Feuerschalen durchgeschmort und es tut kurz nacheinander zwei scharfe Knälle. Die Leute schrecken zusammen. Im nächsten Moment verbreitet sich dicker weißer Rauch im Saal. Schreie und Durcheinander...

KÖNIG (O.S.): "Was soll denn das? Ist das schon die nächste Nummer?"

HOFNARR (O.S.): "Den Künstlern heutzutage ist alles zuzutrauen!"

KÖNIG (O.S.): "Hofnarr! Lass er die Finger von mir! Wie kommt er dazu seinen König anzufassen?"

HOFNARR (O.S.): "Bitte? Ich hab doch gar nichts gemacht!"

Die Nebel verziehen sich. Der König wedelt mit der Hand vor seinem Gesicht herum. Der Hofnarr ist bei ihm und sieht, dass die Krone mit der Vorderseite nach hinten gedreht wurde...

HOFNARR (fürsorglich): "Ah! Eure Krone ist verrutscht, Chef! Eine Sekunde, das haben wir gleich!"

Er dreht den Reif wieder nach vorne und erstarrt. Der Rubin ist aus der Fassung gebrochen worden und verschwunden. Der Hofnarr schaut bestürzt...

In dem Durcheinander ist Elster schon fast zur Tür hinaus. Da gewahrt sie das Buffet mit einer Schale Pralinen. Sie hält inne, schnappt sich flugs welche und huscht davon...

KÖNIG (zum Hofnarren): "Was hat er denn? Red er schon!"

HOFNARR: "Ich weiß nur nicht, wie ich es Majestät beibringen soll. Aber es trifft es wohl am besten, wenn ich sage: Es ist Euch gerade ein Zacken aus der Krone gefallen...!"

EXT. AM SCHLOSSTOR VON SCHLOSS ROSENTRUTZ - NACHT

Elster huscht aus dem Tor hinaus. Sie trägt jetzt nicht mehr das rote Ballkleid, sondern ihre gewohnte abgewetzte Lederkluft. Die Wächter, die damit beschäftigt sind, ihre Bienenstiche mit Balsam zu versorgen, beachten sie nicht weiter. Elster steckt sich noch eine Praline in den Mund und verschwindet in der Dunkelheit...

EXT. FELSENMEER - NACHT

Elster huscht heran und sieht sich um. Nur ihre Taube ist ihr gefolgt. Als sie sicher dessen sicher ist, schiebt sie das Gestrüpp zwischen zwei Felsen zur Seite und verschwindet in einer bis dahin unsichtbaren Öffnung...

INT. IN ELSTERS HÖHLE - NACHT

Der gestohlene Rubin wird aus einem Lappen ausgewickelt. Fackeln beleuchten eine Höhle mit einem Tisch, auf dem eine alchimistische Anordnung steht. Ein Brenner erhitzt eine farblose Flüssigkeit in einem Mischkolben, und das Destillat fällt tropfenweise in ein kupfernes Gefäß. Als die Flüssigkeit im Kupferkessel zu sieden beginnt, ergreift die konzentrierte Elster den geraubten Rubin mit einer Zange und gibt ihn in die brodelnde Essenz...

ELSTER: "Bitte...!"

Dann aber tut es einen Knall. Der Rubin zerbirst, und mit einem Male wird die Flüssigkeit pechschwarz...

EXT. AUF EINER LICHTUNG - TAG

Traurig und aufgelöst sitzt Elster an einem kleinen Teich. Die Taube neben ihr.

ELSTER: "Ach, Balthasar! Wie oft haben wir es jetzt versucht? Ich kann es nicht zählen. Allmählich beginnt mir der Mut zu sinken... Ich glaube bald, diese Magie wird niemals funktionieren!..."

Da sieht sie zwei Männer auf großen Pferden heranreiten. Sie haben auch ein Gepäcktier dabei, offenbar waren sie einige Tage in der Wildnis unterwegs.

ELSTER: "Beruhige dich, Balthasar! Es ist nicht die Miliz!"

EXT: NICHT WEIT DAVON ENTFERNT - TAG

Einer von ihnen ist der Prinz Erik, der ein schlichtes Jagdwams trägt. Der andere ist ein knittriger Asiate, namens Wu. Erik sieht einen Bussard kreisen. Ein breites Grinsen zeigt sich auf seinem Gesicht.

ERIK: "Ein Habicht, Meister Wu! Den hol ich mit einem Schuss vom Himmel!"

MEISTER WU: "Erstens, Hoheit, ist er viel zu hoch, zweitens ist es ein Bussard und drittens sollte der Thronfolger nicht prahlen wie ein Jahrmarktsringer!"

Die misstrauische Elster, etwas auf dem Weg voraus, hat die Kapuze über den Kopf gezogen und offensichtlich kein gesteigertes Interesse, mit den beiden Männern zusammenzutreffen.

Erik gibt seinem Pferd die Sporen. Er reitet von hinten auf den einsamen Wanderer mit der Kapuze zu, der ein wenig aussieht wie ein Pilger.

ERIK: "Aus dem Weg, elender Wicht!"

Elster kann gerade noch zur Seite springen, bevor sie vom Ross des Prinzen umgeritten wird. Dabei stolpert sie und stürzt in den Staub. Erik dreht sich nicht einmal um.

'Pilger' Elster zieht die Kapuze herunter, sieht dem rabiaten Reitersmann, von seinem alten Lehrer mühsam gefolgt, wütend hinterher...

EXT. AN EINER SCHNEISE - TAG

Prinz Erik huscht heran. Er sieht ein Rebhuhn auf einem Baum sitzen. Er lächelt und legt einen Pfeil auf seinen Bogen. Er spannt die Sehne und nimmt Maß...

EXT. HINTER EINEM FELSEN - TAG

Elster kauert hinter einem Felsen und hat ihren Dolch herausgezogen. Sie hält ihn in die Sonnenstrahlen...

EXT. AN EINER SCHNEISE - TAG

Gerade, als der Prinz das Rebhuhn genau im Visier hat, da blitzt es, und ein greller Strahl blendet den Prinzen. Der Pfeil geht ab und trifft nur das Holz des Baumstammes...

ERIK: "Bei allen Göttern! Was war das?"

Aber nirgendwo ist die Spur von einem Übeltäter auszumachen. Das Rebhuhn ist fort. Der Prinz sieht ärgerlich herum. Da jedoch hört er einen Vogellaut. Er runzelt die Stirn...

ERIK: "Eine Wachtel! Auch nicht schlecht!"

Er schleicht auf das Unterholz zu, aus dem die Vogellaute kommen...

EXT. IM UNTERHOLZ - TAG

Die Elster bläst in die Holzpfeife, die die Vogellaute erzeugt und huscht dann davon...

EXT. IM UNTERHOLZ, ETWAS WEITER VORN - TAG

Der Prinz, der den Bogen immer noch schussbereit hält, schleicht näher. Er folgt dem Wachtelpiepsen...

EXT. AUF EINER LICHTUNG - TAG

Erik tritt aus dem Unterholz. Da sieht er, dass eine Gestalt, deren Augenpartie von einer Kapuze verhüllt ist, dasteht und mit einer Holzflöte die Vogellaute produziert. Der Königssohn runzelt die Stirn.

ERIK: "Er macht also die Wachtellaute! Wer ist er, dass er glaubt, den Prinzen zum Besten halten zu können?"

ElSTER: "Wer ich bin? Wie Ihr schon sagtet: Ein 'elender Wicht'..."

ERIK: "Spottet er meiner etwa?"

Der Prinz marschiert energisch auf die Kapuzengestalt zu. Doch plötzlich tritt er auf etwas und löst einen Mechanismus aus. Sein Stiefel ist in einer Schlinge gefallen und er wird von einem Seil in die Höhe gerissen. Da Prinz schreit erschrocken. Dann baumelt er mit dem Kopf nach unten etwa einen Meter vom Erdboden...

Die Elster tritt heran, mit gezücktem Dolch. Erik gelingt es in seiner ungemütlichen Lage, sein Schwert zu ziehen.

ERIK: "Er soll es ja nicht wagen..."

Doch die Elster nimmt nur den Bogen vom Boden auf und schneidet die Sehne durch. Die Taube landet auf Elsters Schulter. Dann dreht die junge Frau sich um, ohne die Kapuze gelüftet zu haben und geht davon...

ERIK: "Wie? Er geht? Will er mich hier einfach so hängen lassen? Ich bin Erik! Der Prinz! So bleib er gefälligst hier, Kerl!"

Doch die Elster ist bereits im Gebüsch verschwunden.

ERIK: "Das wird er mir büßen! Das kostet ihn den Kopf!"

Da tritt Meister Wu heran.

WU (schmunzelnd): "Was tut Ihr denn da, Hoheit? Diese Jagdtechnik war mir bisher unbekannt...!"

ERIK (aufgebracht): "Das war eine Falle! Ich wurde mit Hinterlist und Heimtücke in die Falle gelockt! Ein Bubenstück!!"

MEISTER WU: "Das habe ich mit Demut gemeint, erlauchter Prinz! Egal, von welch hoher Geburt ihr seid, es feit euch nicht vor Angriffen aus dem Hinterhalt. Oder vor Niederlagen!"

Erik presst verärgert die Lippen zusammen, während Meister Wu in Seelenruhe sein Messer zieht, um ihn loszuschneiden...

EXT. AM WALDESRAND - TAG

Die weiße Taube fliegt voraus. Elster kommt aus dem Wald. Durch den Sturz in den Schlamm ist Elster nicht sauberer geworden. Vor ihr liegt eine Ortschaft, hinter der die Silhouette eines prächtigen Schlosses zu sehen ist...

ELSTER (zu ihrer Taube): "Schau, Balthasar! Das dort ist das Königsschloss. Ganz feudaler Schuppen, aber leider eine Nummer zu groß für uns! Aber der kleine Ort da ist Gänsehals! Und wenn Markt ist, gibt es dort die besten Bonbons!"

Sie lächelt ihre Taube an und geht los.

EXT. AUF DEM MARKTPLATZ VON GÄNSEHALS - TAG

Caspar, ein fliegender Händler, steht am Markt und hält seine Waren feil. Erhält eine Phiole hoch...

CASPAR: "Caspars berühmte Universaltinktur! Jetzt mit verbessertem Rezept! Gegen Husten, Haarausfall und Hämorrhoiden! Auch bei Schluckauf, Durchfall und Kinderlosigkeit! Die Universaltinktur einfach auftragen! Oder einen Schluck trinken! Jetzt im Angebot!"

Marlene, eine eher vollschlanke junge Frau, eilt an Caspars Stand vorüber. Nun tritt sie zu den Auslagen des Bonbonmachers...

MARLENE: "Gott schütze den König! Sagt, habt Ihr neue Sorten? So etwas wie dieses Anastasianas?"

Der Bonbonmacher schüttelt bedauernd den Kopf.

BONBONMACHER: "Ananas ist aus! Aber schaut, diese grünen Drops sind neu: Ich nenne sie (breitet effektvoll die Arme aus) 'Herr der großen Wälder'! Es sind sehr viele Kräuter darin!"

Marlene probiert, lutscht und nickt anerkennend.

MARLENE: "Also, ich nehme dann drei Kirsch, zwei Lakritz-Sahne und einen Kieferkracher! Und zwei von den..."

BONBONMACHER (hilft aus): "Herrn der großen Wälder?"

MARLENE: "Genau! Zweimal Waldmeister!"

Der Bonbonmacher schaut überrascht, überlegt einen Moment und ist dann ganz angetan...

BONBONMACHER: "Waldmeister! Hmm! Sehr gut! Viel besser!"

Er packt ihr die Nascherei in eine Papiertüte, während sie einen Kupfergulden herausholt. Marlene sieht nicht, dass Justus, ein junger Bursche, sie beobachtet hat und nun davon läuft. Marlene geht weiter. Hinter ihr tritt die total verschmutzte Elster an den Bonbonstand...

Marlene steht schon vor dem nächsten Stand. Hier gibt es allerlei Handwerkszeug zu kaufen. Marlene hebt eine kleine Schraube hoch und sieht den Verkäufer an.

MARLENE: "Sind das die kleinsten Schrauben, die Ihr habt, Gevatter?"

Doch im nächsten Moment sieht Marlene sich von vier jungen Burschen umringt. Angeführt werden sie von dem bulligen Unsympathen Lutz (16).

LUTZ: "Na, wenn das nicht die dicke Marlene ist?"

MARLENE: "Und wenn das nicht Lutz ist, der dreimal 'hier' gerufen hat, als der liebe Gott die Dummheit verteilt hat!"

JUSTUS: "He! Pass auf, was du sagst! Wenn der Lutz sauer wird, dann raucht's hier aber!"

LUTZ: "Kommen wir zum Geschäftlichen! Wenn du hier passieren willst, dann musst du Tribut zahlen! Sagen wir mal: Acht Bonbons!"

Marlene will an ihm vorbei, aber Lutz stellt ihr ein Bein und sie landet im Schmutz. Die Jungen lachen schadenfroh.

MARLENE: "Feiglinge! Vier gegen einen!"

LUTZ: "Die Bonbons! Oder wir verpassen dir eine Schlammpackung, Butterfass!

Niemand kümmert sich um die arme Marlene oder ergreift Partei für sie. Nur Elster steht nicht weit davon und sieht zu, während sie ein Bonbon lutscht. Marlene rappelt sich vom Boden auf und sieht Lutz böse an.

MARLENE: "Lass mich durch! Oder ich geh zu deinem Vater und sag dem alles!"

LUTZ: "Hehe! Mein Vater ist der Hauptmann der Polizei!"

MARLENE: "Eben!"

LUTZ: "Ja, denkst du, der hat neuerdings eine Moppel-Sprechstunde?

Seine Kumpane lachen, und er stößt Marlene wieder in den Schlamm. Lutz tritt vor und streckt die Hand aus.

LUTZ: "Und jetzt: Bonbons her, Dickmadam!"

Marlene sieht ein, dass sie ohne Chance ist und fingert die Bonbontüte heraus. Als sie diese Justus hinwirft, ist Elster schneller. Sie ist Justus mit flinken Händen zuvorgekommen und hat die Bonbontüte mit sicherem Griff abgefangen.

ELSTER: "So viele Süßigkeiten sind gar nicht gut für eure Zähne, Jungs!"

Die vier Burschen starren auf die verschmutzte junge Gestalt, die da provozierend keck in ihrer Mitte steht.

LUTZ: "Vorsicht, Bube! Du legst dich mit den Falschen an!"

ELSTER: "Ja, falsch seid ihr, das sieht man!"

Lutz tritt auf Elster zu und schlägt mit der Faust in ihr Gesicht. Nur ist er nicht schnell genug, denn die Diebin duckt sich elegant, und der Schlag geht ins Leere...

ELSTER: "Sollte das ein Faustschlag sein? Das kannst du bestimmt besser, kleiner Dummkopf! Probier's noch mal!"

Lutz setzt ihr zornig nach und schlägt eine Rechts-links-Kombination. Aber Elster taucht beide Male weg.

ELSTER: "So wird das nichts, Purzel! Dir muss man sicher auch noch beim Popoputzen helfen, nicht wahr?"

LUTZ (zornig zu seiner Bande): "Auf ihn! Alle zugleich!"

Alle vier stürzen sich zugleich auf Elster. Aber irgendwie ist sie schon wieder weg, und die Raudis prallen gegeneinander. Sie stehen auf und greifen erneut an. Marlene, nun wieder aufrecht, sieht dem Wirbel ungläubig zu. Elster tänzelt...

ELSTER: "Wenn du mich treffen willst, musst du etwas schneller sein, kleiner Schwachkopf!"

Lutz schlägt wütend wieder zu. Aber erneut ist Elster abgetaucht und der Schlag trifft Justus, der mit blutender Nase zu Boden geht.

ELSTER (tadelnd zu Lutz): "Der arme Kerl! Du bist aber auch ein ungeschickter Trampel!"

Hinter ihr taucht einer der anderen Rüpel auf und holt mit einer langen Brett aus. Elster dreht sich um und Lutz packt sie von hinten.

LUTZ: "Schlag zu! Los!"

Der andere holt mit beiden Händen aus und schlägt mit dem Brett von oben zu. Elster zieht den Kopf ein, und das Holz trifft den größeren Lutz hinter ihr. Er grient dümmlich und kippt dann um. Der, der zugeschlagen hat, ahnt, dass ihm nichts Gutes blüht, wenn Lutz wieder aufwacht, und er läuft davon. Nun dringt der letzte Angreifer auf Elster ein und schießt eine Serie von Faustschlägen auf sie ab. Für Elster ein besseres Training. Sie beugt sich mal nach links, der Schlag geht fehl, dann geht sie nach rechts und die Faust trifft den Holzmast eines Standes für Töpfe und Pfannen. Der Junge heult auf und holt mit der gesunden Hand aus. Elster hat aber mit schnellen Griff einen Topf vom Stand genommen, sich vor das Gesicht gehalten, und der Schlag des Burschen geht auf Eisen... Heulend läuft der Junge davon. Justus hat sich wieder aufgerappelt, als die weiße Taube ihm wild flatternd vors Gesicht fliegt. Er stolpert rückwärts und fällt in einen Zuber mit Kleister. Elster dreht sich zu Marlene, die sie groß anstarrt und wirft ihr lässig deren Bonbontüte zu. Dann geht sie ihrer Wege, während die Taube vor ihr weg fliegt, wie um ihr den Weg zu zeigen...

<u>INT. AMTSSTUBE DES HAUPTMANNS DER MILIZ - TAG</u>

Die vier Jungen stehen vor dem Hauptmann, einem finsteren Gesellen. Lutz hat einen Kopfverband, Justus weiße Stopfen in der Nase, dem Dritten im Bunde sind beide Hände dick verbunden und dem Vierten schillert ein blaues Auge....

LUTZ: "Er hat uns aus heiterem Himmel angriffen! Mit einem Schwert!"

1. BURSCHE: "Mir hat er beide Hände gebrochen!"

JUSTUS: "Das war ein Profi!"

Der Hauptmann hebt die Hand. Er sieht die Bande finster an.

HAUPTMANN DER MILIZ: "Wie sah er denn aus, der Kerl?"

LUTZ: "Er war nicht sehr groß. Und eher dünn. Und dreckig war er!"

DER 2. BURSCHE: "Ein Schmutzfink, wie er im Buche steht!"

JUSTUS: "Und er hatte eine weiße Taube bei sich! Eine Kampftaube! Und die war auch ein Profi!"

HAUPTMANN DER MILIZ (stutzt und blickt auf): "Warte! Was hast du gesagt? Eine weiße Taube?"

JUSTUS: "Naja, vielleicht nicht ganz weich, mehr so eierschalenweiß! Obwohl, das trifft es nicht, eher wie Schnee, der drei Tage gelegen hat.. also fast gipsartig!"

Der Hauptmann hört gar nicht mehr zu, sondern geht zu einem Schrank und zieht eine Rolle heraus. Er rollt sie auf und hält sie den Jungen hin. Darauf ist Elster gezeichnet. Sie sieht wie ein Bursche aus. Und die weiße Taube sitzt auf ihrer Schulter. Der Name ELSTER steht auf dem Steckbrief...

HAUPTMANN DER MILIZ (CONT'D): "Sah er etwa so aus?"

LUTZ: "Ja! Genau! Das ist er!"

Die anderen Jungen nicken bekräftigend. Der Hauptmann sieht finster auf das Fahndungsplakat.

HAUPTMANN DER MILIZ: "Die Elster! Hier bei uns! (überlegt) Am Ende war sie es, die dem König auf Rosentrutz so frech den Rubin aus der Krone gestohlen hat!"

Der Hauptmann steht auf, geht zu Tür und steckt den Kopf hinaus.

KOMMANDANT DER MILIZ: "Konstabler! Geben Sie Großalarm! Für die gesamte Truppe!"

EXT. AUF DEM MARKTPLATZ VON GÄNSEHALS - DäMMERUNG

Es wird langsam Abend. Elster steht am Stand eines Händlers und betrachtet ein kleines Glasrohr. Man wendet sich ihr zu.

ELSTER: "Ich brauche ein neues Seil. Nicht zu dick, sechzig Ellen lang... Und beste Seilerqualität!"

GEMISCHTHÄNDLER: "Bessere Seile findet ihr auf der ganzen Welt nicht! Da könnt ihr soweit fahren, bis ihr mit dem Schiff über die Kante stürzt!"

Der Händler macht sich auf die Suche. Während die Elster wartet, wird plötzlich Hufgetrappel laut. Sie blickt auf, während die weiße Taube auf ihrer Schulter aufgeregt mit den Flügel schlägt. Reiter der Miliz preschen heran und scheinen nach jemandem zu suchen...

MILIZREITER: "Da! Da steht er! Beim Kurzwarenhändler!"

Er gibt seinem Pferd die Sporen.

ELSTER (zur weißen Taube): "Balthasar, die meinen wohl uns!"

Die Taube fliegt auf.

Elster flankt über den Auslagentisch des Seilers, das Glasrohr in ihrer Hand behaltend, und rennt durch den Stand auf die andere Seite. Ihr Dolch blitzt, und schon hat sie den Stoff auf der Rückseite des Standes aufgeschlitzt. Dann ist sie bereits durch die Öffnung verschwunden...

EXT. DORFSTRASSE - DÄMMERUNG

Elster hetzt heran. Da spritzen aus einer Seitengasse zwei Polizeireiter heraus. Sie nehmen sofort die Verfolgung auf. Elster kann sich nur durch einen Hechtsprung auf die Seite retten. Sie will zur anderen Seite, doch auch hier kommen Reiter. Nur eine Gasse bleibt ihr noch. Elster rennt los...

EXT. IN EINER SACKGASSE - DÄMMERUNG

Elster kommt keuchend um die Ecke und steht zu ihrem Entsetzen in einer Sackgasse. Verzweifelt sucht sie mit ihren Augen nach einer Fluchtmöglichkeit. Es gibt eine Tür, doch sie erweist sich als fest verschlossen.

POLIZEIREITER (O.S.): "Absitzen! Er sitzt in der Falle! Er kann uns nicht entkommen!"

Die Mauern sind zu hoch um zu entkommen. Elster zieht ihren Dolch und macht sich für den letzten Kampf bereit. Die Schritte schwerer Stiefel kommen näher. Und zum ersten Male steht in den Augen Elsters Angst. Doch da geht quietschend ein Schlüssel im Schloss. Die eben noch fest verschlossene Tür öffnet sich und eine Hand winkt Elster...

STIMME: "Schnell! Schnell! Sie sind gleich da! Komm schon!"

Elster kann es nicht glauben, aber dann überwindet sie ihre Schockstarre und sprintet zur rettenden Tür. Sie schlüpft samt ihrer Taube hinein, und die Tür wird geschlossen. Dann dreht sich wieder quietschend der Schlüssel.

Sechs Polizisten kommen mit gezogenen Degen um die Ecke. Doch Elster ist weg. Verwirrt sehen die Männer sich um...

INT. IM GESINDEZIMMER/ HAUS DER GNÄDIGEN - DÄMMERUNG

Es ist Marlene, die Elster gerettet hat. Sie legt nun die Finger auf die Lippen. Die füllige Maid sieht durch einen Spalt in der Tür, wie die Milizionäre abziehen.

MARLENE: "Sie sind weg! Alles ist gut!"

Sie dreht sich zu Elster um, die sie misstrauisch ansieht.

MARLENE: "Guck nicht so! Ich tu dir schon nichts!"

ELSTER (entspannt sich etwas): "Ja. Gut. Ehm... naja... danke! (geht zur Tür) Ich geh dann mal wieder..."

MARLENE: "Warte! Du willst doch da jetzt nicht wieder raus, oder? Ich meine, die Polizei sucht dich!"

ELSTER: "Ich komme schon zurecht."

Sie dreht den Schlüssel. Marlene hält sie am Arm.

MARLENE: "Bleib hier! Bei mir bist du sicher! So schnell geben die Häscher da draußen nicht auf!"

Elster sieht sich um. Sie traut der Lokalität nicht...

ELSTER: "Ich weiß nicht... Ich falle nicht gerne jemandem zur Last..."

Marlene lacht. Sie zückt ihre Papiertüte und öffnet sie.

MARLENE: "Hast du Lust auf ein Bonbon?"

Elster schaut auf die Tüte, begehrlich...

INT. MARLENES KAMMER - NACHT

Marlenes Kammer besticht durch ein großes Chaos. Sie scheint viel mit Holz zu arbeiten und verfügt über einen Werkzeugtisch. Es gibt auch ein Regal mit vielen kleinen Modellen von Kutschen und Kriegsmaschinen, kunstvoll und fein gearbeitet. Die junge Diebin nimmt ein Modell und sieht es an...

ELSTER: "Machst du die selber?"

MARLENE: "Ja."

ELSTER: "Und wozu soll das gut sein? Winzige Kutschen und Kriegsgerät?"

MARLENE: "Manchmal verkaufe ich sie an reiche Leute. Als Spielzeug für ihre Kinder..."

Elster nickt und stellt das Spielzeug zurück. Marlene sieht die Streunerin interessiert an...

MARLENE: "Vorhin, als du mir geholfen hast, das war wirklich mutig von dir!"

ELSTER: "Geh solchen Hohlköpfen in Zukunft besser aus dem Weg!"

MARLENE: "Wie hast du das gemacht? - Sie haben dich nicht ein einziges Mal getroffen..."

ELSTER: "Ich bin ein Dieb. Wenn du da nicht schnell bist, hacken sie dir am Ende die Hände ab!"

MARLENE: "Du bist ein Dieb? Du siehst eher aus wie ein... Aschenputtel! Ich hole mal warmes Wasser, damit du dich waschen kannst...!"

ELSTER: "Wasser? Igitt!"

Marlene tritt zum Bett, deckt es auf und zeigt darauf.

MARLENE: "Aber so schmutzig kannst du nicht auf das weiße Laken!"

Elster sieht zu dem Bettgestell. Sie geht hin und prüft es mit ihrer Hand. Sie sieht angewidert auf...

ELSTER: "Das ist ja... weich! Da würde ich kein Auge zutun!"

Marlene mustert sie und verschränkt die Arme.

MARLENE: "Also gut, wenn du darauf bestehst, überlasse ich dir den Platz auf der harten Diele! Aber das kostet extra!"

Elster schaut verblüfft, und dann muss sie plötzlich lachen. Es ist das erste Mal seit langer, langer Zeit.

ELSTER: "Du bist lustig... ehm..."

MARLENE: "Marlene! Und wie heißt du?

Elster sieht sie einen Moment schweigend an.

ELSTER: "Das weiß ich nicht."

MARLENE: "Du weißt nicht, wie du heißt?"

ELSTER: "Nein. Weiß ich nicht. Meine Mutter ist gestorben, da war ich noch ein Wickelkind. Ich erinnere mich nur noch an meine Großmutter. Die sagte immer "Meine kleine Elster" zu mir..."

MARLENE (reicht ihr die Hand): "Na, ich freue mich wirklich, dich kennenzulernen, Elster!"

Elster ergreift die Hand und schüttelt sie verlegen.

MARLENE: "Und wer sitzt da am Fenster?"

Marlene blickt auf das Tier, das die Straße zu bewachen scheint.

ELSTER: "Das ist Balthasar. Mein Partner..."

Marlene lächelt. Sie streckt die Hand aus.

MARLENE: "Komm, Balthasar, komm zu Marlene!"

ELSTER: "Vergebene Liebesmüh! Er geht nicht zu anderen. Das tut er nie!"

In diesem Moment fliegt Balthasar vom Schrank herunter und setzt sich Marlenes Hand. Elster schaut verblüfft. Marlene lächelt und liebkost den Vogel. Dann blickt sie zu Elster.

MARLENE: "Morgen früh mach ich dir ein schönes Frühstück, und danach sehen wir uns die Parade des Königs an!"

ELSTER (beunruhigt): "Der König? Was denn für eine Parade?"

MARLENE: "Der König besucht Gänsehals jedes Jahr! Mit seinem ganzen Gefolge – Damals, als die Königin mit dem Prinzen schwanger war, war sie gerade in Gänsehals, als die Wehen eintraten. Sie ist hier niedergekommen. Leider starb sie kurz darauf am roten Tod... Aber Erik hat überlebt!"

ELSTER: "Erik?"

MARLENE (hingerissen): "Der Prinz! Er ist der süßeste Junge der Welt! Und ich... werde ihn heiraten!"

Elster sieht die füllige Marlene ungläubig an...

MARLENE: "Und dann ziehe ich ins Schloss!"

INT. IM KÖNIGSSAAL - NACHT

Der König steht am Stehpult und trägt seine Ausgaben ins Haushaltsbuch. Der Truchseß steht daneben mit einer Liste in der Hand.

KÖNIG: "So! Dreißig Dukaten für die neuen Pflastersteine... Acht Dukaten für Gewürze und elf für den Fanfarenstimmer... Aber hier, dieser Posten von 22 Dukaten... Was war das noch gleich?"

TRUCHSESS: "22 Dukaten... 22 Dukaten... Könnten das vielleicht die gestreiften Bonbons sein, die Ihr so gerne esst?"

KÖNIG: "Seh ich aus, als würde ich 22 Tüten gestreifte Bonbons vertilgen?"

TRUCHSESS: "22 Dukaten... 22 Dukaten! Was war das nur?"

KÖNIG: "Ja, ich komm auch nicht darauf..."

Erik springt mit federnden Schritten herein.

ERIK: "Paps! Na, alles im Lot?"

KÖNIG (stöhnend): "Es heißt nicht 'Paps'! Es heißt: Mein durchlauchtigster König!"

ERIK (frech grinsend): "Ach komm, du weißt, ich mach mir nichts aus Lauch!"

KÖNIG: "Bitte hab einen Moment Geduld, wir müssen nur herausfinden, für welchen Posten wir 22 Dukaten ausgegeben haben..."

ERIK: "Also wenn mir was nicht einfällt, geh ich aufs stille Örtchen und warte bis der Groschen fällt!"

In diesem Moment sehen sich der König und der Truchseß an.

KÖNIG/ TRUCHSESS: "Fünflagiges Toilettenpapier!"

KÖNIG: "Na endlich!"

Der Truchsess trägt den Posten ein, und der König nickt zufrieden.

KÖNIG: "Dieses neue Papier ist nicht nur irrsinnig flauschig, es riecht auch nach Rosenwasser! Und diese niedlichen kleinen Löcher, so dass man es stückweise abzupfen kann! Es ist jeden Kreuzer wert!"

ERIK: "Nun sagt schon, Vater, weshalb habt ihr mich rufen lassen?"

Der Truchseß nimmt die Buchhaltung und eilt davon. Der König strafft sich.

KÖNIG: "Du bist so allmählich in einem Alter, in dem dir früher oder später eine schöne Maid begegnet, an deren Anblick du dein Wohlgefallen haben wirst. Und zu diesem Thema möchte ich dir nun etwas erklären, was man früher oder später jedem Heranwachsenden erklären muss. (eine Pause) Nun, Erik, weißt du eigentlich, woher die kleinen Bienen kommen?"

Erik stöhnt und lässt sich auf einen Stuhl fallen.

EXT. TOTALE GÄNSEHALS - MORGEN

Über Gänsehals graut der Morgen. Der Sonnenaufgang steht unmittelbar bevor.

INT. MARLENES KAMMER - MORGEN

Elster erwacht von den Geräuschen, die Marlene macht, als sie sich in ein Kleid zwängt, das schon bessere Tage gesehen hat. Die füllige junge Frau blickt zu ihr herüber.

MARLENE: "Guten Morgen, Schlafmütze! Na los, aufgestanden!"

Elster, auf dem Boden liegend, richtet sich auf und gähnt.

ELSTER: "Du hast nicht zufällig einen heißen Mokka mit sechs Stück Zucker, oder?"

MARLENE (lacht hell auf): "Wenn du so etwas willst, musst du den Prinzen heiraten! Er wird gleich ankommen! Bei mir gibt's nur Spitzwegerich-Tee!"

Sie gießt Elster aus einer Kanne eine Schale ein.

ELSTER: "Darf ich dich was fragen? Ich meine es nicht böse, ja?"

MARLENE: "Natürlich. Frag!"

ELSTER: "Wieso denkst du, der Prinz heiratet ausgerechnet dich?"

MARLENE: "Wieso nicht?"

ELSTER: "Du bist eine Dienstmagd! Und ausserdem..."

MARLENE: "Du meinst, weil ich etwas fülliger bin! Mein Vater hat immer gesagt: Wenn du eine gute Seele hast, rechtschaffen bist und fromm, dann leuchtest du von innen. Und dieses Leuchten zieht den Richtigen unweigerlich an!"

ELSTER: "Also gut."

MARLENE: "Schau: Männer sind nicht so schlau, wie sie denken! Ich habe noch keinen gesehen, der ohne kluge Frau an seiner Seite zu mehr imstande wäre, als zu fressen, zu saufen und anderen Idioten die Köpfe einzuschlagen!"

ELSTER: "Das kannst du laut sagen!"

MARLENE: "Als die Königin noch gelebt hat, da hat der König nur gute und durchdachte Entscheidungen getroffen. Weil sie ihn beraten hat. Weil sie was im Oberstübchen hatte! Hinter jedem mächtigen Mann steht nämlich eine kluge Frau, die ihn lenkt!"

ELSTER: "Und was willst du dem Prinzen raten?"

MARLENE: "Ich habe jede Menge Ideen. Stell dir vor, Erik gibt die Macht in die Hand des Volkes! Und wir, das Volk, wählen dann mit unseren Stimmen eine Regierung, die aus einfachen Mitgliedern des Volkes besteht... (begeistert) Wenn der Prinz das hört... wird er toben!"

ELSTER (gedehnt): "Das könnte durchaus sein..."

MARLENE: "Zugegeben, die Idee stammt von meinem Vater, aber ich habe sie mir gut gemerkt, weil ich sie so brillant gefunden habe!"

ELSTER: "Dein Vater... lebt er nicht mehr?"

Marlene seufzt und schüttelt bekümmert den Kopf.

MARLENE: "Als der rote Tod gewütet hat, starben viele Menschen. Auch mein Vater... Die Gnädige hier hat mich als Magd aufgenommen... (entschlossen) Aber eines Tages zieh ich ins Schloss! Ich weiß es einfach!"

In diesem Moment knallt es von oben. Marlene blickt hoch.

MARLENE: "Oh weh! Meine Gnädige will ihr Frühstück! Da muss ich mich besser sputen! (lächelnd) Nimm dir alles, was Du möchtest!"

Marlene hastet aus dem Raum.

EXT. DORFSTRAßE - TAG

Die Fanfaren klingen und verkünden das Kommen des Königs. Marlene und Elster stehen in der Menge und warten. Elster, heute morgen in einem Kleid von Marlene, das sie sich eng gebunden hat, ist gewaschen und gekämmt. Dennoch sieht sie sich unbehaglich um. Überall sind Polizisten...

ELSTER: "Wenn die affigen Kronenköppe weg sind, such ich das Weite! In jedem Fall vielen Dank für alles!"

MARLENE (hört nicht): "Da! Da, kommen sie!"

Ein Reiterzug nähert sich, gefolgt von einer Kutsche, in der Vater und Sohn sitzen...

EXT. IN DER OFFENEN KUTSCHE AUF DER DORFSTRAßE - TAG

Der König grüßt freundlich nach draußen, während er spricht.

KÖNIG: "Wenn der Sommer vorbei ist, wirst du fünfundzwanzig, mein Sohn. Das ist der Zeitpunkt, zu dem sich alle Herrscher aus unserem Geschlecht eine Frau nehmen!"

ERIK: "Warum kann ich nicht heiraten, wenn ich sechzig bin? Oder siebzig! Oder noch besser: Auf dem Sterbebett! (spielt den Sterbenden) Ja, ich will! Bis dass der Tod uns scheide...! Oh, verdammt! Das ist ja... jetzt! Aaargh!!"

Dann haucht er im Spiel sein Leben aus und grinst seinen Vater lausbübisch an. Der König aber hebt die Hand...

KÖNIG: "Lass das! Wenn wir nachher aussteigen, verkündigst du, dass wir den traditionellen Königinnenball abhalten, bei dem du eine Frau wählen wirst!"

ERIK: "Frauen sind langweilig. Sie trinken nicht, sie jagen nicht und würfeln tun sie auch nicht!"

KÖNIG: "Schweig! Ich bin müde. Ich werde bald abdanken. Und wenn du König wirst, brauchst du eine Frau an deiner Seite!"

ERIK (gequält): "Aber wieso? Könnte ich nicht in die Geschichtsbücher eingehen als... Erik, der Junggeselle!?"

KÖNIG: "Man benötigt aber eine Königin."

ERIK: "Wozu?"

KÖNIG: "Naja... du brauchst jemand, der für dich denkt, wenn du nach einem Gelage betrunken bist..."

Erik überlegt und nickt dann, das sieht er ein.

KÖNIG: "Und wenn du eine Warze an deinem Gesäß hast, wer soll sie einsalben?"

ERIK (ironisch): "Gutes Argument."

KÖNIG: "Und wer soll dir einen Erben schenken?"

ERIK: "Ich könnte einen Sohn adoptieren!"

KÖNIG (winkt ab): "Neumodisches Zeug. Nein, wir machen es nach alter Väter Sitte! Du lädst alle edlen Frauen des Reiches zum Königinnenball ein und erwählst dir die, die dir am besten dünkt!"

Erik macht einen lustlosen Eindruck und zieht den Vorhang der Kutsche vor sein Gesicht. Sein Vater sieht ihn ärgerlich an.

KÖNIG: "Kannst du nicht einmal im Jahr so tun, als würdest du dich freuen, dein Volk zu sehen?"

Der Prinz verdreht die Augen und setzt ein künstliches Strahlen auf, mit dem er ins Volk winkt...

EXT. DORFSTRAßE - TAG

Marlene deutet auf den winkenden Prinzen.

MARLENE: "Das ist er! (brüllend) Vivat! VIVAT, ERIK!!"

Elster allerdings runzelt die Stirn, als sie den Prinzen als den erkennt, dem sie bereits gestern begegnet ist. Sie kann nur den Kopf schütteln über diesen ungezogenen Menschen...

EXT. IN DER OFFENEN KUTSCHE - TAG

Der König sieht zu seinem Sohn, der immer noch mit einer aufgesetzten grinsenden Grimasse seinem Volk zuwinkt.

KÖNIG: "Deine Prinzenkrone! Setzt sie gefälligst auf!"

ERIK: "Wieso? Dir ist auf Rosentrutz ein Diamant aus deiner Krone gestohlen worden!"

KÖNIG: "Gestohlen? Unsinn! Wer sollte das wagen? Das war bestimmt der Hofnarr! Der Stein taucht sicher bald wieder auf wundersame Weise auf... Im Wackelpudding oder in einem Frühstücksei! Das ist sein Humor!"

Der König nimmt die Prinzenkrone, die ebenfalls von einem prächtigen Juwel geziert wird, und reicht sie Erik.

ERIK: "Ooch Paps! Das Ding ist schwer wie ein Mühlstein, und ich krieg sofort einen steifen Nacken!"

KÖNIG: "Willkommen auf dem Thron!"

Er reicht ihm die Krone, und Erik setzt sie widerspenstig auf seinen Kopf...

EXT. DORFSTRAßE - TAG

Elster will sich in diesem Moment auf den Weg machen, als Marlene einen Schrei ausstößt.

MARLENE: "Er trägt die Krone!"

ELSTER: "Was soll er denn sonst tun? Sie an einer Leine hinter sich herziehen?"

MARLENE: "Du verstehst nicht! Wenn Erik sie trägt, bedeutet es, dass er bald zum Herrscher gekrönt wird!"

Elster tritt näher und sieht genauer hin. Die Kutsche, der Prinz und die Krone sind ein ganzes Stück weg. Aber in der Krone sitzt ein auffällig großer Diamant... Elster reißt ihr Fernglas aus dem Beutel und nimmt die Krone ins Visier. Marlene hingegen starrt das schöne Gesicht des Prinzen an.

MARLENE: "Wunderschön, nicht wahr?"

Elster schaut durch das Fernglas auf den feurigen Diamanten.

ELSTER: "Das ist ja unglaublich! Er ist völlig makellos!"

MARLENE: "Ich kann meinen Blick gar nicht mehr von ihm wenden!"

ELSTER (schaut durchs Glas): "Oh ja! Man ist wie hypnotisiert!"

Der Diamant in der Krone funkelt magisch.

MARLENE: "Man will ihm ganz nahe sein!"

ELSTER: "Ganz ganz nah!"

Da hält der Tross an, und ein Herold reitet vor.

HEROLD: "Höret! Seine durchlauchtigste Hoheit, König Kunibert tut kund: Zur Sommersonnenwende findet der Königinnenball statt, bei dem Prinz Erik seine Gemahlin wählen wird! Der Ball dauert drei Nächte und alle Edlen des Reiches sind geladen! Gott schütze den König!"

Jubel brandet auf.

HAUPTMANN DER WACHE: "Nanu! Marlene?"

Der Hauptmann der Wache steht wie hingezaubert neben den jungen Frauen und mustert Elster interessiert.

HAUPTMANN DER WACHE: "Ein neues Gesicht hier in Gänsehals! Wer ist das?"

MARLENE: Das ist... äh... das Aschenputtel!"

HAUPTMANN DER WACHE: "Das Aschenputtel?"

ELSTER: "Ja, so nennt man mich. Weil ich früher immer mit Asche verschmiert war... Ich hätte auch lieber das Rosen-Resli geheißen..."

HAUPTMANN DER WACHE: "Und was tust du hier?"

Einen Moment ist Stille. Dann aber lächelt Marlene.

MARLENE: "Sie ist eine Austauschmagd!"

HAUPTMANN DER WACHE: "Eine Austauschmagd? Was soll das sein?"

MARLENE: "Naja, also man nimmt zum Beispiel eine Magd aus Wiesenbrunn und sie tauscht den Platz mit einer Magd aus Frösching. Dadurch lernen beide mal was Neues kennen... und... und werden so viel glücklicher!"

HAUPTMANN DER WACHE: "Wer in aller Welt braucht eine glückliche Magd?"

Er geht kopfschüttelnd von dannen.

Die Kutsche kommt an ihnen vorbei. Elster und Marlene sehen noch einmal hin. Marlene sieht all die hübschen jungen Frauen, die sich für den Prinzen herausgeputzt haben und ihm zujubeln. Die Magd wird mit einem Male ganz still. Elster bemerkt dieses nicht, denn sie sieht zur Kutsche hinüber und setzt noch einmal das Glas an um den Diamanten zu betrachten. Dann steckt sie das Fernglas weg und will sich an Marlene wenden. Doch die ist spurlos verschwunden. Elster sieht sich verwirrt um und sieht Marlene um eine Häuserecke verschwinden...

EXT. AUF DEN GASSEN VON GÄNSEHALS - TAG

Elster holt die deprimiert davon trottende Marlene ein...

ELSTER: "Marlene! Ich hab beschlossen, deine Einladung anzunehmen und noch ein paar Tage zu bleiben!"

MARLENE (lächelt tapfer): "Ja, schön. Freue mich."

Mit blasser Miene dreht sie sich ab. Elster sieht sie an.

ELSTER: "Was ist denn plötzlich los mit dir?"

Marlene bleibt stehen und bricht in Tränen aus. Elster hat keine Ahnung, was normale Menschen in solchen Momenten tun. Sie wirkt etwas hilflos, dann klopft sie Marlene auf die Schulter. Das ist aufmunternd gemeint...

ELSTER: "Komm, sag mir, was du hast!"

MARLENE: "Der Königinnenball kommt zu früh! Ich dachte, ich könnte noch etwas abnehmen, bis es soweit ist...
(schluchzend) Der Prinz will sicher keinen Molch heiraten!"

Sie weint wieder. Elster blickt sich nachdenklich um und sieht nach hinten, wo der Tross des Königs weiterrollt. Alles in ihr verlangt nach dem Diamanten....

ELSTER: "Also, ich habe deinen Vater ja nicht gekannt, aber er hat Recht! Der Prinz verdient eine wirkliche Königin! Eine Frau mit Herz und Charakter! Jemanden wie dich!"

Marlene sieht Elster verunsichert an.

ELSTER: "Was, wenn ich dir helfe?"

MARLENE: "Was willst du tun, Aschenputtel-Elster? Dem Prinzen sein Herz klauen?"

ELSTER (überlegt): "Was müsste denn passieren, damit du wieder daran glaubst?"

MARLENE: "Hmm... Vielleicht... wenn es ein Zeichen gäbe!"

ELSTER: "Ein Zeichen? Aha. (breitet die Arme aus) Was ist mit mir? Ich bin einfach so in dein Leben geschneit! Was, wenn ich nun das Zeichen bin...?"

MARLENE (schüttelt den Kopf): "Nein. Du bist kein Zeichen..."

Elster guckt beleidigt.

Da fährt ein Windstoß durch die Gasse, und ein Haselzweig wird vor Marlenes Füße geweht. Die schaut den kleinen Ast mit großen Augen an.

MARLENE: "Ein Haselnusszweig!"

ELSTER: "Ja, und?"

MARLENE: "Na, das ist ein Zeichen!"

Sie hebt ihn auf und sieht ihn mit leuchten Augen an.

ELSTER: "Wie? Dieser alberne Zweig ist jetzt ein Zeichen, aber ich bin keines?"

Marlene greift nach Elsters Hand.

MARLENE: "Komm mit! Ich zeige dir etwas!"

Marlene zerrt Elster mit sich davon...

EXT. AUF DEM FRIEDHOF - TAG

Marlene pflanzt den Haselnusszweig auf ein Grab.

MARLENE: "Immer wenn mein Vater zum Markt gefahren ist, hat er mir Haselnüsse mitgebracht..."

Elster steht dabei und sieht mit gemischten Gefühlen auf das Grab. Marlene steht auf und stellt sich neben Elster.

MARLENE: "Er war ein Erfinder, weißt du? Und ich war mir sicher, dass er irgendetwas erfinden würde, was ihn dem Tod trotzen ließe!"

Sie sieht traurig auf die Grabstelle. Sie faltet die Hände und spricht innerlich ein Gebet. Elster schaut etwas ratlos.

INT. MARLENES KAMMER - ABEND

Marlene wirft deprimiert ihre Kleider aufs Bett. Ihre Aufbruchsstimmung von vorhin ist wieder verschwunden.

MARLENE: "Lumpen! Putzlappen! Wie soll ich damit auf den Königinnenball gehen?"

ELSTER (wühlt in den Sachen): "Man könnte doch ein wenig nähen! Von dem hier die Ärmel, dort den Kragen und da den Saum!"

MARLENE (stöhnt): "Selbst, wenn ich ein Kleid hätte, brauche ich doch eine Einladung!"

ELSTER: "So was könnte einem doch... in die Hände fallen!"

MARLENE (ahnt, was Elster meint): "Stehlen? Nein! Mein Vater war immer ehrlich und hat es auch mir beigebracht. Ich werde eher eine alte Jungfer, als irgendeinem was wegzunehmen!"

ELSTER (einlenkend): "Ja, schon gut!"

MARLENE: "Ich sollte schnell alles vergessen."

Marlene rollt sich traurig auf dem Bett zusammen. Elster sieht sie an und denkt nach. Dann hört sie Marlenes rasselnden Atem. Sie steht leise auf und verlässt die Kammer...

EXT. SONNENAUFGANG ÜBER GÄNSEHALS - MORGEN

Elster zieht eine muffelige Marlene hinter sich her.

MARLENE: "Ich hasse Spaziergänge! Außerdem kann die Gnädige es gar nicht leiden, wenn ich nicht bei Fuß bin, wenn sie mich ruft!"

ELSTER: "Die Morgenluft ist aber ganz wichtig! Jeden Tag ein früher Spaziergang und die Pfunde purzeln nur so!"

Marlene schüttelt den Kopf über diese Hyperaktivität, als sie etwas sieht und stehenbleibt. Ihre Augen werden groß.

MARLENE: "Elster! Sieh nur! Da! Das Grab von meinem Vater!"

Sie zieht Elster hinüber. Dort, wo Marlene gestern das Ästlein eingesteckt hat, prunkt nun ein fertig ausgewachsener Haselstrauch...

MARLENE: "Aber... das kann doch nicht sein!"

ELSTER: "Das kann nur eines bedeuten! Das ist ein... Wunschhaselstrauch!"

MARLENE: "Ein Wunschhaselstrauch? Was soll das sein?"

ELSTER: "Na, ein Haselstrauch der Wünsche erfüllt. Pro Nuss einen!"

MARLENE: "Jetzt bitt ich dich aber! So was gibt's doch gar nicht!"

ELSTER: "Oh doch! Wunschhaselsträuche wachsen über Nacht! Und wer sie findet, hat drei Wünsche frei!"

MARLENE: "Eben hast du noch gesagt, pro Nuss einen!"

ELSTER: "Nein, nein! Die Wünsche sind natürlich begrenzt! Es sind nicht mehr als drei! (lacht) Ich meine, wo kämen wir sonst hin?"

MARLENE: "Aschenputtel, bei dir piept's doch!"

ELSTER (spitz): "Meinst du? Dann stell den Busch doch auf die Probe! Wünsch dir einfach zwei Einladungen für den Königinnenball!"

MARLENE: "Zwei? Wieso zwei?"

ELSTER: "Na, ich will auch mit. Denkst du, ich hab mich nicht in den blöden Dingsbums... den Prinzen Erasmus verliebt?"

Marlene schaut Elster ungläubig an.

MARLENE: "Er heißt nicht Erasmus sondern Erik! Und du hast ihn angesehen, als hätte er acht Beine!"

ELSTER: "Gar nicht! Du hast wohl Angst vor Konkurrenz?"

MARLENE: "Flusspferd gegen Aschenputtel! Hmm, das scheint mir ein ausgeglichenes Rennen zu sein! (zum Strauch gewendet) Also gut! Wunschhaselstrauch, ich wünsche mir zwei Einladungen für den Ball!"

Dann sieht sie Elster an.

MARLENE: "Zufrieden?"

ELSTER: "Das klappt ganz bestimmt! Wirst sehen!"

<u>INT. MARLENES KAMMER - ABEND</u>

Marlene sieht Elster an und deutet auf die Wasserschale.

MARLENE: "Wenn du dich waschen willst, das Wasser ist noch warm!"

ELSTER: "Ich hab mich doch gestern gewaschen! Das reicht dicke für ein Jahr!"

MARLENE: "Tut es nicht! Und als Schmutzfink kommst du niemals auf den Königinnenball!"

Marlene legt sich kopfschüttelnd ins Bett. Sie stutzt. Sie fasst unter ihr Kopfkissen. Elster beobachtet sie dabei. Marlene zieht zwei Einladungen hervor. Sie ist perplex...

ELSTER: "Was ist?"

MARLENE: "Das glaubst du mir jetzt nicht! Das... das sind zwei Einladungen für den Königinnenball!"

ELSTER: "Ja, Potztausend aber auch! Na bitte!! Dann hatte ich doch Recht mit dem Wunschhaselstrauch!"

MARLENE (fassungslos): "Aber wie ist das nur möglich...?"

ELSTER: "Das ist einfach stinknormale Magie. Wie Wunderlampen, 7-Meilen-Stiefel und fliegende Teppiche..."

Marlene sieht Elster an, und Tränen stehen in ihren Augen.

MARLENE: "Da steckt bestimmt mein Vater dahinter! Er ist mein guter Geist!"

Elster lächelt. Sie weiss es besser...

RÜCKBLENDE

INT. IM LUSTSCHLOSS EINES BARONS - ABEND

Die Tür zum Ankleideraum geht auf und eine Baronin kommt herein. Sie sieht, dass das Fenster offen steht.

BARONIN (schneidend): "Magda! Du dummes Ding! Ich sagte doch, mach das Fenster zu, sonst fliegt das ganze Gezücht herein!"

Das Dienstmädchen kommt herein und schaut groß.

MAGDA: "Aber ich habe das Fenster nicht aufgemacht!"

Die Baronin stößt einen unwilligen Laut aus, schließt das Fenster und tritt zum Frisiertisch. Sie stutzt.

BARONIN: "Wo sind denn des Königs Einladungen hin? Ich hatte sie doch hier vor den Spiegel gelegt!"

Magda tritt dazu, und die beiden Frauen beginnen zu suchen.

EXT. GRAB VON MARLENES VATER/ TAG

Elster steht neben Marlene, die am Grab kniet und den Haselnussstrauch anfasst.

MARLENE: "Ich weiß, was ich mir als Zweites wünsche: Ein Ballkleid! Rot! Und mit Rüschen! Und mit lila Borte!"

ELSTER: "Jetzt überfordere den Wunschstrauch nicht mit lauter Extrawünschen! Ein 'rotes Kleid' muss reichen!"

MARLENE: "So? Na, wenn du meinst! Gut! Dann wünsche ich mir ein rotes Kleid!"

Sie strahlt Elster an.

INT. MARLENES KAMMER - NACHT

Marlene schläft und schnarcht. Elster aber ist wach. Sie erhebt sich leise und huscht aus der Kammer...

COLLAGE

Elster steigt in ein Schlafzimmer ein. Hier schläft ein Paar in einem Bett. Elster sieht in der Truhe nach. Es gibt ein gelbes Kleid, ein blaues und ein weißes. Aber kein Rot.

Ein Schlösschen. Hier gibt es eine größere Auswahl von Kleidern. Auch ein rotes. Aber viel zu klein. Elster hält es sich an, es würde ihr passen, aber nicht Marlene...

Elster öffnet einen Schrank. Hier hängen Kleider. Auch ein rotes ist dabei. Aber es hat einen bösen Fleck...

Eine Schublade. Ein Kleid, rotblau gestreift. Elster wirft es zurück...

Eine Kammer mit schnarchenden Eheleuten. Elster findet in einer Truhe endlich ein passendes rotes Kleid. Erleichtert packt sie es ein, denn draußen graut schon der Morgen...

INT. MARLENES KAMMER - DÄMMERUNG

Elster huscht lautlos herein und drapiert das rote Kleid über dem Stuhl. Marlene seufzt im Bett und erwacht gerade. Elster rollt sich schnell vor dem Kamin zusammen und zieht die Decke über sich. Marlene richtet sich auf. Das hört Elster und streckt sich, als sei sie selber gerade aufgewacht...

MARLENE: "Guten Morgen! Hach, ich habe geschlafen wie ein Stein!"

Marlene schwingt die Beine aus dem Bett und erstarrt. Sie sieht erschrocken das rote Kleid über dem Stuhl...

MARLENE: "Elster! Sieh nur! Ein rotes Kleid! Mein zweiter Wunsch! Auch er ist in Erfüllung gegangen!"

Sie steht und wirft sich das Kleid gleich mal über...

MARLENE (enttäuscht): "Das Kleid ist zu groß!"

ELSTER (richtet sich auf): "Ach, komm! Das stecken wir mit Nadeln zusammen."

MARLENE: "Jetzt warte mal! Das war doch ein Wunsch! Der wird mir erfüllt, und dann ist das Kleid... zu groß? Wie kann denn das sein?"

ELSTER (wird etwas nervös): "Das ist für Haselsträuche ganz normal. Die sind mit ihren Wünschen einfach etwas schlampig!"

MARLENE: "Schlampig?"

ELSTER: "Ringe zum Beispiel, die haben eine viel stärkere Magie, oder Zauberlampen! Haselgeister sind eben oft ein bisschen durch den Wind! Und ich glaube, gestern war ein stürmischer Abend!"

Elster rafft das Kleid auf Marlenes Rücken.

ELSTER: "Und? Wie ist es so?"

MARLENE: "Ein Traum!"

Dann stößt sie einen glücklichen Quieklaut aus und umarmt Elster. Sie hüpfen ausgelassen herum. Nun aber hebt Marlene mit glühenden Wangen den Arm.

MARLENE: "Ich weiß den dritten Wunsch! Ich will eine Kutsche mit acht Pferden!"

Sie hüpft freudig. Elster sieht eher unglücklich drein.

ELSTER: "Marlene, jetzt übertreib nicht! Zwei Gäule tun's doch auch!"

MARLENE: "Nur zwei? Wieso denn? Das ist armselig! Wenigstens sechs müssen es sein!"

ELSTER (wird ärgerlich): "Glaubst du, der Haselgeist hat Lust, deinetwegen Überstunden zu machen? Der hustet dir was!"

MARLENE (hartnäckig): "Aber vier müssen doch drin sein! Es ist immerhin ein freier Wunsch!"

Elster seufzt schwer und nickt dann ergeben...

INT. GEMACH DES PRINZEN - TAG

Der Prinz hockt schwitzend über seinen Büchern und lernt. Meister Wu sitzt dabei.

MEISTER WU: "Dekliniere lambano!"

ERIK: "Lambano... hmm... lambano, lebsomai, el...elabon??"

Der Meister nickt. Aber Erik zuckt die Achseln.

ERIK: "Weiter weiß ich nicht!"

MEISTER WU: "Lambono, lebsomai, elabon, eilefei, leftäsomei, eläftan, eilemei, lambanei! Das muss wie aus der Armbrust geschossen kommen!"

ERIK: "Und wozu brauch ich dieses dummbeutlige Griechisch?"

Meister Wu will erklären, als ein Lakai eintritt.

LAKAI: "Exzellenz! Der Hauptmann der Polizei!"

Hinter dem Lakaien tritt der Hauptmann ein, mit einer Rolle unter dem Arm. Der Prinz steht auf und tritt ihm entgegen. Der Mann verneigt sich.

ERIK: "Er hat etwas zu melden, Hauptmann?"

HAUPTMANN DER MILIZ: "Sagt Euch der Name Elster etwas?"

ERIK: "Elster? Natürlich! Das ist ein Juwelendieb."

Der Hauptmann nickt und entrollt Elsters Steckbrief.

HAUPTMANN DER MILIZ: "Ein ganz gefährlicher Bursche. Er hat den Eisrubin gestohlen aus dem Königreich Tanne. Und den Feueropal von Burg Gru! Und der verschwundene Mondsmaragd aus Askania geht wohl auch auf sein Konto..."

ERIK: "Und warum kommt er damit zu mir?"

HAUPTMANN DER MILIZ: Wir haben Grund zur Annahme, dass die Elster hier im Lande ist... Der Vorfall beim Sommerfest der königlichen Majestät...! Der gestohlene Kronrubin! Das könnte die Elster gewesen sein!"

ERIK: "Und wenn es so wäre? So hätte sie doch dann, was sie wollte..."

HAUPTMANN DER MILIZ: "Aber die Elster ist hinter jedem außergewöhnlichen Juwel her! Und der prächtigste Stein im Reich ist der Diamant der Prinzenkrone! Gut möglich, dass dieser vermaledeite Räuber auch darauf ein Auge geworfen hat...!"

ERIK: "Auf die Träne Allahs? Unmöglich! Die Prinzenkrone trage ich. Es wird niemand gelingen, den Stein zu stehlen, den das beste Schwert des Reiches bewacht!"

HAUPTMANN DER MILIZ (verbeugt sich): "Dann ist es gut, Hoheit! Ich wollte Euch nur gewarnt haben!"

Der Chef der Polizei geht ab. Meister Wu tritt zu seinem jungen Schüler.

MEISTER WU: "Lest meine Gedanken, junger Erik!"

Erik sieht seinen Lehrmeister an und verzieht das Gesicht.

ERIK: "Wie? Er will nicht im Ernst, dass ich die Krone in die Schatzkammer bringe!?"

Erik tritt zu der Krone, die auf einer Kommode liegt.

MEISTER WU: "Ich habe euch alles gelehrt, was ich weiß. Ihr wart ein brillanter Schüler.

Von eurem lausigen Griechisch mal abgesehen... Aber eure größte Lektion steht Euch noch bevor: Lernt, euch selbst nicht ständig zu überschätzen!"

Erik will etwas sagen, aber der Meister hebt die Hand.

MEISTER WU: "Und jetzt wird es Zeit, Eure Tanzschritte etwas aufzufrischen für den Ball morgen Nacht..."

ERIK (jammernd): "Tanzen!? Dann lieber nachsitzen und griechisch lernen...!"

Er tritt verdrossen ein Kissen aus dem Weg und geht hinaus.

EXT. VOR MARLENES HAUS - MORGEN

Eine Kutsche mit drei weißen Rädern und einem roten. Und davor stehen vier Zugtiere: Ein weißes Pferd, ein dunkler Kaltblüter, ein gescheckter Pony und ein Maultier.

Marlene steht am Fenster und bekommt verwunderte Augen, als sie sieht, was da unten steht. Marlene staunt nicht schlecht über die eigenartige Zusammenstellung. Sie läuft vom Fenster weg

INT. MARLENES KAMMER - MORGEN

Marlene rüttelt Elster wach.

MARLENE: "Elster! Elster, wach auf!"

Sie zerrt die müde Elster zum Fenster und deutet hinaus.

MARLENE: "Guck doch mal! Wie sehen die denn aus?"

ELSTER (schaut und gähnt): Es ist eben nur ein räudiger Haselwunschstrauß! Da kannst du keine Lipizzaner verlangen!"

Elster geht und will sich wieder hinlegen.

MARLENE: "Was hast du vor?"

ELSTER: "Nur noch ein Viertelstündchen!"

MARLENE: "Nein! Du hast genug geschlafen! Wir haben viel vor! Heute abend ist der Königinnenball! Außerdem musst du dein Kleid probieren!"

Marlene geht zur Truhe und öffnet sie. Sie hat für Elster ein Kleid genäht und das Beste von ihren eigenen Kleidern dafür verwertet. Es sieht etwas eigenartig aus, aber auch gar nicht schlecht. Elster schaut beeindruckt...

ELSTER: "Das hast du genäht?"

MARLENE: "Ja. Ich weiß. Ich bin besser beim Schrauben. Aber das hier wird schon gehen. Es gibt verarmten Adel, der sieht keinen Deut besser aus..."

ELSTER: "Danke! Wirklich nett von dir! Aber was ist mit Schuhen?"

Marlene merkt auf, nickt und bringt ihr ein schnell ein Paar, das sie schon bereitgestellt hat...

ELSTER: "Die werden mir nicht passen! Ich habe wahnsinnig kleine Füße!"

Elster probiert die Schuhe an, und sie passen perfekt.

MARLENE: "Es sind meine! Ich habe nämlich auch ganz kleine Füße! Ich glaub sogar, die kleinsten von ganz Gänsehals!"

ELSTER: "Ich probiere mal das Kleid!"

MARLENE: "Auf keinen Fall! Das wird ja schmutzig! Wir müssen erstmal einen Menschen aus dir machen! Und mit einem Bad fangen wir an!"

ELSTER: "Wasser? Oh nein! Nicht schon wieder...!"

Aber da kommt Marlene schon kaltlächelnd näher.

INT. KAMMER MARLENE - NACHMITTAG

Marlene hat Elster gewaschen, frisiert und betrachtet zufrieden ihr Werk. In dem Patchwork-Kleid sieht die junge Diebin nun aus, wie eine verwunschene Schönheit... Elster starrt ihr Spiegelbild verdattert an.

ELSTER: "Ich sehe grausam aus! Wie ein Verhöhnung meiner selbst!"

MARLENE: "Papperlapapp! Du bist bildschön! Bestimmt werden die Edelmänner sich darum reißen, mit dir tanzen zu dürfen!"

ELSTER: "Mal den Teufel nicht an die Wand!"

MARLENE (lacht): "Elster, du bist wirklich ulkig!"

Elster nimmt den Spiegel, steht auf und geht ein paar Schritte. Dann sieht sie kläglich zu Marlene.

ELSTER: "Marlene, sei mir nicht böse, ich kann so nicht gehen!"

MARLENE: "Was denn? Wieso nicht?"

ELSTER: "Weil ich genauso aussehe wie all die gepuderten Schnepfen, die ich auf den Tod nicht ausstehen kann!"

MARLENE: "Zum Königinnenball kommt man aber nur als gepuderte Schnepfe..."

ELSTER: "Mann! Ich hab auch immer Pech."

Marlene legt ein Korsett an und dreht Elster den Rücken zu.

MARLENE: "Komm, verschnür mich mal!"

ELSTER: "Wozu soll das gut sein?"

MARLENE: "Das ist ein Korsett! Damit wird aus dem Schweinchen ein Schwan! Schnür mich zu, aber feste! Damit ich in das Kleid passe..."

ELSTER: "Und was heißt 'feste'?"

MARLENE: "Wenn ich ein rotes Gesicht kriege, ist es gut, wenn ich blau anlaufe und bewusstlos umkippe, lässt du einen Zentimeter mehr Spiel..."

Elster schüttelt den Kopf und zieht die Schnüre an.

MARLENE: "Na komm, Aschenputtel! Fester!"

Elster zieht richtig fest. Marlene ächzt erstickt...

ELSTER: "Zu feste?"

MARLENE (zufrieden): "Nein! Pri...ma! Du... hast den Bo...gen raus!"

Elster bindet eine Schleife, und Marlene gelingt es zu atmen. Elster sieht die andere skeptisch an...

ELSTER: "Machst du aus mir jetzt auch so eine... Roulade?"

MARLENE: "Nein. Du bist ja schlank wie eine Gerte... Jetzt das Kleid!"

Mit Elsters Hilfe streift sie das Kleid über.

MARLENE: "Und? Was denkst du? Ob der Prinz mich mag?"

ELSTER: "Wieso findest du ihn eigentlich so toll? Er ist ein arroganter selbstverliebter Seckel..."

MARLENE: "Du verkennst Erik. Wenn er zu anderen etwas rau ist, dann nur deshalb, weil er tief in seiner Seele einsam und unverstanden ist!"

ELSTER (sarkastisch): "Oh, ja, so sieht er aus..."

MARLENE (aufgeregt): "Was mache ich, wenn er vor mir steht und ich kein Wort heraus bringe?"

ELSTER: "Männern ist es nicht wichtig, was Frauen reden. Sie hören ihnen sowieso nicht zu..."

MARLENE: "Ach ja? Und wenn wir erst tanzen, dann wird mein Süßer schon merken, wie anschmiegsam ich bin!"

ELSTER (im Plauderton): "Die Aussicht von den Zinnen im Schloss soll ja ganz famos sein... Ich würde sie mir gern ansehen, wenn ich schon beim Ball bin..."

Marlene sieht Elster irritiert an.

MARLENE: "Du kannst nicht raus! Die Kavaliere werden Schlange stehen bei dir! Du wirst tanzen... die ganze Nacht!!"

ELSTER: "Ich werde bestimmt nicht tanzen."

MARLENE: "Natürlich wirst du tanzen!"

ELSTER (lügt): "Ich kann gar nicht tanzen."

MARLENE: "Dann muss ich es dir beibringen..."

Elster hinkt. Marlene kommt auf sie zu, will sie auffordern.

ELSTER: "Warte! ... Erlässt du mir die Tanzstunde, wenn ich eine lebende Heuschrecke esse?"

MARLENE: "Iiiih! Nein!!"

ELSTER: "Mist!"

Während Marlene eine Melodie summt, beginnt sie zu tanzen. Die beiden holpern herum. Elster schreit geschmerzt auf...

ELSTER: "Aua! Du bist mir voll auf den Fuss getrampelt!"

MARLENE: "Gewöhn dich dran! Die Adeligen sind alles Klumpfüße! Wenn dir jemand auf die Zehen steigt, musst du einfach lächeln!"

Sie tanzen. Elster gibt sich Mühe, es nicht zu können.

MARLENE: "Nur Mut! Tanzen ist das Schönste, was es gibt, glaub mir!"

ELSTER: "Nach ein paar Gläsern Birnengeist gefällt's mir vielleicht auch...!"

Dieses Mal geht der Walzer besser und die beiden Freundinnen schweben herum.

MARLENE: "Aber - Du tanzt wie eine Feder! Du bist ein Naturtalent! Los jetzt! Wir sind spät! Der Ball hat schon angefangen...!"

Da tockt es von oben. Marlene blickt ahnungsvoll auf.

MARLENE: "Bin gleich wieder da!"

Sie läuft aus dem Zimmer. Elster tritt vor den Spiegel und beginnt, sich selbst angewidert Grimassen zu schneiden...

INT. IM THRONSAAL - NACHT

Erik steht neben seinem Vater und dem Hofnarren und sieht finster auf den Königinnenball, der in vollem Gange ist. Der Herold meldet die neu eingetroffenen Gäste an...

HEROLD: "Graf und Gräfin von Biberstein und ihre Tochter Bernadette!"

Die Familie macht ihre Aufwartung. Bernadette ist eine dicke Person mit Knollennase und leichtem Silberblick. Sie knickst vor dem Prinzen, der versucht, huldvoll zu gucken.

HOFNARR: "Sie ist großartig! Wenn sie als Königin nicht taugt, kann man mit ihr prima im Kräutergarten die Krähen verscheuchen!"

KÖNIG: "Der gewaltige Goldschatz ihrer Eltern verleiht ihr Liebreiz!"

HOFNARR: "Oh, jetzt, wo ihr es sagt! Dieses Doppelkinn! Allerliebst!"

HEROLD: "Freifrau von und zu Gutenberg und ihre Tochter Theodora!"

Die Freifrau ist riesig und dürr und ihre Tochter ist noch riesiger und noch dürrer. Der Prinz stöhnt gequält...

ERIK: "Wenn das so weiter geht, geh ich lieber ins Kloster, Paps!"

KÖNIG: "Das heißt: Eure durchlauchtigste Majestät!"

ERIK (trocken zum König): "Naja, du weißt ja, wer gemeint ist, Pupsi!"

INT. MARLENES KAMMER - NACHT

Elster übt gerade Tanzschritte und sieht dabei schon sehr elegant aus. Da tritt Marlene ein. Sehr deprimiert...

ELSTER: "Was ist?"

MARLENE: "Wir können nicht zum Ball. Die Gnädige hat oben in der Küche einen Tisch umgestoßen. Nun liegen alle Körner im Dreck, und ich soll sie auflesen..."

Elster sieht sie an. Dann stößt sie einen Pfiff aus. Balthasar fliegt heran und landet auf ihrem Kopf.

ELSTER: "Zeig es mir!"

INT. KÜCHE DER GNÄDIGEN - NACHT

Auf dem Boden ist das ganze Malheur zu sehen. Mais und Reis liegen wild verstreut.

MARLENE (mutlos): "Das dauert Stunden, bis das eingesammelt ist. Und die Gnädige duldet keinen Aufschub! Wenn ich es nicht mache, wirft sie mich raus, das weiß ich!"

ELSTER: "Das ist aber nicht sehr gnädig von der Gnädigen!"

MARLENE: "Aber wenn ich sie nicht 'Gnädige' nenne, wird sie verdammt sauer!"

Elster wendet sich an die weiße Taube auf ihrer Schulter.

ELSTER: "Balthasar! Was meinst du? Kriegst du das für mich hin...

Die Taube gurrt. Elster verdreht die Augen.

ELSTER: "Ja, ich weiß! Du hast dich auch auf den Ball gefreut! Tu's für mich, ja?"

Die weiße Taube guckt und fliegt dann auf den Boden. Sie beginnt, die Körner aufzupicken.

ELSTER (zu Marlene): "Balthasar macht das schon! Komm!"

Die jungen Frauen eilen aus dem Zimmer.

EXT. VOR DEM SCHLOSS - NACHT

Marlene und Elster fahren mit ihrer sonderbaren Kutsche mit dem ungewöhnlichen Gespann vor. Vor dem Schloss steht ein steinernes Standbild: Vier lebensgroße Soldaten und ein Offizier. Die Figuren sehen sehr echt aus. Die Schildwache, Alf Mond und Pippin Kurz, tritt ihnen entgegen. Beide Männer starren irritiert auf die Pferde und das Maultier...

ALF MOND: "Wer will da passieren? Sagt an!"

MARLENE: "Baronin Marlene von Schwanenflug und die Comtesse Ohnenamen aus Irgendwo!"

Sie reicht den Männern ihre Einladungen. Pippin sieht die Zugtiere an.

PIPPIN KURZ: "Ihr wisst schon: Das hier ist das Schloss, nicht der Schlachthof!"

Alf Mond sieht ihn an, versteht und sie prusten los. Pippin tritt näher zu den Zugtieren.

ELSTER: "Die Bremer Stadtmusikanten waren gerade nicht zu kriegen..."

ALF MOND (stößt den anderen an):"Psst! Nichts weiter sagen! Was, wenn eine von den beiden Königin wird?"

PIPPIN: "Eher wird das Maultier Königin!"

Alf ist sich da nicht so sicher und gibt Marlene mit einem Diener die Einladung zurück. Er sieht sie schüchtern an...

ALF MOND: "Viel Glück! Und bitte merke sie sich: Ich habe keine dummen Witze über ihre edlen Rösser gemacht, und ich finde sie sehr anmutig!"

Dann verbeugt er sich tief und gibt den Weg frei, während sein kleiner Kamerad ihm den 'Scheibenwischer' macht...

INT. IM SÄULENGANG - NACHT

Elster fischt eine blaue Augenmaske hervor und setzt sie auf ihr Gesicht. Marlene sieht das und bleibt stehen.

MARLENE: "Aber es ist doch kein Maskenball!"

ELSTER: "Ich werde gesucht! Besser, sie halten mich für wunderlich, als dass sie mich erkennen und schnappen..."

Elster eilt weiter, und Marlene folgt ihr kopfschüttelnd.

INT. IM KÖNIGSSAAL - NACHT

Prinz Erik steht unweit des Thrones und ist von drei Damen umringt.

PRINZESSIN: "Wisst Ihr, Hoheit, was mir träumte? Dass ich Bäckerin sei und auf der Straße Brötchen feil hielt! Da kamt ihr, habt mich mit samt meinen Baguettes einfach aufs Pferd gehoben und seid mit mir ins Morgenrot geritten..."

ERIK (gepeinigt lächelnd): "Was sie nicht sagt! Wie zu zu romantisch!"

EDLE VON REBENSTOCK: "Ihr müsst mir mal Modell stehen, Hoheit! Einen Apoll wie euch möchte ich gern in Marmor hauen!"

Da klopft der Herold mit dem Stab auf den Boden.

HEROLD: "Marlene, Baronin von Schwanenflug und Comtessa Ohnenamen!"

Der Prinz braucht alles, nur nicht noch mehr Hofschranzen. Als er Marlene sieht, ist er schon im Bilde. Doch dann sieht er ein zweites Mal hin. Er erblickt Elster mit ihrer Maske. Sie und ihr obskures Kleid erwecken Eriks Neugier...

ERIK (zu den Damen): "Sie entschuldigen mich!"

Die drei Damen sehen ihm enttäuscht nach.

Marlene und Elster haben sich auf die Seite der Damen gemischt und harren der Dinge, die da kommen.

MARLENE: "Gelangweilt, Elster! Edelfrauen schauen stets seeehr gelangweilt!"

ELSTER: "Ich muss Pipi!"

Marlene stößt sie an.

In diesem Moment tritt nämlich der Prinz vor sie hin.

ERIK: "Wie schön, Sie auf meinem Ball zu begrüßen dürfen, meine Damen!"

Während Elster den Prinzen eher mit einem feindseligen Blick bedenkt, kriegt Marlene den Mund nicht zu.

MARLENE: "Der Pri... Pri... ich meine Hochlaucht! Will sagen: Durchwohlgeborene Sexellenz! Oh nein, ich meine: Eure königliche Matjes...Matjestät!"

Sie bricht ab, aber Erik reicht Elster bereits seinen Arm.

ERIK: "Darf ich Sie zum Walzer bitten, Comtesse?"

Elster sieht fragend zu Marlene, die ihr tapfer zulächelt. Ihre Freundin fügt sich in ihr Schicksal, und sie und der Prinz tanzen, während tausend Augen sie verfolgen.

Auch Marlene sieht ihnen lange mit brennenden Augen beim Tanzen zu. Ihr Traum ist soeben zerbrochen... Tränen steigen ihr hoch...

INT. AUF DER TANZFLÄCHE - NACHT

Inzwischen sind sie bei der Polka angelangt. Der Prinz tanzt noch immer mit Elster. Sie geben ein sehr elegantes Paar ab. Sie lächelt ein bezauberndes Lächeln und er versucht bei ihr zu landen. Aber die junge Frau hat noch nicht vergessen, wie er sie vor wenigen Tagen fast umgeritten hat...

ERIK: "Comtessa Ohnenamen? Ich habe von diesem Geschlecht noch nie gehört..."

ELSTER (beim Tanz): "Wir protzen eben nicht so rum wie manche andere..."

Der Prinz schweigt einen Moment. Die Umstehenden beachten neugierig das merkwürdige Paar. Tuscheln über das unbekannte, graziöse Mädchen. Der Prinz versucht von neuem seinen Charme spielen zu lassen.

ERIK: "Wieso trägt sie eine Maske? Wenn ich meine Königin wählen soll, muss ich sie doch sehen können!"

ELSTER: "Seid weise und seht mit dem Herzen!"

Der Prinz bleibt mitten im Tanz stehen und schweigt verdattert. Das hat er nicht erwartet.

ERIK: "Mit dem Herzen sehen? Das... ist ungewöhnlich, ... Meinem Lehrer, Meister Wu, würde das gefallen... Komme sie, ich möchte sie ihm vorstellen..."

ELSTER: "Gern."

Sie tanzen weiter.

ERIK: "Jetzt gleich! Ich kann es gar nicht erwarten, dass sie ihn kennenlernt..."

ELSTER (hauchend): "Sei's drum!"

Plötzlich kippt sie nach vorne. Der Prinz fängt sie. Sie stiehlt dabei geschickt seinen Schlüssel...

ERIK: "Ist alles in Ordnung?"

Elster berappelt sich und lächelt.

ELSTER: "Mein Korsett ist etwas eng geschnürt! - Ich bitte um Erlaubnis, mich kurz zurückziehen zu dürfen..."

Damit löst sie sich und verschwindet in der Menge. Der Prinz starrt ihr nach, ziemlich perplex...

INT. GANG IM SCHLOSS - NACHT

Elster huscht heran. Sie blickt sich um. Niemand ist ihr gefolgt. Sie blickt den Schlüsselbund an, den sie Erik gestohlen hat. Weiter hinten im Gang sieht sie Marlene sitzen. Elster drängt sich an eine Wand und beobachtet sie.

INT. IM SÄULENGANG - NACHT

Marlene kauert auf einer Bank und schluchzt herzzerreißend. In diesem Moment nähert sich ihr eine große Gestalt...

STIMME AUS DEM DUNKELN: "Kann ich ihr helfen?"

Marlene blickt auf. Vor ihr steht Alf Mond, einer der beiden Schildwächter vom Schlosstor. Er zieht schnell ein Taschentuch hervor und reicht es Marlene.

ALF MOND: "Hier, Teuerste! Nehmt!"

MARLENE: "Aber... das ist ja benutzt!"

ALF MOND: "Ja, aber nur zwei Zipfel! Da, die linke Seite ist noch ganz frisch..."

Marlene zögert einen Moment, dann macht sie sich die Seite auf und trötet hinein.

ALF MOND: "Wollte sie sich nicht amüsieren, Hoheit? Weshalb weint sie denn?"

MARLENE (seufzt schwer): "Ach, ich bin gar keine Hoheit. Ich bin nur eine einfache Magd! Und jetzt bindet mich und werft mich in den Kerker. Ich will sowieso nicht mehr leben..."

Alf setzt sich an ihre Seite.

ALF MOND: "Warum erzählt sie mir nicht alles? Dann kann ich dem Kerl, der sie zum Weinen gebracht hat, mal saftig in den Hintern treten...!"

MARLENE (nickt grimmig): "Ja. Dem Prinzen!"

Alfs Lächeln gefriert. Dann aber fängt er sich wieder. Er sieht sich um, ob jemand in der Nähe ist...

ALF MOND: "Sie steht ab sofort unter meinem Schutz! Alf Mond, das bin ich, kommt keiner dumm, auch der Prinz nicht! Hat sie schon etwas gegessen?"

Elster lächelt amüsiert. Als Marlene aufsteht, um Alf zu folgen, läuft sie weiter und betritt eine Kammer...

INT. TREPPE NACH OBEN - NACHT

Elster huscht heran. Sie hat sich ihres Kleides entledigt und trägt ihre schwarze 'Dienstkleidung'. Sie hat sich ihr Gesicht geschwärzt und die Haare unter eine Kappe gesteckt. Sie eilt eine Treppe hoch. Hier patrouillieren zwei Männer Königs. Elster kauert sich zusammen, bis die beiden vorbei sind und bewegt sich dann geräuschlos weiter...

INT. AN DER TÜR ZUM SCHATZTRAKT - NACHT

Elster gleitet wie ein Geist heran. Mit der Flamme einer kleinen Fackel öffnet sie mit dem gestohlenen Schlüssel die Eisentüre zum Schatztrakt und ist schon im Raum verschwunden...

INT. IN DER SCHATZKAMMER - NACHT

Ein langer Raum erstreckt sich vor Elster. Sie steckt mit ihrem Feuer zwei große Fackeln an der Wand an. Am Ende des Raumes gibt es eine scheinbar frei zugängliche Auslage mit dem Kronschatz: Da sind Diademe, Ketten, der Reichsapfel und Schalen mit Edelsteinen. Über allem steht die Prinzenkrone mit dem beeindruckenden Diamanten...

ELSTER (ehrfürchtig): "Die Träne Allahs!"

Sie läuft auf die Auslage zu, als plötzlich ein Bellen ertönt und von der Seite ein Wolfshund aus einer Öffnung in der Wand springt. Er liegt an der Kette, doch Elster weicht schnell zurück. Als aber die Hundekette sich spannt, wird ein Mechanismus ausgelöst. Direkt vor den Kronjuwelen und hinter ihr, an der Tür, fahren Eisengitter von der Decke.

Elster sprintet zurück und schafft es gerade noch unter dem Gitter durchzurutschen, bevor es ganz unten ist.

Hätte sie nicht so schnell reagiert, wäre sie jetzt gefangen. Nachdenklich besieht sie die Szenerie und prägt sich die Räumlichkeit ein. Dann verlässt sie die Schatzkammer wieder und dreht den Schlüssel in der Tür...

INT. AM BUFFET - NACHT

Der Ball ist in vollem Gange, da fliegt die Tür auf und Männer der königlichen Garde springen herein.

Sie laufen zum Prinzen, der bei Meister Wu steht, und reden auf ihn ein. Erik folgt den Wachen im Laufschritt hinaus...

INT. IN DER SCHATZKAMMER - NACHT

Die Tür öffnet sich und der Prinz tritt ein, mit gezogenem Schwert, gefolgt von Meister Wu und einigen Männern der Palastwache. Sie sehen sich um und wirken verwirrt. Außer dem bellenden Hund ist niemand zu sehen...

GARDIST: "Niemand da! Und die Juwelen sind unberührt! Falscher Alarm!"

ERIK (sieht sich um): "Es war kein falscher Alarm!"

GARDIST: "Ganz bestimmt, Hoheit! Beelzebub hat eine Katze gehört und dabei den Alarm ausgelöst..."

ERIK: "Und hat Beelzebub auch die Fackeln an der Wand angezündet?"

Er geht hinaus, während der Gardist erschrocken zu den Fackeln sieht...

INT. AM BUFFET - NACHT

Marlene hat ihren Teller geleert. Alf Mond steht am Buffet und lockt mit einem neuen Teller, als sich eine Hand auf ihre Schulter legt. Es ist Elster. Sie trägt wieder ihr Kleid, aber sie sieht nicht so taufrisch aus wie vorhin.

ELSTER: "Komm! Wir gehen!"

Sie nimmt die widerstrebende Marlene an der Hand und zieht sie davon.

INT. KÜCHE DER GNÄDIGEN - NACHT

Die Tür öffnet sich und Marlene macht Licht. Gurrend sitzt Balthasar, die weiße Taube, auf einem Stuhl. Alle Körner sind säuberlich in zwei Schalen auf dem Tisch gesammelt...

ELSTER: "Gut gemacht! Balthasar!"

Marlene nimmt einen Besen und fegt den Staub, der noch am Boden liegt, zur Seite...

INT. MARLENES KAMMER - NACHT

Elster liegt auf dem Rücken vor dem Kamin und denkt nach, während Marlene ihrerseits auf ihrem Bett liegt und sinnierend die Decke ansieht. Elster sieht zu ihr hinüber...

ELSTER: "Bist du böse auf mich? Weil der Prinz mich aufgefordert hat..."

MARLENE: "Nein. Ach... naja, vielleicht ein bisschen. Aber du kannst ja wirklich nichts dafür... Ich hab mir nur was vorgemacht..."

Sie schweigt.

MARLENE: "Als die drei Wünsche wahr geworden sind, da dachte ich, das mit dem Prinzen könnte auch klappen... (sie seufzt bitter) Der Bauerntrampel hat versucht, den König zu becircen. Aber er hatte nur Augen für dich! Trotz deiner dummen Maskerade!

ELSTER: "Ach was! Der spielt doch nur rum."

MARLENE: "Du hast dich also gar nicht in ihn verliebt...?"

ELSTER: "Niemals! Nein... (verbessert sich hastig) Ja... sagen wir... Ich würde schon noch einmal mit ihm tanzen!"

MARLENE (plötzlich erfreut): "Das heißt, wir gehen morgen noch einmal hin!? Wie wundervoll! Ich kann es kaum erwarten!"

ELSTER (erstaunt): "Ach ja? ... Gibt es da was, was Du mir erzählen möchtest?"

Marlene bemerkt die Widersprüchlichkeit. Sie will aber nicht von Alf Mond erzählen und überspielt...

MARLENE: "Das Buffet? Sie haben Röstente an Mandarine! Und Hirschpfeffer! Und Pastete von Bärentatze! Und in Kognak flambiertes Marzipan! Ein Traum!!"

Elster lächelt wissend. Und Marlene stimmt mit ein...

<u>EXT. VOR DEM SCHLOSS - TAG</u>

Geschäftiges Treiben um das Schloss herum. Elster tritt mit Balthasar auf der Schulter heran und sieht sich die Außenmauern des Schlosses genauer an. Sie geht um die Ecke des Kastells und sieht steil nach oben...

ELSTER: "Schau, Balthasar! Das muss das Fenster der Juwelenkammer sein!"

Elster holt ihr Fernglas heraus und schaut sich das Fenster zur Schatzkammer genauer an. Direkt unter dem Fenster sind schräg nach oben zeigende Spieße...

ELSTER: "Hmm... Dort die Wand runterklettern kann man nicht! Da müssen wir uns etwas anderes einfallen lassen...!"

<u>INT. MARLENES KAMMER - TAG</u>

Elster versucht den Fluchtweg im Schloss zu zeichnen, als Marlene eintritt. Sie liest in einem abgewetzten Büchlein.

ELSTER (außer sich): "Mein Buch! Gib es her! Sofort!"

Sie springt vor und reißt Marlene das Buch aus der Hand.

MARLENE: "Es ist beim Reinemachen aus deinem Säckchen gerutscht und dabei aufgeschlagen..."

Elster packt das Buch finster weg. Marlene mustert sie...

MARLENE: "Das ist Zauberei, oder? Alchemie! Du bist mit den dunkeln Mächten im Bunde, ist doch so?"

Elster sieht sie an. Sie wirkt traurig...

ELSTER: "Nein. So ist es nicht."

MARLENE: "Dann beweise es! Ich beherberge keine gottlosen Menschen!"

Elster blickt sie an und überlegt. Dann seufzt sie...

ELSTER: "Kannst du reiten?"

EXT. FELSENMEER - TAG

Balthasar fliegt vorneweg. Elster und Marlene reiten auf dem Warmblüter und dem Pony ihres Gespannes durch das Felsenmeer. Elster hält an und rutscht vom Pferd. Marlene tut es ihr gleich. Sie binden die Tiere an...

INT. IN ELSTERS HÖHLE - TAG

Durch einige Spalten im Fels ist es tagsüber hell in Elsters Geheimversteck. Marlene und sie treten in das Gewölbe. Die Magd sieht sich fasziniert um...

MARLENE: "Was ist das?"

ELSTER: "Das Elsternnest! Hier habe ich mich versteckt, als meine Großmutter gestorben ist..."

MARLENE: "Ach! Wie alt warst du da?"

ELSTER: "Ich weiß es nicht. Sechs oder sieben... ich weiß ja nicht mal, wann ich Geburtstag habe..."

Marlene tritt an den Tisch mit den alchemistischen Anordnungen, den Kolben und Mörsern.

MARLENE: "Was bedeutet das?"

ELSTER: "Ich... ich versuche, Gold herzustellen. Wenn ich es schaffe, dann soll es ein Ende haben mit der Stehlerei..."

Marlene sieht sie an und nickt verständnisvoll.

MARLENE: "Es war bestimmt schlimm für dich. So ganz alleine. Ohne Mutter und Vater..."

ELSTER: "Ich habe ja gar keine Erinnerung an sie... Aber als meine Großmutter starb, da was es, als hätte die Welt von einem Moment zum andern alle Farbe verloren..."

Marlene legt Elster tröstend die Hand auf die Schulter und nimmt sie dann in die Arme. Ungewohnt für Elster, aber sie lässt es zu. Es fühlt sich gut an. Dann aber löst sie sich.

ELSTER: "Was ist mit dem Königinnenball? Wir haben einen langen Rückweg und müssen uns beide noch in heiße Prinzessinnen verwandeln! - Gehen wir!"

Bevor sie gehen, nimmt Elster noch eine große Seilwinde mit und hängt sie sich über die Schulter.

INT. MARLENES KAMMER - ABEND

Elster zieht Marlenes Bustier fest.

MARLENE: "Bald bist du Königin und brauchst kein Gold mehr! Und sie machen Luftballons mit deinem Gesicht drauf...!"

Elster sieht Marlene irritiert an. Da tut es über ihnen einen Mordsschlag. Im nächsten Moment kommt schon das fordernde Tocken des Stockes der Gnädigen...

INT. KÜCHE DER GNÄDIGEN - TAG

Dieses Mal ist es noch schlimmer. Ein ganzes Regalbrett ist zusammengebrochen und nun liegen Linsen, Reis, Mais und Bohnen in einem wirren Meer auf dem Boden verstreut...

MARLENE (niedergeschlagen): "Ade, schönes Königsbuffet!"

Elster nimmt Balthasar von ihrer Schulter.

ELSTER: "Was ist Balthasar? Können wir auf dich zählen?"

Die weiße Taube gurrt und fliegt zum Fenster. Elster öffnet und Balthasar fliegt hinaus.

MARLENE: "Wo ist er hin?"

ELSTER: "Ein paar Freunde mobilisieren. Allein schafft er das diesmal nicht!"

INT. IM KÖNIGSSAAL - NACHT

Erik steht mit Meister Wu zusammen und sieht sich die Augen nach Elster aus, während im Saal um sie herum schon wieder ein buntes Treiben angefangen hat...

ERIK: "Und wenn der Verlust meines Schlüsselbundes doch nur Zufall ist?"

MEISTER WU: "Das Unwahrscheinliche anzunehmen ist ein Wesenszug entweder der Naivität oder der Feigheit!"

ERIK: "Warum, Meister Wu, bringt ihr mit euren schlauen Sprüchen eigentlich keinen Kalender raus?"

Er hat Elster endlich entdeckt. Ein Strahlen über sein Gesicht und er geht mit schnellen Schritten davon. Meister Wu schaut nachdenklich.

MEISTER WU: "Ein Kalender? Hmmm... Wieso eigentlich nicht?"

INT. AM BUFFET - NACHT

Elster und Marlene stehen am prächtigen Buffet. Elster trägt wieder die blaue Maske...

MARLENE: "Oh, sieh nur! Leckere Pfannkuchen gefüllt mit heißem Fließkäse und Preiselbeeren!"

Da steht plötzlich jemand hinter ihnen: Prinz Erik...

ERIK: "Comtessa! Sie schuldet mir von gestern noch einen Tanz!"

ELSTER (tut cool): "Ah, der Schokoprinz! Na, gut, bringen wir's hinter uns...!"

Elster folgt dem Prinzen auf die Tanzfläche.

Marlene kümmert das Buffet nicht mehr, sie hat andere Pläne. Doch plötzlich versperrt eine korpulente, etwas ältere Dame ihr den Weg und zeigt mit dem Finger auf sie...

FRAU DES SCHULTHEISSEN: "Sie... Sie haben mein Kleid an!"

MARLENE: "Aber nein! Wo denken Sie hin? Das ist mein Kleid!"

FRAU DES SCHULTHEISSEN: "Nein, es ist mein Kleid! Ich erkenne es doch wieder! Es wurde mir gestohlen! Und zwar von Ihnen!"

MARLENE: "Sie irren sich! Ich habe einen Haselzweig auf dem Grab meines Vaters gepflanzt und daraus ist dann ein Wunschhaselstrauch erwachsen und ich..."

Marlene bricht ab. Gerade eben merkt sie, dass sie diese Geschichte vielleicht nicht zum Besten geben sollte. Sie lächelt nervös. Dann sieht sie an der Frau vorbei...

MARLENE: "Sehen Sie mal! Die Blonde da! Die trägt genauso ein Kleid wie ich!"

Die Frau dreht sich um und sucht. Vergeblich. Als sie sich wieder zurückwendet, ist Marlene spurlos verschwunden...

INT. AUF DER TANZFLÄCHE - NACHT

Elster und Erik drehen sich auf der Tanzfläche. Der Prinz mustert sie auf das Genaueste.

ERIK: "Sie ist selbst mit Maske betörend! Aber ich würde zu gerne wissen, wie sie ohne aussieht!"

ELSTER (schnippisch): "Gut. Macht mich zu eurer Königin!"

ERIK: "Ich werde keine Frau heiraten, deren Gesicht ich nicht kenne! Wir leben ja nicht mehr im Mittelalter!"

ELSTER (sarkastisch): "Ach herrjeh! Dann muss ich mich wohl bei Gelegenheit von Euren Zinnen stürzen..."

ERIK (stirnrunzelnd): "Was ist mit ihr? Wieso ist sie so feindselig? Was habe ich ihr getan?"

ELSTER: "Ihr habt mich über den Haufen geritten!"

ERIK (empört): "Ich? Sie? Das fiele mir niemals ein!"

ELSTER (heftig): "Und Ihr jagt harmlose Tiere feige mit der Armbrust!"

Eine peinliche Stille entsteht, in der Elster bewusst wird, in was für eine blöde Lage sie sich gebracht hat.

ELSTER: "Verzeiht, Hoheit. Das ist mir so rausgerutscht..."

Der Prinz tanzt weiter.

ERIK: "Schon gut. Viele Frauen gibt es nicht, die es wagen, auf diese Art mit dem Thronfolger zu reden!"

ELSTER: "Verzeiht, wenn ich frage: Aber wenn Ihr der Prinz seid, wieso tragt Ihr eure Krone nicht?

ERIK: "Das wäre zu gefährlich."

ELSTER: "Zu gefährlich? Wieso?"

ERIK: "Wegen der Elster..."

ELSTER (tut ahnungslos): "Wie? Kommen hier Vögel herein?

ERIK: "Es geht nicht um Vögel! Es geht um einen Juwelendieb! Und er hat es auf die 'Träne Allahs' abgesehen. Ein einzigartiger Diamant aus dem Morgenlande!"

ELSTER: "Die Träne Allahs? Nie davon gehört!"

ERIK: "Oh, es ist ein besonderer Juwel! Man sagt ihm magische Kräfte nach... Vor einigen Jahren hat sogar die Verhex-Hexe versucht, ihn zu stehlen..."

ELSTER: "Die Verhex-Hexe? Was erzählen Sie da? Es gibt doch keine Hexen mehr!"

ERIK (lacht) Meine Soldaten glauben jedenfalls noch an sie... Kennt ihr die Skulptur der fünf Steinsoldaten vor dem Schloss? Ein Bildhauer hat dieses Kunstwerk einst geschaffen.

Aber irgendwann hat jemand behauptet, dass es echte
Schildwachen waren, von der Verhex-Hexe verzaubert. Und
seitdem glaubt das jeder hier...!"

ELSTER (unterdrückt ein Gähnen): "Nicht, dass Ihr nicht
extrem kurzweilig zu erzählen wüsstet, mein Prinz, aber..."

Sie löst sich und eilt davon. Der Prinz sieht ihr bedröppelt
nach. Schon wieder wurde er einfach so stehengelassen...

ERIK (ihr nachrufend): "Ich warte genau hier! Der Tanz ist
noch nicht vorbei!

<u>INT. IM SÄULENGANG - NACHT</u>

Als Elster wieder umgekleidet, die Seilwinde über der
Schulter, in den Säulengang kommt, lehnt Alf Mond schon an
der Brüstung und schaut ins Tal hinunter. Da huscht Marlene
heran.

MARLENE: "Hallo, Alf!"

Alf richtet sich auf und sieht Marlene hingerissen an.

ALF MOND: "Marlene! Ach, wie schön! Ich hatte schon Angst, du
kommst nicht mehr!"

MARLENE: "Wir hatten nur Arbeit, viel Arbeit zuhause..."

ALF MOND: "Wie schön du aussiehst! Also, wenn du mich fragst,
geh wieder rein: Vielleicht setzt der Prinz heute seine
Brille auf! Du bist hinreißend!"

MARLENE (lacht): "Du warst gestern Abend so lieb zu mir, Alf,
deshalb habe ich dir ein kleines Dankeschön-Geschenk
mitgebracht... Hier!"

Sie reicht ihm das selbstgebaute Modell eines militärischen
Katapults. Alf sieht es an und staunt.

ALF MOND: "So etwas habe ich noch nie gesehen! Wo hast du es
her?"

MARLENE: "Ich baue sie selber!"

ALF MOND (schaut genauer hin): "Was ist denn das? Verschießt
dieses Katapult tatsächlich neun Pfeile auf einmal?"

MARLENE: "Dadurch wird die Reichweite natürlich kleiner, aber
im Feld dürfte es sehr effektiv sein!"

ALF MOND (bewundernd): "So etwas hat nicht einmal der König! -
Du bist unglaublich!"

Und plötzlich wird er kühn, beugt sich vor und küsst sie. Sie
ist völlig überrumpelt, dann aber gibt sie sich dem Kusse
einen Moment lang hin.

Doch plötzlich wird ihr die Sache unheimlich. Sie drückt ihn weg und gibt ihm eine Ohrfeige. Er sieht sie erschrocken an.

ALF MOND: "Oh! Äh... Verzeihung."

Marlene ist vom Moment überfordert und läuft davon... Beinahe hätte sie Elster in ihrer Ecke gesehen...

INT. DUNKLE GÄNGE IM SCHLOSS - NACHT

Die Elster huscht heran, mit dem zusammengelegten Seil über der Schulter. Vor der Schatzkammer stehen heute zwei Wachtposten. Elster schaut, nimmt eine Fackel aus einer der Wandhalterungen und steckt sie in ein leeres Gehäuse. Sie späht um die Ecke und formt mit ihren Händen einen Wolfskopf, dessen Schattenriss an die Wand neben den Wächtern fällt. Dann holt sie tief Luft.

ELSTER: "Hilfe! Hilfe! Die Verhex-Hexe! Rette sich wer kann! Sie verwandelt jeden in Stein!"

Die beiden Wächter sehen sich alarmiert an.

ELSTER: "Haaa! Dachtest du, du entkommst mir, du törichtes Ding!"

Nun hält Elster ihre Hände vor die Fackel und wirft den Schattenriss einer Hexe mit Hut an die Wände. Die beiden Wächter sehen diese Silhouette in genau diesem Moment...

ELSTER (mit Hexenstimme): "Aaah! Da vorne vor der Schatzkammer stehen ja noch zwei Zinnsoldaten, die ich in Stein verwandeln werde...! Abramicabra, Katzenspuk und Krötenschleim...!"

Die beiden Wächter schreien in Todesangst und rennen davon. Nun ist der Weg für die Elster frei. Sie rennt zur Tür und schließt sie auf. Dann tritt sie ein. Viel Zeit hat sie nicht, da die gefoppten Soldaten sicher bald Alarm schlagen werden. Sie nimmt Maß und rennt los... Kaum ist sie zwei Meter gelaufen, da prescht bellend der Hund aus seinem dunklen Loch und die Eisengitter werden ausgelöst. Elster schleudert das Seilbündel in ihrer Hand mit aller Kraft. Das rutscht über den Boden, unter das sich jenseitig senkende Gitter hindurch und landet unter dem roten Brokat der Juwelenauslage. Elster rennt zurück und rollt sich unter dem Gitter beim Eingang durch, bevor es unten ist. Dann macht sie, dass sie davonkommt...

INT. AUF DER GROSSEN TREPPE - NACHT

Elster eilt die Treppe hinunter, als sich ihr plötzlich ein Mann mit gezogenem Degen entgegenstellt. Es ist Prinz Erik. Elster bleibt erschrocken stehen...

ERIK: "Wenn das nicht die berühmte Elster ist! Freut mich wirklich, ihm endlich zu begegnen!"

Er schlägt seine Waffe pfeifend durch die Luft, macht einen Vorstoß, doch die Elster springt auf das Treppengeländer und rutscht an ihm vorbei. Auf dem Boden findet sie wegen der Geschwindigkeit nicht sofort Stand und überschlägt sich. Dabei fallen die Ballschuhe aus ihrem Umhängebeutel. Sie fährt schnell mit den Händen hinein und stellt sich dem anstürmenden Prinzen entgehen. Der macht einen Ausfall, den Elster mit dem Schuh abwehrt.

Erik schlägt eine Kombination, doch jedes Mal pariert der Gegner den Hieb mit der Sohle und dem Absatz der Damenschuhe. Der Prinz runzelt die Stirn. Wie kann das angehen, dass seine Angriffe nur mit Damenschuhen abwehrt werden?

Wütend greift er erneut an. Er treibt Elster mit wilden Hieben zurück an die Wand. Elster aber prellt einen Schuh an die Mauer und klemmt so den Degen des Prinzen ein. Dann wirbelt sie blitzschnell um sich selbst und verpasst dem Gegner einen harten Schlag mit dem anderen Stiefel an die Schläfe. Prinz Erik verliert den Degen und sein Bewusstsein schwindet. Er fällt und sieht noch, wie die Elster davon läuft und entschwindet, wie ein Schemen in der Nacht...

<u>EXT. IM SCHLOSSHOF - NACHT</u>

Elster, nun wieder in ihrem Kleid, hetzt heran. Marlene sitzt schon auf dem Kutschbock.

MARLENE: "Wo bleibst du denn? Ich warte schon seit einer Ewigkeit...!"

Elster steigt auf und sie fahren davon.

<u>INT. MARLENES KAMMER - NACHT</u>

Elster liegt auf ihrem Schlafplatz auf den Dielen und sieht nachdenklich in die Luft. Da öffnet sich die Tür und Marlene kommt herein, mit Taube Balthasar auf dem Arm.

MARLENE: "Er hat es wirklich geschafft, dein kleiner Balthasar! Alle Körner waren aufgesammelt..."

ELSTER: "Du warst aber lange oben..."

MARLENE: "Weil der Boden voll war von Taubenkacke. Die musste ich erst wegschrubben..."

Marlene macht sich für das Zubettgehen bereit. Sie seufzt.

ELSTER: "Was ist...?"

MARLENE (seufzend): "Du glaubst es nicht: Aber ich wurde heute zum allerersten Mal von einem Mann geküsst!"

ELSTER: "Iiiih!! Ist das widerlich!"

MARLENE: "Nein. Es war ganz wunderbar. Er heißt Alf und Du kennst ihn: Der große Schildwächter vom Schlosstor!

ELSTER: "Jaaa?"

MARLENE: "Ich glaube, er hat mir nicht nur einen Kuss geraubt, sondern gleich das ganze Herz!"

Elster verdreht die Augen. Wie kann man nur?

MARLENE: "Können wir morgen Abend wieder hin? Es ist der letzte Abend und ich muss mich entschuldigen!"

ELSTER: "Hä? Wieso?"

MARLENE: "Ich hab ihn geohrfeigt!"

ELSTER: "Du bist in ihn verknallt und haust ihn? Das muss ich jetzt aber nicht verstehen, oder?"

MARLENE: "Ich habe mich nur verhalten wie eine Dame! Er soll nicht denken, dass ich ein Flittchen bin, dass leicht zu haben ist!"

Elster richtet sich auf und sieht die Freundin an.

ELSTER: "Gut! Ich fahre noch einmal mit dir hin. Aber könnte ich dich auch um einen kleinen Gefallen bitten?"

MARLENE: "Natürlich kannst du das. Wir sind doch Freundinnen! Also?"

ELSTER: "Du müsstest mir zwei von deinen kleinen Modellen bauen. Zwei Fuhrwerke! Aber es müssen spezielle Wägen sein, überaus stabile...!"

Marlene sieht Elster verständnislos an.

EXT. KRÄUTERGARTEN – TAG

Meister Wu steht, Nüsse essend, bei dem Prinzen, der im Schweiße seines Angesichts den Kräutergarten umgräbt...

MEISTER WU: "Etwas tiefer, bitte, Durchlaucht! Mein Ginseng mag es luftig!"

Erik stöhnt und gräbt tiefer um.

ERIK: "Meine Diener würden mit Freuden hier für mich einspringen!"

MEISTER WU: "Ach ja! Würden sie das?"

Erik haut wütend die Schaufel in die Erde.

ERIK: "Gut, ich habe eine Niederlage erlitten. Und ich grabe sein Kräuterbeet um. Aber weiß er auch, womit die Elster kämpft?"

Er fördert aus einem Beutel zwei Damenschuhe und reicht sie seinem Lehrer.

MEISTER WU (verblüfft): "Die Elster trägt Frauenschuhe?

ERIK: "Nein. Er trägt sie an den Händen, wie Fäustlinge! (knurrend) Und hat mich damit besiegt!"

Meister Wu lüpft die Brauen.

MEISTER WU: "Ihr wurdet besiegt? Nicht doch, Hoheit!"

ERIK (zieht den Degen): "Ja, spar er sich seinen Spott und kämpfe selbst!"

Meister Wu schüttelt den Kopf...

MEISTER WU: "Wollt Ihr Euren Gegner wirklich besiegen, Prinz Erik? Dann seht ein, dass es Größeres gibt als Euch selbst. Elster ist ein Dieb, dessen Leben von seiner Kunst abhängt... Was könnt Ihr in die Waagschale werfen? Hochmut? Stolz? Trotz? Selbstgefälligkeit?"

Der Prinz hört diese Lektion nicht gerne, aber er schweigt.

MEISTER WU: "Wollt Ihr die Elster schlagen? Dann respektiert sein Können! Nutzt Euren Verstand und Eure Vorteile..."

ERIK: "Danke, Meister Wu!"

Er verbeugt sich und will gehen.

MEISTER WU: "Aa! Aa! Aa!!

Erik bleibt stehen. Der alte Asiate deutet auf das nicht fertig umgegrabene Beet. Prinz Erik stöhnt...

ERIK: "Mein Vater dankt morgen ab! Dann bin ich der König!"

MEISTER WU: "Aber heute seid ihr noch Prinz. Und mein Schüler, der mir Gehorsam schuldig ist!"

Er deutet auffordernd auf das Beet und wirft sich noch eine Nuss ein. Grollend trollt Erik sich an die Arbeit...

EXT. AUF DEM MARKTPLATZ VON GÄNSEHALS - TAG

Elster und Marlene mit Balthasar gehen von einem der Stände zu den anderen. Elster bleibt bei einem Bader stehen.

ELSTER: "Ist das Laudanum?"

BADER: "Ja, kostet vier Kupferstücke!"

Elster sieht sich um, ob die Luft rein ist. Aber noch fühlt sie den Blick des Baders zu direkt

ELSTER: "Ich komme nachher wieder..."

Marlene ahnt, was Elster vorhat und zieht ein paar Kupferstücke aus ihrer Börse.

MARLENE: "Wir kaufen es gleich, vielleicht ist es ja später ausverkauft..."

Sie bezahlt und gibt Elster das Laudanum.

MARLENE: "Wozu brauchst du das denn?"

ELSTER: "Damit äh... schläft man besser..."

Elster dreht sich und rennt direkt in den Hauptmann der Polizei. Erschrocken sieht die junge Frau zu dem Mann auf.

HAUPTMANN DER POLIZEI: "Verzeihung! Es war meine Schuld!"

Er stutzt, als er die Taube auf Elsters Schulter fliegen sieht. Misstrauisch sieht er der jungen Frau ins Gesicht...

BONBONMACHER (O.S.): "Die letzten Tüten Waldmeisterbonbons!"

Der Hauptmann schreckt bestürzt herum. Er hebt den Arm.

HAUPTMANN DER MILIZ: "Ich will eine! Wartet! Hebt mir eine Tüte auf!"

Er eilt zum Bonbonstand, um an die begehrte Leckerei zu kommen. Elster und Marlene sehen sich an und hauen ab...

EXT. VOR DEM SCHLOSS - NACHT

Die Kutsche mit Marlene und Elster hält vor dem Tor. Wieder haben Alf Mond und Pippin Kurz Wache.

PIPPIN (spöttisch): "Potztausend! Wenn das nicht die Prinzessinnen Tausendschön mit ihren edlen Arabern sind!"

Alf Mond packt seinen Kameraden unwillig am Schlafittchen.

ALF MOND: "Lass sie in Ruhe, Pippin, oder ich machen einen Knoten in dich!

PIPPIN: "He! Beruhige dich mal! Dass ist nur Bettel-Adel! Ein guter Name und Spinnweben in der Geldtruhe!"

ALF MOND (schneidend): "Klappe oder Knoten!"

Pippin schweigt. Alf gibt den Weg für die Kutsche frei.

MARLENE (ganz lieb zu Alf): "Lieber Herr! Wenn man sich bei jemandem entschuldigen möchte, den man zu Unrecht geohrfeigt hat, welcher Ort im Schloss eignet sich dazu am besten?

ALF MOND (beginnt erfreut zu lächeln): "Der östliche Säulengang ist für so etwas wie geschaffen!"

MARLENE: "Habt Dank, mein wackerer Herr!"

Sie fährt weiter, während Elster irritiert schaut...

INT. IM KÖNIGSSAAL - NACHT

Der Hofnarr sitzt beim König. Prinz Erik steht dabei und hält nach einer ganz bestimmten Dame Ausschau. Der Königinnenball ist bereits wieder in vollem Gange...

HOFNARR (zum König): "...und da klagt die Prinzessin: Ich hab trotz der zwanzig Matratzen kein Auge zugetan! Mein Rücken ist völlig zerschlagen! Und da wusste der Prinz, dass sie die Richtige für ihn ist..."

KÖNIG: "Wie? Was? Versteh ich nicht."

HOFNARR (geduldig): "Na, wegen der Erbse, König Holzkopf! Die zarte Prinzessin hatte sie durch alle zwanzig Matratzen durchgespürt!"

KÖNIG (schaut unwillig): "Das ist doch Unsinn! Zwanzig Matratzen! Das ist zu albern! Weißt du was? Du bist überhaupt nicht witzig! Sag mir einen Grund, warum ich dich nicht gleich morgen köpfen sollte?"

Der Hofnarr schaut eingeschüchtert und wiegt den Kopf.

HOFNARR (vorsichtig): "Vielleicht weil ich dein Bruder bin?"

Der König sieht ihn verdrossen an und nickt finster.

KÖNIG: "Du hast Recht. Mutter würde es nicht wollen... Aber keine dummen Matratzengeschichten mehr!"

Der Narr nickt ergeben. In diesem Moment sieht Erik Marlene und die maskierte Elster, die soeben den Saal betreten.

ERIK: "Dort, Paps! Dort ist sie!"

KÖNIG (korrigierend): "Dort, erlauchte väterliche Hoheit, dort ist sie!"

ERIK: "Paps, was macht man, wenn man eine Frau beeindrucken will, die einen... nicht so gut findet?"

KÖNIG (verwundert): "Nicht so gut? Was soll das heißen? Du bist der Prinz!"

HOFNARR (beugt sich vor): "Mit Speck fängt man Mäuse, lieber Neffe! Und die Edelfrau, die keinen süßen Zahn hat, muss erst noch geboren werden!"

Der Prinz lacht breit, deutet dankend auf den Hofnarr und springt davon. Der König sieht den Narren vorwurfsvoll an, und der streckt ihm prompt die Zunge heraus...

INT. AM BUFFET - NACHT

Marlene inspiziert die Köstlichkeiten, während Elster mit den Gedanken ganz woanders ist.

MARLENE: "Das ist ja noch besser als gestern: Rebhuhnpastete mit Himbeeren... und Mousse au Chocolat und da... kandierte Skorpione aus Samarkand!"

Da sieht sie Erik, der im Gewühl herumsucht. Marlene winkt ihm hinter Elsters Rücken, bis er auf sie aufmerksam wird. Der Prinz drängelt sich zu ihr durch...

ERIK: "Die Comtessa mit der Maske! Sie habe ich gesucht."

Der Prinz lacht und bietet ihr seinen Arm an.

ELSTER: "Was denn? Schon wieder tanzen? Ich fürchte, ich lahme inzwischen ein wenig..."

ERIK: "Kein Tanz! Ich möchte sie heute etwas überraschen! Bitte!"

Er zieht sie mit sich. Elster sieht hilfesuchend zu Marlene, die ihr aber nur lächelnd zum Abschied zuwinkt.

INT. AM SCHOKOBRUNNEN - NACHT

Der Prinz führt Elster zu einem Schokoladenbrunnen. Hier taucht man kandierte Früchte in die flüssige Schokolade.

ERIK: "Bitte! Sie soll probieren! Es ist Schokolade aus Almbergen!"

Elster sieht auf die Herrlichkeit und leckt sich unwillkürlich über die Lippen. Dann nimmt sie einen Spieß mit Erdbeeren und hält sie in die Schokolade. Sie beißt davon ab. Ihre Augen schließen, und sie seufzt vor Wonne...

ELSTER: "Ooh! ... Das ist wirklich fabelhaft! Noch einen!"

Sie greift nach dem nächsten Stecken und taucht ihn in die Schokolade. Prinz Erik sieht zufrieden, dass er hier wohl den richtigen Ton getroffen hat.

ELSTER: "Gott, ist das gut! Habt ihr nicht irgendwo einen Teich davon? In so was würde ich gerne ertrinken..."

ERIK (lacht): "Warum trinkt sie nicht etwas Schokolade aus dem Glas?"

Er nimmt ein Glas und hält es an den heißen Schokoladen-Brunnen. Dann reicht er es Elster. Die probiert gierig...

ERIK: "Lässt sie mich jetzt ihr Gesicht sehen, wenn ich sie darum bitte?"

Elster zuckt zusammen, und das Glas in ihrer Hand springt.

ERIK: "Vorsicht!"

Zu spät! Elster hat sich schon in die Hand geschnitten...

ELSTER: "Verzeiht! Wie ungeschickt von mir!"

Blut läuft an der Hand herunter.

ERIK: "Ich bringe sie zu meinem Hofarzt!"

ELSTER (erschrocken): "Aber nein! Etwas Wasser, dann geht das schon...! Entschuldigt mich!"

Sie eilt davon. Erik sieht ihr etwas ratlos nach.

INT. AN EINEM WASSERSPEIER IM SCHLOSS - NACHT

Elster huscht mit blutender Hand heran. Sie hält sie unter den Wasserspeier und wischt Blut und Schokolade ab. Dann wickelt sie ein Tuch um die Hand und nimmt die blaue Maske ab. Sie huscht davon und bemerkt die zwei Gestalten nicht, die hinter ihr aus dem Schatten treten: Marlene und Alf...

ALF MOND: "Wo will die Comtessa denn hin?"

MARLENE: "Ja... wohin nur?"

INT. VOR DER SCHATZKAMMER - NACHT

Elster huscht heran, jetzt als Dieb mit geschwärztem Gesicht und dunkler Lederkleidung. Sie lugt um die Ecke. Heute stehen gleich drei Wächter vor der Schatzkammer. Elster greift in die Tasche und holt das kleine Glasröhrchen hervor, das sie noch vom Markt in Gänsehals hat. Dann öffnet sie einen kleinen Flakon mit kleinen Spitzen. Sie lädt das gläserne Blasrohr und setzt es an. Dann bläst sie. Ein Wächter klatscht sich ins Genick...

1. WACHMANN: "Autsch! Vermaledeite Mücken!"

2. WACHMANN: "Mücken? Du Narr! Hier drinnen gibt es doch keine Mücken...! Au!"

Er reibt sich nun selber den Nacken.

1. WACHMANN (lacht ihn aus): "Siehst du? Gibt sie doch! Und..."

Da hält er inne, verdreht die Augen und fällt um.

2. WACHMANN: "He! Johann! Was ist mit dir?"

3. WACHMANN: "Verflucht! Jetzt bin ich auch gestochen!"

INT. IM KÖNIGSSAAL - NACHT

Der König mustert seinen missmutig wirkenden Sohn.

KÖNIG: "Warum tanzt du nicht?"

ERIK: "Die, mit der ich tanzen will, ist nicht da!"

KÖNIG: "Wie? Doch nicht etwa dieses schmächtige Mädchen mit der blauen Maske? Such dir eine, an der auch was dran ist! Im Winter brauchst du eine, an der du dich wärmen kannst!"

Erik verdreht stöhnend die Augen.

ERIK: "Jetzt reicht es aber, königliche Hoheit!"

Ärgerlich geht er weg. Der König ist getroffen...

KÖNIG (zum Hofnarren): "Er hat mich nicht Paps genannt! Hab ich etwas Falsches gesagt?"

HOFNARR: "Du hast seine zukünftige Braut beleidigt. Die mit der blauen Maske, die wird er nehmen. Wetten, dass?"

Er streckt dem König die Hand hin...

INT. VOR DER SCHATZKAMMER - NACHT

Elster steigt über den Berg der drei bewusstlosen Wächter. Sie schließt die Tür zur Schatzkammer auf und geht hinein.

INT. IN DER SCHATZKAMMER - NACHT

Elster verschließt die Tür hinter sich und öffnet ihre Umhängetasche. Sie nimmt zwei der kleinen Wagenmodelle heraus, die Marlene für sie angefertigt hat. Es sind Lederriemen daran, und Elster schnallt die kleinen Wägen unter ihre Füße. Dann richtet sie sich auf und holt tief Luft. Sie rennt los. Auf ihren fahrbaren Schuhsohlen nimmt sie Tempo auf. Der Wachhund schießt aus seinem Loch in der Wand. Die Kette strafft sich, und die Gitter fahren nach unten. Elster gibt alles. Der Hund springt und versucht sie zu packen, aber sie geht blitzschnell in die Hocke, und das Tier fliegt ins Leere. In letzter Sekunde fegt Elster unter dem jenseitigen Gitter hindurch, dank ihrer rasenden Geschwindigkeit. Aber die Zeit hat nicht ganz gereicht: Das Eisengitter hat einen ihrer 'Rollschuhe' eingeklemmt! Der Hund bellt wütend und springt gegen das Gitter, das sie nun aber vor ihm schützt. Elster schlüpft aus dem Schuh, der unter dem Gitter festgeklemmt ist, packt die Krone mit der 'Träne Allahs' und steckt sie in ihre Tasche. Dann kauert sie auf dem Boden und angelt das Seil, das sie am Vortag hier unter die Auslagen geschleudert hat...

INT. VOR DER SCHATZKAMMER - NACHT

Vier Männer der Palastwache sprinten heran. Sie sehen die ohnmächtigen Posten und versuchen, in die Schatzkammer einzudringen. Aber die Tür ist von innen abgeschlossen...

INT. IN DER SCHATZKAMMER - NACHT

Elster hat das eine Ende des Seils um ihren linken Knöchel gebunden und das andere am Gitter vertäut. Sie steigt nun in die bogenförmige Öffnung des Lichtfensters.

Sie steckt die erbeutete 'Träne Allahs' tief in ihr Lederwams. Sie geht zum Lichtfenster und schaut hinaus.

EXT. AUSSEN AM LICHTFENSTER DER SCHATZKAMMER - NACHT

Elster sieht nach unten. Garstig ragen ihr die Spitzen entgegen, die man hier unter der Fensteröffnung angebracht hat, um jedem Dieb den Fluchtweg zu versperren. Elster schließt die Augen und konzentriert sich... Da bricht hinter ihr krachend die verschlossene Tür zur Schatzkammer auf. Elster strafft sich und springt kopfüber nach vorne. Majestätisch liegt sie waagerecht in der Luft, bevor sie in die Tiefe stürzt... Sie hechtet über die tödlichen Spieße, schießt haarscharf an den scharfen Spitzen vorbei und fliegt pfeilgerade auf den Steinboden vor dem Schloss zu. In allerletzter Sekunde strafft sich das Seil an ihrem Fuß und fängt ihren Sturz ab. Dabei rutscht ihr das gläserne Blasrohr aus der Tasche und zerspringt auf dem Boden. Elsters Kopf hängt nun nur dreißig Zentimeter über dem Boden. Sie zieht ihr Messer, reckt sich hoch zu ihrem Knöchel und schneidet das Seil durch. Sie fällt, rappelt sich hoch und läuft davon...

EXT. INNENHOF - NACHT

Elster rennt heran. Von der linken Seite kommen Gardisten. Sie rollt über den Boden und verschmilzt mit der Hauswand. Die Männer des Königs sehen sie nicht und rennen zu dem Ort, wo sie sie vermuten, unter dem Fenster der Schatzkammer... Elster spurtet weiter...

EXT. VOR DEM SCHLOSSTOR - NACHT

Elster hetzt zum Ausgang. Doch da steht ein Mann mit gezogenem Degen und versperrt den Fluchtweg...

ERIK: "Ich dachte mir schon, dass du zu schnell bist für meine Garde! Aber da es nur einen Ausgang aus dem Schloss gibt, musstest du ja diesen Weg kommen!"

Er haut den Degen durch die Luft und sieht sie lächelnd an.

ERIK: "Ach richtig! Du kämpfst ja mit Schuhen. Und, Respekt, damit bist du gut! Sogar besser als ich! Also: Diesmal keinen Degen!"

Er steckt den Degen ein und zieht die über seiner Schulter hängende Armbrust hervor. Er richtet sie auf Elster...

ERIK: "Hier endet dein Weg, Schurke! Ergib dich... oder stirb!"

Es gibt keinen Zweifel, dass der Prinz es ernst meint. Elster schluckt. Jetzt gibt es keinen Ausweg mehr... Dann aber stutzt Erik. Er sieht die Hand des Diebes und das Blut, das in Strömen daraus hervorquillt und auf den Boden tropft. Fassungslos sieht er in Elsters Gesicht...

ERIK: "Meiner Treu! Sie?? Sie ist es?"

In diesem Moment taucht ein Schemen hinter Erik auf, und dann scheppert es. Der Königssohn guckt groß, verdreht die Augen und bricht bewusstlos zusammen. Dann tritt Marlene mit einer Schaufel aus dem Dunkel. Elster sieht sie verdattert an.

MARLENE: "Komm, Aschenputtel! Oder willst du warten, bis sie dir hier ein Denkmal errichten?"

Elster überwindet ihre Verblüffung und folgt Marlene zum Schlosstor hinaus...

EXT. AM SEE VOR DEM SCHLOSS - NACHT

Das von Elster gestohlene merkwürdige Gespann rollt am See vorbei... Marlene treibt die Tiere an...

MARLENE: "Ich meine, nicht dass der Pfau es nicht verdient hätte. Und nicht, dass es keinen Spaß gemacht hätte. Aber wenn sie herausfinden, dass ich den Prinzen umgehauen habe, schlagen sie mir den Kopf ab!"

Elster sieht sie zickig an.

ELSTER: "Wolltest du nicht sowieso abnehmen? Das sind gut vier Kilo auf einen Streich!"

Marlene guckt ihre zierliche Freundin giftig an...

INT. MARLENES KAMMER - NACHT

Marlene steht vor Elster und hat die Arme verschränkt...

MARLENE: "Denk nicht, dass ich Dir geholfen habe, weil ich das gutheiße, was du tust! Ich habe es gemacht, weil ich dir noch was schulde..."

ELSTER (blickt trotzig auf): "Seit wann weißt du es?"

MARLENE: "Noch nicht so lang. Ich hab das mit dem Wunschhaselstrauch wirklich eine Zeit lang geglaubt. Aber dann bezichtigte man mich auf dem Ball mit einem Mal des Kleider-Diebstahls! Dazu kommt dein merkwürdiges Verhalten dem Prinzen gegenüber: Angeblich magst du ihn, läufst ihm aber ständig davon... und verschwindest minutenlang! (sie verschränkt die Arme) Und zum Schluss sind da noch die beiden rollenden Schuhe, die ich für dich anfertigen musste... Irgendwann ist dann der Gulden gefallen!"

ELSTER: "Es tut mir leid, dass ich dich belogen habe, aber es hat einen Grund..."

MARLENE (bestimmt): "Der Grund ist mir egal! Wir sind quitt! Ich will, dass du gehst! Ich mag mit einer Diebin nichts zu schaffen haben!"

Elster sieht sie bekümmert an und nickt stumm. Sie nimmt ihre Sachen und verlässt die Hütte. Aber auch Marlene seufzt schwer, als ihre Freundin gegangen ist...

EXT. SCHLOSSHOF - TAG

Dienerschaft, Wachpersonal und Miliz haben im Hof Aufstellung genommen. Darunter auch Alf Mond. Prinz Erik kommt mit Meister Wu heran und stellt sich vor der versammelten Gemeinschaft auf...

HAUPTMANN DER MILIZ (tritt vor): "Wir wissen, weshalb wir hier sind: Die 'Träne Allahs' wurde geraubt! Betrachtet den Dieb als bereits gefangen und aufgeknüpft!"

ERIK: "Nicht so vorschnell, Hauptmann! Es stimmt, ich habe euch herrufen lassen. Aber die 'Träne Allahs' kümmert mich nicht! ... Ich suche eine Frau!"

HAUPTMANN DER MILIZ (verwirrt): "Eine... Frau?"

ERIK: "Ja. Und ich will, dass Ihr sie findet!"

HAUPTMANN DER MILIZ: "Verzeiht, Hoheit, das hört sich ja gerade so an, als würde sie sich vor Euch verstecken..."

ERIK (lächelt dünn): "Ich fürchte, so ist es auch. Ihr Name ist mir leider unbekannt..."

HAUPTMANN DER MILIZ: "Aber... aber wie sollen wir sie finden, wenn wir nicht wissen, wie sie heißt, Herr?"

Der Prinz dreht sich zu Meister Wu, der ihm den "Rollschuh" reicht, den das Gitter in der Schatzkammer eingeklemmt hatte und den Elster zurücklassen musste. Erik reißt die Rollen ab und wirft dem Hauptmann den Stiefel zu... Alf Mond, der ebenfalls dabei steht, sieht auf das hölzerne Fragment des 'Rollschuhs', das Erik in der Hand behält. Er hat keine Zweifel, woher es stammt und wirkt bestürzt...

ERIK: "Das ist ihr Stiefel! Er ist für einen außergewöhnlich kleinen Fuß! Findet die Frau, der dieser Stiefel passt und bringt sie zu mir! Sie soll meine Königin sein!"

INT. KÜCHE DER GNÄDIGEN - TAG

Marlene steht am Herd und feuert den Herd an. Da tockt es nebenan auf den Boden.

MARLENE: "Ja! Ich komme, gnädige Frau!"

Doch im gleichen Moment donnert es gegen die Tür. Marlene weiß nicht, ob sie rechts oder links gehen soll.

ALF MOND (O.S.): "Marlene! Ich bin es! Alf! Mach auf, um Himmels Willen!"

Marlene erschrickt. Sie läuft und öffnet die Tür. Alf springt herein und drückt die Tür zu.

ALF MOND: "Schnell! Wir müssen fliehen! Der König sucht dich!"

MARLENE: "Mich? Oh Gott! Am Ende hat er gesehen, dass ich es war, die ihm die Schaufel auf den Kopf geschlagen hat!"

ALF MOND: "Wie? Was? Du hast dem Prinzen eine Schaufel auf den Kopf geschlagen!"

MARLENE: "Na, was denkst du wohl, wieso er mich sonst haben wollte?"

ALF MOND: "Na, ich denke, er will dich heiraten!"

Marlene schaut perplex. Alf stöhnt auf. Er ringt mit sich.

ALF MOND: "Nein. Vergiss, was ich vom Fliehen gesagt habe! Wieso solltest du mit mir fliehen, wenn du Königin werden könntest?"

MARLENE: "Aber... aber ich will nicht Königin werden! Wieso kommst du überhaupt darauf? Ich war doch bisher Luft für den Prinzen!"

ALF MOND: "Vielleicht liegt es an deinen Modellen! Ein guter Konstrukteur für Kriegsmaschinen und Fahrzeuge ist kostbar in diesen Zeiten! Der Prinz hatte jedenfalls eine deiner Erfindungen in der Hand!"

MARLENE: "Aber das ist doch verrückt! Ich will gar nicht mehr seine Frau werden! (leise) Ich liebe doch dich, Alf!"

ALF MOND: "Wirklich?? Du ahnst nicht, wie glücklich du mich machst! Komm, lass uns gemeinsam fliehen! (zieht sie mit sich) Wir dürfen keine Zeit verlieren!"

<u>EXT. AUF DEM MARKTPLATZ VON GÄNSEHALS - TAG</u>

Eine lange Reihe von Frauen, die alle den vom Prinzen herausgegebenen Schuh anprobieren müssen. Eine pummelige Rothaarige bekommt nicht einmal die Zehen hinein...

MILIZREITER: "Die Nächste!"

Eine hässliche Frau kommt heran. Ihre Füße stecken in weißen, blutigen Bandagen. Unter Schmerzen versucht die Frau, ihren Fuß in den Stiefel zu bekommen. Vergeblich...

MILIZREITER: "Pack dich, Metze! Weiter! Die Nächste!"

Die nächste Frau kommt heran. Sie hat einen sehr kleinen Fuß, bringt ihn aber dennoch nicht in den Schuh...

MILIZREITER: "Der passt nicht. Die Nächste!"

In dem Moment wollen Alf und Marlene mit zwei großen Bündeln vorbeieilen. Sie haben zwei von den Zugtieren dabei. Der Hauptmann der Miliz entdeckt sie...

HAUPTMANN DER MILIZ: "Na, ihr zwei Süßen! Wohin des Weges in dieser Eile?"

Kleiner Zeitsprung.

Marlene tritt heran. Sie sieht bang zu Alf Mond. Dann führt sie ihren Fuß in den Schuh und er passt wie angegossen. Der Hauptmann der Miliz blickt überrascht auf...

INT. IM KÖNIGSSAAL - TAG

Der König sitzt auf dem Thron, der Spaßmacher kauert daneben. Erik ist zugegen und ebenso Meister Wu. Da wird Marlene vom Hauptmann der Miliz hereingeführt.

HAUPTMANN DER MILIZ: "Wir haben die gesuchte Frau gefunden, Durchlaucht! Das hier ist Marlene, die Magd! (barsch zu ihr) Knie nieder, Weib!"

Marlene kniet sich auf den Boden. Erik runzelt die Stirn, als er Marlene sieht. Sie ist nicht die, die er will... Er tritt näher und hebt die füllige Frau vom Boden auf.

ERIK: "Verzeiht, dass ich Sie hierher bringen ließ! Ich glaube, ich bin ihr eine Erklärung schuldig..."

MARLENE (hebt resolut die Hand): "Halt! Durchlauchtigste Majestät, natürlich bin ich von eurem Interesse sehr geehrt, Hoheit, aber bitte versteht, dass ich nicht eure Frau werden möchte!"

Stille. Man könnte eine Stecknadel fallen hören...

ERIK: "Einen Moment! Kann es sein, dass sie mich da ganz falsch versteht...?"

MARLENE (redet sich in Rage): "Oh, nein! Ich verstehe sehr gut! Ihr braucht Kriegsmaschinen um andere Länder zu erobern und ich soll sie Euch bauen! Ein gewitzter Plan, aber dazu gebe ich mich nicht her! Auf gar keinen Fall! Und wenn Ihr mich vierteilen lasst, bitte! Aber ich bin raus!"

ERIK (stöhnt genervt): "Ich habe gar nicht vor, sie vierteilen zu lassen, Jungfer..."

MARLENE (mit bitterem Hohn): "Dann ist es wohl Liebe, was? Oh, ich gebe zu, ich habe Durchlaucht einmal geliebt. Aber das war eine Schwärmerei! Die Schwärmerei eines unreifen Backfisches! Aber heute liebe ich einen anderen Mann! Oh ja! Einen Mann mit einem großen Herzen, der sogar bereit wäre für mich zu sterben!"

Sie tritt zur Seite und zerrt den überraschten Alf Mond nach vorne, der schreckensstarr den Prinzen ansieht.

MARLENE (resolut): "Dies ist mein Verlobter! Und ich stehe unter seinem Schutz! Wenn Ihr mich also wollt, müsst ihr erst an ihm vorbei!"

Alf schluckt schwer. Alle im Saal sehen den Prinzen an.

ERIK: "So beruhige sie sich! Das ist ein Missverständnis, Jungfer Marlene! Ich suche die Comtessa Ohnenamen aus Irgendwo! Die Frau mit der blauen Maske, die immer in ihrer Begleitung war...!"

MARLENE: "Els... Ohnenamen?"

ERIK: "Ja! Genau sie will ich finden!"

MARLENE: "Oh. Äh... Ich kenne sie nicht wirklich!"

Der Hauptmann der Miliz tritt vor und reicht dem Prinzen eines von den Modellen aus Marlenes Kammer...

HAUPTMANN DER MILIZ: "Dies hier haben wir in der Kammer der Magd gefunden..."

Der Prinz sieht das Modell an. Meister Wu tritt heran und schaut ebenfalls genauer hin.

MEISTER WU: "Welch handwerkliches Geschick! Und mich deucht diese Modelle funktionierten auch in groß!"

Erik hält Marlene das Modell hin...

ERIK: "Leugnet sie, dieses Modell gebaut zu haben...?"

MARLENE (kleinlaut): "Ehm, nein... sie leugnet nicht."

ERIK (scharf): "Sie war mit der Comtessa zusammen hier! Sie soll mir helfen, diese zu finden...!"

MARLENE (schließt die Augen): "Ich weiß nicht, wo sie ist. Wir haben uns im Streit getrennt und dann... (sie hält verwirrt inne) Moment! Ihr wollt sie nicht bestrafen...? Ich wollt sie heiraten... und zu eurer Königin machen?"

ERIK: "Jetzt hat sie endlich begriffen, Jungfer!"

Marlene sieht den Prinzen an. Sie ringt mit sich...

MARLENE: "Ich kenne vielleicht einen Ort, wo sie sein könnte..."

EXT. SCHLOSSHOF - TAG

Erik und Marlene sitzen auf ihre Pferde auf. Meister Wu tritt an den Prinzen heran.

MEISTER WU: "Ihr wollt eine notorische Juwelendiebin zu eurer Königin machen? Ist das wirklich weise?"

ERIK (lächelt warm): "Ich hatte mal einen Lehrer, einen ausgesprochen klugen Kopf, der mir beigebracht hat, dass das Eis unter einem König immer dünn ist, gleichwohl er zaghaft schreite oder entschlossen marschiere...!"

Der alte Asiate lächelt und deutet eine Verbeugung an.

MEISTER WU: "Ich wünsche Euch viel Glück, mein ehemaliger Schüler und neuer König!"

Die zwei Reiter setzen ihre Pferde mit einem Schenkeldruck in Bewegung und man galoppiert aus dem Schloss...

EXT. VOR DER ZUGBRÜCKE - TAG

Marlene zügelt ihr Pferd und sieht sich die Zugbrücke an. Erik pariert sein Tier und lenkt es zu ihr.

ERIK: "Was hat sie?"

MARLENE (deutet nach vorne): "Der Unterholm von der Zugbrücke ist gebrochen. So zieht das Holz Wasser, fault und wird morsch. Das ist nicht gut...! Das ist gefährlich...!"

ERIK: "Wir kümmern uns später darum..."

Er wendet sein Pferd, und sie galoppieren davon...

INT. IN ELSTERS HÖHLE - TAG

In der Höhle kochen Essenzen und blubbern alchemistische Tränke, von Elster angerührt. Ein Brenner erhitzt wieder eine farblose Flüssigkeit in einem Mischkolben und tropfenweise fällt das Destillat in das kupferne Gefäß, in dem schon der Opal geendet ist. Als die Flüssigkeit im Kupferkessel zu sieden beginnt, ergreift Elster die 'Träne Allahs' mit einer Zange.

ELSTER: "Bitte! Diesmal muss es klappen!"

Sie lässt den Edelstein in den Sud fallen und sieht gebannt zu. Da beginnt die Flüssigkeit golden zu leuchten. Ein überirdisches Strahlen taucht die Höhle in weißes Licht. Dann aber knallt es und der Sud im Kessel wird schwarz. Das Leuchten verschwindet. Elster steht mit leeren Augen da. Ihre weiße Taube fliegt auf ihre Schulter und reibt den Kopf tröstend an ihrer Wange...

ELSTER: "Lass nur, Balthasar... Es ist schon gut... Ich werde es niemals schaffen... Es ist sinnlos... Alles ist sinnlos..."

EXT. FELSENMEER - TAG

Prinz Erik und Marlene sind von ihren Pferden abgestiegen und sehen sich um. Marlene sieht einen größeren Felsen und deutet dort hinüber. Sie laufen los...

INT. IN ELSTERS HÖHLE - TAG

Elster steht vor einem Gefäß mit einer grünen Flüssigkeit. Sie nimmt eine Kelle, füllt etwas in ein Trinkgefäß. Sie sieht den Becher an und will ihn an die Lippen setzen. Sie schaut zu Balthasar, der auf dem Tisch sitzt und gurrt...

ELSTER: "Wieso sollte ich das Gift nicht trinken? Niemand wird mich vermissen..."

Sie setzt den Becher an die Lippen.

MARLENE (O.S.): "Aschenputtel! Was tust du da?"

Elster fährt erschrocken zusammen. Da treten ihr Marlene und der Prinz entgegen. Elster reagiert schnell. Sie wirft den Becher weg und schnappt sich einen Degen, der an der Wand lehnt. Sie funkelt den Prinzen böse an...

ELSTER: "Ich gehe niemals in ein Gefängnis!"

Erik macht keine Anstalten, seine Waffe zu ziehen.

ERIK: "Ich bin nicht hier, um mit ihr zu kämpfen, Comtessa!"

ELSTER (lacht bitter): "Nicht? Oh, dann sollte ich jetzt wohl Tee und Gebäck servieren!?

ERIK: "Ich bin hier, um mich bei ihr zu entschuldigen!"

Elster sieht ihn irritiert an.

ELSTER: "Entschuldigen? Aber wieso?"

ERIK: "An dem Tag, als ich auf der Jagd so gar kein Glück hatte, habe ich in meinem törichten Übermut einen Wanderer umgeritten. Das war sie. Ich war im Unrecht und möchte mich bei ihr entschuldigen!"

Elster sieht zu Marlene, die die Achseln zuckt.

ELSTER: "Was soll das? Ich habe euch bestohlen! Ihr habt keinen Grund, bei mir gut Wetter zu machen..."

ERIK: "Sie hat mich bestohlen? Nein, das hat sie ganz bestimmt nicht!

ELSTER: "Doch! Ich habe die 'Träne Allahs' genommen!"

ERIK: "Sie ist schlau, ganz ohne Frage, aber hier täuscht sie sich!"

Er zieht ein Bündel hervor und wickelt einen Diamanten aus.

ERIK: "Dies ist die echte 'Träne Allahs'! Mein Lehrer mahnte mich, die Elster nicht zu unterschätzen. Daher habe ich den Diamanten in der Krone gegen einfaches Glas ausgetauscht...

Elster sieht fassungslos auf den Edelstein.

ERIK: "Comtessa Ohnenamen! Ich möchte ihr die Träne Allahs zum Geschenk machen!"

Er geht zu ihr und gibt es ihr in die Hand. Elster sieht fassungslos auf den Stein. Dann aber schaut sie böse auf.

ELSTER: "Ach, so habt Ihr Euch das gedacht! Aus irgendeinem Grunde habt Ihr Euch in den Kopf gesetzt, dass ich Eure Königin sein soll! Und der Stein hier ist jetzt der Kaufpreis für mich!"

MARLENE: "Elster! Ich glaub, er meint es wirklich ehrlich mit dir...!"

Doch der Prinz hebt die Hand und bringt sie zum Schweigen.

ERIK: "Der Diamant ist ein Geschenk, an das keine Bedingungen geknüpft sind! Denn auch ich habe von ihr ein Geschenk erhalten...!"

ELSTER: "Ach ja? Und was sollte das wohl sein...?"

ERIK: "Sie hat mich besiegt. Ich hielt mich für einen vollendeten Kämpfer und ich hätte niemals gedacht, dass ich jemandem begegne, der mir meine Grenzen aufzeigt. Sie ist eine Frau und dennoch ist es ihr meisterlich gelungen!"

Er deutet eine Verbeugung an. Elster mustert ihn und ist plötzlich geneigt, seinen Worten zu glauben. Sie überlegt. Dann blickt sie zu ihrem alchemistischen Labor.

ELSTER: "Ich will ehrlich sein, Hoheit! Ich brauche den Diamanten für eine Beschwörung... Der Stein wird sich dabei auflösen und kein Stäubchen wird danach davon übrig bleiben...!"

ERIK (unbeeindruckt): "Sie möge mit dem Diamanten tun, was immer ihr beliebt, Comtessa!"

Elster nickt und stellt sich an ihren Tisch.

MARLENE (angstvoll): "Es ist doch schwarze Magie! Ich bin ein Christenmensch und will nicht dabei sein!"

Sie wendet sich zum Gehen und zieht den Prinzen mit sich. Doch da fährt Elster herum.

ELSTER: "Nein! Bitte bleibt! Ich... ich beschwöre keine Dämonen! Ich rufe die Geisterwelt der unsterblichen Seelen an... Wenn ich einen Juwel von großer Reinheit opfere, darf ich den Seelen eine Frage stellen. Und der Überlieferung nach müssen sie wahrheitsgetreu antworten...! Es ist keine schwarze Magie!"

Marlene und Erik wechseln einen Blick. Erik strafft sich.

ERIK: "Wenn sie möchte, dass wir bleiben, dann tun wir das gerne!"

Marlene fügt sich.

Elster nickt und wendet sich ihrem Versuchsaufbau zu. Sie schüttet den Kupferkessel aus und stellt ihn unter den Mischkolben. Sie rückt den Brenner darunter und erhitzt erneut eine farblose Flüssigkeit. Tropfenweise fällt das Destillat in den Kessel...

INT. IN ELSTERS HÖHLE - EIN PAAR MINUTEN SPÄTER

Der Kessel hat sich gefüllt. Elsters Hand zittert, als sie mit der Zange den Diamanten ergreift. Sie sieht sich zu Marlene und Erik um und schickt ihnen so etwas wie einen dankbaren Blick, dass sie ihr in diesem Augenblick zur Seite stehen... Dann lässt sie die Träne Allahs in die Flüssigkeit gleiten. Wie eben, bei dem falschen Stein, gibt es ein goldenes Leuchten. Angstvoll starrt Elster darauf und wartet auf den Knall und die schwarze Einfärbung. Aber das geschieht nicht. Stattdessen erhebt sich ein Wind in der Höhle. Es gibt ein helles Leuchten, und es scheint in der Luft zu funkeln. Ein Wispern vieler ferner Stimmen erfüllt den Raum. Marlene hat sich angstvoll an den Prinzen gekrallt. Er sieht dem, was nun kommt, ebenso tapfer ins Gesicht wie die vor Aufregung bebende Elster...

STIMME AUS DEM REICH DER SEELEN: "Welch Sterblicher wagt es, unsere Ruhe zu stören?"

Elster nimmt all ihren Mut zusammen und tritt vor.

ELSTER: "Ich."

Einen Moment ist Stille.

STIMME AUS DEM REICH DER SEELEN: "Nur eine reine Seele kann dies verlangen!"

Elster erschrickt. Bestürzt schüttelt sie den Kopf...

ELSTER: "Nur eine reine Seele...? Oh nein... das... das wusste ich nicht... Ich habe... keine reine Seele..."

STIMME (MUTTER) AUS DEM REICH DER SEELEN: "So stelle deine Frage dennoch!"

Elster schaut nun verwirrt. Sie sieht Hilfe suchend zu Erik und Marlene. Der Prinz nickt ihr aufmunternd zu und ballt die Faust. Elster nimmt ihre restlichen Kräfte zusammen.

ELSTER (bebend): "Dies... soll meine Frage sein...: Wie... wie lautet mein Name?

Ein heftiger Windstoß wirbelt ihre Haare auf. Das Leuchten wird immer heller und strahlender. Sphärenmusik ertönt.

Da materialisiert sich aus den Schemen eine lichte Gestalt, eine Frau mittleren Alters. Sie sieht Elster liebevoll an. Die junge Frau ist von dieser Erscheinung überwältigt...

MUTTER (mit sanfter Stimme): "Ich habe dir den Namen deiner Großmutter gegeben, mein Kind: Du heißt... Valeria!"

ELSTER (erstickt): "Mutter...!"

Das Mädchen spürt sofort, dass dies wahrhaft ihre Mutter ist. Tränen schießen ihr heraus, sie verliert die Kontrolle über ihre Glieder und bricht überwältigt in die Knie...

MUTTER (voller Liebe): "Hab Mut, meine süße Valeria! Ich begleite von Anbeginn jeden deiner Schritte, und ich bin froh, dass du dir ein reines Herz bewahrt hast. Denn in dir ist kein Arg. Und wie sehr freue ich mich, dass du endlich Menschen gefunden hast, die dich ebenso lieben, wie ich es tue...!"

Elster sieht ihre Mutter an und schluchzt haltlos. Erik und Marlene treten zu ihr, nehmen sie vom Boden hoch und geben ihr Halt.

MUTTER: "Keine Mutter könnte stolzer auf ihr Kind sein, als ich es bin!"

Das Bild der Mutter wird wieder blasser... die Stimme verstummt. Und Valeria weint in den Armen ihrer Freunde all die in ihrem Leben erlittene Qual heraus... Erik und Marlene wechseln einen Blick und halten ihre Freundin fest und sicher...

EXT. IN EINER SACKGASSE - TAG

Marlene springt vom Pferd. Auch Valeria rutscht herunter. Prinz Erik aber will sie nicht einfach so ziehen lassen.

ERIK: "Valeria!"

Die junge Frau dreht sich um und sieht den Prinzen an. Auch die füllige Marlene schaut neugierig. Doch ein tadelnder Blick des Königssohnes belehrt sie eines Besseren...

MARLENE: "Na, ich glaube, die Gnädige klopft mit dem Besenstiel!"

Sie huscht in das Haus. Der Prinz steigt vom Pferd und wendet sich an Valeria.

ERIK: "Valeria! Wieso gibt sie mir keine Chance? Was wäre denn so schlimm, wenn sie meine Königin würde?"

Valeria sieht ihn an und zuckt verlegen die Achseln.

VALERIA: "Ich habe so viele Monarchen beklaut, ich kenne mich aus! Als Königin kannst du keinen Schritt alleine tun.

Du musst dich in Korsetts einschnüren lassen, bis du Sternchen siehst und herumlaufen, als hättest du einen Stock verschluckt! Und wenn die Männer reden, musst du deine Klappe halten und Monogramme in Einstecktücher sticken. Das ist nichts für mich."

ERIK: "Und... was ist mit mir? Kann sie mich denn gar nicht leiden?"

Sie sieht ihn an und wiegt den Kopf.

VALERIA: "Naja... also... Sehr hübsch bist du nicht... aber ein würdiger Gegner im Kampf. Aber du hältst dich auch für wahnsinnig gescheit und bist dabei ganz schön eingebildet..."

ERIK: "Und wenn ich daran arbeite? Ich kann mich bessern, bis ich Deiner würdig bin..."

VALERIA: "Aber als König, da bist du doch nur am Rumregieren und hast wahrscheinlich gar keine Zeit für mich. Und sicher willst du, dass ich dir zwölf Söhne gebären..."

ERIK: "Ich würde mich schon über einen Sohn freuen. Und der dürfte dann auch gerne eine Tochter sein!"

Valeria atmet durch und sieht ihn seufzend an...

VALERIA: "Naja, ich kann dich schon leiden... im weitesten Sinne... du hast mich immerhin ausgetrickst! Aber ich bin es eben gewohnt, mich alleine durchzuschlagen..."

Erik sieht sie an. Sie zuckt die Achseln. Es führt wohl kein Weg zusammen. Erik kommt eine Idee. Er lächelt...

ERIK: "Ich werde den Schokoladenbrunnen von dem sie gekostet hat zu einer festen Einrichtung im Schloss machen. Es wird immer frisches Obst da sein und er wird Tag und Nacht laufen, nur für sie...!"

Valeria merkt auf. Sie spitzt die Lippen, überlegt kurz und nickt dann.

VALERIA: "Gemacht! Ihr habt Eure Königin!

Sie reicht ihm die Hand, und er schlägt hingerissen ein.

<u>INT. IM KÖNIGSSAAL - TAG</u>

Es ist voll. Alle Edlen des Königreiches sind gekommen. Erik trägt nun die Königskrone, die sein Vater immer trug. Unter Musikbegleitung wird Valeria in einem Traum von einem Brautkleid von Marlene hereingeführt. Alle sehen sie an. Sie ist wunderbar frisiert und eine Augenweide. Die Taube fliegt heran und landet auf ihrer Schulter. Zur Feier des Tages trägt sie einen Frack.

VALERIA (raunend zu Marlene): "Dieses Kleid sieht nicht nur grässlich aus, es scheuert auch ganz furchtbar!"

MARLENE: "Sagte das Aschenputtel...!"

VALERIA (verdrossen): "Du hast gut spotten! Als neue königliche Baumeisterin kannst du es ganz locker angehen lassen. Ich muss tausend Regeln lernen!"

MARLENE: "Danke, dass du Alf zu deinem Leibwächter gemacht hast!"

Elster/Valeria lächelt. Dann steht sie neben dem Prinzen.

HEROLD: "Unser neuer König Erik hat sich seine Frau gewählt. Es lebe Königin Valeria, die Erste!"

Das Volk jubelt, während Erik die Krone nimmt und Valeria auf den Kopf setzt.

HEROLD: "Macht nun Platz für den Tanz des Königs und der Königin!"

Die Tanzfläche leert sich, und Erik und Valeria schreiten in die Mitte des Saales. Die Musik beginnt zu spielen. Sie tanzen. Erik lächelt Valeria spitzbübisch an...

ERIK: "Meine Gemahlin kämpft besser als sie tanzt!"

VALERIA: "Und du, mein lieber Gatte, tanzt besser als du kämpfst!"

Erik muss lachen und Valeria lacht mit ihm.

Nicht weit von ihnen stehen der Hofnarr und der alte König. (Man sieht nur ihre Köpfe)

KÖNIG (flehend zum Hofnarren): "Ich appelliere noch einmal an dein Mitgefühl, Bruder!"

HOFNARR (ungerührt): "Aber ich habe die Wette gewonnen! Die blaue Maske ist die neue Königin! Wettschulden sind Ehrenschulden!"

Damit zieht er die Narrenkappe herunter und gibt sie seinem Bruder, der bereits das bunte Leibchen des Hofnarren trägt. Der abgedankte König zieht die Kappe verdrossen über, nimmt den Narrenstab und bezieht den angestammten Platz des Hofnarren neben dem Thron...

KÖNIG: "Und wenn ich nun gar nicht witzig bin?"

HOFNARR: "Das wäre kein Malheur. Wir würden ihn köpfen lassen und ein anderer nähme seinen Platz ein!"

Der König sieht ihn entsetzt an.

HOFNARR: "Spaß! Seht ihr, Bruderherz, so einfach ist das!"

Alf Mond tritt in der prächtigen Uniform der Leibgarde heran, stellt sich neben Marlene und nimmt ihre Hand.

Unweit davon steht Meister Wu und sieht Erik, seinem ehemaligen Schüler sehr zufrieden zu. Da landet plötzlich Balthasar, die weiße Taube, auf seinem Kopf. Er schaut erst erstaunt, dann aber muss er lächeln und gibt dem Vogel eine Erdnuss...

Erik und Valeria drehen sich im Königstanz. Dann ist die Musik zu Ende. Er verbeugt sich, und sie macht einen Knicks.

ERIK: "Valeria, du weißt, was das Zeremoniell jetzt vorsieht!"

VALERIA: "Sicher. Die blöde Zofe hat es mir ja vier Stunden lang eingepaukt!"

ERIK: "Als Erstes stecke ich dir den königlichen Ring an!"

Er forscht in seiner Tasche, vergeblich...

VALERIA: "Sucht Ihr vielleicht diesen hier, mein unachtsamer Gemahl? Er hat so verlockend geglitzert, da konnte ich mich einfach nicht beherrschen...!"

Sie hebt die Hand, an der bereits der königliche Ring prangt. Erik kann sich ein Grinsen nicht verbeißen...

ERIK: "Und jetzt... der Hochzeitskuss!"

VALERIA (direkt in die Kamera, verzieht das Gesicht): "Und wer sagt da noch, alle Märchen gehen gut aus?"

Sie küsst Erik und donnernder Applaus geht los. Dann geht die Musik los und der ganze Saal beginnt zu tanzen...

ENDE

„Schiffbruch"

Die deutlich jüngere Schwester eines guten Freundes brachte mich auf die Geschichte vom Schiffbruch. Ich hatte sie kennengelernt, als sie 12 Jahre alt war und begegnete ihr bei der Hochzeit meines Freundes gut 15 Jahre später wieder. Sie war als Kind eine auffällig verwunschene Persönlichkeit gewesen und als Erwachsene hatte sich das noch verstärkt. Ich überlegte, dass sie und meine Tochter, die damals zehn war, ungleiche Schwestern sein könnten. Ja, es war eine interessante Vorstellung, die beiden als Schauspielerinnen nebeneinander zu sehen.

Und so kam ich auf die Idee, zwei Halbschwestern zu haben, die sich erst bei der Beerdigung des gemeinsamen Vaters kennenlernen. Dieser hatte die Mutter der jetzt erwachsenen Tochter wegen einer anderen verlassen. Es kam nie wieder zu einem Kontakt. Die ältere Schwester ist von dem Desinteresse ihres Vaters bis zum heutigen Tage tiefgekränkt. Und nun wird ihr zugemutet, dass sie sich um die jüngere Schwester, 12 Jahre und Vollwaise, kümmern soll. Sie soll die Verantwortung für ein Kind übernehmen, die all das hatte, was die Ältere nie hatte, eine Familie.

Ich bot das Skript in der Branche an. Eine Produzentin schrieb mir, dass ihr das Buch gar nicht gefallen hätte, weil jeder Handlungsschritt vorhersehbar gesehen sei. Doch eines Tages rief mich Katja von Garnier an, die das Buch von der SAM-Film-Produzentin Ewa Karlström bekommen hatte. Sie meinte, sie hätte das Skript gerade gelesen und sei am Ende so ergriffen gewesen, dass ihr die Tränen gekommen sein.

Katja war aber zu dieser Zeit so busy, dass es mit ihr nicht zu einer Realisierung kam, obwohl sie es gerne gemacht hätte. Diese Anekdote nur, weil ich das oft bei meinen Drehbüchern erlebe. Manche finden die Geschichte grauenhaft, manche lieben es. Hat man zwölf Leser, hat man zwölf Meinungen.

„Schiffbruch" ist ein sehr kleiner, fast kammerspielartiger Stoff, aber ich mag ihn wegen seiner feinen Emotionalität sehr und wollte ihn in jedem Fall in dieser Sammlung haben.

"SCHIFFBRUCH"

EXT. TOTALE STADION FRANKFURT - TAG

Es ist ein verhangener Samstag. Dennoch strömen die Fans in Scharen zum Spiel der Eintracht gegen 1899 Hoffenheim...

EXT. ZUFAHRT ZUM STADION - TAG

Jackie (28) steuert ihren Mini-Kombi in die Katakomben...

INT. AUF DEM PARKPLATZ IN DEN KATAKOMBEN - TAG

Jackie hebt ihre Fotoausrüstung aus dem Heck des Autos.

INT. AUSGABE-SCHALTER DER LEIBCHEN - TAG

Die junge Frau holt sich ein Leibchen mit der Nummer 44 mit dem Aufdruck *Presse*. Ein anderer Fotograf winkt ihr im Vorbeigehen zu. Sie nickt und deutet ein Lächeln an...

INT. BEIM PRESSE-BUFFET - TAG

Jackie löffelt eine Erbsensuppe aus einem Plastikteller. Da tritt ein hagerer Mittfünfziger mit weißen Haaren heran. Auch er trägt ein Leibchen. Seines hat die 12...

LUDWIG: "Jackie! Hallo!"

JACKIE (lächelnd): "Ludwig! Hi! Alles klar?"

LUDWIG: "Wie ist die Suppe?"

JACKIE: "Auszuhalten."

LUDWIG: "Ach, dann hol ich mir auch mal eine..."

EXT. AM SPIELFELD - TAG

Jackie und Ludwig haben sich an der Eckfahne aufgebaut. Sie haben Hocker, Teleobjektive auf den Kameras und einen Laptop, auf dem die Bilder gespeichert werden...

Die Hymne der Eintracht vom Polizeichor erklingt...

EXT. AM SPIELFELD - ETWAS SPÄTER

Das Spiel ist in vollem Gang. Die Hoffenheimer schlagen eine Flanke vors Tor. Die Spieler steigen hoch um mit dem Kopf an den Ball zu kommen. Aber der Torwart springt dazwischen und schnappt das Leder... Jackie hält den Auslöser gedrückt und schießt ein Bild nach dem anderen... Es regnet stetig...

EXT. AM SPIELFELD - NACH DEM SPIEL

Ludwig hat die Torkamera abgebaut und kommt zu Jackie, die am Laptop sitzt und im Regen über der Fotoauswahl schwitzt.

LUDWIG: "Bist du durch?"

JACKIE: "Erst die Hälfte... du musst mir mal helfen!"

Ludwig unterdrückt eine genervte Bemerkung. Er kauert sich neben sie.

JACKIE (deutet auf ein Foto): "Wer ist das?"

Auf dem Actionfoto eines Zweikampfes ist weder das Gesicht zu sehen, noch die Rückennummer des Spielers zu erkennen...

LUDWIG: "Das ist Geiger!"

JACKIE (deutet auf das nächste): "Da weiß ich beide nicht!

LUDWIG (schaut): "Grillitsch und Zuber..."

Jackie tippt es ein. Ludwig sieht sie ungeduldig an.

INT. AUF DEM PARKPLATZ IN DEN KATAKOMBEN - ABEND

Ludwig und Jackie erreichen ihr Auto. Ihre Leibchen haben sie ausgezogen. Die junge Frau setzt ihr Equipment ab und reicht dem Älteren die Hand...

JACKIE: "Also dann, bis Mittwoch!"

Ludwig ergreift die Hand.

LUDWIG: "Hör zu, Jackie! Sei mir nicht bös... aber ich werde nächstes Mal wieder den Meinschäfer nehmen...!"

Jackie sieht ihn pikiert an.

JACKIE: "Wieso denn jetzt?"

LUDWIG: "Gegen deine Fotos sag ich nichts. Die sind besser als meine. Aber du hast nie einen Plan, wer wer ist bei den Gastmannschaften... Die Bilder heute haben wir wieder elend spät zur Agentur rübergefunkt... Das geht so nicht!"

JACKIE: "Komm, Ludwig! Ich kann ja üben!"

LUDWIG: "Könntest du. Aber dazu musst du regelmäßig Bundesliga gucken! Und Fußball kotzt dich an...!"

JACKIE: "Ein ganz kleines Bisschen vielleicht..."

Ludwig lacht und gibt ihr einen aufmunternden Stups.

LUDWIG: "Kopf hoch! Mittwoch, Alte Oper! Roter Teppich, okay?"

Jackie nickt und Ludwig marschiert mit seinem Gepäck davon. Die Frau verstaut ihre Ausrüstung und schlägt frustriert die Heckklappe des Mini zu...

EXT. STRASSEN FRANKFURT - TAG

Der Mini-Kombi rollt durch die Stadt...

EXT. VOR JACKIES HAUS - TAG

Jackie steigt aus und schließt ihren Wagen ab. Sie holt ihre Taschen aus dem Auto, geht auf ein Haus zu und betritt es...

INT. VOR DEM BRIEFKASTEN IM HAUS - TAG

Jackie schließt den Briefkasten auf. Wurfblätter, Reklame, Telefonrechnungen... und ein Brief mit schwarzem Rand... Jackie runzelt die Stirn und zögert einen Moment... Dann nimmt sie den Brief und sieht ihn sich an. Sie öffnet ihn und faltet das Blatt auf. Der Name des Verstorbenen lautet ROBERT SCHREINER... Jackies Miene bleibt unbewegt...

INT. WOHNZIMMER WOHNUNG JACKIE - TAG

Jackie sitzt an ihrem Tisch im Wohnzimmer und telefoniert. Ihre Wohnung ist mit Fotografien vollgehängt. Es sind Vergrößerungen eigener Schnappschüsse...

JACKIE: "Ja, guten Tag, Jaqueline Herzog. Es geht um den Verstorbenen Robert Schreiner... ja... Er war mein Vater... Genau... hmm... hmm... Was ich nur nicht verstehe: Er hat doch in Köln gelebt... Wieso ist die Beerdigung dann in Cuxhaven?"

Sie hört zu und hebt dann erstaunt den Kopf.

JACKIE: "Eine Seebestattung? Ist nicht Ihr Ernst, oder...?"

EXT. LANDSCHAFT MIT BRÜCKE - TAG

Ein ICE rollt über eine Brücke...

INT. IM ICE - TAG

Jackie sitzt im Abteil und sieht düster aus dem Fenster...

EXT. HAFEN CUXHAVEN - TAG

Ein Taxi hält am Pier. Eine weiße Barkasse liegt hier vor Anker. Jaqueline steigt aus. Sie zahlt und wendet sich der Barkasse HEDWIG zu. Die Kapitänin steht am Steg und begrüßt die Trauergäste persönlich...

JACKIE: "Bin ich hier richtig? Bestattung von Robert Schreiner?"

KAPITÄNIN: "Ja, das stimmt! Willkommen an Bord! Und mein herzliches Beileid!"

Sie reicht Jackie die Hand und schüttelt sie. Dann begrüßt sie schon die nächsten Gäste.

EXT. AN DECK AUF SEE - TAG

Jackie sitzt an Deck und sieht zu dem Aufbau mit der mit Blumen geschmückte Seeurne. Daneben steht das Foto von einem etwa sechzigjährigen Mann. Jackie wirkt gefasst. Es wird deutlich: Ihre Beziehung zu dem Toten ist nicht ungetrübt...

Nicht weit von ihr sitzt Siegfried, ein alter Mann (86), neben einem 11jährigen Mädchen mit Zöpfen. Er sieht immer wieder zu ihr hin und mustert sie. Dann erhebt er sich und kommt Jackie, auf seinen Stock gestützt, entgegen.

SIEGFRIED: "Verzeihung! Sind Sie Jaqueline Herzog?"

JACKIE (erfreut, dass wenigstens einer mit ihr spricht): "Ja, die bin ich!"

Der alte Mann lächelt herzlich und ergreift ihre Hand.

SIEGFRIED: "Ich freue mich wirklich sehr, dass Sie meiner Einladung gefolgt sind..."

Jackie lächelt zwar, wirkt aber ratlos.

SIEGFRIED: "Sie kennen mich natürlich nicht! Ich bin der Vater von Lydia! Roberts zweiter Frau!"

JACKIE: "Oh. Ja. Richtig. Ich... ich verstehe!"

Ihr Lächeln wirkt gezwungen. Jackie sieht zu dem kleinen Mädchen mit den Zöpfen, die neugierig zu ihr herschaut.

JACKIE: "Mein Vater... So alt war er noch nicht... Was ist denn passiert?"

SIEGFRIED (seufzt bekümmert): "Er hatte Krebs. Und er hat es lange verheimlicht. Niemand von uns wusste Bescheid... Am Ende ging es dann sehr schnell..."

Jackie nickt. Wieder geht ihr Blick zu dem Mädchen. Siegfried folgt ihren Blicken.

SIEGFRIED: "Das ist Beatrice! Sie zwei kennen sich noch nicht, oder?"

JACKIE: "Nein. Bis zur Trauerpost wusste ich nicht einmal, dass mein Vater noch andere Kinder hat..."

Siegfried runzelt verwirrt die Stirn.

SIEGFRIED: "Sie... wussten nichts von Beatrice? Aber Robert hat Ihnen doch Fotos geschickt. Jedes Jahr...!"

Jackies Gesicht zeigt Unwillen. Der alte Mann schaut sie prüfend an.

SIEGFRIED: "Soweit ich weiß, haben Sie ihm nie geantwortet..."

JACKIE (nüchtern): "Wundert Sie das? Mein Vater hat sich nie um mich gekümmert! Vor drei Jahren fällt ihm dann plötzlich ein, mir zu schreiben! Ein bisschen sehr spät, finden Sie nicht? Ich habe die Briefe ungelesen weggeworfen..."

Das Gesicht des Alten bewölkt sich.

SIEGFRIED: "Ich sehe, da hat sich viel Zorn aufgestaut. Und sicher nicht ohne Grund... (er sieht zu Beatrice) Dennoch, Beatrice ist nun mal Ihre Schwester!"

JACKIE: "Halbschwester!"

SIEGFRIED: "Sie kann nichts dafür! Sie ist ein Kind."

Der Alte hebt den Arm einladend in die Richtung des Kindes. Jackie sieht hinüber und gibt ihren inneren Widerstand auf. Sie erhebt sich und geht mit dem Alten zu dem Kind...

SIEGFRIED: "Schau Trixie, das ist Jaqueline, deine Schwester!"

Die Kleine sieht neugierig und interessiert zu Jackie hoch.

JACKIE: "Hallo, Trixie!"

TRIXIE: "Hallo, Jak... Jakkelien..."

JACKIE: "Sag Jackie! Das ist leichter."

Trixie lächelt. Jackie reicht dem Mädchen die Hand. Die ergreift sie.

JACKIE: "Kann ich mich neben dich setzen?"

Trixie nickt, als wäre es das Normalste der Welt... Jackie nimmt Platz...

EXT. AUF DER BARKASSE AUF SEE - TAG

Die Barkasse dümpelt. Die See ist recht unruhig. Die Kapitänin steht neben der Urne und spricht zu den etwa zwei Dutzend Trauergästen, die alle Schwimmwesten tragen...

KAPITÄNIN: "...und so übergeben wir die sterbliche Hülle von Robert Schreiner der See. Er kehrt an den Ort zurück, der ihm Heimat war und dem jedes Leben entstammt..."

Sie nimmt die Urne und lässt sie an einem Seil ins Wasser hinab. Einige Blüten lösen sich und schwimmen an der Wasseroberfläche, während die Seeurne versinkt. Ein Mann der Besatzung schlägt dabei viermal doppelt an die Schiffsglocke.

EXT. AUF SEE - TAG

Die Barkasse fährt eine Runde um den Ort, an dem die Urne versunken ist. Das Schiffshorn tutet dreimal lang...

EXT. IN DER BARKASSE AUF SEE - TAG

Das kleine Schiffe stampft durch die hohen Wellen... Es stürmt heftig... An Deck ist nun niemand mehr...

INT. UNTER DECK - TAG

Die Trauergäste sind sichtlich beeindruckt von der schweren See. Einige sind totenbleich. Zu ihnen gehört auch Jackie. Trixie sitzt neben ihr. Das Mädchen blickt zu ihr auf...

TRIXIE: "Ist dir nicht gut?"

JACKIE (mühsam): "Nein. Ist mir nicht."

TRIXIE: "Verträgst wohl keinen Seegang? (grinst) Du bist eine Landratte, was?"

Trixie sieht die Jüngere genervt an und hat Mühe, ihre Übelkeit unter Kontrolle zu bringen...

EXT. AM PIER - TAG

Die Trauergäste verlassen die Barkasse. Es regnet. Auch Jackie strebt davon.

SIEGFRIED: "Jaqueline! Warten Sie!"

Unwillig bleibt Jackie stehen und dreht sich um. Sie kommt dem Alten nicht entgegen, als er ächzend den Steg herunterkommt und zu ihr herüber humpelt.

SIEGFRIED: "Sie... Sie wollen doch nicht schon gehen, oder?"

Jackie sieht ihn irritiert an.

JACKIE: "Was dachten Sie denn? Dass ich mir beim Tröster den Bauch vollschlage und noch mit jedem ein Schwätzchen halte?"

SIEGFRIED: "Bitte, gehen Sie doch noch nicht!"

JACKIE: "Hören Sie: Ich bin Ihrer Einladung gefolgt und habe meinem Vater die letzte Ehre erwiesen. Weil man das halt so macht. Aber das war's dann auch für mich...!"

SIEGFRIED (sieht sie ruhig an): "Dass Sie Ihrem Vater nicht vergeben wollen... nicht vergeben können, dafür hab ich Verständnis... aber da gibt es noch eine sehr ernste Angelegenheit, die ich auf dem Herzen habe...!"

JACKIE: "Machen Sie es bitte kurz! Diese... groteske Seebestattung samt Bonus-Orkan hat mir schon voll und ganz gereicht...!"

SIEGFRIED: "Das war Roberts Wunsch. Die Seebestattung."

JACKIE: "Geschenkt! Sagen Sie einfach, was Sie wollen...!"

SIEGFRIED: "Ich geb zu, ich habe Sie nicht ganz ohne Hintergedanken eingeladen... Sehen Sie, nach dem Tod von Robert hat Beatrice nun niemanden mehr... sie steht ganz allein in der Welt...!"

Jackie schaut verwirrt zu dem Mädchen hinüber, dass noch an Deck der HEDWIG steht und mit der Kapitänin redet...

JACKIE: "Ganz allein? Wieso? Was ist denn mit ihrer Mutter?"

SIEGFRIED: "Lydia starb vor etwa drei Jahren."

Jackie ist überrascht. Für einen kurzen Moment...

JACKIE: "Das... das wusste ich nicht!"

SIEGFRIED: "Wenn Sie Roberts Briefe nicht gelesen haben, können Sie das auch nicht wissen... Sehen Sie, Robert hatte eine sehr... sagen wir... symbiotische Verbindung zu Trixies Mutter. Als Lydia starb, hat ihn das völlig aus der Bahn geworfen..."

JACKIE (unterbricht schroff): "Wieso erzählen Sie mir das? Ich hab nicht vor, eine Biografie über ihn zu schreiben."

SIEGFRIED: "Jaqueline, verstehen Sie mich bitte nicht falsch! Es geht mir doch allein um Beatrice! Ich hatte so sehr gehofft..."

Er bricht ab und sieht sie kläglich an.

JACKIE: "Was?"

SIEGFRIED: "Dass Sie die Kleine vielleicht zu sich nehmen..."

Jackie starrt Siegfried entgeistert an. Sie blickt zu dem Kind, das gerade die Gangway herunterkommt...

JACKIE: "Wie jetzt? _Ich_ soll... dieses Kind nehmen? Das kann doch nur ein Witz sein!?"

SIEGFRIED (ungehalten): "Über so etwas mache ich keine Scherze! Ich würde Beatrice selbst nehmen, aber ich bin alt und gesundheitlich in keiner guten Verfassung. Ich kann kein Kind mehr versorgen. Und sonst... ist leider niemand mehr da! (er seufzt) Trixie wurde in ein Kinderheim in Köln gebracht. Dort bemüht man sich sehr, aber das ist nicht der richtige Platz für sie..."

Jackie runzelt die Stirn. Sie blickt zu Trixie und zuckt die Achseln...

JACKIE (lächelt unterkühlt): "Papa ist weg. Ist nicht schön. Aber ich verrat Ihnen was: Sie wird's überleben!"

Sie will fort, aber Siegfried hält sie am Arm.

SIEGFRIED: "Sie sind verbittert, Jaqueline! Aber Sie hatten wenigstens eine Mutter. Trixie hat innerhalb von drei Jahren beide Elternteile verloren. Und sie ist erst elf!"

JACKIE (schaut feindselig zu Trixie): "Ja, sie ist erst elf... Und noch dazu ist sie mir vollkommen gleichgültig! (blickt zum Alten) Aber selbst, wenn es nicht so wäre, es ist schon schwer genug für mich, alleine durchzukommen! Also... danke! Kein Bedarf!"

Sie dreht sich um und stapft davon. Siegfried blickt ihr nach. Da tritt Trixie heran. Sie sieht zu ihrem Großvater hoch. Sie gewahrt, dass der alte Mann feuchte Augen hat.

TRIXIE: "Weinst du, Opa?"

SIEGFRIED: "Nein, Trixie, ich weine nicht!"

EXT. AUF EINER BRÜCKE - TAG

Jackie steht auf der Brücke und fotografiert die Skyline von Frankfurt. Sie arbeitet konzentriert und schnell...

INT. FITNESSCENTER - ABEND

Jackie macht ein freudloses Workout im Club. Ihre Stirn liegt in grüblerischen Falten...

EXT. AM BRIEFKASTEN - NACHT

Jackie schließt ihren Briefkasten auf. Werbung, Rechnungen und Wurfzettel. Nichts Wichtiges. Sie packt ihre Sporttasche und geht nach oben...

INT. IM TREPPENHAUS - NACHT

Jackie steigt die Treppe hoch. Das Licht geht aus. Sie sucht nach dem Lichtschalter. Sie schaltet das Licht wieder ein und nimmt den Schlüssel aus ihrer Tasche. Dann bemerkt sie plötzlich, dass jemand auf der Treppe sitzt. Es ist niemand anderes als Beatrice, ihre kleine Schwester. Sie trägt immer noch Zöpfe und hat einen Rucksack neben sich. Jackie starrt das Kind an wie eine Erscheinung.

JACKIE: "Beatrice??"

TRIXIE: "Sag Trixie. 'Beatrice' ist mörderblöd!"

Jackie weiß einen Moment nicht, was sie erwidern soll...

JACKIE: "Was, zum Teufel, tust du hier?"

TRIXIE: "Ich hab Hunger!"

JACKIE: "Komm erst mal rein!!"

Sie schließt ihre Wohnung auf.

INT. KÜCHE JACKIE - NACHT

Jackie stellt Trixie, die am kleinen Küchentisch sitzt, einen heißen Kakao hin. Dann setzt sie sich dazu...

TRIXIE: "Kann ich noch Zucker?"

JACKIE: "Das ist Nesquik! Das besteht zu 120 Prozent aus Zucker!"

TRIXIE: "Ich möchte aber trotzdem noch Zucker!"

Jackie sieht das kleine Persönchen an. Dann erhebt sie sich und holt aus dem Schrank eine angebrochene Tüte Zucker. Sie schüttet davon in Trixies Kakao und setzt sich dann wieder.

JACKIE: "So! Und jetzt sagst du mir, weshalb du hier bist! Was ist passiert?

TRIXIE: "Passiert? Nichts."

JACKIE: "Aber du sitzt doch da vor mir! Oder bist du eine Art Luftspiegelung?"

TRIXIE: "Ich bin abgehauen."

JACKIE: "Du bist abgehauen? (lacht fassungslos) Du bist abgehauen! Aus deinem Heim! Na prima! Und du kommst hierher zu mir? (verschränkt die Arme) Und was denkst du, wird hier jetzt passieren?"

TRIXIE: "Du musst mich bei dir aufnehmen!"

Jackie lüpft amüsiert die Brauen.

JACKIE: "Ach! Muss ich das?"

TRIXIE: "Ja, du musst! Es geht nicht anders."

JACKIE: "Und wo steht das?"

TRIXIE: "Wir sind Schwestern!"

JACKIE: "Halbschwestern! (beugt sich böse vor) Und was mich betrifft: Drei-Hundertstel-Schwestern!"

TRIXIE (faucht zurück): "Mir egal, wieviel Hundertstel... Ich geh nicht zurück ins Heim!"

JACKIE: "Tust du nicht? Aha! Und darf man wissen, wieso nicht?

TRIXIE: "Weil's da scheiße ist! Die meckern da ohne Ende rum an mir... Und die anderen Kinder haben alle ein Rad ab... Da kriegt man voll Plaque!"

Jackie mustert das junge Mädchen.

JACKIE: "Das ist sehr bedauerlich, aber bei mir kannst du auf keinen Fall bleiben! Ich bin Fotografin und ständig auf Achse... Ich kann mich hier auch wirklich nicht um kleine Kinder kümmern..."

Schweigen. Trixie starrt Jackie böse an.

TRIXIE: "Wieso bist du so arschig?"

JACKIE: "Ich? Arschig? Ich bin nicht arschiger, als andere Leute auch! Und glaub mir, es gibt keine Ausnahmen!"

TRIXIE: "Papa war <u>nicht</u> arschig."

Das verschlägt Jackie für einen Moment die Sprache.

JACKIE (gepresst): "Dein Vater war der König der Ärsche! So sieht's mal aus!"

Trixie sagt nichts. Sie wirkt betroffen. Jackie beschließt, zurückzurudern... "

JACKIE: "Hör zu, Trixie! Ich bin einfach sauer auf ihn, okay? Für <u>dich</u> war er der Papa, aber nicht für mich! Bis ich sein Foto neben dieser Kack-Seeurne gesehen habe, wusste ich nicht mal, wie er aussieht..."

TRIXIE: "Er hat dir aber doch Fotos geschickt..."

JACKIE: "Ja, ja, ich weiß schon. Vertiefen wir das mal lieber nicht weiter. Trink deinen Kakao aus, und dann mach ich dir die Couch zurecht..."

TRIXIE (ungläubig): "Wie? Ich darf bleiben?"

JACKIE: "Ja. Bis morgen früh! Da bring ich dich zurück ins Heim, Prinzessin! So sieht's aus!"

TRIXIE: "Ich geh aber nicht zurück! So sieht's auch aus!"

JACKIE: "Du kannst hier trotzige Schnuten ziehen, solange du willst! Ich bin nicht dein Papa... Und bei mir zieht das nicht...!"

Sie sieht ihre Schwester streng an. Trixie guckt nun doch eingeschüchtert. Jackie erhebt sich...

JACKIE: "Ich geh jetzt duschen! Und dann ist Schlafenszeit! Alles klar?"

Jackie verlässt das Zimmer. Trixie sieht niedergeschlagen auf ihren Kakao... Dann blickt sie auf die Anrichte. Dort sieht sie die Schlüssel vom Mini liegen... In ihrem Kopf beginnt es zu arbeiten...

<u>EXT. VOR JACKIES HAUS - FRÜHER MORGEN</u>

Jackie kommt mit Trixies Rucksack aus dem Haus.

Sie öffnet den Mini-Cooper und wirft ihn hinein. Dann macht sie die Beifahrertür auf. Trixie folgt und steigt widerwillig in das Auto. Der Motor startet und der Wagen fährt los...

I/E. AUF DER AUTOBAHN - TAG

Schweigend fahren die Schwestern dahin. Trixie sieht aus dem Fenster, alles andere als in guter Stimmung.

JACKIE: "Ich hab mit deiner Heimleiterin telefoniert... Frau Brothage... Die ist nicht verkehrt. Die hatte immerhin Verständnis für Dich, obwohl du das ganze Heim in helle Aufregung versetzt hast..."

TRIXIE (verächtlich): "Die Brothage! Die hat doch voll den Kettenschuss in der Takelage!"

JACKIE: "Und was heißt das jetzt?"

TRIXIE: "Weißt du denn nicht, was ein Kettenschuss ist?"

JACKIE (stöhnt): "Nein, weiß ich nicht."

TRIXIE: "Früher haben sie bei Schiffsgefechten zwei Kanonenkugeln zusammengekettet und damit die gegnerischen Segel kleingeschossen. So hat man den Feind manövrierunfähig gemacht..."

JACKIE: "Ist das so? Man lernt doch nie aus..."

TRIXIE: "Die Brothage ist jedenfalls eine ganz linke Bazille!

JACKIE: "Du könntest etwas mehr Respekt zeigen! Du machst nicht nur dem Heim Ärger, sondern mir genauso! (zwingt sich zur Ruhe) Ich hab heute Abend noch einen Fototermin, bei dem ich mir bis tief in die Nacht die Beine in den Bauch stehen kann. Und jetzt darf ich mit dir nach Köln gondeln. Vom Benzin gar nicht zu reden..."

Trixie sagt darauf nichts. Jackie dreht den Kopf nach hinten. Die jüngere Schwester versinkt im Trübsinn... Jackie sieht zu ihr und bekommt Gewissensbisse...

JACKIE: "Trixie! Ich weiß, du hast dir etwas anderes erwartet. Nimm's nicht persönlich! Ich kann dir einfach nicht helfen. So leid es mir tut!"

Ein Biker setzt sich vor sie. Der Fahrer trägt einen Darth-Vader-Helm und ein schwarzes Cape weht hinter ihm. Jackie schaut amüsiert, greift in die Handtasche auf dem Beifahrersitz und hat ihre Spiegelreflexkamera in der Hand. Beim Fahren stellt sie die Kamera ein und fotografiert dann zur Frontscheibe hinaus.

JACKIE: "Hast du gesehen? Witziger Typ! Ich habe einen Foto-Blog im Internet. Da stell' ich jeden Tag ein paar Bilder rein... Schade, dass ich den nicht von vorne krieg... aber er ist zu schnell!"

TRIXIE: "Mir ist schlecht!"

Jackie schaut nach hinten und legt die Kamera zur Seite.

JACKIE: "Wie 'schlecht'?"

TRIXIE: "Schlecht eben."

JACKIE: "Musst du spucken?"

TRIXIE: "Weiß nicht... schon möglich...!"

JACKIE (stöhnend): "Komm, jetzt kotz mir bitte nicht ins Auto...!"

TRIXIE: "Ich probier's ja... aber es wird immer schlimmer...!"

JACKIE (seufzend): "Da vorne ist eine Abfahrt..."

Sie setzt den Blinker.

EXT. AN EINER LANDTANKSTELLE - TAG

Jackie macht die Tür auf und hilft Trixie heraus.

JACKIE: "Alles klar?"

TRIXIE: "Kann ich 'ne Cola?"

JACKIE: "Wie 'ne Cola'? Eben war dir doch noch speiübel!"

TRIXIE: "Ist es immer noch. Wenn mir früher schlecht war, hat Papa mir immer Cola gegeben. Und dann war es besser..."

Jackie blickt ihre Schwester durchdringend an. Dann aber runzelt sie resignierend die Stirn...

JACKIE: "Dann hol ich dir eben die Cola! Und wie muss die sein? Eiskalt?"

TRIXIE: "Nein! Nicht so kalt. Normal halt."

Jackie geht in die Tankstelle. Sie sieht nicht, wie hinter ihr Bewegung in Trixie kommt. Diese krabbelt ins Auto und zieht den Schlüssel ab, der noch im Schloss steckt...

INT. IN DER TANKSTELLE - TAG

Jackie zahlt an der Kasse. Sie sieht zum Fenster hinaus. Trixie steht am Auto, aber mit dem Rücken zu ihr.

TANKWART: "Ihr Wechselgeld!"

Jackie dreht sich ihm zu und nimmt Geld und Cola.

JACKIE: "Danke!"

Sie verlässt das Kassenhaus.

I/E. IM AUTO AUF DER AUTOBAHN – TAG

Jackie sieht in den Rückspiegel, wo Trixie Cola trinkt.

JACKIE: "Und? Besser?"

TRIXIE: "Kann schon sein."

JACKIE: "Kannst du nicht mal vernünftig antworten? 'Ja' oder 'nein'?"

TRIXIE: "Vielleicht ist es ja besser..."

JACKIE: "Herrgott, kannst du nicht einfach 'ja' oder 'nein' sagen!?"

TRIXIE: "Da war ein 'ja' in dem Satz: Vielleicht ist es ja besser!"

Jackie presst die Lippen zusammen, aber auch Trixie sieht angriffslustig aus...

Da gibt das Navi einen Warnton von sich. Jackie sieht auf das Gerät und verzieht das Gesicht.

JACKIE: "Mist! Eine Vollsperrung! Hoffentlich kommen wir noch vorher von der Autobahn runter!"

I/E. LANDSTRASSE MIT SCHLAGLÖCHERN – TAG

Es holpert im Wagen, denn die Landstraße ist durch den strengen Frost aufgerissen worden und hat viele Löcher...

JACKIE: "Mann! Da haut's einem ja die Radaufhängung kaputt hier... Das ist ein Mini und kein Landrover!"

TRIXIE (altklug): "Es ist nie das Schiff, Jackie! Es ist immer der Kapitän!"

JACKIE (gereizt): "Was quatschst du da?"

TRIXIE: "Das hat Papa immer gesagt! Das ist eine Seemannsweisheit!"

JACKIE (stirnrunzelnd): "Was hat der eigentlich für'n Schaden gehabt? Ich meine, schon die Seebestattung fand ich ziemlich neben der Kappe... und jetzt tust doch auch schon so, als hättest Du'n Papagei auf der Schulter...!"

TRIXIE: "Ich weiß gar nicht, was du hast: Papa ist mal zur See gefahren...!"

JACKIE: "Unser Vater? Nein! Blödsinn!"

TRIXIE: "Wenn ich' dir aber doch sage! Er hat sogar ein Patent als Schiffsmechaniker!"

JACKIE: "Wie? Er war Maschinist?"

TRIXIE: "Nein. Schiffsmechaniker, so heißen offiziell die Matrosen!"

Jackie will etwas erwidern, als der Wagen zu stottern beginnt. Die Frau schaut überrascht. Und dann erstirbt einfach der Motor. Der Wagen rollt am Seitenstreifen aus.

JACKIE: "Was ist denn jetzt kaputt?"

TRIXIE: "Der Wagen ist ausgegangen..."

JACKIE: "Ja, danke! Da wär ich ja nie drauf gekommen...!"

Sie versucht, den Wagen erneut anzulassen, aber es tut sich gar nichts mehr...

EXT. AN EINER LANDSTRASSE - TAG

Jackie steigt aus dem Wagen und öffnet die Motorhaube. Trixie kommt ebenfalls aus dem Wagen und stellt sich neben ihre Schwester. Jackie sieht sie misstrauisch an.

JACKIE: "Du siehst aus, als ginge es dir besser!"

TRIXIE: "Hab ich doch auch gesagt!"

Jackie verdreht die Augen. Trixie schaut ebenfalls in den Motorraum.

TRIXIE: "Verstehst du was von Autos?"

JACKIE (gereizt): "Ja, rein zufällig tu ich das!"

Jackie rüttelt an der Zylinderkopfdichtung und zieht dann den Ölstab heraus. Aber irgendwann wirkt sie doch ratlos...

TRIXIE: "Ruf doch den ADAC!"

JACKIE: "Da bin ich aber kein Mitglied!"

TRIXIE: "Man kann Mitglied werden. Und dann helfen sie einem... Man unterschreibt und ruckzuck läuft der Wagen wieder. Deshalb nennt man sie auch 'gelbe Engel'!"

JACKIE: "Wieso hältst du nicht einfach deinen Schnabel...?"

EXT. AN EINER LANDSTRASSE - EINE STUNDE SPÄTER

Ein Pannenhelfer vom ADAC parkt hinter dem Mini. Ein Mechaniker checkt den Wagen... Trixie und Jackie sitzen im Gras am Straßenrand. Jackie füllt, sichtlich bedient, den Mitgliedsantrag für den ADAC aus...

JACKIE: "So ein Mist! Wo ich sowieso schon so knapp bin mit der Kohle..."

TRIXIE: "Hast du keine Rücklagen?"

JACKIE: "Was?"

TRIXIE: "Rücklagen. Wenn man ein Auto fährt, muss man immer was zurücklegen, damit man Geld hat, wenn man ein neues kaufen will. Sagt Papa!"

JACKIE (kaltlächelnd): "Oh, sagt er das? Er ist aber tot, der Gute! Und jetzt... sagt er gar nichts mehr!"

Trixie sieht grollend zu Jackie hoch.

TRIXIE: "Du musst ja nicht gleich gemein werden. Ist doch nicht meine Schuld, wenn du keine Rücklagen hast...!"

Jackie will etwas erwidern, aber da holt der ADAC-Mechaniker eine HULK-Thermoskanne hervor und gießt sich Kaffee ein. Die Kanne und den Deckel stellt er auf den Luftfilter, während er weiter werkelt.

JACKIE: "Hm. Interessantes Motiv!"

Sie holt ihre Kamera aus der Tasche und läuft zum Wagen. Sie fotografiert. Vom Klicken des Verschlusses wird der Mechaniker aufmerksam.

MECHANIKER: "Fotografieren Sie mich?"

JACKIE: "Nein. Nur Ihre Thermoskanne auf dem Luftfilter... Aber wenn Sie etwas nach rechts rücken, kann ich Sie mit ins Bild nehmen..."

Der Mechaniker runzelt die Stirn und richtet sich auf. Jackie kommt heran, gefolgt von Trixie...

MECHANIKER: "Also, genau kann ich nicht sagen, was mit dem Fahrzeug los ist, aber ich habe einen Verdacht..."

JACKIE: "Einen Verdacht?"

MECHANIKER: "Unter der Tanköffnung liegen Zuckerreste. Sieht so aus, als hätte Ihnen irgendein Zeitgenosse Zucker in den Tank geschüttet!"

JACKIE (entgeistert): "Zucker in den Tank? Aber wie kann das sein? Der Tankdeckel ist doch abgeschlossen..."

MECHANIKER: "Außer, wenn man tankt..."

JACKIE: "Nein, nein, das kann nicht sein! Ich verschließe den Tank immer gleich nach dem Tanken, und ich lass den Wagen auch nicht alleine! Ich bin..."

Sie hält plötzlich inne. Dann fährt sie zu Trixie herum.

JACKIE: "Du!"

Aber Trixie kann grad kein Wässerchen trüben. Jackie geht auf sie zu und packt ihre Hand. Dann riecht sie an ihr.

JACKIE: "Wieso riecht deine Hand nach Benzin?"

TRIXIE: "Tut sie doch gar nicht..."

JACKIE (zornig): "Das darf doch nicht wahr sein! Bist du jetzt komplett durchgedreht?"

Sie dreht sich um und geht zu dem Mechaniker.

JACKIE: "Wenn wirklich Zucker im Tank ist, was macht man da?"

MECHANIKER: "Da macht man gar nichts mehr. Da lässt man den Wagen abschleppen!"

Jackie schließt die Augen und bemüht sich darum, die Fassung nicht zu verlieren.

JACKIE: "Dann veranlassen Sie das bitte..."

EXT. AN EINER LANDSTRASSE - NOCH EINE STUNDE SPÄTER

Ein Abschleppwagen zieht den Mini davon. Jackie und Trixie bleiben am Wegesrand zurück. Jackie packt ihre Sachen...

TRIXIE: "Was hast du denn jetzt vor?"

JACKIE: "Was ich vorhabe? Ich werde hier jedenfalls keine Wurzeln schlagen!"

TRIXIE: "Und warum rufst du kein Taxi? Du hast doch ein Handy!"

JACKIE (wütend): "Rein zufällig bin ich ziemlich pleite... und wenn ich daran denke, was mich jetzt das Auto kosten wird, kann ich mir grad kein Taxi erlauben...! Zufrieden?"

Sie stapft wütend los. Trixie hat Mühe hinter ihr nachzukommen. Unvermittelt bleibt Jackie stehen.

JACKIE: "So! Sag's mir! Wieso hast du das gemacht?"

TRIXIE: "Was denn?"

JACKIE (verdreht die Augen): "Jetzt spiel nicht die Dumme! Du hast mir den Zucker in den Tank geschüttet. Wieso, frag ich dich!"

TRIXIE: "Darum!"

Jackie packt Trixie zornig bei den Schultern.

JACKIE: "Hör auf mit dem Mist! Sag mir, wieso du das gemacht hast, oder ich vergesse mich noch!"

Trixie senkt finster den Blick.

TRIXIE: "Ich dachte, du wärst nett. Aber du bist die ganze Zeit total eklig zu mir!"

JACKIE: "Oh, bin ich das? Tja, ist 'ne böse Welt! Willkommen im Club!"

Sie lässt Trixie los und sieht sich um. Sie stehen in der Nähe der lebhaften Autobahn, aber hier auf der Landstraße ist kein Wagen zu sehen. Jackie dreht sich zu Trixie um, die auf ihre Schuhspitzen schaut. Die Große schließt die Augen, atmet durch und zwingt sich, sich zu beruhigen.

JACKIE: "Also gut. Vielleicht hast du recht. Aber irgendwie dreh ich grad etwas am Rad. Ich reiß mich zusammen...! (atmet tief durch) Aber damit ich verstehe, was in deiner Rübe vorgeht, sagst du mir, was ich dir getan habe, dass du mir mein Auto ruinierst!"

Trixie schaut an Jackie vorbei.

TRIXIE: "Das hab ich dir schon gesagt."

JACKIE: "Vielleicht habe ich es irgendwie nicht mitgekriegt. Sei also bitte so nett und wiederhole es...!"

TRIXIE: "Ich will nicht zurück in das Heim!"

Jackie sieht Trixie irritiert an.

JACKIE: "Wie? Und weil ich dich dahin zurückfahre, zerstörst du aus Rache meinen Wagen?"

TRIXIE: "Nicht aus Rache...!"

JACKIE: "Und wieso... dann??"

Trixie sieht Jackie an und wird ebenfalls wütend.

TRIXIE: "Mann, soll ich es dir aufschreiben? ICH WILL NICHT ZURÜCK INS HEIM!"

Jackie starrt ihre Schwester fassungslos an.

JACKIE: "Wie jetzt? Und dafür springt mein Mini über die Klinge? Mit dieser Aktion erreichst du doch allerhöchstens einen kurzen Aufschub!"

TRIXIE: "Immerhin etwas."

JACKIE (gepresst) Ist dir klar, dass ich heute abend arbeiten muss? Ich kann froh sein, dass ich überhaupt Jobs hab...! Wie soll ich über die Runden kommen, wenn mein Boss mich feuert?"

Sie holt ihr iPhone heraus und tippt etwas ein. Auf dem Display erscheint eine Karte...

JACKIE: "Zwei Kilometer von hier ist ein Bahnhof! Und weißt du, was wir dort machen? Wir nehmen den ersten Zug nach Köln zu deinem Kinderheim! Na, wie gefällt dir das?"

Trixie erwidert nichts. Jackie steckt das Handy weg, tritt zu ihrer Schwester und packt sie am Handgelenk.

JACKIE: "Und jetzt komm, bevor ich mich hier noch unglücklich mache..."

INT. AM SCHALTER DES LANDBAHNHOFES - TAG

Jackie steht am Schalter. Trixie steht unweit von ihr, nahe am Ausgang.

BAHNBEAMTER: "Geheimzahl und bestätigen, bitte!"

Jackie tippt ihre Nummer in das Gerät. Der Bahner zieht die EC-Karte wieder heraus und gibt sie ihr zurück...

JACKIE (zum Bahnbeamten): "Und in Köln steigen wir dann um? Oder?"

BAHNBEAMTER: "In Köln-Deutz! Aber Sie haben nur fünf Minuten Zeit zum Umsteigen!"

JACKIE: "Alles klar! Danke schön!"

Sie nimmt die Fahrkarte und sieht, dass die Bahnhofshalle einige Jugendstil-Elemente aufweist. Sie zieht ihre Kamera heraus und schießt ein paar schnelle Fotos. Dann nickt sie zufrieden und steckt die Kamera wieder ein. Sie sieht sich nach Trixie um. Aber die ist nicht mehr da...

JACKIE: "Trixie?"

Jackie dreht sich irritiert um sich selbst...

JACKIE: "Die wird doch nicht..."

Sie läuft zur Tür und öffnet sie...

EXT. VOR DEM BAHNHOF - TAG

Jackie sieht sich um. Aber von Trixie ist nirgendwo etwas zu sehen. Jackie eilt zurück ins Gebäude...

INT. IM BAHNHOFSGEBÄUDE - TAG

Jackie sieht sich suchend um. Da erblickt sie das Symbol für die Toiletten. Sie eilt hinüber und verschwindet in der Damentoilette...

INT. IM BAHNHOFS-WC - TAG

Nervös reißt Jackie die Abteiltüren auf.

JACKIE: "Trixie! Wo bist du denn? Versteckst du dich? Das bringt doch nichts, verflucht...!"

Sie läuft wieder hinaus...

EXT. AUF DEM BAHNSTEIG - TAG

Jackie tritt auf den Bahnsteig hinaus und blickt sich suchend um. Aber auch hier Fehlanzeige. Da dringt das Klicken der sich senkenden Bahnschranke an ihr Ohr. Jackie dreht den Kopf und erstarrt. Da ist Trixie! Sie steht mit geschlossenen Augen mitten auf den Schienen, regungslos...

JACKIE: "Um Gottes Willen! (brüllend) Trixie!!"

Sie springt auf die Schienen und rennt auf ihre Schwester zu. Dann aber knickt sie mit dem Knöchel auf dem Schotter um und stürzt. Und nun sieht sie den ankommenden Zug...

JACKIE (kreischend): "Trixie! Geh von den Schienen runter! GEH VON DEN SCHIENEN!!!"

In diesem Moment rollt ein junger Mann auf einem Fahrrad heran. Er sieht das Kind, springt vom Rad und sprintet los. Er flankt über die Schranke, packt Trixie und zerrt sie rechtzeitig aus dem Gefahrenbereich.

Jackies Brust entringt sich ein hysterischer Laut der Erleichterung... Aber nun fährt der Zug in den Bahnhof ein, und sie muss selber von den Schienen runterkommen...

INT. AUF DEM BAHNSTEIG - TAG

Trixie sitzt mit leerem Blick neben Jackie. Sie sagen kein Wort. Jackie steht immer noch ziemlich unter Schock.

JACKIE: "Ich glaub, ich brauch was für die Nerven!"

Sie steht auf und humpelt auf ihrem schmerzenden Fuß zum Snackautomaten. Sie steckt Geld hinein und zieht einen Schokoriegel. Dann blickt sie zu Trixie hinüber.

JACKIE: "Willst du auch was?"

TRIXIE: "Nein...!"

EXT. AUF DEM BAHNSTEIG - ETWAS SPÄTER

Jackie und Trixie essen beide Schokoriegel. Die Ältere sieht zu ihrem kauenden Schützling hinüber.

JACKIE: "So! Jetzt sag mir bitte mal, was das da grad sollte...!"

Trixie zuckt die Achseln.

JACKIE: "Trixie, alles was Recht ist! Das war jetzt nicht mehr lustig...! Da kam schon der Zug, okay?"

TRIXIE: "Kann dir doch egal sein, oder? Du brauchst dich nicht mehr um mich zu kümmern... Kannst ruhig gehen. Ich komm schon zurecht..."

JACKIE: "Du kommst zurecht?? Du kommst überhaupt nicht zurecht! Und weißt du, warum? Weil du gewaltig ne Schraube locker hast!"

Sie macht mit dem Zeigefinger kreisende Bewegungen über der Schläfe. Trixie sieht sie an und schaut ungerührt...

TRIXIE: "Ich weiß nicht, wieso du hier so ne Welle machst... Mama hat sich auch auf die Schienen gestellt... Die Leute sagen, wenn der Zug kommt, hat man keine Schmerzen... Alles geht ganz schnell...!"

Für einen Moment ist Stille. Jackie vergisst zu atmen. Sie braucht einen Moment, ihre Erschütterung zu überwinden.

JACKIE: "Deine Mutter hat sich umgebracht?"

TRIXIE: "Was kümmert's dich? Du kanntest sie doch gar nicht..."

Jackie reibt sich das Gesicht.

JACKIE: "Hör zu, Beatrice, ich..."

TRIXIE (heftig): "Ich heiß nicht Beatrice! Okay? Ich heiß Trixie! Wann checkst du das endlich, he?"

JACKIE: "Sich vor einen Zug zu werfen, ist doch keine Lösung! Du hast noch dein ganzes Leben vor dir!"

TRIXIE: "Da pfeif ich drauf! Bevor ich zurück in das verkackte Heim gehe, geh ich lieber über die Planke! Kein Scheiß!"

Jackie starrt das Mädchen geschockt an.

JACKIE: "Das ist doch nicht dein Ernst!"

TRIXIE: "Lass mich doch in Ruhe!"

Sie sagen nichts mehr. Jackie sieht zu Trixie und mustert das junge Mädchen. Sie seufzt und zieht ihre Börse hervor.

JACKIE: "Noch ein Schokoriegel?"

Trixie funkelt sie böse an.

TRIXIE: "Hast du noch nie gehört, dass Kinder nicht soviel Schokolade essen sollen? Ist schlecht für die Zähne...! Als Mutter wärst du echt voll die Niete!"

Jackie schaut pikiert...

INT. IM ZUG - TAG

Trixie starrt aus dem Fenster, während Jackie ihr gegenüber sitzt und sie mustert. Der Schaffner öffnet die Tür.

SCHAFFNER: "Die Fahrkarten bitte!"

Jackie reicht ihm ihre Fahrkarte. Der Schaffner sieht freundlich zu Trixie.

SCHAFFNER: "Na, möchtest du eine Kinderfahrkarte? Da bekommst du beim Imbiss ein Eis! Wenn die Mama es erlaubt!"

TRIXIE (sieht ihn böse an): "Erstens ist das nicht meine Mama, und zweitens will ich auch keine Kinderfahrkarte! Oder seh ich wie ein Baby aus?"

Der Schaffner ist etwas verdutzt, überspielt dann mit einem Lächeln und geht. Trixie sieht wieder aus dem Fenster, während ihre ältere Schwester ihre Fahrkarte in ihrer Börse verstaut. Jackie betrachtet das Mädchen eine Weile. Trixie wirkt trotz ihrer Wut verloren...

JACKIE: "Trixie, lass uns mal in Ruhe reden, ja? Ich kapier ja, dass du sauer bist... Ich war... vielleicht wirklich nicht besonders nett zu dir..."

TRIXIE (aufgebracht): "Nicht besonders nett? Sei froh, dass keine ausgebildeten Erzieher dabei waren, die hätten dir eins in die Fresse gehauen, so scheiße warst du!"

JACKIE: "Ich entschuldige mich, okay? Tut mir leid, wenn ich mich im Ton vergriffen habe!"

TRIXIE (schaut argwöhnisch): "Du willst doch nur, dass ich Ruhe gebe, damit du mich endlich los bist!"

JACKIE: "Das ist nicht wahr...! Ich entschuldige mich wirklich! Du hast deine Eltern verloren... und du bist erst elf! Das muss... sehr hart für dich sein..."

TRIXIE: "Ja, mach mal halblang. Sooo hart war's auch wieder nicht... Ich will einfach nur nicht in das Heim zurück...!"

Jackie überlegt. Dann beugt sie sich vor.

JACKIE: "Und was sagst du, wenn ich dich nicht ins Heim bringe?"

Trixie stutzt und schaut dann skeptisch auf.

TRIXIE: "Und wieso auf einmal nicht?"

JACKIE: "Ich kenne dich noch nicht so lange, und wenn ich ehrlich bin, ich kann dich nicht sonderlich gut leiden..."

TRIXIE: "Na, so'n Zufall! Ich kann dich auch nicht ab!"

JACKIE (nickt bedächtig): "Aber... es ist mir nicht egal, wenn du dich umbringst...!"

Trixie sieht sie misstrauisch an.

JACKIE: "Selbstmord ist keine Option! Das werde ich niemals zulassen!"

TRIXIE: "Ach ja! Und wieso nicht?"

JACKIE: "Ich weiß nicht... Das geht irgendwie nicht. Du bist immerhin meine Schwester..."

TRIXIE (störrisch): "Halbschwester! Drei-Hundertstel-Schwester, genau genommen!"

JACKIE: "Lass uns versuchen, gemeinsam eine Lösung zu finden, okay?"

TRIXIE: "Eine Lösung für was?"

JACKIE: "Für das Problem, dass du nicht ins Heim willst, ich dich nicht nehmen kann und trotzdem nicht möchte, dass du... über die Planke gehst!"

Trixie sieht sie an und schüttelt den Kopf...

TRIXIE: "Ich weiß schon, wie die Lösung aussieht: Am Ende lande ich im Heim und habe auf meine Seele geschworen, am Leben zu bleiben... Und dazu gab's dann jede Menge oberödes Moralgelaber ans Ohr..."

JACKIE (ärgerlich): "Jetzt mach halt nicht gleich zu, du Zicke!"

Trixie schaut sie böse an.

JACKIE: "Drei Tage!"

TRIXIE: "Drei Tage was?"

JACKIE: "Du hast drei Tage! Dienstag Abend muss ich auf ein Firmenjubiläum und knipsen. Die Zeit bis dahin verbringe ich mit dir. Und wir machen, was _du_ willst! Ich hab nur eine Bedingung: Du stellst dich nicht mehr auf Eisenbahnschienen oder so einen Quatsch!"

Trixie überlegt einen Moment. Sie entspannt sich etwas...

TRIXIE: "Also gut. Und was passiert dann?"

JACKIE: "Ich weiß nicht. Wir könnten es uns erstmal gutgehen lassen und gucken, was du wirklich brauchst... Ich versuch, nicht so genervt zu sein und wir sprechen uns aus... Wir suchen nach einem Ausweg... Wir reden einfach... "

TRIXIE: "Wir reden? Wie sieht das aus? Du quatschst und mir läuft das Blut aus den Ohren...?"

JACKIE (ungerührt): "Also doch lieber sofort ins Heim?"

Trixie mustert Jackies kühle Miene. Sie zuckt die Achseln.

TRIXIE: "Okay, ich nehme die drei Tage."

JACKIE (zückt ihr Handy): "Ich muss mir das von Frau Brothage absegnen lassen. Und meinem Boss muss ich sagen, dass er sich heute eine Vertretung für mich suchen darf! Das wird super! Der hat mich nämlich sowieso schon auf dem Kieker..."

Sie zieht ihren Terminkalender heraus und sieht Trixie an...

JACKIE: "Also, was würdest du gerne machen? Wir könnten in einen Freizeitpark! Oder auf einen Ponyhof! Oder von mir aus auch auf die fucking Gorch Fock!"

Trixie blickt sie angeödet an.

TRIXIE: "Da war ich schon. Zweimal."

JACKIE: "Gut! Anders gefragt! Gibt es überhaupt einen Ort, zu dem du gerne hin möchtest?"

Trixie sieht aus dem Fenster und schweigt einen Moment.

TRIXIE: "Ja. Ich will nach Hause...!"

Jackie sieht sie mit gemischten Gefühlen an.

EXT. BUSHALTESTELLE SIEDLUNG - ABEND

Jackie und Trixie steigen aus dem Bus. Jackie humpelt immer noch leicht...

JACKIE (sieht sich um): "Hier wohnst du?"

TRIXIE: "Ja. Gefällt's dir nicht?"

JACKIE (schaut angewidert): "Nein. Hier möchte ich nicht mal tot überm Zaun hängen..."

TRIXIE: "Weiß nicht, was du hast... Es ist total cool hier"!

JACKIE (ungeduldig): "Also! Wo geht's lang?"

Trixie weist in eine Richtung. Jackie humpelt los. Sie wirkt genervt... Die jüngere Schwester folgt ihr...

EXT. HINTER TRIXIES ELTERNHAUS - ABEND

Jackie und Trixie kommen um das Haus herum.

JACKIE: "Ich wette, der Schlüssel ist nicht mehr da!"

TRIXIE: "Wieso sollte er nicht mehr da sein?"

Sie hebt einen Blumentopf an und holt einen geknüllten Klumpen Alupapier hervor, den sie mit überlegener Miene präsentiert. Jackie muss lächeln...

JACKIE: "Brav!"

Jackie nimmt die Kugel und wickelt sie aus, während sie zurück nach vorne geht...

EXT. AN DER HAUSTÜR VON TRIXIES ELTERNHAUS - ABEND

Jackie versucht die Tür zu öffnen, was sich aber schwierig gestaltet.

JACKIE: "Es geht nicht! Kein Wunder! Der Schlüssel ist total verrostet!"

TRIXIE: "Soll _ich_ mal versuchen?"

JACKIE: "Bist du vom Schlüsseldienst? Oder wieso denkst du, du kannst es besser als ich?"

TRIXIE: "Man muss nackeln!"

JACKIE: "Das Wort 'nackeln' existiert in der deutschen Sprache nicht!"

FRAU VOGT (O.S.): "Beatrice??"

Die Schwestern drehen sich um und sehen eine etwa sechzigjährige Nachbarin vor ihrer Tür stehen.

FRAU VOGT: "Ich denke, du bist im Marienhaus? (sie sieht zu Jackie) Und wer ist das?"

TRIXIE: "Das? Das ist Jackie, meine große Schwester!"

FRAU VOGT (basserstaunt): "Große Schwester? Du hast eine große Schwester?"

JACKIE: "Halbschwester! Jaqueline Herzog! Freut mich, Sie kennenzulernen!"

Sie tritt auf die Nachbarin zu und reicht ihr die Hand.

TRIXIE: "Jackie kümmert sich jetzt um mich, Frau Vogt!"

Die Nachbarin nimmt die Hand und schüttelt sie, während sie Jackies Gesicht mustert.

FRAU VOGT: "Ja, jetzt seh ich die Ähnlichkeit! (ihr Gesicht wird weich) Das ist aber schön, dass Beatrice nun jemand hat! Ist furchtbar, wenn man so früh die Eltern verliert... Soll ich euch beiden etwas zu essen machen?"

TRIXIE: "Gedeckten Apfelkuchen! Mit heißer Vanillesoße!"

Jackie stößt Trixie tadelnd an.

FRAU VOGT: "Das geht schon in Ordnung. Das mach ich gern! Aber es dauert ein wenig! Ich komme dann, wenn ich fertig bin..."

JACKIE: "Vielen Dank! Das ist sehr nett!"

TRIXIE (zupft Jackie am Arm): "Das reicht! Komm jetzt!"

Trixie geht, tritt vor ihre Tür und ruckelt ein wenig mit dem Schlüssel hin- und her. Sie kriegt das Schloss auf... Sie sieht ihre große Schwester mit einem triumphierenden Blick an... Man betritt die Wohnung...

INT. FLUR WOHNUNG TRIXIE - ABEND

Jackie schließt die Tür hinter sich. Trixie hat das Licht eingeschaltet. Die Ältere aber bleibt stehen. Trixie ist schon an der Tür zum Wohnzimmer...

TRIXIE: "Was ist?"

JACKIE: "Das hier ist keine gute Idee!"

TRIXIE: "Was?"

JACKIE: "Ich weiß nicht, ob ich diese Wohnung sehen will..."

TRIXIE: "Wieso? Es ist aufgeräumt!"

JACKIE: "Trixie, du kleiner Holzkopf! Das ist die Wohnung meines Vaters, okay? Die Wohnung von dem Mann, der meine Mutter sitzengelassen hat, als ich 8 Monate alt war. Und mit dem ich seit dieser Zeit keinen Kontakt mehr hatte! Die Wohnung des Mannes, der mich verlassen hat, weil deine Mama ihm wichtiger war, als ich!"

Für einen Moment sagt Trixie nichts und denkt über das Gesagte nach. Dann zuckt sie die Achseln.

TRIXIE: "Komm trotzdem rein! Bringt doch auch nichts, wenn du jetzt blöd vor dem Haus rumstehst..."

Trixie geht ins Wohnzimmer voraus. Jackie verdreht die Augen. Dann aber folgt sie dem Mädchen...

INT. WOHNZIMMER ELTERNHAUS TRIXIE - ABEND

Zögernd kommt Jackie in den Wohnraum. Alles ist mit großen Laken abgedeckt. Trixie zieht die Tücher kurzerhand von den Möbeln. Allmählich schält sich das ursprüngliche Zimmer wieder heraus. Eine schlichte, gemütliche Couchgarnitur bestimmt den Blick, daneben ist der Essraum mit dem Tisch und den sechs Stühlen angegliedert. An den Wänden sind lauter Bilder aufgehängt, die Motive der Seefahrt zeigen. In der Ecke liegt als Deko ein Anker. Auf einem Regal stehen Modelle von historischen Segelschiffen, in mühevoller Kleinarbeit zusammengebaut. In einem Schrank stapeln sich Spiele und Berge von Magazinen über die Schifffahrt.

Trixie schaltet das Licht ein... Jackies Blick bleibt an einer gerahmten Bleistiftzeichnung hängen...

TRIXIE: "Das Bild habe ich gemalt!"

Jackie schaut angeödet auf das Bild, auf das ihre Schwester gerade zeigt: die Bleistiftzeichnung von einem Hund...

JACKIE: "Was soll das sein? Ein Pudel?"

TRIXIE (gekränkt): "Das ist ein Werwolf!"

JACKIE (skeptisch): "Ein Werwolf? Echt? Sieht aus wie ein Kuscheltier!"

TRIXIE (nachdrücklich): "Es ist aber ein Werwolf! Und er ist sehr gefährlich!"

Jackie beschließt das nicht weiter zu thematisieren. Es ist für sie ein komisches Gefühl, sich in der Welt zu befinden, die so lange Zeit die ihres Vaters war.

JACKIE: "Was passiert eigentlich mit all dem hier?"

TRIXIE: "Das Haus hat Opa selbst gebaut. Es gehört ihm, und er hat gesagt, ich erbe es, wenn er mal tot ist!"

Jackie wendet sich dem Regal mit den Segelschiffen zu. Sie hebt die Hand um eines von ihnen zu drehen.

TRIXIE: "Nicht!"

Jackie dreht sich irritiert um.

JACKIE: "Was ist denn jetzt schon wieder?"

TRIXIE: "Man darf sie nicht anfassen!"

JACKIE: "Wieso nicht?"

TRIXIE: "Sie sind sehr empfindlich! Es könnte was kaputtgehen!"

JACKIE: "Ich wollte es nur mal von der anderen Seite ansehen, hallo?"

TRIXIE (herrisch): "Du fasst es aber nicht an!"

JACKIE (schnauzt zurück): "Wieso nicht, zum Henker?"

TRIXIE: "Papa möchte es nicht! Darum!"

JACKIE (knurrend): "Sag mal, geht's noch? Dein Vater ist tot!"

TRIXIE: "Er ist auch dein Vater! Und er hat es verboten! Also lässt du gefälligst die Pfoten weg!"

Jackie lässt die Arme sinken, und dann wird ihr bewusst, dass sie sich von der Kleinen wirklich hat einschüchtern lassen. In ihr steigt eine heiße Welle der Wut hoch...

JACKIE: "Aha! Papa hat es streng verboten! Uuuhh! Mich schaudert's richtig!"

Jackie dreht sich zu dem Regal, packt das nächste Schiff und schleudert es mit aller Gewalt auf das Parkett, dass die Takelage zersplittert.

JACKIE (höhnisch): "Ups! Kaputtgegangen!!"

Trixie starrt verdattert auf das zerschmetterte Schiff.

JACKIE (tut erschrocken): "Da wird der Papa aber schimpfen!"

Jackie tritt mit dem Fuß auf das Modell ein. Die Takelage bricht. Schweratmend sieht Jackie auf ihr Werk...

JACKIE: "Oh je! Böse Jackie! Böse, böse Jackie!"

Trixie springt vor und schubst Jackie zurück.

TRIXIE: "Hör auf!"

JACKIE (fauchend): "Wieso denn? Was denkst du, was er *mir* alles kaputtgemacht hat? Ich hab was gut! Oh ja! Glaub mir! Ich hab so einiges gut!!"

Sie fegt mit einer zornigen Armbewegung drei weitere Modelle vom Regal. Auch hier zertritt sie wütend die Takelage...

TRIXIE (kläglich): "Bitte! Jackie! Hör doch auf! BITTE!!!"

Jackie hält inne und dreht sich um. Sie sieht zu Trixie. Das Mädchen zittert und schluchzt. Jackie erkennt, dass ihre Schwester Angst hat. Hinter der scheinbar so selbstsicheren Fassade steckt ein schwer traumatisiertes Kind...

TRIXIE (verstört): "Papas Schiffe! Du hast alles kaputt gemacht...!"

Sie kniet neben den Trümmern der Modellschiffe. Jackie sieht das kleine Mädchen und eine Welle der Scham überkommt sie. Sie schließt die Augen und fährt durch ihr Gesicht. Sie blickt ihre Schwester an und gestikuliert hilflos.

JACKIE: "Trixie... hör zu!"

Trixie schaut nicht zu ihr.

JACKIE: "Ich... ich bin ausgerastet! Es tut mir leid!"

Jackie geht zu Trixie und hockt sich neben sie. Trixie ist nur noch ein weinendes Häuflein Elend, dass zu Boden schaut und schluchzt. Jackie nimmt die Kleine an der Hand...

JACKIE: "Komm!"

Aber Trixie bewegt sich nicht.

JACKIE: "Ich hab mich beruhigt. Okay?"

Sie zieht Trixie an sich. Die aber entwindet sich...

JACKIE (bestimmt): "Du bleibst jetzt da!"

Trixie ringt mit ihr um freizukommen.

JACKIE: "Ich lass dich nicht los!"

Trixie wird wütend.

TRIXIE: "Lass mich gehen, du Hexe!"

JACKIE: "Nein! Verdammt!"

Trixie beginnt schrill zu kreischen.

TRIXIE: "Lass mich jetzt los, sofort!"

JACKIE: "Wenn du was auf dem Herzen hast, lass es ruhig raus!"

Da beißt Trixie sie in den Arm, aber saftig. Jackie schreit gellend auf und lässt das Mädchen los.

JACKIE: "Bist du irre??"

TRIXIE (schweratmend): "Weißt du was? Ich hasse euch alle! Ihr seid alle gemein! Ihr denkt alle, es gibt nur euch...!"

JACKIE: "Ihr? Wenn meinst du mit... ihr?

TRIXIE: "Du, die Mama und den Papa! Ich bin euch doch allen total egal! Jeder interessiert sich nur für sich selbst! Und wo ich bleibe, kratzt keine Sau...!"

Sie springt zum Regal, packt das letzte Segelschiff und zertrümmert es auf dem Boden... Sie starrt darauf, ebenso erschrocken wie wütend... Trixie bebt am ganzen Leibe, als sie so dasteht... Dann ist die Wut verflogen, und sie beginnt zu weinen... Jackie sieht sie betroffen an. Als sie diesmal Trixies Hand nimmt und sie zur Couch zieht, lässt sich das Mädchen einfach mitnehmen und dort in die Arme nehmen.
Und Trixie weint. Haltlos, endlos...

INT. WOHNZIMMER ELTERNHAUS TRIXIE - SPÄTER

Trixie liegt still in den Armen ihrer großen Schwester. Sie hat sich beruhigt. Trixie blickt auf die Modelltrümmer...

TRIXIE: "Ich hab die "Queen Annes Revenge" kaputtgemacht. Das war Papas Lieblingsschiff..."

JACKIE: "Das kratzt ihn nicht mehr groß, glaube ich."

TRIXIE: "Ich war so wütend auf ihn! Dabei hat er doch gar nichts Schlimmes getan..."

JACKIE: "Wie man's nimmt. Im Stich gelassen hat er dich schon, oder?"

TRIXIE: "Aber gildet denn das? Wenn einer Krebs hat? (sie schnieft) Jetzt tut es mir leid, dass ich die *Queen Annes Revenge* zerlegt hab..."

JACKIE: "Also, was mich betrifft, kann ich nur sagen: <u>mir</u> geht's prima. Und ich hab vier Stück... wie sagt man? Abgetakelt?!"

Trixie muss lachen. Aber sie wird schnell wieder ernst. Jackie beschließt, sie etwas abzulenken...

JACKIE: "Komm, Trixie! Ich bin neugierig! Zeig mir doch mal dein Zimmer...!"

Trixie nickt und rutscht von ihrem Schoß. Sie nimmt Jackies Hand. Die steht vom Stuhl auf und folgt der Kleinen.

<u>INT. KINDERZIMMER TRIXIE - ABEND</u>

Auf Trixies Bett lagert eine Armee von Stofftieren, dabei viele Seevögel und Fische. An den Wänden hängen Plakate, Bilder und Fotos von Tieren und der christlichen Seefahrt. Es ist ein heller und bunter Raum... Trixie lümmelt auf ihrem Bett, während ihre große Schwester sich im Zimmer umsieht. Gerade entdeckt Jackie ein Foto, auf dem Trixie zu sehen ist, wie sie ihren Vater von hinten umarmt. Jackie tritt an das Bild heran.

JACKIE: "Das ist er, oder?"

TRIXIE: "Papa? Ja..."

Das Bild scheint zwei glückliche Menschen zu zeigen...

JACKIE: "Ihr habt euch gut verstanden, oder?"

TRIXIE: "Was denkst du? Wir waren die Crew! Er war der Skipper, und ich sein Erster Maat..."

Jackie sieht das Mädchen an und runzelt die Stirn.

JaCKIE: "Wieso warst <u>du</u> Erster Maat?"

Trixie schaut die andere verwirrt an.

TRIXIE: "Wieso nicht?"

Jackie wedelt mit der Hand gestikulierend in der Luft.

JACKIE: "Weil... weil... Im Grunde müsstest du Zweiter Maat sein! Und ich Erster Maat!"

TRIXIE: "Du??"

JACKIE: "Na klar! Ich bin schließlich die ältere Schwester!"

Trixie verschränkt die Arme und schaut Jackie prüfend an.

TRIXIE: "Dann erklär mir doch bitte mal den Unterschied zwischen einem Topsegelschoner und einer Brigantine!"

Jackie schaut verdutzt.

JACKIE: "Das... das kann ich nicht..."

TRIXIE: "Okay. Dann sag mir, wieviel Uhr es ist, wenn es auf der Hundswache sechs Glasen schlägt?"

JACKIE: "Keine Ahnung!"

TRIXIE: "Aber du weißt doch sicher, was ein Speigatt ist? Oder ein Kusenbrecher? Oder was man tun muss, wenn es 'anbrassen' heißt?"

Jackie schaut Trixie verdrossen an.

JACKIE: "Das weiß ich alles nicht."

TRIXIE (ereifert sich): "Und so was will erster Maat sein? Wie soll das gehen? Sag mir das mal! Du kannst von Glück sagen, wenn dich einer als Moses anheuert!"

Jackie ist schachmatt. Aber sie beschließt, gute Miene zum bösen Spiel zu machen.

JACKIE: "Also gut, du bist der Erste Maat! Aber wenn ihr zwei so eine gute Crew wart, hast du doch bestimmt gemerkt, als unser Vater krank wurde... als er Krebs bekam..."

Trixie überlegt und zuckt die Achseln...

TRIXIE: "Vom Krebs hab ich nichts gemerkt. Aber nachdem Mama tot war, war Papa sowieso anders geworden... Er war immer irgendwie traurig... Ich hab dann versucht, ihn zu trösten... aber es ging nicht..."

Trixie dreht sich zu ihrem Regal und zieht ein Buch heraus.

TRIXIE (reicht es Jackie): "Liest du mir daraus vor? Ich bin zwar zu alt dazu, aber egal."

JaCKIE (nimmt das Buch): "Robinson Crusoe?"

TRIXIE: "Das war Papas Lieblingsbuch. Und meins auch..."

JACKIE: "Ist nicht gerade Hanni und Nanni. Ich meine, wieso liest er dir ausgerechnet sowas vor?"

TRIXIE: "Weil es lehrreich ist! Papa sagt, es kann einem leicht selbst so gehen wie Robinson... Man lebt so vor sich hin und dann, plötzlich, sinkt dein Schiff. Und du landest auf einer Insel, wo du ein ganz anderes Leben führen musst..."

JACKIE: "Ach, Vater sah sich als Robinson? Und ihr hier wart seine Insel?"

TRIXIE: "So was in der Art... Schau: Auf Robinsons Insel war es zwar schön, aber auch sehr hart...! Du musst das Buch mal lesen! Es ist ziemlich cool!"

JACKIE (säuerlich): "Ich kenne das Buch... Aber der Vergleich hinkt ja wohl! Dein Vater hätte sich nur ins Auto setzen und zwei Stunden fahren müssen, um bei mir zu sein. Nur getan hat er's nicht...!"

Es läutet an der Tür. Trixie springt von der Bettkante.

TRIXIE: "Das ist die Vogt'sche! Essen ist fertig!"

<u>INT. KÜCHE FRAU VOGT - ABEND</u>

Frau Vogt gießt heiße Vanillesoße über den frisch gebackenen Apfelkuchen. Trixie nimmt die Gabel und will gleich reinhauen.

FRAU VOGT: "Beatrice! Erst das Gebet!"

TRIXIE (im Schnellsprech): "Danke, lieber Herrgott für Speis und Trank! Amen!"

Sie schaufelt sich das Essen hinein. Jackie sitzt etwas befangen daneben. Frau Vogt gießt auch ihr etwas Vanillesoße über ihren Apfelkuchen.

FRAU VOGT: "Sie sind also die Tochter aus Roberts erster Ehe..."

JACKIE: "Naja, es war nicht direkt eine Ehe... Dazu kam es nicht mehr..."

FRAU VOGT: "Oh! Das ist ja nicht schön... Aber ich kann Ihnen sagen, dass er ein sehr guter Mensch war, Ihr Vater! Und wirklich sehr beliebt! Jeder hier mochte ihn..."

JaCKIE (widerwillig): "Ist das so? Schön."

FRAU VOGT: "Und dann der Krebs! Als wäre der Tod von Beatrices Mutter nicht schon schlimm genug gewesen...!"

JACKIE: "Ja, ich weiß. Sie hat sich vor den Zug geworfen..."

Frau Vogt hebt irritiert die Brauen.

FRAU VOGT: "Nein. Sie ist im Krankenhaus gestorben. Bei einer Operation. Es war ein ärztlicher Kunstfehler..."

Jackie vergisst, den Mund zu schließen. Sie sieht zu Trixie hinüber. Die schaut kurz zu ihr und hebt dann den Teller.

TRIXIE: "Kann ich noch Soße?"

FRAU VOGT (lächelnd): "Aber ja doch!"

Sie tut Trixie reichlich auf. Dann wendet sie sich wieder an Jackie.

FRAU VOGT: "Lydias Tod war ein Schock für uns alle hier! Dabei waren sie und Robert das perfekte Paar! Ich habe nie zwei Menschen gesehen, die so gut zusammengepasst haben! Erst litten sie darunter, dass ihr Kinderwunsch nicht erfüllt wurde. Aber dann, als sie schon gar nicht mehr daran glaubten, kam unsere Beatrice hier. Das war das Tüpfelchen auf dem i von ihrem Glück! Aber als Lydia von uns ging, da hat auch der Robert einen Knacks gekriegt. Ich sage Ihnen, es war nicht der Krebs, der ihn umgebracht hat, es war der Kummer... aber, was rede ich? (sie seufzt) Es war der Wille unseres Herrn!"

JACKIE (missbilligend): "Ach ja? War es das? Ich kann leider nur wenig Sinn im 'Willen des Herren' entdecken! Also entweder gibt es ihn nicht, oder er ist einfach nur ein kranker Sadist!"

FRAU VOGT: "Versündigen Sie sich nicht!"

JACKIE: "_Ich_ mich versündigen? Und was ist mit meinem Vater? Der lässt Frau und Kind im Stich, aber der ist ein... 'sehr guter Mensch'!?"

FRAU VOGT: "Nun ja, keiner von uns ist ohne Fehler..."

JACKIE (heftig): "Ach, hören Sie doch auf! Mein Vater hat das Leben von zwei Menschen zerstört! Das ist was anderes, als mal auf einem Behindertenparkplatz zu parken..."

FRAU VOGT: "Sie müssen ihm vergeben...!"

Jackie blickt auf und legt trotzig das Besteck nieder.

JACKIE: "Nein! Das _muss_ ich nicht. Kein bisschen! Und das werd' ich nicht! (steht auf) Danke für die Einladung! Ich brauch grad etwas frische Luft..."

Sie steht auf und verlässt geladen die Küche...

EXT. VOR DEM HAUS VON FRAU VOGT - NACHT

Jackie steht mit leerem Blick vor dem Haus, die Hände tief in den Hosentaschen vergraben und schaut deprimiert ins Dunkle. Hinter ihr geht die Tür, und Trixie kommt heraus. Sie sieht die ältere Schwester und läuft zu ihr.

TRIXIE: "Wieso warst du denn so zickig?"

JACKIE: "Tja, tut mir leid, ich bin eben nicht so der sympathische Typ, wie dein Papa es war...! (gefährlich leise) Und jetzt erklär mir doch mal, was das sollte, von wegen: deine Mama hätte sich vor den Zug geworfen...!"

Trixie zuckt die Achseln. Sie sagt nichts...

JACKIE: "Du lügst! Und du denkst, ich bin zu blöd es zu merken!"

TRIXIE (fauchend): "Warst du ja auch!"

JACKIE: "Okay! Du hast mich drangekriegt. Aber weißt du, was? Ich bring dich zurück in dein Scheißheim! Und da kannst du dann verfaulen, genau wie ich in deinem Alter!"

Sie stapft davon und geht zurück zu Trixies Elternhaus.

EXT. AN DER HAUSTÜR VON TRIXIES ELTERNHAUS - ABEND

Wieder bringt Jackie die Tür nicht auf. Trixie tritt heran und drückt sie beiseite. Sie macht rüttelnde Bewegungen mit dem Schlüssel, und die Tür geht schließlich auf. Jackie stöhnt genervt und betritt die Wohnung...

INT. WOHNZIMMER ELTERNHAUS TRIXIE - ABEND

Jackie telefoniert mit der Zugauskunft.

JACKIE: "Aber es muss doch noch einen Zug nach neun Uhr geben..."

Sie runzelt die Stirn und sieht auf ihre Armbanduhr.

JACKIE: "Danke!"

Sie drückt genervt das Gespräch weg. Da kommt Trixie aus ihrem Zimmer und tritt zu ihr. Sie hält ihr ein Blatt hin.

TRIXIE: "Hier! Hab ich für dich gemalt! Damit du auch mal was hast!"

Jackie nimmt das Blatt mit galliger Miene. Darauf ist sie selbst zu sehen, wie sie von einem Ohr zum anderen lacht.

JACKIE: "Das soll <u>ich</u> sein?"

TRIXIE: "Logo. Steht doch dein Name drunter!"

Da steht tatsächlich 'Jäkki' unter dem Bild.

JACKIE: "Auf dem Bild lache ich. Hast du mich schon mal lachen sehen?"

TRIXIE: "Nö! Aber beim Bild geht das locker: Man zeichnet die Mundwinkel nach oben und schon lacht das Gesicht..."

JACKIE (unwillig): "So, und was heißt das jetzt? Du malst mir ein Bild, und wir sind wieder gut, oder was?

TRIXIE: "Wieso nicht? Beim Papa hat es jedenfalls funktioniert..."

Jackie sieht ihre Schwester an und resigniert. Es ist schwer, der Kleinen länger böse zu sein. Jackie schaut das Bild an. Die fröhliche Darstellung macht ihr zu schaffen...

JACKIE: "Ich weiß nicht, ob ich jemals so ausgesehen habe..."

TRIXIE: "Wie denn?"

JACKIE: "So glücklich..."

<u>INT. KINDERZIMMER TRIXIE - NACHT</u>

Trixie liegt im Bett, Jackie sitzt auf der Bettkante. Jackie sieht zu dem Wand-Foto von Robert und Trixie. Dann blickt sie zur Kleinen, die müde an die Decke starrt...

JACKIE: "Was denkst du eigentlich von mir?"

Trixie dreht den Kopf.

TRIXIE: "Von dir? Was ich denke? Weiß nicht."

JACKIE: "Hast du gar keine Meinung? Ich meine, du hast mich doch erlebt, bei der Beerdigung... Oder als du gestern bei mir aufgekreuzt bist. Oder heute den ganzen Tag..."

TrIXIE: "Ja, schon..."

JACKIE: "Und? Man liegt doch nicht ganz daneben, wenn man sagt, dass ich ein Kotzbrocken bin, oder?"

TRIXIE: "Nein, tut man nicht. (zuckt die Achseln) Aber immerhin hast du mich nicht sofort ins Heim zurückgebracht."

JACKIE: "Nun... das wohl nicht..."

Trixie will nicht weiter darüber reden, nimmt den Robinson Crusoe vom Nachtschrank und reicht ihn Jackie hin.

TRIXIE: "Und jetzt lies mir vor!"

JACKIE: "Ich bin nicht so der Vorlesetyp..."

TRIXIE: "Und wer lügt jetzt?"

Jackie sieht sie ratlos an.

JACKIE: "Was meinst du damit?"

TRIXIE: "Du lügst! Du bist beim Vorlesewettbewerb bis in die Landesausscheidung gekommen!"

Jackie ist sprachlos. Für einen Moment.

JACKIE: "Wie... wieso weißt du das?"

TRIXIE: "Na, du hast es doch selber geschrieben. In dem Brief an Papa!"

Jackie starrt ihre jüngere Schwester überrascht an...

INT. ARBEITSZIMMER ROBERT - NACHT

Die Tür geht auf und Trixie schaltet das Licht ein. Sie zieht Jackie herein. Auch hier im Arbeitszimmer sind die Möbel mit Tüchern abgedeckt. An der Wand hängen einige Bilder mit den immer wiederkehrenden maritimen Motiven. Trixie tritt zu dem Tisch, angelt einen Schlüssel aus einem Versteck und schließt die Schublade auf. Sie wühlt etwas in den Ordnern und fördert dann eine schlossbewehrte Mappe zutage, die sie mit einem weiteren Schlüssel öffnet und aufschlägt. Darin liegt nur ein einziges Schriftstück. Es ist ein Kinderbrief mit der Zeichnung einer Frau und eines Mädchens an der Seite.

TRIXIE: "Der ist doch von dir! Und da lädst du den Papa ein, zu den hessischen Meisterschaften im Vorlesen zu kommen..."

Jackie nimmt den Brief und sieht ihn an.

TRIXIE: "Oder willst du behaupten, der ist nicht von dir?"

Jackie setzt sich hin, immer noch den Brief betrachtend...

JACKIE: "Doch, der ist wirklich von mir... (blickt auf) Und wo sind die anderen?"

TRIXIE: "Die anderen? Es gibt nur den einen!"

JACKIE: "Aber das kann nicht sein! Ich habe ihm über die Jahre bestimmt an die fünfzig Briefe geschrieben..."

Trixie schaut sie an, als wäre sie nicht ganz richtig...

TRIXIE: "Es ist aber nur dieser eine gekommen!"

JACKIE: "Unsinn! Er hat die anderen einfach nur weggeschmissen..."

TRIXIE (empört): "Wie kannst du so etwas sagen? Er hat dir immer geschrieben, nur du hast nie geantwortet!"

JACKIE (wird sauer): "Er hat mir immer geschrieben? Das soll wohl ein Witz sein. Vor drei Jahren hat er damit angefangen... Da war ich sechsundzwanzig..."

TRIXIE: "Quatsch! Er hat dir schon viel früher geschrieben! Er hat es mir doch selber gesagt!"

JACKIE (heftig): "Dann hat er dich belogen! Du warst eben nur ein dummes kleines Mädchen!"

TRIXIE: "Aber ich habe Pferde, Hunde und Werfwölfe auf die Briefe gemalt! Weil du meine Schwester bist! Schon mit drei oder vier... Das war locker vor acht Jahren...!"

Jackie starrt das Mädchen an und wirkt nun verunsichert.

JACKIE: "Du bist dir ganz sicher?"

TRIXIE (schnippisch): "So sicher wie sich ein dummes kleines Mädchen eben sein kann!"

JACKIE (hebt die Hand): "Gut, ich nehme das 'dumme Mädchen' zurück. Aber du kannst mir glauben: Ich habe in der Zeit davor keine Briefe von ihm bekommen..."

TRIXIE: "Versteh ich nicht..."

JACKIE: "Meine Mutter hat es mir gleich gesagt, dass er nicht reagieren würde... weil er nichts taugt!"

TRIXIE: "Wie kann sie so was sagen? Papa hat sehr viel getaugt!"

JACKIE: "Du musst meine Mama verstehen: Sie war wahnsinnig gekränkt. Robert hat sie immerhin mit einem Säugling sitzenlassen..."

Trixie sagt nichts darauf. Jackie sieht auf ihren Brief...

JACKIE: "Weißt du, wie sie ihn immer genannt hat, unseren Vater?"

TRIXIE: "Nein."

JACKIE: "Den 'Gottseibeiuns'!"

TRIXIE: "'Gottseibeiuns'? Was heißt das?"

JACKIE: "Meine Mutter kommt aus den Bergen. So sagte man da früher zum Teufel!"

TRIXIE: "Gottseibeiuns? Echt? Cool!"

JACKIE: "Für meine Mutter war Vater ein Dämon! Als ich ihr sagte, dass ich ihm Briefe schreiben wollte, da dachte ich zuerst, sie rastet aus. Aber sie meinte, dass das eine wunderbare Idee sei... dass ich aber nicht enttäuscht sein soll, wenn nichts zurückkommt! Immer wenn ich dann einen Brief geschrieben habe, ist sie damit zur Hauptpost gefahren. Weil er von dort am schnellsten weggeht..."

Jackie hält inne. Sie nimmt ihren Brief noch einmal auf. Sie studiert ihn genau...

JACKIE: "Warte mal!"

TRIXIE: "Was ist?"

JACKIE (gedehnt): "Diesen Brief hier... den hab ich im Landschulheim geschrieben, das weiß ich noch! Da war ich gar nicht in Frankfurt!"

TRIXIE: "Und?"

JACKIE (sieht zu Trixie): "Das hier ist der einzige Brief an meinen Vater, den ich selber eingeworfen habe!"

INT. KÜCHE ELTERNHAUS TRIXIE - NACHT

Trixie hat Kaffee gemacht und gibt Jackie eine Tasse. Dann schlürft sie selber an ihrer eigenen Tasse...

JACKIE (stirnrunzelnd): "Du trinkst Kaffee?"

TRIXIE: "Keine Sorge..! Ich mag Kaffee!"

Jackie seufzt. Sie ist nicht in der Lage, im Moment gerade Erziehungsaufgaben wahrzunehmen.

TRIXIE: "Also: Glaubst du im Ernst, deine Mutter hat Papas Briefe abgefangen?"

JACKIE: "Wie sollte es sonst gewesen sein? Meine Mutter wollte ja immer zur Hauptpost mit den Briefen. Klar, weil ich da nicht dabei war! Sie hat sie nie abgeschickt. Und Papas Briefe an mich hat sie auch verschwinden lassen!"

Die Erkenntnis nagt an Jackie. Trixie überlegt...

TRIXIE: "Was ist eigentlich mit deiner Mutter? Ist sie tot?"

Jackie hebt den Kopf, aus ihren Gedanken gerissen.

JACKIE: "Nein, tot ist sie nicht. Sie ist in einem Pflegeheim in Limburg. Sie hat Alzheimer. Vor drei Jahren ist ihre Krankheit so schlimm geworden, dass ich sie zuhause nicht mehr versorgen konnte..."

TRIXIE: "Ach wirklich? Vor drei Jahren war das?"

Jackie blickt irritiert auf.

JACKIE: "Ja, wieso?"

TRIXIE: "Vor drei Jahren, sagst du, kam der erste Brief von Papa..."

Jackie starrt ihre kleine Schwester an.

JACKIE: "Ja! Du hast recht! Es passt alles zusammen..."

TRIXIE: "Hast du sie noch...?"

JACKIE: "Die Briefe? Nein! Ich hab sie nicht aufgehoben. Ich war fertig mit Vater... ich hab sie alle in den Müll geworfen..."

Jackie schüttelt deprimiert den Kopf, trinkt ihren Kaffee aus und stellt ihn in die Spüle.

JACKIE: "Hat ja doch alles keinen Sinn. Es ist nicht mehr zu ändern... (sieht Trixie an) So! Es ist nach Mitternacht! Du schläfst jetzt mal..."

TRIXIE: "Ich kann doch jetzt nicht schlafen! (deutet auf ihre Tasse) Ich hab Bohnenkaffee getrunken! Und nicht zu knapp!"

Jackie sieht sie streng an.

JACKIE: "Jetzt tu mal nicht so, als hätte ich ihn dir mit Gewalt eingeflößt!"

TRIXIE (dreist): "Du hast es aber auch nicht verboten, wie eine verantwortungsvolle große Schwester es getan hätte. Pech!"

JACKIE: "Na ganz toll! Und jetzt?"

TRIXIE (zuckt die Achseln): "Wieso machen wir nicht die Glotze an und gucken was kommt?"

JACKIE. "Um die Zeit?"

TRIXIE: "Gucken wir ein Video. Kennst du "Real Steel"? Der ist richtig cool! Da kloppen sich so Roboter, wer der Beste ist! Der ist voll geil!"

Jackie kommt ein Gedanke.

JACKIE: "Nein! Aber das mit dem Fernsehen ist keine schlechte Idee..."

TRIXIE: "Und was willst du gucken?"

JACKIE: "Ich hab da etwas gesehen! Steht bei euch im Wohnzimmerschrank..."

Trixie sieht sie ratlos an.

<u>INT. WOHNZIMMER ELTERNHAUS TRIXIE - WOHNZIMMER - NACHT</u>

Jackie sitzt vor dem Fernseher und öffnet eine Keksdose, während Trixie eine DVD aus einem Etui heraussucht...

TRIXIE: "Das ist von Norderney... Aber der Papa ist fast gar nicht drauf, weil er immer gefilmt hat..."

JACKIE: "Egal. Ich würde mir einfach gerne mal deine Mutter ansehen..."

TRIXIE: "Wieso denn?"

JACKIE: "Naja... sie ist das 'Biest'!"

TRIXIE: "Das 'Biest'?"

JACKIE: "So hat meine Mutter sie immer genannt. Der 'Gottseibeiuns' und das 'Biest'. <u>Das</u> hat sie immer besonders gehasst! Naja, und ich hab eben sie mitgehasst!"

TRIXIE: "Und jetzt willst du sie sehen?"

JACKIE: "Guck mal, Trixie! Als ich dich auf dem Schiff gesehen hab, da fand ich dich gleich zum Kotzen!"

TRIXIE (ungläubig): "Echt? Versteh ich nicht. Ich bin doch voll süß!"

JACKIE: Klar. Ich hab dich ja auch nur deswegen nicht leiden können, weil bei mir im Kopf voll der Film ablief. Jetzt hab ich dich aber etwas besser kennengelernt..."

TRIXIE: "Und?"

JACKIE: "Naja... ich find dich immer noch zum Kotzen."

Sie lacht, als sie Trixies betroffenes Gesicht sieht.

JACKIE: "Nein, Quatsch! Du bist schon ganz brauchbar... Und wenn ich jetzt schon die Gelegenheit habe, mir ein Bild zu machen, würde ich gerne die Frau sehen, wegen der mein Vater weggegangen ist..."

TRIXIE: "Na gut. Wenn du meinst..."

Sie geht zum DVD-Spieler und legt die Scheibe ein. Jackie nimmt die Fernbedienung und fährt den Film ab...

Auf dem Monitor ist eine hübsche Frau zu sehen, die lachend einer Fünfjährigen, der kleinen Trixie, ein Eis kauft. Sie schaut in die Kamera und macht eine Bemerkung, die wegen des schlechten Tones nicht zu verstehen ist...

Trixie hüpft auf die Couch, neben Jackie.

TRIXIE: "Da war ich noch kleiner... An dem Tag kam eine Möwe und hat mir im Flug voll die Eiskugel aus der Waffel gerissen... Aber das ist leider nicht drauf!"

Jackie sieht sich Lydia an, die Klein-Trixie die Schnute putzt.

JACKIE: "Wie war sie so?"

TRIXIE: "Mama?"

JACKIE: "Nein, die Scheißmöwe! ... Natürlich Deine Mama!"

TRIXIE (etwas ratlos): "Sie war okay. Wieso?"

JACKIE: "Ich will wissen, ob sie eher ein fröhlicher Mensch war oder eher ernst? Ob sie nett war zu dir oder nicht... sowas!"

Trixie sieht auf den Bildschirm, wo Lydia für ihre Tochter einen Drachen steigen lässt...

TRIXIE: "Sie war lieb. Papa war der, der immer Quatsch gemacht hat mit mir... Mama hat mir meistens vorgelesen... aber sie wollte immer, dass ich manierlich esse... das war voll der Nerv! Also, sie konnte einem schon schwer auf den Keks gehen."

JACKIE: "Und wie war sie zu unserem Vater?"

TRIXIE: "Naja, ging so. Sie haben sich oft gefetzt..."

JACKIE: "Frau Vogt sagte doch, sie waren das perfekte Paar..."

TRIXIE: "Ja, wenn sie vor die Tür gingen und andere Leute trafen, dann haben sie sich Mühe gegeben... Aber zuhause, da ging's ab..."

Jackie sieht sich die Frau auf dem Bildschirm an.

JACKIE: "Deine Mutter... sie wusste doch von mir, oder?"

TRIXIE (lacht): "Klar. Den Brief von dir, den hat Papa gut versteckt. Hätte Mama den nämlich gesehen, wär hier der Berg eingestürzt!"

JACKIE: "Ach! Wirklich? So schlimm?"

TRIXIE: "Papa musste ihr gleich zu Anfang hoch und heilig versprechen, dass er keinen Kontakt zu euch aufnimmt... In der Beziehung war Mama echt hart drauf..."

Jackie schüttelt den Kopf und sieht Lydia auf dem Bildschirm an. Sie steht vor einem Geschäft in der Norderneyer Fußgängerzone, hält sich ein Sommerkleid an und schaut fragend in die Kamera...

TRIXIE: "Einmal, als sie dachten, ich schlafe schon, haben sie auch über das Thema geredet. Mama hat einen Brief gefunden, den Papa angefangen hat an dich zu schreiben und sie hat ihm den totalen Stress gemacht!"

JACKIE: "Und?"

TRIXIE: "Sie sagte, wenn er das noch mal versuchen würde, wäre sie weg!"

JACKIE: "Sie wäre weg? Wie hat sie das gemeint?"

TRIXIE: "Weiß nicht..."

Da geht plötzlich die Tür hinter ihnen auf.

SIEGFRIED (O.S.): "Was ist denn hier los?"

Jackie und Trixie fahren erschrocken herum. Da steht der alte Großvater des kleinen Mädchens in Hut und Mantel und sieht die Szenerie befremdet an...

INT. KÜCHE ELTERNHAUS TRIXIE - NACHT

Siegfried hat seine Sachen ausgezogen und über einen Küchenstuhl gelegt. Er gießt einen Tee auf. Da kommt Jackie in die Küche und schließt die Tür leise. Sie bleibt an der Schwelle stehen, etwas verlegen. Siegfried sieht sie an.

SIEGFRIED: "Schläft die Kleine?"

JACKIE (nickt auf die Frage): "Bitte verzeihen Sie, dass wir hier so eingedrungen sind..."

SIEGFRIED: "Ist schon in Ordnung...! Hier!"

Siegfried reicht ihr eine Tasse mit heißen Tee und setzt sich an den Tisch.

JACKIE: "Trixie hat mir nicht gesagt, dass Sie in der Nähe wohnen..."

SIEGFRIED: "Ein paar Straßen weiter nur... Wieso sind Sie hergekommen?"

JACKIE: "Das ist eine lange Geschichte..."

SIEGFRIED: "Die will ich gerne hören!"

INT. KINDERZIMMER TRIXIE - NACHT

Trixie liegt mit offenen Augen da und starrt an die Decke. Der Kaffee tut seine Wirkung... Sie steigt aus dem Bett und huscht hinaus...

INT. FLUR WOHNUNG TRIXIE - NACHT

Trixie schleicht zur Küche. Von dort sind Stimmen zu hören. Sie huscht lautlos näher und lauscht...

INT. KÜCHE ELTERNHAUS TRIXIE

Jackie sitzt mit Siegfried am Tisch.

SIEGFRIED (fassungslos): "Zucker in den Tank? Unsere Trixie?"

JACKIE: "Sie war wohl ziemlich verzweifelt."

SIEGFRIED: "Und dann?"

JACKIE: "Dann sind wir zu einem Bahnhof und dort ist sie..."

Sie bricht ab und sieht den freundlichen alten Herren an.

JACKIE: "Wir... wir sind ein bisschen durch die Landschaft gedackelt, weil ich das Taxi sparen wollte..."

In jedem Fall hab ich ihr versprochen, dass wir drei Tage das tun, was sie will. Und sie wollte hierher!"

SIEGFRIED: "Als die Vogt mich angerufen hat und sagte, dass Sie bei hier sind, dachte ich, sie will mich auf den Arm nehmen. Aber ich bin froh, wenn Sie sich etwas um Trixie kümmern... Sehr froh!"

Siegfried steht auf und nimmt seinen Mantel.

SIEGFRIED: "Ich denke, ich mach mich mal auf den Weg!"

JACKIE: "Warten Sie!"

Siegfried hält inne und sieht sie an.

JACKIE: "Es ist so... ich weiß nicht viel von meinem Vater... Eigentlich nur das, was meine Mutter mir erzählte. Dass er zwei Hörner gehabt hat und einen Huf..."

Siegfried legt die Jacke zurück über den Stuhl.

SIEGFRIED: "Was wollen Sie wissen?"

JACKIE: "Keine Ahnung! Alles! Meine Mutter hat mir nur erzählt, dass er Mathematiker war. Dass er mal zur See gefahren ist, war mir völlig neu... Ich weiß überhaupt nur wenig über ihn..."

Siegfried nickt bedächtig und setzt sich wieder...

SIEGFRIED: "Es ist wirklich schade, dass Sie ihn nicht kennengelernt haben... Ich mochte Robert. Er war ein gutmütiger Kerl... Ein bisschen versponnen vielleicht, aber auf eine liebenswerte Art... Für mich... war er ein Freund!"

Jackie sieht den Alten skeptisch an.

JACKIE: "Wie hat er Lydia getroffen?"

Siegfried faltet die Hände und sortiert seine Gedanken.

SIEGFRIED: "Sie sind sich in einem Intercity begegnet. Sie saßen im gleichen Abteil... ein paar Stunden... Es war jedenfalls genug Zeit, dass der Funken überspringen konnte..."

JACKIE: "Genau das ist für mich so schwer zu verstehen... Er hatte zuhause doch immerhin Frau und Kind..."

SIEGFRIED: "Ich denke, genau das war es auch, was Lydia gereizt hat... dass Robert einer anderen gehörte..."

JACKIE: "Ich hab sie auf dem Video gesehen! Sie war... eine echte Schönheit!"

SIEGFRIED (lächelt): "Das hatte sie von ihrer Mutter..."

Siegfried schweigt einen Moment.

SIEGFRIED: "Ja, es stimmt. Lydia wurde immer von den Männern umschwärmt. Und sie genoss es, wenn ihr die Burschen auf den Leim krochen. Aber sie war auch schnell gelangweilt. Und dann beendete sie die Liaison, ohne lang zu fackeln."

JACKIE: "Und wieso war das bei meinem Vater anders?"

Siegfried sieht etwas verlegen auf seine Hände.

SIEGFRIED: "Ich glaube nicht, dass es bei ihm anders war. Auch bei ihm tickte schon die Uhr... aber dann..."

JACKIE: "Dann kam Trixie..."

SIEGFRIED (nickt): "Robert hat nicht viel darüber geredet, aber ich glaube, es belastete ihn sehr, seine erste Familie im Stich gelassen zu haben... Ich denke, er wollte kein zweites Mal scheitern... Daher kämpfte er um Lydia..."

JACKIE (stirnrunzelnd): "Diese Nachbarin hier meinte, es sei die ganz große Liebe gewesen, zwischen den beiden..."

SIEGFRIED: "Robert hat sich nie beklagt, aber Lydia war mit der Situation nicht glücklich. Sie hatte diesen Hunger in sich. Diesen Hunger nach mehr. Und den vermochte Robert nicht zu stillen, und auch das Familienglück zu dritt konnte diese quälende Leere in ihr nicht wirklich auffüllen..."

JACKIE (blickt auf): "Hat Lydia... mal versucht, sich das Leben zu nehmen?"

SIEGFRIED (blickt erstaunt auf): "Hat Trixie Ihnen das erzählt?"

JACKIE: "Sagen wir, sie hat es angedeutet..."

SIEGFRIED: "Nun, es ist die Wahrheit. Robert und ich haben versucht, das von Trixie fernzuhalten... Aber die Kleine war schon immer sehr aufgeweckt..."

JACKIE: "Und mein Vater? Wie ist er damit umgegangen?"

SIEGFRIED: "Er hat versucht, Lydia zu retten. Er ist mit ihr zum Arzt gegangen, zur Therapie, zu psychologischen Workshops... Er wollte sie mit aller Macht festhalten..."

Jackie steht auf und geht zum Waschbecken. Sie wäscht sich die Hände und trocknet sie mit dem Geschirrtuch ab. Dann dreht sie sich um.

JACKIE: "Nehmen Sie es mir nicht übel, aber wenn Sie so erzählen, dann gewinnt man den Eindruck, mein Vater sei ein Heiliger gewesen... Ich... kann das nicht glauben... Nicht nachdem, was er meiner Mutter und mir angetan hat..."

Siegfried legt die Kuppen seiner Finger aufeinander...

SIEGFRIED: "Oh, ich verstehe Ihren Standpunkt sehr gut. Es ist wirklich eine schwierige Frage... Robert wirkte auf mich immer wie ein Mann, der irgendwann die Orientierung verloren hatte... Ich glaube, tief in seinem Innern war er völlig verunsichert...!"

JACKIE (verzieht das Gesicht) "Alles klar! Er ist hier das Opfer!"

Siegfried blickt sie an und sieht den Groll in ihren Augen.

SIEGFRIED: "Jaqueline, Sie kannten ihn nicht! Genau wie Sie hatte er eine überaus problematische Beziehung zu seinem Vater..."

JACKIE: "Inwiefern...?"

SIEGFRIED: "Roberts Vater war Kapitän zur See. Er fuhr bei der Handelsmarine. Buenos Aires, Kapstadt, Yokohama. Er war überall auf der Welt... nur zuhause war nie! Oder... so gut nie!"

Jackie sieht den Alten an. Sie wirkt nachdenklich...

JACKIE: "Und Robert?"

SIEGFRIED: "Obwohl er seinen Vater selten sah, wurde er von ihm geprägt. Schon als er ein kleiner Junge war, hat er seinen Vater immer wieder gebeten, ihn einmal mit auf große Fahrt zu nehmen... natürlich ohne Erfolg... (lächelt traurig) Eines Tages, da war er elf Jahre, ist er von zuhause ausgerissen und hat sich bis nach Bremerhaven durchgeschlagen, wo das Schiff seines Vaters lag... (zuckt die Achseln) Aber mehr als eine saftige Tracht Prügel hat es ihm nicht eingebracht..."

Jackie sieht nachdenklich auf den Tisch.

JACKIE: "Dass Robert Seemann war... das passt so gar nicht in das Bild, das ich mir von ihm gemacht habe... (blickt auf) Was ist mit seinem Vater passiert, dem Handelskapitän?"

SIEGFRIED: "Wie man so schön sagt: Er blieb auf See... Sein Schiff kam nicht in den Hafen zurück... Bis heute ist sein genaues Schicksal ungewiss... Man vermutet, dass sein Schiff im Sturm gesunken ist..."

Jackie schaut betroffen.

JACKIE: "Wie alt war mein Vater da?"

SIEGFRIED: "Robert...? Fünfzehn, sechzehn vielleicht..."

JACKIE: "Und dann?"

SIEGFRIED: "Er eiferte seinem Vater nach... Er heuerte auf einem Fischtrawler an, kaum dass er siebzehn war... Er fuhr jede Route, Hauptsache, er war da draußen auf dem Ozean..."

Für einen Moment ist Stille. Jackie sieht sich um...

JACKIE: "Wenn man diese Wohnung sieht, und wenn man Trixie erlebt, muss man denken, er hat nie aufgehört Seemann zu sein... Wie in aller Welt kam er dann zur Mathematik?"

SIEGFRIED: "Robert hatte beschlossen, eine Ausbildung zum Steuermann zu machen. Die Navigation hatte es ihm angetan. Dadurch kam er mit der Mathematik in Berührung..."

JACKIE: "Und da hat er einfach so das Pferd gewechselt?"

SIEGFRIED (lächelt): "Nein, Jaqueline! Nicht einfach so! Er traf Ihre Mutter..."

Jackie sieht den Mann schweigend an.

SIEGFRIED: "Wie war ihr Name? Anne? Sie wollte keinen Mann, der die meiste Zeit fort war. Und so stand Robert vor der Wahl: Sie oder die See..."

JACKIE: "Ich verstehe..."

SIEGFRIED: "Er zog nach Frankfurt und schrieb sich dort für Mathematik ein..."

JACKIE: "Wo hat er gearbeitet?"

SIEGFRIED: "An der Hochschule. Er hat beruflich so einiges versucht, aber zu mehr als einer Assistentenstelle an der Uni hat er es nicht gebracht..."

JACKIE: "Wieso nicht?"

SIEGFRIED (zuckt die Schultern): "Ich glaube, es war einfach nicht das, wofür er brannte. Es war, als hätte ihn die See nie losgelassen. Er ist nur ein paar Jahre da draußen gewesen, aber lange genug um zu wissen, dass der Ozean seine Bestimmung war..."

Jackie sieht den alten Mann an und nickt langsam.

SIEGFRIED: "Robert war kein schlechter Kerl, eher eine tragische Figur... Er traf unglückliche Entscheidungen und die entscheidenden Kämpfe in seinem Leben verlor er alle... Vor allem den Kampf um Lydia..."

JACKIE: "Wie ist sie gestorben?"

SIEGFRIED: "Wollen Sie die offizielle Version oder die Wahrheit?"

JACKIE: "Na, was denken Sie?"

SIEGFRIED: "Sie... warf sich vor einen Zug. (atmet tief durch) Trixie haben wir erzählt, dass ihre Mutter bei einer Routineoperation im Krankenhaus gestorben sei... Dass ein Kunstfehler schuld gewesen war..."

Der Alte sieht zu Jackie.

SIEGFRIED: "Es wäre mir lieb, wenn es bei dieser Geschichte bleibt, was die Kleine betrifft..."

JACKIE (lacht auf): "Oh, wie Sie schon sagten: Trixie ist ein aufgewecktes Kind! Und sie weiß längst Bescheid..."

Siegfried nickt bekümmert und lächelt dann. Er erhebt sich.

SIEGFRIED: "Ich muss mich auf den Weg machen. Ich bin jetzt wirklich müde..."

JACKIE: "Soll ich Sie noch begleiten?"

Siegried schüttelt den Kopf und zieht seinen Mantel an. Dann tritt er zu Jackie und reicht ihr die Hand...

SIEGFRIED: "Ich bin sehr froh, dass Sie sich die Zeit nehmen... für Beatrice... Sie ist wunderbar!"

Siegfried geht zur Tür. Er dreht sich noch einmal um.

SIEGFRIED: "Könnten Sie Ihre Entscheidung, Trixie nicht zu sich zu nehmen, eventuell noch einmal überdenken?"

Jackie blickt auf, und ihre Miene wird abweisend.

JACKIE: "Ich will Ihnen etwas sagen: Ich muss auch kämpfen. Ich hab mir als Fotografin was aufgebaut und das war sauer genug. Ich werde auf keinen Fall alles hinschmeißen und Tagesmutter für ein pubertierendes Kind werden! (bewegt) Das... kann niemand von mir verlangen! Und schon gar nicht das Gör, das den Vater hatte, den ich nie kennengelernt hab! (sie atmet durch) Das werd ich ihr noch verklickern müssen, aber dann war's das auch!"

Siegfried schlägt ernüchtert die Augen nieder und nickt knapp.

SIEGFRIED: "Natürlich!"

Siegfried zieht seine Börse heraus und holt fünf Hunderteuro-Scheine heraus. Er reicht sie Jackie. Die schaut ratlos...

JACKIE: "Was soll das?"

SIEGFRIED: "Nehmen Sie das Geld. Trixie hat ihren Wagen ruiniert. Sie erbt meinen Besitz irgendwann sowieso. Also stehe ich jetzt für den Schaden gerade... Wenn ich schon sonst nichts tun kann!"

Jackie sieht das Geld widerwillig interessiert an.

SIEGFRIED: "Bitte!"

Er drückt Jackie das Geld in die Hand und lächelt verlegen. Dann ist der alte Mann gegangen.

Jackie sieht auf das Geld und blickt mit gemischten Gefühlen zur Tür, durch die Siegfried eben hinausgegangen ist. In diesem Moment ist aus dem Wohnzimmer ein Schlag zu hören, verbunden mit einem Splittern... Jackie sieht erschrocken auf. Dann eilt sie ins Wohnzimmer, von wo der Krach gekommen war...

INT. WOHNZIMMER ELTERNHAUS TRIXIE - NACHT

Jackie reißt die Tür auf. Da steht Trixie und starrt sie mit finsterer Miene an.

JACKIE: "Trixie? Was, zum Teufel, tust du?"

Sie bricht ab. Denn auf dem Parkett liegt ihre Spiegelreflexkamera. Das Objektiv ist aus dem Gehäuse gebrochen und die Optik gesplittert... Jackie starrt entsetzt auf den Trümmerhaufen. Dann sieht sie zu Trixie.

JACKIE: "Meine Kamera...! Wieso hast du das getan...?"

TRIXIE (fauchend): "Ich will sowieso nicht mehr zu dir, du blödes Arschloch!"

JACKIE: "Was... was soll denn das heißen?"

TRIXIE: "Das heißt, dass du mir nichts mehr verklickern musst. Ich hab schon kapiert: Du kannst mich nicht leiden, weil Papa *mich* lieb gehabt hat und dich aber nicht!"

Damit rennt sie hinaus... Jackie sieht ihr bestürzt nach. Trixie hat alles mit angehört... Jackie reibt sich das Gesicht... Trixie Worte haben wehgetan...

EXT. DIE SIEDLUNG - MORGEN

Die Sonne geht über der Siedlung auf...

EXT. VOR DEM HAUS VON TRIXIE - MORGEN

Trixie kommt aus dem Haus, mit einem Einkaufsnetz in der Hand. Sie läuft davon...

INT. WOHNZIMMER ELTERNHAUS TRIXIE - MORGEN

Jackie schläft, als Trixie die Gardinen aufzieht. Sie geht zu ihrer älteren Schwester und rüttelt an deren Schulter.

TRIXIE: "Ahoi, Matrose! Aufstehen! Es ist schon zwei Glasen durch!"

Jackie sieht ihre kleine Schwester mit verdrossenem Blick an. Dann seufzt sie und setzt sich auf...

INT. IM BAD WOHNUNG TRIXIE - MORGEN

Jackie setzt sich vor dem Spiegel ihre Kontaktlinsen ein. Sie sieht auf ihr Spiegelbild und kann sich nicht leiden...

INT. KÜCHE ELTERNHAUS TRIXIE - MORGEN

Jackie kommt herein und sieht Trixie am Herd stehen und Speck brutzeln. Die ältere Schwester ist etwas irritiert. Der Tisch ist gedeckt und frische Brötchen eingeholt. Auch eine Blume steht in einer Vase vor ihrem Teller... Rasselnd läuft der Kaffee durch die Maschine...

JACKIE: "Was soll das werden? So eine Art Friedensangebot? Das kannst du aber knicken! Du hast meine Kamera kaputtgemacht..."

TRIXIE: "Magst du Speck?"

JACKIE (verdrossen): "Ja."

TRIXIE: "Drei Eier?"

JACKIE: "Zwei."

TRIXIE: "Ich hab aber schon drei in der Pfanne."

JACKIE: "Wieso fragst du dann überhaupt?"

TRIXIE: "Da liegt Salbe!"

Jackie sieht ein Medikament auf dem Tisch liegen. Sie nimmt die Tube in die Hand und sieht sie an.

JACKIE: "Salbe?"

TRIXIE: "Ich hab dich doch gebissen!"

JACKIE (ätzend): "Und da kommst du mit Salbe? Was ich brauch, ist 'ne Tetanusimpfung!"

Trixie nähert sich mit der schweren Pfanne.

TRIXIE: "Vorsicht, heiß!"

Sie schüttet den Inhalt der Pfanne auf Jackies Teller.

TRIXIE: "Kaffee? Zucker? Milch?"

JACKIE: "Ja, ja und ja."

Trixie gießt Jackie Kaffee ein. Die probiert den Speck.

JACKIE (überrascht): "Hmmm... der ist ja prima...! Schmeckt irgendwie süß!"

TRIXIE: "Ist mit Ahornsirup! Papa hat ihn immer so für mich gemacht..."

Jackie kaut und ist wieder Willen entzückt. Trixie stellt den Kaffee vor ihr ab. Jackie nimmt einen Schluck davon...

JACKIE: "Wow! Ein Traum! Und wie hast du den hingekriegt?"

TRIXIE: "Etwas Salz und etwas Vanillezucker auf den gemahlenen Kaffee!"

Jackie lüpft beeindruckt die Brauen...

JACKIE: "Deine Taktik ist natürlich nicht schlecht. Ich meine, dass du hier auffährst wie im Ritz! Aber zu glauben, dass die Nummer von heute Nacht nicht noch ein Nachspiel hat, ist wirklich naiv! Und ich rate dir..."

Trixie stellt einen quadratischen Nikon-Kamera-Karton vor Jackie ab. Die starrt verblüfft darauf.

JACKIE: "Was ist das?"

TRIXIE: "Dreimal darfst du raten! Kleiner Tip: Die Abbildung auf dem Karton ist ein Hinweis..."

Jackie öffnet den Karton und holt eine Spiegelreflexkamera heraus.

JACKIE: "Eine Kamera...?"

TRIXIE: "Die ist für die, die ich dir kaputtgemacht habe..."

Jackie betrachtet die Kamera und begutachtet sie...

JACKIE: "Eine alte Nikon! Als die modern war, trugen deutsche Polizisten noch Pickelhauben..."

TRIXIE: "Sie ist von Papa!"

Jackie hält überrascht inne. Sie wirft einen neuen Blick auf die Kamera. Sie schaut hindurch.

JACKIE: "Er hat fotografiert?"

TRIXIE: "Ja. Aber eine große Kanone war er nicht... Ich bin hundertmal besser!"

Jackie dreht die Kamera in der Hand. Sie lächelt.

JACKIE: "Das ist wirklich Roberts Kamera?"

TRIXIE: "Wenn ich's doch sage!"

Jackie sieht das Instrument an und runzelt die Stirn. Soll das ein Ersatz für ihren zerstörten Hightech-Apparat sein? Trixie sieht sie treuherzig an.

TRIXIE: "Tut mir leid, dass ich deine Kamera geschrottet hab. Ich war wütend, weil du so über mich geredet hast... als hätte ich alles verdorben... Dabei kam ich doch viel viel später zur Welt!"

Jackie nippt an ihrem Kaffee und stellt die Tasse ab.

JACKIE: "Du hast ja Recht. Aber du musst mich auch verstehen: Was glaubst du, wie mir das alles hier an die Nieren geht? Und was du gestern Abend alles gehört hast, das hat nicht so viel mit dir zu tun... Die Wahrheit ist... ich fühle mich die ganze Zeit, als wäre ich die, die alles verdorben hat... Meiner Mama, Papa und jetzt dir!"

TRIXIE: "Du? Wieso das denn? Du bist doch super!"

Jackie stutzt. Sie blickt zu Trixie.

JACKIE: "Plötzlich soll ich super sein? Sagtest du nicht, du hasst mich?"

TRIXIE: "Ja, schon! Aber doch nicht so!"

Jackie sieht ihre Schwester an. Sie kommt über deren Ausspruch von eben nicht hinweg...

JACKIE (zweifelnd): "Jetzt mal im Ernst: Du findest mich doch nicht wirklich super? Ist jetzt ein Spruch, oder?"

TRIXIE: "Nein. Ist kein Spruch. Ich wär gern so wie du..."

Jackie sagt nichts. Trixie blickt ihr offen ins Gesicht. Sie meint, was sie sagt. Jackie wischt sich etwas aus den Augen.

TRIXIE (verwundert): "Was ist denn jetzt? Heulst du?"

JACKIE: "Nein... ja.... Es ist nur so, dass mir noch nie irgendjemand gesagt hat, dass ich super bin... (grinst schief) Tut zu Abwechslung aber mal ganz gut. Komm mal her!"

Sie zieht Trixie heran und umarmt sie einen Moment.

JACKIE (drückt Trixie wieder weg): "So! Und jetzt frühstücken wir!"

Trixie setzt sich und schüttet sich auch einen Kaffee ein.

JACKIE: "Du trinkst schon wieder Kaffee!"

TRIXIE (schnippisch): "Also, wenn ich bei dir wohnen würde und du mein amtlicher Vormund wärst, dann hättest du mir vielleicht was zu sagen! Aber so brauchst du dich mal nicht künstlich aufzuregen...!"

Sie trinkt einen großen Schluck vom Kaffee. Dann öffnet sie ein Glas Nutella und schmiert sich reichlich davon auf's Brot. Dann sieht sie zu Jackie...

TRIXIE: "Also, was ist jetzt?"

JACKIE: "Was ist womit?"

TRIXIE: "Nimmst du die Entschuldigung an?"

JACKIE: "Ist doch längst passiert... (widerwillig) Und ich entschuldige mich auch!"

TRIXIE (klatscht in die Hände): "Gut. Und? Was machen wir heute?"

EXT. VOR DEM HAUPTBAHNHOF LIMBURG - TAG

Jackie und Trixie kommen aus dem Bahnhofsgebäude.

TRIXIE: "Die Busse sind da drüben!"

JACKIE: "Wir nehmen ein Taxi! (zückt grinsend einen Hunderter) Dank deinem Opa bin ich wieder flüssig! Also, hauen wir's raus!"

Sie lachen und streben auf die Taxis zu.

INT. FLUR PFLEGEHEIM - TAG

Die Schwestern kommen den Korridor entlang. Jackie wird langsamer und bleibt stehen.

JACKIE: "Trixie! Bist du sicher, dass du das wirklich willst?"

TRIXIE: "Klar! Wieso denn nicht?"

JACKIE (verdreht die Augen): "Ja, was denkst du denn? Du bist das Kuckuckskind! Die Brut vom 'Biest'! Denkst du, Mama empfängt dich mit offenen Armen?

TRIXIE: "Aber sie hat Alzheimer! Ich denke, sie erkennt dich gar nicht mehr!"

JACKIE (zögerlich): "Darauf kann man sich aber nicht verlassen... Sie hat auch manchmal lichte Momente! Dann ist sie voll da!"

TRIXIE: "Dann sagen wir ihr eben nicht, wer ich bin!"

JACKIE: "Und wenn sie es erkennt, du Schlaumeier? Du hast genau die gleiche Kartoffelnase wie dein Vater!"

TRIXIE: "Und wie du!"

JACKIE: "Und wie ich!"

TRIXIE: "Jetzt komm schon. Du hast mir versprochen, dass wir sie sehen! Ich hab dir schließlich auch die Videos von meiner Mama gezeigt!

JACKIE: "Auf deine Verantwortung!"

INT. IM HEIMZIMMER VON JACKIES MUTTER - TAG

Es klopft. Anne, die Mutter von Jackie sitzt am Fenster und sieht hinaus.

Sie dreht sich erst beim zweiten Klopfen um, sagt aber nichts. Da öffnet sich die Tür, und Jackie steckt den Kopf herein, in der Hand einen Blumenstrauß...

JACKIE: "Hallo! Lieber Besuch ist da!"

Anne, eine zierliche Frau, die durchaus gepflegt ist, erhebt sich und kommt freundlich lächelnd näher.

ANNE (interessiert): "Besuch? Wer sind Sie denn?"

Jackie wechselt einen kurzen 'Na siehste'-Blick mit Trixie. Dann wendet sie sich wieder ihrer Mutter zu.

JACKIE: "Ehm... gute Freunde von Jackie!"

ANNE (lächelt): "Ach, das ist aber nett! Wie geht es ihr denn?"

JACKIE: "Tja... Gut. Sie lässt Ihnen diese Blumen schicken..."

Jackie tritt näher und will ihrer Mutter die Blumen überreichen, als direkt hinter ihr Trixie eintritt. Anne sieht sie mit großen Augen an.

ANNE: "Und wer ist denn das junge Fräulein?"

TRIXIE (artig): "Ich bin Beatrice! Aber alle sagen Trixie..."

Sie gibt Anne die Hand und macht einen Knicks.

ANNE: "Beatrice! Ach, das ist so ein schöner Name! Den darf man aber nicht zu einer *Trixie* verhunzen!"

TRIXIE: "Nicht wahr? 'Beatrice' klingt doch tausendmal schöner als 'Trixie'!"

Jackie schaut etwas überrascht auf ihre Schwester.

ANNE: "Magst du etwas Süßes? Oder bist du schon zu alt dazu?"

TRIXIE: "Ja, ich bin schon zu alt. (lächelt hinreißend) Aber ich nehm trotzdem gern was!"

Anne lacht und nimmt die Kleine am Arm. Sie holt eine Tafel Schokolade aus der Schublade.

ANNE: "Hier! Alpenmilch! Magst du die?"

TRIXIE: "Alpenmilch ist meine Lieblingsschokolade!"

Sie reißt sofort die Schokolade auf, bricht ein Stück ab und schiebt es in den Mund.

JACKIE: "Ich kümmere mich mal um die Blumen!"

Sie verlässt das Zimmer.

INT. PFLEGESTATIONSZIMMER – TAG

Pflegerin Angela kommt mit einer Vase und steckt den Blumenstrauß hinein, während Jackie dabeisteht.

PFLEGERIN ANGELA: "So! Das sieht doch schön aus!"

Jackie sieht die Pflegerin forschend an.

JACKIE: "Und? Wie macht sie sich?"

PfLEGERIN ANGELA: "Ihre Mutter? Naja... in letzter Zeit ist sie sehr antriebslos. Man kann sie kaum noch dazu bewegen, ihr Zimmer zu verlassen... Sie sitzt einfach da und sieht aus ihrem Fenster..."

Jackie hat sichtlich ein schlechtes Gewissen.

JACKIE: "Ich weiß, ich bin nicht oft da. Ich hatte einfach... viel zu tun..."

PfLEGERIN ANGELA: "Niemand macht Ihnen einen Vorwurf. Sie kommen ja wenigstens noch ab und zu..."

Die Pflegerin lächelt, tätschelt sie aufmunternd am Arm und geht hinaus. Jackie folgt ihr mit der Blumenvase...

INT. IM HEIMZIMMER VON JACKIES MUTTER – TAG

Jackie öffnet die Tür und bringt die Blumen herein.

JACKIE: "So, da bin ich wieder..."

Sie stutzt, als sie sieht, dass das Zimmer leer ist. Sie stellt die Blumen ab und schaut im Bad nach. Aber da ist auch niemand. Sie geht zum Fenster und sieht hinaus. Dort erblickt sie Anne, die am Stock den Weg entlang geht, mit Trixie an ihrer Seite...

JACKIE: "Na, da schau her! Neue Allianzen!"

EXT. IM SENIORENPARK – TAG

Als Jackie herankommt, sitzen ihre Mutter und ihre Schwester auf einer Parkbank. Beide haben Ahornflügel auf die Nasenwurzeln geklebt.

JACKIE: "Nanu! Was ist das?"

ANNE: "Wir sind Einhörner!"

Trixie grinst ihre Schwester triumphierend an.

JACKIE: "Einhörner! Dann steht ihr unter Naturschutz!"

ANNE: "Seien Sie nicht albern! Einhörner jagt ja wohl keiner!"

TRIXIE: "Wollen wir zurück?"

ANNE: "Ja! Gehen wir... Beatrice! Ich bin lieber in meinem Zimmer..."

Sie erhebt sich. Trixie nimmt ihren Arm und stützt sie, während die alte Frau zurückschreitet... Jackie folgt den beiden und akzeptiert, dass Trixie ihr die Show stiehlt...

INT. IM ICE, GROSSRAUMWAGEN - TAG

Trixie schleckt an einem Eis, während Jackie einen Kaffee am Platz trinkt...

TRIXIE: "Also, ich finde deine Mutter supernett! Sie hat mir sogar noch eine zweite Schokolade gegeben!"

JACKIE: "Das wundert mich nicht! Im Altersheim gibt es nämlich eine Rangordnung: Wer viel besucht wird, hat am meisten Ansehen. Und wer Besuch von kleinen Kindern bekommt, liegt ganz weit vorn!"

TRIXIE: "Cool! Dann ist Oma jetzt ja gut im Rennen. Es haben uns unten im Park ganz viele gesehen..."

JACKIE: "Oma??? Wenn sie wüsste, wer du bist, würde sich dich erwürgen."

TRIXIE (lächelt breit): "Sie weiß es aber nicht. Und sie findet mich 'ganz entzückend'!"

JACKIE: "Aber sicher."

TRIXIE: "Bist du ihr böse?"

JACKIE: "Wieso?"

TRIXIE: "Weil sie nicht mehr weiß, wer du bist..."

JACKIE (wiegt den Kopf): "Naja... eigentlich nicht. Manchmal tut es nur ein bisschen weh."

TRIXIE: "Aber du besuchst sie nicht gern?"

JACKIE: "So einfach ist das nicht. Ich meine, ich war ganz allein mit ihr, als ich aufgewachsen bin. Sie hat meinem Vater nie verziehen... Das war fast so etwas wie ihre Religion: Der Hass auf ihn... und damit der Hass auf einen Teil in mir... Und ich hab Papa jedes Mal verteidigt... Frag nicht, wieso, und sie ist dann wie auf Knopfdruck ausgerastet... (sie atmet tief) Das auszuhalten war nicht immer einfach..."

Trixie nickt und knabbert weiter an ihrem Eis.

JACKIE: "Aber du hast recht: Im Moment bin ich echt sauer auf sie. Weil sie meine Briefe nicht abgeschickt hat!"

Und weil sie die Briefe von Vater hat verschwinden lassen. Ich verstehe nicht, wie man seinem Kind so etwas antun kann...!"

TRIXIE: "Ach ja! Was die Briefe von Papa betrifft: Sie hat sie versteckt!"

Jackie sieht ihre Schwester verblüfft an.

JACKIE: "Versteckt? Wie kommst du darauf?"

TRIXIE: "Sie hat es mir gesagt!"

JACKIE (baff): "Was denn? Du hast sie direkt danach gefragt?"

TRIXIE: "Naja, ich hab einfach gesagt, ich mache mir Sorgen, dass Jackie die Briefe doch noch findet..."

JACKIE: "Ach...! Ganz schön raffiniert! Und?"

TRIXIE: "Oma sagte, dass ich mir keine Sorgen machen muss. Dass sie gut aufgehoben sind..."

Für einen Moment ist Stille.

JACKIE: "Sie... sie hat sie nicht weggeworfen?"

TRIXIE: "Komm! Keiner wirft Briefe weg! Papa hat auch immer alles aufgehoben, was jemand ihm geschrieben hat..."

JACKIE: "Und wo hat sie sie versteckt?"

TRIXIE: "Tja, das ist leider schade: Sie weiß es nicht mehr..."

EXT. HAUPTBAHNHOF FRANKFURT - TAG

Jackie und Trixie kommen aus dem Gebäude und besteigen ein Taxi...

INT. AUF DEM DACHBODEN - MITTAG

Jackie und Trixie steigen auf den Dachboden hoch. Hier stehen säuberlich gestapelt gut zwei dutzend Umzugskisten.

JACKIE: "Wenn die Briefe wirklich noch irgendwo sind, dann in einer von den Kisten... Alles, was Mama noch hatte, hab ich nach dem Umzug mit zu mir mitgenommen!"

TRIXIE: "Komm! Wir suchen sie..."

JACKIE (zögernd): "Ich bin ein wenig nervös..."

TRIXIE (lacht): "Papa hatte auch immer so Bammel"!

JACKIE: "Wie? Versteh ich nicht!"

TRIXIE: "Ich hab ihn mal gefragt, warum er nicht zu dir hinfährt und dich einfach besucht... Meine Mama hätte das ja nicht erfahren müssen...!"

JACKIE: "Ach! Und?"

TRIXIE: "Er hatte den totalen Horror davor, dass du ihm vielleicht böse bist. Dass du ihm die Tür vor der Nase zuknallst..."

Jackie nickt nachdenklich.

TRIXIE: "Komm! Fangen wir an!"

Sie öffnet die erste Kiste...

INT. AUF DEM DACHBODEN - FÜNF STUNDEN SPÄTER

Es ist ein riesiges Chaos. Überall stehen geöffnet Kisten. Man sieht die wunderlichsten Dinge: Eine Kuckucksuhr, eine Boje, eine Lavalampe, einen großen blauen Plastikschlumpf, Zierkissen mit kitschigen Pferdeköpfen darauf, Stofftiere, Spiele, eine kompakte Stereoanlage und eine Mikrowelle. Trixie findet eine Kiste und öffnet sie. Darin sind einige große Glasdiamanten. Trixie sieht sie versonnen an. Jackie kommt mit einem Tablett die Treppe hoch. Darauf sind Sandwiches, eine große Tasse Kaffee und eine Flasche Limo.

JACKIE: "So! Etwas Proviant aus der Kombüse! Ich hab auch Möhren mitgebracht, damit du nicht an Skorbut stirbst!"

Trixie nimmt eine Möhre und den Kaffee. Jackie knurrt...

JACKIE: "Der Kaffee ist für _mich_!"

TRIXIE (protestierend) "Alter!! Echt jetzt?"

Sie stellt den Kaffee zurück und nimmt die Limo. Sie stellt die Flasche neben sich und wendet sich wieder der Kiste zu. Sie zieht ein Buch heraus. Es ist in einem Schutzumschlag.

TRIXIE: "Was ist das denn? (liest) Ludek Pesek... 'Die Erde ist nah'!?"

JACKIE: "Gib mal her!"

Trixie reicht es der Schwester hinüber. Die schlägt es auf und blättert darin. Sie beginnt zu lächeln. Das Buch weckt offenbar positive Erinnerungen...

JACKIE: "Das Buch hatte ich ausgesucht... Damals bei dem Vorlesewettbewerb...!"

TRIXIE: "Ist das nicht ein Weltraumbuch? Ist doch Jungenkram..."

JACKIE (schüttelt den Kopf): "War mir doch egal. Ich habe es geliebt. Das war _mein_ Buch...!

TRIXIE: "Und worum geht's da?"

JACKIE: "Um eine Expedition zum Mars. Mit den Mitteln, die man heute wirklich hat. Da gibts keine Aliens oder so. Es ist ganz realistisch..."

TRIXIE: "Und mit so was darf man zum Vorlesewettbewerb?"

JACKIE: "Ja. Du darfst nehmen, was du willst!"

TRIXIE: "Und? Warst du wirklich so gut? Ich meine: Hessenausscheidung, hallo!"

JACKIE: "Ich kannte einen Trick!"

TRIXIE: "Ach komm!"

JACKIE: "Beim Vorlesewettbewerb hat jeder totales Lampenfieber. Der Trick ist, langsam zu lesen! Egal, wie sehr dir die Düse geht, du darfst nicht schneller werden..."

TRIXIE: "Und? Hast du gewonnen?"

JACKIE: "Nein. Ich bin ausgeschieden. Aber Mama sagt, dass es trotzdem eine Sternstunde war...! (schmunzelnd zu Trixie) Und glaub mir, Anne hat, was mich betraf, nicht gerade mit warmen Worten um sich geworfen...!"

Sie blickt wehmütig auf das Buch.

JACKIE: "Viele große Momente hatte ich nicht in meinem Leben. Aber das hier... war einer davon! (sieht zu Trixie) Soll ich dir was vorlesen?"

TRIXIE (gequält): "Eine Marsexpedition? Muss das sein?"

Jackie sieht auf das Buch, lächelt und klappt es zu.

JACKIE: "Nein. Muss nicht sein. Wir haben ja auch noch genug zu tun..."

Sie öffnet die nächste Kiste...

<u>INT. AUF DEM DACHBODEN – NOCH EIN WENIG SPÄTER</u>

Die Zeiger der Uhr sind vorgerückt und der Tag geht langsam zur Neige. Während Trixie auf Bongos trommelt, die sie gefunden hat, öffnet Jackie die letzte geschlossene Kiste.

JACKIE (wühlt): "Bücher! Und Fotoalben. Nee, da sind die Briefe sicher nicht drin. Die Kiste habe ich selber gepackt. Und das war die Letzte!"

TRIXIE: "Bist du sicher?"

JACKIE: "Die Briefe sind nicht hier! Wenn sie überhaupt irgendwo sind..."

TRIXIE: "Naja, sie sind eben im Versteck!"

JACKIE (stöhnt genervt): "Trixie! Meine Mutter hat Alzheimer! Wer weiß, wovon sie gefaselt hat... Bestimmt hat sie die Briefe alle weggeworfen, oder verbrannt oder sowas..."

TRIXIE: "Und wenn es noch irgendwo anders ein Versteck gibt?"

Jackie überlegt, nimmt die Kaffeetasse und trinkt.

JACKIE: "Wo sollte das sein? Als meine Mutter krank geworden ist, haben wir noch die alte Wohnung gehabt. Dann ist sie ins Heim gekommen, und ich bin hierher..."

TRIXIE: "Vielleicht gab es in der alten Wohnung ein Loch im Boden! Oder einen lockeren Ziegel!"

JACKIE (lacht): "Du siehst zu viele Filme! Wir hatten doch innen keine Ziegelwände! Und eine geheime Tapetentür wäre mir sicher aufgefallen... Nee...! (schüttelt den Kopf) Die Briefe sind weg! Komm lass uns den Mist hier aufräumen..."

INT. KÜCHE JACKIE - FRÜHER ABEND

Jackie und Trixie essen Käsebrote. Die Kleine blickt auf und mustert ihre ältere Schwester eigenartig...

JACKIE: "Was glotzt du so? Hängt mir was aus der Nase?"

TRIXIE: "Nein. Ich überleg mir, ob ich nicht vielleicht auch fotografieren soll... (deutet auf die Wände) Deine Bilder sind nämlich voll krass!"

JACKIE: "Ich denke, du bist besser?"

TRIXIE: "Naja... so gut wie du kann ich es wahrscheinlich doch nicht..."

JACKIE (geschmeichelt): "Naja, ich find sie auch gut. Aber es gibt viele, die fotografieren können. Ich muss mich manchmal ganz schön abstrampeln, damit es reicht... Und man muss sich gegen die Kollegen durchsetzen können. Ganz ätzend ist der rote Teppich (äfft die Kollegen nach) Till, schau hierher! Nein, hierher Till! Till, nur ganz kurz lächeln! TILL!!! (schüttelt den Kopf) Aber am allerschlimmsten ist der Fußball..."

Aus einer Eingebung heraus blickt sie zu Trixie.

JACKIE: "Kennst du dich mit Fußball aus?"

TRIXIE: "Logomat!"

JACKIE: "Wirklich? Dann sag mir mal, wer Hinteregger ist?"

TRIXIE: "Martin Hinteregger. Spielt bei der Eintracht. Kam von Augsburg, ist aber Österreicher! Sehr kopfballstark und überhaupt torgefährlich. Fanliebling."

Jackie schürzt die Lippen und nickt beeindruckt.

JACKIE: "Papa hat also auch Fußball geguckt!"

TRIXIE: "Nicht Papa. Opa! Zu meinem fünften Geburtstag hat er mir einen Fußball mit einem Autogramm von Kimmich geschenkt! Und Bettwäsche von Bayern habe ich auch! Und einen Spiegel wo unten der Neuer so rausguckt..."

JACKIE: "Einen Spiegel, wo unten der Neue rausguckt?"

TRIXIE: "Der Manuel Neuer! Der Torwart!"

Jackie lacht und hält plötzlich inne. Ihr Blick wird unscharf. Trixie sieht sie irritiert an...

TRIXIE: "Ist irgendwas?"

Jackie schnippst mit den Fingern und dreht sich zu Trixie.

JACKIE: "Trixie, ich glaube, du hattest recht!"

TRIXIE: "Hä? Womit?"

JACKIE: "Damit, dass Mutter in unserer alten Wohnung ein Versteck hatte! Jetzt, wo du den Spiegel erwähnt hast, ist es mir wieder in den Sinn gekommen! (überlegt) Ich weiß noch, ich war so ungefähr zehn, da wollte ich mal ins Bad kommen und Mama schreit, ich soll draußen bleiben... weil sie nichts anhat...! Was komisch war..."

TRIXIE: "Was ist daran so komisch?"

JACKIE: "Meine Mutter ist damals ganz oft nackt durch die Wohnung gelaufen... und plötzlich ist sie etepetete...? Das war irgendwie komisch... Kurz darauf hat sie mich ins Bad gelassen und das Waschbecken war voll mit Spraydosen, Bechern und anderem Kram von der Ablage..."

TRIXIE: "Und weiter?"

JACKIE: "Ich konnte mir damals keinen Reim drauf machen. Aber ein paar Wochen später war das Waschbecken wieder voll... Und das war, als der Mann von den Stadtwerken kam, um die Zähler abzulesen..."

TRIXIE: "Jetzt kapier ich gar nix mehr!"

JACKIE: "Trixie! Es war der Spiegel im Bad! Man konnte ihn aufmachen! Dahinter war ein Hohlraum... Mit dem Wasserzähler!"

TRIXIE: "Ach! Und du meinst...?"

JACKIE: "Wenn es in der alten Wohnung überhaupt ein Versteck gibt, dann hinter dem Spiegel im Bad! Und so macht auch Mamas Verhalten Sinn!"

TRIXIE: "Na, dann lass uns dort nachsehen!"

JACKIE (zieht ein Gesicht): "Das ist nicht so einfach..."

TRIXIE: "Wieso?"

JACKIE: "Da wohnt jetzt der Sohn vom alten Besitzer..."

TRIXIE: "Und?"

JACKIE: "Meine Mutter und der Hausbesitzer waren sich spinnefeind. Und der Junior ist leider genauso ein Kotzbrocken wie sein Alter..."

TRIXIE: "Na und? Ist doch egal...!"

INT. IM TREPPENHAUS DER ALTEN WOHNUNG - ABEND

Jackie und Trixie kommen die Treppe hoch. Sie treten sichtlich nervös näher und sehen auf das Türschild, wo 'HILBERT' steht... Jackie hält eine Schachtel Konfekt...

JACKIE: "Das ist es!"

TRIXIE: "Dann klingel!"

JACKIE: "Mir ist nicht wohl bei der Sache!"

TRIXIE (stöhnt): "Oh Mann! Du bist genau wie Papa! Wenn's drauf ankommt, kneifst du! (sie ballt energisch die Faust) Zum Teufel mit den Torpedos! Volle Kraft voraus!"

Trixie tritt vor und klingelt kurzerhand. Jackie bedenkt sie mit einem bestürzten Blick.

JACKIE: "Trixie! Es war eine bescheuerte Idee! Komm, wir hauen ab!"

Doch da sind bereits Schritte zu hören und Markus Hilbert, ein breitschultriger Mann Anfang vierzig öffnet.

JACKIE (schluckt): "Ehm... guten Tag, Herr Hilbert!"

Der Mann erkennt sie. Seine Züge zeigen Erstaunen...

HILBERT: "Frau Herzog?? Na, das ist mal eine Überraschung. Was verschafft mir das... Vergnügen?"

Jackie wechselt einen kurzen Blick mit Trixie, dann bemüht sie sich um ein Lächeln.

JACKIE: "Herr Hilbert! Bitte verzeihen Sie die Störung! Es... es liegt mir jetzt schon seit einiger Zeit auf der Seele... Mir tut es Leid, dass es damals mit Ihrem Vater zu diesem unseligen Streit gekommen ist... Deswegen wollte ich mich entschuldigen und... das hier ist für Ihren Herrn Vater!"

Sie reicht ihm die Schachtel Konfekt. Hilbert ist ziemlich perplex, nimmt das Geschenk dann aber überrollt entgegen.

HILBERT: "Na, da bin ich aber platt...!"

Er sieht Jackie an und beginnt zu lächeln.

HILBERT: "Das ist wirklich hochanständig von Ihnen. Muss ich sagen! Gibt nicht viele Leute, die ihre Fehler einsehen!"

JACKIE (lacht nervös): "Naja, wir sind doch schließlich alle nur Menschen..."

Hilbert nickt und wirkt nun schon deutlich freundlicher...

HILBERT: "Ich werd die Pralinen an meinen Vater weiterleiten... Danke!"

Er will die Tür schließen, doch Trixie hebt die Hand.

TRIXIE: "Entschuldigung! Kann ich mal auf die Toilette? Ich muss ganz dringend!"

Die Stirn Hilberts runzelt sich befremdet, aber einem Kind eine solche Bitte abzuschlagen, bringt er nicht fertig... Er tritt zur Seite.

HiLBERT: "Äh.. Sicher! Komm! Hier gleich neben der Tür!"

JACKIE (schnell): "Das ist das <u>kleine</u> Klo... Da kriegt sie Platzangst!"

TRIXIE (mit Augenaufschlag): "Kann ich bitte ins Bad? Ich hab wirklich total Platzangst! Ich mach auch ganz schnell...!"

Sie läuft in die Wohnung hinein, bevor Hilbert es verhindern kann. Er sieht ihr ungehalten nach...

HILBERT: "Also, Moment, so geht es ja nicht! Warte!"

Er geht Trixie hinterher.

JACKIE: "Herr Hilbert? Jetzt wo die Kleine weg ist, kann ich Sie kurz mal unter vier Augen sprechen?"

Hilbert bleibt, etwas ratlos, stehen und dreht sich um...

JACKIE: "Interessieren Sie sich eigentlich für klassische Musik?"

HilBERT (verdattert) "Klassische Musik? Ich? Wieso?"

JACKIE: "Naja, die Sache ist die: Ich kann Karten für die Symphoniker bekommen und dachte, wenn es Sie interessiert... (es fällt ihr schwer)... könnten Sie ja mit mir mitkommen..."

Hilbert starrt sie an, als sähe er sie zum ersten Mal...

INT. IM BAD WOHNUNG HILBERT - ABEND

Trixie schließt die Tür ab. Sie sieht zwei Waschbecken vor sich und über jedem ist ein Spiegel.

TRIXIE: "Zwei! Jackie, das hättest du ja mal sagen können, du Genie...!"

Sie räumt die Becher, Spraydosen und Aftershaves von dem Podest vor dem Spiegel. Dann will sie den Spiegel aufklappen. Aber er ist fest... Sie hat die falsche Seite erwischt...

INT. IM TREPPENHAUS DER ALTEN WOHNUNG - ABEND

Hilbert lacht Jackie breit an und versucht, seine Schokoladenseite zu zeigen. Man flirtet auf Teufel-komm-raus...

HILBERT: "Nur weil ich Blue Gras und Sideco höre, heißt das aber nicht, dass ich ein Klassikbanause bin. Für Griek, Schumann und Mendelsohn war ich schon immer zu haben..."

Er lacht. Jackie lacht pflichtschuldig mit.

JACKIE: "Ich weiß jetzt nicht genau, was sie an dem Abend spielen, aber ein paar Gassenhauer von Mozart und Beethoven sind immer dabei..."

HILBERT: "Wann genau ist es denn...?"

JACKIE (schwitzend): "Es ist bald... nicht sooo bald, aber doch bald... Warum schreiben Sie mir nicht Ihre Mailadresse auf? Dann schicke ich Ihnen den Termin zu..."

HILBERT: "Na prima! Das machen wir!"

Er geht zum Tisch im Flur und notiert seine Mailadresse...

INT. IM BAD WOHNUNG HILBERT - ABEND

Trixie hat die zweite Ablage freigeräumt und öffnet den Spiegel. Dahinter ist die Zähluhr... Trixie zieht einen Hocker heran und steigt darauf... sie zückt sie ihr Smartphone und leuchtet mit der Taschenlampenfunktion in den Hohlraum...

INT. IM TREPPENHAUS DER ALTEN WOHNUNG - ABEND

Hilbert hat Jackie den Zettel überreicht.

HILBERT: "Können Sie es lesen?"

JACKIE: "Ja, das wird schon gehen..."

HILBERT: "Warum kommen Sie nicht einfach rein? Ich hab einen guten Rotwein da! Denn kann ich aufmachen...!"

JACKIE (heftig): "Nein! (überspielt hastig) Ich meine, ich muss noch... ich hab noch so viel zu tun... heute ist es wirklich schlecht..."

Hilbert sieht dahin, wo Trixie ins Bad verschwunden ist.

HILBERT: "Ist das... Ihre Tochter?"

JACKIE: "Meine Schwester. Halbschwester... Ich habe sie gerade kennengelernt. Mein Vater ist gestorben, wissen Sie?"

HILBERT (mitfühlend): "Ach, das tut mir Leid! Herzliches Beileid!"

JACKIE (lächelt nervös): "Danke! Das ist sehr freundlich von ihnen..."

Nun weiß sie nicht weiter. Doch in diesem Moment öffnet sich hinten die Tür, und Trixie kommt heraus...

TRIXIE: "Vielen Dank! Ich hätte mir fast in die Hosen gemacht!"

Hilbert tätschelt der Kleinen den Kopf.

JACKIE: "Also dann, Auf Wiedersehen!"

HILBERT: "Ja, bis hoffentlich bald!"

Die beiden Schwestern eilen fluchtartig die Treppe hinunter. Hilbert sieht ihnen nach und runzelt die Stirn. Etwas komisch kommt ihm der Auftritt jetzt schon vor. Er geht in die Wohnung und schließt die Tür. Er sieht sich um und schaut irritiert in Richtung Bad...

INT. FLUR WOHNUNG HILBERT - ABEND

Hilbert geht durch den Flur und öffnet die Tür zum Bad...

INT. IM BAD WOHNUNG HILBERT - ABEND

Hilbert blickt prüfend in das Badezimmer. Doch hier ist alles wie immer. Alle Dinge, die eben noch in den Waschbecken lagen, stehen wieder auf ihrem Platz vor den Spiegeln. Hilbert zuckt die Achseln, löscht das Licht und schließt die Tür wieder...

EXT. AUF DER STRASSE - ABEND

Jackie und Trixie kommen aus dem Haus und streben fluchtartig davon.

JACKIE (dem Infarkt nahe): "Was hat denn so lange gedauert, verdammt? Noch drei Minuten länger und ich hätte mich mit dem Typen verloben müssen..."

TRIXIE: "Tut mir Leid! Ging nicht schneller!"

JACKIE: "Und?"

TRIXIE: "Fehlanzeige! Nix gefunden...!"

Jackie seufzt deprimiert.

TRIXIE: "Bis auf das hier!"

Trixie zieht ihr Hemd hoch und fördert triumphierend einen Packen Briefe hervor. Jackie bleibt stehen und muss schwer schlucken. Trixie hält ihr die Briefe hin.

TRIXIE: "Los nimm! Sie gehören dir!"

Jackie nimmt sie zögernd und starrt ungläubig darauf...

TRIXIE: "Ich finde, das sollten wir feiern! Mit einem großen Milchshake bei McDoof!"

Jackie sieht sie an und lächelt zerstreut...

EXT. AUF DEN STRASSEN - ABEND

Die Schwestern kommen mit einer großen Tüte McDonalds-Fastfood heran und futtern Pommes...

JACKIE: "Und du hast echt noch die Nerven gehabt, die Waschbecken aufzuräumen?"

TRIXIE (lässig): "Profi!"

Jackie rempelt Trixie liebevoll tadelnd mit dem Arm. Trixie grinst und schaut in ihre Tüte.

TRIXIE: "Mist! Sie haben die zweite Tüte Mayo vergessen! Die Verpeiler!"

Jackie achtet nicht auf ihre Schwester. Sie ist vor einem Geschäft stehengeblieben, das Bilder verkauft. Ihr Blick ruht auf dem Gemälde eines Windjammers in stürmischer See.

TRIXIE: "Was ist?"

JACKIE: "Ich sehe das Schiff an!"

TRIXIE: "Es ist eine Brigg!"

JACKIE: "Also gut, eine Brigg!"

TRIXIE: "Und was ist damit?"

JACKIE: "Jedesmal, wenn ich jetzt ein Schiff sehe, denk ich an die Seebestattung von unserem Vater..."

TRIXIE: "Ja, super! Aber jetzt lass uns zurück und noch Mayo holen..."

Trixie nimmt sie am Ärmel und zieht sie mit sich.

INT. WOHNZIMMER WOHNUNG JACKIE - ETWAS SPÄTER

Auf dem Couchtisch liegen die Briefe. Jackie sitzt davor und hält sich an ihrem Bier fest. Trixie nuckelt an ihrem Schoko-Shake und beobachtet die Ältere.

TRIXIE: "Was ist? Sie sind nach dem Datum sortiert! Willst du nicht anfangen?"

Jackie sieht die Briefe mit düsterem Blick an.

TRIXIE: "Was ist denn mit dir?"

JACKIE: "Ich glaube, ich will die Briefe nicht lesen!"

TRIXIE: "Hä? Wieso das denn nicht?"

JACKIE: "Keine Ahnung... Weil... weil ich Angst hab, okay?"

TRIXIE: "Du hast Angst? Wovor denn?"

Jackie hat Feuchtigkeit in den Augen, als sie Trixie mit wachsendem Zorn ansieht...

JACKIE: "Ja, was denkst du denn? Dein Vater hat dich jeden Abend zugedeckt und dir ein Küsschen gegeben. Das Glück hatte ich aber nicht. Bei mir ist er kein einziges Mal gewesen... (brüchig) Ist dir überhaupt klar, wie weh er mir getan hat...!?"

Tränen laufen über ihre Wangen. Und neue Wut steigt auf...

JACKIE: "Ich hab, weiß Gott, genug Narben! Ich will nicht noch mehr abkriegen... Nein, es reicht! Ich bin fertig mit dem Ganzen!"

TRIXIE (leidenschaftlich): "Aber was denkst du denn, was in den Briefen drinnen steht? Dass er dich scheiße findet, oder was? Und das schreibt er dann fünfzigmal!??"

JACKIE: "Ich weiß es nicht. Aber er dachte, dass ich auf seine Post nicht geantwortet habe. Vielleicht ist er da irgendwann sauer geworden und macht mir Vorwürfe. Und das will ich nicht lesen, okay?"

Sie beugt sich wütend vor und fegt die Briefe vom Tisch.

JACKIE (gepresst): "Er hat nicht den Mut gehabt, zu mir zu kommen, aus Angst davor, dass _ich_ ihm Vorwürfe mache! So, und genau das gleiche Recht nehme ich mir auch raus, klar? (deutet auf die Briefe) Ich werde davon gar nichts lesen! Ich werde den ganzen Ramsch verbrennen. Und dann ist endlich... endlich Ruhe...!"

Sie atmet erregt und wischt sich ärgerlich die Tränen weg.

TRIXIE: "Aber Jackie, jetzt hör doch mal..."

JACKIE (barsch): "Du gehst ins Bett! Aber pronto! Wir stehen morgen zeitig auf und dann geht es zurück nach Köln. Und für den Fall, dass du eine Debatte darüber eingeplant hast: Ich diskutiere das nicht!"

Sie steht auf und geht aus dem Zimmer... Trixie stöhnt. Dann beginnt sie die Briefe vom Boden aufzusammeln...

EXT. TOTALE FRANKFURT - MORGEN

Ein verhangener Tag. Es nieselt leicht...

EXT. BEI SIXT-AUTOVERMIETUNG - MORGEN

Jackie kommt aus dem Büro und hat die Schlüssel für den Mietwagen in der Hand. Trixie folgt ihr. Sie steuern auf einen Smart zu...

I/E. AUF DEN STRASSEN FRANKFURTS - MORGEN

Der Smart rollt über die Miquelallee...

EXT. AUF DER AUTOBAHN - TAG

Jackie fährt über die Autobahn. Trixie sitzt mit nachdenklichem Gesicht auf der Rückbank.

TRIXIE: "Hast du nicht gesagt, wir versuchen, eine Lösung zu finden?"

JACKIE (knapp): "Die Lösung ist, dass ich mich um dich kümmern werde. Ich besuche dich! Jedes zweite Wochenende..."

TRIXIE: "Jedes zweite nur?"

JACKIE: "Oder jedes dritte! Ich habe mein eigenes Leben, okay? Manchmal hat man Arbeit, manchmal kommt was Privates dazwischen, und dem wirst du dich unterordnen müssen. Und in den Sommerferien besuchst du mich für ein, zwei Wochen! Vielleicht fahren wir mal nach Italien oder so..."

TRIXIE: "Und Weihnachten?"

JACKIE: "Das weiß ich nicht. Das muss ich sehen. Ich werde hier keine Versprechungen machen."

Trixie schaut niedergeschlagen und nickt dann.

JACKIE:"Eins noch: Kann ich mich drauf verlassen, dass du keinen Unsinn mehr anstellst?"

TRIXIE: "Komm, Jackie! Was soll das?"

JACKIE: "Versprich es mir! Das ist ein fairer Deal: Ich lasse dich nicht versauern, und du machst keine Dummheiten mehr! Okay?"

TRIXIE (seufzend): "Ja. Gut. Ich verspreche es!"

Jackie nickt zufrieden...

EXT. VOR DEM KINDERHEIM - TAG

Der Smart hält auf dem Parkplatz vor dem Kinderheim. Jackie und Trixie steigen aus. Die Ältere reicht ihrer Schwester den Rucksack, und sie laufen auf den Haupteingang zu...

INT. FLUR MARIENHAUS - TAG

Jackie und Frau Brothage, die Heimleiterin, kommen heran. Gefolgt von Trixie, die die Hände tief in den Hosentaschen hat. Jackie spricht mit der Heimleiterin...

JACKIE: "Sie müssen sich keine Sorgen machen. Trixie weiß jetzt, dass sie nicht mehr davonlaufen darf!"

Frau Brothage sieht warm lächelnd zu der Elfjährigen.

FRAU BROTHAGE: "Da hab ich gar keinen Zweifel. Nun, Beatrice, willst du dich nicht von deiner Schwester verabschieden?"

Trixie tritt vor, und Jackie beugt sich vor und umarmt sie.

JACKIE: "Alles klar mit dir?"

Trixie nickt stumm. Ihre Körpersprache aber sagt etwas anderes. Jackie lächelt grimassenhaft. Die Situation ist ihr selber unangenehm...

JACKIE: "Du schaffst das!"

Trixie lächelt tapfer. Jackie schüttelt Frau Brothage die Hand und geht. Die Heimleiterin wendet sich an das Mädchen.

FRAU BROTHAGE: "So! Hände waschen! Dann ist Mittagessen!"

Trixie nickt und geht davon. Jackie wendet sich ebenfalls ab. Sie entfernt sich mit schnellen Schritten...

EXT. AUF DEM PARKPLATZ VOR DEM HEIM - TAG

Jackie setzt sich in den Smart. Sie sieht müde aus. Sie reibt sich das Gesicht und will starten, als sie sieht, dass unter der Windschutzscheibe ein Brief liegt. Jackie nimmt ihn. Darauf steht in Trixies krakeliger Handschrift:
LIES! NUR DIESEN EINEN! BITTE!!

JACKIE: "Verdammt! (fährt die Scheibe herunter und wirft den Brief wütend hinaus) Kannst du's nicht _einmal_ respektieren, wenn man was zu dir sagt? Nur einmal!??"

Sie steckt den Schlüssel ins Schloss und lässt den Motor an. Dann aber stellt sie den Smart wieder aus. Sie blickt hinaus auf den Asphalt, wo der Brief liegt.

Dann steigt sie aus und holt den Brief. Sie setzt sich wieder hinter das Steuer und öffnet das Kuvert.

Sie zieht das Papier heraus und faltet den Brief auseinander. Sie sammelt sich, holt tief Luft und liest...

ROBERT (V.O.): "Meine liebe Jaqueline! Du ahnst nicht, was es für mich bedeutet, dass du mir nach all den vielen Jahren endlich geschrieben hast. Und als ich las, dass du beim Vorlesewettbewerb auch noch in die Hessenausscheidung vorgerückt bist, da hat mich nichts mehr gehalten. Da ich aber auf keinen Fall deiner Mutter in die Arme laufen durfte, habe ich mich verkleidet... Ich habe Blut und Wasser geschwitzt, aber es hat funktioniert und ich bin tatsächlich unentdeckt in den Saal gekommen..."

Jackie schluckt schwer, während sich Tränen in ihren Augen sammeln...

ROBERT (V.O.): "Dann hab ich dich gesehen. Du trugst ein hübsches grünes Kleid und warst so gar nicht nervös. Dann wurde dein Name aufgerufen und da bist du nach vorne gegangen. Mein Herz hat so sehr geschlagen, dass es fast weh tat. Aber du, du warst einfach nur wunderbar... Ich weiß nicht mal, ob du gut gelesen hast, oder schlecht oder worum es ging... Ich weiß nur, dass ich hin und weg war, von deiner Stimme, deiner Schönheit und deinem Wesen! Ich will nur, dass du weißt, dass kein Vater stolzer auf seine Tochter sein kann, als ich es in diesem Moment war. Ich liebe dich von ganzem Herzen! Dein Papa..."

Jackie weint. Alles, alles bricht nun aus ihr heraus. Sie weint und schluchzt und lacht...

INT. IM SPEISESAAL - TAG

Trixie stochert abwesend in ihrem Essen herum. Sie sitzt isoliert an ihrem Tisch. Der Saal ist gefüllt mit Kindern, die lebhaft schwatzen, essen und herumlaufen. Da öffnet sich die Tür und Frau Brothage erscheint.

FRAU BROTHAGE: "Beatrice!"

Trixie blickt mutlos auf. Neben der Heimleiterin erscheint Jackie. Trixie ahnt, was nun kommen muss, verdreht die Augen und steht auf. Sie zuckelt ergeben zum Ausgang...

INT. FLUR MARIENHAUS - TAG

Trixie schließt die Tür.

FRAU BROTHAGE: "Deine Schwester hat dir etwas zu sagen!"

Sie nickt Jackie zu und entfernt sich dann. Trixie macht ein unglückliches Gesicht. Sie blickt Jackie zögernd an...

TRIXIE: "Ich weiß schon. Ich hätte deine Post nicht aufmachen dürfen... Sorry!"

JACKIE: "Nein, allerdings nicht! Ich hatte mich doch klar ausgedrückt, oder?"

Trixie, ein Häuflein Elend, schlägt den Blick nieder...

TRIXIE (angstvoll): "Und jetzt? Jetzt kommst du nicht mehr zu Besuch, oder?"

JACKIE: "Hierher? Nein, ich fürchte nicht! Ich werde gar nicht mehr hierherkommen."

Trixie Unterlippe beginnt zu zittern, und die Tränen laufen ihr die Wangen herunter. Sie beginnt zu schluchzen.
Da geht Jackie in die Knie und zieht sie sanft an sich...

JACKIE: "Ich werde dich nicht mehr besuchen, weil das nicht mehr nötig sein wird... Ich nehme dich nämlich wieder mit!"

TRIXIE (blickt unter Tränen auf): "Was? Wie jetzt?"

JACKIE: "Du bist meine Schwester. Dein Platz ist bei mir!"

TRIXIE (ungläubig): "Wirklich? Einfach so...??"

JACKIE: "Kannst dich bei Frau Brothage bedanken, die mit dem Kettenschuss. Sie meint, das mit dem Vormundschaftsgericht regelt sie schon. Du hast genug mitgemacht! Wir fahren zurück nach Frankfurt. Wir beide!"

Trixie kann es nicht wirklich glauben.

TRIXIE: "Aber was... wenn ich dich nerve?"

JACKIE (sieht ihr gerade in die Augen): "Du, Trixie, bist ein Geschenk für mich! Ich hab nur einfach meine Zeit gebraucht, das zu begreifen."

Trixie sieht sie stumm an. Dann fliegt sie ihrer Schwester um den Hals und umklammert sie ganz ganz fest.

TRIXIE (schluchzend): "Danke! Danke, Jackie!"

Für einen Moment halten sie sich umarmt noch.

JACKIE: "Und was Papas Brief betrifft...

Trixie löst sich von ihr und sieht die Ältere bang an...

JACKIE (aus tiefstem Herzen): "Danke dafür! Dieser Brief hat alles verändert! Und alleine hätte ich mich niemals getraut."

Sie richtet sich auf und bietet Trixie die Hand. Die ergreift sie und die Schwestern gehen gemeinsam den Gang hinunter.

JACKIE: "Drei Dinge noch!"

TRIXIE: "Ja?"

JACKIE: "Keinen Bohnenkaffee mehr!"

TRIXIE: "Geht klar!"

JACKIE: "Zweitens: Du magst zwar der 1. Maat sein, aber _ich_ bin der Steuermann!"

TRIXIE: "Aye aye, Sir!"

JACKIE: "Und das dritte... das ist etwas, naja peinlich..."

TRIXIE: "Was?"

JACKIE: "Du musst mit mir Bundesliga gucken und mir die Namen von den Spielern einpauken. Solange, bis ich jeden von diesen krummbeinigen Balltretern am Schattenriss erkenne!"

TRIXIE: "Das ist ein Klacks!"

Sie treten durch den Ausgang in das Licht des Tages...

ENDE

„Die Silvergirls reiten wieder"

Diese Geschichte um zwei Ausreißerinnen schrieb ich etwa 2012. Meine Tochter war jeden Samstag beim Reiten. Eines Tages betrachteten mein Bekannter Eberhard, seine Tochter Juli, meine Tochter und ich die Pferde unseres Reiterhofes in der Koppel. Da meinte Juli, dass sie am liebsten auf ein Pferd steigen und wegreiten würde. Da hatte ich die Idee von zwei Mädels, die auf ihren Übungspferden von zu Hause durchbrennen. Ich schrieb einen Entwurf, der vom bayerischen Film-Förder-Fonds finanziell unterstützt wurde.

Später legte ich noch einen Roman nach. „Die Silvergirls" sind eine der Arbeiten, die mir am Wichtigsten sind. Deswegen habe ich den Roman auch im Eigenverlag veröffentlicht. Da ich bereits einen Agenten hatte, der mein Buch "Die Kunst, Elch-Urin frisch zu halten" beim Goldmann-Verlag untergebracht hatte, stand ich mit meinem Jugendbuch etwas verloren da. Kinder- und Jugendbücher sind Nischen auf die literarische Agenten sich spezialisieren müssen. Erwachsenenliteratur und Jugendbücher abzudecken kann kein Agent sich leisten. Dadurch fand ich keinen Jugendbuch-Agenten, der bereit gewesen wäre, mich nicht exklusiv zu vertreten. Und das hätte er müssen, da ich für die Sparte Erwachsenenliteratur bereits einen Agenten hatte.

Es haben sich von den "Silvergirls" dann knapp 50 Exemplare verkauft. Bei Amazon bin ich gar nicht erst reingekommen, da sind die bürokratischen Hürden superheftig. Also ohne gescheiten Verlag, ohne Werbung, ohne Buchblogger oder Vernetzung mit einschlägigen Websites ist man da nicht gut aufgestellt. Weil der Stoff trotz der Buchveröffentlichung so wenig bekannt ist, möchte ich ihn in diese Sammlung mit hineinnehmen.

Natürlich wurde die Geschichte optioniert und seit Jahren versuchen Film-Produzenten und -Produzentinnen das Projekt finanziell zu stemmen. Dabei wurde das Buch mit der Zeit stark verändert.

In meiner Geschichte gibt es die fiktive Buchreihe der "Silvergirls". Meine Gegenwartsheldinnen Lena und Becky sind Fans dieser Westernromane und einer von ihnen wird parallel im Buch miterzählt. Dieser Strang wurde für die Filmfassung entfernt. Damit entfiel ein wesentlicher Faktor der Erzählung und ich stieg aus der Bucharbeit aus.

Die hier vorliegende Fassung ist die von mir überarbeitete Originalfassung, die ich auch heute noch für die beste halte.

Vielen Dank an Benedikt Böllhoff und Max Frauenknecht von VIA-Film, die sich seit Jahren um die Realisierung dieses Projekts bemühen.

"DIE SILVERGIRLS REITEN WIEDER"

INT. IN EINEM SALOON - TAG

Überall werden Gewehre durchgeladen und die Hähne von Pocket Colts gespannt. Verschwitzte Männergesichter, die nach oben zur Decke sehen, wartend, angespannt, böse...

EXT. AUF DEM DACH - TAG

Jane Silver, eine herbe Schönheit Mitte zwanzig, entert auf das Dach hoch. Sie hat eine Schriftrolle in der Hand. Sie öffnet sie. Der Name RAY ARBOGAST prangt über eine Urkunde, die die Schürfrechte für eine Goldmine beinhaltet. Jane steckt das Papier in ihr Hemd. Sie prüft ihren Colt. Zwei Patronen sind noch darin. Jane steckt die Waffe in den Holster. Sie nimmt einen Stein und wirft ihn auf das Dach. Kaum schlägt der auf dem Holz auf, bricht die Hölle los...

INT. IN EINEM SALOON - TAG

Fast gleichzeitig krümmen sich die Zeigefinger von einem Dutzend Männer, und wütend bellen die Waffen...

EXT. VOR DEM SALOON - TAG

Drei Männer laufen heran und eröffnen mit ihren Gewehren das Feuer auf Jane Silver, oben auf dem Dach...

EXT. AUF DEM DACH - TAG

Neben Jane schlägt es ein. Sie sieht nach unten, holt tief Luft und rennt los. Während sie über das Dach sprintet, wird es überall von Kugeln und Schrotladungen von unten aus dem Saloon zornig durchschlagen. Jane hechtet nach vorne, überschlägt sich und rollt auf der anderen Seite wieder ab. Sie rennt weiter, im Zickzack laufend, flink wie ein Hase und verschwindet auf der anderen Seite des Daches...

EXT. VOR DEM SALOON - WENIG SPÄTER

Der Sheriff und seine Posse machen sich gerade bereit, die Verfolgung aufzunehmen. Hank kommt herangehetzt...

SHERIFF: "Hank! Wie sieht es aus?"

HANK: "Sie muss noch hier sein! In der letzten Stunde hat niemand die Stadt verlassen!"

SHERIFF: "Dieses verfluchte Miststück! Diesmal entkommt sie uns nicht!"

Er steigt auf sein Pferd. Doch in diesem Moment kommt die blonde Jane mit wehendem Haar um die Ecke...

JANE: "Hey, Sheriff!"

Alle blicken zu ihr. Jane Silver hat eine entzündete Stange Dynamit in der Hand.

JANE: "Lust auf ein kleines Feuerwerk?"

Sie wirft die Dynamitstange mitten unter die Posse. Panik bricht aus. Alle springen von den Pferden und rennen kopflos davon. Auch der Sheriff rutscht von seinem Ross und stolpert in Deckung. Jane rennt heran und springt auf einen schwarzen Hengst. Sie zieht ihren Colt und schießt zweimal in die Luft. Die Tiere der Posse jagen in alle Richtungen davon. Dann gibt Jane dem schwarzen Hengst die Sporen und es geht in vollem Galopp in Richtung Freiheit...

Der Sheriff hebt den Kopf und starrt auf das Dynamit. Die Zündschnur ist ausgegangen. Der Sternträger steht auf und sieht die Dynamitstange genauer an. Mit einem Handgriff zieht er das rote Papier ab und fördert eine Kerze zutage. Wutbebend sieht der Ordnungshüter der Reiterin nach...

SHERIFF (brüllend): "Gott strafe dich, Jane Silver!!"

INT. LENAS ZIMMER - ABEND

Lena (12) greift nach ihrer Limo, ohne den Blick von ihrem Buch abzuwenden. Der Titel: 'Die Silvergirls im Tal der Pumas'. Lena hat die Limo fast erreicht, als die Tür plötzlich aufgeht. Das Mädchen stößt erschrocken die Flasche um. Jochen, der die Tür aufgemacht hat, ist Anfang vierzig und reagiert schnell. Er ist mit zwei Schritten am Bett und hebt die Flasche auf, bevor sie ausgelaufen ist.

JOCHEN: "Du, sag mal! Hatten wir nicht gesagt, dass um acht das Licht ausgemacht wird?"

LENA: "Das haben nicht <u>wir</u> gesagt. Das hast <u>Du</u> gesagt!"

JOCHEN: "Du, werd' mir bloß nicht frech! Und seit wann wird hier nach dem Zähneputzen noch Limo getrunken?"

Lena verdreht die Augen und lenkt seufzend ein.

LENA: "Entschuldige, Jochen!"

JOCHEN: "Entschuldige, <u>Papa</u>!"

Lena sieht Jochen finster an.

LENA: "Du bist nicht mein Vater! Mein echter Papa ist tot! Und ich sag zu keinem anderen Papa!"

Jochen lächelt spröde und ergreift das Silvergirls-Buch.

JOCHEN: "Du willst es auf die harte Tour? Gut! Der Silvergirls-Schund hier ist konfisziert! Du kannst dir die Schwarte abholen, wenn du zur Vernunft gekommen bist!"

Das zieht, denn Lena ist die Bestürzung anzusehen.

LENA: "Bitte, Jochen! Nicht mein Buch!"

JOCHEN: "Bitte... Papa!!"

Lena starrt ihn feindselig an und schweigt trotzig.

JOCHEN: "Ganz, wie du willst!"

Er löscht das Licht und geht mit dem Buch aus dem Zimmer. Lena bleibt zurück, in ihrer ohnmächtigen Wut...

INT. WOHNZIMMER DER TAGERTS - ABEND

Edith Tagert, eine Frau Ende dreißig, sitzt auf dem Sofa und sieht fern. Da tritt Jochen ein. Die attraktive, aber müde wirkende Frau dreht ihren Kopf zur Tür.

EDITH: "Ist Lena noch wach? Dann gehe ich und gebe ihr noch einen Gute-Nacht-Kuss..."

Sie will aufstehen, aber Jochen drückt sie zurück.

JOCHEN: "Lass mal lieber! Sie ist gerade eingeschlafen!"

Edith sieht den Roman in seinen Händen.

EDITH: "Die Silvergirls!? Wieso hast du denn ihr Buch?"

JOCHEN (lächelnd): "Ich nehme ich es lieber mal mit, sonst wacht sie auf und liest es noch unter der Bettdecke..."

EDITH: "Es ist schön, wie du dich um sie sorgst!"

JOCHEN: "Ist doch deine Tochter!"

Er lächelt sie breit an und setzt sich neben sie.

INT. FLUR DER TAGERTS - ABEND

Vor der angelehnten Tür drückt Lena sich herum und lauscht.

INT. WOHNZIMMER DER TAGERTS - ABEND

Edith streichelt Jochen über das Gesicht.

EDITH: "Täusche ich mich, oder geht das jetzt besser mit dir und Lena?"

JOCHEN: "Aber ja. Klar bin ich streng, aber Grenzen sind für Kinder wichtig. Ich meine, ich kümmere mich um sie! Im Grunde mögen wir uns. Lena braucht einfach etwas Zeit. Wir raufen uns gerade zusammen..."

Er küsst Edith, die sich auch gerne darauf einlässt.

INT. FLUR DER TAGERTS - ABEND

Lena wendet sich ab. Sie geht zurück zu ihrem Zimmer...

INT. KLASSENZIMMER LENA - TAG

Unterricht. Lena starrt aus dem Fenster und hängt ihren Gedanken nach. Die Lehrerin sieht, dass die Schülerin nur körperlich anwesend ist und legt den Kopf schief.

LEHRERIN: "Lena?"

LENA (schreckt auf): "Was?"

LEHRERIN: "Die Hauptstadt von Frankreich!?"

LENA: "Äh... Peru?"

Die Mitschüler schauen erstaunt. Einige lachen.

LEHRERIN: "Paris, nicht Peru, Lena!"

LENA: "War aber nahe dran!"

LEHRERIN: "Geografisch wohl kaum! Lena, gib dir mehr Mühe! Früher hätte man mit so einer laxen Haltung das Gymnasium noch geschafft, aber heute geht das nicht mehr..."

Lena sieht genervt aus dem Fenster. Blablabla...!

EXT. REICHSSTADT-GYMNASIUM - MITTAG

Die Schüler strömen aus der Tür, während es noch klingelt. Lena hetzt zu ihrem Fahrrad. Sie schließt es hastig auf, wirft ihren Ranzen in den Gepäckkorb und saust los...

EXT. STRASSEN VON ROTHENBURG O. D. TAUBER - MITTAG

Lena schießt mit einem Affenzahn die Straße herunter und fegt bereits um die nächste Ecke...

EXT. PFERDEHOF ROTHENBURG - MITTAG

Mit rotem Kopf und Schweiß auf der Stirn hetzt Lena heran. Sie springt von ihrem Rad, lässt es ins Gebüsch knallen und rennt in den Pferdehof. Hier ist Trainerin Jessie (30) bereits damit beschäftigt, die Stute Ronja zu satteln...

LENA (etwas atemlos): "Hi, Jessie! Kann ich heute den Florian reiten??"

JESSIE: "Ich hätte nichts dagegen gehabt. Aber es war jemand vor dir da!"

In diesem Moment geht die Stalltür auf, und Rebecca tritt heraus, ein sehr hübsches und hochgewachsenes Mädchen im gleichen Alter von Lena. Als sie und Lena sich anblicken, ist alles klar: Die zwei können sich nicht ausstehen...

LENA: "Aber ich hab Flo immer geritten, und jetzt kommt jedesmal die Rebecca und schnappt ihn mir weg!"

JESSIE: "Warum fragst du nicht einfach, ob sie dir den Flo überlässt?"

Lena sieht zweifelnd zu Rebecca, die sie desinteressiert ansieht. Sie seufzt und tritt zu der ungeliebten Rivalin.

LENA: "Ehm... Rebecca, dürfte ich den Flo heute reiten?"

BECKY: "Aber natürlich! Gerne!"

Mit einem spöttischen Lächeln übergibt Rebecca Lena die Zügel. Die ist etwas verdutzt darüber, registriert dann aber, dass Rebecca es nicht blöd angestellt hat...

JESSIE: "Sehr gut, Becky! Wenigstens eine, die hier vernünftig ist!"

Rebecca lächelt maliziös und Lena schaut verdrossen...

EXT. AUF DEM REITERHOF - TAG

Lena und Rebecca reiten mit drei anderen im Kreis. Während Rebecca einen klassischen Reiterhelm trägt, ziert Lena ein mit rotem Stoff bezogener Fahrradhelm. In der Mitte des Parcours stehen Jessie und Helli, die beiden Trainerinnen.

JESSIE: "Anreiten bei H!"

Das Geläuf ist mit Buchstaben gekennzeichnet und beim großen H fallen die Reiterinnen alle in den Galopp, alle bis auf Rebecca...

JESSIE: "Becky! Nimm deine Gerte!"

Rebecca versucht es, aber es will nicht klappen. Bei Lena ist es keine große Sache, und dieses Mal kann sie sich das spöttische Lächeln in Beckys Richtung nicht verkneifen.

JESSIE: "Okay! Das war es für heute!"

LENA: "Jessie, kann ich mit Flo noch ein paar Tricks üben...?"

JESSIE: "Zehn Minuten! Und kein Blödsinn!"

Lena nickt, prescht zurück in den Corral und übt im Galopp vom Pferd zu springen und sich dann vom Sattelknauf und der Geschwindigkeit wieder zurück in den Sitz ziehen zu lassen. Dann legt sie einen gelben Wollstreifen auf dem Boden aus und bringt das Pferd dazu, auf diesem dünnen gelben Faden zu balancieren. Flo scheint das ganz gerne zu machen. Dann versucht Lena, eine leere Limoflasche in vollem Galopp zu greifen, während sie auf dem Pferd sitzt und sich an der Seite zum Boden hinunterbeugt. Sie versucht es dreimal die Flasche auf dem Boden zu packen und scheitert jedes Mal...

HELLI: "Komm zum Ende, Lena!"

LENA: "Einmal noch, Helli!"

Sie reitet los und stiebt auf die Flasche zu. Sie lässt sich seitlich am Pferd herunter hängen. Dabei rutscht sie ab und hält sich reflexartig am Steigbügel. Sie bekommt einen Huf vor den Kopf, und dann geht das Licht aus...

EXT. VOR DEM HAUS DER TAGERTS - ABEND

Lena hat sichtlich Kopfweh, als sie mit einem Pflaster an der Stirn und ihr Fahrrad schiebend zu Hause eintrifft. Sie schließt das Rad ab und fasst sich dabei mehrfach an den schmerzenden Schädel. Sie sieht auf ihre Armbanduhr...

LENA: "Verdammt! Schon Viertel nach!"

INT. FLUR DER TAGERTS - ABEND

Lena schließt leise auf und huscht über die Schwelle. Lautlos stellt sie ihre Reiterstiefel weg und will in ihr Zimmer. Da tritt Jochen in den Flur.

JOCHEN: "Ach! Auch schon da, Fräuleinchen! Von was wurden wir denn diesmal aufgehalten? Von einer Ampel, die nur im Frühling grün wird?"

LENA: "Bin vom Pferd gefallen. Deswegen musste ich das Rad mit in den Bus nehmen und nach Hause schieben..."

JOCHEN: "Ein Reiterunfall! Wie dramatisch! Aber du weißt, wie es läuft: Wenn Du aus irgendwelchen Gründen verspätet bist, rufst du an!"

LENA: "Ich hatte kein Guthaben mehr auf meinem Handy..."

JOCHEN: "Das ist dein Problem! Du hältst dich nicht an Verabredungen, also bekommst du eine Strafe!"

LENA: "Hee! Das ist total unfair! Ich hab mir wirklich weh getan!"

JOCHEN: "Unbegrenztes Leseverbot für Silvergirls-Romane!"

LENA (guckt geschockt): "Nein! Das kannst du doch nicht machen..."

JOCHEN: "Kann ich nicht? Kann ich doch!"

LENA (wutschäumend): "Von dir lass ich mir gar nichts sagen! Du bist nicht meine Mama und du bist nicht mein Papa! Du bist nur irgendjemand!"

Jochen erstarrt und dreht sich langsam zu ihr um. Da holt er aus und verpasst Lena eine schallende Ohrfeige.

JOCHEN: "Aber irgendjemand, der hart zuschlagen kann, oder?"

Lena starrt ihr Gegenüber geschockt an.

JOCHEN: "Überleg es dir gut, mit wem du dich hier anlegst!"

Draußen hört man einen Automotor. Lena blickt auf.

LENA: "Mama!"

EXT. VOR DEM HAUS DER TAGERTS - ABEND

Edith Tagert steigt gerade aus dem Wagen, als Lena heran stürzt und weinend in ihre Arme fliegt.

EDITH: "Lena! Was hat denn das Pflaster zu bedeuten?"

Jochen tritt aus dem Haus, entspannt lächelnd...

LENA: "Jochen hat mich geschlagen!"

Edith sieht Lena entgeistert an. Da kommt Jochen heran.

JOCHEN: "Hallo, Schatz! Alles gut?"

EDITH (ungläubig zu Jochen): "Sie sagt, du hast sie geschlagen!"

Jochen sieht sie an und tut nun völlig perplex.

JOCHEN: "Ich sie geschlagen? So ein Unsinn! Als ob ich schon jemals ein Kind geschlagen hätte!"

LENA (aufgelöst): "Er hat mir eine Ohrfeige gegeben! Guck! Hierher!"

Sie zeigt auf ihre gerötete Wange. Jochen lächelt milde...

JOCHEN: "Sie ist völlig durcheinander! Aber kein Wunder: Sie ist heute beim Reiten vom Pferd gestürzt! Schau dir nur ihre Beule an!"

Lenas Mutter betastet die Brusche an Lenas Kopf.

LENA: "Er hat mich geschlagen, Mama! Ich schwöre es!"

EDITH (scharf): "Bist du still! Ich will nichts mehr hören! Du kannst hier doch nicht einfach Leute beschuldigen!"

Jochen legt den Arm um Edith Tagerts Schultern.

JOCHEN: "Jetzt sei mal nicht zu streng mit ihr! Sie ist ein Kind! Und sie ist in einem schwierigen Alter..."

EDITH: "Trotzdem kann sie hier nicht einfach Lügen erzählen!"

LENA: "Es ist keine Lüge! Ich sage die Wahrheit!

JOCHEN (tut einfühlsam): "Lena! Ich habe dich nicht geschlagen! Dazu mag ich dich viel zu sehr... das weißt du!!"

Lena rastet aus und tritt nach Jochen, der aber ausweicht.

EDITH (scharf): "So, jetzt reicht's mir aber! Geh sofort auf dein Zimmer, Lena! Und dann überlegst du Dir, wie du dich bei Jochen entschuldigst!"

LENA: "Aber Mama, ich..."

Edith packt Lena zornig und hart am Arm und stößt sie weg. Lena sieht ihre Mutter verstört an und dann Jochen. Bebend dreht sie sich um und läuft in ihr Zimmer...

INT. LENAS ZIMMER - ABEND

Lena liegt auf ihrem Bett und starrt in die Luft. In diesem Moment öffnet sich die Tür und Jochen steht da...

JOCHEN (kühl lächelnd): "Und? Vertragen wir uns wieder?"

Lena sieht den Mann an und wendet dann ihren Blick wieder ab. Aber damit kommt sie bei Jochen ganz schlecht an. Er schließt die Tür und tritt zum Bett. Er packt Lena am Kragen und zieht sie brutal zu sich hoch.

JOCHEN: "Krieg ist dir wohl lieber, was?"

Er stößt sie zurück und Lena fällt auf ihr Bett. Jochen geht zur Tür und dreht sich noch einmal um.

JOCHEN: "Und wenn es gleich Abendessen gibt, haben wir uns vertragen! Oder wir beide... lernen uns mal richtig kennen!"

Der Tonfall der letzten Worte ist eindeutig und Jochens Gesicht zeigt seine Entschlossenheit. Lena starrt ihn an. Sie hat Angst. Jochen verlässt dann das Zimmer...

EXT. TOTALE HAUS DER TAGERTS - NACHT

Es ist finster. Die schmale Sichel des Mondes erhellt sich gerade einmal selber... Eine Turmuhr schlägt zwei Uhr...

INT. LENAS ZIMMER - NACHT

Lena liegt auf dem Bett und starrt aufgewühlt zur Decke. Dann tritt mit einem Male ein trotziger Ausdruck in ihr Gesicht. Sie schlägt die Decke zur Seite und steht auf...

INT. LENAS ZIMMER - NACHT

Lena hat mit verbissener Miene ihren Computer hochgefahren. Sie wählt im Netz die Domain "www.silvergirls-forum.de" an. Als das Portal der Silvergirls-Fangemeinde aufgemacht hat, geht Lena sofort in den Chatroom "Butler". Sie gibt ihr Kennwort ein und schreibt einen neuen Beitrag...

GEDANKENSTIMME LENA: "Liebe Posse! Ich bitte Euch um Eure Hilfe! Ich kann nicht mehr zu Hause bleiben. Ich haue ab! Aber dazu brauche ich Hilfe! _Eure_ Hilfe!"

INT. IN DER SCHULBIBLIOTHEK - TAG

Lena vervielfältigt am Kopierautomaten Deutschlandkarten. Ihr besonderes Interesse liegt auf Bayern, Hessen und Schleswig-Holstein und auf Dänemark... Lena markiert mit dem Stift auf einer Karte das Örtchen Sandager in Dänemark.

INT. IM UNTERRICHT - TAG

Während des Unterrichts macht Lena heimlich weiter Notizen.

OBERSTUDIENRAT: "Die Summe der Rauminhalte der Quadrate über den Katheten ist gleich groß dem Rauminhalt des Quadrates über der Hypotenuse!"

Dem Lehrer bemerkt, dass Lena in ein zweites Heftchen schreibt, das unter ihrem Matheheft liegt.

OBERSTUDIENRAT: "Lena! Was ist da so interessant?"

Ehe Lena es verhindern kann, hat der Lehrer ihr die kleine Kladde weggenommen und sieht sie sich an.

OBERSTUDIENRAT: "Oh! Eine "to do"-Liste! Na, mal sehen, was unsere Lena hier so Dringendes zu erledigen hat... (er liest) 1. Euro-Checkkarte klarmachen... (lächelt) Lena, so kleine Kinder bekommen noch keine EC-Karten... (liest weiter) 2. Falsche Spuren legen... (schaut irritiert) 3. Der Schlüssel!!! Hui, gleich mit drei Ausrufezeichen!"

Der Oberstudienrat wirft Lena unter dem Gelächter der Klassenkameraden das Heft hin.

OBERSTUDIENRAT: "Um was für einen Schlüssel es sich da wohl handeln mag? Vielleicht der Schlüssel zu Deinem Poesiealbum, was, Lena?"

Die Klasse lacht, und Lena presst die Lippen zusammen.

INT. IM STALL DER REITSCHULE - TAG

Lena kratzt bei Florian die Hufe aus. Jessie tritt dazu und schaut. Lena beendet die Arbeit.

JESSIE: "Lena, nicht gut! Guck nochmal genau hin!"

Lena nimmt den Fuß des Pferdes hoch und schaut genauer. Dann entdeckt sie ein Steinchen, zwischen Huf und Eisen...

JESSIE: "Ihr müsst da gewissenhaft sein. Ein kleines Steinchen reicht und das Pferd beginnt zu lahmen..."

Lena nickt und Jessie geht weiter. Lena striegelt Flo und späht zu Jessie hinüber, die gerade bei einem anderen Mädchen angekommen ist. Lena nutzt die Gelegenheit und huscht heimlich zur Tür hinaus, die in den Bürotrakt führt.

INT. BÜRO DES REITERHOFES - TAG

Es klopft. Aber niemand antwortet, da das Büro leer ist. Dann geht die Tür auf und Lena steckt den Kopf herein. Als sie sieht, dass die Luft rein ist, eilt sie hinter den Schreibtisch. Neben dem Stuhl gibt es einen Schlüsselkasten aus Metall. Lena holt einen kleinen Schlüssel aus einer Schublade und öffnet damit den Schlüsselkasten. Sie greift nach einem Schlüssel mit einem gelben Schildchen.

LENA: "Schlüssel *ist* organisiert!"

Sie schließt den Schlüsselkasten wieder ab, als sie realisiert, dass sie nicht allein im Zimmer ist. In der Tür steht Rebecca. Lena starrt sie geschockt an...

BECKY: "Was tust du da?"

LENA: "Ich? Äh... Nichts."

BECKY: "Nichts. Dieses Nichts dürfte Jessie und Helli interessieren!"

Rebecca wendet sich ab um zu gehen. Lena hebt die Hand...

LENA: "Warte! Bitte!"

Rebecca dreht sich um und sieht Lena kühl an.

LENA: "Bitte, verrat mich nicht, Rebecca!"

BECKY: "Dann sag, was du mit dem Schlüssel willst?"

LENA: "Das kann ich dir nicht sagen...!"

BECKY: "Aber ich kann das hier alles Jessi erzählen! Die wird dir dann bestimmt dieselbe Frage stellen!"

Lena lässt die Schultern hängen und schließt die Augen.

LENA: "Ich... ich will von zuhause abhauen! In der Nacht auf Sonntag!"

BECKY (verblüfft): "Wie? Und du willst dich hier verstecken??"

LENA: "Ich versteck mich nicht hier. Ich wollte den Schlüssel, weil ich für meine Flucht den Flo brauche!"

Becky macht große Augen. Das hat sie nicht erwartet.

BECKY: "Du willst auf dem Pferd abhauen?"

LENA: "Klar! Wenn ich versuche, mich mit Bus und Bahn durchzuschlagen, haben sie mich doch gleich!"

Rebecca fixiert Lena. Aber nicht böse, eher neugierig...

BECKY: "Und wieso willst du weg?"

Lena sieht ihrer Feindin in die Augen. Das geht die nichts an, aber im Moment ist sie in der stärkeren Position...

LENA: "Meine Mutter hat einen Freund... Er schlägt mich und droht damit, mir noch mehr weh zu tun. Vor meiner Mutter streitet er es ab. Und sie glaubt ihm. Nicht mir. Ich kann nicht mehr bleiben...!"

Gegen Lenas Willen erscheinen Tränen in ihren Augen. Rebecca sieht sie forschend an. Dann nickt sie Lena zu.

BECKY: "Du brauchst keine Angst zu haben. Ich werde dich nicht verraten."

Damit dreht sie sich um und geht hinaus. Lena sieht ihr verwirrt nach. Dann atmet sie aber erleichtert durch...

Collage

Lena fotokopiert Wanderkarten, Fahrpläne, Adressen...

Lena holt einen Laptop vom Dachboden aus einer originalen Verpackung und schiebt ihren eigenen PC in die Umhüllung...

Lena schleicht sich, während Jochen auf der Couch schläft, an seine Brieftasche und entnimmt eine seiner EC-Karten. Dann setzt sie sich an seinen Home-Computer und ruft eine Datei auf, die mit dem Wort SESAM gekennzeichnet ist. Hier hat Jochen alle Pins und Kennnummern aufgeschrieben. Lena findet den 4-stelligen Pin der EC-Karte und notiert ihn. Sie huscht hinaus. Jochen dreht sich auf die andere Seite.

Lena kauft einen Sack Tierfutter...

Lena kauft zwei Schweinefilets...

Lena packt einen Schlafsack, eine Taschenlampe und ein paar Blockschokoladen in einen Rucksack...

INT. FLUR DER TAGERTS - ABEND

Lena bewegt sich auf Katzenpfötchen durch den Flur. Aus der Küche hört sie die Stimmen von Jochen und ihrer Mutter.

EDITH (O.S.): "Natürlich freu ich mich über die Karten! Ich mag Shakira auch! Aber deswegen nach London fahren?"

JOCHEN (O.S.): "Schatz, so oft tritt sie nicht mehr auf! Und jetzt hab ich die Karten. Wir machen uns einfach drei schöne Tage!"

EDITH (O.S.): "Und Lena? Ich kann sie doch nicht drei Tage zu meiner Mutter geben... Sie ist viel zu wild!"

JOCHEN (O.S.): "Ach, da organisieren wir drei Freundinnen, bei denen sie dann nacheinander übernachtet!"

EDITH (O.S.): "Aber Lena hat nicht mal eine Freundin, bei der sie übernachten könnte... Sie hat nur eine Brieffreundin in Schleswig-Holstein...!"

Lena verschwindet im Schlafzimmer der Eltern...

INT. SCHLAFZIMMER EDITH TAGERT - ABEND

Das Buch 'Die Silvergirls im Tal der Pumas' liegt geradezu provozierend auf Jochens Nachtschrank. Lena tritt heran und zückt einen Folienschneider. Sie schlägt den Silvergirls-Roman auf und trennt mit der scharfen Klinge den gebundenen Innenteil vom Klappendeckel. Sie hat aber ein anderes Innenteil mitgebracht. Sie drückt aus einer Tube Klebstoff auf den Rücken das falschen Innenteils und presst ihn an den Silvergirls-Buchdeckel. Dann legt sie den präparierten Roman zurück auf den Nachtschrank und verschwindet leise...

INT. LENAS ZIMMER - ABEND

Lena klebt ein Enid Blyton Buch-Cover um den Roman mit den Silvergirls. Sie betrachtet zufrieden ihr Werk. Dann stellt sie ihren Wecker auf Mitternacht. Vorsichtshalber nimmt sie die Uhr mit unter die Bettdecke. Hier schaltet sie ihre Taschenlampe ein und liest weiter in den 'Silvergirls'...

INT. IM SALOON - TAG

Fünf Männer sitzen pokernd an einem Tisch. Sie sind Mitte dreißig, bis auf den Besitzer des Saloons, Mr. Diamond. Alle tragen ein Schießeisen. Jemand tritt ein. Es ist Jane Silver. Die vier Pistoleros erheben sich und ihre Hände schweben über den Griffen ihrer Colts. Mr. Diamond jedoch macht eine Handbewegung, und die Männer entspannen sich.

MR. DIAMOND: "Jane Silver! Ich dachte nicht, dich so schnell wieder zu sehen! (grinst ölig) Eigentlich hatte ich gar nicht erwartet, dich wiederzusehen!"

Die Männer um ihn herum lachen rau. Jane tritt zum Tisch.

MR. DIAMOND: "Hast du die Besitzurkunde von der Goldmine?"

JANE: "Ich will erst Sylvie sehen!"

MR. DIAMOND: "Bringt Miss Van der Wiel!"

Einer der Männer geht nach hinten. Jane nimmt ihre Umhängetasche ab und setzt sie auf dem Pokertisch ab, ohne sich darum zu kümmern, dass Geld, Spielchips und Kartenhaufen wild durcheinander fliegen...

MR. DIAMOND: "Hast du das Dokument wirklich?"

Jane zieht demonstrativ das Papier aus der Tasche.

MR. DIAMOND: "Sehr beeindruckend! Ich bin seit Jahren hinter dieser Karte her und ihr nicht einmal nahe gekommen!"

In diesem Moment geht die Tür auf, und der losgeschickte Mann taucht mit einer umwerfend attraktiven dunkelhaarigen Frau auf. Sie wäre vollkommen in ihrer Schönheit, wenn da nicht die unguten dunklen Ringe um ihre Augen wären...

SYLVIE: "Jane!"

Sie geht auf Jane, sichtlich krank und die Frauen umarmen sich. Einer der Männer Diamonds will nach dem Papier greifen, das die Frau auf dem Tisch abgelegt hat, als er das ungute Knacken hört, als Jane ihren Revolver spannt...

JANE: "Ganz langsam, Schweinenase!"

Der Handlanger von Mr. Diamond zieht sich erbleichend zurück. Aber sein Chef ist weniger beeindruckt.

MR. DIAMOND: "Aber _ich_ darf doch!"

Er nimmt das Dokument und prüft es. Jane streicht Sylvie über die Wange.

JANE: "Sylvie! Wie geht es dir?"

SYLVIE: "Jetzt... viel besser!"

MR. DIAMOND: "Es ist die Urkunde von Arbogasts Claim! Damit sind wir quitt!"

JANE: "Moment! Sie sagten, Sie wissen jemand, der Sylvies Krankheit heilen kann...!"

MR. DIAMOND: "Leg fünfhundert Dollar drauf und wir sind im Geschäft!"

JANE: "Soviel Geld besitze ich nicht!"

MR. DIAMOND: "Es gibt nicht weit von hier eine Bank. Gut bewacht, aber für dich sicher kein Problem!"

JANE: "Verdammt! Sie haben die Urkunde, Mr. Diamond! Die dürfte viele tausende Dollars wert sein! Und _ich_ will den Namen des Heilers!"

Im nächsten Moment ziehen die Pistoleros um Mr. Diamond und richten ihre Peacemaker auf Jane. Sylvie van der Wiel löst sich von Jane und tritt zu Mr. Diamond.

SYLVIE: "Bitte! Ich werde sterben, wenn ich nicht bald Hilfe bekomme!"

MR. DIAMOND: "Jane soll noch die Bank knacken und schon kann die Reise losgehen für euch zwei Turteltäubchen!"

Sylvie greift in ihr hochgestecktes Haar und zieht mit einer flüssigen Bewegung eine lange Nadel heraus, die sie Mr. Diamond im nächsten Moment an den Hals setzt.

SYLVIE: "Ich seh das anders, Mac! Halt dich an die Absprache oder du gehst auch auf eine Reise! Deine letzte!"

Mr. Diamond sieht blass zu Sylvie hoch. Dann bedeutet er seinen Männern mit einer Geste, ihre Waffen zu senken.

JANE: "Also, Mr. Diamond! Wir hören!"

MR. DIAMOND: "Ich kenne nur einen, der schon jemanden geheilt hat, der so krank war wie Miss Van der Wiel! Seine Name ist 'Listige Kröte'!"

JANE: "Ein Indianer!??"

MR. DIAMOND: "Er ist Medizinmann der Cheyenne. Er lebt im Indianerland irgendwo in der Nähe von Fort Sumner!"

JANE: "By Jove! Wie soll ich den denn finden in der kurzen Zeit, die Sylvie noch bleibt?"

Mr. Diamond zuckt die Achseln. Janes Augen bohren sich wütend in die seinen. Da jedoch verliert Sylvie die Besinnung und stürzt zu Boden. Jane ist sofort bei ihr.

JANE: "Sylvie! Himmel! Was ist denn?"

MR. DIAMOND: "Sie ist im Endstadium! Und wenn du ihr helfen willst, dann finde "Listige Kröte" besser schnell..."

INT. LENAS ZIMMER - MITTERNACHT

Der Wecker klingelt. Das Silvergirls-Buch liegt auf Lenas Brust. Schnell stellt das Mädchen den Wecker aus. Dann schlägt sie die Bettdecke zur Seite. Darunter ist sie bereits fertig angezogen. Sie legt ihren Rucksack an, zieht den Futtersack unter dem Bett hervor und stemmt ihn auf ihre Schultern. Dann verlässt sie das Zimmer...

EXT. VOR DEM HAUS DER TAGERTS - MITTERNACHT

Lena rollt ihr Fahrrad vom Haus weg, bevor sie aufsteigt. Der Futtersack liegt auf dem Gepäckträger. Lena schwingt sich in den Sattel und radelt los wie der Teufel...

EXT. AM EC-AUTOMATEN - NACHT

Lena tritt zu einem EC-Automaten, während sie die Kapuze ihres Anoraks über den Kopf gezogen hat. Sie gibt Jochens EC-Karte ein und tippt die Geheimnummer ein, die sie von einem Block abliest. Im nächsten Moment rattert es und der Geldschacht spuckt zehn 50-Euroscheine aus. Lena nimmt das Geld und muss lächeln. Dann macht sie sich vom Acker...

EXT. VOR DEM REITHOF - NACHT

Als Lena vor dem Reiterhof vom Fahrrad steigt, kommen sofort zwei Hunde angesprungen, springen von innen gegen das verschlossene Gittertor und bellen.

LENA: "He, Jungs! Ganz ruhig! Ich bin's doch nur! Die liebe Lena!"

Sie gibt den Hunden das Schweinefleisch, das sie im Vorfeld gekauft hatte. Die beiden Tiere machen sich über das Fleisch her und geben Ruhe. Lena zückt den Schlüssel, den sie aus dem Büro gestohlen hatte und öffnet das große Tor. Dann dringt sie in das Gelände ein...

INT. IM STALL DER REITSCHULE - NACHT

Lena bindet den Futtersack auf Flos Rücken fest. Sie prüft die Länge der Steigbügel und nickt dann zufrieden...

LENA: "Still, Florian! Alles prima!"

Sie führt Flo zur Stalltür. Doch da steht eine dunkle Gestalt. Lena zuckt zurück. Die Gestalt tritt ins Licht. Es ist niemand anderes als Rebecca. Lena schaut verwirrt...

LENA: "Rebecca? Was in aller Welt tust du hier?"

Das dunkelhaarige Mädchen hebt eine Sporttasche zum Umhängen vom Boden hoch.

BECKY: "Oh! Ich warte auch dich!"

LENA: "Auf mich?? Wieso?"

BECKY: "Ich werde mitkommen!"

Lena starrt ihr Gegenüber ungläubig an.

LENA (erstickt): "Mitkommen? Spinnst du??"

Becky geht zu Mausi, einem anderen Pferd, das ebenfalls bereits gesattelt ist und führt es aus seiner Stallung.

BECKY: "Kein bisschen! Kann es losgehen?"

LENA: "He, warte! Ich reite alleine!"

BECKY: "Tust du nicht. Du nimmst mich mit, oder du kommst nicht mal bis zum Stadtrand! Versprochen!"

Lena sieht Rebecca mit einem sehr bösen Blick an...

EXT. AM LINDLEIN SEE - NACHT

Die Mädchen reiten über eine verlassene Landstraße. Hinter ihnen blinkt der Lindlein-See im Mondlicht. Lena ist immer noch ziemlich angepisst wegen Rebecca...

LENA: "Also, sag schon! Wieso bist du mitgekommen?"

Becky sieht sie an und zuckt mit den Achseln.

BECKY: "Du bist nicht die Einzige, die es nicht mehr zuhause aushält."

LENA: "Wie? Du hältst es zuhause nicht aus? Dein Vater ist ein berühmter Klavierspieler! Ihr seid reich!"

BECKY (kopfschüttelnd): "Wieso denkt jeder, dass man keine Probleme hat, wenn Kohle da ist?"

LENA: "Also gut! Und wer macht Stress? Dein Vater oder deine Mutter?"

BECKY: "Meine Mutter ist tot. Sie ist gestorben, als ich noch ziemlich klein war..."

Lena sieht Becky betroffen an.

LENA: "Das wusste ich nicht..."

BECKY: "Ich habe ein Problem mit meinem Vater. Er kommt aus einer Familie von Musikern. Er hat von kleinauf täglich mehrere Stunden üben müssen. Und das muss ich auch... Ich tu das, seit ich fünf bin..."

LENA: "Verstehe."

BECKY (heftig): "Du verstehst nicht! (sie atmet durch) Seit einem halben Jahr habe ich eine neue Lehrerin: Frau Sato. Sie will, dass ich Weltspitze werde... (lacht bitter) Sie lässt niemals locker. Wenn ich die Übungen nicht fehlerlos schaffe, darf ich nicht aufhören! Manchmal spiele ich bis tief in die Nacht..."

Lena sieht, wie Becky die Tränen in den Augen stehen.

LENA: "Das hört sich echt schlimm an..."

BECKY: "Glaub mir: Ich hasse mein Leben!"

Lena erwidert nichts darauf und sie reiten still weiter.

EXT. IM WALD - NACHT

Lena und Rebecca traben auf ihren Pferden heran...

BECKY (schaut auf ihr i-Phone): "Wir müssten gleich da sein!"

LENA: "Ist ja echt praktisch, dein Protzophon! Wir müssen es aber trotzdem loswerden!"

BECKY: "Loswerden? Was meinst du damit?"

LENA: "Die werden irgendwann versuchen, uns aufzuspüren. Und das i-Phone, das können sie orten!"

Becky sieht aus, als hätte sie in etwas Saures gebissen. Sie kommen vor einer Hütte an, die verschlossen ist.

BECKY: "Hast du denn einen Schlüssel?"

LENA: "So etwas in der Art!"

Sie tritt gegen die Tür, die nur festgeklemmt war und nun aufschwingt. Becky staunt und folgt Lena in die Hütte...

INT. IN EINER HÜTTE - NACHT

Lena hat ein Öllicht angezündet, das die Hütte ein wenig erhellt. Becky holt einen total abgewetzten Teddy aus ihrer Tasche. Lena sieht das Kuscheltier und schaut verwundert zu ihrer Hüttengenossin.

LENA: "Bist du nicht etwas zu alt für ein Kuscheltier?"

BECKY: "Das ist Kurti! Ich hab ihn noch von meiner Mutter..."

Lena nickt. Das ist natürlich etwas anderes. Sie lässt sich auf eine der Kojen fallen und sieht die Begleiterin an...

LENA: "Rebecca! Vielleicht habe ich ja was nicht mitgekriegt, aber ich dachte, wir zwei, wir können uns nicht ausstehen, oder?"

BECKY (nickt sachlich): "Ja. Den Eindruck hatte ich auch."

LENA: "Aber wenn wir beide uns schon so dick haben, wieso sind wir jetzt Bibi und Tina?"

BECKY: "Na, ohne dich wäre ich nie auf die Idee gekommen, die Biege zu machen. Aber ich dachte, wenn die dumme Nuss sich das traut, dann trau ich mich auch!"

LENA: "Du bist ja echt frech!"

BECKY: "Ich passe mich meiner Umwelt an!"

Lena sagt nichts mehr. Rebecca ist ein Fall für sich...

LENA: "Versuchen wir, eine Mütze Schlaf zu kriegen. Heute Nachmittag geht es weiter..."

BECKY: "Aye Aye, Captain!"

Lena verdreht die Augen und schlüpft in ihren Schlafsack.

INT. WOHNUNG WERNER KATZBUCKL - TAG

Kommissar Werner Katzbuckl ist ein Mann Mitte vierzig. Er hat gesumpft und schnarcht auf seinem Sofa. Das Handy läutet. Der Kommissar schaut verschlafen und geht ran...

KATZBUCKL: "AB Katzbuckl! Sprechen Sie nach dem Pieps. Piiieps!!"

VORGESETZTER (O.S.): "Katzbuckl, lassen Sie den Mist! Ich brauche Sie sofort hier im Präsidium! Und die Macaogrippe hat hier jetzt schon fast die Hälfte der Belegschaft umgehauen!"

KATZBUCKL: "Ich habe aber Urlaub eingereicht. Und den habe ich gestern mit einem Besäufnis erster Klasse angefangen!"

VORGESETZTER (O.S.): "Wir holen Sie ab! Ein starker Kaffee und Sie sind wie neu!"

KATZBUCKL: "Was ist denn los, zum Henker?"

VORGESETZTER (O.S.): "Wir haben ein verschwundenes Kind."

KATZBUCKL: "Ein Kind? Ist nicht Ihr Ernst! Nehmen wir jetzt mal an, es wäre ein Zebra verschwunden, wäre dann auch ich zuständig?"

VORGESETZTER (O.S.): "In 20 Minuten sind Sie startklar!"

Es wird aufgelegt. Katzbuckl steckt das Handy genervt ein.

KATZBUCKL: "Wie schön muss es damals gewesen sein... In diesem wundervollen Zeitalter vor den Handys...!"

EXT. AUF EINER LANDSTRASSE BEI REICHELSHOFEN - TAG

Lena und Becky reiten heran. Auf einem Seitenstreifen steht ein Lkw aus Ungarn.

LENA: "Der wäre gut! Komm!"

Becky zieht ihr i-Phone heraus und sieht es bekümmert an.

BECKY: "Da ist mein halbes Leben drin!"

LENA: "Ja, toll! Herzlichen Glückwunsch!"

Sie nimmt Becky das Handy weg, schiebt es unter die Plane des Lastwagen und trabt weiter... Rebecca folgt ihr...

EXT. AUF EINER LANDSTRASSE, ETWAS WEITER - TAG

Becky zügelt mit einem Male ihr Pferd.

BECKY: "So ein Mist!"

Lena hält und schaut die Begleiterin fragend an.

BECKY: "Ich habe Kurti vergessen. Vorhin, als ich Pipi machen bin! Er sitzt noch im Klo auf dem Spülkasten..."

LENA: "Wir reiten jetzt nicht zurück wegen dem Flohbeutel...!"

BECKY: "Aber Kurti ist das letzte, was ich von meiner Mutter noch habe!"

Lena will genervt stöhnen, hält aber dann mitten in der Geste inne. Sie überlegt kurz und sieht zu Becky.

LENA: "Gut! Du kannst von mir aus zurückreiten. Aber ich komm nicht mit. Ich warte hier auf dich!"

BECKY: "Ja, okay. Ich beeil mich!"

Sie wendet ihre Mausi und reitet auf ihr davon. Lena sieht ihr nach, wie sie um eine bewaldete Ecke aus ihrem Blickfeld verschwindet und lächelt triumphierend...

LENA: "War nett mir dir, Becky!"

Sie sitzt bei Flo auf, treibt ihn an und reitet davon...

INT. WOHNZIMMER DER TAGERTS - TAG

Es klingelt an der Tür. Edith Tagert, deren Augen rotgeweint sind, öffnet die Tür. Draußen steht ein unrasierter Mann in einer abgewetzten Lederjacke.

KATZBUCKL: "Katzbuckl! Kripo Nürnberg! Ich kümmer mich um Ihre verschwundene Tochter..."

Er zeigt ihr seine Marke. Edith nickt und tritt zur Seite, damit der Polizist eintreten kann.

INT. LENAS ZIMMER - TAG

Der Kommissar sitzt an Lenas Schreibtisch und sortiert einige Papiere. Edith Tagert steht nervös hinter ihm...

KATZBUCKL: "Ich jage normalerweise etwas andere Kaliber und hab nicht so viel mit durchgebrannten Kindern zu tun, aber ich versichre ihnen, Sie haben ihre Tochter bald wieder... Das geht ganz schnell!"

EDITH: "Wieso... denken Sie das?"

KATZBUCKL: "Sehen Sie hier: Sie hat ihre Flucht geplant und Fahrpläne herausgeschrieben. Und hier, sind jede Menge Fahrradverleiher aufgeführt und alle auf der Route nach Westen! (sieht Edith an) Haben Sie Verwandtschaft da unten?"

EDITH: "Lenas Onkel lebt in Böblingen..."

KATZBUCKL: "Und genau da will sie hin!"

EDITH: "Das denke ich nicht. Mit Onkel Leopold hat Lena sich nie gut verstanden..."

KATZBUCKL (lächelte milde): "Wir werden sehen, Frau Tagert!"

EXT. GICKELHAUSEN - TAG

Ein verschlafenes Nest. Lena reitet heran, den Kopf leicht gesenkt. Niemand nimmt groß Notiz von ihr...

EXT. AN EINER BAHNÜBERFÜHRUNG - TAG

Als Lena auf eine Bahnschranke zureitet, blinkt plötzlich das rote Licht und das typisch klingende Knacken zeigt an, dass die Schranke sich demnächst senkt. Lena lächelt...

LENA: "Was meinst du, Flo, alter Knabe! Schaffen wir das noch?"

Aber Lena zügelt ihr Pferd und bringt es zum Stehen. Die Schranke senkt sich. Lena sieht sich unauffällig um, aber niemand der Passanten und Autofahrer, die vor dem Übergang warten, beachten sie. Da rauscht der Zug heran. Und stößt unvermittelt ein durchdringenden Signalton aus. Lenas Pferd schreckt zusammen und springt zur Seite. Lena wird von der Aktion so überrascht, dass sie den Halt verliert und vom Pferd stürzt. Sie schlägt hart auf dem Boden auf... Schnell sind hilfreiche Hände da, die ihr aufhelfen...

PASSANT: "Alles in Ordnung, Kind?"

PASSANTIN: "Sollen wir einen Arzt rufen?"

LENA: "Nein. Nein. Alles in Ordnung...!"

Aber am Kinn hat Lena sich aufgeschürft und blutet. Ein dritter Mann tritt heran und sieht sie genau an...

3. MANN: "Das muss genäht werden! Da muss ein Krankenwagen her!"

LENA: "Nein! Mein Vater, der ist Arzt!"

3. MANN: "Wie heißt du denn?"

LENA: "Ich... ich heiße Viktoria Müller!"

3. MANN (holt ein Handy hervor): "Wie ist denn die Telefonnummer von deinem Vater?"

Die Passantin hat etwas vom Boden aufgehoben. Es ist Lenas Geldbeutel.

PASSANTIN: "Das hier ist ein Schülerausweis mit ihrem Foto! Aber da steht ein ganz anderer Name! Elena Tagert!"

LENA: "Ich... ich wollte... ich meine, ich muss wieder los... bitte, mein Pferd... ich bin okay...!"

PASSANT: "Sie ist ganz verwirrt! Hat wohl eine Gehirnerschütterung..."

Der 3. Mann nimmt der Frau das Portmonee aus der Hand und sieht erstaunt das viele Geld. Da tritt Lena vor, reißt es ihm aus der Hand und steckt es ein.

3. MANN: "Rufen wir am besten die Polizei! Und haltet sie fest!"

Er wählt eine Nummer. Lena schaut unglücklich drein...

INT. POLIZEIPRÄSIDIUM NÜRNBERG - TAG

Kommissar Katzbuckl trifft im Präsidium ein. Da eilt ihm schon Lester, ein junger Inspektor entgegen.

KATZBUCKL: "Ich will erst einen Kaffee! Wenn Sie anfangen zu reden, ist das wie die chinesische Wasserfolter!"

LESTER: "Es gibt eine neue Vermisstenmeldung: Rebecca D'Argento! Sie ist auch zwölf!"

KATZBUCKL: "Sagt mal, bin ich jetzt das Dezernat für verlorengegangene Teenager?"

LESTER: "Bedanken Sie sich beim Macao-Virus. Wir sind hoffnungslos unterbesetzt..."

KATZBUCKL (stöhnt gequält): "Ich will jetzt meinen Kaffee!"

EXT. VOR DER BAHNSCHRANKE - TAG

Hans Lehnbacher und Marie Stock, zwei Streifen-Polizisten sprechen mit Lena.

POLIZIST LEHNBACHER: "Rothenburg ist aber ganz schön weit weg für einen Ausritt!"

POLIZISTIN MARIE STOCK: "Du bist fortgelaufen, nicht wahr?"

Lehnbacher geht zum Streifenwagen und setzt sich hinein.

POLIZISTIN MARIE STOCK: "Komm, Lena, setzt dich in den Wagen, wir fahren dich zurück!"

LENA: "Aber was ist mit Florian? Der gehört zum Reiterhof Kreißl!"

POLIZISTIN MARIE STOCK: "Der Landwirt kümmert sich um ihn! Er wird später abgeholt..."

Sie sehen, wie ein rotgesichtiger Bauer Flo tätschelt und davonführt. Lena sieht ihm traurig nach. Die Polizistin nimmt sie an der Schulter und führt sie zum Auto. Dort bugsiert sie Lena auf den Rücksitz und steigt selber ein...

I/E. IM STREIFENWAGEN IN GICKELHAUSEN - TAG

Lena hat sich angeschnallt. Die Polizistin sieht sich zu ihr um und lächelt ihr beruhigend zu.

POLIZISTIN MARIE STOCK: "Das wird schon alles werden!"

POLIZIST LEHNBACHER: "Ich hab gerade mit der Zentrale gesprochen. Es liegt schon eine Vermisstenmeldung für Lena vor..."

POLIZISTIN MARIE STOCK: "Na, alles nochmal gut gegangen!"

EXT. AN DER AUSFAHRT - TAG

Der Streifenwagen will auf die Bundesstraße, als der Weg plötzlich versperrt wird. Ein Pferd samt Reiter galoppiert auf den Asphalt und stellt sich dem Polizeiauto direkt in Weg. Lenas Augen werden groß, als sie die Reiterin erkennt. Es ist Rebecca. Diese holt weit aus und wirft einen Stein. Der knallt dumpf auf die Motorhaube des Streifenwagens.

POLIZIST LEHNBACHER: "He!! Verrückt geworden!?"

POLIZISTIN MARIE STOCK: "Na so was! Heute muss wohl der Tag der reitenden Kinder sein!"

Lehnbacher hält den Wagen an und steigt aus. Auch Marie Stock verlässt das Fahrzeug.

POLIZIST LEHNBACHER: "He, Mädchen! Steig mal sofort von dem Pferd runter und komm her!"

Aber Becky zieht Mausi an den Zügeln herum und bringt das Pferd dazu, in langsamen Schritt davonzuziehen. Die Beamten sehen sich verdutzt an. Dann laufen sie der Reiterin nach.

POLIZISTIN MARIE STOCK: "Anhalten! Sofort! Sonst handelst du dir eine Menge Ärger ein!"

Lehnbacher beginnt zu rennen, in der Idee, Becky zu erreichen und vom Pferd zu holen, bevor sie auf die Idee kommt, einfach zu türmen. Aber Becky reagiert schnell. Sie schnalzt mit der Zunge und Mausi beginnt zu traben...

Im Streifenwagen sieht Lena staunend, was da vor sich geht. Da fällt ihr Blick auf das Handschuhfach. Dort liegt eine automatische Pistole, eine Polizeiwaffe. Lena starrt auf das Schießeisen, beugt sich aus einem Impuls nach vorne und angelt das gefährliche Utensil. Sie steckt es ein...

In diesem Moment hält Rebecca draußen ihr Pferd an und wendet. Hans Lehnbacher bleibt, etwas außer Atem, stehen.

POLIZIST LEHNBACHER: "So! Und jetzt steig ab, bevor ich wirklich sauer werde!"

Aber Rebecca stößt einen Schrei aus, haut ihre Gerte in Mausi Seite und galoppiert überraschend an. Lehnbacher kann gerade noch zur Seite springen. Auch Marie Stock weicht aus. Becky prescht in vollem Tempo auf das Polizeiauto zu.

Lena sieht die Begleiterin kommen und versteht. Sie beugt sich erneut nach vorne und reißt das Mundstück des Funkgerätes ab. Dann zieht sie auch noch den Autoschlüssel ab und springt aus dem Wagen. Sie wirft sich ihren Rucksack über, als Rebecca schon ganz nahe ist...

LENA: "Nicht langsamer werden! Los! Los!"

Becky trabt heran und Lena schwingt sich hinter ihr auf Mausis Rücken, so wie sie das schon so oft im Reiterhof geübt hat. Dann streben die Mädchen davon...

Die beiden Polizisten sind inzwischen heran. Sie schauen sich kurz an und springen dann in den Streifenwagen.

POLIZIST LEHNBACHER: "Der Schlüssel!! Sie haben ihn mitgenommen! Gibt's doch nicht!"

Marie Stock greift nach dem Funk, aber auch der ist kaputt.

EXT. LANDSTRASSE - TAG

Der rotgesichtige Bauer hat seinen Hof fast erreicht. Er hält Flo am Zügel. Da, Hufschlag und im nächsten Moment fällt ein Schatten über den Mann.

LENA: "Vielen Dank, dass Sie mir so lieb auf den Florian aufgepasst haben!"

Sie springt von Mausis Rücken hinüber auf den von Flo und reißt dem überraschten Bauer die Zügel aus der Hand...

LENA: "Schönen Tag noch, Herr Bauer!"

Dann reiten die beiden Mädchen an, und der rotgesichtige Landwirt kann ihnen nur verdattert hinterher schauen...

INT. BÜRO KATZBUCKL, PRÄSIDIUM NÜRNBERG - TAG

Es klopft an der Tür, als Kommissar Katzbuckl an seinem Computer sitzt. Edith Tagert steckt ihren Kopf herein.

KATZBUCKL: "Frau Tagert! Kommen Sie nur...!"

EDITH: "Ist es wahr, Herr Kommissar? Sie haben meine Tochter gefunden?"

Der Kommissar bietet ihr lächelnd einen Stuhl an.

KATZBUCKL: "Wie ich sagte. Eine Streife bringt sie her!"

Edith muss lächeln. Da bimmelt das Handy des Kommissars. Er nimmt das Gerät an sein Ohr...

KATZBUCKL: "Katzbuckl hier... Ja, ich höre... (hört zu und stutzt) Sekunde, die Verbindung scheint nicht so richtig gut zu sein: Ich verstehe immer: 'befreit'...!"

Die folgende Erklärung fördert die gute Laune des Kommissars nicht nachhaltig. Er lässt fassungslos das Handy sinken und kann nur mit dem Kopf schütteln...

EDITH: "Herr Kommissar! Was ist denn los?"

Katzbuckl sieht sie mit gequältem Lächeln an...

EXT. VOR EINEM LANDHOTEL BEI HOHLACH - NACHMITTAG

Becky streichelt die Pferde, die unter einem Baum mit ihr warten. Da kommt Lena aus dem Hotel und läuft zu Becky. Sie hat ein zugeklapptes Laptop unter dem Arm.

BECKY: "Ist das nicht riskant, das W-Lan von dem Hotel zu nutzen...?"

LENA: "Nö. Ich tu, als wohn ich da und sag, mein Vater hätte mir das Passwort falsch aufgeschrieben. Dann krieg ich es sofort..."

BECKY: "Aber können Sie deinen Computer nicht genauso orten wie mein i-Phone?"

LENA: "Schon. Aber das ist ja der Trick: Es ist nicht mein Laptop!"

Becky schaut fragend, aber da steigt Lena schon auf...

LENA: "Ich hab unser Nachtlager klargemacht! Aber beeilen wir uns lieber. Es wird bald dunkel..."

Die Mädchen reiten los.

EXT. ZWISCHEN HOHLACH UND SIMMERSHOFEN - DÄMMERUNG

Die Mädchen reiten in die werdende Dunkelheit. Sie sprechen nicht. Aber in Lena arbeitet es...

LENA: "Hör mal... Rebecca!"

BECKY: "Hm?"

LENA: "Ich bin ohne dich weg. Naja, weil ich dich loswerden wollte... (sie seufzt) Und jetzt hast du mich auch noch rausgehauen. Also: Es tut mir Leid! Und... ehm, danke!"

BECKY (nickt versöhnt): "Nur mein Vater sagt Rebecca. Alle anderen sagen Becky zu mir, okay?"

LENA: "Ja, klar. 'Türlich, äh Becky... (lächelnd) Das war wirklich genial vorhin. Ich meine, wie wir zwei da zusammengearbeitet haben... genau wie die Silvergirls...!"

BECKY (ratlos): "Wer sind denn die Silvergirls?"

LENA (basserstaunt): "Du kennst die Silvergirls nicht?"

BECKY: "Verzeihung, nein! Scheinen ja gleich nach dem alten Testament zu kommen."

LENA: "Jane Silver ist eine Heldin aus dem Wilden Westen. Und Sylvie van der Wiel ist ihre Freundin. Sie ist Tänzerin und Schauspielerin. Sie ist eher so der gefühlvolle Typ... und Jane mehr die Taffe!"

BECKY: "Also, ich lese viel! Twain, London, Swift... aber von den Silvergirls hab ich noch nie gehört!"

LENA: "Es ist auch schon lange kein Band mehr rausgekommen. Schon seit 15 Jahren nicht. Die Autorin heißt Inge Lund und ist genial. Wenn du willst, geb ich dir mal ein Buch... Das ist ein Megabrett!"

BECKY: "Sicher. Wenn's so gut ist. Warum nicht?"

INT. BÜRO KATZBUCKL - ABEND

Lester betritt mit einem Kaffee das Büro, in dem Katzbuckl am Computer sitzt. Lester stellt dem Chef den Kaffee hin.

LESTER: "Wir haben das i-Phone von Rebecca D'Argento geortet!"

KATZBUCKL: "Aha. Und die schlechten Nachrichten...?"

Lester setzt sich und seufzt.

LESTER: "Tja, die Mädchen haben das i-Phone in einem Lkw deponiert..."

KATZBUCKL (nickt wissend): "Die wollen uns auf die falsche Spur locken. Unsere Amazonen sind nach Norden geritten. Auf dem Schreibtisch von Lena lagen aber nur Buspläne und Prospekte Richtung Ulm und Stuttgart..."

LESTER: "Erstaunlich ausgeschlafen der Jahrgang, oder?"

KATZBUCKL (gallig): "Es ist etwas früh, um eine Ballade für die zwei zu komponieren..."

LESTER: "Wir haben den Vater von Rebecca ausfindig gemacht. Er ist auf einer Klaviertournee in Japan. Aber er fliegt nach dem nächsten Konzert sofort zurück..."

KATZBUCKL: "Nach dem nächsten Konzert... Genau! Nur nicht hetzen. Kleine Mädchen gibt es genug..."

EXT. FELDWEG BEI SIMMERSHOFEN - NACHT

Lena und Becky stehen unter einer Buche und warten, ihre Pferde an den Zügeln.

BECKY: "Wir stehen hier jetzt schon über eine halbe Stunde! Wer ist denn das, bei dem wir bleiben...?"

LENA: "Sie heißt Carmen. Mehr weiß ich nicht. Ich habe alle Kontakte aus dem Silvergirls-Forum..."

BECKY: "Das heißt, es kann sonstwer sein?"

LENA (genervt): "Ja. Vielleicht ist es sogar der große böse Wolf!"

Da knackt es im Unterholz. Die Mädchen drehen sich um. Da steht ein Mädchen mit einer großen gebogenen Nase.

CARMEN: "Hallo! Seid Ihr Lena und Becky?"

INT. IN EINER SCHEUNE - NACHT

Die drei Mädchen haben es sich im Heu gemütlich gemacht und schwatzen. Mausi und Flo stehen im Hintergrund und fressen aus einem Trog. Carmen redet gerade gemeinsam mit Lena auf Becky ein und reicht ihr einen Roman.

CARMEN: "Das ist der siebte Band: 'Eine Million Dollar Kopfgeld!' Ein Kracher! Du wirst total süchtig!"

LENA: "Meine Rede: Jane Silver bockt so dermaßen! Das musst du lesen!"

Becky dreht das Buch in den Händen und sieht Carmen an.

BECKY: "Wissen Deine Eltern eigentlich Bescheid über uns hier?"

CARMEN (winkt ab): "Die sind beide Architekten und gerade voll im Termin-Stress. An der Front ist alles cool... Aber ich mach mich trotzdem mal dünne, okay? Und viel Glück!"

Die Mädchen umarmen sich. Dann ist Carmen verschwunden.

LENA: "Ich bin schlagkaputt!"

BECKY: "Also nicht lesen? Und Licht aus?"

LENA: "Das wollte ich damit nicht sagen!"

Sie zieht ihren eigenen Roman heraus und schmökert los...

INT. IM RED DUST SALOON - TAG

Ein Saloon in Fort Sumner, direkt am Rande der Territories. Es sind nicht viele Leute im Saloon. An einem Tisch hocken drei Kartenspieler. An einem anderen sitzt ein Cheyenne mit einem Soldatenképi. Ein zweiter Indianer, Wilde Forelle, kauft beim Barmann gerade etwas Tabak. Nicht unweit davon steht Jane Silver an der Bar und nippt an ihrem Bier. Wilde Forelle will zu seinem Stammesbruder zurückkehren, als ihm einer Kartenspieler, ein struppiger Mann mit roten Haaren, ein Bein stellt. Der Cheyenne stürzt zu Boden.

DER ROTE SAM: "Na, mein roter Bruder? Nicht mehr ganz sicher zu Fuß was?"

Er beugt sich vor und schnuppert.

DER ROTE SAM: "Teufel, vom Waschen hältst du wohl auch nichts! Was'n Mief!! Du bringst ja die Fliegen zum Abstürzen!"

Dem Indianer ist seine Totemkette abgerissen. Er will danach greifen, aber der rote Sam stellt seinen Fuß auf die Hand des Cheyenne. Der ächzt unterdrückt vor Schmerz.

DER ROTE SAM: "Weißt du was, Rothaut? Du nimmst jetzt deinen verlausten Bruder und machst ne Fliege, okay? Wir wollen hier frische Luft atmen!"

Er kickt die Kette weg und zieht seinen Colt. Wilde Forelle steht auf und weicht zurück zum Tisch mit dem anderen Cheyenne. In diesem Moment bohrt sich ein Revolverlauf in das Ohr des roten Sam.

JANE: "Ich bin auch für frische Luft! Und deshalb geht ihr jetzt raus und wascht eure Socken...! It's clear!"

Der struppige Mann dreht sich zu der Frau um.

DER ROTE SAM: "Ich werd verrückt: Die Schlampe richtet 'n Schießeisen auf mich!"

JANE: "Verschwinde hier, Karottenkopf!"

Da taucht der zweite Kartenhai, ein Bulle von Mann, hinter Jane auf und will ihr einen Stuhl überziehen. Sie aber duckt sich und der rote Sam wird getroffen. Der dritte der Gruppe wirft sich auf Jane. Sie steppt zur Seite und zieht das Knie hoch. Der Mann keucht, als er getroffen wird. Er will einen Schwinger landen, aber Jane ist zu flink. Sie hebt ihn aus und er kracht voll auf einen Tisch, der sofort splittert. Der rote Sam hat ein Messer gezogen und sticht in Janes Richtung. Sie packt sein Handgelenk und dreht es brutal herum. Sam spindelt waagerecht durch die Luft. Als der letzte Gegner heranläuft, geht Jane in die Hocke, streckt ein Bein aus und pirouettiert. Dem Mann wird das Bein weggefegt und er kracht auf die Nase. Schwer lädiert kommen die drei Männer wieder auf die Beine.

JANE: "Sagte ich nicht, ihr sollt verschwinden?"

Die drei Männer sehen sie an wie einen Geist.

JANE: "Buuh!!"

Die drei Kartenspieler fliehen in Panik aus dem Saloon... Jane Silver steckt die Waffe ein. Dann hebt sie den abgerissenen Medizinbeutel von Wilde Forelle auf, geht zu ihm und reicht ihm das Kleinod zurück...

EXT. VOR DEM SALOON - NACHMITTAG

Durch die Fenster sieht man, wie Jane am Tisch der Indianer sitzt und mit ihnen spricht. Dann steht sie auf, grüßt die Roten noch einmal zum Abschied und verlässt den Saloon. Sie geht um die nächste Ecke, wo der rote Sam und seine Freunde bereits auf sie warten.

DER ROTE SAM: "Hey, Jane Silver! Jetzt wird abgerechnet!"

Die drei bauen sich vor ihr auf. Jane nickt, greift in die Tasche und gibt den Männern Banknoten. Die grinsen breit.

DER ROTE SAM: "Immer schön, mit dir Geschäfte zu machen, Jane. Und, Erfolg gehabt?"

JANE: "Sie haben jedenfalls versprochen, mich zu "Listige Kröte" zu bringen..."

DER ROTE SAM: "Aber nimm dich bloß in acht, Mädchen! Den Roten ist nicht zu trauen..."

INT. IN EINER SCHEUNE - NACHTS

Lena legt ihr Buch zur Seite. Becky schläft bereits, mit ihrem Kurti im Arm. Lena sieht sie und schüttelt den Kopf.

INT. WOHNZIMMER DER TAGERTS - NACHT

Jochen reicht Edith ein Glas Rotwein, aber sie wehrt ab.

JOCHEN: "Na komm! Die Polizei sagt doch, dass sie Lena bald finden werden."

EDITH: "Und trotzdem ist sie jetzt noch irgendwo da draußen... hilflos!"

Sie kämpft gegen die Tränen an. Jochen setzt sich neben sie und streicht über ihre Haare.

JOCHEN: "Alles wird gut! Glaub mir mal!"

EDITH: "Wie kannst du da so sicher sein?"

JOCHEN: "Gesunder Menschenverstand. Weißt du was? Fang doch einfach schon mal an, zu packen. Dann kommst du auf andere Gedanken!"

EDITH: "Packen? Wofür?"

JOCHEN: "Schon vergessen? Wir fliegen nach London!"

EDITH: "London? Was redest du? Mein Kind ist verschwunden!"

JOCHEN: "Jetzt warte mal! Ich hab doch schon alles vorbereitet. Im ganz großen Stil: Wir wohnen fünf Sterne! Wir machen die Kanutour, die du dir gewünscht hast und besuchen eine Falknerei! Dazu Kolumbiens bester Export: Shakira...! Das wird unvergesslich!"

EDITH: "Jochen, verstehst du das nicht? Ich hab jetzt keinen Nerv für so etwas! Lena ist verschwunden!"

JOCHEN: "Lena, Lena! Die findet sich schon wieder an. Aber was ist mit mir? Zähle ich gar nicht? Seit Monaten bereite ich alles vor! Ich hab Kohle rausgehauen ohne Ende, damit du den Urlaub deines Lebens hast! Und jetzt...? Nichts??"

EDITH: "Herrgott, wie soll ich mich denn entspannen, wenn ich nicht weiß, was mit meiner Tochter ist!? Das kannst du nicht verlangen...!"

JOCHEN (entgeistert): "Du willst die Reise abblasen??"

EDITH: "Fahr, wenn du willst, aber ich bleibe hier!"

Jochen sieht sie fassungslos an und schüttelt den Kopf.

EDITH: "Jetzt sei nicht sauer. Es geht nicht gegen dich, Jochen! Aber mein Kind braucht mich!"

JOCHEN (gepresst): "Das einzige, was dieses Kind braucht, ist eine ordentliche Tracht Prügel!"

Edith stutzt und dreht den Kopf zu ihrem Gefährten.

EDITH: "Bitte?"

Jochen ist es in seiner Frustration einfach so herausgerutscht. Er versucht es zu überspielen.

JOCHEN: "Ach nichts. Ist schon gut. Vergiss es!"

Edith sieht ihn genauer an.

EDITH: "Du hast gesagt, sie bräuchte eine Tracht Prügel. Und es hat sich angehört, als meintest du es auch so!"

JOCHEN: "Und wenn schon. Ich hab als Kind auch Senge gekriegt, wenn ich quergeschossen hab. Aber wenn ich solche Nummern gebracht hätte wie deine Lena, das sag ich dir aber: Mein Vater hätte mich grün und blau geschlagen! Und mit Recht!"

Jochen hat sich gegen seinen Willen in Rage geredet. Nun schweigt er, während Ediths Blicke ihn fixieren.

EDITH: "Jochen! Hast du Lena geschlagen?"

Jochen schaut Edith an. Er wirkt einen Moment überrumpelt.

JOCHEN: "Natürlich nicht. Lena ist total verstockt. Die lügt doch, wenn sie nur den Mund aufmacht..."

Edith blickt ihn erschüttert an. Sie begreift...

EDITH: "Oh mein Gott! Du hast es getan! Du hast sie geschlagen. Wie sie gesagt hat!"

JOCHEN (springt wütend auf): "Herrgott, Edith! Sie hat mich provoziert! Sie hat nicht locker gelassen, bis ich rot gesehen habe! Sie hat förmlich darum gebettelt!!"

Edith steht auf und geht zum Fenster. Sie starrt hinaus.

JOCHEN: "Komm, beruhigen wir uns einfach, okay? Das ist keine große Sache. Es war auch nur einmal. Ich sage: Schwamm drüber!"

EDITH (ohne sich umzudrehen): "Jochen, ich möchte, dass du jetzt sofort deine Sachen packst und gehst!"

Jochen sieht sie an und lacht erst, etwas betont laut. Dann aber fällt ihm das Lachen aus dem Gesicht.

JOCHEN: "Hör auf, Edith! Das willst du doch gar nicht. Ich liebe dich, und das weißt du!"

Edith dreht sich um und sieht ihn sehr ernst an.

EDITH: "Jochen, das ist mein heiliger Ernst: Ich will, dass du augenblicklich gehst!"

Jochen sieht in ihr kaltes Gesicht. Und sein Mut sinkt...

EXT. LANDSTRASSE VOR OCHSENFURT - VORMITTAG

Lena und Becky reiten neben einer Landstraße. Lena wird mit einem Male ganz zappelig.

LENA: "Oh, so ein verdammter Dreck!"

BECKY: "Was ist?"

LENA: "Mein Geldbeutel! Den haben die Polizisten behalten. So ein Mist! Da war mein ganzes Geld drin!"

BECKY: "Ein bisschen habe ich auch noch dabei..."

LENA: "Und wieviel?"

BECKY: "So fünfzig Euro..."

LENA: "Das reicht doch nie bis nach Dänemark... Und über die Grenze komm ich auch nicht ohne Pass..."

In diesem Moment reiten sie an einem Wagen vorbei, der hinter einer Kurve abgestellt ist. Es wäre ihnen vielleicht nichts aufgefallen, wenn nicht gerade ein VW-Coupé sie überholt hätte. Ein roter Blitz springt sie an und mit Entsetzen erkennen die Mädchen die Radarfalle.

LENA: "Ein Blitzer! Schnell! Weg hier!"

Die Kinder geben ihren Pferden die Gerte und fallen in den Galopp.

I/E. IM RADARWAGEN - TAG

Zwei Polizisten sehen auf den Bildschirm. Das VW-Coupé ist darauf und daneben die beiden Mädchen mit Pferden. Die Beamten sehen sich an. Dann greift einer zum Mikro...

RADAR-POLIZIST: "Anton neun ruft Zentrale, bitte kommen!"

EXT. WALDPFAD - TAG

Lena und Becky holen alles aus ihren Pferden heraus. Da hören sie hinter sich Motorengeräusche.

BECKY: "Folgen Sie uns?"

LENA: "Weiß nicht! Da vorn! Der Wald!"

Die Mädchen reiten zügig auf das Wäldchen zu.

I/E. IM AUTO AUF DER BUNDESSTRASSE - TAG

Während Lester den Wagen steuert, setzt Katzbuckl ein Blaulicht auf das Dach des Zivilwagens.

KATZBUCKL: "Was ist los, Lester? Haben Sie einen Furunkel an der Sohle oder warum schleichen Sie so?"

LESTER: "Beim Autofahren bin ich eher der defensive Typ!"

KATZBUCKL: "Wir sind die Polizei und kein Eiscreme-Verkäufer! Geben Sie Gummi, Sie Armleuchter!"

Lester zuckt die Achseln und tritt das Gaspedal durch...

EXT. LANDSTRASSE BEI ZEUBELRIED - TAG

Die Mädchen traben durch den Wald. Niemand folgt ihnen...

BECKY: "Ich weiß jetzt, wo du hinwillst!"

LENA: "Wie? Was meinst du?"

BECKY: "Na, deine Zettel haben dich verraten! Du willst zu dieser Schriftstellerin: zu Inge Lund!"

LENA (ertappt): "Was... was redest du da?"

BECKY: "Sie lebt in Sandager in Dänemark! Und zufällig hast du von dort genaue Pläne... Und der Kringel um dieses eine Haus, das ist das von Inge Lund! Jede Wette!"

Lena schaut finster vor sich hin.

BECKY: "Wieso sie? Ich meine, was versprichst du dir davon?"

LENA: "Sie ist der einzige Mensch, der mich verstehen kann. Sie wird mir helfen..."

BECKY: "Wie kommst du denn darauf? Etwa nur wegen dieser Romane...?"

LENA: "Spürst du nicht, was für ein großes Herz sie hat? Das fühlt man doch, wenn man die Bücher liest. Die Frau hat Mitgefühl und ist wirklich warmherzig..."

BECKY (überlegt etwas): "Soweit bin ich bei meinem Buch noch nicht. Mein Kopf sagt, es ist idiotisch. Aber vom Bauchgefühl würde ich dir sogar ausnahmsweise Recht geben..."

LENA: "Wirklich?"

Becky lächelt und Lena erwidert das Lächeln. Da dröhnt es und ein Hubschrauber streicht mit donnernden Rotoren über ihre Köpfe. Unten steht das Wort Polizei geschrieben...

LENA: "Verdammter Mist! Polizei! Da vorne in den Wald!"

Die Mädchen galoppieren los und halten auf den Wald zu.

I/E. AUF DER LANDSTRASSE - TAG

Der Wagen von Kommissar Katzbuckl rast mit 200 Sachen und Blaulicht über die Landstraße.

FUNK (O.S.): "Kolibri 9 ruft Martin 5! Kommen!"

Katzbuckl greift zum Funkgerät.

KATZBUCKL: "Martin 5! Sprechen Sie, Kolibri 9! Kommen!"

FUNK (O.S.): "Haben Sichtkontakt zu den flüchtigen Mädchen! Planquadrat Echo-Echo-fünf! Kommen!"

KATZBUCKL: "Verstanden, Kolibri 9! Bleibt dran! Martin 5 Ende!"

Der Kommissar schlägt einen Ordner auf, der die Landschaft in Planquadrate unterteilt. Er setzt das Mikro wieder an...

KATZBUCKL: "Martin 5 an alle Einheiten: Code Blau in den Planquadraten Echo-Echo-5 bis 8! Ringfahndung für flüchtige Mädchen! Zielpunkt Koordinate 19/41! Martin 5 Ende!"

Er hängt das Mikro zufrieden zurück an die Halterung.

KATZBUCKL: "Jetzt sitzen sie in der Falle!"

EXT. WALD BEI ZEUBELRIED - TAG

Die Pferde sind in Schweiß gebadet. Lena und Becky haben den Wald hinter sich gelassen. Sie sehen nach oben.

LENA: "Gott sei dank! Den Hubschrauber hätten wir abgehängt!"

BECKY: "Wir müssen uns verstecken, die Pferde können nicht mehr..."

LENA: "Ich weiß! Wir müssen uns..."

Sie hält inne, denn soeben ist man an einem Hof vorbeigeritten, in dem ein Wagen der Landpolizei steht. Daneben stehen zwei Polizisten, die sich mit einer Bäuerin unterhalten.

Die Beamten sehen sie verdattert an, während Lena und Becky ihren Pferden die Hacken geben. Gerade als die beiden Polizisten in ihr Fahrzeug springen und vom Hof setzen wollen, kommt ein Traktor um die Ecke. Der Streifenwagen kracht in den Bulldog...

EXT. STRASSE HINTER ZEUBELRIED - TAG

Mit letzter Kraft rennen die Pferde die Steigung hoch.

BECKY: "Wir schaffen es nicht, Lena! Es ist vorbei! Wir müssen aufgeben!"

LENA: "Nein! Wir finden ein Versteck! Nur noch ein kleines Stück...!!"

Als sie den Kamm erreichen, verlangsamen sie den Schritt ihrer Tiere. Denn die Straße ist versperrt. Acht bärtige Rocker blockieren, lässig auf ihren Maschinen sitzend, die Fahrbahn. Auf ihren Kutten steht "Hell-Fire-Kids". Lena und Becky stoppen. Die Rocker starren sie an. Da erklingt hinter ihnen die Sirene der näherkommenden Polizeiwagen...

I/E. IM AUTO AUF DER BUNDESSTRASSE - TAG

Lester steuert den Wagen ebenfalls auf die Anhöhe zu, über die Lena und Becky geritten sind. Katzbuckl lächelt fein...

KATZBUCKL: "Noch über diese Anhöhe und voilá! (ins Funkgerät) Martin 5 an alle: Code Blau! Habt ihr Sichtkontakt? Over!"

FUNK (O.S.): "Hier Ludwig 4! Negativ! Kein Sichtkontakt!"

Katzbuckl schaut irritiert. Dann ist der Wagen über der Anhöhe und man hat freie Sicht... auf entgegenkommende Streifenwagen. Aber weder Mädchen noch Pferde sind irgendwo zu sehen. Lester hält seinen Wagen an, und Katzbuckl steigt aus. Er dreht sich um und breitet ratlos die Arme aus... In diesem Augenblick rast ein roter Porsche heran und hält bei den Polizeiwagen. Amanda, eine blonde superschöne Frau steigt aus. Als der Kommissar sie sieht, dreht er sich weg.

KATZBUCKL (gequält stöhnend): "Mein Gott! Ist denn schon wieder Walpurgisnacht?"

Lester, der neben ihm steht, sieht aber beeindruckt hin.

LESTER: "Heiße Hütte!! Wer ist das?"

KATZBUCKL: "Amanda Wolf! Ihres Zeichens: Rasende Reporterin. Oder wie wir Polizisten sie nennen: Gottes achte Plage!"

Lester guckt Katzbuckl mit großen Augen an, denn die Frau, die da lächelnd näherkommt, sieht aus wie ein Filmstar.

KATZBUCKL: "Was immer Sie jetzt fragen wollen, lassen Sie es!"

Amanda ist nun beim Kommissar angekommen.

AMANDA: "Herr Kommissar! Geht's gut?"

KATZBUCKL (gereizt): "Ich fang gleich an zu steppen."

Amanda lacht, hebt ihre Kamera und sieht sich um.

AMANDA: "Ich wollte ein paar Fotos machen. Ich dachte, Sie hätten die Kids!"

KATZBUCKL: "Ach wirklich? Falsch gedacht!"

LESTER: "Da drüben ist eine Charter der Hell-Fire-Kids. Vielleicht fragen wir mal bei denen nach!"

KATZBUCKL: "Oh ja sicher! Die haben bestimmt ein Smaland, genau wie Ikea!"

Dennoch setzt er sich in Bewegung und läuft mit Lester im Schlepptau zu dem Vereinsheim der Rockergang hinüber...

INT. IM ROCKERHAUS - TAG

Sowohl Mausi als auch Flo stehen mitten in dem Saloonartigen Vereinsheim der Hell-Fire-Kids und äpfeln auf den nicht mehr ganz so feinen Teppich. Lena und Becky lugen seitlich an den Fenstern stehend, mitten unter den kernigen Rockern, zur Straße hinüber, wo Katzbuckl und Lester sich von den anderen lösen und näher kommen. Ein großer weißbärtiger Biker, Bibo, der Präsident, schaut zu den Mädchen und legt den Finger vor die Lippen. Dann geht er zur Tür. Snake und Balkas folgen ihm...

BIBO: "Die übernehmen wir!"

EXT. VOR DER ROCKERCHARTER - TAG

Als Katzbuckl und Lester auf das Vereinsheim zugehen, vor dem acht schwere Maschinen stehen, öffnet sich die Türe und drei Hell-Fire-Kids kommen heraus, mit einer Körpersprache, die an Selbstbewusstsein nichts zu wünschen übrig lässt. Katzbuckl mustert die Rocker und bleibt vor ihnen stehen...

KATZBUCKL: "Kommissar Werner Katzbuckl! Kripo Nürnberg! Wir suchen zwei etwa zwölfjährige Mädchen auf Pferden."

BIBO (genüsslich): "Ich will Ihnen nicht zu nahe treten, Chef! Aber wenn Sie Ihr Monokel aufsetzen, dann sehen Sie, dass wir keine kleine Mädchen auf Pferden sind!"

Katzbuckl stöhnt angestrengt. Nicht lustig.

KATZBUCKL: "Es sind Kinder! Auch ihr wollt nicht, dass ihnen etwas passiert, oder?"

BIBO: "Was soll das jetzt sein? Ne neue Masche um mal schnell die Nase bei uns reinzustecken?" (schüttelt den Kopf)

Herr Kommissar! Sie wissen doch wie's läuft: Sie bringen mir 'nen amtlichen Durchsuchungsbefehl und wir rücken die zwei Mädchen raus, samt ihren Schaukelpferden!"

Snake und Balkas lachen über die launige Schote ihres Chefs. Katzbuckl hat die Nase voll, winkt ab und geht mit Lester zurück zu den Einsatzfahrzeugen. Die Biker grinsen und verschwinden dann wieder in ihrem Vereinsheim...

INT. IM ROCKERHAUS - TAG

Von den Fenstern aus sehen die Mädchen und ihre bärtigen Gastgeber, wie die Polizeiwägen davonfahren. Lena atmet tief durch und lässt sich in die fleckige Couch fallen. Becky nimmt schnell den Platz neben ihr ein. Bibo setzt sich in den Chefsessel gegenüber. Die Mädchen schauen nun ängstlich. Bibo sieht das und zieht die Brauen hoch...

BIBO: "Wie? Habt ihr etwa Angst vor uns?"

LENA: "Nicht wirklich viel Angst, Herr äh... Rocker!"

Die Männer lachen dröhnend.

BIBO: "Müsst ihr nicht! Ich bin Bibo, das kommt von Big Bird aus der Sesamstraße... Kennt ihr doch...?"

LENA: "Naja, ich gucke die Sesamstraße nicht mehr lückenlos..."

BIBO: "Na dann, erzählt mal: Weshalb sind die da draußen so scharf auf euch...?"

EXT. VOR DEM VEREINSHEIM DER ROCKER - NACHTS

Es ist eine sternklare Nacht. Es stehen nur noch vier Bikes vor dem Heim. Und die beiden Pferde sind nun ebenfalls draußen festgebunden...

INT. IM ROCKERHAUS - NACHT

Lena hält sich an ihrem längst leeren Kakaobecher fest, neben Becky sitzend und erzählt, Bibo, Snake und Balkas von ihrem Schicksal daheim...

LENA: "Er kann schon auch nett sein. Aber manchmal denk ich, der würde mich, ohne zu zögern, einfach umbringen..."

SNAKE: "Dem Schweinekerl würde ich gerne mal Servus sagen und aus seinen Zähnen eine Kette basteln!"

BIBO: "Und was sagt deine Mutter dazu?"

LENA: "Die glaubt ihm. Ich bin für sie nur noch eine Lügnerin..."

Gegen ihren Willen kommen Lena die Tränen. Und sie kommen stärker als gedacht. Lena weint nun bitterlich.

Becky legt ihr mitfühlend die Arme um die Schulter und tröstet sie. Die Rocker sehen das Kind mitfühlend an. Snake seufzt...

SNAKE: "Ich hatte auch einen Stiefvater, der mich verprügelt hat. Der hat sich immer erst zugelötet und ist dann auf meine Mutter los. Ich dann dazwischen mit meinen acht Jahren... naja, und dann tanzte der Kleiderbügel auf meinem Arsch den Lambada!"

BECKY: "Wie furchtbar!"

SNAKE (mit brüchiger Stimme): "Einmal kam ich nach Hause. Ich hatte mein Zimmer nicht aufgeräumt, wie er es gesagt hatte. Da hatte mein Stiefvater meine komplette Spiderman-Heft-Sammlung zerrissen. 30 Nummern! (schluchzend) Die hatte ich mir von meinem Taschengeld gekauft!"

Er heult und Bibo tätschelt ihm fürsorglich den Rücken.

BECKY: "Was ich nicht verstehe, ist, wieso ihr uns geholfen habt?"

BIBO: "Wieso? Weil wir uns ganz ähnlich sind! Gut, ihr habt Gäule und wir Harleys. Aber ansonsten lasst ihr euch genau wie wir den Wind um die Nase wehen und seid nicht bereit, jeden Scheiß einfach zu schlucken! Und wir werden alle von den Bullen gejagt..."

Bibo grinst entwaffnend und Becky lächelt schüchtern. In diesem Moment kommt Heiner aufgeregt aus dem Nebenraum.

HEINER: "He, Leute! Da kommt grad was über die Mädels hier im Fernsehen! Das wollt ihr nicht verpassen...!"

INT. IM NEBENRAUM DER ROCKERCHARTER - NACHTS

Hier gibt es einen großen Fernseher. Bibo, Snake, Balkas und die Mädchen folgen Heiner und setzen sich vor das Gerät. Es ist eine Talkrunde, bereits mitten im Gange...

INT. TALKSTUDIO - NACHT

Talkmaster Elmar Brettschneider sitzt in einer kleinen Runde von Gästen, zu denen auch der gewichtige Jaap Keulemans gehört. Brettschneider beugt sich gerade vor..

BRETTSCHNEIDER: "Herr Professor Keulemans, hab ich das gerade richtig verstanden? Sie wollen nicht, dass die Kinder gefunden werden?"

JAAP KEULEMANS: "Ganz genau! Als Kinderpsychologe habe ich es mir zum Prinzip gemacht, Kinder ernst zu nehmen. Und ich habe festgestellt, dass Kinder durchaus kompetent sind und meist sehr kluge Entscheidungen treffen..."

FRAU GOSEWIND: "Das ist doch Unsinn! Kinder sind doch überhaupt nicht in der Lage irgendetwas zu unterscheiden!"

JAAP KEULEMANS: "Das seh ich anders. Kein Kind läuft aus einer dummen Laune von zu Hause weg. Sondern nur dann, wenn die Umstände dort so schlimm sind, dass der Überlebenstrieb es dem Kind gebietet, davonzulaufen! Auf mich wirkt das Tun der Kinder überlegt und wohl strukturiert!"

INT. WOHNZIMMER DER TAGERTS - NACHT

Edith sitzt auf ihrer Couch und starrt auf den Fernseher, wo Professor Keulemans seine Gedanken fortführt...

JAAP KEULEMANS: "Was haben wir davon, wenn die Kinder eingefangen sind? Daheim werden sie ruhiggestellt. Damit ist das Symptom beseitigt, nicht aber die Ursache für die Flucht! Ich sag es ganz freimütig: Ich würde den Mädchen helfen und sie vor der Polizei verstecken. Je länger sie da draußen sind, desto eher werden die Eltern bereit sein, Dinge zu ändern..."

Edith Tagert hat den Fernseher ausgestellt. Sie schaut böse auf die Mattscheibe.

EDITH: "Klugscheißer, käsköpfiger...!"

EXT. VOR DER ROCKERCHARTER - NACHTS

Snake fährt mit einem Pferdeanhänger vor und steigt aus. Aus dem Vereinsheim kommen Bibo und Balkas. Lena und Becky binden ihre Pferde los und führen sie zu dem Anhänger...

SNAKE: "Das wird haarig...! Nach dieser Fernsehsendung zeigen die Bullen voll Präsenz! Und inzwischen hängen überall diese Teile!"

Er holt aus dem Fußraum des Beifahrersitzes einige leimdurchtränkte Plakate mit den Gesichtern von Lena und Becky. Die Mädchen werden aufmerksam und treten heran.

BECKY (entsetzt) "Iiiih! Was haben die denn da für ein Bild von mir genommen? Ich seh ja auch wie'n Zombie!"

LENA: "Und guck nur! Ich trage eine total grottige Rüschenbluse! (schluckt) Oh Gott, ich will tot sein!"

Bibo tritt näher, schaut die Bilder an und überlegt...

BIBO: "Das bringt mich auf eine Idee!"

I/E. IM DIESEL-MERCEDES AUF DEN STRASSEN - NACHT

Der Diesel mit dem Pferdeanhänger ist recht auffällig. Auf dem Anhänger, in dem Mausi und Flo untergebracht sind, kleben die Konterfeis von Lena und Becky...

I/E. IM DIESEL-MERCEDES - NACHTS

Bibo steuert den Wagen, während Snake navigiert. Auf dem Rücksitz haben Lena und Becky es sich bequem gemacht.

SNAKE: "Bei Würzburg gehen wir auf die Autobahn Richtung Fulda! Und von da nach Norden!"

BIBO: "Roger, Roger!"

In Lena auf dem Rücksitz arbeitet es.

LENA: "Wir können euch gar nichts geben können, für das alles hier. Wir haben kaum noch Geld..."

BIBO: "Ist doch egal! Ich hab weit blödere Sachen gemacht, als das hier!"

SNAKE (lacht): "Weiß Gott!"

Die Männer lachen und Bibo legt eine alte Scheibe von den 'Ruts' auf und hören der Musik zu...

Lena und Becky sitzen nebeneinander.

BECKY: "Ich dachte heute nicht, dass wir es noch schaffen..."

LENA: "Ehrlich gesagt, ich auch nicht."

BECKY: "Und jetzt fahren Bibo und Snake uns bis hoch zur Grenze..."

LENA: "Manchmal hat man eben auch Glück! Wollen wir Silvergirls schmökern?"

Becky nickt freudig, und sie ziehen ihre Romane heraus.

EXT. IN DER PRÄRIE DER TERRITORIES - TAG

Jane Silver führt ihr Pferd hinter den Indianern her, die sie im Saloon getroffen hat. Sie bleibt stehen und sieht sich um. Dann wendet sie sich an einen der Roten.

JANE: "Wilde Forelle! Merkst du es nicht? Wir werden verfolgt!"

Der Indianer dreht sich um und schüttelt den Kopf.

WILDE FORELLE: "Tsi na pah ktscho, pam mekta!"

Damit geht der Indianer weiter. Der andere, der mit dem Soldatenképi, sieht Jane mit kalter Miene an...

JANE: "Alles friedlich? Ist nicht euer Ernst, oder?"

In diesem Moment kracht ein Schuss und das Soldatenképi fliegt dem Indianer vom Kopf. Der Rote schaut blöd, während Jane herumgefahren ist. Sechs Männer reiten in vollem Galopp auf sie zu. Wilde Forelle und sein roter Bruder geben bereits Fersengeld. Jane tritt zu ihrem Pferd und zieht ein Gewehr aus dem Scabbard. Es ist in ein Tuch eingewickelt und hat eine Zielvorrichtung. Jane zicht aus einem Etui eine faltbare Brille und setzt sie auf.

Dann bringt sie das Gewehr, einen Henry, in Anschlag. Sie zielt ruhig und nimmt den Druckpunkt. Dem ersten der Angreifer fegt es den Hut vom Kopf. Jane nimmt erneut ein Ziel in den Fokus und schießt wieder. Ein weiterer Hut verwandelt sich in Konfetti. Als auch der dritte Stetson von einem der Köpfe fliegt, gibt der Anführer der sechs Desperados den anderen das Zeichen, anzuhalten. Jane sieht zu den Männern hinüber.

JANE: "Na! Wenn eine Frau nicht völlig wehrlos ist, traut ihr euch wohl nicht, ihr Hunde!"

In diesem Moment fällt ein Schatten über sie und jemand zieht ihr einen Stock über den Kopf. Jane bricht bewusstlos zusammen. Über ihr steht Wilde Forelle, der den Desperados nun winkt, dass die Luft rein ist...

EXT. AUTOBAHN NACH NORDEN - MORGENDÄMMERUNG

Immer noch klingt Rockermusik aus dem Diesel. Aber in die Musik mischt sich ein ungutes klopfendes Geräusch...

BIBO (O.S.): "Das hört sich gar nicht gut an!"

SNAKE (O.S.): "Ich sag ja: Für so lange Touren eignet sich die Kiste nicht mehr!"

BIBO (O.S.): "Wir müssen von der Autobahn runter! So oder so..."

Der Wagen blinkt und zieht nach rechts. Ein Schild zeigt an, dass es noch 13 Kilometer bis nach Schleswig sind...

EXT. LANDSTRASSE VOR EINER WERKSTATT - DÄMMERUNG

Der Diesel steht vor einer Werkstatt, die aber um diese Zeit noch geschlossen hat. Lena und Becky führen Mausi und Florian aus dem Anhänger. Bibo und Snake treten zu ihnen.

BIBO: "Tut mir leid, dass uns der Wagen so früh schlappgemacht hat..."

SNAKE: "Aber in zwei Tagen schafft ihr es leicht bis zur dänischen Grenze!"

LENA: "Danke für alles!"

BECKY: "Ja, danke! Ihr seid der Wahnsinn!"

Dann umarmt man sich. Die Mädchen steigen auf ihre Pferde, winken noch einmal und reiten davon...

INT. BÜRO KATZBUCKL, PRÄSIDIUM NÜRNBERG - MORGEN

Katzbuckl liegt auf der Couch in seinem Büro und döst, als Lester hereintritt, einen Becher Kaffee in seiner Hand.

LESTER: "Oh, Herr Kommissar! War das Hilton ausgebucht?"

Katzbuckl schwingt seine Beine von der Couch.

KATZBUCKL: "Halten Sie die Waffel...! Ich habe nachgedacht. Und ich glaube, ich habe einen Fehler gemacht!"

LESTER (ironisch): "Nicht doch. Nicht <u>Sie</u>!"

KATZBUCKL: "Sparen Sie sich Ihren Hohn!"

Er geht zu seinem Schreibtisch und will sich Kaffee holen. Aber die Kanne ist leer. Er sieht auf den Becher in Lesters Hand. Der seufzt und reicht Katzbuckl den Becher. Dieser trinkt. Und verzieht angewidert das Gesicht...

KATZBUCKL: "Ist ja abartig, wie Sie Ihren Kaffee zuckern, Lester!"

LESTER: "Ich nehme ihn gerne zurück!"

Der Kommissar ignoriert das Angebot und ordnet einige seiner Blätter.

KATZBUCKL: "Wo war ich gerade?"

LESTER: "Ich wiederhole nur widerwillig: Sie hätten angeblich einen Fehler gemacht..."

KATZBUCKL: "Ganz genau! Ich dachte, ich hab es hier mit dummen Kids zu tun, die glauben, sie stoßen auf Öl, wenn sie nur lange genug in der Nase bohren..."

Er trinkt vom Kaffee und schüttelt sich dann angewidert.

KATZBUCKL: "Aber sie sind viel schlauer und hartnäckiger als ich dachte... Lena Tagert hat das bis ins Kleinste geplant. Inklusive Nebelbomben! Ich hab sie einfach unterschätzt. <u>Und</u>... ich glaube inzwischen, dass sie Hilfe hat..."

LESTER: "Aber wer sollte ihr helfen?"

Der Kommissar steht auf und nimmt seine Jacke.

KATZBUCKL: "Genau das muss ich rauskriegen!"

LESTER: "Wo wollen Sie hin?"

KATZBUCKL: "Ich mach einen Hausbesuch!"

<u>EXT. AUF DEN STRASSEN SCHLESWIG HOLSTEINS - TAG</u>

Lena und Becky reiten nebeneinander. Autos überholen sie...

LENA: "Manche in den Autos gucken uns schon komisch an...!"

BECKY: "Immerhin hängen hier oben in Schleswig Holstein noch keine Plakate von uns..."

LENA: "Gestern hab ich mir einen Moment lang gewünscht, dass sie uns schnappen..."

BECKY: "Ach wirklich? Warum?"

LENA: "Weil das alles hier ganz anders ist, als ich es mir vorgestellt habe. Es ist so irre anstrengend. Man schläft nicht richtig und man ist nicht richtig wach..."

BECKY: "Na prima, dass es nicht nur mir so geht!"

Lena sieht sie an.

LENA: "Was glaubst du, wird dein Vater jetzt denken?"

BECKY: "Weiß nicht. Eigentlich müsste er froh sein..."

LENA: "Wieso das denn?"

BECKY: "Weil ich eine Enttäuschung für ihn bin. Ich bin nicht das musikalische Genie, das er in mir sehen will. Ich glaube, er ist froh, wenn ich hierbei draufgehe. Dann ist er mich endlich los..."

Lena sieht vor sich hin und sagt nichts mehr...

EXT. AN EINER WEGBIEGUNG - TAG

Man ist in bewaldetem Gebiet. Lena steigt ab und untersucht den Fuß von Flo.

LENA: "Wusst' ich's doch!"

Sie zieht ein Steinchen aus dem Hufeisen hervor.

LENA: "Bei Flo merke ich immer sofort, wenn bei ihm was nicht stimmt!"

Sie will wieder aufsitzen, als ihr Rucksack ihr wegrutscht und sie Boden fällt. Dabei rutscht die Polizeipistole, die Lena stibitzt hat, heraus. Becky bekommt Stielaugen...

BECKY: "Was ist das denn?"

Lena steckt die Pistole hastig wieder in den Rucksack.

LENA: "Nichts. Komm, beeilen wir uns!"

Becky aber steigt ab und tritt vor Lena.

BECKY: "Du hast eine Pistole! Wo hast du die her?"

LENA: "Die lag im Polizeiauto rum. Ich dachte, ich nehm sie mit!"

Becky greift nach dem Rucksack. Lena will ihn weghalten, aber Becky ist stark.

LENA: "Hör auf! Das ist mein Rucksack!"

BECKY: "Ich will die Pistole!"

Sie gibt Lena einen harten Stoß, und die stürzt zu Boden. Dabei schlägt sie sich das Knie an einem Stein an.

LENA: "Auaaa! Mein Knie..."

Becky greift in den Rucksack und holt die Pistole heraus. Damit dreht sie sich um und marschiert entschlossen in den Wald. Lena reibt ihr blutiges Knie.

LENA: "He! Becky! Jetzt warte doch!"

Sie stemmt sich vom Boden hoch und läuft der Freundin nach.

EXT. AN EINEM WEIHER - TAG

Als Lena aus dem Wald tritt, sieht sie nur noch, wie Becky ausholt und ein dunkler Gegenstand in die Mitte des Weihers plumpst. Als sie sich umdreht, sieht sie in Lenas Augen.

LENA: "Entscheidest du neuerdings hier alles alleine, oder was?"

BECKY (schweratmend): "Ich bin seit drei Jahren mit meinem Vater im Schützenverein. Ich war sogar Schützenkönigin. Ich weiß, was Waffen anrichten können. Und ich hasse sie!"

Damit stapft sie an Lena vorbei und geht zurück.

INT. WOHNZIMMER DER TAGERTS - TAG

Edith Tagert steht am Telefon und hat den Hörer in der Hand. Sie sieht übernächtigt aus.

EDITH: "Das wäre nett! Solange meine Tochter nicht gefunden ist, hätte ich gerne frei! Ja! Vielen Dank, Herr Ritter!"

Sie legt auf. In diesem Moment hört sie ein Geräusch. Durch das Fenster sieht sie einen Wagen vor dem Haus halten.

EDITH: "Jochen!"

Sie scheint eher erleichtert zu sein, als bedrückt. Sie läuft schnell hinaus in den Flur...

INT. FLUR DER TAGERTS - TAG

Edith eilt vor den Spiegel und bürstet sich schnell die Haare durch. Da klingelt es bereits. Die Frau zupft sich die Frisur zurecht und geht öffnen. Sie holt tief Luft und setzt ein betont entspanntes Lächeln auf. Dann macht sie auf. Im nächsten Moment stößt eine Hand sie hart vor die Brust, so dass sie rückwärts gegen die Wand prallt...

JOCHEN (wutschäumend): "Weißt du, was deine Tochter getan hat? Dein, ach so entzückender Augenstern? Ich werd's dir sagen: Die kleine Mistkröte hat mein Giro-Konto geplündert!"

EDITH (verstört): "Bitte? Ich... ich versteh nicht!"

JOCHEN: "Sie hat 500 Euro abgehoben, mit einer EC-Karte, die sie mir aus meiner Börse gestohlen hat!"

EDITH: "Aber... braucht sie dazu nicht eine Geheimzahl?"

JOCHEN: "Ich bin lange genug da, dass sie weiß, wo ich die Nummern notiert habe... So, und jetzt will ich mein Geld, oder du lernst mich wirklich kennen, das sag ich dir!"

Edith sieht ihn an und wird trotzig.

EDITH: "Ich lern dich kennen? Wie soll das aussehen? Schlägst du mich dann? So wie Lena? Was denkst du, weshalb sie wohl weggelaufen ist?"

Jochen rastet aus. Er packt Edith am Hals und drückt mit seiner Hand zu. Es ist eine pure Demonstration der Macht.

JOCHEN: "Komm mir bloß nicht so, Edith!" (gepresst) Mama Windelweich steht vor den Scherben ihrer Erziehung und am Ende war's der böse Jochen! Du machst es dir einfach. Aber mir reicht's und ich will jetzt sofort mein Geld!"

EDITH (keuchend): "Jochen... hör auf...!"

JOCHEN (verstärkt den Druck): "Wenn du denkst, dass ich Spaß mache, täuschst du dich!"

KATZBUCKL (O.S.): "Lass die Frau los, Kumpel!"

Die beiden sehen zur Tür, wo Kommissar Katzbuckl im Türrahmen steht. Edith macht sich aus Jochens Griff frei.

JOCHEN: "Wer ist denn der Typ?"

EDITH: "Das ist Kommissar Katzbuckl!"

Jochen baut sich, ein gutes Stück größer als sein Gegenüber, vor dem Kommissar auf.

JOCHEN: "Wenn Sie keine amtliche Vollmacht haben, dann muss ich Sie bitten, auf der Stelle zu gehen!"

Jochen will den Kommissar an der Schulter hinaus bugsieren. Aber mit einer spielerischen Bewegung packt Katzbuckl die Hand und dreht sie herum. Jochen heult vor Schmerz und geht in die Knie. Der Kommissar bleibt ruhig.

KATZBUCKL: "Schau, Kumpel, ich mag Bullen auch nicht. Mutti hat sie nicht lieb gehabt und deswegen treten sie unbescholtenen Bürgern nach Belieben in die Ärsche! (er lächelt kalt) Genau so einer bin ich auch...!

Und wenn du Frau Tagert noch ein einziges Mal anfasst, dann gehen wir beide in ein dunkle Ecke und nehmen die Brillen ab... okay?"

Jochen nickt, denn der Griff des Kommissars ist mörderisch und schmerzhaft. Katzbuckl lässt den Mann los.

KATZBUCKL: "Und jetzt verwandel dich in eine Staubwolke am Horizont!"

Jochen sieht Katzbuckl finster an und dann Edith, die in diesem Moment instinktiv hinter den Kommissar tritt. Er dreht sich um, geht und wirft die Tür hinter sich zu...

INT. CAFETERIA - TAG

Justus, ein blonder Jüngling in weißen Designerklamotten sitzt mit seiner Clique in einem In-Café. Mit dabei, die hübsche Chantal, die blasse Simone und der bullige Moritz. Alle sind um die zwanzig Jahre herum.

JUSTUS: "Ich weiß überhaupt nicht, was an diesem Jarvis Conolly so toll sein soll. Der achte Schönling, der in einem Vampirfilm spielt!"

CHANTAL: "Du meisten Männer sind doch eh dumm wie Bohnenstroh. Dann sollen sie wenigstens gut aussehen!"

SIMONE: "Oder sie haben Kohle. Weil schönsaufen kann man sie sich nachher immer noch!"

Sie hebt ihr Glas und stößt mit Chantal an. Da springt aufgeregt Titus, ein dünner Brillen-Nerd, ins Café.

TITUS: "Leute, ihr glaubt nicht, wen ich grad gesehen hab: Diese Mädchen, die unten in Bayern abgehauen sind. Die zwei mit den Pferden!"

JUSTUS: "Wie? Hier oben in Schleswig?"

TITUS: "Justus, ich fress 'n Besen, wenn das nicht genau die zwei waren!"

JUSTUS: "Hm, das hätte was: Wir kassieren die Gören und überreichen sie Mami und Papi mit einem Schleifchen! Das könnte ja ein richtiger Spaß werden, oder?"

MORITZ: "Worauf warten wir dann noch? Pampern wir die Krippenkinder!"

Die Crew eilt hinaus zu ihren nagelneuen Range Rovers...

EXT. AUF EINER LANDSTRASSE - TAG

Becky ist immer noch unversöhnlich. Lena reitet neben sie.

LENA: "Wieso bist du denn jetzt die ganze Zeit so sauer auf mich?"

BECKY: "Lena! Wir sind zwölf. Und soviel Verantwortung müssen wir haben, dass wir hier nicht mit einer scharfen Pistole rumrennen!"

LENA: "Was denkst du denn, was ich vorhatte? Mir den Weg nach Dänemark freizuschießen?"

BECKY: "Es war eine bescheuerte Idee, die Pistole mitzunehmen!"

LENA: "Also gut: Ich tu es nie wieder! (stöhnt genervt) Komm, das glaubst du mir wohl!?

BECKY: "Du hast sowas von ein Rad ab! (wiegt den Kopf) Na gut... sonst bist du nicht so übel, wie ich am Anfang dachte..."

LENA (säuerlich): "Du schon!"

Dann blicken sie sich an und können nicht ernst bleiben. Da wird Motorengebrumm laut. Lena und Becky drehen sich um und sehen, wie ein klotziges Allradfahrzeug auf sie zubrettert.

LENA: "Becky! Oh, Gott! Die meinen uns!"

BECKY: "Da, übers Feld!"

Die Mädchen treiben ihre Pferde vom Asphalt hinunter auf das Feld und versuchen, den Verfolger abzuhängen. Aber das Auto ist geländegängig und folgt ihnen auf den Acker. Die Mädchen treiben die Pferde an, als ihnen plötzlich der Weg abgeschnitten wird durch zwei weitere Rover, die von Norden und Osten gleichzeitig auf sie zuhalten. Lena und Becky wenden in unterschiedliche Richtungen und Flo und Mausi rasseln zusammen. Lena rudert mit dem Arm und fällt hinunter. Becky, schon ein paar Meter weg, zügelt Mausi und dreht sich um. Unweit von ihnen halten die Geländefahrzeuge und die jungen Leute steigen aus, blendend amüsiert durch die Situation. Becky springt von ihrem Pferd und eilt zu Lena, die hart gefallen ist und noch völlig benommen ist...

BECKY: "Alles klar mit dir?"

LENA: "Ich glaub schon. Ich bin nur voll auf die Schulter geknallt..."

Becky hilft Lena hoch. Da tritt Justus einen Schritt vor.

JUSTUS: "So, Endstation für die Kükenpatrouille!"

Becky sieht den blasierten Jüngling in Weiß befremdet an.

BECKY: "Wieso jagt ihr uns? Wir haben euch überhaupt nichts getan!"

JUSTUS (mit triefendem Hohn): "Habt ihr nicht? Stimmt. Mann, wie fies von uns!

So, Pippi und Annika, jetzt kommt ihr rüber, und dann verfrachten wir euch zur Polizei. Und keine Zicken! Sonst wird Onkel Justus ärgerlich, verstanden?"

LENA: "Komm, lass, Becky. Wir haben keine Chance gegen die..."

BECKY: "Das wollen wir doch mal sehen!"

Sie hat plötzlich die Polizeipistole in der Hand. Die jungen Leute starren perplex auf die Waffe in ihrer Hand. Becky lädt die Waffe durch und richtet sie auf die Gruppe.

BECKY: "Dies ist ein scharfe Pistole! Ich mache euch darauf aufmerksam, dass ich eine hervorragende Schützin bin. Also zwingt mich besser nicht, sie einzusetzen!"

Justus und die anderen sehen sich verunsichert an. Aber da fängt sich Justus. Er nimmt Becky nicht für voll...

JUSTUS: "So, Püppi! Du legst das Ding mal ganz schnell weg, sonst gibt's aber mal ganz fix heiße Ohren! Und ich verspreche dir..."

Da kracht der erste Schuss und schlägt in den Kotflügel von Justus' Wagen ein. Chantal springt kreischend zurück...

CHANTAL: "Scheiße! Die ist ja total irre!"

JUSTUS (wütend): "Du Rotzgör! Das Auto ist nagelneu! Spinnst du total??"

Da drückt Becky erneut ab und der Scheinwerfer von Justus' Wagen splittert. Dann birst die Windschutzscheibe. Justus starrt von dem Auto zu Becky. Die fixiert ihn böse...

BECKY: "Und jetzt verpiss dich, du Arschgranate! Letzte Warnung!"

Sie schießt in die Luft und als wäre es ein Zeichen, rennen die Halbstarken zu ihren Allradfahrzeugen und preschen davon, als ginge es um ihr Leben...

INT. LENAS ZIMMER - TAG

Kommissar Katzbuckl sitzt mit Edith an Lenas Schreibtisch. Er hat alles aus den Schubladen ausgeräumt.

KATZBUCKL: "Lenas Laptop ist nicht hier. Sie hat ihn aber auch nicht dabei! Und im Netz war er jedenfalls nicht, seit sie weg ist. Da stimmt was nicht!"

EDITH: "Ich verstehe das nicht ganz..."

KATZBUCKL: "Frau Tagert, Ihre Tochter ist clever. Verdammt clever! Sie muss manövrieren und ihre Helfer koordinieren, dann geht das nicht völlig ohne i-Phone oder Computer!

(er überlegt) Haben Sie vielleicht noch einen anderen PC, irgendeinen, den sie vielleicht ausrangiert haben...?"

EDITH: "Nein... Aber warten Sie...! Jochen hat seinen alten PC auf unserem Dachboden eingelagert!"

Katzbuckl zeigt mit dem Zeigefinger auf sie...

EXT. EINE ANHÖHE VOR EGEBEK, SCHLESWIG - TAG

Lena und Becky kommen auf ihren Pferden über die Anhöhe. Lena hält ihre Schulter. Sie hat sichtlich Schmerzen.

BECKY: "Geht es, Lena?"

LENA: "Es tut wahnsinnig weh...!"

BECKY: "Sollen wir zu einem Krankenhaus?"

Lena schüttelt entschieden den Kopf. Sie schweigen. Lena mustert Becky von der Seite.

LENA: "Die Pistole! Hattest du die nicht in einen Weiher geschmissen?"

BECKY: "Es war nur ein Stein..."

Sie zügelt Mausi und steigt vom Pferd. Sie hebt einen Stein auf und holt die Pistole heraus. Sie entnimmt das Magazin, entsorgt die Patrone im Lauf und spannt dann den Hahn. Becky holt mit dem Stein aus und schlägt ihn ein paar Mal hart auf den Hahn. Der wird beschädigt. Als sie versucht, abzudrücken, bewegt der Hahn sich nicht mehr. Becky nickt zufrieden und schleudert die Waffe ins Gebüsch.

BECKY: "Die Knarre macht keinem mehr was!"

Sie steigt wieder auf, und die Mädchen reiten weiter.

LENA: "Ich dachte, ich sterbe, als du auf die Blödiane geschossen hast! (lacht) Das war so abgefahren! So, als würdest du jeden Tag mit so Dingern rumballern!"

BECKY: "Ich hab doch gesagt: Ich war Schützenkönigin. Denkst du, die haben mir den Preis gegeben, weil ich so niedlich bin?"

LENA: "Wieso hast du mir die Pistole überhaupt weggenommen?"

BECKY (seufzt bekümmert): "Weil ich genau so etwas wie gerade eben verhindern wollte!"

INT. AUF DEM DACHBODEN DER TAGERTS - NACHMITTAG

Der Kommissar zieht den Laptop aus der Originalverpackung. Er fährt ihn hoch. Edith steht hinter ihm.

EDITH: "Das ist nicht der Computer von Jochen! Das ist ja Lenas Laptop!"

KATZBUCKL: "Wie ich's mir dachte!"

Er tippt auf einige Tasten und fährt das Gerät hoch.

KATZBUCKL: "Was immer sie geplant hat, sollte auf diesem PC gespeichert sein... (er tippt) Internet-Historie... So... welche Seiten hat sie häufig angewählt? Na bitte, hier: www.silvergirls-forum.de..."

EDITH: "Und was bedeutet das?"

KATZBUCKL: "Was das bedeutet? Nun, ich schätze, wir haben soeben Lenas Fluchtplan geknackt..."

EXT. BEI EINEM WALDSTÜCK - DÄMMERUNG

Lena und Becky traben heran. Lena hält sich ihre Schulter und Tränen laufen über ihr Gesicht. Sie leidet deutlich.

BECKY: "Das müsste doch der Treffpunkt sein! Wo ist denn nun... wie war der Name... Kleiner Dachs?"

LENA: "Klein-Biber! Wie aus dem Comic."

BECKY: "Du musst zum Arzt, Lena! Wir sollten aufgeben..."

Aber Lena schüttelt verbissen den Kopf. In diesem Moment nähern sich Reiter. Becky und Lena schauen und trauen ihren Augen nicht. Da reiten zwei kaum achtjährige Mädchen heran. Sie sehen aus, wie kleine Kopien der Roman-Silvergirls. Die blonde Marla hat sogar die Strähnen von Jane Silver in ihre Haare gefärbt. Die andere, ein dunkelhaariges Mädchen, türkischer Herkunft, hat ein Kleid an wie Sylvie van der Wiel, dazu ein Hütchen und einen neckischen Western-Schirm.

MARLA: "Ich bin Klein-Biber! Mein richtiger Name ist Marla. Und das da ist meine Freundin Berlanti!"

BERLANTI: "Hallo! Seid ihr es wirklich? Ihr seid richtig berühmt! Oh Mann, ich bin so aufgeregt!"

Becky und Lena wechseln einen unbehaglichen Blick...

INT. WOHNZIMMER DER TAGERTS - ABEND

Werner Katzbuckl hat nun alles ausgedruckt.

EDITH: "Ich komme mit Ihnen mit!"

KATZBUCKL: "Das geht nicht, Edith, und das wissen Sie! Es sind elf mögliche Adressen, und wir wissen nicht, bei welcher sie unterkommen!"

Sein Handy klingelt. Er hebt die Hand und geht ran.

KATZBUCKL: "Katzbuckl..."

Er schenkt Edith ein Lächeln, sie möge sich gedulden, doch dann verändert sich sein Gesichtsausdruck.

KATZBUCKL: "Was sagen Sie da? Schießerei!? Wie jetzt? (er schaut bestürzt) Warten Sie mal! Ich verstehe immer Schleswig-Holstein! Wie können die Mädchen in so kurzer Zeit so eine Distanz überwinden?"

Edith beißt in ihre Hand. Sie hat sichtbar Angst.

KATZBUCKL: "Ich melde mich wieder!"

Er steckt das Handy weg.

EDITH: "Was ist passiert? Sagen Sie's!"

KATZBUCKL: "Eine Gruppe Jugendlicher hat versucht, Lena und Rebecca einzufangen. Daraufhin haben die Mädchen das Feuer eröffnet..."

EDITH (fassungslos): "Das... Feuer eröffnet??"

KATZBUCKL: "Fragen Sie mich nicht, wie sie an eine scharfe Pistole kommen, aber wenigstens wurde keiner verletzt! Es gab wohl nur Sachschaden!"

EDITH: "Dem Himmel sei Dank!"

Edith zittert und Tränen laufen über ihr Gesicht. Der Kommissar tritt zu ihr und nimmt sie in den Arm.

EDITH: "Herr Kommissar, ich halte das nicht mehr aus...!"

KATZBUCKL (ganz ruhig): "Doch das tun Sie! Weil Sie eine gute Mutter sind. Weil Sie jetzt stark sein müssen... für Lena!"

Edith sieht ihn an und nickt dann. Sie strafft sich...

KATZBUCKL: "Es gibt auch gute Nachrichten!"

EDITH: "Gute Nachrichten?"

KATZBUCKL: "Wenn die Mädchen wirklich in der Nähe der Stadt Schleswig sind, und ich weiß nicht, wie sie das jetzt wieder hingekriegt haben, dann kommt nur <u>ein</u> Kontakt von unserer Liste in Frage, wo sie unterkommen können..."

EDITH: "Und welcher?"

KATZBUCKL: "Ich hab nur den Tarnnamen: Klein Biber...!"

<u>INT. IN EINER FERIENWOHNUNG - NACHTS</u>

Marla, Berlanti, Becky und Lena sitzen zusammen.

MARLA (begeistert): "Ihr seht so gut aus! Und ihr seid so cool! Ihr habt in den letzten Tagen die Scheiße weggerult! Ihr zwei rult alles!!"

Man hört einen furchtbaren Schrei von irgendwo. Lena und Becky schauen beunruhigt. Ein weiterer Schrei....

BECKY: "Was war das?"

MARLA (winkt ab): "Wir haben hier ein Retreat! Meine Eltern machen Therapie-Workshops für unglückliche Millionäre. Heute abend ist das Urschrei-Seminar... und danach gibt es gemeinsames Singen am Lagerfeuer!"

Becky und Lena wechseln einen befremdeten Blick.

BERLANTI: "Lena, wenn du vom Pferd gestürzt bist, dann hab ich Arnika-Globuli! Die helfen dir!"

Berlanti holt ein Etui hervor, in dem lauter kleine Röhrchen stecken.

MARLA: "Ihre Mutter ist Heilpraktikerin und Berlanti wird das auch!"

Berlanti gibt der leidenden Lena drei Globuli.

BERLANTI: "Einfach im Mund zergehen lassen! In drei Stunden ist es besser!"

EXT. IM HOF DES POLIZEIPRÄSIDIUMS - NACHTS

Kommissar Katzbuckl eilt mit Lester auf seinen BMW zu, als er sieht, dass jemand am Fahrzeug wartet. Es ist niemand anderes als Amanda Wolf, die Reporterin mit ihrem Fotoapparat. Katzbuckl verdreht die Augen.

KATZBUCKL: "Amanda Wolf! Haben der Knoblauch und die geweihten Kruzifixe vorne an der Einfahrt also versagt..."

AMANDA: "Nicht so garstig, Herr Katzbuckl! Ich will nur eine gute Story und ein Foto! Und wenn einer die Mädels auftreibt, dann Sie! Haben Sie eine Spur?"

KATZBUCKL: "Keine Ahnung, wovon Sie reden. Wir fahren jetzt nach Hause in den verdienten Feierabend..."

LESTER: "Also, _ich_ hätte noch Zeit für einen Kaffee...!"

KATZBUCKL (stößt ihn weiter): "Hast du nicht!"

Lester lächelt Amanda entschuldigend zu. Er steigt auf sein Fahrrad und rollt vom Hof. Danach folgt der Dienstwagen des Kommissars. Amanda sieht ihm nach. In ihr arbeitet es...

AMANDA: "Ich glaub dir kein Wort, Katzbuckelchen! Du hast diesen Blick, wenn du Blut geleckt hast!"

INT. IN EINER FERIENWOHNUNG - NACHTS

Lena und Becky liegen nebeneinander im Doppelbett. Sie haben sich soeben die Bäuche mit Pizza vollgeschlagen.

BECKY: "Ich hab Marla unrecht getan! Ist ein Service hier wie im Ritz!"

LENA: "Berlanti war auch nicht schlecht mit ihren Globuli. Meine Schulter ist schon viel besser..."

Becky verschränkt die Arme hinter dem Kopf.

BECKY: "Ich hätte nie gedacht, dass wir so weit kommen. Du hast alles wirklich gut geplant, Hut ab!"

LENA: "Oh, danke! Aber wir wissen ja, wo Endstation gewesen wäre, wenn du nicht dabei gewesen wärst!"

Becky lacht. Sie sehen sich voller Sympathie an...

BECKY: "Ist ja wirklich nett, mir dir zu plaudern, Lena, aber ich bin so gespannt, wie es bei meinen Silvergirls weiter geht!"

LENA: "Ganz famoser Einfall!"

Vergnügt ziehen die Mädchen ihre Bücher hervor...

EXT. IN DER PRÄRIE - ABEND

Tex Mulligan, Abe und Nugget-Joe hocken im Halbkreis um Jane herum, der die Hände vor dem Bauch gefesselt wurden.

TEX: "Was bist du nur für ein Greenhorn? Hast du noch nie gehört, dass man einer Rothaut nicht über den Weg trauen darf?"

Die anderen lachen rau. Im Hintergrund sitzen die anderen drei Galgenstricke und brauen sich Kaffee über dem Lagerfeuer. Jane sieht die Strauchdiebe finster an.

TEX: "Jane Silver! Für deinen Kopf gibt es tausend Dollar! Nicht schlecht für eine Frau..."

ABE: "Was suchst du überhaupt hier draußen im Indianerland?"

JANE: "Ich suche nach einem Medizinmann! Sein Name ist Listige Kröte!"

Die Männer sehen sich an und brechen dann in schallendes Gelächter aus. Sie wollen sich gar nicht mehr einkriegen.

JANE: "Was ist so lustig, ihr Schwachköpfe?"

TEX: "Nun, du hast Listige Kröte nur ganz knapp verpasst!"

Wieder brüllendes Gelächter.

JANE: "Wieso? Wo ist er?"

ABE: "Tex hat ihn leider letzte Woche umgelegt! Hätten wir doch nur vorher gewusst, dass du kommst!"

Erneute Heiterkeit bei den Männern. Jane sieht den Mann bestürzt an. Die drei Desperados trollen sich lachend zum Lagerfeuer. Jane muss die Information verdauen. Dann greift sie an ihre Haare. Sie nestelt ein Holzröhrchen frei, das bei oberflächlichem Hinschauen, wie ein Haaraccessoire aussieht. Niemand achtet auf sie. Aus dem Röhrchen lässt sie fünf Kügelchen in ihre Hand rollen. Die sechs Männer sitzen am Lagerfeuer und trinken Kaffee und Whisky. Jane nimmt eine der Kugeln in den Mund und setzt das Röhrchen wie ein Blasrohr an den Mund. Sie pustet. Die erste Kugel prallt von der Außenwand der Kaffeekanne ab und landet im Feuer. Jane probiert es ein zweites Mal. Der Schuss sitzt. Die Kugel fällt in den Kaffee. Und Jane atmet tief durch...

EXT. IN DER PRÄRIE DER TERRITORIES - NACHTS

Die Männer am verglimmenden Lagerfeuer schnarchen lautstark. Nur Tex Mulligan ist noch wach, aber auch er kämpft angestrengt gegen den Schlaf. Dann aber kippt auch er einfach zur Seite. Jane sieht das und robbt los. Sie erreicht den ersten Desperado und zieht ihm das Messer aus dem Stiefel. Damit macht sie ihre Fesseln los. Dann läuft sie zu den Pferden und bindet sie los...

ABE (O.S.): "Ich mag keinen Kaffee, Baby!"

Jane dreht sich um und sieht in die Mündung von Abes Revolver. Sie hebt deprimiert die Hände. Doch da erscheint ein Schatten hinter dem Vogelfreien und ein dumpfer Laut ertönt. Bewusstlos sinkt Abe ins Gras. Hinter ihm wird der zweite Cheyenne sichtbar, der Rote mit dem Soldaten-Képi. Er bedeutet Jane, dass der Weg für sie frei ist. Sie nickt ihm dankbar zu, steigt auf das Pferd und reitet davon...

INT. IN EINER FERIENWOHNUNG - NACHT

Der Wecker klingelt. Lena hebt den Kopf. Die Uhr steht auf sechs. Es ist Zeit aufzubrechen. Sie rüttelt Becky wach...

EXT. IM HOF VON KLEIN BIBERS ELTERN - NACHT

Becky und Lena führen ihre gesattelten Pferde in den Hof.

BECKY: "Lena! Vorsicht!"

Lena kann gerade noch einem von oben herunterbaumelnden Flaschenzug ausweichen..

LENA: "Los! Auf geht's!"

Die Mädchen sitzen auf und reiten zum Ausgang...

EXT. VOR DEM THERAPIE-HOF- NACHTS

Gerade als Lena und Becky den Hof verlassen haben, versperrt ihnen jemand den Weg. Kommissar Katzbuckl zündet mit seinem Feuerzeug eine Fackel an. Und mit dieser eine zweite. Er breitet seine Arme aus, in jeder Hand eine Fackel und versperrt damit den Reiterinnen den Weg.

KATZBUCKL: "Okay, Kinder! Polizei! Kommissar Katzbuckl! Die Reise ist zu Ende! Absteigen bitte, und zwar sofort!"

Aber Lena und Becky reißen ihre Zügel herum und fliehen in die andere Richtung. Kommissar Katzbuckl lächelt entspannt.

KATZBUCKL: "Schlechte Entscheidung! Ihr reitet in die Sackgasse, Kinder!"

Er geht den Mädchen langsam und trällernd nach...

EXT. IM HOHLWEG - DÄMMERUNG

Die Mädchen reiten heran. Lena zügelt das Pferd.

LENA: "Warte!"

BECKY: "Was?"

LENA: "Marla hat doch erzählt, dass der Weg zu einem Steinbruch führt! Da sitzen wir in der Falle!"

BECKY: "Und was jetzt?"

Lena schaut. Im Licht der Dämmerung sieht sie, dass der Boden an manchen Stellen schlammig ist und an anderen wieder steinig. Sie betrachtet die Umgebung. An dieser Stelle verbreitert sich der Pfad, damit LKWs, die sich begegnen, wenden oder aneinander vorbeifahren können.

LENA: "Ich hab's! Los, Becky! Da, hinter den Strauch! Nimm Mausi mit!"

Becky diskutiert nicht lange. Sie steigt ab und zieht Mausi hinter einen Busch. Lena hingegen dirigiert Floh nach vorne und lässt ihn durch den Abschnitt mit dem Schlammboden laufen. Dann hält sie ihr Reittier an und zieht die Zügel zu sich. Florian reagiert und geht nun rückwärts. Das Pferd geht wieder nach hinten und setzt neben seiner ersten Hufspur eine parallele zweite. Als Lena mit Flo wieder den Steinboden erreicht hat, steigt sie ab und zieht ihr Pferd zu dem Busch, hinter dem Becky mit Mausi bereits wartet. Keine Sekunde zu früh, denn gerade erscheint der Kommissar auf der Bildfläche. Mit seinen Fackeln hat er ausreichend Licht und er sieht die beiden Hufspuren im Schlamm, die offenbar keinen Zweifel darüber lassen, dass die Mädchen tatsächlich weiter in den Steinbruch geritten sind... Katzbuckl hätte nur einen flüchtigen Blick nach links werfen müssen, dann hätte er Lena und Becky mit Sicherheit entdeckt.

Aber der Kommissar läuft weiter geradeaus, mit einem siegessicheren Lächeln auf seinen Lippen. Als er vorbei ist, sehen sich Becky und Lena ungläubig an, aber dann steigen sie auf ihre Pferde und reiten los...

EXT. VOR DEM THERAPIE-HOF - DÄMMERUNG

Die Mädchen traben heran. Als Lena den Wagen von Kommissar Katzbuckl sieht, hebt sie die Hand. Becky reitet neben sie.

LENA: "Das ist der Wagen von diesem Kommissar Buckelkatz! Wenn er zurück kommt, wird er uns verfolgen!"

BECKY: "Lassen wir ihm doch die Luft aus den Reifen!"

Lena sieht sich um und lächelt fein...

LENA: "Ich hab eine bessere Idee!"

EXT. IM ALTEN STEINBRUCH - DÄMMERUNG

Kommissar Katzbuckl erscheint lächelnd in der Zufahrt des Steinbruchs und bleibt stehen. Er findet den Kessel vor sich leer. Der Kommissar dreht sich verdutzt. Er lässt die Hände mit den Fackeln sinken und versteht die Welt nicht mehr...

KATZBUCKL: "Was, zum Teufel...?"

Er dreht sich ratlos um. Dann aber schleudert er die Fackeln zur Seite, dreht sich um und rennt zurück...

EXT. VOR DEM THERAPIE-HOF - DÄMMERUNG

Keuchend kommt Werner Katzbuckl herangehetzt. Und es ist das zweite Mal an diesem frühen Morgen, dass seine Schritte von selber langsamer werden und er zum Stehen kommt. Er kann nicht glauben, was er da sieht. Aber es ist die nackte Wahrheit: Sein Auto hängt gut drei Meter über dem Erdboden am Ast einer Eiche und dreht sich majestätisch um sich selbst. Er schaut nach oben und sieht einen Flaschenzug, der an einem starken Ast befestigt ist. Da blitzt es. Der Kommissar dreht sich erschrocken um und sieht Amanda, die ihn und das Auto fotografiert. Sie nimmt die Kamera herunter und lächelt Werner Katzbuckl hinreißend an...

AMANDA: "Da krieg ich also doch noch mein Foto! Und was für ein Schönes!"

EXT. FLUGHAFEN MÜNCHEN II - DÄMMERUNG

In der frühen Stunde landet eine Maschine der Lufthansa...

INT. TAXISTAND VOR DEM FLUGHAFEN FJS - DÄMMERUNG

Pietro D'Argento verlässt das Flugzeug. Er wirkt in sich gekehrt und verschlossen. Er sieht zutiefst besorgt aus...

EXT. LANDSTRASSE - TAG

Die Mädchen traben Richtung Norden. Die Anspannung legt sich allmählich. Becky sieht Lena bewundernd an...

BECKY: "Lena, oh Mann! Was für ein endkrasser Trick mit den Spuren!"

LENA: "Und das mit dem Auto wird dem Herrn Kommissar zu denken geben!"

BECKY: "Genau! Niemand legt sich mit den Silvergirls an!"

LENA: "Absolut niemand! Yiiihaaaaa!!"

Sie lässt Flo anreiten und die Mädchen galoppieren jauchzend um die Wette...

INT. KINDERZIMMER MARLA - TAG

Kommissar Katzbuckl sitzt vor einer trotzig aussehenden Marla, die ihren Cowboy-Dress anhat und dazu ihren Stetson auf. Im Hintergrund steht Maras zerstreut wirkender Vater.

KATZBUCKL: "Kannst du nicht mal den albernen Hut absetzen?

MARLA: "Es gibt kein Gesetz, das Kindern das Tragen von Hüten verbietet! Das ist ein freies Land, oder?"

KATZBUCKL (seufzend) Marla... Das ist kein Spiel! Sag, was du weißt! Rebecca und Lena begeben sich in große Gefahr. Es kann sonstwas passieren!"

MARLA: "Ja. Das Leben ist kein Ponyhof."

Katzbuckl reibt sich die übermüdeten Augen und lehnt sich zurück. Dann sieht er etwas aus den Augenwinkeln. Neben vierzehn säuberlich aufgereihten Silvergirls-Romanen stehen auch einige DvD-Editionen, der Fernsehreihe "Sitting Bull".

KATZBUCKL: "Du guckst 'Sitting Bull'?"

MARLA: "'Sitting Bull' ist doch obercool. Die Serie rult die Scheiße weg!"

MARLAS VATER: "Marla! Achte auf deine Wortwahl!"

MARLA: "Die Serie ist... begeisternd."

KATZBUCKL: "Kennst du auch schon die neue Staffel? Die siebte?"

MARLA: "Die läuft doch erst im Hebst..."

KATZBUCKL: "Ach, wirklich? Nun, <u>ich</u> kenne sie schon. Ich hab die DvD-Box auf englisch und schon alles geguckt! (beugt sich vor) Und wenn du jetzt nicht auspackst, spoiler ich dir, was in Staffel sieben alles passiert...!"

Und an den schreckensweiten Augen Marlas sieht man, dass der Kommissar das Mädchen dieses Mal beeindruckt hat...

INT. IM NÜRNBERGER PRÄSIDIUM, BÜRO LESTER - TAG

Pietro D'Argento steht wutschnaubend vor Lester...

PIETRO D'ARGENTO: "Was heißt das, Kommissar Katzbuckl ist nach Schleswig Holstein gefahren?"

LESTER: "Er hatte wohl eine Spur..."

PIETRO D'ARGENTO: "Ich bin extra von Japan hierher geflogen!"

LESTER: "Ja, ehm... Das ehrt Sie!"

PIETRO D'ARGENTO: "Wollen Sie mich veräppeln?"

LESTER: "Das liegt mir fern! Aber so, wie ich es sehe, spielt die Musik jetzt oben im Norden! Vielleicht sollten Sie sich dahin begeben..."

Pietro D'Argento sieht den jungen Polizisten böse an...

INT. KINDERZIMMER MARLA - TAG

Katzbuckl macht Notizen, während Marla erzählt. Er sieht sie an und wirkt etwas irritiert...

KATZBUCKL: "Sie wollen also über die dänische Grenze? Was haben sie dann vor?"

MARLA: "Sie wollen sich nach Schweden durchschlagen!"

KATZBUCKL (kommt nicht mehr mit): "Nach Schweden? Was ist denn in Schweden?"

MARLA: "Lena kennt da eine Hütte, nicht weit von Schloss Gripsholm. Sie war mal mit ihrer Schulklasse da. Sie und Becky wollen erstmal da hin und dann vielleicht noch wohin, wo es noch abgelegener ist! Dort wollen sie leben..."

Katzbuckl starrt das kleine Mädchen ungläubig an.

KATZBUCKL: "Sie wollen dort leben?? In der schwedischen Wildnis! Das ist total gaga! Das schaffen sie nie!"

MARLA: "Ich finde, sie haben es schon ganz schön weit geschafft."

KATZBUCKL: "Aber wovon wollen sie sich denn ernähren? Von Beeren und Wurzeln?"

MARLA: "Sie wollen sich ab und zu einen Elch schießen!"

KATZBUCKL: "Ach ja? Und wie, Bitte? Mit Pfeil und Bogen?"

MARLA: "Sie haben die Polizeipistole!"

Der Kommissar wird mit einem Male sehr nachdenklich...

EXT. AUF DEN STRASSEN SCHLESWIG HOLSTEINS - TAG

Lena und Becky haben wieder müde und erschöpfte Gesichter.

BECKY: "Ich verstehe es nicht!"

LENA: "Was?"

BECKY: "Na, dieser Kommissar Buckel! Wie der da so auf uns gewartet hat. Als wüsste er, dass wir da sind!"

LENA: "Ja, stimmt. Und er scheint auch gewusst zu haben, dass wir beim Steinbruch in der Falle sitzen!"

BECKY: "Also, woher hat er es gewusst? Dass wir da sind?"

LENA: "Meinst du, Marla hat uns verraten? Ich meine, sonst wusste es doch keiner!"

BECKY: "Marla ist komplett durchgeknallt, aber die verrät doch keinen..."

LENA: "Vielleicht haben sie meinen Laptop gefunden. Das auf dem Dachboden. Dieser Katzenbuckel sah nicht grad wie ein Blödkopf aus..."

BECKY: "Und in dem Laptop, da sind deine Fluchtpläne drin?"

LENA: "Naja... irgendwie schon..."

BECKY: "Damit weiß Kommissar Buckel also genau, was wir vorhaben..."

Lena sieht Becky an und schüttelt den Kopf.

LENA: "Nicht ganz. Nele, das Mädchen, das wir nachher im Reiterhof Albrecht treffen, kenne ich nicht aus dem Silvergirls-Forum! Die hab ich im Urlaub mit meiner Mutter kennen gelernt. Sie ist meine Brieffreundin!"

BECKY: "Und du bist sicher, dass der Kommissar davon nichts weiß...?"

LENA: "Ja, ganz sicher...!"

Die Mädchen reiten weiter.

EXT. HOF POLIZEIPRÄSIDIUM FLENSBURG - TAG

Der Kommissar fährt als Beifahrer eines Streifenwagens in den Hof das Präsidiums. Da tritt bereits ein Mann auf ihn zu, der hier gewartet hat. Pietro D'Argento...

PIETRO D'ARGENTO: "Herr Kommissar Katzbuckl?"

KATZBUCKL: "Sie sind sicher Rebeccas Vater! Mein Kollege hat sie schon angekündigt. Sie sind ganz schön schnell!"

PIETRO D'ARGENTO: "Ich habe ein Flugzeug gechartert. Also, wo ist meine Tochter?"

KATZBUCKL: "Also, heute morgen, als ich sie bei ihrem frühmorgendlichen Ausritt sah, schien es ihr gut zu gehen!"

PIETRO D'ARGENTO (schaut finster): "Sie belieben zu scherzen, oder?"

KATZBUCKL: "Gehen wir doch rein und trinken gemeinsam einen Kaffee..."

EXT. AN DER TRÄNKE REITERHOF ALBRECHT - TAG

Während Mausi und Flo trinken, untersuchen Lena und Becky die Stellen der Pferderücken unter den Sätteln. Da kommt Nele herangelaufen, ein fast fünfzehnjähriges Mädchen.

NELE: "Hier! Ich hab Heilsalbe geholt!"

LENA: "Nele wohnt neben einer Tierärztin. Sie kennt sich mit Pferden super aus..."

NELE: "Und ich sag dir, die zwei Burschen hier sind urlaubsreif!"

Sie trägt die Creme auf die wunden Stellen der Pferde auf.

LENA: "Ich dachte nicht, dass ihnen die Reise so zusetzen würde!"

Nele schaut die Pferde genauer an und überprüft die Hufe.

NELE: "Geht schon. Zuschanden geritten habt ihr sie jedenfalls nicht!"

LENA: "Wie sieht es aus, Nele? Kannst du Mausi und Florian versorgen?"

NELE: "Klar! Leere Ställe gibt's hier genug. Ich kümmer mich persönlich um die zwei! Sobald ihr es nach Sandager geschafft habe, rufe ich dann den Ponyhof in Rothenburg an und sag denen Bescheid..."

LENA: "Danke! Das ist wirklich ganz großartig von dir!"

NELE: "Kommt! Ich bringe euch zum Haus meines Onkels..."

BECKY: "Erst verabschieden!"

Sie tritt zu Mausi und herzt das Pferd.

BECKY: "Danke, Mausi! Du warst Spitze!"

LENA (tritt zu Flo) "Alles klar, mein Dicker! Wir sehen uns bald! Und danke!"

Sie gibt dem Pferd einen Kuss auf die Nüstern. Dann schnappen die Mädchen ihr Gepäck und gehen zu Nele. Die greift in ihren Rucksack und holt zwei Sonnenbrillen heraus, die sie den Mädchen reicht.

BECKY: "Wozu das denn?"

LENA: "Ihr wisst wohl nicht, wie berühmt ihr inzwischen seid! Die Zeitungen schreiben nur noch über euch... Setzt die Brillen besser auf, sonst könnt ihr gleich anfangen Autogramme zu schreiben!"

EXT. STRASSEN IN FLENSBURG - NACHMITTAG

Nele steigt mit Lena und Becky aus dem Linien-Bus. Die Flüchtigen tragen ihre Sonnenbrillen und sehen damit auch ziemlich auffällig aus.

NELE: "Das Haus von meinem Onkel ist gleich da vorne. Es geht nur Kaltwasser. Die Heizung und der Strom sind abgestellt. Aber ein paar gemütliche Matratzen liegen da... Manchmal machen meine Freundinnen und ich da Pyjamaparties..."

Sie gehen die Straße hinunter.

INT. WOHNUNG NELES ONKEL - NACHMITTAG

Es ist eine leerstehende Wohnung und nur einige Matratzen liegen herum, die Nele mit frischen Laken bezieht.

NELE: "Ich kann nur hoffen, ihr habt einen Plan, wie ihr über die Grenze kommt. Denn seit heute wimmelt es hier von Polizei... Sie kontrollieren überall und an den Grenzen stehen zusätzliche Fahrzeuge..."

BECKY: "Unseretwegen?"

LENA: "Die Schießerei! Die wissen, dass wir hier sind!"

NELE: "Seh ich auch so. Meine Freundin Greta hat am Bahnhof eine Streife gesehen: Die hatten euer Foto dabei... Die machen ernst...!"

LENA: "Wir wollten eigentlich mit einem Taxi über die Grenze fahren..."

BECKY: "Mit einem Taxi?"

LENA: "Ja. Da gibt es einen alten Mann. Er ist auch im Silvergirls-Forum... Er ist unheilbar krank, aber er wollte mir helfen!"

NELE: "Ich denke, dieser Kommissar weiß von all deinen Forum-Kontakten..."

LENA: "Leider. Und ich hab keinen Plan B!"

BECKY: "Wir müssen eine andere Lösung finden. Aber wie, bei dem ganzen Polizeiaufgebot...?"

Lena guckt mutlos. Doch Nele legt den Arm um ihre Schulter.

NELE: "Jetzt lass den Kopf nicht hängen! Meine Freundin Greta und noch ein paar andere Mädchen vom Reiterhof, wir hätten da eine Idee, wie wir euch vielleicht helfen können: Ist 'n geiler Plan! Wir nennen ihn "Aktion Feuerwerk"!"

Becky und Lena sehen Nele skeptisch an...

INT. BESPRECHUNGSRAUM PRÄSIDIUM FLENSBURG - ABEND

Kommissar Katzbuckl sitzt mit dem Innenminister und zwei hohen Polizeifunktionären zusammen. Der Politiker zeigt Katzbuckl die Abendzeitung, in der das Foto abgebildet ist, auf dem der Kommissar zu seinem Auto hinauf schaut.

INNENMINISTER: "Bei allem Respekt, Herr Kommissar Katzbuckl! Ich muss Sie von dem Fall abziehen. Nach dem hier, sind Sie ja nur noch eine Witzfigur!"

Die Tür geht auf und Lester kommt herein. Er kaut mit vollen Backen. Er ist zu spät und erntet einige böse Blicke. Schnell pflanzt er sich hinter dem Kommissar.

KATZBUCKL (sieht den Minister an): "Sie werden mich nicht vom Fall abziehen! Ich weiß inzwischen, wie diese Mädchen ticken... Jeder Neue muss sich erst in die Materie einarbeiten... Und die Zeit haben wir nicht. Ich bin jetzt Ihre beste Chance!"

Der Innenminister sieht zu den Polizeifunktionären.

POLIZEIFUNKTIONÄR: "Haben Sie denn einen Plan?"

KaTZBUCKL: "Ich rechne damit, dass die Mädchen morgen versuchen werden, über die Grenze zu kommen. Im Moment kontrollieren wir alle Bahnhöfe und Busbahnhöfe. Die Küstenwache hat den Hafen im Griff, und an den Grenzen sind wir ebenfalls präsent. Morgen werden die Mädchen kommen und dann fangen wir sie ein, mit dem ganz großen Schmetterlingsnetz!"

Die Herrschaften sehen sich an. Dann nickt der Innenminister.

INNENMINISTER: "Also gut! Meinetwegen. Aber parken Sie Ihren Dienstwagen nicht wieder in einer Baumkrone!"

Katzbuckl lächelt salzig...

INT. WOHNUNG NELES ONKEL - NACHT

Lena und Becky liegen nebeneinander auf der Matratze und grübeln. Lena sieht ihre Sonnenbrille genervt an...

LENA: "Die Sonnenbrillen vergessen wir besser. Sonst können wir an der Grenze auch gleich dreimal 'hier' rufen!"

BECKY: "Hier hängen überall unsere Bilder! Wir brauchen die Brillen. Oder willst du als Clown verkleidet über die Grenze?"

LENA (blickt auf): "Warte mal! Das ist es überhaupt!"

BECKY: "Was? Das mit den Clowns?"

LENA: "Nein. Aber wir malen uns die Gesichter an. Du weißt schon, als Katze oder als grüner Kobold!"

BECKY: "Ist doch keine Faschingszeit!"

LENA: "Unsinn! Unsere kleine Nachbarin hat mitten im Sommer eine Maskenparty ausgerichtet. Und bei jedem Volksfest gibt es inzwischen Leute, die Kindern das Gesicht bemalen!"

BECKY: "Hmm... zugegeben, die Idee ist besser als nichts..."

LENA: "Wir besorgen gleich morgen früh Schminkfarben und legen los..."

Sie bricht ab. Becky sieht sie an und runzelt die Stirn.

BECKY: "Was ist?"

Lena macht ein bestürztes Gesicht und schließt die Augen.

LENA: "Wir haben was ganz Entscheidendes nicht bedacht... Wir haben ja gar kein Geld mehr: Für die Schminke nicht und für das Taxi über die Grenze schon gar nicht..."

Becky sieht Lena an und dreht sich um. Sie beugt sich zu ihrem Gepäck und zieht Kurti ihren Teddy hervor. Sie packt den Kopf Kurtis und reißt ihn einfach ab. Lena schaut befremdet. Da greift Becky in den Hals des Stofftieres und zieht vier fünfzig Euro-Scheine heraus...

BECKY: "Ich weiß schon, warum ich Kurti ungern irgendwo zurücklasse...!"

Lenas verblüfftes Gesicht gebiert ein Lächeln...

EXT. CULVER CITY MAIN STREET - TAG

Jane Silver reitet in Culver-City ein. Sie sieht mitgenommen und verdreckt aus. Sie steigt ab und bindet ihr Pferd vor dem Saloon an. Dann betritt sie den Laden...

INT. IN EINEM SALOON - TAG

Mr. Diamond steht in Unterwäsche da und wäscht in einem Zuber seine Hose. Er hört die Schwingtüre und Schritte.

MR. DIAMOND: "Der Saloon ist geschlossen!"

Dann blickt er auf und er erstarrt, als er Jane Silver sieht. Ihr Gesicht wirkt, als wäre es aus Stein.

JANE: "Wo ist Sylvie?"

MR. DIAMOND: "Sie ist nicht in der Stadt."

JANE: "Wo ist sie dann?"

MR. DIAMOND: "Es geht ihr schlecht. Pater O'Brien hat sie zum Kloster der Vinzentinerinnen gebracht... Das war vor zwei Tagen... Keine Ahnung, ob Sylvie noch lebt!"

Jane sieht ihn an, dann dreht sie sich ohne ein weiteres Wort um und geht hinaus.

EXT. VOR DER KLOSTERPFORTE - NACHTS

Jane klopft an die Pforte. Nach einer Weile hört man Schritte und die hölzerne Türe öffnet sich. Eine Ordensfrau mustert Jane.

ORDENSFRAU: "Jane Silver?"

JANE: "Ich will zu Miss van der Wiel!"

Die Ordensfrau macht die Tür weit auf, und Jane tritt ein.

INT. IM KLOSTERGANG - NACHT

Die Ordensfrau führt Jane durch die Gänge. Vor einer Tür bleibt sie stehen und dreht sich zur Besucherin um.

ORDENSFRAU: "Misses Van der Wiel ist sehr schwach... Sie hat nach Ihnen gefragt. Wenn Sie können, bleiben sie bei ihr. Ich denke, sie wird diese Nacht nicht überstehen..."

Jane nickt betroffen, und die Ordensfrau öffnet die Tür...

INT. IN SYLVIES KLOSTERKAMMER - NACHTS

Jane tritt an das Bett, in dem Sylvie liegt. Die einst so schöne Frau, sieht abgemagert und verzehrt aus. Doch als sie ein Geräusch hört, dreht sie den Kopf. Sie sieht Jane und plötzlich ist ihr altes Strahlen da, für einen Moment.

SYLVIE: "Jane! Jane, du bist gekommen!"

Jane setzt sich und kann beim Anblick ihrer sterbenden Freundin die Tränen nicht mehr zurückhalten. Sylvie hebt matt ihre Hand und Jane nimmt sie.

SYLVIE: "Ich bin so froh, dich zu sehen!"

JANE: "Sylvie... ich muss dir etwas sagen... ich..."

SYLVIE: "Schhhh...! Du musst nichts sagen. Es ist nur wichtig, dass du jetzt hier bist... Nur das ist wichtig!"

Jane bricht in Tränen aus...

EXT. AM BUSBAHNHOF - TAG

Mehrere Polizisten patrouillieren hier und kontrollieren Busse und die Papiere der Leute...

EXT. IM HAFEN - TAG

Zwei Boote der Küstenwache liegen vor der Hafenausfahrt, während am Pier Uniformierte Präsenz zeigen...

INT. IM BAHNHOF - TAG

Auch hier Patrouillen. Sogar eine Hundestaffel ist da.

EXT. AN DER GRENZE ZU DÄNEMARK - TAG

Zwei Streifenwagen stehen hier, während mehrere Beamte jedes Auto, das aus dem Land will, genau prüft. Kommissar Katzbuckl steht mit verschränkten Armen da und wartet. Lester wartet im Hintergrund und futtert einen Croissant.

INT. IN DER NÄHE EINES TAXISTANDES - TAG

Hinter einer Litfasssäule schauen zwei Gestalten hervor. Es sind Lena und Becky. Während Lena eine perfekte Katzenmaske hat, mit der sie beim Musical CATS auftreten könnte, sieht Becky schräg aus: Wie eine Mischung aus Shrek und Sams...

BECKY (säuerlich zu Lena): "Bitte verzeih, wenn ich dich als Schminkmeisterin nicht weiterempfehle!"

LENA: "Wieso? Ich finde es eigentlich sehr gelungen."

BECKY: "Auweia. Wen immer du heiratest, er wird eine Papiertüte mit zwei Löchern überm Kopf tragen..."

Lena hört nicht zu. Sie sieht auf ihre Uhr.

LENA: "Es wird Zeit! In fünfzehn Minuten startet Nele "Aktion Feuerwerk!""

BECKY: "Na, dann los, Miezekätzchen!"

LENA: "Und lass dir nichts anmerken! Der Fahrer darf auf keinen Fall Verdacht schöpfen!"

Becky nickt, und die beiden laufen auf das vorderste Taxi zu. Sie steigen rechts und links hinten zu...

I/E. IM TAXI - TAG

Lena und Becky schlagen die Türen zu.

LENA: "Wir wollen nach Sandager, bitte!"

Der Taxifahrer, ein großer blonder Bursche dreht sich um, stutzt und sieht die Mädchen genauer an...

TAXIFAHRER: "Jetzt wird doch der Hund in der Pfanne verrückt! Ihr sei die Mädchen, die mit den Pferden durchgebrannt sind? Lena und Rebecca?? Seid ihr doch, stimmt's?"

Lena und Becky schauen geschockt aus der Wäsche...

EXT. AN DER GRENZE ZU DÄNEMARK - TAG

Werner Katzbuckl steht immer noch wie eine Statue da und wartet. Da schießt ein roter Porsche heran.

KATZBUCKL: "Oh lieber Gott! Warum immer sie? Warum nicht mal ein Tsunami??"

Amanda steigt aus ihrem Auto und steuert direkt auf den Kommissar zu, während sie an ihrer Kamera nestelt.

AMANDA: "Wenn das nicht der Herr Kommissar ist! Wo haben Sie denn Ihr Auto?"

Sie schaut suchend in die Luft.

KATZBUCKL: "Wenn Sie aufkreuzen, jagt echt eine Lachsalve die nächste..."

AMANDA (kichert): "Sie glauben nicht, wie oft das Foto bis jetzt verkauft wurde! Über tausend mal! Sie sind jetzt bekannter als der Dalai-Lama!"

KATZBUCKL (knurrend): "Und Sie, Amanda, sind gleich toter als Bambis Mutter!"

Amanda schlägt ihm lachend auf die Schulter. Lester kommt heran und lächelt Amanda tadelnd an.

LESTER: "Amanda, Amanda! Sie wissen schon, dass es eigentlich strafbar ist, so blendend auszusehen!"

KATZBUCKL: "Lester, als ich sagte, ich knall dich ab, wenn du noch einmal mit ihr sprichst, war das kein Witz!"

Lester zuckt bedauernd die Achseln und trollt sich. Amanda sieht ihm amüsiert nach.

AMANDA: "Kommen Sie, Herr Katzbuckl! Sie denken, die Mädchen kommen hier durch? Ich meine, sonst würden Sie doch nicht hier stehen, was?"

KATZBUCKL: "So, Amanda! Das reicht! Ich verhafte Sie wegen Behinderung der Justiz, wegen Parkens in einer absoluten Halteverbotszone und..."

AMANDA: "He! Da sind sie ja!"

Katzbuckl fährt herum. Aber Amanda hat Recht: Dort, in
einiger Entfernung, kommen die Mädchen angeritten. Katzbuckl
bleckt die Zähne.

KATZBUCKL: "Jetzt sind sie reif! (brüllend) Die Mädchen! Da
vorn sind sie!"

Er rennt hinüber zu Seite, wo ein Geländemotorrad geparkt
ist. Er zieht sich den Helm über, während auch die anderen
Polizisten zu ihren Fahrzeugen rennen. Der Kommissar kickt
seine Enduro an und legt einen Kavalierstart hin, der Amanda
beeindruckt die Brauen heben lässt... Nur auf dem Hinterrad
jagt der Kommissar den berittenen Mädchen nach, die sich nun
zur Flucht gewendet haben. Zwei Streifenwagen jagen ihnen mit
Blaulicht und Sirene hinterher, am Ende gefolgt von Amandas
rotem Ferrari...

EXT. STRASSEN IN FLENSBURG - TAG

Die Reiterinnen brechen zur Seite aus und galoppieren durch
eine Parkanlage. Der Kommissar prügelt sein Motorrad brutal
hinterher. Mit hoher Drehzahl fetzt er durch ein Gebüsch und
nähert sich den Reiterinnen von der Flanke. Er drängt die
Mädchen nach links ab und treibt sie zurück auf die Straße.
Hier hat die Polizei bereits den Weg gesperrt. Die
Reiterinnen zügeln ihre Pferde. Auch Katzbuckl bremst.

FUNK (O.S.): "Caesar elf an Kommissar Katzbuckl! Die
gesuchten Mädchen wurden von uns soeben am Hafen in Gewahrsam
genommen! Kommen!"

Kommissar Katzbuckl, der gerade von seinem Motorrad gestiegen
ist, schaut ratlos. Er nimmt den Helm ab und rennt zu den
Mädchen, die soeben von den Pferden gezogen werden. Er dreht
das Mädchen um, das von hinten genau aussieht wie Lena. Aber
es ist nicht Lena. Es ist Nele...

I/E. IM TAXI AUF DEN STRASSEN - TAG

Das Taxi mit Lena und Becky rollt auf die Grenze zu. Die
Mädchen sind bis aufs Äußerste gespannt. Aber niemand steht
an der Grenze. Der Wagen kann Deutschland ungehindert
verlassen... Lena und Becky sehen sich ungläubig an.

TAXIFAHRER (euphorisch): "Wir haben es geschafft!! Wir
haben's Ihnen gezeigt, den Schweinen!! Yes Sir!!"

Er lacht und Becky macht eine kreisende Bewegung an der
Stirn. Der Fahrer scheint eine Schraube locker zu haben...

EXT. HOF DES POLIZEIPRÄSIDIUMS IN FLENSBURG - TAG

Werner Katzbuckl und Lester treten ungläubig in den Hof. Was
sie da sehen, können sie fast nicht glauben. Es sind gut ein
Dutzend Pferde und lauter Mädchen, die entweder aussehen wie
Lena Tagert oder wie Rebecca D'Argento. Hinter dem Kommissar
erscheint Amanda mit ihrem Fotoapparat. Als sie das alles
sieht, pfeift sie durch die Zähne.

AMANDA: "Eines muss man Ihnen lassen, Herr Kommissar, wo Sie sind, gibt's die schönsten Motive!"

Und damit beginnt sie, Aufnahmen zu schießen...

EXT. AUF DÄNISCHEN STRASSEN - TAG

Es ist eine malerische Landschaft. Der Wagen rollt an der Straße entlang, mit einem schönen Blick auf den Fjord und die dänischen Holzhäuser. Becky und Lena sehen hinaus und können es immer noch nicht fassen, dass sie es geschafft haben...

EXT. VOR DEM HAUS INGE LUNDS - TAG

Das Taxi hält vor einem kleinen Haus mit einer Veranda und Meerblick. Lena und Becky steigen aus dem Wagen. Auch der Taxifahrer steigt aus.

TAXIFAHRER: "Alles klar, ihr zwei?"

LENA: "Ja, absolut! Vielen Dank!"

BECKY: "Ja, ganz herzlichen Dank!!"

TAXIFAHRER: "Dann wünsch ich euch Glück!"

Sie lächeln ihm zu. Er drückt ihnen die Daumen, steigt ein, wendet und fährt davon. Becky tritt zu Lena, die zu dem Haus schaut und ein wenig nachdenklich wirkt...

BECKY: "Du bist am Ziel! Freust du dich gar nicht?"

LENA: "Doch. Aber jetzt habe ich Angst..."

BECKY: "Angst?"

LENA: "Was, wenn Inge Lund sofort die Polizei ruft...? Was dann?"

BECKY: "Finden wir es heraus...!"

Sie gehen hinauf zum Haus...

INT. BÜRO KATZBUCKL IN FLENSBURG

Nele und Greta sitzen vor dem Schreibtisch des Kommissars. Katzbuckl sieht angestrengt aus und fixiert die Mädchen. Lester steht an der Wand und hat die Arme verschränkt...

KATZBUCKL: "Ihr hatte also keinerlei Kontakt zu Lena oder Rebecca?"

NELE (unschuldig): "Nein. Wir kennen sie nur aus dem Fernsehen!"

GRETA: "Aber wir halten natürlich zu ihnen!"

KATZBUCKL: "Und ihr habt auch keine Ahnung, wo sie sein könnten...?"

NELE: "Nein, leider leider nicht!"

GRETA: "Wenn wir etwas wüssten, würden wir selbstverständlich helfen!"

KATZBUCKL: "So! Hört auf mich zu verscheißern! Vierzehn Mädchen auf Gäulen, alle als Lena und Rebecca verkleidet, alle zur gleichen Zeit unterwegs und ich soll glauben, ihr seid klein und euer Herz ist rein!?"

NELE: "Es passieren die verrücktesten Sachen!"

GRETA: "Genau! Es gibt Dinge, die gibt's gar nicht!"

Katzbuckl zerbricht einen Bleistift und verlässt wütend den Raum. Die Mädchen sehen sich an und zucken die Achseln...

EXT. VOR DEM HAUS VON INGE LUND - TAG

Lena klingelt, während Becky durch das Fenster späht.

LENA: "Vielleicht ist sie einkaufen..."

BECKY: "Oder hier wohnt keiner mehr..."

Lena geht um das Haus.

LENA: "Gucken wir, ob wir die Küche finden. Da sieht man am ehesten ob es hier bewohnt ist..."

Sie schaut durch ein Fenster.

LENA: "Ja! Hier ist die Küche! Da! Da ist ein Herd und da köchelt was! Dann müsste auch jemand zu Hause sein, oder?"

Da stößt Becky einen erstickten Schrei aus.

BECKY: "Da! Lena! Ein Bein...!!"

Lena schaut und kann von Beckys Platz aus das Bein ebenfalls sehen. Offenbar liegt jemand unter der Spüle.

BECKY: "Was machen wir jetzt?"

LENA: "Wir gehen rein!"

Sie springt zur Seite und hebt einen Stein auf. Mit dem geht sie zur Hintertür und schlägt eines der Glasvierecke in der Tür ein. Sie greift nach innen und öffnet...

INT. IN DER KÜCHE VON INGE LUND - TAG

Die Mädchen kommen in die Küche. Auf dem Boden liegt reglos eine Gestalt.

Lena geht in die Knie und rollt die Person herum. Es ist ein etwa sechzigjähriger Mann mit einer Platzwunde an der Stirn.

LENA: "Ein alter Mann! Er hat sich den Schädel angeschlagen!"

Sie legt den Kopf auf seine Brust.

LENA: "Oh Gott! Ein Atemstillstand!"

BECKY: "Wir müssen einen Arzt holen!"

LENA: "Nein. Er braucht sofort erste Hilfe! Oh Gott, hoffentlich kriege ich das noch hin..."

Sie beugt sich über den Mann, legt seinen Kopf zurecht und startet mit einer Mund-zu-Mund-Beatmung. Sie unterbricht, so schlecht ist der Atem des Mannes. Becky sieht angewidert zu. Aber Lena macht tapfer weiter. Plötzlich bewegt sich der Alte und beginnt zu husten.

LENA: "Wir schaffen ihn ins Wohnzimmer! Schau, ob du eine Decke findest!"

Becky läuft los, während Lena dem stöhnenden Alten den Kragen lockert. Er ist immer noch nicht bei Bewusstsein, aber er atmet jetzt rasselnd. Becky kommt mit einer Decke zurück. Lena nimmt sie und breitet sie auf dem Boden aus.

BECKY: "Was hat er? Einen Herzinfarkt?"

LENA: "Keine Spur! Der ist nur blau wie ein Veilchen!"

Sie rollt den alten Mann auf die Decke...

INT. WOHNZIMMER INGE LUND - TAG

Die Mädchen ziehen den schweren alten Mann auf der Decke in das Wohnzimmer. Neben der Couch lassen sie ihn liegen. Lena nimmt ein Kissen von abgewetzten Rattansofa und legt ihn dem Alten unter den Kopf.

LENA: "Da, in der Karaffe dort! Ist das Wasser?"

Becky steht auf und geht zum Schrank. Hier gibt es ein Bataillon von Schnapsflaschen. Aber in der Karaffe ist tatsächlich Wasser. Becky nimmt es, als ihr Blick auf ein gerahmtes Foto im Schrank fällt. Sie stutzt und runzelt die Stirn. Auf dem Foto stehen zwei Männer. Einer der beiden überreicht dem anderen gerade eine Trophäe.

BECKY: "Lena! Komm her! Das musst du sehen!"

Lena blickt auf, erhebt sich und tritt zu Becky. Die zeigt auf das Foto.

LENA: "Ein Foto von zwei Typen, die ich beide nicht kenne...! Und?"

BECKY: "Lies mal den Text da drunter...!"

LENA (liest): "Verlagsleiter Papenhoff überreicht Inge Lund den Preis für das Kinderbuch des Jahres!"

Sie sieht verwirrt auf das Foto und dann zu Becky.

LENA: "Hä? Aber da ist Inge Lund gar nicht drauf, auf dem Bild!"

BECKY: "Natürlich ist sie drauf. Nur dass es keine "sie" ist. Inge Lund ist ein Mann!"

Lena schüttelt entgeistert den Kopf. Dann sehen die Mädchen langsam zu dem alten stöhnenden Mann, der soeben die Augen aufschlägt und die Besucher verstört ansieht...

EXT. DAS HAUS VON INGE LUND - NACHT

Die Sonne ist untergegangen und auf den Wellen des Meerbusen spiegelt sich das Mondlicht... Aus den Fenstern von Inge Lund scheint Licht...

INT. IM WOHNZIMMER VON INGE LUND - NACHT

Der alte Mann sitzt mit einer Tasse Kaffee in der Hand da und hört den Mädchen zu, die auf den Rattansesseln Platz genommen haben.

INGE LUND: "Und ihr zwei seid den ganzen Weg aus Rothenburg ob der Tauber hergekommen, weil ich mal Westernromane geschrieben habe?"

LENA (deprimiert): "Ich weiß nicht, ob ich es gemacht hätte, wenn ich gewusst hätte, dass Inge in Skandinavien auch ein Männername ist..."

Der alte Mann muss lachen. Als er aber in Lenas gekränktes Gesicht sieht, wird er schnell wieder ernst.

INGE LUND: "Ich wollte mich nicht über dich lustig machen, Lena. Im Gegenteil, ich habe dir zu danken! Ohne dich wäre ich jetzt wahrscheinlich tot!"

Lena blickt auf und zeigt den Anflug eines Lächelns.

INGE LUND: "Also, was mich betrifft, könnt ihr gerne so lange hier bleiben, wie ihr wollt..."

BECKY (schaut ungläubig): "Wirklich?"

INGE LUND: "Aber sicher. Es muss furchtbar sein, wie Lena mit einem Stiefvater zu leben, der sie schlägt. So etwas darf man einem Kind nicht antun!"

Becky ergreift Lenas Hand und drückt sie. Die sieht sie ebenfalls an und lächelt.

INGE LUND: "Ihr könnt oben auf dem Dachboden bleiben. Da ist es ganz gemütlich. Ihr seid nach all den Strapazen sicher erschossen..."

LENA: "Kann ich noch eine Frage stellen?"

INGE LUND: "Bitte! Frag nur!"

LENA (nimmt innerlich Anlauf): "Herr Lund, Sie sind ein toller Autor! Ich habe jedes Ihrer Bücher gelesen. Und sie alle sind großartig... Ich wollte wissen, wieso Sie seit so vielen Jahren nichts mehr veröffentlicht haben?"

Die Miene des alten Mannes verdüstert sich...

<u>INT. BÜRO KATZBUCKL IN FLENSBURG - NACHT</u>

Im Wechsel mit

<u>INT. WOHNZIMMER DER TAGERTS - NACHT</u>

Der Kommissar telefoniert mit Edith Tagert.

KATZBUCKL: "Die Wahrheit ist, dass ich auf der ganzen Linie versagt habe. Ausgetrickst von einem Haufen Schulmädchen!"

EDITH: "Sie dürfen sich keine Vorwürfe machen, Werner! Sie haben doch alles versucht..."

KATZBUCKL: "Was denn? Ich dachte, Sie reißen mir den Kopf ab. Der Vater von Rebecca jedenfalls ist richtig mit mir Schlitten gefahren..."

EDITH: "Es liegt einfach im Moment nicht in unserer Hand. Denken Sie, ich mache mir keine Vorwürfe? Lena ist auch deswegen weggelaufen, weil ich zu schwach war..."

KATZBUCKL: "Edith, können wir nicht lieber auf <u>mir</u> rumhacken? Ich finde <u>Sie</u> echt etwas zu schade dafür!"

EDITH (muss lachen): "Na gut. Hacken wir auf <u>Ihnen</u> rum!"

KATZBUCKL: "Ich war gerade bei den Kollegen der dänischen Polizei. Die übernehmen ja jetzt die Suche nach den Kindern. Und ich glaube, sie haben mich für vollkommen übergeschnappt gehalten..."

EDITH: "Wegen diesem Foto mit dem Auto, das überall in den Zeitungen ist?"

KATZBUCKL: "Das ist das eine. Aber als ich ihnen erzählt habe, dass die Mädchen vorhaben, in der Nähe von Schloss Gripsholm zu jagen und in einer Hütte zu leben, haben sie mich angeschaut, als wär ich ein Mann, dem kleine Metallteile aus den Ohren purzeln..."

EDITH (verwundert): "Lena und Rebecca wollen jagen und im Wald leben? In Schweden? Woher haben Sie denn <u>die</u> Geschichte?

KATZBUCKL: "Ein Mädchen namens Marla hat ausgepackt. Sie hat den Kindern Unterschlupf gewährt. Und Lena hat ihr erzählt, dass sie mit der Schule mal in Schweden war..."

EDITH: "Warten Sie! Das stimmt nicht. Lena war nie auf einer Klassenfahrt nach Schweden..."

Dem Kommissar entgleisen die Gesichtszüge.

EDITH: "Ich kenne diese Marla ja nicht, aber sie muss Ihnen einen ganz schönen Bären aufgebunden haben!"

Katzbuckl begreift und sieht deprimiert die Wand an...

KATZBUCKL: "Einen Moment nur, Edith, ich möchte mich mal eben kurz aus dem Fenster stürzen..."

EDITH: "Werner! Warten Sie! Mir kommt da ein Gedanke..."

KATZBUCKL: "Ja? Wirklich?"

EDITH: "Wenn Lena wirklich nach Dänemark ist, dann kann es eigentlich nur einen Ort geben, zu dem sie wollen kann..."

KATZBUCKL: "Ich bin ganz Ohr!"

EDITH: "Sagt Ihnen der Name Inge Lund etwas?"

INT. WOHNZIMMER INGE LUND - NACHT

Im Kamin prasselt ein Feuer, während der alte Schriftsteller erzählt.

INGE LUND: "... Lore hat sich von klein auf um mich gekümmert... Sie war die beste große Schwester, die man sich vorstellen kann... Während ich geschrieben habe, hat sie sich um alles gekümmert. Sie hat gekocht, sich ums Haus gekümmert, die Steuer erledigt. Und meine Agentin war sie auch noch..."

BECKY: "Haben Sie denn nie geheiratet?"

INGE LUND: "Nein. Es hat keine lange mit mir ausgehalten. Wenn ich schreibe, dann lebe ich in meinen Geschichten. Ich kann dann über nichts anderes reden... oder auch nur denken... Und eine Partnerin will eben auch beachtet werden und nicht nur ein Ofenrohr sein..."

LENA: "Und was ist passiert, dass sie aufgehört haben zu schreiben?"

Der alte Mann schaut still ins Leere. Er seufzt schwer...

INGE LUND: "Lore ist gestorben."

Becky und Lena starren den Schriftsteller betroffen an.

INGE LUND: "Es fing ganz harmlos an. Ein Zeckenbiss. Aber es wurde schnell schlimmer. Lore kam ins Hospital!"

BECKY: "Und was haben Sie gemacht?"

INGE LUND: "Ich war gerade in der Endfertigung vom 14.ten Band der Silvergirls. Ich hab nur Zeckenbiss gehört und gar nicht verstanden, wie ernst es um meine Schwester stand. Sie haben vom Krankenhaus angerufen, ich soll kommen. Aber ich wollte erst das Korrekturlesen abschließen... ein kleiner Aufschub nur... Und dann... war sie tot. (Lund weint vor Scham) Sie ist einfach so gestorben... Und ich war nicht da um ihre Hand zu halten... (wütend auf sich selbst) Nur weil ich an diesen vermaledeiten Büchern geschrieben habe..."

Becky und Lena sehen den Alten erschüttert an. Der Mann wischt sich die Tränen weg.

INGE LUND: "Und deswegen schreibe ich nicht mehr. Nicht, dass ich es nicht versucht hätte: Aber diese Gabe, sie ist nicht mehr da. Sie ist mit Lore gegangen..."

Er steht auf, geht zum Schrank und gießt sich aus einer Whiskyflasche ein Glas randvoll. Er trinkt es wie Wasser...

INT. AUF INGE LUNDS DACHBODEN - NACHT

Becky zündet eine Lampe mit einem Streichholz an. Lena schaut gedankenverloren aus dem Fenster.

BECKY: "Er tut mir wahnsinnig Leid! Hast du gesehen, wie traurig er ist..."

LENA: "Ja... wie furchtbar für ihn!"

BECKY: "Ich glaube, ich kann noch nicht schlafen. Ich lese noch etwas..."

Becky nimmt ihr Buch und kuschelt sich auf ihre Matratze.

LENA: "Es ist komisch. Jetzt bin ich so weit gekommen und plötzlich denke ich, was rege ich mich so über Jochen auf? Ich möchte einfach nur wieder zu meiner Mutter... Scheiß auf Jochen!"

Lena dreht sich zu Becky um. Aber die ist bereits über ihrem Buch eingeschlafen. Lena deckt ihre Freundin liebevoll zu. Dann nimmt sie ihren eigenen Roman heraus, den sie fast durch hat und schlägt ihn auf...

INT. IN SYLVIES KLOSTERKAMMER - NACHT

Jane sitzt am Bett von Sylvie, die mit offenem Mund daliegt und nur noch ganz flach atmet. Die Ordensfrau kommt herein und bringt einen Krug mit frischen Wasser. Sie sieht nach Sylvie und bekreuzigt sich dann.

ORDENSFRAU: "Sie hat es bald hinter sich! Beten Sie für sie!"

Sie legt Jane aufmunternd die Hand auf die Schulter und schenkt ihr ein Lächeln.

ORDENSFRAU: "Wenn sie zu Gott gegangen ist, werde ich die Glocke für sie läuten!"

Dann geht die alte Frau. Jane sieht verzweifelt zu Silvie. Sie nimmt ein Tuch und taucht es in das kühle Wasser. Damit benetzt sie die fiebernde Stirn ihrer Freundin. Dann hält sie inne. Sie sieht das Gesicht der Sterbenden an und schüttelt unmerklich den Kopf.

JANE: "Nein! Das kannst du nicht machen!"

Sie wirft das Tuch zur Seite und sieht Sylvie brennend an.

JANE: "Das geht nicht, Sylvie! Du kannst mich nicht einfach zurücklassen!"

Und dann steigt mit einem Mal namenlose Wut in ihr hoch.

JANE: "Hörst du? Ich lasse das nicht zu! Wage es also nicht, dich einfach so aus dem Staub zu machen! (wird lauter) Hast du mich verstanden? Ich lasse es nicht zu, dass du gehst!"

Sie beugt sich vor und packt Sylvie bei den Schultern.

JANE: "Du musst kämpfen, hörst du! Kämpfen! (schreit sie an) Kämpf endlich, du Memme! Zeig, dass du kein Waschlappen bist! KÄMPF ENDLICH!!"

Sie schlägt Sylvie wütend mit der flachen Hand ins Gesicht, einmal, zweimal und ein drittes Mal.

JANE: "Kämpf endlich! Du Miststück! Kämpfe! Kämpf...!"

Tränen laufen Jane über die Wangen...

INT. AUF INGE LUNDS DACHBODEN - NACHT

Lena blättert um. Auch sie weint...

EXT. KLOSTER BEI CULVER CITY - DÄMMERUNG

Die Sonne geht auf über dem weiten Land...

INT. IN SYLVIES KLOSTERKAMMER - MORGEN

Die Ordensfrau fühlt ungläubig Sylvies Stirn. Jane sitzt mit dunklen Ringen unter den Augen da, völlig fertig.

ORDENSFRAU: "Aber... aber das ist doch nicht möglich...! Das Fieber ist weg... (sie richtet sich auf) Das... das ist ein Wunder!"

Sie faltet die Hände und sieht zum Himmel.

ORDENSFRAU: "Oh danke, Herr! Danke! Ich muss Pater O'Brian holen!"

Die Ordensfrau eilt hinaus. In diesem Moment schlägt Sylvie die Augen auf. Jane schaut sie müde an. Dann lächelt sie...

SYLVIE: "Was...ser!"

Jane reicht ihr einen Becher an die Lippen und Sylvie trinkt. Dann sinkt sie erschöpft zurück. Sie sieht zu Jane.

SYLVIE (müde): "Schämst du dich nicht?"

JANE: "Was?"

SYLVIE: "Schämst du dich nicht... eine kranke Frau so zu schlagen...?"

Sylvie beginnt verschmitzt zu lächeln und Jane umarmt sie.

JANE: "Sylvie! Ich liebe dich so!"

SYLVIE: "Meine verrückte Jane! Aber du hast ja Recht: Ich kann dich nicht einfach alleine lassen..."

Sie halten sich fest, als wollten sie sich nie wieder loslassen...

INT. AUF INGE LUNDS DACHBODEN - NACHT

Lena sitzt da und schaut aus der Dachluke auf den Fjord hinaus. Der Roman hat sie völlig mitgerissen. Das ausgelesene Buch ohne Deckel liegt auf ihrem Schoß. Sie greift nach der Flasche mit dem Wasser. Aber die ist leer. Lena schaut zu Becky, die gleichmäßig atmend schläft. Lena erhebt sich, huscht zur Treppe und klettert hinunter...

INT. KÜCHE INGE LUND - NACHT

Lena geht zur Spüle und füllt ihre Flasche mit Wasser nach. Als sie zurückwill, hört sie ein Schnarchen...

INT. FLUR INGE LUND - NACHT

Lena schleicht durch den Flur. Sie erreicht die nur angelehnte Tür, aus der das Schnarchen dringt...

INT. SCHLAFZIMMER INGE LUND - NACHT

Lena späht in das Zimmer. Inge Lund liegt auf seinem Bett. Der alte Mann schnarcht und schläft offensichtlich seinen Rausch aus. Lena will sich zurückziehen, als sie mit einem Mal einen Karton sieht. Auf dem steht "SG 15". Lena stutzt und sieht zu Lund. Aber der liegt in tiefem Schlaf. Lena ringt mit sich. Dann fasst sie einen Entschluss. Sie tritt vor, packt den Karton und huscht damit aus dem Zimmer...

EXT. VOR DEM HAUS VON INGE LUND - MORGEN

Strahlend geht die Sonne über dem Fjord auf...

INT. FLUR INGE LUND - MORGEN

Inge Lund geht ächzend zum Klo und erleichtert sich. Als er wieder aus der Kammer kommt, hört er ein Gluckern... Er furcht die Stirn und geht zur Küche...

INT. KÜCHE INGE LUND - MORGEN

Lund stößt die Tür auf und erblickt Lena, die dabei ist, seine letzten Schnapsvorräte in den Ausguss zu schütten.

INGE LUND: "Um Himmels Willen! Was tust du?"

Lena dreht sich um. Sie wirkt geladen.

LENA: "Wonach sieht's denn aus, Sie Genie?"

INGE LUND: "Das ist <u>mein</u> Whisky! Den kannst du nicht einfach wegkippen...!"

Aber Lena schraubt die letzte Flasche auf und lässt auch deren Inhalt in den Ausguss laufen. Lund packt sie hart am Arm. Er zerrt sie von der Spüle weg und nimmt ihr die Flasche weg. Lena sieht ihn mit einem Male angstvoll an.

LENA: "Herr Lund, Sie müssen aufhören zu trinken! Sie müssen einfach!"

Er stößt sie zurück. Lena sieht ihn voller Verachtung an.

LENA: "Was Sie nur für ein Lügner sind!"

INGE LUND: "Lügner! Was redest du da?"

LENA: "Als Sylvie stirbt, da sagt Jane ihr, sie soll endlich kämpfen! Und die macht das dann auch und schafft es... Aber Sie, Sie können so was nur schreiben! Selber tun können Sie es nicht. Deswegen sind Sie ein Lügner!"

In diesem Moment taucht Becky in der Tür auf, die von dem lautstarken Streit angelockt worden ist.

INGE LUND: "Sylvie hatte einen Grund zu kämpfen: Jane! So einen Grund habe ich nicht! Und wie gesagt, ich kann es auch gar nicht mehr! Ich kann nicht mehr schreiben!"

LENA: "Das stimmt nicht!"

Sie tritt zur Anrichte, wo ein Stapel Papier liegt...

LENA: "Das hier ist der Anfang des 15. Silvergirls-Romans. Ich hab ihn gelesen... jede Seite!"

Inge Lund sieht das Mädchen entgeistert an.

INGE LUND: "Mein Manuskript!! Was erlaubst du dir?!"

LENA: "Ich weiß, dass ich das nicht hätte machen dürfen. Und ich entschuldige mich dafür! Aber dass Sie nicht mehr schreiben können, ist Blödsinn! Diese neue Geschichte ist ganz wundervoll! Großartig! Brillant! Das Beste, was ich je von Ihnen gelesen habe..."

Der alte Mann sieht das Mädchen verwirrt an und registriert nun Becky, die ebenfalls in den Raum getreten ist. Lena stehen nun die Tränen in den Augen...

LENA: "Warum können Sie nicht auch kämpfen, wie Sylvie, Herr Lund? Ich brauche Ihre Bücher! Was habe ich denn sonst noch...??"

Lena schluchzt. Becky geht zu ihr und legt schützend den Arm um sie. Inge Lunds Zorn verraucht, als er die weinende Lena sieht. Er schaut die Kinder müde und deprimiert an... Er setzt sich auf den Küchenstuhl...

INGE LUND: "Deine Begeisterung für meine Bücher ist schmeichelhaft. Aber es ist vorbei. Die Schreiberei mag mir Geld eingebracht haben und vielleicht auch Ruhm, aber sie hat mir auch den Abschied von meiner Schwester genommen. Nein! Ich bin fertig damit!"

Becky sieht dem Mann ins Gesicht und legt den Kopf schief.

BECKY: "Wissen Sie, Herr Lund, als Sie gestern so von Ihrer großen Schwester Lore erzählt haben, da dachte ich, die muss doch total klasse gewesen sein, oder?"

INGE LUND (brüchig): "Ja. Das war sie wohl. Das Beste, was ich in meinem Leben hatte!"

BECKY: "Aber denken Sie nicht auch, dass sie es so wollte? Dass es ihr auch ganz ganz wichtig war?"

INGE LUND: "Was denn? Was war ihr wichtig?"

BECKY: "Na, dass Sie Romane schreiben. Ja, vielleicht war Lore sauer, dass Sie sie im Krankenhaus nicht besucht haben, aber ich glaube, sie würde nicht wollen, dass Sie ihretwegen aufhören! Die Silvergirls, die sind doch das Lebenswerk von ihnen beiden! Ich glaube, wo immer sie jetzt ist, sie würde wollen, dass Sie die Arbeit fortführen, Herr Lund...!"

Der alte Mann sieht Becky an. Er ist ganz still geworden. In diesem Moment klopft jemand an das Fenster. Die in der Küche schauen zum Fenster. Und dort stehen zwei Beamte der dänischen Polizei...

EXT. HOF POLIZEIPRÄSIDIUM FLENSBURG - TAG

Pietro D'Argento wartet rauchend im Hof. Da kommt ein Mannschaftswagen der Polizei durch die Einfahrt. Der Pianist wirft seine Zigarette weg. Der Kleinbus hält und dann steigen die Mädchen zusammen mit Lester aus.

Als Becky ihren Vater sieht, läuft sie zu ihm und umarmt ihn. Einen Moment halten die beiden sich fest. Dann löst sich Becky und nimmt Lenas Hand.

BECKY: "Vater! Das ist Lena! Sie ist meine allerbeste Freundin!"

D'Argento sieht überrascht zu Lena. Dann siegt seine gute Erziehung und er reicht dem Mädchen die Hand.

PIETRO D'ARGENTO: "Freut mich! Pietro D'Argento!"

Lena ist eingeschüchtert und sagt kein Wort. Lester, der auch im Bus war, kommt und nimmt sie bei der Schulter.

LESTER: "Komm, Lena! Der Kommissar wartet..."

BECKY: "Und was ist mit mir?"

PIETRO D'ARGENTO: "Der Herr Kommissar hat gesagt, ich kann dich mitnehmen..."

Die Mädchen sehen sich betroffen an. Dann umarmen sie sich und tauschen ein letztes Lächeln. Lester legt Lena die Hand auf die Schulter und zieht sie davon. Becky sieht ihr mitfühlend nach...

INT. BÜRO KATZBUCKL IN FLENSBURG - TAG

Der Kommissar steht am Fenster und schaut hinaus in den schönen Sonnentag. Da geht hinter ihm die Tür auf und Lester bringt Lena herein. Er nickt dem Mädchen aufmunternd zu und geht wieder hinaus. Katzbuckl sieht das bebende Mädchen an, das da vor ihm steht.

KATZBUCKL: "Wir zwei kennen uns ja schon... flüchtig...! (deutet auf den Stuhl) Dann setz dich mal..."

Lena sieht zum Stuhl, geht hin und nimmt Platz. Sie traut sich nicht, den Kommissar anzusehen. Der greift in eine Tüte und holt zwei Büchsen Cola heraus...

KATZBUCKL: "Willst du eine Cola?"

LENA: "Ich darf eigentlich keine Cola."

KATZBUCKL: "Es gibt so manches, was du nicht darfst und trotzdem tust. Also, wieso jetzt etepetete werden?"

Er rutscht ihr die Büchse hinüber. Sie nimmt sie und öffnet sie. Sie beide trinken. Katzbuckl mustert sie...

KATZBUCKL: "Weißt du, wie lange ich schon Polizist bin?"

Lena schüttelt den Kopf.

KATZBUCKL: "Fast dreißig Jahre. Glaub mir, ich habe viel gesehen und einen ganzen Haufen schwerer Jungs eingeknastet!

Ich bin ein Bluthund, mit allen Wassern gewaschen, einer der Besten! Das dachte ich jedenfalls..."

Er dreht sich um und wirft ihr eine Zeitung hin, in der das berühmte Foto mit dem Auto im Baum abgebildet ist.

KATZBUCKL: "Aber das Blatt hat sich gewendet! Jetzt bin ich die Lachnummer der Nation. Die Comedians machen Witze über mich, sie nennen mich den 'wiedergeborenen Wachtmeister Dimpfelmoser' und die Leute bepinkeln sich über mich..."

LENA: "Das tut mir Leid. Das wollte ich nicht... ehrlich!"

Der Kommissar legt die Zeitung beiseite.

KATZBUCKL: "Entschuldige dich nicht. Mir ist klar, dass ihr nicht abgehauen seid, nur um mit der Polizei Katz und Maus zu spielen... aber ihr zwei habt es getan. Wir hatten x-mal die Chance, euch zu schnappen und jedesmal in die Röhre geguckt. Das war nicht nur Glück! Also, Respekt! Ich ziehe meinen Hut vor euch..."

LENA (etwas verwirrt): "Ähm... kommt jetzt auch irgendwann mal das Donnerwetter?"

KATZBUCKL: "Wieso? War doch ein fairer Kampf, ihr zwei gegen den kompletten deutschen Polizeiapparat..."

Katzbuckl beugt sich vor.

KATZBUCKL: "Wo ist die Pistole?"

LENA: "Die Pistole? Becky hat sie zerstört."

Katzbuckl sieht sie forschend an und nickt dann.

KATZBUCKL: "Bevor wir dich jetzt zurück zu deiner Mutter fahren, will ich nur eines noch wissen..."

LENA (schluckt nervös): "Ja?"

KATZBUCKL: "Wie habt ihr das gemacht, im Steinbruch? Ich meine, wie seid ihr da nur rausgekommen? Ich hab mir endlos den Kopf zerbrochen, aber ich komm ums Verrecken nicht drauf..."

Lena sieht in das Gesicht des Kommissars. Er ist überhaupt nicht feindselig. Sie muss unwillkürlich lächeln...

KATZBUCKL: "Also! Spann mich nicht auf die Folter! Wie, in drei Teufels Namen, habt ihr das gemacht?"

<u>INT. IM HOTELZIMMER IN FLENSBURG - TAG</u>

Sie essen auf dem Zimmer des Edelhotels. Pietro D'Argento sitzt seiner Tochter gegenüber. Er hat feuchte Augen...

PIETRO D'ARGENTO: "Rebecca, glaub mir bitte, ich sehe dich doch nicht als Last!"

BECKY: "Du sagst aber, ich mache dir nur Schwierigkeiten!"

Der Pianist stöhnt und reibt sich das Gesicht.

PIETRO D'ARGENTO: "Ich hab das doch nicht so gemeint... Du bist... mein ein und alles...!"

LENA: "Aber ich erinnere dich an Mama."

D'Argento sieht seine Tochter gequält an.

PIETRO D'ARGENTO: "Ja. Das tust du wohl..."

LENA: "Und du willst nicht an sie denken. Weil es dir zu weh tut..."

PIETRO D'ARGENTO (er nickt langsam): "Ja. Es tut immer noch weh..."

Beckys Vater überlegt eine Weile.

PIETRO D'ARGENTO: "Ich will fair sein. Du hast sicher nicht ganz unrecht... Warum fangen wir zwei nicht ganz neu an! Wir treffen ein Abkommen: Du läufst nicht mehr davon, und ich werde in Zukunft mehr auf dich und deine Wünsche eingehen!"

BECKY: "Abgemacht! Dann teile ich dir hiermit mit, dass du Frau Sato entlassen kannst. Ich werde mit dem Klavierspielen nämlich aufhören...!"

Pietro D'Argento sieht sie entsetzt an.

<u>EXT. VOR DEM HAUS DER TAGERTS - NACHMITTAG</u>

Der Wagen von Kommissar Katzbuckl fährt vor dem Haus vor. Edith Tagert steht bereits vor der Tür und wartet. Da öffnet sich die Tür und Lena springt heraus. Sie rennt zu ihrer Mutter und wirft sich in deren Arme.

LENA: "Mama, es tut mir so Leid!"

EDITH: "Sei still! Ich bin die, der es leid tun muss!"

Sie halten sich fest. Lester holt Lenas Rucksack aus dem Kofferraum und reicht ihn dem Kommissar. Der bringt ihn heran. Edith löst sich von Lena und wendet sich ihm zu.

EDITH: "Danke, Werner!"

Sie geht zu ihm und gibt ihm einen Kuss auf den Mund. Lena fallen fast die Augen aus dem Kopf. Aber auch Katzbuckl ist überrumpelt und sieht Edith staunend an...

EDITH: "So, ihr Helden! Wenn ich nervös bin, backe ich Kuchen. Ihr habt die Auswahl zwischen Streusel, Mohn und Apfel! Interesse?"

KATZBUCKL (zu Lester): "Abmarsch, Lester! Sie haben frei! Gehen Sie in eine Eisdiele!"

Lester verdreht die Augen und setzt sich in den Wagen. Während Edith ins Haus eilt, sieht Lena zum Kommissar.

LENA: "Irgendwie kapier ich es nicht! Da steckt man Rom in Brand und krieg nicht mal geschimpft!"

EXT. IM STALL DER REITSCHULE - TAG

Jessi steht vor Lena und Becky, und ist in voller Fahrt.

JESSIE (mächtig lautstark): "Euch haben sie wohl ins Hirn geschissen! Ich meine, geht's noch? Mit zwei Übungspferden raus in die Pampa und Zorro spielen! Hab ich es denn nur mit Idioten zu tun? Wenn einem der Tiere ein Härchen gekrümmt worden wäre, ich schwöre es bei Gott, ihr zwei wärt als Konfetti vom Kirchturm geregnet!"

Becky und Lena sehen betroffen und schuldbewusst zu Boden.

JESSIE: "So, ihr zwei Weltenbummler! Ihr werdet hier jetzt die nächsten 6 Monate den Stall schrubben und zwar so, dass man vom Boden essen kann! Bevor ich euch wieder reiten lasse, werdet ihr euch den Rücken krummbuckeln! Verstanden?"

Becky und Lena nicken eilig.

EXT. VOR DEM HAUS DER TAGERTS - TAG

EINBLENDUNG: 2 Monate später...

Lena radelt heran und schließt ihr Fahrrad an. Dann betritt sie das Haus.

INT. WOHNZIMMER DER TAGERTS - TAG

Lena kommt herein. Werner Katzbuckl und Edith Tagert liegen lesend auf der Couch, eng aneinander gekuschelt.

LENA: "Kann ich zu Becky fahren und bei ihr übernachten?"

EDITH: "Aber vergiss deine Hausaufgaben nicht. Ach, Lena! Da ist ein Brief für dich...! Liegt vorn!"

Lena nickt, zwinkert Katzbuckl kurz zu und läuft hinaus.

INT. FLUR DER TAGERTS - TAG

Lena kommt heran und nimmt den Brief hoch. Als sie den Absender sieht, werden ihre Augen groß. Sie reißt den Brief auf und liest fliegend. Dann keucht sie vor Aufregung...

LENA: "Mama!! Werner! Der Brief ist von Inge Lund! Denkt euch nur! Er lädt uns ein!!"

INT. IM FLUR DER D'ARGENTOS - TAG

Der in einen dunklen Anzug gekleidete Pietro D'Argento bindet sich die Krawatte vor dem Spiegel. Da hört er Klaviermusik aus dem Wohnzimmer. Er stutzt und geht langsam hinüber.

INT. WOHNZIMMER DER D'ARGENTOS - TAG

Becky, in ein schönes Kleid gewandt, sitzt am Klavier und spielt eine Sonate von Mozart. Ihr Vater tritt herein und sieht sie fragend an.

PIETRO D'ARGENTO: "Rebecca! Ich hör wohl nicht richtig! Du spielst Klavier?"

BECKY (achselzuckend): "Ja. Ich muss ja nicht."

EXT. FRANKFURTER MESSEGELÄNDE - TAG

Frankfurter Buchmesse. Viele Menschen wimmeln herum...

INT. IN DER HALLE 6 - TAG

Edith, Werner Katzbuckl, Lena, Becky und Pietro D'Argento streben dem Stand 119 zu. Da bleibt der Kommissar stehen. Denn er sieht ein gewaltig aufgeblasenes Bild von sich und seinem im Baum hängenden Auto. Der Schriftzug darunter: FOTO DES JAHRES. Und dabei gleich der Name AMANDA DEUSTER. Und die Fotografin ist selber da. Sie sieht Katzbuckl und winkt ihm lächelnd zu. Der Kommissar nimmt es mit Humor und winkt entspannt zurück. Dann aber fällt ihm der Kiefer runter. Denn gerade begrüßt Amanda einen anderen Mann und zwar mit einem leidenschaftlichen Kuss. Und dieser Mann ist niemand anderes Lester. Er löst sich von Amanda und winkt lässig zu Katzbuckl hinüber. Der zwinkert ungläubig, reißt sich los und folgt etwas belämmert den anderen...

INT. HALLE 6, STAND 119 - TAG

Als Lena und Becky mit ihren Elternteilen den Stand erreichen, sehen sie dort Inge Lund stehen. Hinter ihm ein großes Plakat mit Jane Silver und Sylvie van der Wiel und einer leuchtenden 15 darauf. Der Titel: DIE SILVERGIRLS REITEN WEDER! Als Inge Lund die Mädchen sieht kommt er freudestrahlend auf sie zu. Er trägt nun einen Anzug, ist rasiert und gepflegt und sieht deutlich vitaler und besser aus als vorher. Er breitet einladend die Arme aus...

INGE LUND: "Wie schön, dass ihr gekommen seid! Ihr seid meine absoluten Ehrengäste!"

Er schüttelt Edith die Hand, dann dem Kommissar und Pietro D'Argento.

INGE LUND: "Die Mädchen muss ich kurz mal entführen!"

Er nimmt Lena und Becky an den Schultern und führt sie zu einem Bücherstapel. Er überreicht jeder ein Buch.

INGE LUND: "Ich wollte mich noch einmal bedanken. Ich stehe so tief in eurer Schuld! In euer beider Schuld! Ihr hattet recht! Ich hab einfach aufgegeben anstatt zu kämpfen. Hier! Für jede ein signiertes Buch! Ich hoffe wirklich, es gefällt euch!"

Die Mädchen strahlen Inge Lund an. Da erscheint ein Verlagsfunktionär.

VERLAGSFUNKTIONÄR: "Herr Lund! Der Verleger hält jetzt die Rede!"

Inge zwinkert den Mädchen zu und tritt zum Verleger ans Pult.

HERAUSGEBER: "Ich möchte alle Gäste an diesem Tage herzlich willkommen heißen! Aber ganz besonders freue ich mich über die Anwesenheit eines ganz besonderen Gastes: Inge Lund aus Sandager, Dänemark!"

Ein großer Applaus bricht los. Da stößt Becky Lena an. Neben der handschriftlichen Widmung gibt es auf der freien Seite vor dem Romanbeginn noch eine gedruckte Widmung:

FÜR LENA & BECKY, DIE WAHREN SILVERGIRLS

ENDE

„Das seltsame Verschwinden der Familie Vogt"

Immer wieder kommen Produzenten auf mich zu und wollen etwas, das so ist wie .... aber doch ein bisschen anders. Mit anderen Worten: „Bitte innovativ und altbewährt zugleich!" Das kommt der Quadratur des Kreises immer sehr nah, weil es praktisch unmöglich ist.

„Das merkwürdige Verschwinden der Familie Vogt" aber scheint mir so ein großer Wurf zu sein. 2018, als der Stoff entstand, war die Flüchtlingsdebatte hochaktuell und mir kam mit einem Male die Idee, die Geschichte einer deutschen Familie zu erzählen, die in finanzielle Not gerät. Da in meiner Geschichte die Landesregierung Familien, die Flüchtlinge aufnehmen, mit einem großzügigen Geld-Programm unterstützt, beschließen auch die Vogts, eine vierköpfige Weimarer Familie, vier Flüchtlinge aufzunehmen. Als rechtsradikale Gruppen vor dem Haus mit Fackeln eine einschüchternde „Mahnwache" abhalten, flieht das syrische Flüchtlings-Ehepaar samt ihrer beiden halbwüchsigen Kinder. Die Vogts brauchen aber das Fördergeld dringend und beschließen so zu tun, als sei die Familie Al-Fayed immer noch bei ihnen. Dazu verkleiden sie sich selbst als Syrer und zeigen so Präsenz in der Nachbarschaft. Dieses Täuschungsmanöver funktioniert, bekommt aber eine unerwartete Eigendynamik...

Nicht oft hat man eine Komödienidee, die so stark ist, dass sich die Szenen eigentlich von selbst schreiben. Diese Geschichte ist so voll mit herrlicher Situationskomik, dass es eine Freude war, sie zu entwickeln. Nebenbei setzt sich das Skript aber auch mit dem Flüchtlingsthema auseinander. Ich wollte, dass Wahrhaftigkeit ganz groß geschrieben wird in dieser Story. Ich setze mich mit Fremdenhass, Ämterwahnsinn, Machtpolitik und wirtschaftlicher Not auseinander und viel dichten muss ich nicht, damit alles seinen Lauf nimmt. Wenn ich mich ganz weit aus dem Fenster lehne, würde ich die Geschichte sogar als Parabel bezeichnen.

Ich hatte den wunderbaren Granz Henman als Regisseur gewonnen und war mir sicher, dass wir dieses Buch auf die große Leinwand bekommen. Etwas Mut und Pioniergeist von Produzentenseite hätte auch dazu gehört. Und gar nicht viel mehr als bei "Good bye Lenin".

Nun, es hat nicht sollen sein. Vielleicht überschätze ich die Geschichte auch einfach nur in meinem Enthusiasmus. Machen Sie sich einfach selbst ein Bild!

Kleiner Hinweis noch: Es wird in diesem Film auch arabisch gesprochen. Die deutsche Übersetzung steht immer in Klammern hinter dem arabischen Wortlaut. Im Film wären diese Passagen dann deutsch untertitelt.

"DAS SE1tSAME VERSCHWINDEN DER FAMILIE VOGT"

EXT. WEIMARER SIEDLUNG - TAG

Kleine Häuschen mit Grün im Vorgarten in einer tristen Wohngegend. Die alte Frau Queck bringt Müll zu ihren Tonnen.

INT. WOHNZIMMER DER VOGTS - TAG

Mandy Vogt (42) trägt einen Kuchen mit brennenden Kerzen ins Wohnzimmer, wo Tochter Kim (15), ihr Bruder Lukas (16) und Vater Harry (50) warten. Kim trägt ein T-Shirt mit einem roten Speedfight-Moto-Roller darauf.

HARRY/ MANDY/ LUKAS (SINGEND): "Happy Birthday to you, happy birthday, liebe Kimmi, happy birthday to you!"

Kim, ein hübsches Mädchen mit schwarzen Haaren, ein burschikoser, energischer Typ lächelt erwartungsvoll.

HARRY: "Ausblasen!"

Kim bläst die Kerzen aus. Ihre Mutter umarmt sie.

MANDY: "Kim, Süße! Alles Gute für dich!"

HARRY (küsst sie auf die Stirn): "Von mir auch, Kimmi!"

Dann sieht er sie feierlich an, mit einem sehr breiten Lächeln. Seine Tochter erwidert das Lächeln verschmitzt.

MANDY: "Könnte es sein, dass ich jetzt mein... kleines Geschenk bekomme?"

HARRY (lächelnd): "Dein Geschenk steht vor der Tür! Komm!"

EXT. VOR DER TÜR DER VOGTS - TAG

Harry und Kim treten aus der Tür. Da sitzt ein Dalmatiner, an einem Geländer festgebunden. Kim sieht verdutzt auf den Hund. Der Dalmatiner ist aufgesprungen und wedelt mit dem Schwanz.

KIM (entgeistert): "Wa... was ist das?"

HARRY: "Das ist ein Dalmatiner! Er heißt Sultan! Und er gehört dir!"

Mandy und Lukas treten heran. Kim ist fassungslos...

KIM: "Du... du schenkst mir einen Hund? Kacke, Papa! Ich wollte eine Vespa!"

HARRY: "Aber wovon redest du? Du wolltest immer einen Hund! Und als du acht warst, musste ich dir hoch und heilig versprechen, dass du einen Hund bekommst, wenn du 15 wirst!"

KIM: "Dein Ernst?? Herrgott, Papa, ich war ganz dumm mit acht! Jetzt will ich einen roten Speedfight-Roller! Sind meine Signale denn so unverständlich?"

Sie zieht ihr T-Shirt mit dem roten Roller darauf straff.

HARRY: "Ach komm! Schau doch, wie Sultan sich freut! Er kennt dich nämlich schon! Er hat zwei Wochen in getragener Wäsche von dir geschlafen, damit er sich an deinen Geruch gewöhnt!"

KIM: "Kein Roller? Echt! Fuck! Schönen Dank für gar nichts!"

Sie rauscht zurück ins Haus. Lukas folgt seiner Schwester.

MANDY: "Harry, ich dachte, wir wären uns einig mit dem Roller! Wo kommt jetzt plötzlich der Hund her?"

HARRY: "Herrgott, Mandy, es war ein ganz altes Versprechen! Ich dachte, es wird Kim glücklich machen!"

MANDY: "Und wieso entscheidest du solche Sachen allein?"

HARRY: "Mandy, bitte! Ich muss los! Ich will nicht zu spät einstempeln!"

INT. WOHNUNG VOGT - TAG

Harry zieht seinen Mantel an. Da tritt Mandy in den Flur.

MANDY: "Du, Harry, Herr Döring war auf dem AB. Die Miete wär wieder nicht auf dem Konto... Gibt es da Probleme?"

HARRY (winkt genervt ab): "Die Bank stellt ihre EDV um. Da geht grad alles drunter und drüber! Alles gut!"

EXT. VOR EINER FABRIK - TAG

Harry läuft mit seiner Aktentasche unter dem Arm heran. Zwei Männer kommen ihm entgegen. Einer winkt ihm, man kennt sich. Harry winkt zurück. Er sieht deprimiert zum Werkeingang, wo die beiden Männer jetzt einstempeln. Harry geht weiter.

EXT. IM STADTPARK - TAG

Harry sitzt auf einer Bank und füttert Tauben mit seinem Frühstücksbrot. Er sieht auf seine Uhr. Es ist kurz nach zehn. Dann sieht er ein zweites Mal auf seine Armbanduhr...

EXT. STRASSE KLEINMÖLSEN - TAG

Mandy hat ein Kopftuch um und trägt eine Sonnenbrille. Sie läuft durch die Straße und sieht sich öfters verstohlen um. Dann klingelt sie, nach erneutem Umsehen an einer Haustür.

EXT. STRASSEN IN WEIMAR - TAG

Harry geht deprimiert den Bürgersteig entlang. Da kommt ihm Toni, ein drahtiger kleiner Mann um die Vierzig entgegen.

TONI: "Harry?"

HARRY: "Ach, Toni...! Grüß dich!"

TONI: "Ja Mensch! Was ist denn los mit dir? Man sieht dich überhaupt nicht mehr. Nicht mal zum Kicken kommst du...!"

HARRY: "Mir ist gerade nicht nach Kicken."

TONI: "Heißt das, du hast noch immer nichts Neues gefunden?

HARRY: "Mich nimmt keiner mehr. Ich bin den meisten zu alt!"

TONI: "Komm! Du schaffst das, Harry! Nur nicht aufgeben!"

Toni knufft Harry aufmunternd. Der ringt sich ein Lächeln ab.

TONI: "Du, im Schultheiss-Eck redet der Michi Umbach vom 'Neuen Weg' und es gibt ein Bier für jeden Zuhörer..."

HARRY: "Ach, dieses Politikergewäsch..."

TONI: "Wer länger als eine halbe Stunde bleibt, kriegt sogar noch ein zweites Bier!"

Toni grinst breit und Harry seufzt resignierend.

INT. IM WEISSEN STEIN - TAG

Eine Wahlkampfveranstaltung. Zwei Dutzend Männer sitzen an Tischen und sehen zu Michi Umbach (42), der im legeren Tweed-Sakko vorne sitzt und spricht. Hinter ihm prangt ein Plakat. Dort steht "NWD - NEUER WEG für DEUTSCHLAND - ASYLSTOPP"...

Soeben wird Toni und Harry, die an einem der hinteren Tische Platz genommen haben, das Freibier gebracht.

MICHI (im Plauderton): "Versteht mich nicht falsch, Leute: Wenn *ich* mit einem Boot übers Mittelmeer fahren würde, und da würden Flüchtlinge ertrinken, ich wäre der Erste, der ihnen die Hand reichen und sie an Bord holen würde. Das ist völlig normal! Jeder Christenmensch würde so handeln... (bedeutsame Kunstpause) Aber...: Ich nehme doch nur so viele an Bord, dass mein eigenes Boot nicht sinkt. Wäre doch sonst auch sinnlos, oder seh ich das falsch?"

Eindeutiges Nicken der Leute.

MICHI: "Und jetzt sehe ich auf Deutschland. Ist auch ein Boot! Ein großes Boot! Und soll ich euch was sagen...? Das Boot ist voll! (nickt) Das Boot ist voll, und wir ziehen trotzdem immer neue Leute aus dem Wasser...! Aber die NWD, das sind wir, die sagt: Schluss damit!"

Er prostet den Leuten mit seinem Glas zu. Applaus. Michi Umbach stellt sein Bier ab und entdeckt dann Harry...

MICHI: "Ein neues Gesicht! Darf ich fragen, wie du heißt?"

HARRY: "Ich... ? Ehm... Harry."

MICHI: "Und?? Was denkst du über all die Flüchtlinge?"

Harry ist es sichtlich unangenehm. Er zuckt die Achseln.

MICHI: "Komm! Sag schon, was du denkst! Frei von der Leber!"

Harry sieht zu den anderen Besuchern, die ihn interessiert anschauen. Er holt Luft.

HARRY: "Also soo toll geht's mir auch nicht! Ich hab keine Arbeit und wahrscheinlich flieg ich bald aus meiner Wohnung. Soll ich jetzt mein Zeug packen und die Schweizer fragen, ob sie mich aufnehmen und meine Probleme lösen? Oder die Dänen?"

Gelächter und Zustimmung aus der Runde.

MICHI: "Sehr gut, Harry, aber ich spiel jetzt mal den Advocatus Diavoli... (mit devoter Stimme) 'Aber... ich musste abhauen! Da war ein Unrechtsregime und ich... habe ständig in Todesangst gelebt! Ich wollte da raus! Ich wollte einfach nur leben!' (lehnt sich zurück) Was sagst du so jemandem?"

HARRY: "Dann sage ich, mit Honecker war's auch kein Hawaii! Aber wir sind auf die Straße gegangen und haben unsere Probleme selber geregelt. Wir sind damit nicht den Franzosen oder den Briten auf den Wecker gefallen..."

Spontaner Applaus. Toni schlägt Harry auf die Schulter und auch Michi reckt anerkennend den Daumen in die Höhe.

MICHI: "Brillant! (winkt der Bedienung) Noch ein Bier für den Herrn dort! (er blickt in die Runde) Ich seh es genauso wie Harry. Aber nicht so der Erfurter Landtag! Der hat soeben ein Sonderprogramm verabschiedet: Sie pumpen fette 10 Millionen Euro in ein Integrationsprogramm für Flüchtlinge! Und wofür? Damit deutsche Familien Flüchtlinge bei sich aufnehmen! Für jeden Asylanten, den einer aufnimmt, kriegt er ein Kopfgeld von 800 Euro... (haut mit der Faust auf den Tisch) Aber _ich_ sage: Nicht mit uns!!!"

Harry hat bei den letzten Worten ungläubig aufgemerkt.

MICHI: "Wenn also jemand schwach wird wegen der Kohle, und ich verstehe, dass so was passieren kann, werden wir, der 'Neue Weg' augenblicklich mit einer Lichterkette reagieren!"

TONI: "Mit einer Lichterkette? Wie?"

MICHI: Na, wir stellen uns mit Fackeln stumm um das Haus, in denen Flüchtlinge untergekommen sind! Wir stehen nur ganz still da... Als Mahnwache!"

TONI: "Also _ich_ brauch die Boatpeople auch nicht, Michi, aber was soll die Angstmache? Denkst du etwa, die hauen wieder ab übers Mittelmeer, nur weil ihr sie... 'mahnt'?"

MICHI: "Wenn wir denen weiter um ihre muslimischen Bärte gehen, tippen die in ihre iPhones und melden der Heimat, dass sie das gelobte Land gefunden haben! Zack! Schon fällt der nächste Heuschreckenschwarm hier ein! Dazu sage ich "Nein"!"

Die Leute im Raum applaudieren heftig. Auch Harry klatscht Beifall, wenn auch etwas verhaltener als die anderen im Raum.

INT. AMTSZIMMER UNDINE BICKSTETTER - TAG

Undine Bickstetter lächelt Harry, der vor ihr sitzt, an.

UNDINE BICKSTETTER: "Das ist wirklich sehr großzügig von Ihnen! Es gibt viele Menschen, die eine neue Heimat suchen! Und Sie sind sich auch sicher, dass Sie das tun wollen?"

HARRY: "Oh, wir haben uns das reiflich überlegt! Und für eine vierköpfige Familie hätten wir bei uns Platz..."

UNDINE BICKSTETTER (mustert Harry): "Verzeihen Sie die Frage: Sie machen das jetzt aber nicht allein wegen des Geldes?"

HARRY (schaut gespielt verdutzt): "Geld? Was für ein Geld?"

UNDINE BICKSTETTER: "JA, wissen Sie das nicht? Im Moment subventioniert das Land Familien, die Flüchtlinge aufnehmen!"

HARRY: "Also das ist mir neu! Sehen Sie, meine Frau und ich, wir wollten einfach nur mit gutem Beispiel vorangehen..."

UNDINE BICKSTETTER (seufzend): "Ich wünschte, es gäbe mehr Menschen die so denken wie Sie!"

HARRY (heilig): "Aber ist das denn nicht selbstverständlich?"

UNDINE BICKSTETTER: "Nein, leider nicht...! Wann könnte die Familie denn zu Ihnen kommen?"

HARRY: "Wir sind bereit! Von mir aus gleich morgen!"

EXT. VOR DEM FLÜCHTLINGSBOARD - TAG

Im Wechsel mit

INT. WOHNZIMMER YARO - TAG

Mandy Vogt liegt keuchend neben dem Tunesier Yaro im Bett. Yaro ist ein muskulöser Adonis, der Mandy verliebt ansieht.

YARO: "Wie kann dein Mann dich nur betrügen! Du bist eine Göttin! Bist du denn sicher, dass er eine andere hat?"

MANDY: "Ich merke sofort, wenn mein Mann lügt! Und weswegen sonst sollte er mir die Unwahrheit sagen? Seit Monaten! Er betrügt mich! Wahrscheinlich mit Mona aus der Buchhaltung, der kleinen Schlampe! Aber was _er_ kann, kann _ich_ schon lang!"

Sie zieht Yaro zu sich und sie küssen sich. Yaro löst sich.

YARO: "Mandy, ich liebe dich! Lass uns zu deinem Mann gehen und ihm alles sagen! Soll er doch mit Mona glücklich werden und wir ziehen endlich zusammen!"

Mandy runzelt nervös die Stirn. Das gefällt ihr nicht...

MANDY: "Kein Wort zu meinem Mann! Du kennst ihn nicht! Du weißt nicht, wie eifersüchtig er ist! Wenn er von unserer Affäre erfährt wird er mich töten! Erst mich. Und dann dich!"

Yaro muss schlucken. Da klingelt Mandys Handy auf dem Nachttisch. Sie sieht auf das Display und erschrickt.

MANDY: "Wenn man vom Teufel spricht! Mein Mann! Wieso ruft er an? Er ruft nie um diese Zeit an..."

Sie atmet durch und nimmt das Gespräch an.

Harry steht vor dem Flüchtlingsboard und telefoniert.

HARRY: "Mandy, gut, dass ich dich erwische! Trommel die Kinder zusammen. Familienrat! In einer Stunde!"

MANDY: "Familienrat? Wie? Was ist denn mit deiner Arbeit?"

HARRY: "Später! Mandy, tu, was ich sage! Es ist wichtig!"

Mandy sieht beunruhigt zu Yaro.

EXT. VORORTSTRASSE WEIMAR - TAG

Kim Vogt (16) steht mit Freundin Babsi und drei weiteren Mädels zusammen an der Straßenecke in der Nähe ihrer Schule.

KIM: "Mein Vater spinnt endgültig! Er hat gesagt, dass ich diesmal was Großes zum Geburtstag bekomme! Und was krieg ich? Einen verlausten Köter!"

BABSI: "Ist nicht dein Ernst!"

KIM: "Und jetzt soll ich mit dem Vieh auch noch dreimal am Tag raus und Gassi-gehen...! Wie Panne ist das denn?"

Da nähert sich Fatme, ein Mädchen mit Kopftuch (15). Babsi stößt Kim an. Die blickt auf. Ihr Gesicht verfinstert sich.

KIM: "He! Na, wenn das nicht unser neuer Klassenstreber ist!"

Sie tritt Fatme in den Weg. Sofort umzingeln ihre Freundinnen das Mädchen. Die junge Syrerin schaut beunruhigt.

KIM: "Fatme! Erklärst du mir mal, was das sollte, vorhin?"

FATME: "Wie? Was meinst du?"

BABSI: "Kim wollte in Englisch von dir abschreiben und du hast sie nicht gelassen! Ich meine, wie asi bist du, Alte?"

Fatme sieht aus den Augenwinkeln, dass sie eingekreist ist.

FATME: "Wenn... wenn ich jemand abschreiben lasse und die Lehrer merken das, bekommen wir beide eine sechs!"

KIM: "Verstehe... hier Asyl kriegen ist okay, aber mal was zurückgeben, iss wohl nicht...!"

FATME: "Lasst mich gehen!"

Doch Kim stößt sie zurück. Fatme kommt nicht weg.

KIM: "Erst nimmst du mal den Fetzen vom Kopf! Schon mal was von Vermummungsverbot gehört?"

FATME: "Das ist ein Hidschab. Der ist nicht verboten! Der ist sogar von Nike!"

Sie zieht ein Stoffteil nach hinten, und an der Schläfe wird ein Nike-Symbol sichtbar. Die deutschen Mädchen staunen.

FATME: "Hör zu, Kim, ich kann dir Nachhilfe geben, wenn du willst... Ich bin gut in Sprachen! Mit etwas Hilfe kriegst auch du das hin...!"

KIM (bläst empört die Backen auf): "Das krieg auch _ich_ hin? Wie? Weil ich so behindert bin, oder was?"

BABSI (böse zu Fatme): "Du nennst Kim behindert, du Honk?"

Die Mädchen schließen den Kreis um Fatme bedrohlich eng.

LUKAS (O.S.): "Kim!"

Kim blickt irritiert zur Seite. Ein Zombie tritt heran. Es ist Lukas, der eine gut gemachte Spezialmaske trägt. Er sieht Fatme, registriert deren Angst und lüpft die Brauen.

LUKAS: "Was ist? Gibt's hier ein Problem?"

KIM: "Mann! Lukas! Leb dein Leben! Verpiss dich einfach!"

Lukas packt sie am Arm und zieht sie resolut mit sich.

LUKAS: "Wir sollen nach Hause...! Sofort!"

Als Kim mit ihrem Bruder davongeht, läuft Fatme einfach weiter. Babsi und die anderen Mädchen lassen sie ziehen.

EXT. UNTERWEGS - TAG

Kim sieht Lukas sauer an.

KIM: "Das machst du nicht nochmal, mir dazwischen zu funken, wenn wir was unter Mädels zu klären haben!"

LUKAS: "Was zu klären? Schwachsinn! Ihr habt sie gemobbt!"

KIM: "Und was ist mit dir? Babsi sagt, du stalkst sie!"

LUKAS: "Ich stalke wen?"

KIM: "Na, wen wohl? Die Kopftuchziege! Fatme!"

LUKAS: "So'n Quatsch!"

KIM: "Wieso läufst du überhaupt so behindert rum?"

LUKAS: "Papa hat gesagt, ich soll kommen und alles stehen und liegen lassen... Wenn ich die Maske jetzt runternehme, ist sie kaputt und ich will noch Fotos davon machen..."

INT. WOHNZIMMER DER VOGTS – TAG

Harry sitzt auf der Couch, Mandy sieht ihn verständnislos an.

MANDY: "Sag das noch mal! Ich hör wohl grad etwas schwer..."

HARRY: "Ich bin seit drei Monaten arbeitslos."

MANDY: "Und das sagst du mir nicht?"

HARRY: "Ich wollte nicht, dass du dir Sorgen machst! Ich dachte ja anfangs, ich finde bald wieder Arbeit..."

MANDY (blickt finster): "Unsinn! Denkst du vielleicht, ich bin blöd? Da steckt doch ganz etwas anderes dahinter! ... Oder besser gesagt: <u>Eine</u> Andere!

HARRY (guckt ratlos): "Eine Andere? Was meinst du damit?"

MANDY: "Eine andere Frau!! Eine Geliebte!"

HARRY (verwirrt): "Hä...? Eine Geliebte? Nein! Ich hab keine Geliebte. Ich liebe <u>dich</u>!"

MANDY (bitter): "Oh ja sicher!"

Harrys Stirn zeigt nun Furchen. Er krempelt seinen Ärmel hoch. Dort ist ein recht frisches Tattoo. Klassisch: Ein Herz mit einem Dolch und einem Schriftband, auf dem ein "M" steht.

HARRY: "Warum sollte ich mir <u>das</u> stechen lassen, wenn ich eine Geliebte habe?"

MANDY (wird allmählich unsicher): "Das M könnte für Mona stehen..."

HARRY (verdutzt): "Wer ist Mona?"

MANDY: "Na, die dralle Rothaarige aus eurer Buchhaltung!"

HARRY: "Die ist vor zwei Monaten mit ihrem Mann nach Kapstadt gegangen! Nachdem sie ihr Baby bekommen hat!"

Mandy sieht Harry verstört an. Sie wedelt mit den Händen...

MANDY: "Also, versteh ich das richtig? Du... du hast keine Geliebte sondern... wirklich nur deine Arbeit verloren?"

HARRY: "Also, ich hätte nicht gedacht, dass der Sachverhalt so kompliziert ist! Wenn du willst, schreib ich dir's auf!"

Mandy hat sich von Harry weggedreht und die Hand vor den Mund gelegt. In ihr Gesicht steht tiefe Bestürzung geschrieben.

HARRY: "Es war ein Fehler, dir nichts von der Kündigung zu sagen! Tut mir leid... wirklich! Aber jetzt ist das Geld alle! Mit der Miete sind wir schon drei Monate im Rückstand. (atmet durch) Also: Die einzige Chance, jetzt an Kohle zu kommen, sind die Flüchtlinge..."

MANDY: "Meinst du das ernst? Nur weil wir pleite sind, nehmen wir nicht einfach so einen Haufen Flüchtlinge auf! Ich lass doch keine wildfremden Leute in unser Haus!"

HARRY: "Aber wir sind am Ende, Mandy...! Unser Vermieter schmeißt uns raus, wenn wir die Miete nicht bald bezahlen!"

MANDY: "Hier zieht niemand ein! Nur über meine Leiche...!"

Harry seufzt resignierend. Keiner sagt etwas. Harry sieht zu dem blinkenden AB hinüber. Er stutzt.

HARRY: "Wieso warst du eigentlich nicht am Telefon, als ich angerufen habe? Um zehn läuft doch deine Lieblingssoap...!"

MANDY (starrt auf den AB): "Äh... doch! Ich... ich war hier!"

HARRY: "Aber ich habe laut gerufen, du hättest mich hören müssen... Der AB müsste mich aufgenommen haben...!"

Harry steht auf und geht zum Anrufbeantworter. Mandy sieht sich nun in der Klemme. Ihr Blick flackert nervös.

MANDY: "Harry! Ich glaube, du hast recht!"

HARRY (dreht sich zu Mandy): "Recht? Womit...?"

MANDY: "Mit diesen Flüchtlingen! Wir... Wir sollten welche aufnehmen! Das... das ist einfach unsere Christenpflicht!"

Harry schaut überrascht.

EXT. VOR DEM HAUS DER VOGTS - TAG

Kim und Lukas kommen heran, Lukas immer noch im Zombie-Look. Sultan, der Dalmatiner, läuft heran und springt an Kim hoch.

KIM: "Lass das, du blöde Töle!"

LUKAS: "He! Er hat sich selber die Tür aufgemacht, als er dich gehört hat! Das ist ja mal ein smarter Bursche!"

KIM (scharf): "Kusch, Sultan! Platz!"

Der Hund macht sofort Sitz. Kim sieht ihn an.

KIM: "Wie hässlich du bist!"

Sultan steht auf und wedelt freudig mit dem Schwanz.

KIM: "Komm mir nicht bloß so! Ich hasse dich!"

Sie geht ins Haus. Lukas dreht sich zu Sultan.

LUKAS: "Also ich finde dich ganz cool...!"

Sultan knurrt ihn bösartig an. Lukas flüchtet erschrocken...

EXT. ÜBER DEM HAUS DER VOGT - TAG

Die Sonne wandert im Zeitraffer über den Himmel...

INT. WOHNZIMMER DER VOGTS - TAG

Kim kommt stinkig mit einem Koffer aus ihrem Zimmer. Gefolgt von Sultan. Harry saugt das Wohnzimmer.

Kim: "So, mein Zimmer ist frei. Seid ihr jetzt zufrieden? Erst kriegt ich dieses Läuse-Taxi Sultan und jetzt ziehen Flüchtlinge in mein Zimmer! Was kommt als Nächstes? Meldet ihr mich bei der Fremdenlegion?"

MANDY (kommt und knufft MANDY): "Du hältst jetzt mal den Schnabel! Ab mit dir in die Mansarde!"

KIM: "Ich mach's nicht! Zwing mich doch!"

MANDY: "Kein Ding. Gib mir dein Smartphone!"

KIM (stampft wütend auf): "Gott! Du bist so scheiße, Mama!"

Kim zieht wütend ab. Mandy wendet sich an Harry.

MANDY: "Ich find's auch übertrieben. Wieso überlassen wir diesen Flüchtlingen gleich unser Schlafzimmer samt Ehebett?"

HARRY: "Nur für den Anfang! Im Hobbykeller ist Chaos. Das können wir so nicht anbieten. Wie sieht's denn aus, wenn sie es im Flüchtlingsheim besser hatten als hier...?"

Mandy seufzt und nickt. Harry geht hinüber zum Arbeitsraum. Hier hat Lukas ein Notbett ausgebreitet, das fast den gesamten Raum füllt. Er sitzt und darauf und bemalt eine Latexmaske, die einen Untoten darstellen soll.

HARRY: "Du läufst damit aber nicht durchs Haus, oder?"

LUKAS: "Nö! Aber die Film-AG braucht die Masken bis morgen!"

Da klingelt es. Man sieht sich alarmiert an.

HARRY: "Sie kommen! Kim, bring den Hund in den Hobbykeller!"

INT. WOHNZIMMER DER VOGTS – ABEND

Die Familie Al-Fayed sitzt mit den Vogts am Tisch. Halina Al-Fayed und ihre Tochter Ahlam (15) tragen Kopftuch. Bashar Al-Fayed hat einen dicken Schnauzbart und sein finster wirkender Sohn Firat (16) löffelt stumm die Suppe. Schweigen am Tisch.

MANDY: "Und? Schmeckt es?"

HERR AL-FAYED: "Schmeckt see gudd!"

Er blickt auffordernd zu seiner Frau.

FRAU AL-FAYED: "Ja, see guhd!"

Schweigen. Man sieht sich an und lächelt verlegen.

HARRY: "Und? Wo kommen Sie her?"

HERR AL-FAYED: "Wo... kommen her?"

HARRY: "Where do you come from?"

HERR AL-FAYED: "Oh. We come from Aleppo!"

HARRY: "Ah ja, Aleppo!"

Unter dem Tisch tritt er Kim, die gar nichts sagt.

KIM: "Aleppo! Schön! Und? Hatten Sie eine gute Reise? Did you have a nice travelling?"

HERR AL-FAYED: "Nice... travelling?"

LUKAS (gepresst zu Kim): "Sie sind nicht mit dem Orientexpress gekommen. Sie sind geflüchtet!"

KIM: "I mean... did you have a nice escape?"

Die Al-Fayeds blicken sich indigniert an. Da versucht Harry die Situation zu überspielen und klatscht in die Hände.

HARRY: "Zum Kennenlernen spielt man am besten ein schönes Brettspiel! ... Kennen Sie 'Mensch ärgere dich nicht'?"

MANDY: "Da fehlt doch die Hälfte von den Spielsteinen."

HARRY: "Egal, wir haben genug Brettspiele!"

INT. WOHNZIMMER DER VOGTS – ETWAS SPÄTER

Ein Risiko-Spielfeld ist aufgebaut und überall stehen Armeen. Herr Al-Fayed würfelt genervt. Er hat niedrige Augenzahlen. Harry schnappt sich gutgelaunt den Würfelbecher. Er schafft drei Fünfen und reckt triumphierend die Faust in die Luft.

HARRY: "Ihre letzten Armeen sind vernichtet, mein lieber Al-Fayed! Ich vermelde daher: Kamtschatka wurde soeben befreit!"

HERR AL-FAYED: "Moment! Kamtschatka, wieso befreit?"

HARRY: "Naja, ich habe es von Ihrer Armee befreit!"

HERR AL-FAYED: "Aber hatte ich bereits befreit von Lukas' Armee! Wie kann man befreite Land befreien...?"

HARRY: "Naja... es ist jetzt noch etwas freier als vorher..."

HERR AL-FAYED: "Macht das... überhaupt keinen Sinn!"

LUKAS: "Früher hieß es bei Risiko "Länder erobern"... Aber das war den Leuten zu militant, deswegen heißt es jetzt "Länder befreien"... (etwas hilflos) Damit Kinder jetzt keinen falschen Eindruck kriegen, wenn sie es spielen..."

HERR AL-FAYED: "Ist schlimmes Spiel! Werden nur Armeen getötet ganze Zeit! Ist einzige Blutbad... Rrissiko!"

Harry sieht in das ernste Gesicht seines Gastes. Er nickt...

HARRY: "Sie haben recht, Herr Al-Fayed! Das ist ein verabscheuungswürdiges Spiel! Ich hab es noch nie gemocht!"

Er packt das Spiel in die Kiste und steht damit auf.

HARRY: "Aus dem Fenster damit!"

Er marschiert zum Fenster und reißt es auf. Doch dann hält er inne. Unten im Hof stehen viele Menschen mit Fackeln. Mandy tritt neben ihren Mann. Auch die Al-Fayeds kommen ans Fenster. Sie sehen den Fackelring mit Bestürzung. Frau Al-Fayed flieht in die Arme ihres Mannes. Harrys Blick flackert nervös zu seiner Frau. Er tut, als wäre nichts.

HARRY: "Ach schau! Eine Lichterkette zum Willkomm! Wie nett!"

HERR AL-FAYED (sieht ernst zu Harry): "Nicht Willkomm! (schaut hinunter) Das... böse Fackeln!"

Er zieht seine Frau vom Fenster weg. Harry seufzt schwer.

HARRY: "Herr Al-Fayed, ich entschuldige mich in aller Form...! Sie dürfen die Leute nicht so ernst nehmen...!"

HERR AL-FAYED: "Möchten meine Frau und ich schlafen beide! Sind see müde jetzt!"

MANDY (verständnisvoll): "Ich zeig Ihnen Ihr Zimmer...!"

EXT. VOR DEM HAUS DER VOGTS - NACHT

Harry kommt aus dem Haus gelaufen und tritt zu Michi Umbach, der neben dem Polizisten Alex Burig (44) im Vorgarten steht.

HARRY: "Sagt mal, spinnt ihr? Was soll denn der Scheiß?"

MICHI: "Harry Vogt, stimmt's? Haben sie dich unter Druck gesetzt, damit du die Boatpeople aufnimmst?"

HARRY: "Unter Druck? (sieht auf die Leute) Äh... naja... sicher... etwas Druck hatte ich natürlich schon..."

MICHI: "Dacht ich mir! Aber die NWD lässt niemanden hängen!"

HARRY: "Ihr jagt unseren Gästen eine Todesangst ein!"

ALEX BURIG: "Wieso denn? Die Leute stehen hier ganz harmlos und machen nur eine Lichterkette!"

MICHI: "Du hörst meinen Cousin! Alles gut!"

HARRY: "So ein Cousin, der Polizist ist, ist ja praktisch!"

ALEX BURIG (tritt bedrohlich vor): "Wollen Sie damit irgendetwas andeuten?"

MICHI: "Ruhig, Alex! Harry will damit gar nichts andeuten!"

HARRY (zeigt auf Alex): "Er trägt seine Uniform! Das heißt, er dienstlich hier. Und wieso?"

AlEX BURIG: "Zum Schutz der Lichterkette! Die Nordafrikaner waren in letzter Zeit sehr aggressiv. Ich bin nur hier, um sicherzugehen, dass die Syrer bei Ihnen ruhig bleiben und nicht plötzlich auf jemanden hier draußen losgehen!"

Harry sieht den Mann an und kann nur bestürzt den Kopf schütteln. Er stapft davon. Michi blickt ihm lächelnd nach.

MICHI: "Gern geschehen!"

EXT. DAS VOGT-ANWESEN - TAG

Es ist früher Morgen. Das Haus der Vogts liegt still da und nichts mehr zeugt von der Vorgängen der letzten Nacht...

MANDY (O.S.)(gedämpft): "Nein, Yaro, ich will nicht darüber reden! Es ist aus! Klar? Vorbei! Es ist nie passiert...!"

INT. BADEZIMMER DER VOGTS - TAG

MANDY: "Untersteh dich, hier aufzutauchen! Ich sag doch, mein Alter ist total krank im Kopf! Wenn du nicht willst, dass er mich deinetwegen in Streifen schneidet, hakst du die Sache ab und vergisst, dass Du mich je gesehen hast! Also, leb wohl!"

Sie drückt resolut das Gespräch weg. Da klopft es an die Tür.

KIM (O.S.): "Mama, bist du da drinnen?"

INT. FITNESSCENTER, HALLE 1 - TAG

Der muskulöse Yaro steht vor einer Klasse von Frauen, die zum Pilates gekommen sind und ihn erwartungsvoll ansehen.

Yaro hat noch das Handy in der Hand. Er beginnt hemmungslos zu schluchzen. Die anwesenden Frauen sehen sich bestürzt an...

INT. HOBBYKELLER DER VOGTS - Tag

Im Hobbyraum der Vogts hat man die Fernsehcouch ausgezogen und sich hier ein Lager bereitet. Harry liegt hier und schnarcht. Mandy, mit Kim im Schlepptau, rüttelt an ihm.

MANDY: "Harry! Du musst aufwachen!"

HARRY (müde): "Wieso denn? Ich muss nicht zur Arbeit..."

MANDY: "Die El-Fayeds sind weg!"

Harry richtet sich auf.

HARRY: "Die Al-Fayeds? Aber wieso sollten sie weg sein?"

MANDY: "Wieso? Na wegen diesem Michi und seinem Fackelzug! Im ersten Moment dachte ich, es ist der Ku-Klux-Klan...!"

HARRY: "Sicher kaufen sie nur ein. Ist ihr Gepäck noch da?"

MANDY: "Alles weg, bis auf einen Koffer... Aber vielleicht haben sie ihn zurückgelassen haben, damit er sie auf der Flucht nicht behindert..."

HARRY: "Was redest du von Flucht? Denkst du, die machen das hauptberuflich? Sicher gibt es eine ganz harmlose Erklärung!"

INT. KÜCHE DER VOGTS - TAG

Harry sitzt am Tisch und frühstückt verschlafen. Mandy sitzt gegenüber und sieht ihn an. Sie hat ein schlechtes Gewissen.

MANDY: "Das Tattoo an deinem Arm das gefällt mir! Wirklich!"

HARRY (schaut drauf): "Ja, das musste irgendwie sein. (sieht sie an) Ich hatte das Gefühl, dass du in letzter Zeit etwas abweisend warst. Man ist eben kein richtiger Mann, so ganz ohne Arbeit. Klar, dass du von mir genervt warst..."

MANDY (greift seine Hand): "Aber nein, Harry! Ich..."

Ihr Handy klingelt. Mandy zückt es nervös. Yaro ruft an.

MANDY (überspielt lächelnd) Nur eine Freundin...! Ach du, Harry, kannst du dir mal den Schaden im Garten anschauen? Diese NWD-Brüder haben da alles verwüstet..."

HARRY: "Echt? Ich guck's mir an!"

Er geht aus dem Zimmer, während Mandy mit fiebrigen Fingern Yaros Kontakt löscht und danach die Nummer blockiert...

MANDY: "Mann, lass mich endlich in Ruh!"

INT. IM RATHAUS/ BÜRO MICHI UMBACH - TAG

Harry kommt herein. Die Sekretärin Nettelbeck, die sich gerade einen Jägermeister eingießt, fährt zusammen.

Frau Nettelbeck: "Herrgott! Können Sie nicht klopfen? Da kriegt man ja einen Herzinfarkt!"

HARRY (ungerührt): "Wieso, Sie haben doch Tropfen."

Frau Nettelbeck räumt schnell den Jägermeister weg.

HARRY: "Ich muss zu Michi Umbach!"

FRAU NETTELBECK: "Bedaure, Herr Umbach ist außer Haus!"

Aus dem Raum nebenan ist lautes Stöhnen zu hören. Harry und die Sekretärin blicken zur Tür. Ein spitzer Lustschrei.

NATASCHA (O.S.): "Madonna! Madon-na!"

HARRY: "Und was ist das?"

FRAU NETTELBECK: "Äh... das ist wohl der Fernseher..."

Wieder das Stöhnen und die Schreie.

NATASCHA (O.S.) : "Madonna! Madonna!"

Harry geht an Nettelbeck vorbei und reißt die Zimmertür auf.

INT. BÜRO MICHI UMBACH - TAG

Michi Umbach liegt auf Natascha, einer nackten Blondine.

NATASCHA (in Ekstase) : "Oh Madonna, Madonna... (sie sieht Harry plötzlich) Michi! Da! Ein Mann!"

Michi hält inne und dreht sich um. Er sieht Harry, hinter dem gerade Frau Nettelbeck auftaucht.

FRAU NETTELBECK: "Herr Umbach, er ist einfach reingestürmt!"

MICHI (genervt stöhnend): "Ja, danke, Frau Nettelbeck. Schön, dass Sie uns auch noch Gesellschaft leisten...!"

HARRY: "Herr Umbach, ich muss Sie sprechen."

MICHI (genervt): "Kann das nicht vier Minuten warten?"

HARRY (bestimmt): "Ich gehe hier nicht weg!"

MICHI: "Zefix!"

INT. BÜRO MICHI UMBACH - ETWAS SPÄTER

Natascha, nun angezogen, rauscht mit bösem Blick auf Harry hinaus. Michi bindet sich mit hochrotem Kopf die Krawatte.

MICHI: "Kann ein schwer arbeitender Mann hier nicht mal in Ruhe seinen Hering marinieren?"

HARRY: "Von mir aus können Sie ihren Hering marinieren, soviel Sie wollen. Aber war das gerade nicht Natascha Burig? Die Frau von Ihrem Cousin, dem Bullen?"

MICHI: "Unsinn, die sieht der nur ähnlich."

HARRY: "Sie hat aber "Alex forever" auf den Arsch tätowiert!"

Michi sieht Harry an und stöhnt.

MICHI (stöhnt): "Na gut. Es ist Natascha Burig. Und weiter?"

HARRY: "Nix weiter. Der Zaun um unser Grundstück ist kaputt. Wir wollen dafür Schadenersatz: Fünfhundert Euro!"

MICHI: "Ach, ich verstehe: Du brauchst Kohle! (spöttisch) Und vom Flüchtlingsboard kommt nichts, weil die Land unter sind!"

HARRY: "Land unter? Wieso?"

MICHI: "Irgendein böser Junge hat denen gestern einen Computervirus untergejubelt. Der hat alle Festplatten gelöscht...! Die wissen nicht mal mehr, wie sie heißen. Und Geld überweisen geht gar nicht... (fein lächelnd) Die NWD sieht nicht zu, wie die unser Land gegen die Wand fahren!"

Harry sieht Umbach an und geht dann ohne ein Wort hinaus.

<u>INT. WOHNZIMMER DER VOGTS - TAG</u>

Mandy hängt am Telefon.

MANDY: "Ach gut, dass ich Sie endlich erreiche! Es geht um die Flüchtlinge, die wir bei uns aufgenommen haben, die Al-Fayeds... (sie stutzt) Das Aktenzeichen? Ich weiß nichts von einem Aktenzeichen... Im Anschreiben? Ich muss gucken..."

In diesem Moment kommt Harry zurück. Mandy winkt ihm und hat nun einen Briefumschlag in der Hand.

MANDY: "Also hier ist das Aktenzeichen ES5N8833VYPS1938D... Was ich sagen wollte, die gesamte Familie Al-Fayed..."

Da ist Harry heran und reißt ihr den Hörer aus der Hand.

HARRY (ins Telefon): "... dankt Ihnen auf's Herzlichste für Ihre großherzige Hilfe!"

Mandy starrt Harry entgeistert an. Er zwinkert ihr zu.

HARRY (ins Telefon): "Ja, ich richte es aus! Danke!!"

MANDY: "Harry!! Was hat das zu bedeuten?"

HARRY: "Also, was <u>mich</u> angeht, Mandy, wohnen die Al-Fayeds noch hier. Wir brauchen das Geld vom Flüchtlingsboard! Das ist gerade die einzige Chance für uns, an Geld zu kommen!"

MANDY: "Aber wie soll das gehen?"

HARRY: "Haben die Al-Fayeds dir etwa gesagt, dass sie uns verlassen und nie wiederkommen?"

MANDY: "Nein. Haben sie nicht..."

HARRY: "Na also. Sie sind sicher nur shoppen und kommen bald wieder... Alles im grünen Bereich...!"

INT. SCHULAULA - TAG

Lukas schminkt Carmen, eine bullige Mitschülerin, als Cyrano de Bergerac mit langer Nase. Andere Schüler proben ihren Text, der Lehrer studiert das Skript. Da kommt Fatme heran.

FATME (zum Lehrer): "Verzeihung, ich hol nur mein Cello!"

Der Lehrer nickt und das türkische Mädchen holt sich ihr Instrument, das an der Seite der Bühne mit drei anderen größeren Musikkoffern lagert. Lukas sieht Fatme nach. Als sie sich unvermittelt umdreht und herüber schaut, dreht Lukas den Kopf weg und macht mit der Spezialmaske weiter. Fatme geht. Lukas folgt ihr wieder mit seinen Blicken und sieht plötzlich in die Augen von Kim, Babsi und ihren Freundinnen, die bei den Proben zusehen. Lukas schaut ertappt weg...

EXT. AUF DEM WEG NACH HAUSE - TAG

Kim und Lukas laufen nach Hause. Kim ist sichtlich pissed.

KIM: "Sag mal, weißt du, wie peinlich du bist? Du bist wie ein läufiger Rüde, der jeder Hündin nachhechelt."

LUKAS: "Nur zur Info, Rüden werden nicht läufig. Läufig sind nur Hündinnen!"

KIM: "Was sind denn das jetzt für Scheißmacho-Sprüche?"

LUKAS: "Das ist Biologie. Ein Fach, in dem ich eine Eins habe und du ne Fünf. (stutzt und tut erstaunt) Warte? Ist da nicht bei all unseren Fächern so?"

KIM: "Lass einfach die Bitches in Ruhe!"

LUKAS: "Ich finde Fatme aber wirklich nett."

KIM (reißt Lukas genervt herum): "Lass es einfach! Wart, bis du dreißig bist. Wenn die Frauen erst mal Torschlusspanik schieben, dann kriegst du deine Chance!"

Sie geht davon. Lukas dackelt ihr genervt hinterher.

INT. HOBBYKELLER DER VOGTS - TAG

Mandy räumt mit Ella, der polnischen Putzfrau den Keller auf.

ELLA: "Aber müsse nicht bezahlen jetzt! Geht auch später..."

MANDY: "Ella, nein! Wir haben überhaupt kein Geld mehr. Ich... ich wusste selber nicht, wie schlecht es steht..."

ELLA: "Heiligbimbam... haben Sie doch schon bezahlt mich!"

MANDY: "Das ist in Ordnung. Sie... Sie müssen da nicht mehr kommen. Wir schaffen das hier schon..."

ELLA: "Nicht kommt in Frage! Arbeite ich hier fertig!"

MANDY (lächelt): "Danke, Ella! Sie sind die Beste!"

INT. WOHNZIMMER DER VOGTS - TAG

Im Wechsel mit

INT. BÜRO UNDINE BICKSTETTER - TAG

Undine Bickstetter räumt ein paar Geldbündel in eine große braune Reißverschlusstasche. Dann greift sie zum Telefon.

In seinem Wohnzimmer studiert Harry die Stellenanzeigen. Lukas bemalt eine Frankenstein-Schädelprothese. Kim lackiert sich die Fußnägel. Da läuft Sultan vorbei, im Maul eine wunderschöne, abgehackte Damenhand.

LUKAS: "Kimmi! Dein Hund hat sich meine Hand geschnappt! Wenn der die kaputtbeißt, ist die Arbeit von Wochen zum Teufel..."

KIM: "Das ist nicht *mein* Hund... (sieht zum Hund) Sultan, aus! Gib das her!"

Sultan läuft gehorsam zu Kim und gibt ihr die Hand. Sie wirft sie verächtlich Lukas hinüber, der sie auffängt.

Das Telefon klingelt. Harry geht ran.

HARRY: "Harry Vogt?"

UNDINE BICKSTETTER: "Herr Vogt, Bickstetter! Entschuldigen Sie die bitte Störung, aber wir haben hier leider ein ganz furchtbares Chaos. Unsere Computer sind alle ausgefallen..."

HARRY: "Tut mir leid, das zu hören."

UNDINE BICKSTETTER: "Gerade rief Minister Wolf-Nübel an. Er sagt, wir sollen, ungeachtet aller technischen Probleme, unseren Bürger unbürokratisch zur Seite stehen...!"

HARRY (verwirrt): "Aha... Und weiter?"

UNDINE BICKSTETTER: "Deswegen möchte ich schnell bei Ihnen vorbeikommen und die Ihnen zustehenden Bezuschussungen in bar auszahlen. Wäre das möglich...?"

Harry muss schlucken.

HARRY: "In bar auszahlen? Jetzt? Sofort?"

UNDINE BICKSTETTER: "Sie haben doch Ausgaben! Und wir wissen nicht, wann unsere Rechner wieder einsatzfähig sind... Eine Barausschüttung macht da gerade am meisten Sinn!"

HARRY: "Ja, ehm... wenn Sie das sagen..."

UNDINE BICKSTETTER: "Ja, dann komm ich vorbei. Und die Al-Fayeds müssen auch noch etwas unterschreiben. Sind sie da?"

HARRY (stotternd): "Die Al-Fayeds... Ich müsste mal gucken, die äh... die haben ihre eigenen Schlüssel..."

UNDINE BICKSTETTER: "Ach, im Notfall warte ich! Bis gleich!"

Sie legt auf. Ebenso Harry. Er dreht sich bleich zu Lukas um.

HARRY: "Lukas, Mandy kommt mit! Beide!"

INT. HOBBYKELLER DER VOGTS - TAG

Harry kommt mit Lukas und Kim zu Mandy in den Hobbykeller.

HARRY: "Ist die Ella schon weg?"

MANDY: "Ja, grad eben. Wieso?"

HARRY: "Mist! Sie wäre die perfekte Frau Al-Fayed gewesen!"

MANDY: "Ella soll Frau Al-Fayed sein? Wieso das denn?"

HARRY: "Gerade hat die Bickstetter vom Flüchtlingsboard angerufen. Sie wird das Geld vorbeibringen. In bar! Sie will uns die ganze verdammte Kohle hier cash auf den Tisch legen!"

MANDY (geplättet): "Aber die Al-Fayeds sind weg!!"

HARRY: "Egal! Wir müssen nur kühles Blut bewahren!"

MANDY: "Kühles Blut? Was hast du vor?"

HARRY: "Lukas, glaubst du, du könntest uns so schminken, dass wir aussehen wie Syrer?"

Die anderen sehen ihn mit großen Augen an...

INT. WOHNZIMMER DER VOGTS - TAG

Mandy rauscht geladen herein, gefolgt von ihrer Familie.

MANDY: "Es war schon total irre, diese Al-Fayeds aufzunehmen! Und jetzt sollen wir auch noch so tun, als wären wir sie, um Geld zu erschleichen? Sorry, also da hört's bei mir auf..."

HARRY: "Bitte, Mandy! Döring hat mich nochmal angerufen. Er will die Miete sehen oder er lässt die Wohnung zwangsräumen!"

KIM: "Komm, Mama! Willst du etwa, dass wir hier rausfliegen?"

Mandy schüttelt energisch den Kopf und tritt zum Fenster.

MANDY: "Spart euch den Atem! Ich mach bei sowas nicht mit..."

Sie bricht ab. Denn unten tritt gerade Yaro in den Hof. Er hat einen Anzug an und einen Strauß Blumen in der Hand. Mandy bekommt einen heillosen Schrecken. Jetzt ist guter Rat teuer.

KIM: "Mama, jetzt sei nicht so scheiße wieder...!"

HARRY: "Kim, pass auf, was du sagst! Deine Mutter hat wie immer recht. Es war eine Schnapsidee..."

MANDY (dreht sich um): "Naja... so hart würde ich das jetzt nicht sagen. Aber... Lukas ist ja gar kein ausgebildeter Maskenbildner und steht noch ganz am Anfang..."

LUKAS: "Mama, echt jetzt? Gut, einen Alienkopf krieg ich vielleicht nicht so auf die Schnelle hin! Aber einen Syrer??"

MANDY: "Das würd ich gern erst sehen!"

HARRY: "Dein Ernst? Du willst doch mitmachen?"

Es klingelt.

MANDY: "Wir sind doch eine Familie! Klar mach ich mit! Fangt an! Schnell! Die Zeit arbeitet gegen uns! (lächelt breit) Ich geh schnell an die Tür. Bestimmt der Postbote..."

HARRY: "Dann kommt!"

Harry und die Kinder verlassen den Raum. Mandy eilt zur Tür.

<u>I/E. AN DER HAUSTÜR DER VOGTS - TAG</u>

Mandy steht hinter der verschlossenen Wohnungstür.

MANDY (mit verstellter Stimme): "Wär ist da, bittä? Bin ich nur Ellaaa, Putzfrau aus Polän..."

YARO: "Mein Name ist Yora. Ich möchte Frau Vogt sprechen!"

MANDY: "Frau Vogt. Oh! Ist sie nicht da. Heiligbimbam! Ist sie gekommen in Krankenhaus!"

Yoras Augen weiten sich erschrocken.

YARO: "Ins Krankenhaus? Was ist passiert?"

MANDY: "Ist sie gestürzt auf Kellertreppe."

Yaros Augen werden groß.

YARO : "Gestürzt auf der Kellertreppe? Oh, na sicher! Harry, dieses verfluchte Schwein! (laut) Welches Krankenhaus?"

MANDY: "Ist sich Krankänhaus in Berlin leida! Scharitä! Mussten Spezialisten... Källertreppe seeehr lang...!"

Yaro dreht sich um und eilt davon. Mandy atmet tief durch. Da klingelt es erneut. Sie schaut nervös durch den Spion. Aber es ist nicht Yaro, es ist Frau Bickstätter vom Amt...

MANDY (ruft nach hinten): "Sie ist da! Wie weit seit Ihr?"

HARRY (O.S.): "Wir brauchen noch etwas! Kim kommt!"

Kim kommt heran.

Frau Bickstetter klingelt erneut.

KIM (raunend zu Mandy): "Papa braucht den Koffer von den Al-Fayeds! Wegen der Kleidung...! Ich übernehme hier, okay?"

Mandy nickt und huscht davon. Kim strafft sich und öffnet.

KIM: "Oh, Sie müssen Frau Bickstetter sein! Ich bin die Kim!"

Sie gibt Frau Bickstetter die Hand und macht einen Knicks.

UNDINE BICKSTETTER: "Reizend! Bitte verzeih den Überfall, aber bei uns im Amt geht gerade alles drunter und drüber!"

KIM: "Aber Frau Bickstetter, Sie sind uns stets willkommen!"

INT. KüCHE DER VOGTS - TAG

Kim gießt Frau Bickstetter eine Tasse Kaffee ein und stellt ihr einen Teller mit Keksen hin.

UNDINE BICKSTETTER: "Kim, das wäre nun wirklich nicht nötig gewesen... Ich bleibe nur ganz kurz... (nippt vom Kaffee) Sind deine Eltern da? Oder einer von den Al-Fayeds?"

KIM: "Ehm, es sind nicht alle da... Ich muss gucken... (dreht sich zum Flur) Hallo?? Ist jemand da? Frau Al-Fayed?"

In diesem Moment schieben sich zwei Personen herein. Es sind Mandy und Lukas. Aber ihre Gesichter sind nun olivfarben und ihre Augenbrauen geschwärzt. Mandy trägt einen Hidschab. Dazu hat sie eine Brille mit gesprungenen Gläsern auf der Nase. Dadurch ist in der Tat wenig von ihr zu sehen. Lukas trägt dicke Augenbrauen, dunkle Kontaktlinsen und hat eine Höckernase. Beide tragen syrische Tracht aus dem Koffer der Al-Fayeds. Frau Bickstetter lächelt sie beide an...

UNDINE BICKSTETTER: "Frau Al-Fayed! Wie schön Sie zu sehen!"

Sie reicht ihr die Hand, und Mandy schüttelt sie devot.

UNDINE BICKSTETTER: "Und das ist sicher der junge Firat!"

Auch dem Sohn schüttelt sie die Hand. Dann aber sieht sie besorgt zu Mandy, deren Brille wirklich alarmierend aussieht.

UNDINE BICKSTETTER: "Was ist denn mit Ihrer Brille?"

KIM: "Ähm, Frau Al-Fayed spricht nicht sehr gut deutsch..."

Frau Bickstetter schaut verdutzt. Sie öffnet eine Mappe.

UNDINE BICKSTETTER: "Aber hier steht, dass sie recht gut deutsch spricht!"

Kim sieht nervös zu Mandy. Die wiegt bescheiden den Kopf.

MANDY (mit polnischem Akzent): "Spreche ich nur bisschen. Nicht gut. Könnte sein viel besser. Habe ich nicht genug Fleißigkeit..."

UNDINE BICKSTETTER: "Aber was reden Sie denn? Das geht doch wunderbar! Aber was ist denn nur mit Ihrer Brille?"

MANDY: "Oh Brille! Ist gegangen kaputt auf die Flucht... immer wieder gefallen auf die Steine! Nicht schön war!"

UNDINE BICKSTETTER: "Ach herrjeh! Können Sie überhaupt noch dadurch sehen?"

MANDY: "Sehe ich meiste. Kann ich gucken wie Falke noch... (lacht) Verzeihung, habe ich gemacht kleine Witz, für brechen die Eis..."

UNDINE BICKSTETTER (lacht hell auf): "Das Eis brechen müssen Sie nicht! Wir vom Flüchtlingsboard sind doch Ihre Freunde! Und das mit der Brille, das erledigen wir gleich!"

Sie geht zum Tisch und setzt sich. Sie zieht ein Formular heraus. Mandy und Lukas kommen heran, bleiben aber brav stehen.

LUKAS: "Was wird das?"

UNDINE BICKSTETTER: "Ihre Mutter braucht eine neue Brille. Wir beantragen 750 Euro Brillenzuschuss... (sieht auf Lukas Schuhe) Und Sie, Firat, brauchen Schuhe! Niemand soll hier in Deutschland mit so unwürdigen Tretern herumlaufen müssen...!"

Lukas sieht verwirrt auf seine hippen Sneaker.

UNDINE BICKSTETTER: "Wie sieht es überhaupt mit Bekleidung aus? Wir haben extra einen Textilfördertopf..."

MANDY: "Oh ja... habe ich mir viel zerrissen auf die Flucht. War da ja auch Stacheldraht...

Und Flecke ich hab auch überall... auf die Boot, war so eng, hat ja jeder seine Cappuccino verschüttet bei die hohe Wellen..."

UNDINE BICKSTETTER: "Gut! Dann trage ich mal die Familienpauschale ein. Das wären 5.000 Euro!"

MANDY (schnappt nach Luft): "5.000 Euro?"

UNDINE BICKSTETTER: "Natürlich, Frau Al-Fayed, das ist nur ein Tropfen auf den heißen Stein. Aber mit dem Formular *Super Sieben* können sie einen weiteren Zuschuss beantragen!"

Undine Bickstetter zieht ein Geldbündel hervor. Mandy starrt darauf, als die Frau ihr einige Tausender abzählt.

UNDINE BICKSTETTER: "Und bitte unterschreiben Sie noch hier!"

MANDY: "Kann ich mein Glück kaum fassen. Sehr gute Menschen in Deutschland!"

UNDINE BICKSTETTER: "Wir vom Flüchtlingsboard sind alle von der Union! Genau wie Minister Wolf-Nübel! Er hat all die Zuschüsse für die Flüchtlinge ermöglicht! (blickt zu Mandy) Ist Ihr Mann nicht da? Ich bräuchte auch seine Unterschrift."

KIM: "Vielleicht ist er ja unten bei den Beeten. In Syrien... äh... hatte Herr Al-Fayed einen eigenen Schrebergarten..."

Kim eilt hinaus.

MANDY: "Kommt mein Mann sicher bald! Ist nicht oft spät!"

UNDINE BICKSTETTER (fasziniert): "Das ist ja interessant: Sie sprechen Deutsch mit polnischem Akzent...!

Mandys Augen werden groß. Lukas kommt zu Hilfe.

LUKAS: "Oh! Sind wir auch geflohen über Polen..."

UNDINE BICKSTETTER (verdattert): "Über... Polen?"

LUKAS: "Hatten wir Schlepper aus Polen. Haben die uns auf "Eiserne Route" genommen: Budapest, Bratislava, Warschau!"

UNDINE BICKSTETTER (verwundert): "Eiserne Route? Also davon habe ich ja noch nie etwas gehört...!"

LUKAS: "Ist auch Geheimtipp."

MANDY: "Ja, dürfen wir gar nicht sprechen über das!"

UNDINE BICKSTETTER: "Und in Polen haben sie deutsch gelernt?"

MANDY: "Äh ja! Waren da viele viele Putzfrauen, kamen die aus Deutschland zurück und haben uns beigebracht..."

UNDINE BICKSTETTER (lacht entschuldigend): "Na, da hätt ich auch selber drauf kommen können, was?

INT. BADEZIMMER DER VOGTS - TAG

Harry sitzt im Stuhl und hat eine olivfarbene Gesichtshaut und sprießende Brauen. Er stopft Schaumgummi-Teile in die Backen, während Kim ihm einen dichten Taliban-Bart anklebt.

HARRY: "Mensch beeil dich, Kim!"

KIM: "Papa, Bärte klebe ich normal nicht an...! (schüttelt den Kopf) Es hält nicht! Ich brauche mehr Mastix...!"

INT. WOHNZIMMER DER VOGTS - TAG

Undine Bickstetter sitzt noch bei den 'Al-Fayeds'.

UNDINE BICKSTETTER: "Und Familie Vogt behandelt Sie gut?"

MANDY: "Oh, sehrr gutt! Dürfen wir bei ihnen schlafen sogar in Ehebett!"

UNDINE BICKSTETTER: "Sie schlafen in einem Bett?"

MANDY (lacht nervös): "Oh nein! Falscher Missverstand! Gehen Harry und Mandy in Bastelkeller und liegen da dann. Und wir, die Al-Fayeds, sind in Ehebett von die Vogt! Allein!"

UNDINE BICKSTETTER: "Vorbildlich! Einfach vorbildlich!"

In diesem Moment kommt Harry herein, gefolgt von Kim. Er ist fertig geschminkt und auch der Bart sitzt. Er trägt einen Fahir, einen langen braunen Derwischhut und sieht echt aus.

HARRY: "Frrrau Bickstättär! Habän wir soviel gähört von Ihnen! Tu Sie soviel Gutäs! Sind Sie Heiligä! Mögän Sie leben langä! Inshallah!"

Er nimmt ihre Hand und küsst sie.

UNDINE BICKSTETTER: "Ach, Herr Al-Fayed! Was für eine Freude, Sie kennenzulernen! Haben Sie sich denn gut eingelebt?"

HARRY (breitet die Arme aus): "Ist großäs Glück für arme Al-Fayeds finden so gütigä Menschän wie Vogt! (legt liebevoll den Arm um Kim) Känne isch Kim erst seit gästern, aber ist schon wie meinä eigenä Tochter für misch!"

UNDINE BICKSTETTER: "Wie schön! Wissen Sie, solche Momente wie diese, die sind es, weshalb man diesen Job macht!" (holt ihre Mappe) Ihr Unterschrift bitte, Herr Al-Fayed!"

Harry nickt, beugt sich herunter und unterschreibt. Doch dann zuckt er zusammen und hält unter Schmerzen seinen Rücken.

UNDINE BICKSTETTER: "Herr Al-Fayed! Was ist denn los?"

HARRY (keuchend): "Oh, ist nur mein Ruckän. Habän viele von uns Männan! Nennen wir Fluchtrückän... Geht schon wiedä!"

Frau Bickstetter nickt und erhebt sich.

UNDINE BICKSTETTER: "Ja, dann stör ich mal nicht länger! Ich habe noch viel zu tun. Also, bis Freitag, dann!"

KIM: "Bis Freitag? Wieso bis Freitag?"

UNDINE BICKSTETTER: "Sie sind eines unser Pilotprojekte! Minister Wolf-Nübel möchte, dass noch viele andere Bürger Ihrem Vorbild folgen sollen...!"

KIM: "Ehm... Sie kommen jede Woche...?"

UNDINE BICKSTETTER: "Ja, und manchmal auch unangemeldet. Das sind eben die Vorschriften...! Ach ja, und wir werden auch die Nachbarn interviewen, wie sie diesen Verbund der Al-Fayeds und der Vogts so erleben... Wir möchten nur von Ihnen lernen! (winkt) Also, bye, bye!"

Sie geht. Die Vogts winken ihr etwas mechanisch hinterher.

INT. WOHNZIMMER DER VOGTS - TAG

Die Vogts kommen ins Wohnzimmer zurück. Harry steht am Stuhl und sein Gesicht ist schmerzverzerrt. Mandy eilt zu ihm.

MANDY: "Harry! Wie schlimm ist es?"

HARRY: "Ach, immer derselbe Mist mit dem unteren Rücken...!"

Mandy massiert ihren Mann. Kim tritt vor.

KIM: "Leute, ich will ja nicht nerven. Aber meinte die Alte wirklich gerade, die wollen die Nachbarn interviewen und unangemeldet vorbeikommen? Wie soll das gehen?"

LUKAS: "Und was ist mit den echten Al-Fayeds? Wer weiß, wo die sind! Die können uns doch jederzeit auffliegen lassen..."

Harry krümmt sich erneut vor Schmerzen. Mandy sieht zu ihm und dann zu ihren Kindern.

MANDY: "Gott, seht ihr nicht, wie ihr euren Vater quält?"

KIM: "Ach hör auf! Der Papa war schon immer ein Weichei!"

LUKAS: "Ich sag's ja nicht gern, aber für das, was wir hier machen, gibt's garantiert Knast. Und sie werden Papa nicht verschonen, weil er zu zart für's Gefängnis ist!"

MANDY (wütend): "So, nun ist's aber genug! Ihr wollt aufhören? Gut! Wir bringen das Geld zurück. Auf Papa kommt dann eine Anklage zu. Nächste Woche räumt uns der Döring die Wohnung. Du, Kim, kommst dann erstmal bei Oma unter und Lukas bei Tante Erwina in Köln! Wenn ihr das wollt, sagt es...!"

Lukas und Kim wechseln einen betroffenen Blick. Diese Aussichten gefallen ihnen offensichtlich gar nicht.

HARRY (ächzend): "Mandy! Ich halt's nicht aus. Ich glaub, ich brauche eine Spritze!"

EXT. AUSFAHRT HELIOS KLINIKUM / STRASSEN - NACHT

Harry sitzt auf dem Beifahrersitz, während Mandy steuert. Er hat die Augen geschlossen und atmet flach.

MANDY: "Ist es jetzt besser?"

Harry nickt. Mandy blickt nach vorne und gibt Gas, als die Ampel auf Gelb schaltet. Harry sieht zu ihr.

HARRY: "Danke!"

Mandy sieht fragend zu ihm.

HARRY: "Du hast dich vorhin bei den Kindern für mich eingesetzt... Das hast du schon lange nicht mehr gemacht..."

MANDY: "Unsinn. Das mach ich ständig..."

HARRY: "Nein. Weißt du... in letzter Zeit, dachte ich, es ist vorbei mit uns..."

MANDY: "So ein Unsinn! Wieso sollte es... mit uns vorbei sein? (mit Leidenschaft) Ich meine, guck, wie wir das heute gedeichselt haben! Wir waren ein Team! Wir waren super!"

HARRY: "Ja! Das waren wir..."

Mandy tätschelt ihm die Schulter. Er sinniert.

HARRY: "Aber was jetzt? Die vom Flüchtlingsboard werden uns kontrollieren! Wir können doch nicht weiter so tun, als wären die Al-Fayeds noch da und als sie verkleidet rumlaufen...!"

Mandy seufzt und fährt rechts ran. Sie stellt den Motor ab. Dann nimmt sie ein Geldbündel aus ihrer Handtasche.

MANDY: "Die einzige Frage, die sich mir gerade stellt, ist die: Bringen wir die 3.600 Euro hier jetzt zu Göring, zahlen die Miete und bleiben in unserem Haus... Oder gehen wir morgen zum Flüchtlingsboard, gestehen, was wir getan haben. Und werden auf die Straße gesetzt..."

EXT. TOTALE ERFURT - TAG

Ein neuer Tag in Erfurt.

EXT. AUF DEM SCHULHOF - TAG

Kim steht mit Babsi und ihren Freundinnen zusammen, als Fatme vorbeigeht, wieder mit ihrem Kopftuch.

KIM: "Diese Bitch! Die regt mich so auf mit ihrem Kopftuch!"

BABSI (kratzt sich am Kopf): "Hat aber auch seine Vorteile!"

KIM: "Ach ja echt? Sag mal!"

BABSI: "Die kriegen seltener Kopfläuse, die Muslimischen... Mein Bruder hat gerade wieder diese Biester..."

Sie kratzt sich erneut am Kopf und die anderen Mädchen rücken instinktiv einen Schritt von Babsi ab. Die peilt es nicht...

BABSI: "Was?!"

Fatme geht weiter und begegnet an der Ecke Lukas. Als sie an ihm vorbeigeht, lächelt er sie freundlich an. Aber sie blickt einfach durch ihn durch und geht weiter. Er schaut sichtlich enttäuscht. Sein Handy surrt. Er blickt drauf. Da steht eine Meldung: "Nach der Schule sofort nach Hause! Der Papa!"

<u>INT. WOHNZIMMER DER VOGTS - TAG</u>

Harry steht vor einem Flipchart mit Stundenplan. Mandy, Kim und Lukas sitzen da und sehen auf den Plan..

KIM: "Wieso steh <u>ich</u> auch auf dem Plan? Ich will auf keinen Fall mitmachen!"

HARRY: "Es geht aber nicht ohne dich!"

KIM (trotzig): "Ach so! Tut es nicht? Also gut: Wenn ich mitmachen soll, kommt der blöde Köter wieder weg, okay?"

Harry sieht Kim an, die unnachgiebig guckt. Er seufzt.

HARRY: "Also gut! Ich bringe den Hund zurück! Aber erst, wenn wir mit der Al-Fayed-Nummer durch sind!

KIM: "Okay! Wann bin ich dran?"

HARRY: "Du hast am Dienstag, Freitag und am Sonntag Dienst!"

Kim sieht zu Mandy und Lukas, die neben ihr auf den Stühlen sitzen, die Harry für dieses Briefing bereitgestellt hat.

HARRY: "Am besten um elf, Wenn die Kirche aus ist. Wichtig ist, dass die Nachbarn euch regelmäßig sehen. Es muss für die so sein, als würden hier wirklich vier Syrer wohnen..."

LUKAS: "Aber wir sind nur zu viert und die wollen doch Integration! Das heißt, dass sich die Väter anfreunden, die Mütter, die Jugendlichen. Aber genau diese Paarungen würde es da draußen doch nie geben!"

HARRY: "Du hast recht! Aber ich hab dieses Problem zumindest für die Frauen und die Mädchen gelöst! (zieht eine Burka hervor) Wenn du die Burka anziehst, Lukas, und mit Kim einen Spaziergang machst, sieht es perfekt aus!"

LUKAS: "Ich soll eine Burka tragen?"

KIM: "Hast du ein Problem damit, du Lutscher?"

LUKAS: "Nicht so viel Probleme wie du mit dem Dreisatz!"

MANDY: "So, das reicht! Das wird alles schwierig genug!"

KIM: "Schon gut. Wenn das alles ist, ich hab noch zu tun..."

HARRY: "Warte! Eine Sache... wäre da noch, gewissermaßen eine klitzekleine Komplikation..."

MANDY: "Um Gottes Willen, was denn noch?"

HARRY: "Frau Bickstetter hat mich vorhin angerufen. Der Imam... also, der Imam erwartet uns in der Moschee..."

KIM: "Wer ist der Imam?"

LUKAS: "Das ist das geistliche Oberhaupt der Muslime!"

KIM: "Und was will der Spast?"

HARRY: "Wir müssen als die Al-Fayeds die Moschee zum Freitagsgebet besuchen..."

MANDY: "Moment! Wir sind Christen! Wir werden uns doch nicht unter Muselmanen mischen und einen fremden Gott anbeten!"

LUKAS: "Mama, die Muslime und wir beten denselben Gott an."

MANDY: "Was redest du da? Denkst du Christen und Moslems haben sich im Mittelalter zum Spaß die Köpfe eingeschlagen?"

LUKAS (seufzend): "Mama, unser biblischer Abraham, den kennt der Islam auch: Nur heißt er bei denen Ibrahim! Und der hatte acht Söhne: Isaak war einer davon. Über den lief das Christentum. Aber es gab auch noch seinen Bruder Ismail. Und daher kommt der Islam!"

MANDY: "Aber... aber wenn das so ist, wieso leben wir nicht in Frieden mit den Muslimen?"

HARRY (stöhnend): "Mandy! So berechtigt die Frage ist, führt das gerade in die falsche Richtung. Eins ist aber klar, wenn wir in die Moschee gehen, sollten wir vorbereitet sein..."

KIM: "Wie? Du meinst, wir sollen uns bewaffnen?"

HARRY: "Nein! Das heißt, dass wir in die Abendschule müssen!"

EXT. VOR DEM HAUS DER VOGTS - TAG

Kim und Lukas, der in der Burka steckt, gehen mit Sultan aus.

LUKAS (O.S.): "Oh Mann! Ich fühle hier ziemlich unwohl drin!"

KIM: "Wieso? Ist es so heiß da drunter?"

LUKAS (O.S.): "Eigentlich nicht. Es trägt sich sogar angenehmer, als ich dachte..."

KIM: "Warum outest du dich nicht endlich? Schwuler als du geht nicht."

LUKAS (O.S.): "Hey, ich bin nicht schwul!!"

Gerade begegnet man Nachbarin Frau Queck. Die sieht Kim und die Burka-"Frau" befremdet an und geht schnell weiter.

LUKAS (etwas gedämpfter): "Ich bin nicht schwul!"

KIM: "Na sicher! Als du vier warst, wolltest du im Fasching unbedingt als Rapunzel gehen! Da war schon alles klar!"

LUKAS (O.S.): "Aber doch nur, weil ich Rapunzels langen Haare zum Klettern so toll fand!"

KIM: "Und wieso verpasst du keine Folge von 'Germanys Next Topmodel'? Du bist so ein Tucke!"

LUKAS (O.S.): "Da ist so, als würde ich dich als Nutte bezeichnen, nur weil du Kondome in deiner Handtasche hast!"

KIM (bleibt empört stehen): "Was hast du mit meiner Handtasche zu schaffen, du Penner?"

LUKAS (O.S.): "Nichts! Du knallst deine Handtasche nur immer irgendwo hin. Dann kippt sie um und alles fällt raus. Versteh nur nicht, wieso du gleich ne 20er-Packung Gummis kaufst..."

KIM (boxt Lukas hart): "Kümmer dich um _deinen_ Mist!"

LUKAS (O.S.): "Und wieso fehlen schon acht Stück bei den Kondomen? Am Ende schaffst du ja doch an...!"

Kim rastet aus und traktiert Lukas mit Faustschlägen. Der nimmt seine Schwester kurzerhand in den Schwitzkasten. Die kreischt wütend. Passanten bleiben stehen und sehen, wie eine Frau in einer Burka ein Mädchen im Schwitzkasten hat.

KIM: "Lass mich los, du Bettnässer!"

Da bremst ein Streifenwagen direkt neben den beiden. Alex Burig, der breitschultrige Hauptwachtmeister steigt mit einer wuchtigen, untersetzen Kollegin, Marlies (23) aus.

ALEX BURIG: "Was ist denn hier los?"

Lukas versucht durch seine Burka zu sehen, die aber durch den Kampf mit Kim etwas verrutscht ist.

KIM: "Ach, Herr Burig!"

AlEX BURIG: "He du, Burka-Weib! Lass mal die Deutsche los!"

Lukas erkennt nun, dass sie Polizei da ist und lässt seine Schwester schnell los. Alex verschränkt wichtig die Arme, sieht Kim an und deutet auf die "Frau" in der Burka.

AlEX BURIG: "Hat die dich angegriffen?"

Kim sortiert ihre Kleidung und lacht nervös.

KIM: "Angegriffen? Die? Nein, woher denn?"

AlEX BURIG: "Sie hatte dich im Schwitzkasten! Und du hast geschrien!"

KIM: "Ach, wir haben nur rumgealbert. Das ist Ahlam Al-Fayed! Sie wohnt bei uns. Wir sind... ziemlich beste Freunde!"

AlEX BURIG: "Sah für mich nicht so aus. (zu seiner Kollegin) Marlies, wir nehmen sie mit! Durchsuch sie nach Waffen!"

Marlies will auf Lukas zu, der instinktiv zurückweicht. Da beginnt Sultan zu knurren. Die Polizistin zieht ihre Waffe und richtet sie auf den Kampfhund.

KIM (stellt sich vor ihn): "Nicht Sultan!"

Sie umarmt das Tier schützend .

AlEX BURIG: "So, das Burkaweib kommt jetzt mit! Aber zacko!"

In diesem Moment bremst ein Auto neben der Gruppe. Michi Umbach steigt federnden Schrittes aus.

MICHI: "Na, gibt's Schwierigkeiten?"

INT. WOHNUNG VOGT - INNEN

Harry hat die Tür geöffnet und Kim und Lukas (immer noch in der Burka) huschen herein, gefolgt von Michi Umbach. Harry sieht den Politiker irritiert an.

HARRY: "Herr Umbach!! Was tun Sie hier?"

MICHI: "Na! Begrüßt man so einen alten Freund? Immerhin hab ich deine Tochter und ihre kleine Tarnkappenfreundin vor dem Zugriff der Polizei bewahrt..."

Harry sieht den Mann an und atmet schwer durch.

MICHI: "Auf ein Wort! Unter vier Augen...!"

INT. WOHNZIMMER DER VOGTS - INNEN

Michi zählt dem erstaunten Harry 2000 Euro auf den Tisch.

MICHI: "Na, mein Lieber, was sagst du nun?"

HARRY: "Zweitausend Euro? Ich versteh nicht..."

MICHI: "Ich möchte einfach, das nichts zwischen uns steht..."

Harry sieht ihn ratlos an.

MICHI: "Du bist doch in mein ehm... 'Meeting' mit Natascha Burig geplatzt..."

HARRY: "Meeting? Dass ich nicht lache... Sie haben, wie war das doch gleich... Ihren *'Hering mariniert'*!"

MICHI (drucksend): "Gut, ja, ich habe den Hering mariniert. Aber könntest du das diskret behandeln? Alex, mein Cousin, ist nicht der Hellste, aber besser, er erfährt nicht, dass ich Taschas hellste Glöckchen zum Klingen bringe...!"

HARRY: "Ich hätte sowieso nichts gesagt, selbst wenn Sie nicht mit der Kohle hier aufgetaucht wären... aber danke!"

Es klingelt. Harry blickt auf.

HARRY: "Oh, das wird Herr Aziz sein!"

MICHI (verwirrt): "Herr Aziz? Wer ist Herr Aziz?"

HARRY: "Ein Chirurg! Die Al-Fayeds möchten nicht bei Unbeschnittenen wohnen. Deswegen kommt die Vorhaut bei Lukas und mir jetzt weg!"

Michi starrt Harry fassungslos an.

HARRY: "Oder anders gesagt, es geht Sie einen Dreck an, wer Herr Aziz ist!"

MICHI (lächelt säuerlich): "Okay! Aber wenn du hier irgendwie Trouble hast mit den Söhnen Mohammeds, sag mir Bescheid!"

Er geht.

INT. AN DER HAUSTÜR DER VOGTS - TAG

Michi Umbach geht und nickt Herrn Aziz (50), einem gepflegten Herrn zu, der hier mit seiner Aktentasche wartet.

HARRY: "Herr Aziz?"

HERR AZIZ: "Der bin ich!"

HARRY: "Kommen Sie doch herein!"

INT. HOBBYKELLER DER VOGTS - TAG

Harry, Mandy, Kim und Lukas sitzen auf vier Stühlen und sehen Herrn Aziz an, der etwas verwirrt zu sein scheint.

HERR AZIZ (mit leichtem Akzent): "Verzeihung, wer von Ihnen möchte denn jetzt arabisch lernen?"

HARRY: "Ehm... ja... wir alle!"

HERR AZIZ (überrascht): "Sie... Sie alle? Oh...! Darf ich fragen, wieso?"

HARRY: "Wir haben eine syrische Familie aufgenommen, die Al-Fayeds. Die wohnen jetzt hier. Und wir möchten uns natürlich gerne besser mit ihnen verständigen können..."

HERR AZIZ: "Ja, lernen die Al-Fayeds denn kein Deutsch?"

MANDY: "Doch, doch! Die sind ganz fleißig! Oder?"

KIM: "Klar, die pauken richtig! Die deklinieren die Verben nur so rauf und runter!"

LUKAS: "Die konjugieren die Verben! Deklinieren tut man nur Substantive, Blondie!"

Herr Aziz hebt die Hand und die Geschwister verstummen.

HERR AZIZ: "Aber wenn Ihre syrischen Gäste sowieso Deutsch lernen, wieso wollen Sie Arabisch können?"

HARRY: "So halt! Die Al-Fayeds lernen unsere Kultur kennen. Und wir, wir möchten Ihre ebenso kennenlernen... (treuherzig) Wie sonst sollten wir Sie je wirklich verstehen?"

Herr Aziz starrt ihn an und muss das verarbeiten. Dann zuckt es in seinem Gesicht und er legt die Hand vor das Gesicht. Er schluchzt. Harry schaut erschrocken...

HARRY: "Was... was ist mit Ihnen?"

HERR AZIZ: "Es ist... gewissermaßen ein Schock! Man träumt von einer solchen Einstellung... Aber in der Wirklichkeit... habe ich so viel... Einfühlsamkeit noch nie erlebt...!"

MANDY: "Jetzt übertreiben Sie nicht, Herr Aziz! Das würde doch jeder tun...

KIM: "Ich hab natürlich auch Verständnis für Leute, denen es am Arsch vorbei geht..."

HERR AZIZ (nun wieder gefasst): "Haben Sie einen speziellen Wunsch?"

HARRY: "Naja, vielleicht erstmal so das Gängigste: Guten Tag, Auf Wiedersehen, Danke, Bitte. Naja, und ich bin so ein klein bisschen neugierig, was in einer Moschee so alles abgeht..."

HERR AZIZ (erstaunt): "In einer Moschee...?"

INT. CHARITÉ BERLIN - TAG

Yaro steht mit einem Koffer am Empfang in der Charité.

YARO: "Bitte schauen Sie nochmal! Sie muss hier sein! Mandy Katharina Vogt!"

FRAU AN DER REZEPTION: "Ich muss hier ja nicht durch das Haus laufen. Mein Computer findet alles im Bruchteil einer Sekunde! Und hier ist keine Mandy Katharina Vogt im System!"

YARO: "Hören Sie! Ihr Mann misshandelt sie! Er hat sie die Kellertreppe hinuntergestoßen! Das Schwein!"

Die Frau an der Rezeption reagiert mit gespieltem Erstaunen.

FRAU AN DER REZEPTION: "Jetzt warten Sie? Sie meinen, ich sollte mal in dem, von meinem System isolierten, Charité-Gebäude für häusliche Gewalt anrufen? Vielleicht am besten gleich auf der Station für Kellerstürze?"

Yaro entgeht der Sarkasmus nicht. Er schaut unglücklich...

INT. WOHNZIMMER DER VOGTS - TAG

Harry steht mit seinem Vokabelheft im Wohnzimmer Mandy, Kim und Lukas sind dabei, aber nicht gerade sehr enthusiastisch.

HARRY: "Wir probieren es einfach! Mandy... Ich treffe dich einfach am frühen Morgen auf der Straße... also los!"

Er geht zur Tür, stellt sich auf und als Mandy ihm entgegen schlendert, geht er auch los.

HARRY: "Massa hol chairi!"

MANDY: "Suruni lika-uki!"

HARRY: "Wädä-an, äraka kariben!"

Er geht weiter. Dann bleibt er stehen und dreht sich um.

HARRY: "Na, wie war das?"

LUKAS: "'Massa hol chairi' heißt aber nicht 'Guten Morgen', Papa, sondern 'Guten Abend'!"

KIM: "Außerdem frage ich mich, Mama, wieso du dich als Muslima auf der Straße von 'nem Kerl anquatschen lässt!"

MANDY: "Ich hab doch nur gesagt: Schön, dich kennenzulernen!"

KIM: "Da kannst du ihm auch gleich ein Kondom rüberwerfen..."

HARRY: "Jetzt ganz ruhig! Das war heute die erste Stunde! Wir lernen jetzt nochmal die Vokabeln, die Herr Aziz uns aufgegeben hat und machen die Schreibübungen!"

LUKAS: "Aber ich schreibe morgen eine Mathearbeit!"

HARRY (stöhnt): "Mein Gott, du bist ein Einserschüler! Dann verhaust du mal eine Arbeit. Für die Familie! Okay?"

KIM: "Und was ist mit mir, Papa? Ich schreibe englisch! Und bei mir ist die Versetzung gefährdet..."

HARRY (seufzt): "Gut, du kannst meinetwegen englisch machen."

KIM (steht auf): "Aber erst nachher!"

MANDY: "Wo willst du hin?"

KIM: "Hab Syrer-Dienst! (zu Lukas): Also, Herr Maskenbildner, wenn Sie die Güte hätten..."

EXT. VOR DEM HAUS DER VOGTS - TAG

Kim, nun als Ahlam Al-Fayed geschminkt und mit einem Schleier vor dem Gesicht, kommt aus dem Haus. Sie trägt orientalische Gewänder. Da kommt Sultan angelaufen, mit der Leine im Maul. Kim bleibt stehen. Sie sieht den Hund böse an.

KIM: "Vergiss es! Hau einfach ab!"

Sie geht weiter, doch Sultan folgt ihr. Sie brüllt ihn an.

KIM: "Hau endlich ab, du Arsch!"

Als sie nach ihm treten will, dreht er ab und läuft davon.

EXT. VOR EINEM MOTOBIKE-GESCHÄFT - TAG

Kim kommt heran und blickt ins Schaufenster. Ein roter Motorroller sticht aus dem Angebot besonders heraus.

BABSI (O.S.): "Wer bist du denn, Süße?"

Kim fährt herum und steht vor Babsi und ihrer Clique.

BABSI: "Zeig mal Dein Kopftuch! Ich will nur mal sehen, ob ihr alle diese Nike-Hidschabs habt!"

Babsi will das Tuch selbst anheben, da faucht Kim sie mit verstellter Stimme an.

KIM: "Haust du chab, du kleine Mistkröte!"

Babsi schaut die andere verblüfft an.

BABSI (zu ihrer Clique): "Wie? Die nennt mich Mistkröte? (dreht sich zu Kim) So Kopftuch, jetzt hör mal zu..."

Kim ohrfeigt sie. Babsi reibt sich verdattert die Wange.

BABSI: "Sag mal... Bist du... Wir sind zu viert und du bist alleine! Zeig mal ein bisschen Respekt vor der Übermacht!"

KIM (mit Akzent): "Wieso? Kenn ich dich! Bist du Baaabsi, dumm wie Stroh. Nur Kim gefährlich ist! Sehe ich Kim hier?"

Babsi sieht plötzlich drei weitere Mädchen herankommen, angeführt von der großen Carmen (spielt Cyrano de Bergerac).

CARMEN: "He, Babsi! (sieht auf Kim) Wer ist denn die Alte?"

BABSI: "Die macht Stunk! Hat mir grad voll eine reingehauen!"

Sie deutet auf ihre gerötete Wange. Carmen runzelt die Stirn, packt Kim kurzerhand am Kragen und zieht sie zu sich heran.

CARMEN: "Du schlägst deutsche Mädchen? Spinnst du, Alte?"

KIM: "Du hör zu...! Können wir doch reden..."

BABSI (gehässig): "Ja, jetzt geht dir die Düse, was? Dummtuss!"

Ein Knurren lässt alle aufmerken. Da steht Sultan und hat die Zähne gefletscht. Kims Augen werden groß. Sultan kommt knurrend näher. Carmen lässt Kim los und weicht zurück. Als Sultan plötzlich bellt, stieben die Mädchen davon. Kim atmet durch. Sie sieht zu Sultan, der mit dem Schwanz wedelt...

KIM (verschränkt die Arme): Denkst du, du kannst dich so bei mir einschleimen? Vergiss es! Und wo ist überhaupt deine blöde Leine? (schaut suchend und stöhnt) Jetzt müssen wir das Dreckding auch noch suchen! Fack, bin ich bedient!"

Sie geht mit Sultan an ihrer Seite den Weg zurück.

<u>EXT. VOR DEM HAUS DER VOGTS - FRÜHER ABEND</u>

Harry und Mandy sind als syrisches Ehepaar geschminkt und treten vor ihr Haus. Mandy trägt einen Gesichtsschleier mit ihrer zersplitterten Brille, Harry hat einen dichten schwarzen Bart angeklebt, dazu hat er dichte Brauen und eine islamisch verzierte Mütze. Man ist nervös...

MANDY (gepresst): "Hoffentlich erkennt uns niemand!"

HARRY: "Entspann dich mal! Dich erkennt überhaupt niemand!"

MANDY: "Ja, aber dich erkennt man!"

HARRY: "Quatsch, ich verstell' meine Stimme und gestikuliere ausladend. Ich hab eine ganz andere Körpersprache! Das merkt kein Mensch!"

Nachbarn, die Müllers, kommen Harry und Mandy entgegen.

HARRY (raunend): "Die Müllers! Idiotenalarm! Jetzt gilt es, Mandy! Feuerprobe!"

Harry lächelt breit und verbeugt sich.

HARRY: "As-salamu aleikum! Sind wir Al-Fayed-Ehepaar!"

Er reicht Herrn Müller die Hand, der sie reflexartig nimmt.

HARRY (deutet auf sich): " Bashar Al-Fayed... und (zeigt auf Mandy) Halina Al-Fayed!"

HERR Müller: "Angenehm! Johannes Müller... meine Frau Gerda!"

Man verbeugt sich voreinander. Harry zeigt zu seinem Haus.

HARRY: "Wohnen wir da! Bei Vogt-Familie! Seeehr freundlichä Menschän! Gutä Mänschän... Sehr gutä Mänschän!"

HERR MüLLER (gedehnt): "Najaaa... Gute Menschen... So weit würde ich nicht gehen! Da ist schon noch Luft nach oben..."

HARRY (erstaunt): "Luft nach obän? Äh, was getan, die Vogts?"

Herr Müller lacht freudlos und winkt ab. Dann beginnt er.

HERR MüLLER: "Wo soll ich da anfangen? Die trennen schon mal ihren Müll nicht richtig! Ja, ständig landet bei denen Papier und Plastik in der Biotonne!"

FRAU MÜLLER: "Und laut sind die! Immer Gezeter! Immer Geschrei! Schlimm!"

HERR MüLLER: "Und der Harald Vogt, also der Harry, steht ständig auf meinem Parkplatz, der Säftel!"

HARRY (aufbegehrend): "Das ist überhaupt nicht ihr Parkplatz... (bricht ab, lächelt) äh... hat gesagt der Herr Vogt mir. Wäre hier jeder Parkplatz für allä!"

HERR MüLLER: "Es gibt aber auch ein Gewohnheitsrecht! Ich war hier der erste Mieter! Da hab ich immer gestanden. Der Vogt stellt sich da nur hin, um mir eins auszuwischen...!"

MANDY: "Aber Härr Müllär: Wieso sollte machen Herr Vogt das?"

HERR MüLLER: "Weil er ein Querulant ist! Der Mann ist auch zu faul, seinen Rasen zu mähen, und das ganze Unkraut von seinem Grundstück springt auf die Nachbarparzellen über! Wir hatten einen Streit deswegen! Da hab ich ihm mal gesagt, was Sache ist! (zeigt mit den Fingern) Soo klein war er nachher mit Hut!"

HARRY (gefährlich knurrend): "War er... so klein... mit Hut?"

Mandy hält ihren Mann am Arm, um ihn zu beruhigen.

HERR MüLLER: "Naja, manche Nachbarn muss man eben erziehen."

FRAU MüLLER: "Seine Frau zum Beispiel. Die läuft ja immer im Hemde durch die Wohnung. Das ist der egal, dass jeder zu ihr reingucken kann, der gefällt das auch noch...!"

Nun sieht Mandy rot und Harry muss sie seinerseits halten...

HARRY: "Abär wissän Sie, was hat gesagt Härr Vogt über Sie... Härr Müllär?"

HERR MÜLLER: "Nein. Was denn?"

HARRY: "Hat er gesagt... wärän Sie einzige Mann hier in Block verstähn wirklich was von Fußeball..."

HERR MüLLER (verblüfft): "Ach was! Das hat er gesagt?"

HARRY: "Habän Sie gesagt, Deutschland Weltemeister 2014! Und? Isse passiert!"

HERR MüLLER (bescheiden): "Da musste man kein großer Prophet sein..."

HARRY: "Sagt Herr Vogt auch, Sie alles immer akkurat, trenne Müll einsse A und einparke immer wie mit Lineal! (beugt sich vor) Und kanne er sich nicht erklären, wie komm Müllär an so aufrägende Äheweib!"

Einen Moment ist verblüffte Stille. Plötzlich lächelt Herr Müller und sieht sein Frau an. Dann schaut er zu Harry.

HERR MüLLER (lächelt gebauchpinselt): "Das hat er gesagt?"

HARRY: "Nur gaaanz in Vertrauen... Untä uns!"

HERR MüLLER: "Gerda, was meinst du? Sollte ich den Harry nicht einfach mal wieder zum Fußball gucken einladen? Die ewige Streiterei bringt doch nichts!"

HARRY: "Fußeball, oh, ist Harry ganz verrückte darauf!"

FRAU MüLLER: "Mein Mann verpasst auch kein Spiel!"

HERR MüLLER: "Ja, Mensch! Das war wirklich nett, Sie kennenzulernen, Herr El-Fayed!"

HARRY: "Al-Fayed! Abär sagän Sie Bashar! Sind wir doch Nachbarn nunmehr!"

FRAU MüLLER (herzlich zu Mandy): "Ja, Frau Al-Fayed, warum kommen Sie nicht mal bei uns vorbei? Ich würde zu gern selber mal Köfte machen, das könnten Sie mir doch zeigen!"

MANDY: "Köfte! Ja! Gärn! Heiße ich Köfte mit zweite Vorname!"

Frau Müller lacht und Mandy lacht. Man schüttelt sich die Hände und geht seiner Wege.

HERR MÜLLER (im Gehen): "Sehr angenehme Menschen!"

FRAU MüLLER: "Ja, wirklich ganz reizend!"

INT. WOHNUNG VOGT - ABEND

Harry sitzt mit Lukas am Tisch und hat das Buch "Islam für Dummies" vor sich.

HARRY: "Also, was heißt Koran?"

LUKAS: "Hmm... K-choran?"

HARRY: "Eben nicht: Alkurein Alkarimo! ... Und Amen?"

LUKAS: "Amin!"

HARRY: "Und: Kein Problem!"

LUKAS: "La mushkila!"

HARRY: "Sehr gut! Und jetzt das Glaubensbekenntnis im Islam!"

Lukas überlegt.

HARRY: "Was überlegst du da? Das muss wie aus der Pistole geschossen kommen!"

LUKAS: "Auf deutsch oder auf arabisch?

HARRY: "Naja... erstmal auf deutsch!"

LUKAS (seufzend): "Ich bezeuge, dass es keine Gottheit außer Gott gibt und dass Mohammed sein Prophet ist!"

Kim kommt herein.

KIM: "Was macht ihr?"

HARRY: "Wir bereiten uns auf das Freitagsgebet vor..."

KIM: "Hättet ihr nicht auf die Mama und mich warten können?"

HARRY: "Ich hab mich schlau gemacht: In die Moschee gehen nur die Männer. Die Frauen können zuhause bleiben..."

KIM (fassungslos): "Wie bitte? Wieso denn das jetzt?"

LUKAS: "Ich erklär's dir...: Weißt du noch, wie du das letzte Mal in der Kirche warst, bei Leos Taufe?"

KIM: "Schon. Wieso?"

LUKAS: "Du hattest deine superenge Jeans an und einer der Messdiener ist mit Wasser und Wein gegen eine Säule gelaufen, weil er dir auf den Hintern gucken musste!"

KIM (streitlustig): "Ach! Und das war jetzt _mein_ Fehler?"

LUKAS: "Vielleicht nicht. Aber die Muslime wollen sicher gehen, dass sie in der Moschee nicht von... naja allzu runden Dingen abgelenkt werden und deswegen dürfen die Frauen nicht mit den Männern zusammen beten..."

KIM: "Verstanden hab ich's nicht, aber wenn ich nicht mitmuss, cool!"

Sie geht hinaus. Harry wendet sich an Lukas.

HARRY: "Du hast die Adresse von der Moschee?"

LUKAS: "Rießnerstr. 23. Aber wenn ich da um halb eins sein soll, muss ich aus Französisch raus..."

HARRY: "Herrgott, verdrückst du dich halt einmal! Was soll schon sein?"

LUKAS: "Und was ist, wenn der Imam uns anspricht?"

HARRY: "Dann sagen wir "Insh allah!" So Gott will! Keine Bange! Das wird schon!"

INT. SCHULKORRIDOR - TAG

Lukas kommt aus seiner Klasse, packt seine Schultasche mit dem rosa Bommel, die er draußen deponiert hat und eilt davon.

INT. SCHULTOILETTE - TAG

Lukas hat sich das Gesicht olivbraun gefärbt und zieht sich eine schwarze Perücke über. Dann klebt er sich einen dunklen Schnurrbart an und setzt Kontaktlinsen ein. Er betrachtet sich im Spiegel und scheint nicht zu 100 Prozent zufrieden. Aber besser bekommt er es nicht hin.

EXT. GRÜNANLAGE VOR DEM TOILETTENFENSTER - TAG

Das Toilettenfenster wird von innen aufgemacht und Lukas wirft seinen Ranzen hinaus. Dann klettert er hinterher und springt aufs Grün.

FATME: "Mada tufall eandekka? (Was tust du da?)"

Lukas schreckt herum und sieht Fatme auf sich zukommen, die Pflanzen für ihr Bioprojekt sammelt. Lukas schluckt und weicht einen Schritt zurück. Fatme sieht ihn misstrauisch an.

FATME: "Min en-te? (Wer bist du?) Ana le arefeko! (ich kenne dich nicht)"

LUKAS: "Nix spreke arabik!"

FATME (runzelt die Stirn): "Sprichst du deutsch?"

LUKAS: "Deutsch! Ganz ein klein wenig ja!"

FATME: "Wieso steigst du da aus dem Fenster? Wer bist du überhaupt? Ich hab dich noch nie hier gesehen..."

LUKAS: "Bin ick gaanz neue Schüla! Ismir! Aus... äh... Afghanistan!"

Fatme sieht auf seinen Ranzen. Und sieht den rosa Puschel...

FATME: "Ismir! Und der Ranzen? Gehört der auch dir?"

LUKAS: "Ja, gebraucht kauf von Flohmarkt..."

Fatme zeigt auf den rosa Bommel, der am Ranzen baumelt.

FATME: "Der gehört nicht dir! Der gehört Lukas Vogt aus der 10a!"

LUKAS (baff): "Lukas Vogt? Wie, du kennst... (korrigiert sich) Lukas Vogt, du kennst?"

FATME: "Einen Blindgänger, der mich stalkt? Bestimmt nicht. Aber das ist seine Tasche... Und du hast sie geklaut!"

Fatme reißt ihm den Ranzen weg.

LUKAS (schnell): "Aber Mädchen... nix verrate mich!"

Fatme bedeutet ihm, sich zu verziehen. Lukas läuft davon.

EXT. VOR DER MOSCHEE - TAG

Lukas eilt heran und sieht sich suchend um. Einige Muslime kommen ebenfalls des Weges und betreten die Moschee in der Rießnerstraße. Harry, jetzt als Syrer geschminkt und gekleidet, löst sich aus einer Toreinfahrt und kommt heran.

HARRY: "Wo bleibst du denn?"

LUKAS: "Ich wurde aufgehalten."

HARRY: "Also, wir gehen da rein und benehmen uns unauffällig! Mach einfach alles, was die anderen machen..."

LUKAS: "Papa, ich bin nicht blöd!"

HARRY: "Und wenn dich jemand anspricht und mit 'Inshallah' nicht zufriedengestellt ist, brich in Tränen aus, okay?"

LUKAS (verwirrt): "Wieso das denn?"

HARRY: "Dann wird er denken, dass du von der Flucht noch so traumatisiert bist, dass er dich in Ruhe lässt..."

LUKAS (sarkastisch): "Na, der Plan hat Hand und Fuß."

INT. IN DER MOSCHEE - TAG

Die männlichen Muslime stehen nebeneinander und lauschen dem Imam, der von einer kleinen Gebetskanzel herunter predigt. Er kommt gerade zum Ende. Harry und Lukas stehen nebeneinander. Sie orientieren sich an dem, was die Nebenleute machen. Die Männer legen die Hände ans Ohr und dann auf das Gesicht. Lukas und Harry machen es nach. Sie knien, beugen sich vor und küssen den Boden. Doch beim Vorbeugen erwischt es Harry.

HARRY: "Auuu!"

Er hat wieder Rücken und kann sich nicht mehr bewegen. Die dabeistehenden Männer bekommen das mit.

ERSTER MOSLEM: "Alhusul ealaa ma yaram qariba! (Gute Besserung)"

HARRY: "'In sha' allh! (so Gott will)"

ZWEITER MOSLEM: "Yjb 'an tadhhab 'iilaa altabib! (Sie sollten zum Arzt gehen!)"

HARRY: "'In sha' allh! (so Gott will)"

Aber Harry hat Probleme. Da ist mit einem Male Yaro da.

YARO: "Sprechen Sie deutsch?"

HARRY (blickt erstaunt auf): "Äh, ja, wenik, etwas nur..."

YARO: "Ich kann Ihren Rücken einrenken!"

Er winkt zwei anderen, die helfen Harry hinauszubringen.

INT. VORRAUM DER MOSCHEE - TAG

Yaro hat Harry in einer Art Doppel-Nelson und tritt nach hinten. Ein Ruck, ein Knacks und Harry stöhnt auf.

HARRY: "Oh! Oh! Schlimm hat wehtan...!"

YARO: "Stehen Sie jetzt auf! Der Wirbel ist wieder drinnen!"

Harry richtet sich auf und macht große Augen. Der Schmerz ist fort. Er steht mit Yaros Hilfe vom Boden auf.

HARRY: "Mensch, dankä..."

YARO: "Yaro!"

Er reicht Harry die Hand, und der schlägt ein.

YARO: "Kommen Sie, ich mach Ihnen einen Tee!"

INT. ZIMMER KIM - TAG

Kim sitzt auf dem Boden an ihr Bett gelehnt. Zwei Meter vor ihr kauert Sultan. Kim fixiert den Hund. Dann nimmt sie eine Karte hoch. Es ist eine Karte mit einem Quadrat.

KIM: "Sultan, dass du mir vorhin zu Hilfe gekommen bist, kann ein Zeichen für übersinnliche Begabung sein! Also konzentrier dich jetzt bitte mal! Ich denke nur an dieses Symbol...! (starrt die Karte an) "So, Sultan! Jetzt wähle eine von den fünf Karten, die vor dir liegen!"

Sultan hat vor sich fünf Karten liegen. Er schnuppert an der äußersten, dann an der mittleren, dann an der zweiten von links. Schließlich nimmt er eine Karte mit dem Maul und trägt sie zu Kim. Die nimmt die Karte. Es ist eine mit Stern-Symbol. Kim stöhnt gefrustet.

KIM: "Falsch Sultan! Es war Quadrat! (hält ihm die Karte hin) Zehn Versuche und nicht mal ein Zufallstreffer! Du bist so eine Niete...!"

Der Hund winselt und legt sich schuldbewusst hin.

INT. IM VORRAUM DER MOSCHEE - TAG

Yaro reicht Harry seine Visitenkarte.

YARO: "Bei Rückenproblemen hilft Gymnastik mit dem Pezziball! Da gebe ich Samstag um 12 in der Turngemeinde Büßleben!"

HARRY: "Turngemeinde Büßläbän? Ist meinä Frau auch immer!"

YARO: "Wirklich? Wie heißt sie? Vielleicht kenn ich sie ja!"

Bevor Harry antworten kann, öffnet sich die Tür und der Imam (66) tritt ein, begleitet von seinem Vorbeter Yussuf (50) und Lukas. Der Imam geht auf Harry zu und umarmt ihn.

IMAM: "Bashar al-Fayed! Sadiqi! (Mein Freund!) (löst sich von Harry) Kli shay' ealaa ma yaram maeak? (Alles in Ordnung mit dir?)"

Er geht um Harry herum und legt die Hand auf dessen Rücken.

HARRY: "La mushkila! (Kein Problem!)"

IMAM: "Ant shajaeun, ya eazizi Al-Fayed! (Sie sind wirklich tapfer, mein lieber Al-Fayed)"

HARRY (schwitzend): "'In sha' allh! (so Gott will!)"

IMAM: "'Awad 'an 'adeawk 'iilaa wajbati! (Ich würde Sie gerne zu mir zum Essen einladen!)"

Harry versteht kein Wort. Doch er rettet sich mit seinem Plan B und beginnt zu schluchzen... Der Imam sieht irritiert zu Yussuf, seinem Vorbeter. Lukas hebt den Finger.

LUKAS: "Walidaya ...äh taghat! (Mein Vater ist überwältigt)"

Der Imam nickt verstehend und lächelt Lukas zu.

IMAM: "Salem aleikum! (Allah sei mit dir)"

LUKAS: "Aleikum essalem! (Mit euch sei Friede)"

Der Imam legt dem weinenden Harry tröstend die Hand auf die Schulter und geht aus dem Zimmer. Yaro tritt neben Harry, der sich nun beruhigt, da das geistliche Oberhaupt weg ist...

YARO: "Der Imam ist eine Seele von Mensch. Was hätte ich nur getan, ohne ihn? Meine Freundin hat mich nämlich verlassen! Warten Sie, ich hab hier ein Foto von ihr..."

HARRY: "Leida dringendä Tärmin! Bis dann... einmal in Büßläbän!"

Er zieht Lukas mit sich hinaus. Yaro, der seine Brieftasche gezückt hat, sieht traurig auf die Fotografie von seiner geliebten Mandy...

EXT. AN EINEM IMBISS - TAG

Im Wechsel mit

INT. BRAUEREIHALLE - TAG

Lukas und Harry stehen am Imbiss und essen eine Currywurst.

HARRY: "Gut, dass es vorbei ist! Ich bin tausend Tode gestorben, als der Imam da auf mich eingeredet hat!"

LUKAS: "Ich muss zurück zur Schule! Die brauchen mich da bei den Proben! Komm, ich schmink uns grad ab..."

Harrys Handy klingelt. Er nimmt das Gespräch an.

HARRY: "Ja, bitte?"

Am anderen Ende ist Toni. Er arbeitet in einer Brauerei und nutzt das Werkstelefon. Er wirkt gehetzt.

TONI: "Harry? Ich bin's Toni! Hör zu, ich hab das was läuten hören, dass da ein paar von den NWD-Typen los sind, um diese Leute aufzumischen, die bei euch wohnen, diese Al-Fayeds!"

HARRY: "Wie jetzt?"

TONI: "Kennst du den Nagelschuh-Schorsch?"

HARRY: "Nein!"

TONI: "Der Nagelschuh-Schorsch hasst Ausländer, und er ist immer dabei, wenn von denen welche die Jacke vollkriegen. Und genau der ist hier gerade von einer dunklen Limousine abgeholt worden. Ich sag dir, der hat was vor!"

HARRY: "Mensch, Alter, gut, das du'S sagst! Du hast was gut!"

Harry drückt das Gespräch weg und wählt hektisch neu.

LUKAS: "Was ist denn los?"

HARRY: "Verdammt! Bei Mandy ist besetzt! Wir müssen nach Hause. Da ist wohl Ärger im Verzug!"

EXT. IM PARKENDEN AUTO AUF DER ANDEREN STRAßENSEITE - TAG

Michi Umbach sitzt in seinem Auto und beobachtet Lukas und den telefonierenden Harry. Er sieht auf Fotos in seiner Hand, die Harry und Mandy als Syrer verkleidet zeigen. Neben Michi sitzt Alex Burig in zivil.

ALEX BURIG: "Und das ist sicher dieser Al-Fayed?"

MICHI: "Na guck doch! (zeigt ihm die Fotos) Wie die sich hier dickmachen, die Brüder! Guck, wie der da seine Currywurst mampft! So als würde der schon immer hier leben..."

ALEX BURIG: "Ein kleiner Denkzettel wird Wunder wirken!"

Da hält ein Wagen hinter ihnen. Alex Burig dreht sich um.

ALEX BURIG: "Nagelschuh und die Jungs sind da!"

MICHI: "Sehr gut! Wir müssen einen Akzent setzen! Sonst hat bald jeder in Erfurt so ein Olivengesicht im Fremdenzimmer!"

ALEX BURIG: "He! Hauen die ab?"

Drüben gehen Harry und Lukas in den Imbiss hinein.

MICHI: "Die gehen nur auf's Klo!"

ALEX BURIG: "Hat das ein Fenster?"

MICHI: "Nein. Da hinten sitzen sie im Sack!"

ALEX BURIG: "Gut! Nagelschuh nimmt sie sich vor!"

MICHI: "Erst, wenn wir weg sind. Wir dürfen damit nicht in Verbindung gebracht werden..."

Alex Burig dreht das Fenster herunter. Er steckt seinen Arm hinaus und zeigt denen im Auto dahinter die geballte Faust.

ALEX BURIG (zu Michi): "Die wissen Bescheid! Los!"

Michi startet und gibt Gas.

INT. KÜCHE DER VOGTS - TAG

Im Wechsel mit

INT. BÜRO UNDINE BICKSTETTER - TAG

Mandy ist gerade dabei den Kühlschrank abzutauen und kauert mit einem laufenden Fön vor dem ausgeräumten Eisfach. Sultan kommt heran, mit der Frauenhand aus Latex in seinem Maul.

MANDY: "Sultan! Was soll das? Die Hand gehört Lukas! Du weißt, dass du sie nicht nehmen darfst! Warte nur, bis Kimmi wieder nach Hause kommt...! Dann raucht's aber!"

Der Hund winselt und legt die Kunsthand vor Mandy ab. Sie will weiter föhnen, da klingelt das Telefon, das auf dem Küchentisch liegt. Mandy richtet sich auf und geht ran.

MANDY: "Vogt hier!"

UNDINE BICKSTETTER: "Bickstetter! Verzeihen Sie, ich habe gerade einen Anruf aus Erfurt bekommen... Herr Wolf-Nübel, unser Integrations-Minister, würde Sie gerne besuchen..."

MANDY: "Besuchen? wie? Wann denn?"

UNDINE BICKSTETTER: "Sie haben eine ganze Flüchtlingsfamilie bei sich aufgenommen! Das hat ihn tief beeindruckt und er möchte sich gerne selbst ein Bild machen... und zwar gleich!"

MANDY: "Gleich? Wie dumm! Es ist grad niemand zu Hause..."

UNDINE BICKSTETTER: "Frau Vogt, es geht um die Thüringer Integrationsplakette! Das ist ein Ehrenpreis, der in Erfurt verliehen wird. Von der Kanzlerin höchstpersönlich! Und er ist mit 50.000 Euro dotiert!"

MANDY (fassungslos): "Wie? Und die kriegen wir??"

UNDINE BICKSTETTER (muss lachen): "Aber nein! Die bekommt die syrische Familie Habib! Sie sind schon seit einem Jahr hier!"

MANDY: "Oh! Sicher! Alles klar..."

UNDINE BICKSTETTER: "Sehen Sie, Herr Minister Wolf-Nübel soll bei der Preisverleihung an die Familie Habib eine Rede halten. Und er würde gerne noch über einen weiteren positiven Fall berichten, über Sie und die Al-Fayeds. Deswegen will er sich gerne vor Ort informieren! Ein bisschen plaudern, Sie verstehen? Kann ich ihm sagen, dass er willkommen ist?"

MANDY (räuspert sich): "Ehm... natürlich! Sicher! Gerne!"

UNDINE BICKSTETTER: "Sehr gut, Frau Vogt! Ich gebe Herrn Wolf-Nübel Bescheid! Er kommt dann zeitnah vorbei! Tschü-hüs!"

<u>INT. WASCHRAUM IMBISS - TAG</u>

Harry und Lukas waschen sich Schminke ab.

HARRY: "Die Mama ist allein. Ihr wird nichts passieren... außer sie ist gerade als Syrerin unterwegs!"

LUKAS: "Was ist mit meiner Schule?"

HARRY: "Vergiss mal die Schule! Wenn die NWD-Burschen kommen um bei uns Bambule zu machen, brauch ich dich! (trocknet sein Gesicht ab und ist wieder der alte Harry) Los jetzt, Junge!"

<u>EXT. VOR DEM IMBISS - TAG</u>

Ein riesiger Kerl, Nagelschuh-Schorsch (28) führt drei Bullys mit Baseballschlägern in den Imbiss. Der Betreiber schaut nervös. Nagelschuh-Schorsch blickt ihn lächelnd an.

NAGELSCHUH-SCHORSCH: "Wir waschen uns nur die Hände!"

Der Betreiber schluckt und nickt. In diesem Moment kommen Harry und Lukas aus dem Klo. Die vier Raudis lassen sie, ohne sie weiter zu beachten, durch, packen ihre Baseballschläger fester und betreten zu viert das Klo... Man hört Türen zuklappen. Durch das Imbissfenster sieht man, wie Lukas und Harry in ihren Wagen steigen und davonfahren.

Das Nagelschuh-Quartett kommt wieder aus dem Klo und guckt sich verwirrt um. Aber ihre Zielpersonen haben sich einfach in Luft aufgelöst.

INT. BADEZIMMER DER VOGTS - TAG

Mandy schminkt sich zu Frau Al-Fayed um, als es klingelt...

MANDY: "Jetzt schon! Verfluchter Mist!"

Sie läuft aus dem Badezimmer.

I/E. AN DER HAUSTÜR DER VOGTS - TAG

Mandy öffnet. Ein Mann vom Paketdienst steht da.

PAKETZUSTELLER: "Lieferung für Lukas Vogt! Sorry, das Paket ist leider aufgerissen..."

Das Paket ist tatsächlich beschädigt. Der DHL-Mann reicht Mandy sein Gerät zum Abzeichnen. Mandy tut es. Sie greift einen Plastikkanister mit dunkler Flüssigkeit, der schon halb aus dem Paket fällt und schnappt sich den Karton.

MANDY: "Danke!"

Sie verschwindet in der Wohnung.

EXT. VOR DEM HAUS DER VOGTS - TAG

Während der Zusteller abfährt, hält ein schwarzer Mercedes vor dem Haus der Vogts. Der leger mit Lederjacke bekleidete Wolf-Nübel (45) und sein Sekretär Kaspersky (28) steigen aus.

KASPERSKY: "Herr Minister! Das Geschenk!"

Er reicht dem Politiker eine eingewickelte Thüringer Salami.

MINISTER WOLF-NÜBEL: "Den Wein nehmen Sie, Kaspersky!"

Sie wollen zum Haus, als plötzlich ein Wagen heranrast und mit kreischenden Bremsen vor ihnen hält. Harry springt heraus, und Lukas folgt, etwas weniger enthusiastisch.

HARRY: "Na, da kommen wir ja gerade rechtzeitig!"

MINISTER WOLF-NÜBEL: "Ach, dann müssen Sie Herr Vogt sein!"

HARRY (grimmig): "Und Sie sind der liebe Meister Nagelschuh, hab ich recht?"

MINISTER WOLF-NÜBEL (schaut perplex): "Also ich hatte ja schon einige Spitznamen wie... der Totengräber von Erfurt oder der Politiker aus der Geisterbahn. Aber... 'der liebe Meister Nagelschuh'... das ist neu!"

HARRY: "So, und jetzt setzen Sie sich in die dunkle Limousine, mit der sie gekommen sind und verpissen sich!"

MINISTER WOLF-NÜBEL (konsterniert): "Ich fürchte, ich verstehe nicht ganz... Haben Sie einen Anruf bekommen, meinetwegen?"

HARRY: "Ganz genau! Und ich lass Sie hier nicht rein! Die Al-Fayeds stehen unter meinem Schutz! Niemand rührt sie an! Und ihr Arschgranaten von der NWD schon gar nicht!"

KASPERSKY: "Herr Vogt, das ist ein Missverständnis! Wir bringen Geschenke für die Al-Fayeds!"

Harry sieht auf die eingewickelte Salami und den Wein.

HARRY: "Oh ja sicher! Einen Knüppel und eine Glasflasche, die auf dem Weg zum Haus ganz zufällig zersplittern wird! Und dann wird den Al-Fayeds heimgeleuchtet! (zu Lukas) Hol dir was zu kämpfen, Junge! Das kann jetzt hässlich werden!"

Lukas hetzt zum Auto seines Vater und kriecht hinein.

MINISTER WOLF-NÜBEL: "Bitte! Reden wir doch ganz in Ruhe! Das ist ein Missverständnis! Wir sind nur gekommen, um uns selbst zu überzeugen, dass es den Al-Fayeds gut geht. sind! Weil sie den Willen zur Integration hatten! Weil sie ein Vorbild für viele werden können..."

HARRY: "Und weil Sie hier einen vom Pferd erzählen, denken Sie, ich lass Sie durch und die Party kann steigen!?"

Lukas kommt mit einem Feuerlöscher aus dem Auto.

LUKAS: "Ich hab nur das hier gefunden!"

Harry reißt seinem Sohn den Feuerlöscher aus der Hand.

MINISTER WOLF-NÜBEL (lacht nervös): "Herr Vogt, Sie befinden sich im Irrtum! Das hier ist kein Knüppel! Das ist eine Original Thüringer Pfeffer-Salami! Natürlich Pute...!"

Er reicht sie Harry, der das als Angriff sieht und den Feuerlöscher einsetzt. In Bruchteilen von Sekunden sind der Minister und Kaspersky in weißen Löschschaum gehüllt.

HARRY: "So, und jetzt verzupft Euch, ihr braunen Schweine!"

Er schubst den Minister derbe in Richtung Auto. Lukas tut es ihm gleich und stößt Kaspersky.

LUKAS: "Lasst euch nie wieder hier blicken!"

Die Besucher resignieren, besteigen ihr Auto und fahren weg.

HARRY (atmet tief durch): "Meine Fresse, Junge, das war verflucht knapp! Komm, wir sehen nach Mama!"

<u>INT. WOHNZIMMER DER VOGTS - ABEND</u>

Harry sitzt mit Mandy (als Frau Al-Fayed) im Wohnzimmer.

HARRY: "Ich muss mit diesem Michi Umbach sprechen! Wenn der seine braunen Orks nicht zurückpfeift, gibt es ein Unglück!"

MANDY: "Es ist ja nichts passiert!"

Harry sieht die als Syrerin geschminkte Mandy prüfend an. Lukas kommt mit dem Kanister herein.

LUKAS: "Das gibt's nicht! Ich wollte 200 Milliliter Kunstblut und die schicken 2 Liter! Das müssen wir reklamieren, Papa!"

HARRY: "Ja, ich komme gleich!"

Lukas schraubt den Behälter auf und sieht hinein.

LUKAS: "Und sehr frisch ist es auch nicht! Riecht komisch..."

HARRY (zu Mandy): "Bleibst du in deiner Maske? Herr Vogt und Frau Al-Fayed sind vielleicht eine gute Kombo, wenn der Minister kommt. Wann wollte er denn da sein?"

MANDY: "Jeden Moment. Lukas, schmink dich als Firat!"

LUKAS: "Papa, ich glaube, das ist nicht mehr nötig."

HARRY: "Wieso denn nicht?"

LUKAS: "Die beiden Typen gerade vor dem Haus! Der eine hatte wirklich eine Salami! Das war kein Knüppel..."

HARRY: "Wie? Du meinst...?"

LUKAS: "Das waren keine Schläger. Das waren der angekündigte Politiker und irgendein Sancho Pansa..."

Harry und Mandy gucken bestürzt. Da klingelt es an der Tür.

LUKAS: "Bleibt sitzen! Ich geh schon..."

EXT. VOR DER HAUSTÜR DER VOGTS - TAG

Vor der Tür wartet Fatme. Lukas öffnet und reagiert verdutzt.

FATME: "Hallo, Lukas!"

LUKAS (überfordert): "Ha... hallo, Fa... Fa..."

Fatme reicht ihm seinen Ranzen mit dem rosa Puschel.

FATME: "Jemand hat dir den hier geklaut. Aber ich hab ihn an dem rosa Puschel wiedererkannt! Ich dachte, du brauchst ihn vielleicht, deswegen hab ich ihn gleich vorbeigebracht..."

LUKAS: "Oh, danke! Wirklich sehr nett...!"

Fatme nickt ihm zu, dreht sich um und geht. Lukas braucht einen Moment, aber dann kommt Bewegung in ihn.

LUKAS: "Fatme...! Warte!"

Fatme dreht sich um. Lukas tritt auf sie zu, sichtlich unter emotionalem Stress stehend.

LUKAS: "Ich... ich wollte mich bei dir entschuldigen!"

FATME: "Entschuldigen? Wofür denn?"

LUKAS: "Naja, ich hab dich gestalkt! Ich bin einfach zu feige, ein Mädchen anzusprechen, wenn es mir gefällt."

FATME: "Ach wirklich?"

Fatme muss ein Lächeln unterdrücken. Da nähert sich von hinten Kim, mit einer großen Tüte Hundefutter.

FATME: "Willst du mir damit irgendetwas Konkretes sagen?"

Lukas bricht der Schweiß aus. Er hat sein Mut-Pulver bereits komplett verschossen. Kim kommt heran.

LUKAS: "Sagen... konkret... äh... ich glaube nicht..."

KIM: "Er lädt dich zu einem Eis ins Dolomiti ein. Um sechs!"

FATME (erkennt Kim wieder): "Oh, du bist es..."

KIM: "Ja. Ich bin es. Ist etwas blöd gelaufen. Ich hab dich gemobbt, aber jetzt tut es mir leid. Also, Schwamm drüber?"

Sie reicht Fatme die Hand. Die überlegt und seufzt dann.

FATME: "Was tut man nicht alles für ein italienisches Eis!"

Sie ergreift Kims Hand. Die stößt Lukas im Vorbeigehen an.

KIM: "Du hast ein Date! Versau es nicht, du Platzpatrone!"

Damit geht sie ins Haus. Lukas sieht angstvoll zu Fatme. Die sieht ihn an und zuckt lächelnd die Achseln.

FATME: "Tja, dann bis um sechs."

Lukas nickt sprachlos. Fatme geht. Lukas sind so die Knie weich geworden, dass er sich gegen die Hauswand lehnen muss...

INT. WOHNZIMMER DER VOGTS - ABEND

Kim tritt ein. Mandy räumt gerade die Garderobe auf.

KIM: "Wo ist Sultan?"

Da kommt Sultan herangeschossen und springt an Kim hoch.

KIM: "Aus! Sultan!"

Sultan macht sofort Sitz. Kim sieht den Hund streng an.

KIM: "Was haben wir bei Cesar Millan, dem Hundeflüsterer gelernt? Gute Hunde springen nicht an Leute hoch! Gib Pfote!"

Sultan gibt Pfote. Kim schüttelt sie und nickt.

KIM: "Aha! Willkommen in der Zivilisation! Und jetzt komm!"

Sie packt die Leine und geht mit dem Hund hinaus. Mandy sieht dem Gespann nach. Dann nimmt sie Harrys Jacke und stutzt...

MANDY: "Harry! Auf deiner Jacke sind so komische Flecken..."

HARRY (O.S.): "Bestimmt vom Feuerlöscher..."

MANDY: "Das behandele ich besser gleich..."

Sie leert die Taschen und erstarrt. Denn nun hält sie die Visitenkarte von Yaro in der Hand. Mandy ist geschockt...

INT. BÜRO IMAM - ABEND

Minister Wolf-Nübel und Kaspersky sitzen vor dem Imam, während Yussuf ihnen heißen Tee serviert.

IMAM: "Also, ich hatte einen guten Eindruck von Herrn Al-Fayed! Er kam trotz seiner Bandscheibenbeschwerden zum Freitagsgebet und als ich ihn umarmt habe, ist der gute Mann vor Rührung in Tränen ausgebrochen! Er hat viel hinter sich!"

MINISTER WOLF-NÜBEL: "Hmm... denken Sie denn, dass die Al-Fayeds sich bei den Vogts wirklich integriert haben...?"

Es klopft und Herr Aziz steckt seinen Kopf herein.

IMAM: "Ach, Herr Aziz! Sie kommen wie gerufen!"

INT. KÜCHE DER VOGTS - TAG

Mandy steht in der Küche und späht nervös in den Flur hinaus. Sie wählt Yaros Nummer.

INT. GYMNASTIKSTUDIO - TAG

Yaro hat gerade eine Step-Aerobic Klasse. Das Brummen des Handys in seiner Tasche ist bei der lauten Musik nicht zu hören.

INT. KÜCHE DER VOGTS - TAG

Mandy klappt frustriert ihr Handy zu.

MANDY: "Verdammt! VERDAMMT!"

INT. BÜRO IMAM - ABEND

Herr Aziz spricht nun vor dem Minister und dem Imam.

HERR AZIZ: "Also, mit welchem Feuereifer die Vogts sich da ins Arabische gestürzt haben, so etwas habe ich noch nicht erlebt. Und sie hatten überhaupt keine Berührungsängste: Der Islam, der Koran, Allah... sie wollten alles genau wissen!"

IMAM (nickt bedächtig): "Es gibt Gerechte hüben und drüben!"

MINISTER WOLF-NÜBEL: "Wie sieht es hier in Weimar ganz konkret mit... Fremdenfeindlichkeit aus?"

YUSSUF: "Freunde von mir haben mitbekommen, dass die NWD vor dem Haus der Vogts eine Lichterkette gemacht hat. Das war an dem Tag, an dem die Al-Fayeds eingezogen sind!"

KASPERSKY: "Eine Lichterkette? Ist das nicht etwas Gutes?"

YUSSUF: "Die Leute da tragen keine Kerzen, die halten Fackeln und sie stecken in Springerstiefeln...!"

Der Minister und Kaspersky sehen sich an.

MINISTER WOLF-NÜBEL: "Daher waren die Vogts so feindselig! Die dachten, wir wollte den Al-Fayeds ans Leder..."

KASPERSKY: "Sie wollten sich für sie schlagen! Wahnsinn!"

MINISTER WOLF-NÜBEL: "Ja, Wahnsinn!"

EXT. VOR DER EISDIELE IN ERFURT - ABEND

Lukas schlendert mit Fatme plaudernd heran.

FATME: "Klar wollte ich bei der Schulaufführung mitmachen! Die Rolle von Cyrano de Bergerac hätt ich zu gern gehabt!"

LUKAS: "Echt? Du verkohlst mich, oder?"

FATME (geht in Pose, mit Pathos): "Sei's drum! Ich duellier mich mit dem ganzen Saal! Ihr jungen Helden, los! Ich hol mir Mann für Mann! Wer ist der erste auf der Liste?"

LUKAS (beeindruckt): "He, das war super! Du bist um Längen besser als Carmen! Wieso hast du nicht für die Rolle vorgesprochen?"

FATME: "Mit Nikab? Ich glaube kaum..."

LUKAS: "Schade. Ich hätte dir zu gerne die lange Nase vom Cyrano geschminkt!"

Er lächelt flirtiv, aber Fatme steigt nicht darauf ein.

FATME: "Lukas! Du kannst aufhören, Süßholz zu raspeln..."

LUKAS: "Süßholz raspeln? Was meinst du?"

FATME (mustert ihn): "Dieser Izmir aus Afghanistan. In der Schule. Das warst doch du!"

Lukas sieht sie ertappt an.

FATME: "Und was sollte der Mummenschanz?"

LUKAS: "Ich... hab nur eine neue Verkleidung ausprobiert..."

FATME: "Du hattest genug Gelegenheit, es mir heute zu sagen. Hast du aber nicht. Wolltest du dich über mich lustig machen...? Danke, das brauch ich echt nicht!"

Sie dreht sich um, geht davon und lässt Lukas einfach stehen. Er sieht ihr betroffen nach.

INT. WOHNUNG VOGT - TAG

Harry studiert Stellenanzeigen. Mandy steht hinter ihm und bügelt. Sie schaut heimlich auf die Visitenkarte von Yaro, die sie bei ihrem Mann gefunden hat. Wieso hat er die Karte? Weiß er alles? Mandy zermartert sich das Hirn. In diesem Moment fliegt ein Tennisball durch das Wohnzimmer. Dann ist wie ein Blitz Sultan da, springt auf den Stuhl und fängt den Tennisball in der Luft. Dabei prallt er gegen den geöffneten Kanister mit Kunstblut von Lukas. Der kippt, knallt zu Boden und ein Schwall von Blut schießt heraus. Kim komm herein.

MANDY: "Kim! Sag mal, bist du noch zu retten?"

Sie richtet den Kanister auf, der bereits zur Hälfte entleert hat.

KIM: "Was? Jetzt bin _ich_ wieder schuld?"

MANDY: "Ja, wer denn sonst? Herrgott!!"

KIM: "Wer hat mir den blöden Köter denn geschenkt? Doch wohl der Papa! Beschwer dich also bei dem, Alter!"

Sie pfeift dem Hund und verschwindet aus dem Zimmer.

MANDY: "Na prima! Und wer darf wieder den Dreck wegmachen?"

Harry steht auf und kommt herüber.

HARRY (steht auf): "Komm, Mandy! Ich helf dir!"

Mit Lappen wischen sie Kunstblutlache auf. Als Mandy sieht, wie Harry sich neben ihr abmüht, hält sie stöhnend inne.

MANDY: "So, dass reicht! Ich... ich kann das nicht mehr!"

Sie knallt den Lappen in die Pfütze, dass es nur so spritzt.

HARRY: "Was ist denn?"

MANDY: "Harry! Wir müssen reden! Aber wir gehen in den Keller. Kim muss das nicht unbedingt mitkriegen..."

HARRY: "Was ist denn los?"

MANDY: "Es geht um einen Seitensprung. Das ist los!"

Sie steht auf und geht vor. Harry folgt ihr beunruhigt.

KIM (O.S.): "Sultan! Böser Hund! Hau bloß ab!"

Ein Winseln. Dann trottet Sultan ins Zimmer mit seiner geliebten Latexhand im Maul. Er trottet zur Blutlache, lässt die Hand fallen und beginnt das Kunstblut zu schlabbern...

INT. HOBBYKELLER DER VOGTS - ABEND

Mandy steht unter Strom, als sie sich zu Harry umdreht, der gerade die Tür schließt.

MANDY: "So, die Stunde der Wahrheit! Schluss mit der Heuchelei und Karten auf den Tisch..."

HARRY (stöhnt): "Okay! Ist ja gut! Es stimmt..."

Mandy, die gerade weitersprechen wollte, stutzt.

HARRY: "Es stimmt: Ich hatte was mit Mona aus der Kantine..."

MANDY (entgeistert): "Wie? Aber... aber..."

HARRY: "Ich hab's wirklich nicht drauf angelegt. Es war bei der Faschingsfeier im Februar. Wir waren beide betrunken... (er gestikuliert) Ich wollte gar nicht hin, zu dieser blöden Fete. Aber du hast gesagt, ich soll gehen..."

Mandy sieht ihn fassungslos an.

MANDY (entrüstet): "Ach, jetzt bin _ich_ also schuld!"

Harry geht auf sie zu. Und krempelt den Ärmel mit seinem Tattoo hoch.

HARRY: "Das hier hab ich stechen lassen, weil ich damit sagen wollte: Ich steh zu dir! Du bist die Einzige für mich!"

Sie holt mit bleicher Miene aus und knallt ihm eine.

EXT. VOR DEM HAUS DER VOGTS - ABEND

Yaro huscht heran. Er sieht, dass die Wohnung der Vogts erleuchtet ist. Doch niemand ist an den Fenstern zu sehen. Yaro zieht sein Handy heraus und wählt Mandys Nummer.

INT. SPEISEKAMMER DER VOGTS - ABEND

Mandys Handy liegt im Regal und brummt vor sich hin.

EXT. GRUNDSTÜCK DER VOGTS - ABEND

Yaro huscht hinter das Haus. Er erreicht die Terrasse und späht in die Fenster. Aber er kann keinen von den Vogts entdecken...

EXT. AM TERRASSENFENSTER DER VOGTS - ABEND

Yaro schleicht heran. Er späht durch den Gardinenspalt in das Innere des Wohnzimmers. Niemand ist zu sehen. Dann erstarrt Yaro. Er hat die Blutlache entdeckt. Und er sieht auch die abgetrennte Frauenhand aus Latex. Yaro weicht geschockt zurück. Dann rennt er davon, wie von Dämonen gehetzt...

EXT. VOR DEM HAUS DER VOGTS - ABEND

Yaro hetzt heran, dreht sich um und schaut zurück, ob ihm jemand folgt. Dann schießt plötzlich aus dem Nichts ein Auto heran und erfasst den Fitnessinstructor. Er segelt in hohem Bogen durch die Luft und landet in einer Hecke. Der Wagen hält an, und der Nagelschuh-Schorsch steigt bestürzt aus...

INT. HOBBYKELLER DER VOGTS - NACHT

Harry sitzt geknickt auf dem Stuhl. Mandy hat sich immer noch nicht eingekriegt. Sie läuft herum und faucht...

MANDY: "Die ganze Zeit hab ich es gewusst! Mona, dieses Aas! Dieses Flittchen! Diese vermaledeite kleine Dirne!"

HARRY: "Hör zu, Mandy, ich..."

MANDY (zischt ihn an): "Oh nein! Du hast Sendepause! Du falscher Fuffziger! Du hinterlistiges Schwein! Du mieser Schürzenjäger! (atmet tief durch) Ich... ich will die Scheidung!"

EXT. VOR DEM HAUS DER VOGTS - MITTAG

Die Sonne steht hoch über Erfurt.

INT. WOHNZIMMER DER VOGTS - TAG

Harry bringt die Zeitung herein. Mandy putzt an dem Blutfleck auf dem Boden herum, doch das Kunstblut ist resistent. Lukas sitzt am Tisch und bemalt eine weitere Horror-Latexmaske.

HARRY: "Lukas, lässt du die Mama und mich mal alleine?"

Lukas nickt und geht hinaus. Kim, die gerade hereinkommen will, zieht er mit sich hinaus. Harry sieht zu Mandy.

HARRY: "Können wir nicht darüber reden? Mandy! Bitte!"

MANDY: "Reden? Wozu? Guck uns doch mal an. Seitensprünge, Heimlichkeiten, wir leben nur noch nebeneinander her... und arbeitslos und pleite sind wir noch dazu..."

HARRY: "Wir schaffen das. Okay, es sieht gerade ziemlich schwarz aus, aber es kommen auch wieder bessere Tage..."

MANDY: "Ooh! Bessere Tage! Na, jetzt machst du mir Mut! Ich hoffe nur, sie lassen sich nicht mehr allzu lange auf sich warten, die besseren Tage!"

In diesem Moment klingelt es an der Tür.

INT. AN DER HAUSTÜR DER VOGTS - TAG

Harry öffnet und sieht sich einer aufgelösten Frau Bickstetter gegenüber. Mandy tritt ebenfalls heran...

UNDINE BICKSTETTER: "Herr Vogt! Frau Vogt! Verzeihen Sie, dass ich Sie am Samstag störe! Wir haben leider einen absoluten Notfall! Es ist... eine Katastrophe!"

HARRY: "Eine Katastrophe?"

UNDINE BICKSTETTER: "Sind die Al-Fayeds da?"

MANDY: "Die äh... sind spazieren! Aber treten Sie doch näher!"

INT. WOHNZIMMER DER VOGTS - TAG

Frau Bickstetter sitzt mit Harry und Mandy am Tisch.

UNDINE BICKSTETTER: "Es ist wegen der Preisverleihung! Bei den Habibs, die den Preis bekommen sollten, sind Fragen aufgetaucht. Es scheint, als stimme etwas mit ihren Pässen nicht. Nun muss noch einmal ihre Identität überprüft werden... Das heißt, sie scheiden als Preisträger aus!"

INT. AN DER WOHNZIMMERTÜR - TAG

Lukas und Kim lauschen an der halboffenen Wohnzimmertür.

INT. WOHNZIMMER DER VOGTS - TAG

UNDINE BICKSTETTER: "Die Situation ist heikel, weil auch die Kanzlerin schon eingetroffen ist!"

MANDY: "Ja, und was heißt das?"

UNDINE BICKSTETTER: "Wir müssen die Al-Fayeds bitten, für die Habibs einzuspringen! Sie sollen nun den Preis erhalten! Und die damit verbundenen 50.000 Euro..."

Harry und Mandy sehen sich entgeistert an.

EXT. FOYER DES HELIOS-KRANKENHAUSES - TAG

Michi Umbach kommt sichtlich verstimmt heran. Der Nagelschuh-Schorsch wartet bereits auf ihn.

MICHI: "Ich habe doch gesagt, wir bleiben unauffällig! Und jetzt überfährst du einen Tunesier??"

NAGELSCHUH-SCHORSCH: "Ich bin nur meine Route abgefahren! Und bei den Vogts ist er mir direkt vor's Auto gelaufen!"

MICHI: "Verdammt! Und wo ist er jetzt?"

NAGELSCHUH-SCHORSCH: "Auf der Orthopädie."

INT. KRANKENZIMMER YARO - TAG

Michi sitzt an Yaros Bett, dessen Bein in Gips liegt.

MICHI: "Nochmal! Sie haben also durch das Fenster der Vogts wirklich eine abgetrennte Hand gesehen? Sind Sie da sicher?"

YARO: "Ja! In einer riesigen Blutlache! Da war überall Blut ÜBERALL! (schluchzend) Mandy ist tot! Ihr Mann war es!"

MICHI: "Ihr Mann?"

YARO: "Ja! Er ist krankhaft eifersüchtig! Und ich... ich hätte es verhindern können! Warum habe ich es nicht? Warum??"

Er heult Rotz und Wasser. Michi sieht genervt zu Schorsch.

INT. FLUR KRANKENHAUS - TAG

Michi berät sich mit Nagelschuh-Schorsch.

MICHI: "Eine abgetrennte Hand? Der Typ hat doch 'n Sprung in der Schüssel, oder?"

NAGELSCHUH-SCHORSCH: "Ich weiß nicht. Der war völlig in Panik, als er von den Vogts kam! Der hat da irgendwas gesehen... Besser, wir schauen mal nach...!"

MICHI (verdrossen): "Aber diesmal bitte unauffällig!"

EXT. VOR DEM HAUS DER VOGTS - TAG

Undine Bickstetter verlässt das Haus und steigt in ihr Auto. Oben aus der Wohnung der Vogts wird sie beobachtet.

INT. WOHNZIMMER DER VOGTS - TAG

Harry und Mandy stehen nebeneinander am Fenster und sehen Frau Bickstetter wegfahren. Harry seufzt.

HARRY: "Eine Preisverleihung! Presse, Fernsehen und die Kanzlerin... Nein! Das war's! Schluss, aus, Ende!"

Er geht zum Telefon und nimmt es in die Hand.

HARRY: "Ich hätte mich nie darauf einlassen sollen...! (holt tief Luft) Ich nehm es auf mich! Wir sagen, ich hätte euch gezwungen! Reicht ja, wenn einer in den Knast geht..."

Er wählt eine Nummer.

MANDY: "Was in aller Welt tust du da?"

HARRY: "Ich rufe die Polizei an."

In diesem Moment stürmen Kim und Lukas ins Zimmer.

KIM: "Papa! Tu das nicht!"

LUKAS: "Kim hat recht! Du kannst nicht ins Gefängnis gehen!"

Mandy entwindet ihrem überraschten Mann das Telefon.

HARRY: "Mandy, Kinder... seid doch vernünftig! Es ist aus!"

KIM: "Wieso? Gehen wir doch hin zu dieser Preisverleihung!"

LUKAS: "Ja! Bis jetzt waren wir doch super als Al-Fayeds!"

MANDY: "Und jetzt sind wir eingeübt! Wir sind voll im Saft!"

HARRY (blickt ungläubig in die Runde): "Ihr wollt wirklich in Verkleidung zu einer Preisverleihung im mit Scharen von Journalisten? Mit der Kanzlerin?"

KIM: "Denkst du, das juckt mich? Aber wenn du dich jetzt stellst, fliegen wir achtkantig aus der Wohnung!"

LUKAS: "Ja, Papa! Dann geht unsere Familie den Bach runter!"

Harry sieht zu Mandy. Die nickt langsam.

MANDY: "Die Kinder haben recht! Was haben wir denn noch groß zu verlieren? Wir könne nur noch gewinnen! 50.000 Euro!"

HARRY: "Und jetzt?"

MANDY: "Wir bereiten uns vor! Heute abend muss alles perfekt klappen...! (entschlossen) Denn wir... sind die Al-Fayeds!"

INT. COLLAGE WOHNUNG VOGT

Kim, Lukas und Mandy färben sich die Haare.

Lukas schminkt Harrys Gesicht dunkel.

Lukas legt Harry die falsche Nase auf.

Mandy setzt Kontaktlinsen ein, die ihre Augen braun machen.

Harry klebt sich Bart und buschige Augenbrauen an.

Kim zieht sich ihren Nikab über.

Lukas klebt sich einen Oberlippenbart an.

Kim zupft an Harrys Bart, der bombenfest sitzt.

INT. WOHNZIMMER DER VOGTS - TAG

Harry, Mandy, Lukas und Kim sind alle im Syrer-Ornat. Jeder ist perfekt geschminkt und auch die Kleider sehen echt aus.

HARRY (sieht in den Spiegel): "Und die Farbe hält sicher?"

LUKAS: "Die ist nachhaltig. Damit kannst du sogar ins Wasser fallen, Papa!"

HARRY: "Nimm trotzdem deine Schminksachen mit!"

Lukas nickt und packt seine Schminksachen in seinen Rucksack. Mandy sieht, wie Kim die Hundeleine holt.

MANDY: "Der Hund bleibt hier, Kim!"

KIM: "Nein! Sultan hat Angst alleine!"

MANDY: "Kimmi! Es ist besser für ihn!"

KIM: "Ist eure Wahl! Kein Sultan, keine Kim!"

LUKAS: "Ist doch egal jetzt. Sultan hört sowieso auf's Wort!"

EXT. VOR DEM HAUS DER VOGTS - TAG

Putzfrau Ella kommt gerade heran und zückt ihren Schlüssel, als plötzlich die Haustür aufgeht und ihr die Vogts in Al-Fayed-Maske gegenübersteht. Ein Moment großen Erstaunens.

ELLA: "Äh... hallo?"

HARRY: "Ehm... Salem aleikum!"

MANDY (verstellt die Stimme): "Salem Aleikum!"

LUKAS/ KIM: "Salem Aleikum!"

Schnell drängeln sich die Vogts an der Polin vorbei und eilen davon. Ella schaut verwirrt in die offene Wohnung hinein.

ELLA: "Hallo? Frau Vogt? Herr Vogt? Jemand ist zuhause da?"

INT. WOHNZIMMER DER VOGTS - TAG

Ella tritt ins Wohnzimmer und sieht zuerst den großen roten Fleck im Teppich. Sie runzelt die Stirn. Sie geht in die Hocke und tastet nach dem Blut. Ihr Finger ist rot. Als sie aufsteht und sich umdreht, steht plötzlich der Nagelschuh-Schorsch hinter ihr, mit einem Baseballschläger in der Hand. Ella schreit in Panik...

I/E. STRASSEN IN WEIMAR - TAG

Der Wagen der Vogts rollt heran. Er bockt und wird immer langsamer. Dann bleibt er stehen.

HARRY: "Das fehlte grad noch! Der Tank ist halbvoll..."

MANDY: "Dann rufen wir den ADAC."

HARRY: "Nein! Wir nehmen ein Taxi!"

INT. POLIZEIREVIER - TAG

Michi Umbach steht vor seinem Cousin, Wachtmeister Alex Burig.

MICHI: "Nirgendwo eine Spur von den Vogts! Nur eine eingetrocknete Blutlache! Wir haben schon herumtelefoniert! Niemand weiß, wo die Familie abgeblieben sein könnte! Ich sag dir, die Sache stinkt zum Himmel!"

ALEX BURIG: "Und was denkst du, soll ich tun? Ich habe keine freien Leute! Wie haben oberste Sicherheitsstufe! Die Kanzlerin ist in der Stadt! Alle Mann sichern den Landtag!"

MICHI (nicht ohne Stolz): "Keine Sorge! Die Heimatstaffel der NWD ist bereits auf den Straßen! Wir finden diese Al-Fayeds!"

ALEX BURIG (nimmt seine Mütze): "Bevor einer von deinen Gehirnspendern Mist baut, komme ich lieber mit!"

EXT. STADTPARK IN WEIMAR - FRÜHER ABEND

Harry, Mandy, Kim, Lukas und Sultan eilen heran. Auf der anderen Straßenseite ist ein Taxistand. Aber zwischen diesem und den Vogts steht eine Gruppe von Skinheads, die gerade auf die Familie aufmerksam geworden sind. Sie schauen herüber und Ihre Körpersprache ist eindeutig feindselig...

HARRY: "Kehrt marsch, Leute! Mit denen da möchte ich jetzt lieber keine Diskussion anfangen..."

Sie drehen um und gehen zügig davon. Die Skins folgen nicht. Da bellt Sultan und setzt einem Kaninchen ins Unterholz nach.

KIM: "Sultan! Bei Fuß!"

Doch der Jagdtrieb ist mit dem Dalmatiner durchgegangen. Kim läuft dem Hund nach. Lukas zögert nicht und rennt hinterher.

HARRY: "Ich hab doch gleich gesagt, lasst den Hund zuhause!"

Mandy zupft Harry am Ärmel und deutet nach vorne. Dort kommen fünf Männer auf sie zu, angeführt vom Nagelschuh-Schorsch.

HARRY: "Oh weh! Den Typ kenn ich. Bloß weg hier!"

Er zieht Mandy in die Büsche. Der Pulk um Nagelschuh-Schorsch beginnt zu rennen. Doch als sie den Ort erreichen, wo sie die Al-Fayeds eben noch gesehen haben, ist niemand mehr da. Der Nagelschuh-Schorsch zieht sein Handy heraus.

EXT. IM STADTPARK - FRÜHER ABEND

Kim kommt heran und sieht sich suchend um.

Kim (gedämpft): "Sultan! Sultan! Wo bist du denn?"

Da springt plötzlich ein Schatten heran und packt sie von hinten. Es ist NWD'ler Boris (26), der eine Pistole hat.

BORIS (laut rufend): "Toni, hierher!! Ich hab einen!"

TONI (O.S.): "Ich komme!"

Da saust ein schwarzweißer Blitz heran, und Sultan springt Boris in den Rücken. Er muss Kim fahren lassen und stürzt. Der Dalmatiner knurrt den AWD-Mann böse an. Boris krabbelt zu seiner Pistole, nimmt sie hoch und richtet sie auf Sultan.

KIM: "Neeeinnn!!"

Kim stürzt zu dem Hund und wirft sich vor ihn.

KIM: "Nicht! Nicht auf den Hund schießen! Bitte!!"

Da ist Toni heran. Boris lädt die Pistole durch.

BORIS: "Geh weg von der Töle, oder ich blas euch beide weg!"

TONI: "Boris, warte mal! Guck doch! Die ist ganz jung...!"

BORIS: "Na und? Die fangen eben früh an! Und die Weiber bei denen, das sind die schlimmsten!"

TONI: "Aber die ist nie und nimmer achtzehn, Alter! Wenn du sie abknallst, ist das Kindsmord!"

BORIS (zu Kim): "Wie alt du? Du achtzehn? Du Pass?"

Kim hält Sultan fest und schaut voller Angst.

TONI: "Boris, bleib ruhig! Wir wissen doch gar nicht genau, was die mit den Vogt's angestellt haben...!"

BORIS (heult auf): "Hast du's nicht gehört? Diese Arschlöcher haben die Familie Vogt ausgelöscht! Einfach massakriert!"

TONI: "Wer sagt das denn?"

BORIS: "Nagelschuh! Die Vogt's sind weg! Und bei denen zu Hause watest du knietief durchs Blut! Sie wurden ermordet! Das sagt einem doch schon der gesunde Menschenverstand...!"

Da ist Lukas von hinten an die beiden NWD'ler herangetreten. Er trägt eine Horrormaske und tippt sie auf die Schultern. Die beiden fahren herum und sehen in seine Fratze. Als Lukas dramatisch die Arme hochreißt, drehen sie sich um und jagen davon. Lukas sieht zu Kim, die ihn zitternd anblickt...

INT. STADTPARK OSTSEITE - FRÜHER ABEND

Harry und Mandy brechen durch das Gebüsch.

MANDY: "Was wollen die denn alle nur von uns?"

HARRY: "Herrgott: Wir sind Flüchtlinge! Wir sind Parasiten! Die wollen uns bestimmt keine Blumenkränze umhängen..."

MANDY: "Harry, ich hab eine Scheißangst!"

Sie laufen zwei Schritte und stehen unvermittelt vor Michi Umbach und Alex Burig. Der Polizist zieht seine Waffe.

AlEX BURIG: "He, Syrer! Hände hoch und keine Tricks!"

Harry und Mandy nehmen hastig die Hände hoch.

HARRY: "Nicht schießen! Es ist alles ein Missverständnis...!"

MICHI: "Ein Missverständnis! Aber sicher!"

MANDY: "Wir sind keine Syrer! Das ist alles nur Verkleidung!"

MICHI: "Für wie blöd halten die uns eigentlich?"

ALEX BURIG: "Sprechen aber erstaunlich gut deutsch!"

MICHI: "Diese Terrorzellen machen eben keine halben Sachen!"

HARRY: "Herr Umbach! Wir kennen uns! Ich bin der Harry!"

MICHI: "Harry? Du bist nicht Harry! Auch wenn du seine Stimme ganz gut nachmachst... auf so eine Bauchredner-Art!"

HARRY: "Michi, jetzt glauben Sie mir doch! Sie haben die Geschichte erzählt, von dem Boot, das voll ist und dass wir untergehen, wenn wir noch einen Schiffbrüchigen aufnehmen..."

MICHI: "Das kann man überall nachlesen. Erzähl doch mal was, was hier nicht jeder weiß!"

HARRY: "Also gut! Aber das sag ich Ihnen besser ins Ohr...!"

MICHI: "Ins Ohr! Sonst noch was? Sag's laut, Kumpel! Vor meinem Cousin hier hab ich keine Geheimnisse!"

Harry seufzt schwer und zuckt die Achseln.

HARRY: "Michi, Sie bumsen Natascha, die Frau von Ihrem Cousin Alex Burig!"

Schlagartig fällt Michi das Grinsen aus dem Gesicht. Alex Burig funkelt Harry böse an.

AlEX BURIG (grimmig): "Du dreckige Ratte! Du denkst wohl, du könntest uns mit irgendwelchen aus der Luft gegriffenen Behauptungen gegeneinander aufhetzen? Falsch gedacht!"

HARRY: "Herr Burig, Ihre Frau heißt Natascha und hat die Worte "Alex Forever" auf die linken Hinterbacke tätowiert!"

Alex dreht sich verdattert zu Michi um. Der schluckt.

MICHI: "Alex, du glaubst dem doch nicht! Das ist ein Bluff!"

AlEX BURIG: "Und woher weiß er das von der Tätowierung?"

MICHI: "Was weiß ich? Jemand könnte Natascha in der Sauna gesehen haben? Oder er kennt ihren Frauenarzt? Oder er hat eine Kamera in ihrer Dusche versteckt..."

HARRY: "Ja, aber woher weiß 'er', dass Natascha beim Sex immer "Madonna, Madonna, Madonna!" ruft? Weil 'er' gesehen hat, wie der liebe Michi seinen 'Hering mariniert'...!"

Alex erstarrt. Dann fährt er herum und packt Michi am Kragen.

AlEX BURIG: "Nur du 'marinierst deinen Hering'! Du miese kleine Sackratte! Ich weiß, dass Natascha fremdgeht... aber mit dir??"

Er beginnt Michi zu würgen. Harry und Mandy sehen sich an. Dann nutzen sie die Chance und schlagen sich in die Büsche.

EXT. AN EINER AMPEL - FRÜHER ABEND

Harry und Mandy hetzen heran.

LUKAS (O.S.): "Papa! Mama!"

Die beiden bleiben stehen. Lukas und Kim, die sich in einer Hofeinfahrt versteckt hatten, kommen mit Lukas heran.

MANDY: "Lukas! Kim! Dem Himmel sei Dank! Geht's euch gut?"

LUKAS: "Kim geht's nicht so toll! Da war einer mit einer Pistole... Kimmi ist ziemlich durch...!"

Harry entdeckt einen sich nähernden Wagen und zieht seine Familie in den nächsten Hauseingang. Der Wagen, voll mit forschend blickenden NWD-Mitgliedern rollt vorbei.

HARRY: "Die ganze Stadt wimmelt von denen!"

KIM (mit den Nerven runter): "Die... die sind hinter uns her, weil sie denken, wir hätten uns umgebracht!"

MANDY (unwillig): "Kim, das ergibt keinen Sinn! Wenn wir uns umgebracht hätten, wären wir tot...!"

LUKAS: "Dann formuliere ich es anders: Die von der NWD denken, die Al-Fayeds hätten die Vogts umgebracht!"

Mandy und Harry sehen sich verständnislos an.

HARRY (ungläubig): "Sag mal, noch blöder geht's wohl nicht?"

MANDY: "Harry, was, wenn es stimmt? Dann sind wir in höchster Gefahr!"

Ein Trupp NWD'ler rennt mit einem Dobermann heran. Kim hält Sultan zurück und man drückt sich in die Hofeinfahrt.

NWD'LER: "Such, Lucky! Such!"

Die Meute rennt vorbei. Harry und die Familie atmet durch.

KIM (mit den Nerven runter) Papa, bitte, ich will heim!"

HARRY: "Alles wird gut, Kim! Ich stelle mich der Polizei, bevor diese Wahnsinnigen uns am Ende noch lynchen..."

MANDY: "Aber wie? Die Hälfte von den Bullen ist selber NWD, siehe Alex Burig!"

LUKAS: "Wartet mal! Ich hätte da vielleicht eine Idee...!"

INT. WOHNUNG FATME - NACHT.

Fatme sitzt mit Vater Omar und Mutter Fliz vor dem Fernseher.

SPRECHER TAGESSCHAU: "Die Kanzlerin, die heute in Erfurt eintraf, rief die Bürger dazu auf, sich aktiv an der Integration von Flüchtlingen zu beteiligen..."

Da klingelt es an der Tür. Fatme erhebt sich bereits.

FATME: "Ich geh schon!"

I/E. AN FATMES HAUSTÜR - NACHTS

Fatme öffnet die Tür und steht Lukas in seiner syrischen Verkleidung gegenüber. Fatme runzelt die Stirn.

FATME: "Lukas...? (lacht fassungslos) Na, du traust dich was! Wie kommst du dazu, hier aufzukreuzen und dann noch so?"

LUKAS: "Fatme! Bitte! Du musst uns helfen!"

FATME (runzelt die Stirn): "Uns? Wer ist uns?"

Lukas deutet auf Harry, Mandy und Kim, die auf der anderen Straßenseite warten. Fatme versteht nicht.

FATME: "Wer sind die Leute?"

LUKAS: "Das... sind meine Eltern und Kim!"

FATME (schaut und ist völlig verwirrt): "Sag mal, seid ihr jetzt alle völlig übergeschnappt, oder was?"

LUKAS: "Ich erkläre dir alles! Aber bitte lass uns rein! Wir werden verfolgt! Ich bitte dich... quasi um Asyl!"

Fatme sieht zu den Vogts. Harry und Mandy winken herüber.

INT. WOHNUNG FATME - NACHT

Fliz, die Mutter von Fatme bringt ein Tablett mit heißem Tee. Die Vogts sitzen wie ein Häuflein Elend um den Couchtisch herum. Omar sieht sie finster an.

FLIZ: "Hier! Trinkt erstmal!"

MANDY: "Vielen Dank!"

Man trinkt. Omar mustert Harry mit gerunzelter Stirn.

OMAR: "Habe ich das richtig verstanden, Herr Vogt? Sie und Ihre Familie geben sich als Flüchtlinge aus, um sich Fördergelder zu erschleichen?"

HARRY (peinlich berührt): "Das war wirklich nicht so geplant. Aber ich... wir... Wir waren einfach so verzweifelt..."

OMAR: "Sie wohnen in einem großen Haus in einem friedlichen Land und können sich jeden Tag sattessen... Wie verzweifelt kann man da schon sein?"

HARRY: "Sie... Sie haben natürlich recht, Herr Karimi!"

OMAR (lehnt sich zurück): "Und wie geht es jetzt weiter? Wenn sich die Lage wieder beruhigt hat, gehen Sie dann nach Hause und tun Sie, als wäre nichts gewesen? Oder stellen Sie sich der Polizei, wie jeder anständige Mann das tun würde?"

Alle blicken zu Harry. Der atmet tief durch.

HARRY: "Ja, das wäre wohl das Beste... Ich sollte mich stellen und den ganzen Schwindel zugeben...

MANDY: "Also gut, dann rufen wir jetzt die Polizei an..."

FLIZ: "Ach, dummes Zeug!"

Fatmes Mutter erntet irritierte Blicke. Fliz sieht zu Omar.

FLIZ: "Bist du etwa ein Heiliger, Omar? Wie oft hat Fatme behaupten müssen, sie sei noch elf, damit ihr billiger ins Kino kommt?"

OMAR (peinlich berührt): "Fliz, bitte! Das... kann man doch hiermit gar nicht vergleichen...!"

FLIZ: "Und was ist mit deiner Firma in Aleppo? Du hast Geld unterschlagen, damit wir ausreisen konnten, oder?"

OMAR (verlegen): "Das war... doch etwas ganz anderes!"

FLIZ: "Jeder stellt geltende Gesetze in Frage und macht sich sein eigenes Recht, wenn er in Not ist. Da sind wir nicht besser als die, und die nicht besser als wir..."

OMAR (heftig): "Aber Sie haben etwas getan, was am Ende auf uns zurückfällt, auf uns, die Flüchtlingscommunity...!"

FLIZ: "Das mag sein. Aber _ich_ will nicht ihr Richter sein. Willst du, Omar?"

Omar sieht seine Frau an und schaut dann zu den Vogts. Er überlegt einen Moment und lehnt sich resignierend zurück.

OMAR: "Nein, natürlich nicht..."

Fliz mustert die Vogts mit ernster Miene.

FLIZ: "Ich sage: Sie müssen zu dieser Preisverleihung gehen und es zu Ende bringen!"

Nicht nur die Vogts sind nun perplex, auch Fatme und ihr Vater. Alle sehen Fliz fragend an...

FLIZ: "Diese Verleihung, dieser Integrationspreis ist nur ein großer Zirkus, den deutsche Politiker aufgezogen haben, um sich selbst in ein gutes Licht zu rücken! Aber wenn die Al-Fayeds nicht kommen, fliegt der Betrug auf. Keine der Seiten hat sich dabei mit Ruhm bekleckert. Jeder wird jedem die Schuld geben. Es gibt wieder Streit und neuer Hass wird gesät. Am Ende dann wird der Graben zwischen den Deutschen und uns Ausländern umso tiefer werden. Diesen Schaden für alle, den sollten Sie besser abwenden! Wenn Sie alle so lange Syrer gespielt haben, dann machen Sie uns nun Ehre!"

MANDY: "Ist das... Ihr Ernst?"

OMAR (überlegt): "Wenn man die Sache so betrachtet, hat meine Frau hat vielleicht nicht ganz unrecht. So eine Geschichte wirft uns alle weit zurück... (er steht auf) Ich fahre Sie!"

KIM: "Aber ich komme nicht mit!"

Alle sehen zu Kim, die Sultan fest umklammert hält.

KIM: "Sie hätten Sultan beinahe erschossen... (weint) Und ich kann nicht mehr...!"

Mandy und Harry sehen sich ratlos an. Fatme steht auf.

FATME: "<u>Ich</u> gehe an ihrer Stelle! Für die Deutschen sehen wir Nordafrikaner doch alle gleich aus. Das merken die nie..."

<u>EXT. VOR DER STAATSKANZLEI - ABEND</u>

Omars Golf hält vor der Kanzlei und Harry, Mandy, Lukas und Fatme steigen aus. Fatme trägt nun Kims syrische Kleidung.

HARRY: "Danke, Omar!"

Fatmes Vater nickt und fährt davon. Mandy sieht sich um.

MANDY: "Wo sollten wir uns nochmal melden?"

HARRY: "Frau Bickstetter sagte, am Haupteingang!"

Sie gehen auf den Haupteingang zu, wo schon ein roter Teppich ausgelegt ist und die Menschen auf die Politprominenz warten. Plötzlich kommen von allen Seiten Männer in Anzügen und Knopf im Ohr auf die Vogts zu. Einer von ihnen nimmt Harry am Arm.

GEHEIMPOLIZIST: "Machen Sie keinen Ärger und kommen Sie bitte mit!"

Blitzschnell sind die Vogts abgeführt.

INT. MEETINGRAUM - ABEND

Die drei Vogts und Fatme sitzen in einem Meetingraum der Staatskanzlei. Zwei bullige Männer in Anzügen bewachen die Tür. Mandy greift nach Harrys Hand. Lukas sitzt neben Fatme, sichtlich angespannt. Da geht die Tür auf und Oberst Kramer (48), ein kantiger Mann in Uniform tritt ein, gefolgt von einer blonden Adjutantin. Kramer mustert die Vogts grimmig.

KRAMER: "So, machen wir's kurz! Mein Name ist Oberst Edgar Kramer! Ab sofort haben Sie es mit mir und der Eliteeinheit SG zu tun. Verwechseln Sie uns bitte nicht mit der hiesigen Dorfpolizei! Die finden ihr Arschloch nicht mal, wenn eine Trillerpfeife drinnen steckt! Wir hingegen.. wissen alles! (er deutet auf Harry) Sie sind Harry Vogt... (deutet auf Mandy) Sie sind Mandy Vogt... (deutet auf Lukas) Das sind ihre Kinder Lukas... (deutet auf Fatme) ...und Kim! (mustert die Gruppe) Ihre Masken sind dilettantisch! Von uns hätten Sie niemanden getäuscht. Vier Deutsche aus dem Bilderbuch..."

Er sieht zu seiner Adjutantin, und sie lachen abfällig.

KRAMER: "Ein Armutszeugnis für die Leute hier, dass sie auf Sie reingefallen sind. Bei uns vom BKA wäre das ganz anders gelaufen. (beugt sich lächelnd vor) Wie hätten Sie denn auf diese Frage reagiert: Ma hi 'arkan al'islam alkhms? (Welches sind die fünf Säulen des Islam?)"

FATME (beugt sich vor): "Kunn qad 'ujibat (Wir hätten geantwortet): Aleaqida (Glaubensbekenntnis), salat taqsia (Rituelles Gebet), sadaqa (Almosensteuer), bsre (Fasten), hij (Pilgerfahrt)... (freundlich lächelnd) Nur als kleiner Tipp: man spricht es "charkan" aus, nicht "scharkan"...!"

Kramer starrt Fatme an. Sein Mund ist ganz klein geworden. Keine Frage, innerlich bebt er vor Wut.

KRAMER: "So! Hören Sie jetzt genau zu! Die Kanzlerin hat keine Ahnung von dieser Posse! Und wir werden verhindern, dass sie oder die Presse Wind davon bekommen! Deshalb ist die Familie Vogt heute in aller Früh zu ihren Verwandten nach Saarbrücken abgereist...!"

Seine Adjutantin teilt vier Aktenordner aus.

KRAMER: "Lernen Sie die Dossiers auswendig. Es ist wichtig, dass Sie alle die gleiche Geschichte erzählen! verstanden?"

HARRY: "Ja, sicher... Und was... geschieht jetzt mit uns?"

KRAMER: "Wir briefen Sie und besprechen jetzt Ihren Bühnenauftritt..."

MANDY (schnappt nach Luft): "Bü... Bühnenauftritt?"

KRAMER: "Ich bringe Sie hinter die Bühne. Auf mein Zeichen werden Sie geschlossen hinausgehen und den Preis entgegennehmen... und ein paar Worte zu den Leuten sagen!"

LUKAS: "Aber... wieso?"

KRAMER: "Was ist das für eine Frage? Es stehen in vier Bundesländern Landtagswahlen bevor. Die Kanzlerin braucht im Moment einen Skandal wie ein Loch im Kopf! (droht mit dem Finger) Deswegen werden Sie da draußen keinen Fehler machen! Sie haben die Behörden zum Narren gehalten, jetzt machen Sie es genauso mit den Idioten im Saal! Und kein Faxen!"

Er steht auf und will gehen.

MANDY: "Warten Sie!"

Der Offizier bleibt stehen.

MANDY: "Was wird denn danach aus uns?"

KRAMER (finster): "Sie fliegen in die Karibik in ein Luxusressort und machen vier Wochen Urlaub!"

Die Vogts starren den Mann ungläubig an.

KRAMER: "Wir müssen Sie für einige Zeit aus dem Verkehr ziehen, damit niemand Lunte riecht. Die örtliche Polizei wollte sie schon als Opfer eines mutmaßlichen Verbrechens melden. Das haben wir abgebogen. Sie verschwinden erstmal! Wenn der Staub sich gelegt hat, kommen Sie zurück und machen weiter, als wäre nichts gewesen. War's das jetzt? Danke!"

Er geht hinaus.

EXT. VOR DER STAATSKANZLEI - ABEND

Ein Mann kommt hinkend heran. Es ist Michi Umbach. Er hat ein dickes Pflaster auf der Stirn und ein schillerndes blaues Auge. Er zückt eine Einladung und zeigt sie bei der Kontrolle mit seinem Personalausweis vor. Man sieht ihn etwas befremdet an, lässt ihn aber ein.

INT. FOYER DER STAATSKANZLEI - ABEND

Michi Umbach betritt mit finsterer Miene den Festsaal...

INT. ERFURTER FESTSAAL - ABEND

Der Saal ist mit der Creme de la Creme der Thüringer Politik gefüllt. Minister Wolf-Nübel steht am Rednerpult.

MINISTER WOLF-NÜBEL: "... und deshalb dürfen wir nicht innehalten in unserer Bemühung um nachhaltige Integration!"

Applaus aus dem Saal. Der Minister lächelt.

MINISTER WOLF-NÜBEL: "Begrüßen Sie mit mir nun die Preisträger des diesjährigen Thüringer Integrationspreises, die Familie Al-Fayed!"

Harry, Mandy, Lukas und Fatme treten auf die Bühne. Erneuter Applaus. Der Minister geht auf Harry zu und umarmt ihn. Dann gibt er den anderen dreien die Hand.

In diesem Moment springt im Saal Michi Umbach auf.

MICHI (brüllend): "Halt! Aufhören! Es ist alles nur eine große Lüge! Diese Leute da sind Betrüger! In Wirklichkeit sind sie nämlich Deut..."

Er kommt nicht weiter, da Kramers Adjutantin einen Taser auf Michi abschießt und ihm satte Elektroschocks verpasst. Sofort sind Securitys da und schleifen Umbach hinaus. Die Türen des Saales schließen sich und die Veranstaltung geht weiter...

MINISTER WOLF-NÜBEL (unbeirrt): "Wenn wir auf die Al-Fayeds schauen, auf Bashar, auf Halina , Ahlam und Firaz, dann sehen wir in erster Linie eine Familie. Ein Familie, die eigentlich Schutz verdient hat, ein Familie, die vor den Zuständen in ihrem Land fliehen musste... fliehen ins Ungewisse... (dreht sich um und sieht zu den Vogts) So eine Flucht kann nur gelingen, wenn die Eltern eine Einheit sind! Wenn sie sich blind vertrauen... wenn sie sich in bedingungsloser Treue verbunden sind! Bashar und Halina Al-Fayed sind ein Beispiel für die Liebe und den Zusammenhalt, die es braucht, um in schwierigen Zeiten zu überleben..."

Er dreht sich erneut zu Harry und Mandy und applaudiert ihnen. Der Saal tut es ihnen gleich. Die Beklatschten blicken sparsam drein, denn die Ansprache hat ihnen nur vor Augen geführt, wie es bei ihnen nicht ist. Minister Wolf-Nübel wendet sich wieder den Leuten im Saal zu.

MINISTER WOLF-NÜBEL: "Der Integrations-Preis wird von niemand anderem überreicht, als von unserer Bundeskanzlerin, die es sich nicht hat nehmen lassen, persönlich dafür anzureisen!"

Man sieht eine blonde Frau herankommen und Harry und Mandy eine Skulptur überreichen, die zwei Hände zeigt, die gerade Stacheldraht zerrissen haben. Dann bringt der Minister einen großen Scheck heran, über 50.000 Euro. Applaus im Saal.

MINISTER WOLF-NÜBEL (raunend zu Harry): "Sagen Sie ein paar Worte!"

Die Kanzlerin entfernt sich, während Harry beklommen an das Mikrophon tritt. Lukas und Fatme haben sich etwas in den Hintergrund abgesetzt. Als Harry nach Worten sucht, nimmt Lukas Fatmes Hand. Sie sieht ihn an und drückt seine Hand.

HARRY: "Äh... ich... äh..."

Harry blickt zu Mandy, die ihn tapfer anlächelt.

HARRY: "Möchtä danken an Flüchtlingboard... Dank an Frau Bickstättär... Und natürlich besondere: Frau Mär-ekel!"

Wieder applaudiert der Saal. Harry macht eine Pause und tritt nun näher an das Mikrophon.

HARRY: "Hat Ministä Wolfenübel gefunden viele gut Wort für Al-Fayed... Aber... macht auch schämen mich... Weiße nicht ich, ob habe verdient Preis... Ich viel falsch gämacht... War ich oft keinä gutt Mänsch..."

Harry blickt zu Mandy. Ihm stehen mit einem Male Tränen in den Augen. Die Gefühle überwältigen ihn.

HARRY: "Verzeihen Tränen... schäme ich mich... War ich kein gutt Ehemann für meine Eheweib Halina... Bin ich nicht wert sie... (schluchzt) Hab ich angelogän sie... Wahrheit ist, war ich falsch zu Weib, ganzä Zeit...! Habä betrogän sie..."

Nun ist es still geworden im Saal. Das kommt unerwartet...

HARRY: "Abär mein Frau, ist sie wunderbare Mensch. Ist große Seele... hat sie geschützt Kindä! Hat sie geschützt die Famiel... Ist sie rein Geist! Will sie nicht solche Mann...!"

Harry kullern Tränen über das Gesicht. Mandy hält es nun nicht mehr. Sie drängt zum Mikrophon.

MANDY: "Nein, nein! Nicht wahr ist...! Nicht wahr ist! Bin isch <u>nicht</u> gute Weib! Bin isch schlechte Weib...!"

Der Saal ist nun komplett irritiert.

Harry sieht Mandy verständnislos an. Mandy zittert.

MANDY: "Habe isch betrogen auch, Bashar dich!"

Harry schüttelt ungläubig den Kopf.

MANDY: "Ja, ist wahr! Habe isch betrogen dich mit tunesische Fitnesstrainär...!"

Ein Raunen geht durch das Publikum. Kramer wechselt einen Blick mit seiner Assistentin und bekommt eine gefährliche Falte auf der Stirn.

MANDY (ergreift seine Hand): "Hätte ich dir sagen müssen längst! Aber habe ich nicht getraut. Schäme ich mich so...! Weil bist du guter Mann... Haben wir gute Kinder..."

Sie schluchzt. Nun kann man im Saal eine Nadel fallen hören. Harry starrt Mandy an, der die Tränen herunterlaufen.

HARRY: "Ist das wahr?"

MANDY: "Ja. Es tut mir leid, Harry!"

Harry sieht sie an, schaut in den Saal und strafft sich dann.

HARRY (mit fester Stimme): "Aber ist egal mir! Liebä ich dich! Will ich zusammensein nur mit dir! Für immää!"

Mandy blickt ungläubig zu ihm auf.

HARRY: "Habe ich betrogen, hast du betrogen, haben wir beide gemacht Fehlä! Wir gleich. Wir vergessen... wir vergebän! Und machen neu Anfang... Wir machen besser von nun! Wir machen alle besser jetzt...!"

Mandy nickt bebend. Harry nimmt sie in seine Arme. Sie sieht ihm in die Augen. Dann küssen sie sich. Die Erleichterung erfasst den Saal und nun bricht ein Orkan der Begeisterung los. Oberst Kramer sieht beeindruckt zu seiner Adjutantin. Es gibt nun Standing Ovations für die "Al-Fayeds"...

Abblende

TEXTEINLENDUNG: 8 Monate später...

EXT. IM HOF DER VOGTS - TAG

Volksfeststimmung im Hof der Vogts. Es wird gegrillt und viele syrische Leute stehen hier und essen und trinken. Lukas schminkt Fatme zu Cyrano de Bergerac. Kim lässt Sultan zur Freude der anwesenden Kinder (Deutsche und Syrer gemischt) durch einen Feuerreifen springen. Auch die echten Al-Fayeds sind wieder da. Fatmes Eltern Omar und Fliz unterhalten sich mit den Müllers. Harry sitzt mit Herrn Al-Fayed, Herrn Fez (60) und Herrn Faisal (44) zusammen. Man spielt Risiko. Herr Al-Fayed kassiert triumphierend die Armeen von Herrn Faisal.

HERR AL-FAYED: "Oh ja, hab nun letzte drei Armeen von dir vernichtet, mein guter Ali! Melde nun an alle Menschen: Ukraine wurde endlich befreit!"

ALI FAISAL: "Aber hatte _ich_ bereits befreit! Wie kann man befreite Land befreien...?"

HERR AL-FAYED: "Naja... ist es jetzt _noch_ freier. Kann man sagen: Ist doppelt frei nunmehr!"

ALI FAISAL: "Macht das... überhaupt keinen Sinn!"

HERR AL-FAYED: "Hier in Westän macht sehr großen Sinn!"

ALI FAISAL: "Ist aber schlimmes Spiel! Werden nur Armeen getötet ganze Zeit! Ist einzige Blutgemetzel...!"

HERR AL-FAYED: "Hey, Ali! Sei nicht so ein Pussy! (zu Harry) So! Nun greife Nordwest-Territorium an, Harry Vogt!"

Da läuft Mandy heran. Sie ist offensichtlich schwanger.

MANDY: "Harry, die Gibrans sind da!"

Ein Sprinter hält im Hof und das Ehepaar Gibran (beide 33) steigt mit einem Baby aus. Auch Frau Bickstetter ist mit dabei. Das junge Paar wird von den anderen Syrern und auch den Müllers herzlich begrüßt. Mandy tritt vor das junge Paar.

MANDY: "Tarhib, eayilat jubran! (Herzlich Willkommen, Familie Gibran) Taeal! (Kommen Sie!) Saw'f'aerad lak shaqatk! (Ich zeige Ihnen Ihre Wohnung)"

Sie nimmt die Neuankömmlinge unter ihre Fittiche. Harry tritt zu Frau Bickstetter.

HARRY: "Frau Bickstetter, das Land hat doch unser 'Haus der Begegnung' bereits gekauft!"

UNDINE BICKSTETTER: "Ja natürlich! Wieso?!"

HARRY: "Weil schon wieder 50.000 Euro auf mein Konto eingegangen sind!"

UNDINE BICKSTETTER (stöhnt): "Das kommt vom Kanzleramt! Die wollen das Integrationshaus unbedingt unterstützen... Das sind solche Trittbrettfahrer, einfach nur peinlich! Reagieren Sie am besten gar nicht, das gibt sonst nur Ärger! Verwenden sie das Geld einfach für eine gute Sache..."

HARRY: "Gut, dann kauf ich eben das Nachbargrundstück dazu. Ich hab noch eine Flüchtlingsfamilie, die ein Zuhause braucht!"

UNDINE BICKSTETTER: "Sie sind der neue Integrations-Obmann! Ihre Entscheidung!"

HARRY (muss lachen) "Kommen Sie, Frau Bickstetter, ich lad Sie zu einem Schnäppsche ein!"

UNDINE BICKSTETTER: "Na, das sag ich nicht nein!"

Sie gehen ins Haus.

ENDE & TITEL

Szene neben Bild:

INT. FITNESSCENTER, HALLE 1

Ella turnt bei Yaros Aerobicklasse mit. Es wird gestretcht.

YARO: "Ja, das war's! Danke für's Kommen!"

Applaus der anwesenden Damen. Ella tritt zu Yaro.

ELLA: "Wollte sagen danke für Stunde! Aber war anstrengend sehr. Heiligbimbam, ich kann sagen!"

YARO (merkt bei 'Heiligbimbam' auf): "Sagen Sie mal, kennen wir uns etwa?"

ELLA: "Wir uns kennen? Glaube ich nicht..."

YARO: "Doch! Putzen Sie nicht bei der Familie Vogt? Ich glaub, wir haben uns mal unterhalten...! Durch die Tür!"

ELLA: "Durch... durch die Tür...???"

YARO: "Na wegen Frau Vogt! Weil ihr Mann sie doch die Kellertreppe hinuntergestoßen hat..."

Ella starrt ihn verständnislos an.

ELLA: "Er hat gestoßen Sie in die Keller? Heiligbimbam! Wusste nicht...!"

YARO: "Wie geht's Frau Vogt denn?"

ELLA: "Oh. Geht sie gut. Ist sie schwanger..."

YARO (geschockt): "Sie ist schwanger?? Aber von wem?"

ELLA : "Glaube ich, Herr Vogt... War ich aber nicht dabei..."

Yaro sieht ihr verwirrtes Gesicht und lacht dann laut.

YARO: "Wissen Sie was: Ich lad Sie zu einem Eiweißshake ein!"

ELLA (unsicher): "Eiweißshake? Ja. Warum nicht?"

YARO (charmant): "Na, dann kommen Sie! Wissen Sie eigentlich, dass Sie ein Superrhythmusgefühl haben...? Schon als Sie reingekommen sind, dachte ich mir, wow, diese Frau sieht ja aus wie Wonder Woman persönlich..."

Ella lacht geschmeichelt. Sie gehen beide aus dem Saal.

ABBLENDE

"Was meine Mutter nicht von mir wissen darf"

2017 kam ich auf die Idee, für eine Story ein Schulmädchen von 12 Jahren, Malve, in den Besitz eines tödlichen, nicht nachweisbaren Giftes zu bringen. Malve hat es im Leben nicht leicht. Sie ist ein Underdog und ihre alleinerziehende Mutter in großen wirtschaftlichen Schwierigkeiten. Dass ein fieser Mitschüler ihrem Gift zum Opfer fällt, ist noch ein Unfall, dann aber setzt Malve ihre tödliche Phiole gezielt ein. Die Geschichte ist politisch herrlich unkorrekt, denn wenn Malve mordet, verbessert sich ihre Situation. Die Story nimmt einen auf eine Reise mit, die wohligen Grusel erzeugt und bei der man der Protagonistin immer wieder applaudieren möchte.

Das Problem dieses Buches war mir sehr früh klar: Die Frage nach dem Zielpublikum! Wir leben nicht mehr in den Zeiten von „Zazie (in der Metro)", wo ein Kind die Hauptfigur ist, in einer Geschichte für Erwachsene.

Diese Problematik gibt es aber nicht wirklich. Es ist ein Irrglaube, der in den Köpfen deutscher Produzenten und Sender fest verankert ist. Während früher die Quote das Maß aller Dinge war, ist heute die Zielgruppe das goldene Kalb, um das alle herumtanzen. Also gestaltet man die Parameter für Drehbücher so, dass alles rausfliegt, was bei der angepeilten Zielgruppe noch nicht funktioniert hat. Damit ist im Grunde jedes Neuland verbaut. Ein Drehbuch, für das es noch keine Schublade gibt, wird in der Regel nicht produziert.

Wenn dann doch einmal visionäre Produzenten einen eigenwilligen Stoff realisieren wie "Toni Erdmann", wird klar, dass das Publikum sich durchaus auf Plots einlassen kann, die neue Pfade gehen. Die Frage ist eben einfach: Will man an seine Geschichte glauben oder will man sie lieber an statistische Publikums-Bedürfnisse anpassen und immer wieder auf die eierlegende Wollmilchsau setzen? Ich kann nur von 40 Jahren eigener Erfahrung im Filmgeschäft sprechen. Ich hatte beim Drehbuchschreiben geradezu Narrenfreiheit, aber einen eigenen Stoff konnte ich nie verfilmen. Es lief so: "Du, am Potsdamer Platz wird was gebaut. Und die haben da Bautaucher! Fällt dir dazu was ein?" Ja, sicher. Ich erdachte dazu den Thriller "Götterdämmerung-Morgen stirbt Berlin" für Pro 7. Ein anderes Mal hieß es: "Wir brauchen was für Veronika Ferres. Sie soll eine alleinerziehende Krankenschwester sein und lustig soll es sein, mit einer Liebesgeschichte!" Zu diesen Vorgaben schrieb ich dann "Die Chaos-Queen". Den Entscheidern ist es eben wichtig, sich selbst mit in den kreativen Prozess einzubringen, denn am Ende wollen sie ja sagen können: "War meine Idee!"

Wie dem auch sei. Der Götze Zielgruppe hat dem nun folgenden Buch das Genick gebrochen. Keine Förderung, kein Geldgeber, kein Verleih hat geglaubt, dass man einem Erwachsenenpublikum eine 12jährige Hauptfigur vorsetzen kann. Und für Kinder eignete sich eine so junge Mörderin nun mal nicht. Voilà!

Ich glaube, man könnte den Film machen und das Gegenteil beweisen. Denn diese schwarze Geschichte ist ein Juwel!

"WAS MEINE MUTTER NICHT VON MIR WISSEN DARF"

EXT. ALTE FABRIK - TAG

Eine alte Fabrikhalle an der Peripherie. Der Herbstwind weht Blätter von den Bäumen. Es ist kein Mensch zu sehen.

ERZÄHLSTIMME MALVE (O.S.): "Das ist die alte Ledernäherei am Aubach. Früher wurden hier Taschen und Schuhe gemacht. Aber jetzt steht das Gebäude schon seit Jahren leer..."

Ein schönes Blatt, rot und gelb, wird vom Baum geweht und segelt durch die Luft.

ERZÄHLSTIMME MALVE (O.S.): "Was es mit dieser Fabrik auf sich hat? Eigentlich nichts..."

Das Blatt landet auf dem Dach der Fabrik. Es knackt...

ERZÄHLSTIMME MALVE (O.S.): "...und doch alles!"

Strukturrisse zeigen sich in den Wänden. Dann knirscht es und die alte Fabrik stürzt ein.

ERZÄHLSTIMME MALVE (O.S.): "Nein, es ist niemand zu Schaden gekommen. Das Gebäude war leer. Dennoch, dieses Ereignis hat alles verändert... Aber erzählen wir die Geschichte von vorn..."

EXT. AN EINER BUSHALTESTELLE - TAG

Ein Dutzend Sechstklässler warten mit zwei Lehrern an der Haltestelle. Ein Mädchen (12) steht etwas abseits.

ERZÄHLSTIMME MALVE (V.O.): "Das bin ich. Ich heiße Malve. Ich bin, nett ausgedrückt, ein 'Nationencocktail'. Oder, wie die meisten Leute sagen, ein 'Bastard'. Meine Mutter kommt aus Kroatien, mein Vater stammte aus Hessen. Er war es auch, der keinen Feld- Wald- und Wiesennamen wollte, als ich geboren wurde... Tja... Und jetzt ist er tot. Krebs. Ich wette, das hat ihn geärgert. Bestimmt wollte er auch keinen Feld, Wald- und Wiesentod..."

Wir sehen einen dicken Jungen, der eine Karotte in ein Glas Nutella stippt und dann angewidert abbeißt.

ERZÄHLSTIMME MALVE (V.O..): "Das ist Leon-Phillip! Die Diät, die er gerade macht, hat er selber erfunden hat..."

Nicht weit von ihm steht Melanie, ein sehr hübsches und adrett gekleidetes Mädchen mit einer Zahnspange.

ERZÄHLSTIMME MALVE (O.S.): "Das ist Melanie, unsere Klassensprecherin. Ihr Vater veranstaltet Rock-Konzerte und zwingt die Stars, sich mit seiner Tochter fotografieren zu lassen. Seit ich ihn mit Melanie auf einem Foto gesehen hab, kann ich Mark Forster nicht mehr ausstehen..."

Ein pickeliger Junge mit linksseitig zugeklebter Brille kommt ins Bild.

ERZÄHLSTIMME MALVE (V.O.): "Das ist Ruben. Wer je zweifelte, dass man Menschen aus schadhaften Einzelteilen nachbauen kann, Ruben ist der Gegenbeweis..."

Ruben hat etwas aus der Nase gebohrt und schmiert den Fund an der Jacke des Lehrer ab. Der sieht zu dem Jungen und lächelt. Ruben lächelt auch und entblößt große Zahnlücken.

Der Bus kommt und die Schüler steigen ein.

ERZÄHLSTIMME MALVE (V.O.): "Kurz gesagt: Die größten Zicken, Pannemänner und Gestörten des Landes sind in meiner Klasse."

Malve steigt als letzte in den Bus.

I/E. IM BUS - TAG

Malve setzt sich alleine auf einen Zweierplatz.

ERZÄHLSTIMME MALVE (V.O.): "Was es über mich zu sagen gibt? Eigentlich nichts. Ich glaube, es gibt niemanden, der normaler ist als ich..."

Malve nimmt ein Buch über die Relativitätstheorie mit Albert Einstein auf dem Buchdeckel und beginnt zu lesen.

INT. IM SCHLEUSENRAUM DER AESCORP AG - TAG

Ein sehr intelligent aussehender, hagerer Mann mit dicker Brille beschriftet vorbereitete Gewebebandstücke mit Namen. Auf seinem eigenen Aufkleber steht 'Dr. Canebutter'.

DR. CANEBUTTER: "So! Die Gudrun noch! Wo ist sie? Ah da...!"

Er klebt dem Mädchen neben Malve den Namen auf die Brust. Dann tritt er zurück und reibt sich tatendurstig die Hände.

DR. CANEBUTTER (mit Augenzwinkern): "Jetzt geht es direkt in den Vorhof der Hölle... in unsere Giftkammer! Und was denkt ihr, wozu braucht man denn Gifte?"

MELANIE: "Um Medikamente herzustellen?"

DR. CANEBUTTER: "Sehr gut... äh... (liest den Namen) Melanie! Wozu noch?"

LEON-PHILLIP: "Um im Krieg Leute zu metzeln?"

Die Klasse lacht, doch Dr. Canebutter gebietet Schweigen.

DR. CANEBUTTER: "Leon-Phillip hat recht! Chemische Gifte haben den ersten Weltkrieg entschieden. Aber jetzt geht das nicht mehr! Weiß jemand wieso?"

RUBEN: "Weil es der Papst verboten hat?"

DR. CANEBUTTER (lächelnd): "Nahe dran! Die Genfer Konvention hat den Einsatz von Giften geächtet. So, und nun betreten wir das Allerheiligste! Setzt alle die Schutzbrillen auf!"

Als Dr. Canebutter seine Brille nimmt, bleibt ein Stück Gewebeband an seinem Ellbogen kleben. Er bemerkt es nicht, und öffnet die Schleuse an einer Wand-Tastatur...

INT. IN DER GIFTKÜCHE - TAG

Dr. Canebutter steht vor einem runden Leuchttisch in einer Kammer, in der ringsherum Kühlfächer sind. Einige Stoffe stehen als Phiolen auf dem Leuchttisch. Der Chemiker hält ein gelbes Reagenzglas hoch.

DR. CANEBUTTER: "Das hier ist Batrachotoxin! Er befindet sich auf der Haut des *Schrecklichen Pfeilgiftfrosches!* Das Gift eines Frosches reicht aus um zehn Menschen zu töten!"

Er steckt das Gift zurück und hebt eine andere Phiole.

DR. CANEBUTTER: "Das hier ist Blausäure! Die kommt in Kernen vor und in bitteren Mandeln! Wusstet ihr, dass 60 bittere Mandeln ausreichen um einen Erwachsenen zu töten...?"

Dr. Canebutter nimmt eine blaue Phiole auf.

DR. CANEBUTTER: "Und dies hier ist das tödlichste Gift von allen! Botulinum Toxin! Ein einziges Gramm kristallisiertes Toxin würde ausreichen um mehr als eine Million Menschen zu töten! (sieht wichtig herum) Aber, dieses Gift ist auch sehr populär in der Medizin! Na? Ich wette, keiner von Euch weiß, wovon ich hier spreche, oder?"

MALVE (lässig): "Doch. Natürlich. Von Botox."

Dr. Canebutter sieht Malve überrascht an. Er steckt die Phiole mit dem Gift in den Ständer zurück.

DR. CANEBUTTER: "Dann weißt du sicher auch, wie Botulinum wirkt, nicht wahr... äh Malve?"

MALVE: "Es ist geruchs- und geschmacklos und seine Wirkung beruht auf einer kompletten Blockade des Neurotransmitters Acetylcholin. Das führt zu einer Lähmung der Atemmuskulatur, und das Opfer erstickt..."

DR. CANEBUTTER (von Malve beeindruckt): "Erstaunlich! Respekt! Du... du kennst dich wirklich gut aus!"

MALVE: "Es war Hausaufgabe, sich vorher über Gifte zu informieren..."

In diesem Moment sieht Malve, dass der Streifen vom klebenden Gewebeband an Dr. Canebutters Ellbogen sich an die blaue Phiole gepappt hat. Als der Mann sich umdreht, wird die Giftphiole aus dem Ständer gezogen und baumelt, durch das Gewebeband gehalten, frei an seinem Arm.

Dr. Canebutter verschließt den Behälter ohne den Inhalt noch einmal zu kontrollieren, und stellt ihn zurück in das Kühlfach, das er danach versiegelt. Er zieht eine Packung Kaugummis aus der Tasche und nimmt zwei Dragees, die er sich einzeln in den Mund schnickt.

DR. CANEBUTTER: "Und jetzt langsam zum Ausgang!"

Malve starrt wie hypnotisiert auf das Gift am Ellbogen des Chemikers, der ruckartig seine Kaugummis kaut.

ERZÄHLSTIMME MALVE (V.O.): "Direkt vor mir baumelte eine Phiole Botulinum am Ellbogen dieses Armleuchters. Fiele sie zu Boden und träte jemand darauf, würde das Gift freigesetzt. Nicht, dass es um meine Mitschüler schade gewesen wäre, aber ich wollte gern noch etwas leben..."

Malve tritt vor und packt die Phiole, bevor sie fallen kann. Dr. Canebutter spürt die Berührung, dreht sich um und sieht ins Malves Gesicht. Die lächelt reizend. Der Mann erwidert das Lächeln und dreht sich wieder der Tür zu...

EXT. VOR DER AESCORP AG - TAG

Die Klasse verlässt den Chemiekonzern. Malve ist ganz hinten. Sie öffnet ihre Hand und sieht hinein. Hier liegt die Phiole mit dem Botulinum Toxin...

ERZÄHLSTIMME MALVE (V.O.): "Ich weiß nicht genau, wieso ich das Gift mitgenommen habe... Vielleicht war es einfach aus wissenschaftlicher Neugier..."

EXT. AN EINEM KIOSK - TAG

Malve kauft sich am Kiosk eine Tafel Schokolade. Als sie weitergeht, um sie aufzumachen, steht plötzlich der dicke Leon-Phillip vor ihr.

LEON-PHILLIP: "Schokolade? Ist dir klar, wie ungesund das ist? Willst du fett werden, Teebeutel, oder was?"

Er nimmt ihr die Schokolade weg.

LEON-PHILLIP: "Ich hab dich was gefragt! Willst du aufgehen wie ein Hefezopf? Willst du am Ende aussehen wie ich? He? Willst du das?"

MALVE (unsicher): "Nein."

LEON-PHILLIP: "Bitte? Ich hab dich nicht verstanden!"

MALVE: "Nein, will ich nicht!"

Leon-Phillip lüpft die Brauen und runzelt die Stirn.

LEON-PHILLIP: "Wie bitte? Du willst nicht aussehen wie ich? Wieso? Stimmt was nicht mit mir?"

Er sieht an sich herunter.

LEON-PHILLIP: "Findest du mich hässlich? Ist es das, was du sagen willst? Denkst wohl, ich bin ein Fettwanst? 'N Schnitzelbomber? 'N Elefantenküken?? (gespielt erschrocken) He, jetzt merk ich's grad: Du mobbst mich!"

MALVE (genervt): "Nein! Tu ich nicht!"

LEON-PHILLIP: "Klar tust du das! Wie du hier schon ganz link auf mich gewartet hast, mit dem Schokoriegel. 'Mit dem Mops mach ich mir 'nen Spaß' hast du gedacht... den Schwabbel nehm ich auf die Rolle!"

MALVE: "Leon-Phillip, das ist Blödsinn!"

Leon-Phillip stößt sie böse vor die Brust.

LEON-PHILLIP: "Quatsch nicht, Teebeutel! Du bist ne Scheiß-Leute-Mobberin! Aber das läuft nicht, Schätzchen! (streckt die Hand aus) Los, Portmonee her!"

Malve stöhnt. Dann nimmt sie ihren Geldbeutel heraus und reicht ihn Leon-Phillip. Der öffnet ihn und schaut hinein.

LEON-PHILLIP: "Reich bist du ja nicht. Ach guck mal, was ist das?"

Der dicke Junge zieht ein Foto aus dem Portmonee. Malves Blick verdüstert sich.

MALVE: "Steck das zurück!"

LEON-PHILLIP: "Das ist Papa Teebeutel, stimmt's? Hat dieselbe Kartoffelnase wie du."

MALVE: "So! Das reicht jetzt! Gib mir das Bild! Bitte!"

LEON-PHILLIP: "Geh erst auf die Knie und sage: Lieber Gott, danke, dass ich in die gleiche Klasse gehen darf wie Leon-Phillip!"

MALVE: "Sag mal, du bist mehr als einmal vom Wickeltisch gefallen, oder?"

Leon-Phillip schüttelt bekümmert den Kopf.

LEON-PHILLIP: "Erst mobbst du mich und dann beleidigst du auch noch meine Mutter? Tz...tz...tz..."

MALVE: "Wieso? Ich hab deine Mutter gar nicht beleidigt!"

LEON-PHILLIP: "Doch! Hast du! Wenn ich vom Wickeltisch gefallen bin, dann war meine Mutter schuld, weil sie nicht gut genug aufgepasst hat! Glaubst du vielleicht sie war Alkoholikerin? Ja, denkst du meine Mutter ist eine Säuferin?"

MALVE (stöhnend): "Okay! Gut! Ich nehm's zurück! Aber jetzt gib mir bitte das Foto!"

LEON-PHILLIP: "Nö. Erst meine Mutter Schnapsdrossel nennen und dann noch denken, dass ich dir den Arsch küsse, nö! Das hat jetzt Konsequenzen!"

Er zieht einen Kugelschreiber und malt auf das Bild. Malve springt vor und will es verhindern.

MALVE: "Nicht! Das Bild gibt es nur einmal!"

Doch Leon-Phillip stößt Malve derbe um. Er malt weiter in dem Foto herum. Das Mädchen steht auf, mit Tränen in den Augen.

LEON-PHILLIP: "Ich finde, Bart steht deinem Vater! Und die Augenklappe auch! Der weiß bestimmt, wo Taka-Tuka-Land liegt..."

MALVE: "Du gemeines Schwein!"

LEON-PHILLIP: "Gemeines Schwein?? So, Teebeutel! Du hast eine Woche Süßigkeitenverbot! Wir wollen doch nicht, dass du einen dicken Hintern kriegst und dann gemobbt wirst wie ich, oder? Wehe, wenn ich dich mit Schoki erwische! Mein ich ernst!"

Er wirft ihr das Foto vor die Füße und geht, die Schokolade kauend, davon. Malve nimmt das verschandelte Foto ihres Vaters auf und sieht es mit brennenden Augen an. Sie blickt Leon-Phillip in ohnmächtiger Wut nach.

Dann aber tritt sie trotzig zum Kiosk und kauft sich einen Schokoriegel.

INT. WOHNUNG MALVE - TAG

Malve sitzt verschlossen am Abendbrottisch, als Gustav (40) ihr Bratkartoffeln auftut.

GUSTAV: "Bitte sehr: Die besten Bratkartoffeln der Welt!"

Malve schiebt den Teller weg.

GUSTAV: "Was ist? Hast du keinen Hunger?"

MALVE: "Du hast eine halbe Flasche Öl genommen. Denkst du, ich will einen dicken Hintern kriegen?"

GUSTAV: "Komm zick nicht! Ich koch hier ja nicht zum Spaß, Jungfer!"

MALVE: "Wann kommt Mama?"

GUSTAV: "Die hat angerufen. Muss wieder mal länger arbeiten..."

Malve nimmt gefrustet die Gabel und beginnt zu essen.

GUSTAV: "Na, vom Feinsten, oder?"

MALVE: "Gustav, was machst du, wenn dich jemand ärgert?"

GUSTAV: "Mich ärgern? Wer denn? Traut sich ja doch keiner! Ich hab den schwarzen Gürtel in Wing-tsun! Wer mir in die Augen sieht, der weiß: Scheiße, der Mann ist taff!"

MALVE: "Aber was kann ich machen?"

GUSTAV (lacht abfällig): "Du bist ein Mädchen. Du kannst gar nichts machen. Such dir 'n Kerl, der dich beschützt, oder du bist ewig ein Opfer! Sieh mich an: Ich beschütze deine Mama...! Wer die auch nur schief ansieht, kriegt so in die Fresse, dass seine Zähne bis nach Mittelerde fliegen..."

Malve legt den Löffel weg und steht auf.

GUSTAV: "Bist du schon satt?"

MALVE: "Ich hab noch Hausaufgaben..."

Sie verschwindet in ihrem Zimmer.

INT. IN MALVES ZIMMER - ABEND

Malves Zimmer hat eine klar wissenschaftliche Note. An der Wand gibt es eine medizinische Abbildung einer Frau, die ihre inneren Organe zeigt. Ein Plakat des Sonnensystems ist ebenso zu finden wie ein Bild von Stephen Hawking und eines des Sängers CRO. Die Bücherschränke sind gesteckt voll. Auf dem Schreibtisch steht ein Globus. Auf einem anderen Tisch hat Malve mehrere Blühprojekte in Arbeit, auf der Fensterbank gibt es fleischfressende Pflanzen.

Das Mädchen sitzt an seinem Schreibtisch und versucht das Foto seines Vaters zu retten. Doch auch das Beträufeln des beschmierten Bildes mit einer Bleichflüssigkeit hilft nicht. Das Foto ist ruiniert. Malve zerknüllt das Bild wütend und wirft es in den Papierkorb.

Dann sitzt sie einen Moment da, während ihre Kiefer wütend mahlen. Sie greift in den Ranzen, zieht die Phiole mit dem Gift heraus und sieht sie an. Da klopft es an der Tür. Malve lässt das Gift schnell verschwinden. Gustav steckt den Kopf herein.

GUSTAV: "He, Jungfer Aschentopf! Deine Mutter hat angerufen. Sie kommt gleich..."

Malves Züge erhellen sich, doch Gustav tritt herein. Er legt Malve zehn Euro auf den Tisch.

GUSTAV: "Du schläfst! Sofort! Ich will freie Bahn heute abend, okay?"

MALVE: "Kann Mami mir nicht gute Nacht sagen?"

GUSTAV (scharf): "Wenn du weißt, was gut für dich ist, kommst du uns besser nicht in die Quere!"

Er dreht sich zum Gehen.

MALVE: "Ich weiß, was du willst!"

Gustav hält inne, dreht sich um und verschränkt die Arme.

GUSTAV: "Ach ja? Und was will ich, bitte?"

Malve sieht den Mann finster ist. Sie hat Angst vor ihm, aber dann bricht es aus ihr heraus.

MALVE: "Du bist nur mit Mama zusammen, weil sie mal das Vermögen von Tante Thekla erben wird!"

Gustav fällt das überhebliche Grinsen aus dem Gesicht.

GUSTAV: "So ein Schwachsinn! Verbreite das besser nicht weiter! Auch mein Humor hat Grenzen!"

Damit ist er hinausgegangen. Malve wischt sich Feuchtigkeit aus den Augen. Sie setzt sich auf das Bett.

ERZÄHLSTIMME MALVE: "Ich bin hochintelligent und habe einen IQ von 148. Aber gute Nerven habe ich nicht und mir fehlt es an Mut... Dafür habe ich Kompensationsstrategien..."

Sie zieht ihre Schublade auf, und zieht einen Digger-Mandel-Schokoriegel heraus. Sie wickelt ihn aus und will gerade hineinbeißen, als sie innehält.

LEON-PHILLIP (O.S.): "So, Teebeutel! Du hast eine Woche Süßigkeitenverbot! Wir wollen doch nicht, dass du einen dicken Hintern kriegst...!"

Malves Lippen werden zu einem Strich. Dann greift sie in ihre Schublade und holt einen weiteren Schokoriegel heraus. Sie geht zu ihrem Arbeitstisch und setzt sich daran... Sie streift sich eine Schutzbrille über und zieht Einweg-Handschuhe an. Mit einem Grafikmesser öffnet sie die Verpackung des Schokoriegels. Dann holt sie die Gift-Phiole hervor und öffnet sie...

ERZÄHLSTIMME MALVE: "War dies die Geburtsstunde eines Mordplanes? Nein, gewiss nicht... Es lag allein daran, wie Leon-Phillip sich verhalten würde... Es würde... ein Gottesurteil sein!"

Sie nimmt eine Pipette und gibt einen Tropfen des Giftes auf den Schokoriegel.

INT. IM SICHERHEITSRAUM DER AESCORP - ABEND

Herr Borg, der Chef der Firmensicherheit sitzt mit Dr. Canebutter zusammen vor den Monitoren.

Der Wissenschaftler ist nervös und holt seine Kaugummis hervor. Er wirft zwei ein und kaut zackig.

HERR BORG: "Die Bänder geben keinen klaren Aufschluss, Herr Doktor! Hier, dies ist noch die beste Aufnahme!"

Er spielt ein Band ab. Man sieht Dr. Canebutter vor dem Leuchttisch in der Giftkammer.

HERR BORG: "Hier tun Sie die Phiole zurück!"

Man sieht im Film Dr. Canebutter die Phiole zurückstellen.

HERR BORG: "Dann reden Sie recht lange und verdecken den Tisch... und hier... wo Sie die Sicht freimachen... ist die Phiole weg..."

DR. CANEBUTTER: "Halten Sie mal an!"

Herr Borg drückt auf Standbild. Dr. Canebutter sieht auf drei Kinder, die hinter dem Tisch stehen. Leon-Phillip, Melanie und ziemlich nahe am Tisch Malve... Dr. Canebutter mustert die Kinder finster...

<u>INT. IN MALVES ZIMMER - MORGEN</u>

Malve packt ihre Schulsachen in den Ranzen. Sie will schon gehen, als sie von der Küche her Gustavs Lachen hört.

GEDANKENSTIMME MALVE: "Es war vielleicht keine gute Idee, den vergifteten Schokoriegel in meinem Zimmer zu lassen, da, wo ihn jeder neugierige Stöberer finden konnte..."

Malve geht zurück zu ihrem Schreibtisch und holt eine Kassette hervor, die sie mit einem Schlüssel aufschließt. Sie nimmt den Schokoriegel heraus und steckt ihn in ihren Ranzen. Dann verlässt sie das Zimmer...

<u>EXT. VOR DER BISMARCKSCHULE - TAG</u>

Malve tritt heran. Sie sieht sich um. Die Schüler kommen in Grüppchen zum Unterricht. Malve entdeckt Leon-Phillip, der mit einem anderen Jungen dasteht. Sie will schon wieder wegucken, als sie etwas sieht. Leon-Phillip hat einen Schokoriegel in der Hand, ein Digger-Mandel. Malve nimmt erschrocken ihren Ranzen herunter und schaut hastig nach, ob ihr vergifteter Riegel noch da ist. Aber sie kann durchatmen, er ist noch an Ort und Stelle. Gerade hat Malve ihren Ranzen wieder geschlossen, als sich eine Hand auf ihre Schulter legt. Es ist Melanie.

MELANIE: "Hi, Malve! Hallöle! Was geht's?"

MALVE (ahnt nichts Gutes): "Melanie. Was ist?"

MELANIE: "Du, hör mal, ich wollte mich entschuldigen. Ich bin so 'ne Bitch, ich weiß! Sorry, dass ich nach dem Sport deine Unterhose in Buttermilch getunkt hab..."

Malve sieht sie skeptisch an.

MALVE: "Du hast auch ne tote Ratte in meine Frühstücksbox getan. Und mir Zigaretten untergeschoben und mich danach beim Direx verpetzt! Und mit Filzstift ein Fadenkreuz auf meinen Pulli gemalt..."

Melanie nimmt Malve am Arm und zieht sie mit sich.

MELANIE: "Hör zu, das ist ja das Problem: Ich bin gestört, okay? Meine Eltern haben sich doch scheiden lassen, und das hab ich nicht verkraftet, seelisch, weißt du? Jetzt mache ich eine Therapie und da haben sie es mir erklärt: Ich spiele anderen Kindern Streiche, aber in Wahrheit bin ich sauer auf meine Eltern!"

Malve sieht Melanie an. Diese seufzt gequält.

MELANIE: "Malve, ich sehe ein, dass ich mich total daneben benommen habe! Ich entschuldige mich. Und es ist mir wirklich wichtig, dass du mir verzeihst!"

MALVE: "Naja... Das tu ich aber nicht gern..."

MELANIE: "Mensch, Malve! Du bist die Coolste! Gib Check!"

Sie hält die Hand hin, und Malve sieht sich genötigt, sie genervt abzuklatschen.

MELANIE: "Hör mal, kannst du mir eventuell bei meinem Bio-Referat helfen? Du bist die Beste in der Klasse!"

MALVE: "Ein Bio-Referat? Das ist sauviel Arbeit!"

MELANIE: "Ach. Verstehe. Hast mir also doch nicht verziehen..."

MALVE (stöhnt): "Du verlangst ganz schön viel von mir..."

MELANIE: "He, ich verlange gar nichts. Ich versuche hier nur einen neuen Anfang zum machen. Außerdem könnte es sich für dich lohnen! (lächelt fein) Du hilfst mir, und ich lade dich zu unserem Sommerfest ein! Logo!"

MALVE: "Zu eurem Sommerfest? Echt?"

MELANIE: "Meinem Vater ist es gelungen, Cro zu verpflichten! CRO!! Ich dachte, du stehst auf Cro, oder?"

MALVE: "Klar. Ich bin doch nicht tot...!"

MELANIE: "Na also! Dafür lohnt es sich doch...!"

Malve sieht Melanie an, die aussieht, als könne sie kein Wässerchen trüben. Sie schwankt.

MALVE: "Meinetwegen. Ich helfe dir."

MELANIE: "Ach super! Danke!"

Sie springt davon. Malve zieht einen Flunsch, wirft sich dann den Ranzen auf den Rücken und trottet davon...

INT. IN DER KLASSE - TAG

Frau Schäferkotte (38), die strenge Mathe-Lehrerin steht mit dem Zeigestock da und mustert streng Seraphina (12)...

FRAU SCHÄFERKOTTE: "Die Wurzel aus 144! Seraphina! Komm! So schwer ist das nicht!"

Seraphina denkt angestrengt nach.

FRAU SCHÄFERKOTTE: "Armselig! Setzen! Mangelhaft!"

SERAPHINA: "Zwölf! Die Wurzel aus 144 ist zwölf!"

FRAU SCHÄFERKOTTE: "Zu spät! Es bleibt bei der Fünf im Mündlichen! (zu Klasse) Und nun möchte ich eine Übung mit euch machen! Addiert alle Zahlen von eins bis hundert! Wer zuerst fertig ist, bekommt eine Eins!"

Die Schüler holen ihre Hefte raus.

MALVE: "Ich hab das Ergebnis!"

FRAU SCHÄFERKOTTE: "Malve! Nein! Sag es nicht...!"

MALVE: "5050!"

Frau Schäferkotte stampft wütend mit dem Fuß auf.

FRAU SCHÄFERKOTTE: "Malve! Zum Kuckuck! Wieso hörst du nicht und sagst der ganzen Klasse die Lösung vor? Das gibt eine Fünf!"

MELANIE: "Verzeihung, Frau Schäferkotte! Sie haben gesagt, Sie würden dem Ersten eine Eins geben. Das finde ich jetzt nicht richtig, wenn Malve bestraft wird!"

Frau Schäferkotte sieht Melanie genervt an. In diesem Moment spannt Leon-Phillip ein Gummi und zwiebelt Malve eine Krampe ins Genick. Die dreht sich um und sieht dem Rüpel ins selbstgefällig grinsende Gesicht.

FRAU SCHÄFERKOTTE: "Melanie! Wenn ich deine Hilfe brauche, werde ich mich an dich wenden. Malve bekommt eine Eins und einen Verweis, wegen vorlaut sein. Ich hoffen, Du bist jetzt zufrieden!"

Bevor etwas weiteres passieren kann, öffnet sich die Tür und Dr. Canebutter von der Aescorp tritt mit dem Direktor ein. Geraune und Gekicher. Der Direktor nickt der Lehrerin knapp zu und hebt die Hand.

DIREKTOR: "Ruhe bitte! Dr. Canebutter vom Aescorp-Konzern hat eine dringende Frage an die Klasse! Bitte um Aufmerksamkeit!"

Dr. Canebutter tritt vor die Klasse und sieht ernst durch seine runde Brille.

DR. CANEBUTTER: "Kinder, Ihr erinnert euch an unsere Führung gestern. Die Frage, die ich Euch jetzt stelle, ist sehr sehr wichtig! Hat irgendjemand von Euch gestern... etwas beobachtet...? Etwas, von dem er glaubt, dass es vielleicht nicht in Ordnung war...? Dann soll er es jetzt bitte sagen!"

Ruben meldet sich.

RUBEN: "Ihr Hosenstall war die ganze Zeit offen!"

Gelächter in der Klasse. Dr. Canebutter runzelt die Stirn.

DR. CANEBUTTER: "Einen Moment! Bitte nehmt das hier sehr ernst. Es hat bei uns in der Firma einen... Vorfall gegeben... und es liegt nahe, dass jemand von Euch darin verwickelt ist... (er atmet tief durch) Also, ich gehe jetzt vor die Tür. Wenn mir jemand etwas zu sagen hat, kann er es unter vier Augen tun. Ich verspreche... es wird dann keinerlei Strafe geben! Ja?"

Er zückt seine Kaugummis, schnickt zwei Dragees in den Mund und geht hinaus. Der Direktor sieht in die Runde.

DIREKTOR: "Also. Will jemand hinausgehen und seinem Herzen Luft machen?"

LEON-PHILLIP: "Kann ich raus um meiner Blase Luft zu machen?"

Gekicher. Der Direktor und die Lehrerin schauen böse.

DIREKTOR: "Unreife! Ich hasse Unreife! (nickt der Lehrerin zu) Ihre Klasse!"

Dann geht er hinaus.

EXT. AUF DEM PAUSENHOF - TAG

Melanie und ihre Freundin Asta (12) treten an Malve heran, die alleine in der Ecke steht.

MELANIE: "Malve, was geht?"

Malve blickt die Mitschülerin defensiv an.

MELANIE: "Du, wegen meinem Referat! Also: ich habe die vier Mägen der Kuh! Und ich blick das überhaupt nicht! Wieso hat so eine Kuh vier beknackte Mägen? Ich meine, das ist doch voll die Fehlkonstruktion, oder?"

Sie sieht zu Asta, die Malve eine Tüte überreicht.

MELANIE: "Ich hab in jedem Fall schon mal das ganze Material rausgesucht, das muss man jetzt eigentlich noch nur rausschreiben... voll easy! Aber natürlich am Computer, nicht mit der Hand, okay?"

MALVE: "Am Computer? Ich habe noch nie was am Computer gemacht...!"

MELANIE: "Echt nicht? Dann wird es Zeit! Sowas kann man nicht früh genug üben. Ach ja, ich brauch Deine Adresse für die Einladung zum Sommerfest, okay? Schreibst du sie mir auf?"

Sie reicht Malve ein Telefonbüchlein. Malve sucht nach einem Stift und geht in die Hocke. Dabei rutscht ihr der Schokoriegel aus der Tasche. Sie bemerkt es nicht, wohl aber Asta. Die hebt den Riegel auf.

ASTA: "Oh, lecker! Darf ich mal beißen?"

Malve sieht den Riegel in der Hand des Mädchens.

MALVE (schreit auf): "Nein!!"

Sie reißt die Schokolade aus der Hand der anderen.

ASTA: "Heee! Nur ein ganz kleiner Biss!"

MALVE: "Kein Biss! Das... das ist meine Schokolade!"

Sie merkt, dass sie sich etwas sonderbar verhält.

MALVE: "Hör zu, Melanie, Ich... ich zähle meine Kalorien... Ich muss abnehmen und ich verliere die Übersicht, wenn jemand... abbeißt... und außerdem ist es ein Geschenk von meiner Oma und ich musste ihr versprechen, dass... äh... dass ich niemanden beißen lassen darf!"

Melanie und Asta wechseln einen befremdeten Blick. Melanie zaubert sich ein gouvernantenhaftes Lächeln ins Gesicht.

MELANIE: "Malve Liebes! Ich brauch das Referat am Montag! Und gib dir bitte Mühe! Mein Vater macht mir Druck, wenn ich keine Zwei kriege!"

Melanie und Asta gehen davon. Malve blickt ihnen nach.

ERZÄHLSTIMME MALVE: "In diesem Moment wurde mir bewusst, dass ich durch die unglückliche Verkettung von Umständen beinahe einen Menschen umgebracht hatte... Außerdem, nur weil der neue Freund meiner Mutter einen an der Waffel hat, musste man ihn ja nicht gleich umbringen...

EXT. AUF DER BRÜCKE - TAG

Malve geht über die Brücke und bleibt in der Mitte stehen. Sie sieht auf das Wasser herunter. Malve holt den Schokoriegel aus dem Ranzen und sieht ihn an.

Sie hat das Papier nach der Präparation mit Botulinum wieder perfekt um den Digger-Mandel geklebt. Es sieht aus, wie soeben gekauft. Malve schaut auf das Wasser und holt mit dem Schokoriegel weit aus. Doch da packt jemand ihr Handgelenk. Es ist niemand anderes als Leon-Phillip.

LEON-PHILLIP: "Schokolade hatte ich dir doch verboten, oder? Du bist ungehorsam, Teebeutel, sehr ungehorsam!"

Er packt Malves Hand und dreht sie schmerzhaft herum. Sie muss den Riegel loslassen. Leon-Phillip nimmt ihn und sieht ihn interessiert an.

LEON-PHILLIP: "So, du Genie! Ich opfere mich für dich! Weil ich nicht will, dass du später eine Dickmadam wirst und den letzten Platz machst, bei "The Biggest Loser"!

Er reißt das Papier vom Schokoriegel, doch Malve packt seinen Arm.

MALVE: "Nein! Warte! Nicht!"

LEON-PHILLIP: "Lass mich los, Teebeutel, oder ich hau dein Gesicht, dass es aussieht wie'n Bild vom Dalai Lama!"

MALVE: "Wie ein Bild von Salavatore Dali, du Honk!"

Der dicke Junge packt sie böse an den Haaren und zieht grob daran. Malve quiekt gequält.

MALVE (mit verzerrtem Gesicht): "Hör zu, ich mach dir einen Vorschlag, okay? Ich kauf dir vorne am Büdchen zwei Riegel Digger-Mandel, okay? Nur <u>den</u> in deiner Hand, den gibst du mir wieder zurück!"

LEON-PHILLIP: "Zwei zum Preis von einem? Ist das wieder einer von deinen Mathetricks? So wie vorhin? Sag schon, wieso hast du so schnell die Zahlen von eins bis 100 zusammenzählen können?"

MALVE: "Das ist doch ein alter Hut. Du rechnest eins und 99 zusammen und hast 100. Dann zwei und 98. Dann kommst du auf 50 mal 100 und zählst die 50 in der Mitte dazu, weil die keinen Partner hat!"

Leon-Phillip braucht einen Moment, ehe er versteht. Dann aber nickt er beeindruckt, schüttelt aber dann den Kopf.

LEON-PHILLIP: "Muss doch ein wahnsinniges Gefühl sein, wenn man so ein Klugscheißerle ist, oder?"

Er will von dem Riegel abbeißen, da tritt Malve ihn in ihrer Verzweiflung vor das Schienenbein.

MALVE: "Du isst meinen Riegel nicht!!"

Da packt Leon-Phillip sie brutal am Hals.

LEON-PHILLIP: "Du trittst mich? Das ist Körperverletzung! Erst mobbst du mich und jetzt nackte Gewalt? Du bist ein echt schlimmer Finger, Teebeutel!"

MALVE: "Leon-Phillip, verdammt noch mal! Der Riegel ist vergiftet! Er killt dich in weniger als einer Minute, wenn du ihn isst!"

Leon-Phillip legt den Kopf schief und sieht sie mitleidig an.

LEON-PHILLIP (mit triefendem Hohn): "Ach! Jetzt gibt es den Digger-Riegel nicht nur in den Versionen Haselnuss, White und Classic sondern auch in... giftig? Hab schon besser gelacht!"

Er will in den Riegel beißen. Malve fällt ihm in den Arm.

MALVE: "Hör zu! Ich hab Gift mitgenommen aus dem Aescorp-Labor! Deswegen war dieser Dr. Canebutter da! Heute in der Schule! Verstehst du? Die haben gemerkt, dass eine Phiole weg ist..."

LEON-PHILLIP: "Der Kittelpuper hat aber nichts davon gesagt, dass jemand Gift geklaut hätte!"

MALVE: "Gott im Himmel! Leon-Phillip! Die unbekannte Masse da in deinem Kopf ist ein Gehirn! Schalte es einfach mal ein: Dr. Canebutter will einen Skandal vermeiden!"

LEON-PHILLIP: "Du mobbst mich wieder! Ja! Indem du mich für so unvorstellbar blöd hältst, dass ich den Mist glaube!"

Er beißt von dem Riegel ab und kaut genüsslich. Dabei grinst er, während er Malve immer noch am Hals gepackt hat.

MALVE (heult auf): "Du Idiot! Was hast du getan? Jetzt bist du tot!!"

LEON-PHILLIP: "Hmm... schmeckt gar nicht so giftig... Es schmeckt einfach so wie "Digger Mandel"... (er stutzt) He, warte... da stimmt etwas nicht... Was passiert mit mir...? Es ist, als hätte jemand in meinem Bauch einen Teppichkracher angezündet... Oh Gott, diese Schmerzen... Ich sterbe..."

Er spielt kaspernd einen Giftod.

MALVE: "Wir müssen einen Arzt rufen! Schnell! Jede Sekunde zählt!"

Leon-Phillip spielt sein albernes Spiel weiter und bricht melodramatisch in die Knie, ohne Malves Hals loszulassen.

LEON-PHILLIP: "Nein... es hat keinen Sinn mehr... es ist, wie wenn ein Edelstahlbumerang in meinen Eingeweiden rotiert... Ruf meine Eltern an und sag ihnen, dass sie die allergrößten Loser sind... Und jetzt, lass mich zurück..."

Er muss über seine eigene Performance lachen.

MALVE: "Leon-Phillip, du bist dumm wie ein Kanonenboot, hässlicher als ein Pavian von hinten und außerdem bist du ein fetter Sack!"

LEON-PHILLIP (blickt wütend auf): "So! Das gibt Senge, Teebeut..."

Er will gerade ausholen, als er innehält. Er starrt Malve erstaunt an.

LEON-PHILLIP: "Warte mal... (spürt nach innen) Da... da stimmt was nicht..."

MALVE: "Natürlich stimmt was nicht, du Schwachmat! Du hast gerade ein tödliches Gift zu dir genommen! Es legt jetzt alle Deine Organe still und du stirbst! Wie blöd kann man sein?"

Leon-Phillip sieht sie groß an.

LEON-PHILLIP: "Aber Malve... wie... wieso? Wieso... ich??"

Er röchelt, keucht und kippt zur Seite. Dann brechen seine Augen. Malve sieht nach rechts und links. Überall gehen Leute vorbei. Alle sehen in ihre Zeitungen oder sind auf ihre Smartphones konzentriert. Niemand schenkt den beiden Kindern Beachtung. Malve schnappt sich den Rest des vergifteten Schokoriegels und wirft ihn ins Wasser. Dann geht sie schnell davon.

INT. WOHNUNG MALVE - TAG

Malve tritt in die Wohnung ein. Sie wirkt verstört.

MALVE: "Hallo? Jemand da?"

Keine Antwort. Malve ist allein. Sie seufzt schwer...

ERZäHLSTIMME MALVE: "Ich will ehrlich sein. Um Leon-Phillip tat es mir nicht Leid. Ich hatte mich entschlossen, den Giftriegel in den Fluss zu werfen. Aber Leon-Phillip musste ja wieder querschießen... Nun war durch meine Hand ein Mensch umgekommen... darauf kann man sich nicht vorbereiten... Das geht einem tief in die Eingeweide..."

Malve läuft auf das Klo und übergibt sich.

INT. ZIMMER SOPHIE - ETWAS SPÄTER

Malve betritt das Zimmer ihrer Mutter.

ERZÄHLSTIMME MALVE: "Es war wie eine Dauerschleife im Gehirn. Immer wieder sah ich die Augen von Leon-Phillip, als er begriff, dass er sterben würde... Ich musste auf andere Gedanken kommen. Und dazu war Melanies Referat genau das Richtige..."

In Sophies Zimmer steht ein Doppelbett, ein Kleiderschrank, aber auch ein großer Schreibtisch mit einem Regal daneben.

Malve setzt sich an den Computer, der auf Standby ist. Sie schaltet ihn ein...

MALVE (verdrossen): "Die vier Mägen der Kuh! Ein Haufen Arbeit für die Zimtziege vom Amt... Aber was tut man nicht alles für ein Autogramm von Cro!"

Malve stutzt, als sie die gerade aufgerufene Website sieht.

MALVE: "Hermann Lietz-Schule... Spiekeroog??"

Sie liest, und ihr Gesicht zeigt große Bestürzung.

ERZÄHLSTIMME MALVE: "Es war die Webseite eines Internates, und die Anfrage zu mehr Info-Material war bereits ausgefüllt... In diesem Moment wurde die Befürchtung, dass Gustav mich loswerden wollte, zur endgültigen Gewissheit..."

INT. FLUR WOHNUNG MALVE - NACHT

Malve huscht lautlos zum Zimmer ihrer Mutter. Sophie und Gustav unterhalten sich gedämpft. Malve sieht durch den Spalt in der Tür.

GUSTAV: "...ein Unding, dass dein Chef dich jeden Abend bis neun, zehn dabehält! Sogar am Wochenende schuftest du hier für ihn..."

SOPHIE: "Was soll ich denn machen? Ich weiß nicht, wo mir der Kopf steht vor lauter Schulden..."

GUSTAV: "Das weiß ich! Aber denk doch mal an deine Tochter! Du kannst gar nicht mehr richtig für sie da sein! Wenn du wirklich das Beste für sie willst, gibst du sie auf die Hermann-Lietz-Schule!"

SOPHIE: "Was du da von mir verlangst...!"

GUSTAV: "Ich verlange, dass du deine Verantwortung übernimmst! Es ist höchste Zeit, dass Malve die Betreuung erhält, die sie verdient!"

Sophie seufzt schwer und nickt dann.

SOPHIE: "Und du willst wirklich für die Internats-Kosten aufkommen? Das kostet doch ein Vermögen!"

GUSTAV: "Malve ist mir nicht egal! Ich möchte das gerne für sie tun! Für euch tun! Und naja... was die andere Sache betrifft..."

SOPHIE: "Nein, bitte! Darüber haben wir gesprochen. Kein weiteres Baby! Ich bin bei Malves Geburt fast verblutet. Und gefühlt habe ich mich bis heute nicht vollkommen davon erholt..."

Gustav nimmt sie in die Arme.

GUSTAV: "Also gut! Aber lass mich das mit dem Internat in die Wege leiten!"

Sophie sieht ihn stumm an und nickt schweren Herzens.

INT. IN MALVES ZIMMER - NACHT

Malve kommt zurück in ihr Zimmer. Sie geht entschlossen zu ihrem Schreibtisch und zieht eine Schublade auf. Sie klappt ihren Schmuckkasten auf und nimmt die blaue Phiole in die Hand. Sie hält sie gegen das Licht und sieht das bläuliche Leuchten. Sie blickt zur Tür und ringt mit sich.

ERZÄHLSTIMME MALVE: "Ein Teil von mir war bereit, Gustav das zu geben, was er verdiente. Aber der andere Teil, der dachte, dass Töten eine schwere Sünde ist, gewann die Oberhand..."

Malve seufzt, legt die Phiole zurück in die Schatulle und schließt die Schublade.

INT. IN DER KLASSE - TAG

Die Klasse steht und betet mit Frau Schäferkotte gemeinsam.

ALLE: "...der Herr ist mit dir, du bist gebenedeit unter den Frauen, und gebenedeit ist die Frucht deines Leibes Jesus! Heilige Maria, Mutter Gottes, bitte für uns Sünder, jetzt und in aller Zeit und in der Stunde unseres Todes Amen..."

FRAU SCHÄFERKOTTE: "Lieber Gott, nimm Leon-Phillip zu dir in dein Reich und sei seiner kindlichen Seele gnädig! (atmet durch) Setzt euch!"

Die Schüler setzen sich. Frau Schäferkotte tut es ihnen nach und sucht nach Worten.

FRAU SCHÄFERKOTTE: "Leon-Phillip war einer aus unserer Mitte! Wenn so einer stirbt, muss man das verarbeiten. Dazu hilft es, über seine Gefühle zu sprechen! Euer Klassenkamerad ist tot und nichts bringt ihn zurück. Aber erinnern wir uns an das, was ihn ausgemacht hat... An seine Persönlichkeit, sein Wesen!"

SERAPHINA: "Ich fand ihn ziemlich gemein! Er hat mich immer gekniffen und Hackfresse zu mir gesagt und..."

FRAU SCHÄFERKOTTE (unterbricht harsch): "Seraphina! Dass Du jetzt schmutzige Wäsche waschen musst, passt ja mal wieder! Im Unterricht ein Totalausfall, aber gegen einen Toten hetzen...!"

Sie sieht zur Klasse und lächelt wieder milde.

FRAU SCHÄFERKOTTE: "Es gibt sicher auch positive Dinge über Leon-Phillip! Nun?"

Sie sieht in die Runde. Schweigen.

FrAU SCHÄFERKOTTE: "Es wird doch irgendjemand ein schönes Erlebnis einfallen, das er mit Leon-Phillip hatte...?"

Ruben meldet sich zaghaft.

FRAU SCHÄFERKOTTE: "Ruben?"

RUBEN: "Einmal im Landschulheim hat Leon-Phillip einen Pups angezündet. Das hat total geleuchtet... und auch super gerochen!"

Alle Köpfe drehen sich entgeistert zu Ruben. Der sieht in die vielen Gesichter.

RUBEN: "Was??! Kann man hier nicht mal die Wahrheit sagen?"

EXT. AUF DEM PAUSENHOF - TAG

Malve kaut an ihrem Brot. Sie sieht, wie der Hausmeister in den großen Gedenkstein in der Mitte des Schulhofes den Namen von Leon-Phillip einfräst. Malve wendet sich ab und sieht Asta unweit von sich. Dieser laufen Tränen herunter. Malve runzelt irritiert die Stirn und tritt näher.

MALVE: "Asta! Alles klar?"

Asta sieht sie an und zuckt mit den Schultern.

MALVE: "Du heulst."

ASTA: "Ist wegen Leon-Phillip..."

MALVE: "Klar, er war... ein menschliches Wesen, einer aus unserer Mitte... wir schulden ihm Respekt..."

ASTA (stöhnt auf): "Hör bloß auf! Er war ein Arschloch aus dem Bilderbuch. Ich werde in der Kirche eine Kerze anzünden, zum Dank, dass er tot ist!"

Malve ist etwas geplättet. Und verwirrt.

ASTA: "Ich weine nicht wegen ihm, weißt du... nur, dass er so plötzlich weg ist... das erinnert mich daran, wie mein Vater verunglückt ist... Vor vier Jahren. Der war auch einfach plötzlich weg..."

Sie schluchzt erneut. Malve tritt zu ihr und legt ihr die Hand auf den Arm.

MALVE: "Dein Vater ist verunglückt? Das wusste ich gar nicht... (seufzt) Mein Vater ist auch gestorben. Da war ich aber noch kleiner..."

ASTA (hebt den Kopf): "Wirklich? Das wusste ich nicht..."

Malve nickt und muss schlucken.

MALVE: "Scheiße, jetzt heul ich gleich auch noch."

ASTA (strafft sich): "Ja, heulen ist voll scheiße! Die Erwachsenen meinen immer, das wäre... heilsam und so'n Kack!"

MALVE: "Die haben doch keine Ahnung! Heul in der Öffentlichkeit und du bist 'ne tote Leiche!"

ASTA (nickt): "Genau! Heulen ist für'n Arsch!"

Sie stehen eine Weile und sehen dem Hausmeister zu. Da kommt Malve ein Gedanke. Sie blickt zu Asta...

MALVE: "Sag mal, hast du Lust, nachher in 'Zombieland' zu gehen?"

ASTA: "Da fragst du noch? Zombies sind so abgefahren... Aber 'Zombieland' ist ab 18!"

MALVE: "Wir tun, als gehen wir in den neuen Elyas M'Barek und huschen dann rüber ins andere Kino! Merkt doch kein Schwein!"

ASTA: "Cool! Gib Check!"

Sie schlagen sich ab.

EXT. VOR DER AESCORP AG - TAG

Die Sonne steht hoch über dem Konzerngebäude.

INT. BÜRO DR. KRAWEN - TAG

Dr. Canebutter sitzt zerknirscht vor dem Schreibtisch von Dr. Krawens, einem dicken Mann mit Kahlkopf.

DR. KRAWENS: "Meine Mutter hat immer gesagt, das Haus verliert nichts! Also: Wieso ist dieses verdammte Gift jetzt nicht mehr auffindbar?"

DR. CANEBUTTER: "Wir haben überall gesucht und jeden befragt! Ohne Ergebnis! Aber es kann nur einer der Schüler gewesen sein! Im Grunde müssten wir bei jedem aus dieser Klasse eine Haussuchung machen!"

DR. KRAWENS (lacht amüsiert): "Sind Sie noch zu retten? Was denken Sie, was mit uns passiert, wenn das Verschwinden des Giftes an die Öffentlichkeit kommt? Wenn etwas passiert, sind wir dran! Man könnte uns auf Millionen verklagen!"

DR. CANEBUTTER (nickt bitter): "Ja. Natürlich."

DR. KRAWENS: "In Ihrem Interesse rate ich Ihnen, die Sache in Ordnung zu bringen... und bitte schnell!"

Dr. Canebutter nickt verkrampft.

INT. WOHNUNG MALVE - ABEND

Als die Tür aufgeht und Malve eintritt, kommt ihre Mutter aus dem Wohnzimmer.

SOFIA: "Malve! Ist dir klar, wie spät es ist? Acht! Wo bist du gewesen?"

MALVE: "He, chill mal. Ich war nur mit einer Freundin im Kino..."

SOFIA (baff): "Du... hast eine Freundin?? Wer soll das sein?"

MALVE: "Asta!"

SOFIA: "Asta. Aha! Trotzdem geht das so nicht, Fräulein... Ich setze alles daran, früher nach Hause zu kommen, damit ich mal Zeit für dich habe und dann..."

MALVE: "Ein Junge aus meiner Klasse ist tot!"

SOFIA (erschrocken): "Tot...? Wer?"

MALVE: "Leon-Phillip!"

SOFIA: "Dieser Fette, der immer Rohkost mit Nutella isst?"

MALVE (empört): "'Der Fette'? Wie redest du nur über diesen armen übergewichtigen und bemitleidenswerten Jungen?"

SOFIA: "Ich bin nur froh, dass er es war und kein anderes Kind... (atmet durch) Komm, wir müssen reden!"

Sie nimmt ihre Tochter am Arm und zieht sie mit sich.

INT. IM WOHNZIMMER - ABEND

Malve sieht ihre Mutter kreuzunglücklich an.

MALVE: "Aber Spiekeroog!! Das ist eine Insel, die ist so groß wie Scheißlummerland! Eine gescheite Sturmflut, und das Teil ist weg!"

SOPHIE (seufzt bekümmert): "Malve! Ich habe mir das gut überlegt. Mir geht es nicht wirklich gut, weißt du, und ich kann dir einfach nicht mehr gerecht werden. Da Gustav angeboten hat, die Kosten zu übernehmen, ist das jetzt einfach das Beste, was ich für dich tun kann..."

MALVE: "Der Gustav will mich bloß aus dem Weg haben! Der will dich für sich allein...! So sieht's aus!"

SOPHIE: "Unsinn! So ist es nicht, Kind, wirklich. Ich fahre am Wochenende dort hinauf und melde dich an. Nach den Sommerferien gehst du dann auf das Internat nach Spiekeroog!"

Malve sieht ihre Mutter wutbebend an. Dann dreht sie sich um und stapft wütend davon. Ihre Mutter reibt sich die Tränen aus den Augen.

INT. IN MALVES ZIMMER - ABEND

Malve läuft in ihrem Zimmer auf und ab.

ERZÄHLSTIMME MALVE: "Ich wollte nicht nach Spiekeroog! Natürlich habe ich einen Moment daran gedacht, den Dingen mit Gift eine andere Wendung zu geben, aber wirklich nur einen Moment. Dann kam mir aber ein anderer Gedanke. Vielleicht könnte Tante Thekla mir helfen... Seit Gustav auf der Bildfläche erschienen war, sahen wir die Erbtante regelmäßig... dafür sorgte er schon..."

INT. IN DER KIRCHE - TAG

Gottesdienst. Malve steht neben ihrer Mutter, Gustav und einer etwa siebzigjährigen, streng blickenden Frau, Tante Lidija. Gustav, mit Gesangbuch in der Hand, singt laut und inbrünstig. Tante Lidija blickt wohlwollend zu ihm auf...

EXT. VOR DER KIRCHE - TAG

Tante Lidija steht mit Josip, einem dicklichen Herrn vor Sofia und Malve. Die Tante deutet auf Josip.

TANTE LIDIJA: "Das ist Herr Josip aus meinem Bibelkreis! Er hat in unserer Firma das Frühgebet für alle eingeführt!"

Sofia tritt vor und gibt artig ihm die Hand.

SOFIA: "Sehr angenehm! Sofia Kröger! Meine Tochter Malve!"

JOSIP (bescheiden): "Freut mich!"

Tante Lidija sieht auf Malve herab.

Tante LIDIJA: "Malve, sag, wieso singst du nicht richtig mit in der Kirche?"

MALVE: "Das tu ich doch!"

JOSIP (milde lächelnd): "Also mir ist das auch aufgefallen, dass du nicht mit ganzem Herzen dabei bist. Aber ich will dir etwas verraten: Wer singt... betet doppelt!"

Malve schickt dem Mann einen undefinierbaren Blick und wendet sich dann wieder an ihre Tante.

MALVE: "Du musst dich bald nicht mehr über mich ärgern, Tante Thekla! Ich bin nämlich bald ganz weg..."

TANTE THEKLA: "Weg? Ach! Wo bist du denn?"

MALVE: "Ich soll nach Spiekeroog auf ein Internat!"

Tante Thekla runzelt die Stirn und wendet sich Sophie zu. Sie sieht Malves Mutter mit hochgezogenen Brauen an.

TANTE THEKLA: "Ein Internat?? Das ist das erste vernünftige Wort, das ich seit langer Zeit höre! Sehr gut!"

Malve sackt das Gesicht weg. Da tritt Gustav heran.

TANTE THEKLA: "Ein gutes Internat ist genau das Richtige! Wessen Idee war das?"

GUSTAV: "Es war Sophie's Idee! Das Wohl ihrer Tochter liegt ihr sehr am Herzen!"

Er legt Malve breit lächelnd die Hand auf die Schulter.

TANTE THEKLA: "Sehr gut! Betet ihr auch jeden Abend mit dem Kind?"

SOPHIE: "Naja, ich muss manchmal sehr lange arbeiten..."

GUSTAV: "Aber _ich_ bete mit Malve! Jeden Abend! Das ist doch selbstverständlich!"

Tante Thekla lächelt Gustav an.

TANTE THEKLA: "Das ist sehr gut, Herr Horres! Im Gebet liegt das Heil! Es gibt heute nicht mehr viele, die das noch wissen!"

GUSTAV: "Wie wahr! Da fällt mir eine Stelle aus dem 2. Psalm ein, die mich immer wieder sehr beeindruckt... (schließt die Augen) Dienet dem Herrn in Furcht und küsst ihm mit Beben die Füße, damit er nicht zürnt und euer Weg nicht in den Abgrund führt...! Denn wenig nur... und sein Zorn ist entbrannt!"

Tante Thekla nickt beeindruckt und sieht zu Josip.

JOSIP: "Er ist bibelfest! Vorbildlich!"

GUSTAV (winkt ab): "Nicht doch! Ich lese viel zu wenig in der heiligen Schrift, das mache ich mir selbst zum Vorwurf...!"

Tante Thekla lächelt und tätschelt ihm aufmunternd am Arm. Dann sieht sie Sophie und Malve milde an.

TANTE THEKLA: "Warum besucht ihr mich nicht in der Villa? Sie sind natürlich auch eingeladen, Herr Horres!"

GUSTAV: "Zuviel der Ehre, Frau von Holstein!"

TANTE THEKLA: "Sagen Sie Tante Thekla... Sie gehören doch schon fast zur Familie!"

Die Alte nimmt Sophie bei den Händen und sieht ihr streng in die Augen..

TANTE THEKLA: "Wartet nicht zulange damit, eure Verbindung bekannt zu geben und zu legalisieren, Kind! Es ist nicht gut... in Sünde zu leben!"

Sophie nickt etwas überfahren, während Gustav die Hand der Tante nimmt und einen Handkuss andeutet. Dann geht Tante Thekla mit Herrn Josip zu einem wartenden Rolls Royce, wo ein Chauffeur ihr den Schlag aufhält.

EXT. AUF DER STRASSE - TAG

Gustavs getunter Mini saust über die Straße, mit fliegendem Spurwechsel, ohne Blinker, andere überholen. Ein spitzer Schrei Sofias, als der Mini bremsen muss, weil ein Taxi vor ihm anhält, um einen Fahrgast herauszulassen. Aber dann lenkt Gustav den Mini nach rechts, haarscharf in eine Lücke des fließenden Verkehrs und umschifft das Hindernis, ohne groß Tempo zu verlieren.

I/E. IM MINI UNTERWEGS - TAG

Sofia hat eine steile Falte auf der Stirn.

SOFIA: "Bitte, Gustav, ras' nicht immer so! Ich krieg noch einen Herzschlag hier!"

Auf der Rückbank sitzt Malve, die ihren Gedanken nachhängt.

GUSTAV: "Entspann dich, Teuerste! Man muss nur fahren können, das ist alles... und ein bisschen PS unter der Haube haben! (er verlangsamt) Aber wenn du es möchtest, leg ich den Großvatergang ein, okay?"

Sofia nickt und seufzt. Gustav sieht zu ihr hinüber. Seine Partnerin scheint sauer zu sein.

GUSTAV: "Ist irgendwas?"

SOFIA: "Ach, naja... Du belügst Tante Lidija...! Ich meine, du betest doch gar nicht mit Malve oder? Du stellst dich aber so hin, als hättest du einen Heiligenschein!"

GUSTAV: "Sofia! Denk doch mal an deine Tochter! Willst du den alten Drachen verärgern und ihn dazu bringen, sein Geld der Kirche zu vererben? Da muss man schlauer sein...!"

SOFIA: "Ist ja gut. Mir ist nur diese Frömmlerei zuwider. Ich will der Tante nicht etwas vorspielen, was ich nicht bin!"

GUSTAV: "Dann überlass das mir! Ich weiß, wie ich sie anpacken muss, damit du am Ende das Erbe bekommst, das dir rechtmäßig zusteht! Okay?"

Sofia atmet durch und nickt dann.

INT. IM WOHNZIMMER - NACHT

Gustav und Sophie sitzen auf der Couch und trinken Wein. Sophie siegt bedrückt aus. Vom Band kommt Klassik-Musik. Auch Malve sitzt dabei und liest ein Buch. Gustav legt den Arm um Sophie und küsst sie. Sie macht erst mit, wehrt ihn dann aber ab.

SOPHIE: "Nicht. Nicht vor Malve!"

GUSTAV: "Malve! Ab jetzt! Die Koje ruft!"

Malve blickt auf, schaut protestierend zu ihrer Mutter, die ihr aber mit ihrem Blick bedeutet, dass sie Folge leisten soll. Malve zieht einen Flunsch, tut aber wie ihr geheißen. Kaum ist sie draußen, spielt Gustav mit Sophies Haaren...

GUSTAV: "Wie sieht's aus? Kann ich dich noch irgendwie... in Stimmung bringen heute?"

SOPHIE: "Gustav, sei mir nicht böse. Ich bin schlagkaputt. Hat das nicht bis morgen Zeit?"

GUSTAV (lächelt entspannt): "Na, klar! Aber ich wäre in Topform gewesen!"

Sophie lächelt und sie küssen sich. Gustav steht auf.

GUSTAV: "Ich putz mir mal die Zähne!"

Er geht hinaus.

INT. IM BADEZIMMER - NACHT

Gustav huscht herein und schaut zurück in den Flur. Dann greift er in seine Tasche und holt einen Tablettenblister heraus, bei dem zu jeder eingeschweißten Pille ein Wochentag angegeben ist. Gustav holt aus dem Schrank Antibabypillen, einen angebrochenen Tablettenstreifen der Marke *Femigoa*. Dann drückt er aus dem von ihm mitgebrachten Blister genau so viele Pillen aus, wie bei dem bereits angefangenen Streifen von Sophie und tauscht die beiden fast identisch aussehenden Blister aus. Er dreht die Dusche an. Gustav sieht nicht, dass Malve, mit ihrer Zahnbürste in der Hand, durch den Türspalt sieht und alarmiert den ausgetauschten Blister anstarrt...

INT. IN MALVES ZIMMER - NACHT

Malve zieht Gustavs Zigaretten aus seiner Packung. Sie betrachtet sie genau.

ERZÄHLSTIMME MALVE: "Es war kein Mord. Und auch kein Gottesurteil. Dieses Mal war es Notwehr! Gustav setzte darauf, dass Mama eine Schwangerschaft nicht abbrechen würde. Und wenn er damit richtig lag, dann würde ich für immer aus seiner neuen Familie ausgestoßen sein..."

Sie träufelt auf die Spitze einer jeden Zigarette einen Tropfen aus der blauen Phiole.

INT. IN DER KLASSE - TAG

Seraphina steht an der Tafel und soll eine Aufgabe lösen.

Frau Schäferkotte steht mit verschränkten Armen da und beobachtet die Schülerin kritisch. Malve sitzt ziemlich mitgenommen hinter ihrer Bank. Sie hat Ringe unter den Augen.

FRAU SCHÄFERKOTTE (drängend): "Die zweite Potenz von 3!! Komm Seraphina, schlaf nicht ein!"

Seraphina denkt angestrengt nach. Aber sie hat Angst... Frau Schäferkotte stöhnt genervt.

FRAU SCHÄFERKOTTE: "Das kann doch nicht wahr sein, Seraphina! Das muss wie aus der Pistole geschossen kommen...! Denkst du, du bekommst ein "Genügend", wenn du die einfachsten Grundlagen nicht beherrschst...?"

ERZÄHLSTIMME MALVE: "Noch vor zwei Wochen hätte ich mir eher auf die Zunge gebissen, als für jemand den Kopf hinzuhalten. Aber aus irgendeinem Grunde war es plötzlich anders..."

MALVE (meldet sich): "Frau Schäferkotte!"

Die Lehrerin dreht sich unwillig zu Malve um.

FRAU SCHÄFERKOTTE (unwillig): "Malve! Was ist denn?"

MALVE: "Ich finde es nicht in Ordnung, wie Sie Seraphina behandeln. Sie ist doch nur langsam. Aber wenn wir in der Lernzeit sind, ist sie mit die Beste...!"

FRAU SCHÄFERKOTTE (ärgerlich): "Wer hat dich denn bitte gefragt? Willst du jetzt hier den Unterricht leiten?"

MALVE (ungerührt): "Da ich nicht annehme, dass die Frage ernst gemeint ist, ist eine Antwort darauf wohl unnötig..."

SERAPHINA: "27! Die zweite Potenz aus drei ist 27!"

Frau Schäferkotte wendet sich verdrossen zu Seraphina.

FRAU SCHÄFERKOTTE: "Und wer hat es dir vorgesagt?"

SERAPHINA: "Aber, ich hab es alleine gerechnet... Ich..."

FRAU SCHÄFERKOTTE: "Setzt dich einfach, okay! Setz dich und halt den Mund!"

Es klingelt zur Pause. Die Lehrerin schießt noch einen bösen Blick auf Malve ab.

FRAU SCHÄFERKOTTE: "Es fehlen noch die Hefte von einigen! Das macht ein Drittel der Note aus, und bald gibt es Zeugnisse! Das wisst ihr!"

Sie packt ihre Sachen ein und hat damit den Unterricht beendet. Die Kinder verlassen lärmend das Klassenzimmer.

EXT. AUF DEM SCHULHOF - TAG

Seraphina, Asta und Gudrun (alle 12) stehen bei Malve.

ASTA: "Dass du dich _das_ getraut hast! Ey, Digger! Ich hab gedacht, die Schäferkotze tickt gleich aus!"

SERAPHINA: "Ich war so froh, dass du sie abgelenkt hast. Ich kann nie nachdenken, wenn sie mich so fies anguckt..."

GUDRUN: "Die Schäferkotte ist voll die gemeine Disserin! Und unsere Klassensprecherin Melanie hält schön die Klappe..."

ASTA: "Wir bräuchten jemand wie Malve. Eine die gut in der Schule ist und trotzdem keine Angst vor den Lehrern hat!"

SERAPHINA: "Genau! So jemanden bräuchten wir!"

Malve lässt sich das lächelnd gefallen. Da kommt Ruben heran und stellt sich dazu. Alle sehen ihn an.

ASTA: "Was?"

RUBEN: "Kennt ihr den? Was kommt dabei raus, wenn man eine Krake und eine Frau kreuzt...?"

Er grinst und zeigt seine Zahnlücke.

RUBEN: "Na? Wisst ihr's? Nö? Tja, das weiß keiner so genau, aber es kann bestimmt gut putzen!"

Die vier Mitschülerinnen sehen ihn an, dann wechseln sie kurze Blicke und gehen einfach weg.

RUBEN (kopfschüttelnd): "Tja, Humor hat man oder man hat ihn nicht..."

<u>EXT. VOR DER SCHULE - TAG</u>

Malve winkt Asta und Seraphina zu, die in eine andere Richtung gehen, dann wendet sie sich ihrem Heimweg zu.

DR. CANEBUTTER (O.S.): "Hallo... Malve? Malve, richtig?"

Malve bleibt stehen. Da tritt unvermittelt der Wissenschaftler des Aescorp-Konzerns an sie heran.

DR. CANEBUTTER: "Na, wie geht's denn immer? Du erinnerst dich doch sicher an mich, oder?"

MALVE: "Klar. Herr Bananenkutter!"

Dr. CANEBUTTER (gepresst): "Canebutter! Und Doktor, wenn es deine Zeit erlaubt! (lauernd) Was denkst du, wieso ich hier auf dich warte, he?"

MALVE: "Keine Ahnung. Vielleicht ist es ja ein Hobby von Ihnen, kleinen Mädchen nachzustellen..."

DR. CANEBUTTER (giftig): "Du, werd bloß nicht frech! Ich weiß nämlich Bescheid! Ich weiß, dass du es warst!"

MALVE: "Wie? Wovon reden Sie?"

DR. CANEBUTTER: "Es fehlt eine Phiole mit Gift! Du hast sie genommen und aus dem Konzern rausgeschmuggelt!"

MALVE: "Bitte? Ich? Warum sollte ich sowas tun?"

DR. CANEBUTTER: "Keine Ahnung! Du bist ein Kind! Kinder tun die dümmsten Sachen!"

MALVE: "Ja, aber ich bin ein kluges Kind! Wie käme ich auf die Idee, Gift zu stehlen? Ich würde mich am Ende selbst damit umbringen..."

Dr. Canebutter stutzt und kommt ins Grübeln. Er nimmt zwei Kaugummis, wirft sie in den Mund und beginnt zu kauen.

MALVE. "Denken Sie doch mal logisch: Ich hätte das Gift doch nur genommen, wenn ich jemanden töten wollte! Aber wen? Meine alleinerziehende Mutter, weil sie mir Stubenarrest gegeben hat? Oder meine Erbtante, weil ich in etwa vierzig Jahren, wenn meine Mutter tot ist, ein Vermögen erbe? Macht das wirklich Sinn für Sie?"

Dr. Canebutter kratzt sich nachdenklich am Kopf.

MALVE: "Oh, warten Sie! Leon-Phillip! Der ist gestorben. Aber nicht, weil er zu dick war, sondern weil ich, das Mädchen, das er immer gequält hat, sich nun an ihm gerächt hat! (seufzt schwer) Sieht ganz so aus, als wäre ich überführt! Verhaften Sie mich!"

Sie hält ihm die Handgelenke hin. Dr. Canebutter sieht das Mädchen an und wiegt verunsichert den Kopf.

DR. CANEBUTTER: "Ja, gut! Hab mich vielleicht ein bisschen vergaloppiert... (stöhnt auf) Aber du musst meine Lage verstehen! Ich bin am Arsch! Ich habe das tödlichste Gift der Welt verbummelt..."

Er beginnt zu schluchzen.

DR. CANEBUTTER: "Ich bin eine Niete! Ein Versager! Ich bringe es nie zu etwas, genau wie mein Vater immer gesagt hat!"

Er heult. Malve sieht ihn an und nimmt ihn am Arm.

MALVE: "Wenn ich so mies drauf bin, hilft mir meist eine Kugel Eis! Wollen Sie? Ich lade Sie ein!"

Dr. Canebutter sieht sie gerührt an. Dann aber kommt er wieder zu sich und wird wütend. Er zeigt mit dem spitzen Finger auf sie.

DR. CANEBUTTER: "Du willst mich einwickeln...! Aber nein, egal, wie klug du sein magst, ich bin noch klüger! Und ich sag dir, ich werde dich überführen und das Gift finden!"

In diesem Moment hält ein Auto neben ihnen.

SOFIA: "Malve!"

Malve tritt an den Wagen, und die Mutter macht von innen den Schlag auf. Sie hat ein tränenüberströmtes Gesicht.

MALVE: "Mami! Was ist denn?"

SOFIA (brüchig): "Es ist... etwas Schlimmes passiert! Steig ein...!"

Malve blickt entschuldigend zu Dr. Canebutter und steigt dann ein. Der Wagen rollt davon.

INT. IM WOHNZIMMER - TAG

Sofia sitzt bleich auf der Couch und starrt vor sich hin.

SOFIA: "Immer wieder habe ich ihm gesagt, er soll nicht so rasen! (blickt Malve an) Das hab ich ihm doch immer wieder gesagt, oder?"

MALVE: "Natürlich hast du das! Und wieso raucht er auch beim Autofahren?"

Sofia sieht ihre Tochter erstaunt an.

SOFIA: "Sag mal, wie kommst du darauf, dass er geraucht hat...?"

Malve blickt alarmiert auf. Sie hat sich verplappert.

MALVE: "Ehm... hat er doch immer beim Fahren, oder?"

SOFIA (seufzt): "Ja. Sie glauben tatsächlich, dass die Zigarette ihm irgendwie in den Schoß gefallen ist, und er deswegen die Kontrolle über das Fahrzeug verloren hat..."

Sofia überkommt wieder der Schmerz, und sie verbirgt ihr Gesicht in den Händen.

SOFIA: "Warum habe ich immer nur so ein Pech? Mit allem und jedem...!"

MALVE: "Mami, es wird schon wieder werden..."

Sofia strafft sich. Dann blickt sie ihre Tochter ernst an.

SOFIA: "Malve, ich habe eine Entscheidung getroffen! Der Tod von Gustav hat mir gezeigt, wie schnell das Leben zu Ende sein kann... Ich werde keine Überstunden im Büro mehr machen! Ich möchte mehr für dich dasein können!"

Malve sieht ihre Mutter verblüfft an. Dann aber springt sie auf und fliegt ihr freudig in die Arme.

MALVE: "Danke, Mama! Können wir dann mal wieder so einen richtigen Weiberabend machen, wie früher?"

SOFIA: "Ja, den machen wir, einen richtigen Weiberabend..."

Sie umarmen sich. Aber in Sofias Gesicht stehen Sorgenfalten. Mutter und Tochter merken nicht, dass am Fenster ein Gesicht ist. Es ist Dr. Canebutter...

INT. IN MALVES ZIMMER - ABEND

Malve hat das Referat fertig und druckt es aus.

ERZÄHLSTIMME MALVE: "Natürlich grübelte ich auch über Gustavs Tod. Ein wenig. Aber hauptsächlich konzentrierte ich mich auf das Referat für Melanie! Ich würde durchdrehen, wenn Cro mir ein Autogramm geben würde...!"

EXT. AUF DEM SCHULHOF - TAG

Melanie steht vor Malve und sieht das Referat durch.

MELANIE: "Nicht schlecht. Richtig viel. Und gut aussehen tut es auch..."

MALVE: "Auf dem Extrablatt da steht eine Zusammenfassung vom Wichtigsten drauf. Wenn du das weißt, dann kann dir nichts passieren..."

MELANIE: "Super! Malve! Großes Kino! Hast du die Einladung schon?"

MALVE: "Ich dachte, du gibst sie den Leuten persönlich..."

MELANIE: "Nee, diesmal wird es als E-mail verschickt und man registriert sich online! Alles topmodern!"

Sie steckt das Referat weg und zieht ein Album hervor.

MELANIE: "Und weil wir jetzt Freunde sind... (nimmt einen Lippenstift) Lippen spitzen!"

Malve spitzt die Lippen und Melanie malt sie ihr rot an. Dann öffnet sie das Poesiealbum auf einer leeren Seite.

MELANIE: "Und nun... ein Kissogramm bitte!"

Malve beugt sich vor und drückt ihre Lippen in das Poesiealbum. Es bleibt ein roter Abdruck zurück.

MELANIE: "Und eine Unterschrift noch!"

Malve signiert, findet es im Grunde aber ziemlich albern.

MELANIE: "Glückwunsch! Jeder, der in diesem Buch ist, gehört zur Familie! (lächelt Malve breit an) Man sieht sich, Sis!"

MALVE: "Ja, genau... äh... Sis!"

Melanie geht davon.

INT. IM SUPERMARKT - TAG

Malves Mutter kauft ein. Da schaut Dr. Canebutter hinter einem Regal hervor. Er beobachtet Sofia und sieht sich sichernd nach allen Seiten um.

Dann schnappt er sich hinter ihrem Rücken ihren Einkaufswagen und rollt ihn zügig davon. Sofia dreht sich um und bemerkt, dass ihr Wagen fort ist.

SOFIA: "He, Sie! Das ist mein Einkaufswagen!"

Dr. Canebutter dreht sich um und tut verdutzt.

DR. CANEBUTTER: "Wie? Oh...! Sie haben Recht! Entschuldigen Sie! Mein Fehler!"

Er nimmt eine Packung Cornflakes aus dem Wagen.

DR. CANEBUTTER: "Digger-Flakes! Meine Lieblings-Cerealien! (deklamiert die Werbung) *Der Knusperhimmel auf Erden...!* Deswegen dachte ich, dass es mein Wagen ist!"

SOFIA (lächelt): "Die sind für meine Tochter!"

DR. CANEBUTTER (tut erstaunt): "Ach! Sie haben eine Tochter? Beneidenswert. Ich hätte auch gerne eine Familie gehabt... Aber ich bin Chemiker und die Wissenschaft ist eine sehr eifersüchtige Geliebte! (reicht ihr die Hand) Dr. Gerold Canebutter!"

Sofia sieht auf die Hand und dann in das Gesicht des sympathisch lächelnden Mannes. Sie ergreift die Hand.

SOFIA: "Sofia Kröger!"

DR. CANEBUTTER (herzlich): "Überaus erfreut! Und die Vokabel 'überaus' ist dabei nicht leichtfertig gewählt...!"

EXT. AUF DEM PAUSENHOF - TAG

Asta, Seraphina, Gudrun und Katja stehen bei Malve.

KATJA: "Wenn ich es euch doch sage! Meine Mutter ist im Elternbeirat. Und sie hat gestern mit der Schäferkotte telefoniert... Wir kriegen einen Neuen...!"

GUDRUN: "Na und? Ist doch nix Besonderes..."

KATJA (bedeutungsschwanger): "Meine Mutter sagte am Telefon, dass sie es auf keinen Fall weitererzählt...!"

ASTA: "Dass sie was nicht weitererzählt?"

KATJA (stöhnt): "Das hat sie nicht weitererzählt!"

SERAPHINA: "Hauptsache, er ist nicht so ein Arsch wie Leon-Phillip!"

KATJA: "Stimmt. Seit Leon-Phillip weg ist, ist es richtig cool hier!"

ASTA: "Genau. Super, dass er die Grätsche gemacht hat!"

KATJA: "Das Arschloch wurde aus unserer Mitte genommen und riss trotzdem kein Loch!"

Die Mädchen lachen fröhlich und unbekümmert.

GUDRUN: "Ich sag euch, als wir bei seiner Beerdigung waren und ich geweint hab: Das war keine Trauer, das war pures, unverschnittenes Glück!

Erneuter Heiterkeitsausbruch und Malve lacht mitten unter ihnen.

ERZÄHLSTIMME MALVE: "Kaum zu glauben, dass ich vor kurzem noch eine totale Außenseiterin war. Und jetzt bildete ich das Herzstück einer nagelneuen Clique...!"

INT. IM WOHNZIMMER - TAG

Sofia ist schwarz angezogen und steckt an Malves violettes Kleid eine Brosche an.

MALVE: "Muss ich diese blöde Kackbrosche wirklich tragen? Als sowas modern war, reiste man noch im Zeppelin!"

SOFIA (gereizt): "Herrgott, jetzt gib Ruhe! Denkst du mir gefällt das Mistding?"

MALVE: "Was ist denn los? Was hast du denn heute?"

SOFIA (lacht freudlos): "Was ich hab? Ich sag dir, was ich hab: Als ich meinem Boss gesagt hab, dass wegen meiner Tochter keine Überstunden mehr machen kann, da hat er mich gefeuert...!"

MALVE: "Wirklich? Wie gemein! Was für ein Fiesling!"

SOFIA: "Und jetzt kam ein Brief von der Hausverwaltung. Wir haben Schimmel... wir müssen hier ausziehen...!"

MALVE: "Schimmel? Ich hab dir doch gleich gesagt, dass es hier muffig riecht!"

SOFIA: "Ja, aber es ist billig. Und ich hab kein Geld für einen Umzug... Und genau deswegen steckst du jetzt die Brosche von Tante Lidija an. <u>Sie</u> muss uns helfen!"

Malve sieht ihre Mutter an und nickt dann.

MALVE: "Okay!"

EXT. AUF DEM FRIEDHOF - TAG

Es sind nur wenige Menschen bei Gustavs Beerdigung. Außer Sofia, Malve und Tante Lidija verlieren sich nur ein halbes Dutzend Menschen am Grab.

PRIESTER: "...Er ruhe in Frieden und das ewige Licht leuchte ihm!"

Der Geistliche verbeugt sich in Richtung des offenen Grabes und drückt Sofia und Malve sein Beileid aus. Dann gehen er und die Messdiener davon.

Sofia tritt an das Grab und wirft mit der Schaufel Erde hinunter. Malve folgt ihrem Beispiel mit ungerührtem Gesicht. Auch Tante Lidija nimmt bewegt Abschied...

EXT. AUF DEM FRIEDHOFSWEG - TAG

Sofia geht neben der Tante. Malve folgt direkt dahinter.

SOFIA: "... ich würde dich nicht um Hilfe bitten, wenn ich es nicht müsste!"

TANTE LIDIJA: "Naja. Eine Überraschung ist das nicht. Ich dachte mir schon, dass du irgendwann kommen würdest... (bleibt stehen) Lass mich ganz offen sein: Ich bin mit deinem Lebenswandel nicht einverstanden! Du hast mit Herrn Horres in Sünde gelebt. Ich habe da ein Auge zugedrückt, weil er auch aus unserer Heimat stammte und ein gläubiger Katholik war! Aber was tust du jetzt, ohne ihn? Du brauchst doch einen Mann und das Kind einen Vater!"

SOFIA: "Das 'Kind' heißt Malve!"

TANTE LiDIJA: "Das ist der Name, den dein toter Mann ihr gegeben hat. Und diese Ehe war alles andere als gottgewollt!"

Sofia schließt die Augen und seufzt genervt.

SOFIA: "Bitte verschone mich, Tante! Wenn es nur um mich gehen würde, dann würde ich nicht hier stehen. Aber es geht eben auch um Malve. Wir sind finanziell völlig am Ende und müssen bald die Wohnung verlassen. Wir müssen irgendwo hinziehen, wo es ganz billig ist. Und Malve hat gerade Freunde an ihrer Schule gefunden..."

Tante Lidija sieht zu Malve, überlegt und nickt dann ernst.

TANTE LIDIJA: "Also gut, ich werde dir helfen! Aber ich möchte, dass du dein Leben in geordnete Bahnen lenkst! (schiebt das Kinn vor) Ich werde dir einen Mann aussuchen!"

Sofia starrt sie entgeistert an.

SOFIA: "Einen Mann aussuchen? Tante Lidija! Wir sind nicht mehr in Kroatien, und außerdem schreiben wir das Jahr 2020!

TANTE LIDIJA: "Eine Tradition wirft man aber nicht einfach so über den Haufen! Wir Älteren suchen die Partner für die Kinder aus! Seit Generationen halten wir es so und so ist es gut! Man hat ja gesehen, wohin es geführt hat, dass du dich mit deinem ersten Mann unseren Bräuchen widersetzt hast...!"

SOFIA: "Ich soll jetzt also irgendjemand zum Mann nehmen, den du gut findest, den ich aber überhaupt nicht kenne...!?"

TANTE LIDIJA: "Du kennst ihn sehr wohl! Es ist der Herr Josip aus meiner Firma! Er ist ledig und von dir angetan! Außerdem ist er ein guter Christ, der täglich den Rosenkranz betet!"

Sofia sieht die Tante an und muss das verdauen. Es fällt ihr sichtlich schwer, die Fassung zu bewahren.

SOFIA: "Tante Lidija! Jetzt warte! Herr Josip ist sicher ganz nett, aber mein Freund ist gerade gestorben und... und..."

TANTE LIDIJA: "Nichts und! Du bist schwach und brauchst einen Mann, der dich führt! Und Malve ein Vater ist! Sie braucht mehr Strenge, das ist unübersehbar! Ein Klaps auf den Po zur rechten Zeit kann Wunder wirken! Der Herr Horres, der hatte da genau die richtige Einstellung!"

SOFIA (gepresst): "Ich will aber nicht, dass Malve geschlagen wird!

Malve, die sich immer noch hinter den beiden Frauen hält, schaut erleichtert. Die Tante verzieht jedoch keine Miene.

TANTE LIDIJA (unwillig): "So, das langweilt mich jetzt! Willst du nun meine Hilfe, Sofia oder nicht?"

Sofia sieht die Alte an, dann Malve und resigniert.

SOFIA: "Lass... lass mich etwas darüber nachdenken..."

TANTE LIDIJA: "Ja, tu das, Kind! Aber denk nicht zulange nach...! Mein Geduld ist nicht grenzenlos...!"

INT. IN MALVES ZIMMER - NACHTS

Malve liegt im Bett und hat ein Physik-Buch vor sich. Sie träumt mit offenen Augen.

ERZÄHLSTIMME MALVE: "Meine Mutter war sehr still nach dem Gespräch mit Tante Lidija. Und dann stellte ich mir die Frage, wer dieser bösen alten Frau wohl nachweinen würde?"

EXT. AUF DEM PAUSENHOF - TAG

Gudrun und Malve stehen zusammen, als Katja herankommt.

KATJA: "He, wisst ihr schon, wer da ist? Der Neue!"

GUDRUN: "Echt? Wie sieht er aus?"

KATJA: "Wie ein Freak! Er ist total geschminkt!"

MALVE: "Echt? Will ich sehen!"

INT. ROTUNDE - TAG

Frau Schäferkotte steht bei Oscar (13), der auffallend blass ist, seine Lider sind schwarz gefärbt. Seine Miene ist ausdruckslos, fast gleichgültig.

Die Mädchen um Malve bleiben in respektvollem Abstand stehen und sehen zum Neuen hinüber.

GUDRUN: "Ein bisschen Mascara, das ist alles. Ansonsten ist doch nicht viel dran an dem..."

KATJA: "Aber da gibt es etwas, das keiner von ihm wissen darf..."

Malve mustert den ungewöhnlichen Jungen fasziniert. In diesem Moment schaut er zu ihr hinüber. Malve hält seinem Blick stand. Für einen Moment scheint er sie wahrzunehmen, aber dann blickt er weg. Da kommt Asta heran...

ASTA: "He! Malve! Was war denn los gestern?"

MALVE: "Asta! Hi! Wie? Was war los?"

ASTA: "Na, ich dachte, du bist so ein Cro-Fan!"

MALVE: "Ich *bin* so ein Cro-Fan! Absolut! Wieso fragst du?"

ASTA: "Na, du warst gestern nicht auf dem Sommerfest! Es war der Wahnsinn! Am Ende hat Cro sogar die Maske abgenommen und uns Comics auf die Bäuche gemalt!"

Sie hebt ihr Hemd und Malve sieht verdattert einen etwas schiefen Bart Simpson auf ihrem Bauch.

MALVE: "Das Sommerfest war gestern? Ich wusste nichts davon!"

ASTA: "Hast du keine Mail gekriegt?"

Malve dreht sich blass vor Wut um und stapft davon.

INT. FLUR VOR DER KLASSE - TAG

Melanie steht mit einem anderen Mädchen vor der Klasse und unterhält sich, als Malve ankommt.

MALVE: "Melanie!"

MELANIE: "Du, Malve! Ich unterhalte mich gerade! Sei doch bitte so gut und gedulde dich einen Moment, ja?"

Malve überlegt kurz, tritt dann vor und reißt das andere Mädchen an den Zöpfen. Das Mädchen schreit erschrocken.

MALVE: "Schleich dich!"

Als das Mädchen in Malves Augen sieht, trollt sie sich hastig. Malve wendet sich zornig an Melanie.

MALVE: "Nur, dass ich es verstehe: War es nicht der Deal, dass ich zu eurem Sommerfest eingeladen werde?"

MELANIE: "Ja, jetzt wo du es sagst! Ich hab mich auch gewundert, wieso du nicht da warst..."

MALVE: "Weil ich nicht eingeladen wurde!"

Melanie macht auf bestürzt, trägt aber etwas zu dick auf.

MELANIE: "Wirklich? Du, sorry, da muss im Sekretariat von meinem Vater was untergegangen sein..."

MALVE: "Im Sekretariat deines Vaters? Ja, sicher!"

MELANIE: "Malve, bitte glaub mir! Ich hab alles ganz genau weitergegeben. Aber die Sekretärin ist eine Schlamperin! Glaub mir, es ist so schwer, gutes Personal zu finden..."

Malve stößt Melanie derbe gegen die Wand.

MELANIE (etwas erschrocken): "Bist du verrückt??"

MALVE (kalt): "Wenn du weißt, was für dich gut ist... gehst du mir in Zukunft aus dem Weg!"

Die Klassensprecherin erschauert unter Malves eisigem Blick. Die lässt sie los und geht davon...

EXT. AUF DEM WEG NACH HAUSE - TAG

Malve ist auf dem Weg nach Hause.

ERZÄHLSTIMME MALVE: "Nein, ich würde mir an Melanie nicht die Hände schmutzig machen. Aber ich stellte mir innerlich vor, wie sie mit Schaum vor dem Mund zusammenbrach, wenn das Gift in ihr zu wirken begann..."

Malve bleibt unvermittelt stehen. An der Bushaltestelle steht Oscar, der Neue. Er sieht sie und runzelt die Stirn.

OSCAR: "Was guckst du so?"

MALVE: "Ich guck, wie ich will."

OSCAR (schroff): "Dann guck woanders!"

Malve tritt näher und lächelt cool.

MALVE: "Wenn man dem Flurfunk glauben darf, gibt es etwas über dich, dass niemand wissen darf..."

OSCAR: "Ach wirklich? Und du denkst, das binde ich jetzt ausgerechnet dir auf die Nase?"

MALVE: "Interessiert mich doch gar nicht."

Sie lässt ihn stehen und geht weiter. Oscar sieht ihr verdrossen nach.

INT. FLUR WOHNUNG MALVE - TAG

Malve kommt herein und wirft ihren Ranzen auf den Boden.

MALVE: "Mami?"

SOFIA (O.S.): "Im Wohnzimmer!"

INT. IM WOHNZIMMER - TAG

Malve kommt ins Wohnzimmer.

MALVE: "Mama, wollten wir nicht mal zusammen...?"

Sie bricht ab. Denn neben ihrer Mutter sitzt niemand anderes als Dr. Canebutter auf der Couch, mit einem Glas Wein in der Hand. Die beiden spielen eine Partie Schach. Malve starrt den Wissenschaftler entsetzt an.

SOFIA: "Ach Malve, das ist Doktor Canebutter! Wir haben uns im Supermarkt kennengelernt... (muss kichern) Er wollte meinen Einkaufswagen entführen..."

DR. CANEBUTTER: "Hallo, Malve! Schön, dich kennenzulernen!"

Er reicht ihr die Hand mit einem breiten Lächeln. Malve ergreift sie mit größtem Unbehagen.

SOFIA: "Ich hol dir einen Saft, Kind!"

Ihre Mutter steht auf und geht in die Küche. Malve fährt zu Dr. Canebutter herum.

MALVE: "Was tun Sie hier?"

DR. CANEBUTTER: "Ich bin dir auf den Fersen! Weil du das Gift hast! Du warst die einzige, die über Gifte Bescheid wusste! Du bist die Diebin! Und ich gehe erst, wenn ich das Botulinum Toxin wiederhabe!"

MALVE (gedämpft): "Ich weiß nicht, wovon Sie reden! Gehen Sie, oder ich sage meiner Mutter Bescheid über Sie..."

DR. CANEBUTTER: "Das machst du nicht. Wenn du das Gift hast, machst du das nicht!"

Da kommt Malves Mutter bereits zurück.

SOFIA: "Und Gerold, hast du deinen Zug gemacht?"

DR. CANEBUTTER: "Noch nicht, Sofia! Du hast mich ganz schön in die Bredouille gebracht..."

Sofia lacht. Sie wendet sich zum Schrank, um eine neue Flasche Wein aufzumachen. Dr. Canebutter funkelt Malve an, zückt seine Kaugummis und schnickt zwei Stück in seinen Mund. Das Mädchen zieht eine Grimasse und stapft davon.

INT. IN MALVES ZIMMER - TAG

Malve knallt die Tür zu und sieht bestürzt aus. Sie geht zu ihrer Schublade und holt die Phiole mit dem Gift heraus.

Sie blickt sich suchend um. Dann entdeckt sie die Brosche von Tante Lidija. Man kann sie öffnen und die Phiole passt genau hinein. Malve sieht zur Tür und überlegt...

INT. VOR DEM SPIEGEL IM FLUR - TAG

Malve malt sich mit Kajalstift Lider schwarz.

ERZÄHLSTIMME MALVE: "Dr. Canebutter würde bei nächster Gelegenheit mein Zimmer durchsuchen. Also musste ich das Gift bei mir haben. Wenn ich aber plötzlich ständig die Brosche trug, würde das Mama auffallen. Also wollte ich mit etwas Make-up davon ablenken. Dann würde jeder denken, dass Klein-Malve allmählich zur Frau heranreifte..."

Da tritt Dr. Canebutter heran. Malve sieht ihn an.

DR. CANEBUTTER: "Also, was ist!? Wenn du mir das Gift gibst, verschwinde ich und du siehst mich nie wieder! Deal?"

Ihre Augen bohren sich ineinander. Da kommt Sofia heran.

SOFIA: "Na, freundet ihr euch an?"

MALVE (überspielt lächelnd): "Dr. Canebutter ist ein echter Wissenschaftler! Ich meine, wie cool ist das denn?"

DR. CANEBUTTER: "Aufgewecktes Mädchen! Sie gehört zu einer hellwachen Generation, die uns Alte auffressen wird!"

Malve lacht, als wäre es ein toller Witz. Sie und der Mann sehen sich an wie älteste Freunde und klatschen sich ab.

DR. CANEBUTTER: "Tja, ich muss! Hab Spätschicht!"

SOFIA: "Ich will eine Revanche! Das ist dir schon klar?"

DR. CANEBUTTER: "Aber du hast gewonnen!"

SOFIA: "Du hast mich gewinnen lassen. Denkst du, das weiß ich nicht? (deutet auf ihr Haar) Das Blond ist nur gefärbt!"

Alle in der Küche lachen. Dr. Canebutter sieht von der Mutter zur Tochter.

DR. CANEBUTTER: "Ich komme gerne wieder! Oder gibt es Vorbehalte von der Jugend!?"

Malve sieht ihn an und lächelt boshaft.

MALVE: "Sind Sie etwa verliebt in meine Mutter, Dr. Canebutter?"

Dr. Canebutter schaut verdutzt und lacht dann aufgesetzt.

DR. CANEBUTTER: "Es ist unmöglich für einen Mann, deine Mutter anzusehen und sich <u>nicht</u> zu verlieben!"

Sofia kichert.

DR. CANEBUTTER: "Also! Ich empfehle mich!"

Er schüttelt beiden die Hand und geht zur Tür hinaus. Sofia sieht Malve vorwurfsvoll an.

SOFIA: "Malve! Wie kannst du den Mann nur so in Verlegenheit bringen! Wir sind nicht verliebt... Es ist nur eine harmlose Bekanntschaft!"

MALVE: "Und wieso guckt er dir auf den Po, wenn er hinter dir steht?"

SOFIA (hält verdutzt inne): "Er guckt mir auf den Po? Dr. Canebutter?? (grinst geschmeichelt) Wirklich?"

MALVE: "Was denkst du denn? Wenn du ihm nicht bald sagst, dass nichts läuft, wirst du ihn nie mehr los!"

Malve geht. Sofia tritt zum Fenster, wo Dr. Canebutter gerade zu seinem Auto geht und sich Kaugummis einwirft. Er schaut zum Haus und Sofia lächelt..

INT. IN MALVES ZIMMER - TAG

Malve tritt ein und atmet erleichtert auf.

ERZÄHLSTIMME MALVE: "Natürlich war es gemein, Mama so zu manipulieren, aber Dr. Canebutter war eine echte Gefahr!"

Malve tritt ans Fenster und sieht hinaus auf die Straße. Dort läuft Sofia zu Dr. Canebutter und redet mit ihm.

EXT. VOR DEM HAUS - TAG

Sofia steht vor Dr. Canebutter.

SOFIA: "Bitte, Gerold, ich muss das jetzt kurz wissen... Bist du mit mir gekommen, weil du unbedingt einen Nespresso wolltest... oder weil ich... weil ich dir gefalle...?"

DR. CANEBUTTER (drucksend): "Äh, ich... Es... es war natürlich deinetwegen...! Was sonst? Ich meine, sieh dich... du bist schön wie eine... Korallenschlange...!"

Er merkt, dass dieser Vergleich nicht ganz glücklich war.

DR. CANEBUTTER (nervös): "Ich meinte natürlich nicht, dass du eine Schlange bist... aber die Korallenschlange ist unter all den Schlangen die Beauty-Queen... Versteh mich nicht falsch: Für mich persönlich ist auch der *Schreckliche Pfeilgiftfrosch* eine Schönheit der Natur und..."

Da tritt Sofia an ihn heran und küsst ihn. Seine Augen werden groß. Dann übermannt ihn der Wonne der Zärtlichkeit. Da aber lässt Sofia ruckartig von ihm ab und schlägt, erschrocken über sich selbst, die Hände vor das Gesicht.

SOFIA: "Oh Gott, bitte verzeih, Gerold! Ich bin völlig hysterisch! Ich..."

Sie beginnt zu weinen. Dr. Canebutter atmet tief durch. Er betastet seine Lippen. Er kann den Kuss fast noch spüren.

SOFIA: "Bitte geh! Vergiss einfach was passiert ist! Vergiss alles..."

DR. CANEBUTTER: "Warte, Sofia! Bitte! Das geht alles etwas zu schnell für mich. Du hast mich gefragt, also beantworte mir auch eine Frage!"

Sofia strafft sich und zwingt sich zur Ruhe.

DR. CANEBUTTER: "Du... hast mich gerade geküsst! Heißt das, du... du kannst mich leiden? Ich kenne das nicht, dass Frauen... naja... mich leiden können..."

Sofia sieht den Wissenschaftler mit klarem Blick an.

SOFIA: "Doch. Also ich mag dich."

Dr. Canebutter schluckt erschüttert.

SOFIA: "Ich mag dich. Du bist nett. Und witzig. Und hab das Gefühl, dass ich dir vertrauen kann..."

Dr. Canebutter sieht ihr in die schönen Augen. Dann tritt er vor und schließt Sofia fest in die Arme.

INT. IN MALVES ZIMMER - TAG

Malve steht am Fenster sieht entsetzt nach draußen. Ihre Hand umfasst unwillkürlich die Brosche an ihrer Brust.

INT. IM WOHNZIMMER - ABEND

Malve sieht ihre Mutter beim Abendessen groß an.

MALVE: "Ihn heiraten??? Dr. Canebutter? Bist du irre???"

SOFIA: "Ich bin nicht irre! Aber wir sind pleite! Und Tante Lidija hat mir gesagt, sie hilft uns nur, wenn ich diesen Josip aus ihrer Firma heirate! Und im Vergleich zu dem Frömmler ist Gerold ein Hauptgewinn!"

MALVE: "Aber das ist doch... bescheuert!"

SOFIA: "Wieso? Du warst es doch, die mich überhaupt darauf aufmerksam gemacht hat, dass Dr. Canebutter an mir interessiert ist..."

MALVE: "Iiich?"

SOFIA: "Gut, er ist nicht Brad Pitt, aber ich mag ihn irgendwie, und er mag mich. Und er ist katholisch... Tante wird also kaum etwas gegen ihn sagen können! Oder?"

Malve sieht ihre Mutter unglücklich an.

INT. IM SALON VON TANTE LIDIJA - TAG

Tante Lidija schüttelt entschieden mit dem Kopf. Vor ihr stehen Sofia und Malve.

TANTE LIDIJA: "Nein, das ist inakzeptabel!"

SOFIA (unglücklich): "Aber er ist Katholik und geht jeden Sonntag in die Kirche..."

TANTE LIDIJA (mit kaltem Nachdruck): "Du heiratest Herrn Josip! <u>Ich</u> bestimme das! (lächelt) Sieh es so: Unser Herr im Himmel hat meine Entscheidung gelenkt! Zu deinem Wohle!"

Sofia lässt die Schultern sinken.

SOFIA: "Das... das ist Erpressung!"

TANTE LIDIJA (scharf): "Bitte nimm zur Kenntnis, dass ich mich in meinen vier Wänden nicht beleidigen lasse! Ich tue nur den Willen des Herrn!"

SOFIA: "Ist... ist das dein letztes Wort?"

TANTE LIDIJA: "Ich weiß nicht, ob mir dieser Ton gefällt! Aber ich denke, ich habe mich deutlich ausgedrückt...!"

Sofia lässt den Kopf hängen und zuckt dann hilflos mit den Achseln. Sie sieht zu Malve und resigniert nun.

SOFIA: "Also gut. Wie du willst, dann... dann heirate ich eben Herrn Josip..."

TANTE LIDIJA: "Endlich kommst du zur Vernunft!"

I/E. IM MINI UNTERWEGS - TAG

Sofia steuert, Malve sitzt auf dem Beifahrersitz. Die Mutter schlägt wütend auf das Lenkrad.

SOFIA: "Umbringen könnte ich sie! Diese alte Hexe!"

MALVE: "Das meinst du nicht im Ernst!"

SOFIA: "Du kennst mich bloß nicht! Ich sage dir: Eine Ehe mit diesem Josip... das wird die Hölle! Für uns beide!"

MALVE: "Dann heirate ihn doch nicht!"

SOFIA (lacht bitter): "Als ob ich eine Wahl hätte..."

Sie sagt nichts mehr. Sie hält an einer Ampel. Malve überlegt. Dann erblickt sie plötzlich eine Gestalt, die sie kennt. Es ist Oscar, der mit einem Backpack vorbeiläuft. Malve kommt eine Idee...

MALVE: "Mami! Halt an! Ich steig aus. Da ist Oscar aus meiner Klasse... Ich hab versprochen, dass ich ihm bei Mathe helfe..."

SOFIA: "Um halb sieben gibt es Abendbrot!"

MALVE: "Geht klar!"

Der Wagen hält und Malve steigt aus.

MALVE: "He, Oscar! Hallooo!"

EXT. AN DER STRASSE - TAG

Oscar bleibt stehen und sieht Malve auf sich zukommen.

MALVE: "Hi! Oscar! Was geht?"

Oscar sieht sie irritiert an. Male blickt zurück zum Auto ihrer Mutter, der immer noch vor der roten Ampel steht. Sofia sieht interessiert zu den beiden hinüber...

OSCAR: "Was ist los...? Sind wir jetzt Freunde oder was?"

MALVE: "Wieso nicht? Und, was treibst du?"

OSCAR: "Wüsste nicht, was dich da angeht!"

Malve sieht sich um. Ihre Mutter ist immer noch da. Da sieht sie, dass Oscar eine Farbsprühdose in der Hand hat.

MALVE: "Du machst Graffitis, oder? Ist das dein Geheimnis?"

OSCAR (genervt): "Das ist kein Geheimnis! Jeder weiß, dass ich unten in der alten Näherei arbeite! Ganz offiziell! Jeden Tag von vier bis sechs! Bist du jetzt zufrieden?"

MALVE: "Du arbeitest da? An Graffitis? Kann ich die mal sehen?"

OSCAR: "Das sieht nur meine Familie. Und sonst niemand!"

Malve sieht sich zum Auto ihrer Mutter um. Die Ampel schaltet auf Grün und der Mini ihrer Mutter fährt davon. Endlich. Jetzt muss sie nicht weiter mit Oscar reden...

MALVE: "Weißt du was? Lass dich doch einsargen mit deinen Graffitis!"

Sie eilt davon und lässt ihn einfach stehen. Oscar sieht ihr kopfschüttelnd nach.

OSCAR: "Die hat ja mal echt 'n Knall!"

INT. IM WINTERGARTEN - TAG

Tante Lidija kommt mit einer Kanne heißen Kakaos heran und schenkt Malve ein.

TANTE LIDIJA: "Ich weiß, wieso du zurückgekommen bist: Du willst mich überreden, dass deine Mutter nicht Herrn Josip heiraten muss, nicht wahr?"

MALVE: "Mama ist doch kein schlechter Mensch, nur weil sie nicht in die Kirche geht... Sie hat noch nie jemandem etwas Böses getan..."

TANTE LIDIJA (blickt herum): "Zu dumm! Ich hab den Zuckerkuchen in der Küche vergessen..."

MALVE: "Das macht nichts. Ich bin sowieso nicht hungrig... Also, wieso kannst du Mama denn nicht einfach so helfen?"

TANTE LIDIJA (seufzt): "Kind! Ich kann die alten Bräuche meines Volkes nicht mit Füßen treten! Denkst du, _ich_ konnte mir meinen Ehemann aussuchen? Nein! Und so bekam ich einen Gatten, der kleiner war als ich, der einen dicken Bauch hatte und immer nach Knoblauch roch. Ich dachte nie, dass ich ihn lieben könnte, aber dann kam es anders!"

MALVE: "Und was, wenn Mama trotzdem unglücklich wird mit Herrn Josip? Und _ich_ daran schuld bin?"

TANTE LIDIJA: "Also, der Herr Josip wird ein Glücksfall für euch sein! Du wirst schon sehen! Was man nach Gottes Willen tut, ist wohlgetan, mein Kind!"

MALVE (trotzig): "Es kommt mir aber beknackt vor..."

TANTE LIDIJA (lächelt). "Wir müssen Gottes Wege nicht verstehen! Es geschieht ohnehin nur _das_, was _er_ will...!"

Malve blickt etwas ratlos auf.

TANTE LIDIJA: "Schau! Gott hat mir viel Geld zukommen lassen. Ich muss es in seinem Namen verwalten. Wenn ich also sage, deine Mutter soll den Herrn Josip heiraten, dann ist das so, als würde Gott durch mich zu euch sprechen...!"

Malve runzelt die Stirn, sieht die Tante an und überlegt.

MALVE: "Nehmen wir einmal an, du würdest heute Nacht einen Herzschlag bekommen und sterben, und wir würden dann dein Geld erben, wäre das dann nicht auch Gottes Wille?"

Die Tante lacht amüsiert. Dann aber nickt sie anerkennend.

TANTE LIDIJA: "Du begreifst schnell! Ja, es ist ganz genau so, wie du sagst! Nur denke ich, dass _ich_ ein ganzes Stück besser weiß als du, was Gott im Sinn hat! Er hat wirklich viel zu tun und ich glaube sogar, er ist heilfroh, dass _ich_ hier unten ein wenig für ihn nach dem Rechten sehe..."

MALVE: "Aber was ist, wenn ein Einbrecher kommt und dich totmacht? _Das_ würde Gott doch nicht wollen?"

TANTE LIDIJA: "Du hast wirklich eigenartige Gedanken, Kind. So versteh doch: Alles, was geschieht, ist ein Teil des göttlichen Plans! Wenn die Neger in Afrika sterben, weil sie sich gegenseitig erschießen, dann hat Gott dafür ganz sicher einen guten Grund. Darüber müssen wir uns hier wirklich nicht den Kopf zerbrechen!"

MALVE (reibt sich die Nase): "Oma! Kann ich vielleicht doch ein Stückchen Zuckerkuchen?"

TANTE LIDIJA: "Aber natürlich, Kind! Warte!"

Sie steht auf und geht davon. Malve zieht ihre Phiole mit dem Gift aus dem Medaillon. Sie macht den Pfropf ab und gibt zwei Tropfen in Großtantes Kaffeetasse. Da sind schon die Schritte der alten Frau zu hören. Sie hat einen Teller mit drei Stücken Zuckerkuchen und tut Malve ein Stück auf.

TANTE LIDIJA: "Na dann, guten Hunger!"

Sie nimmt sich selber ein Stück, beißt ab und spült mit einem herzhaften Schluck Kaffee nach. Als sie sieht, wie Malve sie beobachtet, lächelt sie...

MALVE: "Tante Lidija! Wenn ich mal was Schlimmes gemacht hab, ich meine, was wirklich Schlimmes, und du kriegst es irgendwann raus... wirst du mir dann böse sein?"

TANTE LIDIJA: "Dir? Ach, iwo Schätzchen! Ganz sicher nicht!"

Sie beißt in den Kuchen und trinkt ihren Kaffee aus...

<u>INT. IN DER KLASSE - TAG</u>

Frau Schäferkotte steht vor der Klasse und bespricht mit den Schülern ihre Zensuren.

FRAU SCHÄFERKOTTE: "Oscar, du bist im Grunde zu kurz da für eine Zeugnis-Note. Ich gebe dir eine 3! Aber du musst dich mündlich mehr einbringen!"

Oscar nimmt das ohne Reaktion zur Kenntnis.

FRAU SCHÄFERKOTTE: "Malve... sehr gut! In allen Belangen! Weiter so! Mit dir, das wird was!"

Malve schaut gelangweilt.

FRAU SCHÄFERKOTTE: "Seraphina! Ich hab wirklich lange überlegt, aber es reicht einfach nicht... Mangelhaft!"

Seraphina sieht erschrocken aus.

SERAPHINA (erschrocken): "Aber... aber dann kann ich nicht in den E-Kurs gehen! Ich dachte, ich kriege eine Drei!"

FRAU SCHÄFERKOTTE: "Eine Drei?? Du hast eine völlig falsche Selbsteinschätzung! Da führt wirklich kein Weg hin..."

SERAPHINA: "Aber das ist ungerecht! Ich..."

FRAU SCHÄFERKOTTE (scharf): "Das reicht! Du bist hier nicht die einzige Schülerin! Asta..."

Da hebt Malve die Hand.

FRAU SCHÄFERKOTTE: "Nicht jetzt, Malve!"

MALVE: "Doch jetzt! Ich möchte Sie kurz unter vier Augen sprechen..."

Die Lehrerin sieht irritiert zu ihrer Schülerin.

FRAU SCHÄFERKOTTE: "Wie bitte? Bist du neuerdings die Klassensprecherin, oder was?"

MALVE: "Naja, sagen wir, ich bin so etwas wie das Klassengewissen... (zu den Mitschülern) Wer ist dafür, dass ich im Namen der Klasse für Seraphina spreche?"

Katja hebt die Hand, dann Gudrun und Asta. Auch Oscar hebt den Arm und dann gehen alle Hände in der Klasse hoch, außer die von der verdutzten Melanie und von Seraphina.

INT. FLUR IN DER SCHULE - TAG

Frau Schäferkotte sieht Malve wütend an.

FRAU SCHÄFERKOTTE: "Sag mal, spinnst du jetzt total?"

MALVE (unbeeindruckt): "Seraphina steht in Mathe locker auf einer Drei. Sie ist langsam. Deswegen wird sie in den Tests nie fertig. Sie schafft zwar nur die Hälfte, aber fehlerlos! Wenn Sie ihr jetzt eine Fünf geben... ist das Mobbing!"

Frau Schäferkotte sieht Malve fassungslos an.

FRAU SCHÄFERKOTTE: "Das wird ja immer besser hier! Für wen hältst du dich, sag mal?"

MALVE: "Ich bin einfach nur eine Schülerin. Aber ich gebe Ihnen einen guten Rat: Wenn ich Sie wäre..."

Scheinbar in Gedanken nimmt Malve das Jackett der Lehrerin zwischen Zeigefinger und Daumen und lässt es dazwischen entlangrutschen. Dann sieht sie der Frau kalt ins Gesicht.

MALVE: "... würde ich in mich gehen und Seraphina eine Vier geben! Das würde ich wirklich... an Ihrer Stelle! (ruhig) Ich werde es sonst nicht dabei bewenden lassen...!"

Frau Schäferkotte ist wie gelähmt, unfähig zu antworten.

SOFIA (O.S.): "Malve! Da bist du ja!"

Malve und die Lehrerin sehen, wie Sofia heran eilt...

SOFIA: "Frau Schäferkotte, guten Morgen! Ich bin gekommen um Malve zur Beerdigung ihrer Tante abzuholen!"

FRAU SCHÄFERKOTTE: "Äh... sicher! Richtig! Malve... du äh... du kannst gehen...!"

MALVE: "Wir sind dann soweit klar, Frau Schäferkotte?"

Die Lehrerin sieht in die kühlen Augen der Schülerin und ertappt sich beim Nicken. Sofia zieht Malve mit sich. Frau Schäferkotte sieht ihnen nach und bekommt plötzlich weiche Knie. Sie stützt sich an der Wand ab. Sie ringt nach Luft...

INT. IM LEHRERZIMMER - TAG

Dr. Reuter bringt Frau Schäferkotte, die bleich dasitzt einen Kognak. Die Lehrerin trinkt bebend.

DR. REUTER: "Annegret, was genau ist denn passiert...?"

FRAU SCHÄFERKOTTE (blickt verstört): "Es war dieses Kind... ich sah in ihre Augen... diese Augen... und plötzlich hatte ich Angst... ich schwör Ihnen, ich hatte Todesangst..!"

DR. REUTER: "Sie scheinen mir einfach nur überarbeitet zu sein. Gehen Sie zum Arzt und lassen sie sich ein paar Tage krankschreiben..."

Frau Schäferkotte nickt und bricht dann in Tränen aus...

EXT. VOR DER AUSSEGNUNGSHALLE - TAG

Sofia und Malve kommen mit Blumen heran. Sie sehen Herrn Josip und andere von der Belegschaft aus der Firma der Tante, die zur Beisetzung der Firmenchefin gekommen sind. Sofia nickt Herrn Josip, der sie begehrlich ansieht, knapp zu und geht weiter... Sie sieht zu Malve...

SOFIA: "Oh Gott! Ich hab ein ganz schlechtes Gewissen..."

MALVE: "Wieso denn?"

SOFIA: "Weil ich kein Stück traurig bin. Du glaubst nicht, wie froh ich darüber bin, dass Tante Lidija endlich tot ist. Und ich diesen Betbruder nicht heiraten muss..."

MALVE: "Ich auch. Und sind wir jetzt nicht auch noch sehr reich?"

SOFIA (kichert hysterisch): "Ja, wahrhaftig! Tante Lidija hat einen riesigen Konzern, und der ist viele Millionen wert!"

MALVE: "Dann wird doch jetzt alles besser!"

SOFIA (schluchzt vor Glück): "Ja! Jetzt wird alles besser!"

Malve nimmt die Hand der Mutter. Diese drückt sie und sieht ihre Tochter an. Sofia gewinnt die Fassung wieder...

SOFIA: "Es ist wirklich komisch. Als wir von ihr weggegangen sind, da war sie doch munter wie ein Fisch im Wasser... und eine halbe Stunde später stirbt sie einfach..."

MALVE: "Ich fand aber auch, dass sie nicht gut aussah!"

SOFIA: "Wirklich? Mir ist gar nichts aufgefallen. Ich dachte, die überlebt uns noch alle...!"

Da hält ein Wagen und Dr. Canebutter steigt aus.

MALVE: "Was will der denn hier?"

SOFIA: "Ich habe ihm gesagt, dass ich ihn gerne an meiner Seite hätte bei der Beerdigung... wieso?"

MALVE: "Aber... aber wir kriegen doch jetzt das Erbe... du musst den Blödmann nicht mehr heiraten..."

SOFIA: "Das weiß ich selber. Aber ich mag Gerold...!"

Malve sieht den sich nähernden Dr. Canebutter böse an. Ihre Hand umklammert die Brosche, die um ihren Hals hängt.

INT. IN MALVES ZIMMER – TAG

Malve hat ihre Trauerkleidung abgelegt und trägt wieder Jeans und T-Shirt, als es an die Tür klopft. Die Tür öffnet sich, bevor Male reagieren kann, und Dr. Canebutter schaut herein. Er hat eine Schachtel Schaumküsse in der Hand.

DR. CANEBUTTER (für Sofia gut hörbar): "Hallo, Malve! Darf ich stören? Hab dir etwas Süßes mitgebracht!"

Malve zuckt skeptisch die Achseln. Der Wissenschaftler schließt die Tür und wirft die Schokoküsse achtlos auf den Tisch. Er baut sich bedrohlich vor Malve auf.

DR. CANEBUTTER: "Schon wieder ein Todesfall! Erst dieser Junge an eurer Schule, dann der Freund deiner Mutter und jetzt die Erbtante... Erstaunlich viele Zufälle, findest du nicht?"

Malve verschränkt trotzig die Arme.

MALVE: "Sind keine Zufälle. Ich hab sie alle vergiftet. Ich bin zwar erst zwölf, aber schon ein völlig geisteskranker Serienmörder..."

Dr. Canebutter sieht sie an und runzelt die Stirn. Es ist wieder verunsichert.

DR. CANEBUTTER: "Komm mir nicht so! Ich gehe rein wissenschaftlich vor! Ich erwäge sämtliche Möglichkeiten, ziehe das Unmögliche ab und komme so zur Wahrheit! Und das bist du!"

MALVE: "Und was heißt das jetzt?"

DR. CANEBUTTER: "Was das heißt? Nun, Botulinum wirkt schnell... Also: Wo warst du, als deine Großtante starb? Hast du ein Alibi...?"

MALVE (kalt erwischt): "Naja... äh... ich war mit einem aus meiner Klasse zusammen...

DR. CANEBUTTER: "Mit wem?"

MALVE: "Nun... mit... mit ehm... er heißt Oscar!"

DR. CANEBUTTER: "Mit Oscar! Gut, warum fahren wir nicht zu diesem Oscar und fragen ihn? Wenn er deine Geschichte bestätigt, ist alles prima... (beugt sich böse vor) Aber ein Gefühl sagt mir, dass dem nicht so sein wird..."

Er sieht Malve mit einem herausfordernden Lächeln an.

EXT. VOR DER ALTEN NÄHEREI - TAG

Dr. Canebutters BMW hält vor der alten Näherei. Er und Malve steigen aus. Canebutter wirft zwei Kaugummis ein.

DR. CANEBUTTER: "Hier soll dein Freund wohnen?"

MALVE: "Nein. Er wohnt nicht hier. Er macht hier Graffitis."

DR. CANEBUTTER: "Sei's drum. Na dann, los!"

Der Wissenschaftler gibt Malve einen kleinen Stoß, damit sie sich in Bewegung setzt.

INT. IN DER NÄHEREI - TAG

Oscar steht auf einem Podest und sprüht an einem gigantischen Graffiti herum, einer modernen Interpretation des letzten Abendmahles. Es ist eine beeindruckende Arbeit soweit.

Dr. Canebutter und Malve treten heran und betrachten das Kunstwerk. Oscar spürt, dass er nicht allein ist und dreht sich um. Er sieht von Malve zu dem unbekannten Mann...

DR. CANEBUTTER: "Du bist Oscar?"

OSCAR: "Bin nicht sicher... Wieso? Wer will das wissen?"

DR. CANEBUTTER: "Es geht um den Mittwoch vor acht Tagen. Malve hier behauptet, ihr beide wäret den ganzen Nachmittag zusammen hier verbracht... Kannst du das bestätigen?"

Oscar sieht zu seiner Klassenkameradin, die ihn blass ansieht.

DR. CANEBUTTER: "Ihre Mutter hat sie am Hölderlin-Platz abgesetzt... das war kurz nach halb drei... dort hat Malve dich angeblich getroffen und ihr wart die nächsten drei Stunden beisammen... ohne Unterbrechung! Stimmt das?"

Oscars Blick geht zu Malve, dann wieder zu Dr. Canebutter.

OSCAR: "Okay, ich weiß, wohin das jetzt läuft. Aber ich habe sie nicht angefasst! Wir haben uns nur geküsst... und auch das nur einmal! Ansonsten haben wir nur Händchen gehalten."

Malve schaut ihn baff an. Dr. Canebutter runzelt die Stirn.

DR. CANEBUTTER (ungläubig): "Wirklich? Drei Stunden lang?"

OSCAR (grinst Malve an): "Kam mir wie zehn Minuten vor!"

Dr. Canebutter schaut verdrossen zu Malve, die mit den Achseln zuckt und tut, als wäre sie verlegen.

I/E. IM BMW AUF DEN STRASSEN - TAG

Dr. Canebutter steuert frustriert den BMW. Malve sitzt auf dem Rücksitz.

DR. CANEBUTTER: "Du bist 12 Jahre! Wie kannst du dich da schon mit Jungen einlassen? Das ist viel zu früh! Hast du denn überhaupt kein Verantwortungsgefühl?"

MALVE: "Es ist Liebe. Es ist eben stärker als ich!"

DR. CANEBUTTER (stöhnt auf): "Ach, du ahnst es nicht...! (doch dann hält er inne) Warte! Oscar... er und du, ihr könntet unter einer Decke stecken..."

MALVE: "Oh, ja sicher! Oscar ist Hannibal Lecter und ich bin Frau Lecter!"

DR. CANEBUTTER (gepresst): "Morgen gehe ich zur Polizei und mache eine Aussage! Ich werde eine Autopsie für die drei Toten veranlassen! Sie alle sollen auf Botulinum untersucht werden! Und dann werden wir sehen, wer hier recht hat!"

INT. IN MALVES ZIMMER - NACHTS

Malve hat eine Schachtel mit Kaugummi-Dragees vor sich.

ERZÄHLSTIMME MALVE: "Ich hatte bereits drei Menschen getötet. Wenn ich damit aufflog, würde ich die Existenz einer vierten Person vernichten... die meiner Mutter! Ich hatte nun die Wahl: Entweder sie oder Dr. Canebutter..."

Sie träufelt von dem Gift auf jedes Dragee der Kaugummis.

INT. FLUR WOHNUNG MALVE - NACHTS

Malve huscht heran und steckt die giftigen Kaugummis in den Mantel des Doktors. Aus dem Wohnzimmer dringen Stimmen...

SOFIA (O.S.): "Schach!"

DR. CANEBUTTER (O.S.): "Oh nein, nicht schon wieder...!"

INT. IM WOHNZIMMER - NACHTS

Sofia und Dr. Canebutter sitzen sich gegenüber und spielen Schach. Der Wissenschaftler wirft seufzend seinen König um.

DR. CANEBUTTER: "Großartig, Sofia! Du spielst so unkonventionell, so brillant! Ich bewundere deine Strategie und kann mich nicht mehr auf mein eigenes Spiel konzentrieren! Das ist dein Trick, Sofia, gib's zu!"

Sofia lacht und nippt an ihrem Wein.

SOFIA: "Nein, das ist nicht mein Trick!"

DR. CANEBUTTER: "Was dann?"

SOFIA (kichernd): "Schau dir mal die Figuren an..."

Der Wissenschaftler schaut und blickt entgeistert auf.

DR. CANEBUTTER: "Deine Läufer stehen beide auf weißen Feldern...! Du... du schummelst!"

SOFIA (zieht eine Schnute): "Bitte, Gerold, nicht böse sein! Ich gewinne nun mal so gerne!"

Dr. Canebutter lacht kopfschüttelnd.

DR. CANEBUTTER: "Du Schlange! Du ausgekochtes Biest! Und ich lass mich austricksen, wie ein Anfänger!"

SOFIA: "Nein, ich hab dich zuerst mit Rotwein abgefüllt... Nüchtern hätt ich dich nicht täuschen können... Apropos!"

Sie nimmt die Weinflasche und gießt ihm nach. Er stöhnt.

DR. CANEBUTTER: "Sofia! Nicht! Ich muss doch noch fahren..."

SOFIA: "Du kannst nicht mehr fahren... (resolut) Du übernachtest hier!"

DR. CANEBUTTER (seufzt): "Die Couch sieht ganz bequem aus."

SOFIA: "Die Couch ist kaputt."

Dr. Canebutter dreht sich elektrisiert zu Sofia.

DR. CANEBUTTER: "Ich... ich soll bei dir schlafen?"

SOFIA: "Nur unter einer Bedingung!"

DR. CANEBUTTER: "Okay?"

SOFIA: "Kein Gute-Nacht-Gebet, ja?"

Dr. Canebutter lacht. Dann beugt er sich vor und küsst Sofia. Sie schlingt glücklich seufzend die Arme um ihn.

INT. FLUR WOHNUNG MALVE - NACHTS

Malve, die gelauscht hat, zieht sich zurück. Sie geht im Flur an der Jacke des Wissenschaftlers vorbei und sieht, dass die Klappe halb in der Tasche steckt. Sie ordnet das, damit niemand erkennt, dass jemand an der Jacke war...

EXT. DAS HAUS VON MALVE UND SOFIA - MORGEN

Die Sonne geht über dem Haus auf.

INT. IN DER KÜCHE - MORGEN

Als Malve in die Küche kommt, steht Dr. Canebutter in Iron-Man Boxershorts da und brät Eier und Speck. Als sie den Hausgast sieht, will sie sich wieder zurückziehen, doch der Doktor hat sie bereits gesehen.

DR. CANEBUTTER: "Malve! Hallöchen! Wie sieht's aus? Eier und Speck?"

MALVE: "Hört sich nicht wie ein Frühstück an, das das Gesundheitsministerium Schulkindern empfehlen würde!"

DR. CANEBUTTER: "Komm, setz dich, Malve, wir müssen reden!"

Malve stöhnt und setzt sich an den Küchentisch. Dr. Canebutter tut ihr und schenkt ihr eine Tasse Kaffee ein.

MALVE: "Kaffee? Für mich?"

DR: CANEBUTTER: "Koffein ist super! Auch für Kinder!"

MALVE: "Wieso wollen Sie reden? Ist doch alles gesagt, oder?"

DR. CANEBUTTER (seufzt schwer): "Malve, ich muss mich bei dir entschuldigen... ich bin einfach ein böser, verbitterter alter Knochen... ein Rechthaber... ein Hosenscheißer..."

MALVE: "Ja, weiß ich. Und weiter?"

DR. CANEBUTTER: "Ich habe heute Nacht bei deiner Mutter geschlafen... (muss durchatmen) Es war wie im Märchen... wie in Tausend und einer Nacht... Und plötzlich glaube ich wieder an einen Gott... Das Leben... das Leben kann so schön sein!"

MALVE (gequält): "Oh bitte! Es reicht! Ich will kein Wort mehr hören! Echt jetzt!"

Dr. Canebutter stellt seine Tasse ab und fixiert Malve.

DR. CANEBUTTER: "Hör zu: Ich möchte mich mit dir vertragen! Ich bin über das Ziel hinausgeschossen. Dass du das Gift hast, das war so eine fixe Idee, in die ich mich total verrannt hatte. Jetzt sehe ich natürlich, dass das Unsinn war! Und ich hoffe aufrichtig, dass du mir verzeihen kannst... Bitte, Malve, ich bin einfach so ein Nerd!"

Malve sieht ihn überrascht an.

MALVE: "Das ist jetzt Ihr Ernst, oder?"

DR. CANEBUTTER: "Ja! Und... nun ja, das ist jetzt heikel... Ich wollte dich fragen, und bitte raste jetzt nicht aus... ob du mich als... naja... als Vater akzeptieren könntest...?"

MALVE (fassungslos): "Wa... was ist kaputt?"

DR. CANEBUTTER (stöhnt auf): "Ja, ich weiß, es klingt verrückt, weil deine Mutter und ich uns kaum kennen... Ich weiß, ich wäre auf Bewährung bei dir: Aber bitte, Mädchen, gib mir eine Chance! Ich flehe dich an!!"

Malve sackt die Kinnlade etwas herunter. In diesem Moment kommt Sofia im ihrem Morgenmantel heran. Sie sieht glücklich aus, küsst Malve und geht dann um den Tisch und setzt sich neben Dr. Canebutter.

SOFIA (gurrend zu Gerold): "Hallo, Tiger!"

Sie küssen sich zur Begrüßung. Sofia seufzt und tätschelt Malves Arm. Dann sieht sie auf den Teller.

SOFIA: "Eier und Speck!? Lecker!"

Sie greift zu. Dann sieht sie zu ihrer Tochter.

SOFIA: "Malve! Du trinkst Kaffee?"

Malve trinkt genüsslich und deutet auf Dr. Canebutter.

MALVE: "Papa hat es erlaubt!"

Sofia sieht erstaunt zu ihrem neuen Liebhaber. Der schenkt Malve ein ebenso dankbares wie erleichtertes Lächeln...

INT. FLUR WOHNUNG MALVE - TAG

Dr. Canebutter verabschiedet sich mit einem Kuss von Sofia. Er sieht zu Malve, die ihren Schulranzen auf dem Rücken hat und ebenfalls zum Aufbruch bereit ist.

SOFIA: "Ach Malve! Du kannst dein Rad nehmen! Gerold hat den Reifen geflickt!"

Malve blickt zu Dr. Canebutter.

DR. CANEBUTTER: "Tja, dem Ingenieur ist nichts zu schwör!"

Er greift in die Tasche und zieht seine Kaugummis heraus. Malves Augen weiten sich.

MALVE: "Warte!"

Sie tritt vor und nimmt Dr. Canebutter energisch die Kaugummis aus der Hand.

MALVE: "Eines muss klar sein: Kaugummi kauen geht gar nicht bei uns! Wenn das hier mit uns dreien klappen soll, gewöhn dir das ganz schnell ab! Rauchen, Alkohol, Marihuana, alles okay, aber keine Kaugummis! Mein letztes Wort!"

Damit geht sie schnell hinaus. Dr. Canebutter und Sofia sehen sich verdattert an.

SOFIA: "Kaugummis...??"

DR. CANEBUTTER (schnell): "Sie... sie hat Recht! Eine ganz blöde Angewohnheit! Und der viele Zucker ist ja auch nicht gut für die Zähne! Ab sofort also: Keine Kaugummis mehr!"

EXT. VOR DER SCHULE - TAG

Malve kommt heran.

ERZÄHLSTIMME MALVE: "Ich war erleichtert. Dr. Canebutter war vielleicht ein Trottel, aber im Grunde harmlos..."

Von der anderen Seite trottet Oscar heran. Er sieht sie, verlangsamt seinen Schritt kurz und geht dann weiter.

EXT. AUF DEM PAUSENHOF - TAG

Oscar kommt auf den Schulhof. Malve schließt zu ihm auf.

MALVE: "Was geht?"

OSCAR: "Nicht viel."

MALVE: "Hm. Okay."

Oscar bleibt stehen, weil sie weiter neben ihm geht.

OSCAR: "Ist noch was?"

MALVE: "Naja, danke wegen gestern...! Du hast mir meinen Hals gerettet... Ich dachte echt, ich bin dran..."

OSCAR (lächelt dünn): "Was hast du ausgefressen?"

MALVE: "Etwas, was meine Mutter nicht von mir wissen darf..."

OSCAR: "Na komm! Sag! Ich hab für dich gelogen!"

Malve sieht ihn an und überlegt.

MALVE: "Schwör, dass du es nicht rumerzählst!"

OSCAR: "Bist du blöd? Tu ich nicht! Also?"

MALVE: "Ich hab jemanden umgebracht..."

Oscar fällt das Gesicht herunter. Er sieht sie wütend an.

OSCAR: "Du weißt es also! Na prima! Glückwunsch auch!"

Er dreht sich um und läuft davon. Malve versteht kein Wort.

INT. IM SCHULFLUR - TAG

Malve holt den zornigen Oscar ein und hält ihn am Ärmel.

MALVE: "Jetzt warte mal! Was habe ich denn Schlimmes gesagt?"

OSCAR (wütend): "Wer hat geredet? Die Schäferkotte??"

MALVE: "Über was geredet?"

OSCAR: "Dass ich einen Menschen getötet habe! Darüber!"

Er will weiter, aber Malve hält ihn erneut.

MALVE: "Ich wusste nichts darüber! Ehrlich! Was ist passiert?"

Oscar stehen Tränen in den Augen.

MALVE: "Ich bin dir was schuldig. Ich sag es niemandem weiter!"

OSCAR (leise): "Es... war mein bester Freund. Wir haben zusammen Graffitis gemacht. Wir haben einen Zug getaggt und dabei ist er an die Hochspannung gekommen..."

Malve sieht Oscar in das gequälte Gesicht.

MALVE: "Das war ein Unfall...! Oder wieso sagst du, du hast ihn umgebracht? Du hast ihn doch nicht gestoßen?"

OSCAR: "Nein, ich habe ihm gesagt, er soll auf die andere Seite klettern...! Ohne mich... würde er noch leben...!"

Malve sieht ihm in die Augen und schüttelt den Kopf.

MALVE: "Es war ein Unfall! Und wenn du was anderes glaubst, bist du ein noch größerer Idiot als ich bisher dachte...!"

Damit lässt sie ihn stehen und geht davon.

EXT. AUF DEM PAUSENHOF - TAG

Serephina, Katja, Gudrun, Asta und Malve stehen zusammen.

SERAPHINA: "Malve! Das vergess ich dir nicht! Eine Vier in Mathe! Wie hast du das nur hingekriegt?"

MALVE: "Oooch, ich musste nur ein bisschen Schlitten fahren mit der guten alten Schäferkotte...! Kein Ding!"

Die Mädchen lachen vergnügt.

ASTA: "Nächstes Jahr musst du unsere Klassensprecherin sein! Nach der Nummer kommst du nicht drumherum!"

KATJA: "Genau! Und dann machst du sie alle fertig!"

Plötzlich hören sie einen unterdrückten Nieser. Von unten. Sie stehen auf einem Gitter und blicken nach unten. Dort kauert Ruben und sieht sie verlegen grienend an.

RUBEN: "Hallo, Mädels! Was geht?"

ASTA: "Seht mal! Er hat eine Kamera! Der filmt uns unter die Röcke! Der hat irgendwas an "me-too" falsch verstanden...!"

KATJA: "Ruben! Du Drecksau!"

INT. UNTEN IM HOHLRAUM - TAG

Ruben blickt nach oben und seine Augen weiten sich.

RUBEN: "He! Das ist jetzt nicht euer Ernst, oder? Ich meine, das könnt ihr echt nicht machen...!!

Da plätschern schon einige Strahlen auf ihn herunter...

EXT. VOR DER SCHULE - TAG

Die Mädchen klatschen sich ab und verabschieden sich. Malve geht nach links, wo ihr Fahrrad angeschlossen ist. Als sie es aufgeschlossen hat und aufsteigen will, sieht sie dass Oscar an der Mauer lehnt und offenbart auf sie wartet...

MALVE: "Was ist?"

OSCAR: "Ich bin neugierig. Du hast gesagt, du hast auch jemanden umgebracht..."

MALVE: "Ja. Es waren sogar mehrere..."

OSCAR: "Was du nicht sagst..."

MALVE: "Doch! Ein Schwein, eine Ratte und eine alte Krähe..."

OSCAR (lacht freudlos): "Was du da erzählst! Aus dir soll einer schlau werden..."

MALVE: "Musst du ja nicht...!"

Sie will weiter, aber diesmal ist es Oscar, der sie hält.

OSCAR: "Hör mal! Du hast zwar eindeutig einen Schaden, aber du scheinst mir nicht so hohl zu sein wie alle anderen... ...und wie du der Seraphina gegen die Schäferkotte geholfen hast, das hätt nicht mal ich mich getraut..."

MALVE: "Und was heißt das?"

OSCAR: "Wieso kommst du nicht einfach mal runter zur alten Näherei und guckst dir meine Sachen an...? Wolltest du doch! Montag und Freitag ist es schlecht, da ist meine Familie da, aber sonst geht's immer..."

Malve ist überrascht, aber dann lächelt sie.

MALVE: "Okay. Mal gucken, ob es geht..."

Oscar lächelt dünn, macht einen Winker und geht davon. Malve sieht ihm nach mit einem komischen Gefühl in der Magengegend. Da tritt Melanie neben sie. Sie blickt Oscar nach.

MELANIE: "So! <u>Du</u> willst also unsere nächste Klassensprecherin werden...?"

Malve sieht zu ihr, und ihr Gesicht verhärtet sich.

MALVE: "Und wenn schon."

MELANIE: "Weißt du, es ist wichtig im Leben, wenn man weiß, wo man hingehört. Du willst hoch hinaus? Träum weiter! (lächelt böse) Aber es gibt auch gute Nachrichten für dich: Noch tiefer runter kann's nicht gehen!"

Sie geht davon. Malve sieht ihr wütend nach.

MALVE: "Wir werden ja sehen, am Ende gewinnt!"

MELANIE (dreht sich um): "Ja, Süße, das werden wir!"

Sie stöckelt auf ihren hohen Schuhen davon.

INT. WOHNUNG MALVE - TAG

Sofia sieht Malve verwundert an.

SOFIA: "Aber du wolltest mit mir shoppen gehen! Und drüben in Darmstadt haben sie heute ein Fabrik Outlet mit Topmarken! Und ich hab jetzt einen Dispo-Kredit bei der Bank...!"

MALVE: "Ich kann trotzdem nicht! Ich hab was anderes vor..."

Malve will weg, doch Sofia hält sie an ihrer Schulter.

SOFIA: "Da ist so ein Glanz in deinen Augen... da wird doch nicht etwa ein hinreißender Jüngling dahinter stecken...?"

Malve verzieht genervt das Gesicht.

MALVE: "Ein Junge... ja, ganz sicher...! Gehst du mit mir jetzt zum Frauenarzt und kaufst mir Kondome?"

Sie macht sich los und geht in ihr Zimmer. Sofia sieht ihr mit einem wissenden Schmunzeln nach.

INT. IN MALVES ZIMMER - TAG

Malve steht vor ihrem Spiegel und malt sich die Lippen an.

ERZÄHLSTIMME MALVE: "Oscar war anders als die Jungen bei uns an der Schule. Er war erwachsener... intelligenter und er war süß. In meinem Bauch fühlte es sich ganz komisch an..."

Malve sieht sich im Spiegel an und findet sich furchtbar.

EXT. VOR DER ALTEN NÄHEREI - TAG

Malve kommt herangeradelt und schließt ihr Fahrrad am Zaun vor der alten Näherei an. Sie hat sich schick hergerichtet und sogar ein Kleid aus dem Schrank gekramt. Sie klappt einen kleinen Handspiegel auf und kontrolliert ihr Aussehen. Dann atmet sie tief durch und geht los...

INT. IN DER NÄHEREI - TAG

Malve betritt die Halle und sieht das große Graffiti. Es ist wirklich sehr beeindruckend, was Oscar da geschaffen hat. Da hört Malve ein Geräusch. Sie blickt zur Seite und sieht Oscar, der mit dem Rücken zu ihr steht und sich mit Melanie unterhält. Als diese Malve sieht, tritt sie vor, schlingt die Arme um Oscars Hals und küsst ihn auf den Mund. Oscar lässt es zu. Melanie löst sich, linst lächelnd an ihm vorbei und zwinkert Malve zu, ohne die Umarmung zu lösen. Dann küsst sie Oscar wieder und der scheint nichts dagegen zu haben. Der Anblick trifft Malve bis ins Mark. Erst nach einer gefühlten Ewigkeit kann sie die Schockstarre überwinden, dreht sich um und flieht aus der peinlichen Situation...

EXT. AUF DEN STRASSEN - TAG

Malve läuft ziellos dahin. Ihr Make-up ist verwischt. Tränen laufen ihr über das Gesicht.

INT. IN MALVES ZIMMER - NACHT

Malve liegt auf ihrem Bett. Sie starrt bleich an die Decke.

ERZÄHLSTIMME MALVE: "Ich redete mir ein, dass es egal war und dass Oscar selbst schuld war, wenn er auf Melanie reinfiel und dass ich drüberstand... Aber die Wahrheit war, dass es wehtat... so weh wie nichts vorher wehgetan hatte..."

INT. IN DER KLASSE - NACHT

Malve sitzt blass auf ihrem Platz. Die Stimmen um sie herum nimmt sie nur als dumpfes Dröhnen wahr. Dann dreht sich ihr Kopf und sie sieht zu Melanie. Die, ihrerseits schaut zu ihr hinüber. Ein spöttisches und triumphierendes Lächeln erscheint um ihre Mundwinkel...

INT. IN DER TURNHALLE - TAG

Malve kommt zum Sportlehrer Mehnen.

MALVE: "Herr Mehnen! Ich glaube, mir ist nicht gut. Ich... ich fühle mich schlapp und schwindelig..."

LEHRER MEHNEN: "Trink am besten etwas und ruh dich aus!"

MALVE: "Ja, gut!"

Malve geht zum Ausgang der Turnhalle. Dabei kommt sie an Oscar vorbei, der mit einem Basketball übt.

OSCAR: "Alles klar bei dir?"

MALVE (verächtlich): "Kann dir doch egal sein!"

Sie geht weiter und Oscar sieht ihr etwas irritiert nach.

INT. IN DER UMKLEIDE - TAG

Malve schließt die Tür und geht zu Melanies Sachen. Sie macht sich an deren Jacke zu schaffen. Sie findet Melanies Lippenstift. Malve dreht sich um und lauscht. Dann nimmt sie den Giftflakon aus ihrer Brosche und träufelt drei Tropfen auf die Spitze des Lippenstiftes. Sie verschließt das Accessoire wieder, tut alles wieder an Ort und Stelle und verschwindet aus der Umkleidekabine.

EXT. AUF DEM PAUSENHOF - TAG

Malve steht am Zaun. Sie wirft unruhig und immer wieder flackern ihre Blicke herum. Da tritt Ruben an Malve heran. Er hat einen Stift und einen Block in der Hand.

RUBEN: "Ich mache eine Umfrage! Multiple choice-Fragen, ja?"

MALVE: "Ruben, nerv mich jetzt nicht, ja?"

RUBEN: "Frage eins: Bist du noch Jungfrau? Antwort A - Nein, schon lange nicht mehr, Antwort B - Vielleicht, bin mir nicht sicher. Antwort C - Ja, aber nur weil mir das Jungfernhäutchen beim Sport gerissen ist..."

Malve legt Ruben die Hand auf den Mund.

MALVE: "Ich stelle dir auch eine multiple Choice-Frage, okay? Willst du sterben? Antwort A: Ja, schnell! oder Antwort B: Nein, quäl mich vorher bitte noch...! Na?"

Ruben sieht sie bleich an und schluckt. In diesem Moment ertönt ein spitzer Schrei von der anderen Seite des Schulhofes. Malve und Ruben sehen hinüber.

MALVE: "Da muss was passiert sein!"

Sie lässt Ruben stehen und setzt sich in Bewegung.

Ein Pulk von Schülern und Lehrern hat sich gebildet. Das erste, was Malve sieht, ist Melanies Lippenstift auf dem Boden. Ein böses Leuchten geht über ihr Gesicht. Sie drängelt sich in den Pulk. Als sie fast in der Mitte angekommen ist, drückt sie noch ein Mädchen zur Seite...

MELANIE: "Hee!"

Malve sieht die Klassensprecherin erschrocken an. Dann blickt sie auf den Boden. Dort liegt Oscar mit weit offenen Augen...

Frau Schäferkotte fühlt ihm bleich den Puls. Aber Oscar rührt sich nicht mehr, er ist tot. Malve starrt ihn unter Schock an. Seine Lippen sind rot angemalt. Neben ihm auf dem Boden liegt Melanies aufgeschlagenes Poesiealbum mit ihrer "Kissogramm"-Sammlung. In diesem Moment tritt Sportlehrer Mehnen neben Malve. In seiner Hand hält er den Lippenstift von Melanie. Er hebt den Stift und sieht in die Runde.

LEHRER MEHNEN: "Wem gehört dieser Lippenstift?"

ASTA (tritt näher und schaut): "Das ist ein Pillow Talk von Charlotte Tilbury! Sowas Teures hat hier nur Melanie!"

Alle sehen Melanie an, die selber völlig verstört ist. Als sie die Blicke der anderen bemerkt, wird sie nervös.

MELANIE: "Was?? Wieso seht ihr mich so an?"

FRAU SCHÄFERKOTTE: "Melanie! Du kommst mit uns mit!"

Während Melanie von den Lehrern davongezerrt wird, bleibt Malve zurück und sieht verstört auf den toten Oscar. Der Hausmeister kommt und breitet ein Tuch über ihm aus...

EXT. AUF DEN STRASSEN - TAG

Malve rennt, während ihr Tränen über die Wangen laufen.

INT. IM WOHNZIMMER - ABEND

Sofia und eine apathische Malve sitzen am Abendbrottisch. Dr. Canebutter steht in einiger Entfernung und telefoniert.

SOFIA: "Aber Schupfnudeln sind doch dein Lieblingsessen!"

MALVE: "Tut mir leid! Ich... ich kann grad nichts essen!"

SOFIA: "Warst du wieder heimlich an der Schokolade...?"

MALVE (stöhnt auf): "Nein! War ich nicht! Okay? Klar?"

Sofia hebt abwehrend die Hände und schüttelt den Kopf über die heftige Reaktion. Dr. Canebutter steckt sein Handy ein und setzt sich an den Tisch.

SOFIA: "Und?"

DR. CANEBUTTER: "Sie sind gerade mit der Obduktion fertig geworden. Es ist Botulinum Toxin! Der Junge, Oscar, wurde genau damit vergiftet..."

SOFIA (fassungslos): "Ein dreizehnjähriger Junge? Wer macht denn so etwas, um Himmels Willen?"

DR. CANEBUTTER (seufzt bitter): "Melanie Reuters. Es gibt keinen Zweifel mehr. Sie war bei uns im Institut am Tag als unser Gift verschwunden ist... Ich hätte eher auf sie kommen müssen."

Sie war im Bild der Videoüberwachung, kurz bevor das Gift verschwand... (sieht zu Malve) Und ich hatte jemand ganz anderen im Verdacht... zu Unrecht..."

SOFIA: "Ich verstehe das nicht! Was für einen Grund hatte Melanie, Oscar zu töten?"

DR. CANEBUTTER: "Sofern man das bei einem so jungen Mädchen sagen kann... war es wohl Mord aus Leidenschaft... Die beiden waren zusammen..".

Sofia schüttelt erschauernd den Kopf.

SOFIA: "Ich möchte gar nicht weiter darüber nachdenken... (sie sieht auf die Uhr) Wir müssen los, wegen der Testamentseröffnung... Malve, mach dich bitte fertig!"

Malve blickt auf.

MALVE: "Ich... ich komme nicht mit...!"

Sie wirft ihre Serviette hin und steht auf. Sie geht hinaus.

SOFIA: "Malve! Wo willst du denn hin?"

Im nächsten Moment klappt die Haustür. Sofia fährt hoch.

SOFIA: "Na, so geht das aber nicht, hier!"

Sie will zur Tür, doch Dr. Canebutter hält sie am Arm.

DR. CANEBUTTER: "Nicht. Ich glaube, Oscar hat ihr mehr bedeutet als wir vielleicht wissen... Lass sie einen Moment in Ruhe...!"

Sofia sieht zum Fenster, wo Malve davontrottet. Ihre Mutter seufzt, sieht dann aber ein, dass ihr neuer Partner recht haben könnte.

EXT. IM PARK - ABEND

Malve sitzt auf einer Parkbank und sieht auf die Giftphiole in ihrer Hand. Sie tropft etwas auf einen Keks.

ERZÄHLSTIMME MALVE: "Mir war ein Fehler unterlaufen. Ein verhängnisvoller Fehler... Und jetzt war Oscar tot... Ich sah nur eine Möglichkeit, das wieder in Ordnung zu bringen..."

Sie will den Keks in den Mund stecken. Aber dann zögert sie. Mit einem Mal beginnt die Glocke einer Kirche zu läuten. Malve blickt auf...

INT. IM BEICHTZIMMER - ABEND

Malve sitzt mit Pfarrer Zenk, einem verknitterten Geistlichen zu einem Beichtgespräch zusammen.

MALVE: "Und dann ist er gestorben! Wegen dem Gift im Schokoriegel!"

PFARRER: "Gestorben? Wer ist gestorben?"

MALVE: "Na, Leon-Phillip!"

PFARRER: "Aber ich dachte, es wäre ein... ein Oscar gestorben..."

MALVE: "Ja schon. Ich wollte nur etwas weiter ausholen, damit Sie den Hergang verstehen..."

PFARRER (skeptisch): "Du hast also nicht nur zwei Menschen vergiftet, sondern drei?"

MALVE: "Vier! Es kommt noch meine Tante dazu..."

PRIESTER (kann es nicht glauben): "Was du nichts sagst! Du willst vier Morde begangen haben...?"

MALVE: "Es waren nur drei Morde! Und ein Unfall!"

PRIESTER (wird ärgerlich): "Sag mal, bist du dir im Klaren darüber, dass die Beichte ein heiliges Sakrament ist...?"

MALVE: "Darüber bin ich mir natürlich im Klaren. Und auch darüber, dass ich zur Buße wahrscheinlich bis an mein Lebensende "Vater unser" und "Gegrüßet seist du Maria" beten muss..."

PRIESTER: "Still! Du verhöhnst Gott! Was ist das? Eine alberne Kinderwette?"

MALVE: "Wette?? Hochwürden, durch mich sind vier Menschen zu Tode gekommen! Ich versuche hier, meinen Seelenfrieden zu finden!"

PRIESTER: "Du bist zwölf Jahre und willst eine Massenmörderin sein? Für wie dämlich hältst du mich?"

MALVE (fauchend): "Allmählich für ganz schön dämlich!"

Der Geistliche steht auf und packt Malve derb am Arm.

PRIESTER: "So! Raus hier, du unverschämtes Gör!"

Malve schreit auf vor Schmerz.

MALVE: "Sie tun mir weh!"

PRIESTER: "Das geschieht dir nur Recht! Und du verdienst noch viel mehr! Hier hast du!"

Er ohrfeigt Malve trocken. Die presst ihre Kiefer zusammen und tritt den Priester, nicht faul, kräftig vor das Schienenbein. Der Mann stöhnt auf, taumelt rückwärts und gerät ins Straucheln. Er stolpert und fällt.

Dabei knallt er mit dem Hinterkopf heftig gegen den Tisch. Er fällt zu Boden und rührt sich nicht mehr... Malve starrt erschrocken auf den Seelsorger. Sie beugt sich über ihn und rüttelt an ihm. Doch seine offenen, starren Augen lassen keine Zweifel offen. Der Priester lebt nicht mehr.

MALVE: "Na prima! Nummer fünf...!"

INT. IN MALVES ZIMMER - TAG

Malve hat sich ein dunkles Kleid angezogen und macht sich vor dem Spiegel zurecht.

ERZÄHLSTIMME MALVE: "Ich hatte es mir gut überlegt. Ich hatte fünf Menschen auf dem Gewissen. Aber schuldig fühlte ich mich nur wegen Oscar..."

Sie verlässt das Zimmer.

EXT. VOR OSCARS HAUS - TAG

Malve tritt an ein Reihenhaus heran.

ERZÄHLSTIMME MALVE: "Mir war inzwischen egal, was mit mir passieren würde, aber ich musste reinen Tisch machen und Oscars Familie gestehen, was ich getan hatte..."

Sie geht zur Haustür und klingelt. Aber niemand macht auf. Malve klingelt noch einmal. Doch da tritt eine dicke Frau aus dem Nebenhaus.

DICKE FRAU: "Zu wem willst du denn?"

MALVE: "Zur Familie Langner! Den Eltern von Oscar..."

DiCKE FRAU: "Ach so! Ja, da hast du kein Glück. Die Familie ist runter in die alte Näherei..."

MALVE: "Dort, wo Oscar sein Bild gemalt hat?"

DICKE FRAU: "Das weiß ich nicht."

MALVE: "Egal! Vielen Dank!"

INT. IN DER NÄHEREI - TAG

Malve kommt in die Fabrik gelaufen. Doch hier ist niemand. Sie sieht auf Oscars Bild. Es ist immer noch beeindruckend für sie. Dann hört Malve ein Autogeräusch. Sie merkt auf und läuft hinaus.

EXT. VOR DER ALTEN NÄHEREI - TAG

Herr Langner, seine Frau und seine drei Töchter verlassen gerade den Wagen und streben mit Tüten und Kartons mit Spraydosen auf die Näherei zu, als Malve ihnen entgegentritt.

MALVE: "Hallo! (zögernd) Sind... sind Sie die Langners?"

HERR LANGNER: "Ja. Und wer bist du?"

MALVE: "Ich... ich heiße Malve und ich bin eine Klassenkameradin von... von Oscar!"

Die Langners sehen sich an.

HERR LANGNER: "Hallo Malve! Was kann ich für dich tun?"

MALVE: "Ich... ich wollte Ihnen mein Beileid ausdrücken..."

HERR LANGNER (nickt bewegt): "Danke! Das bedeutet mir viel... Komm doch morgen zur Beisetzung auf dem Nordfriedhof, Malve!"

Er will mit den anderen Familienmitgliedern an ihr vorbeigehen, doch sie hält den Mann am Arm.

MALVE: "Bitte... warten Sie!"

Die Langners bleiben stehen. Malve versucht sich zu sammeln um das loszuwerden, was sie loswerden muss...

MALVE: "Ich wollte sagen... ich möchte Ihnen mitteilen..."

Sie stutzt, als ihr Blick auf den Karton mit den Farbsprühdosen fällt. Sie schaut bestürzt auf...

MALVE: "Was wollen Sie mit den Farben? Sie wollen doch sein Bild... nicht übermalen?"

HERR LANGNER: "Um Gottes Willen, nein! Das da drinnen ist gewissermaßen das Bild der ganzen Familie... (mustert Malve genau) Hat dir Oscar erzählt, was... was passiert ist?"

Malve nickt stumm.

HERR LANGNER: "Der Psychologe, der Oscar betreut hat, hatte uns geraten, gemeinsam mit Oscar an diesem Graffiti zu arbeiten, damit wir alle wieder zurück in die Spur finden..."

FRAU LANGNER (mit nassen Augen): "Wir haben beschlossen, dass wir, trotz Oscars Tod, weitermachen wie bisher, die ganze Familie, wie gehabt jeden Freitag und jeden Montag, und es zu Ende bringen...!

HERR LANGNER: "Wir wollen uns so von ihm verabschieden..."

Die Langners setzen sich wieder in Bewegung. Malve holt tief Luft.

MALVE: "Halt! Warten Sie! Ich muss Ihnen etwas sagen!"

Die Langners halten inne und drehen sich um. Malve laufen die Tränen herunter.

MALVE: "Ich... ich bin für Oscars Tod verantwortlich...!"

Herr Langner runzelt die Stirn und sieht zu seiner Frau.

FRAU LANGNER: "Was redest du denn da? Dieses furchtbare Mädchen ist schuld! Diese Melanie!"

HERR LANGNER: "Ja! Sie hat das Gift aus dem Institut gestohlen und damit ihren Lippenstift benetzt! Sie allein ist verantwortlich..."

MALVE: "Nein! So ist es nicht gewesen... Oscar ist nur meinetwegen gestorben, weil ich nämlich..."

In diesem Moment tut es einen Schlag. Er kommt von der alten Näherei. Die Köpfe der Anwesenden wenden sich und Eckehard Langner sieht, wie sich ein langer Riss in der Außenwand des Gebäudes bildet. Sein Gesicht weitet sich.

HERR LANGNER (brüllend): "Weg hier!!! Alle weg!!"

Er reißt seine beiden Töchter mit, als ein weiteres Krachen ertönt. Auch seine Frau und Malve setzen sich in Bewegung und dann stürzt hinter ihnen unter ohrenbetäubenden Getöse das gesamte Gebäude ein...

Man läuft so schnell man kann, während sich eine große Staubwolke bildet. Erst in sicherem Abstand kommt man zum Stehen. Die vierköpfige Familie und Malve blicken entsetzt auf den Trümmerhaufen.

HERR LANGNER: "Um Himmels Willen!"

Seine Frau tritt zu ihm, zitternd und nimmt seinen Arm. Alle starren auf den Staubpilz. Malve starrt ebenfalls geschockt auf das komplett eingestürzte Gebäude. Frau Langner dreht unter Erschütterung den Kopf zu dem Mädchen...

FRAU LANGNER (tonlos): "Oh mein Gott! Ohne dich... wären wir jetzt alle da drinnen gewesen...!"

Auch Herr Langner sieht zu Malve.

HERR LANGNER: "Malve... was wolltest du uns gerade sagen...?"

Malve reißt ihren Blick von dem Gebäude los.

MALVE: "Oscar... Oscar und ich..."

Sie bricht ab.

ERZÄHLSTIMME MALVE: "Und plötzlich machte es keinen Sinn mehr zu gestehen. Ohne den vergifteten Lippenstift wäre Oscar zwar heute noch am Leben gewesen... aber er hätte trotzdem mit seiner gesamten Familie hier in der alten Näherei den Tod gefunden... Ich war zu verwirrt, das alles zu begreifen..."

Malve räuspert sich und blickt zu den Langners.

ERZÄHLSTIMME MALVE: "Sie warten auf meine Aussage. Vielleicht ging es auch eine Nummer kleiner als ursprünglich geplant..."

MALVE: "Oscar und ich, wir mochten uns ganz gerne und Melanie war eifersüchtig und... deswegen hat Melanie ihn vergiftet... (kleinlaut) ... meinetwegen...!"

Oscars Vater sieht Malve an und tritt dann zu ihr.

HERR LANGNER: "Nein. Es war einfach nur... ein Unglück! Eine Verkettung von Verhängnissen. Du hast keine Schuld, Malve! So etwas... das ist einfach Schicksal!"

Malve sieht dem Mann ins Gesicht und dann wieder zu der Trümmerstelle.

INT. WOHNUNG MALVE - ABEND

Dr. Canebutter und Sofia bereiten gemeinsam ein Essen zu, als sie sehen, wie Malve ihre Jacke schnappt und zur Tür geht.

SOFIA: "Nanu! Willst du noch weg?"

MALVE: "Einfach nur etwas Luft schnappen! Bin bald wieder da..."

EXT. AUF EINER BRÜCKE - ABEND

Malve steht auf der Brücke und nimmt ihr Medaillon ab. Sie entnimmt den Gift Flakon und sieht ihn an.

ERZÄHLSTIMME MALVE: "War ich ein Mörder? Oder ein Lebensretter? Oder beides? Fünf Leben hatte ich genommen und fünf gerettet. Glich sich das am Ende aus? Ich wusste es nicht... Ich wusste nur eines: Es wurde Zeit, das letzte Kapitel zu schreiben..."

Malve wirft die Phiole in hohem Bogen ins Wasser. Dann dreht sie sich um und geht weg.

EXT. AUF DEM PAUSENHOF - TAG

Malve hängt mit ihre Clique ab, Seraphina, Katja, Asta, Gudrun und einigen anderen.

ERZÄHLSTIMME MALVE: "Es war gut. Alles war gut. Diejenigen, die an der Schule oder bei uns zuhause für Unruhe gesorgt hatten, waren fort und es ist ein richtig harmonischer Ort geworden... Meine Mutter hat jetzt Millionen und sitzt im Aufsichtsrat von Tante Lidijas Konzern. Und Dr. Canebutter ist gar nicht so übel, wenn man ihn näher kennt. Ich versteh mich super mit ihm. Er ist wie der kleine Bruder, den ich nie hatte... Sicher, mir tut es wegen Oscar leid, aber vielleicht hat es alles so sein sollen... Ich habe meinen Frieden damit gemacht, und ich finde, das Leben kann gerade so bleiben...

Da rollt Ruben auf seinem Skateboard heran. Er hat eine Mappe in seiner Hand.

RUBEN: "Hallo Mädels!"

ASTA: "Ruben, geh! Wenn du nicht von Mädels gelyncht werden willst!"

RUBEN: "Ich will mit Malve sprechen, allein! Ich hab hier etwas, das sie sehr interessieren wird!"

Asta will ihn vertreiben, aber Malve hebt die Hand.

MALVE: "Warte! Lasst uns kurz alleine..."

Die Mädchen seufzen, stehen dann aber auf und verziehen sich. Ruben tritt vor und reicht Malve sein Mappe. Die klappt sie auf. Dann werden ihre Augen groß. Sie sieht auf ein Foto, auf dem sie selbst zu sehen ist, wie sie in der Mädchenumkleide einen Lippenstift mit einer Flüssigkeit aus einer blauen Phiole beträufelt...

RUBEN: "Denk nicht falsch von mir! Ich hab die Kamera nur in der Mädchenumkleide versteckt, weil ich weibliches Verhalten studiere! Also aus rein wissenschaftlichem Interesse...! Aber dieser Schnappschuss ist doch wirklich einzigartig, oder?"

Malve sieht Ruben an, der sie anlächelt.

RUBEN: "Wirft ein ganz neues Licht auf den Tod vom armen Oscar! Der Alte von Melanie ist doch irre reich! Was meinst du, wieviel zahlt der mir für dieses Bild?"

MALVE (gepresst): "Was willst du, Ruben?"

RUBEN: "Ihr, du und deine Mutter, ihr seid jetzt doch auch reich... Noch reicher als Melanies Vater... Ich will Geld! Ich will, sagen wir... 200 Euro! In kleinen Scheinen!"

Malve legt den Kopf schief und denkt nach.

MALVE: "Ich werde etwas Zeit brauchen. Ist ja nicht gerade wenig Geld, okay?"

RUBEN (macht auf knallhart): "Du hast bis Donnerstag, oder ich klingele bei Melanies Leuten!"

Er steigt auf sein Skateboard und rollt davon. Malve sieht in die Kamera und lächelt spröde.

MALVE: "War vielleicht doch nicht ganz verkehrt, dass ich mir ein paar klitzekleine Tröpfchen Botulinum aufgehoben habe..."

Sie tätschelt ihre Brosche, steht auf und schlendert entspannt zurück zu ihren Mädels...

ENDE

"Hugo war sein Name"

Da meine Laufbahn als Drehbuchautor zwischen 2012 und 2018 einen großen Niedergang erlebte, der schlussendlich in einem desaströsen Burnout endete, spielte ich zwischendurch des Öfteren mit dem Gedanken, einen eigenen Film zu machen.

Ich habe immer wieder mal Regie gemacht. Für meine ersten beiden Übungsfilme habe ich sogar Kurzfilmpreise gewonnen. Ich habe einige Folgen von "Sketch-Hotel" inszeniert, RTL's erster Eigenproduktion. Auch bei "Sissy - Die Perlinger-Show" war ich als Regisseur am Start. Da habe ich mir die Regie regelrecht erpresst, denn ich hatte fast sämtliche Sketche geschrieben und forderte den Posten des Spielleiters. Sissy bestand auf meine Szenen und so ließ man mich gewähren.

Aber Folgeaufträge blieben aus. Als Regisseur sah mich niemand. Wenn ich dennoch einen eigenen Film drehen wollte, brauchte ich ein spottbilliges Low-Budget-Projekt, am besten mit nur einem Motiv und zwei Darstellern...

Erst fielen mir Horrorgeschichten ein, mit entführten Frauen, die von Finsterlingen in Verliesen gefangen gehalten werden. Meine Frau meinte, dass kein Mensch solche Runterzieher sehen wolle. Zu Recht. Aber wie sonst sollte man rechtfertigen, dass die Geschichte in nur einem Motiv spielte?

Ich fand einen Ausweg aus dem Dilemma: Eine junge Frau, Dana, trifft, als sie gemeinsam mit ihrer todkranken Mutter unterwegs ist, zufällig auf ihren Erzeuger, den sie bis dahin noch nie gesehen hat. Dieser hatte sich aus dem Staub gemacht, als es damals ungeplant zu einer Schwangerschaft gekommen war. Wenig später stirbt die Mutter von Dana und sie bekommt eine heftige Lebenskrise. In ihrer Verzweiflung beschließt sie, ihren Vater zu kidnappen, in ihrem schalldichten Keller anzuketten und ihn in der Folge dazu zu zwingen, mit ihr eine Vater-Tochter-Beziehung aufzubauen.

Das ließ sich tatsächlich sehr vergnüglich schreiben und „Hugo" ist dann zwei Jahre später auch noch als Theaterstück im Münchner „Stückgut"-Verlag erschienen.

Ich drehte sogar mit Jasmin Schwiers und Thomas Heinze (beide waren fantastisch!) einen 15minütigen Teaser, um so vielleicht Finanziers für diesen Stoff zu gewinnen. Das hat aber nicht geklappt. Ausgerechnet, dass es ein „Kammerspiel" war, sprach jetzt gegen den Stoff. Keiner wolle mehr eine Geschichte sehen, die nur in einem Raum spiele, hieß es.

Jetzt, zu Corona-Zeiten, sieht das alles wieder ganz anders aus. Auch zu einer Theaterpremiere ist es nie gekommen. „Hugo war sein Name" mag nicht die größte Geschichte aller Zeiten sein, aber sie ist speziell und sehr warmherzig. Deswegen mag ich sie immer noch sehr und sie ist in dieser Sammlung dabei.

Und, wie schon erwähnt, habe ich, exklusiv für dieses Buch, ein neues Ende geschrieben...! Ein Ende, das, wie ich denke, ganz neue Perspektiven eröffnet...!

"HUGO WAR SEIN NAME"

EXT. FITNESSCENTER - ABEND

Ein Fitnesscenter von außen. Durch Panoramafenster sieht man Männer und Frauen auf Steppern und Ergometern trainieren...

INT. IM FITNESSCENTER - ABEND

Hugo, ein gut aussehender Mittvierziger, sitzt auf einem Brustmuskeltrainer und absolviert seine letzten Sätze. Er macht einen entspannten Eindruck. Er sieht lächelnd zu zwei trainierten Blondinen hinüber, die, auf dem Weg zu ihrer Aerobic-Klasse sind. Eine der beiden jungen Frauen lächelt zurück. Dann aber schiebt sich ein knackiger Hintern in Hugos Blickfeld. Die junge Dana (24) bückt sich vor ihm gerade nach Hanteln. Aber sie tut sich schwer, die schweren Gewichte abzunehmen, die außen auf den Gabeln hängen. Hugo besieht mit Kennerblick das reizvolle Gesäß Danas, bevor er sich erhebt und der Frau zur Hilfe eilt.

HUGO: "Warten Sie! Ich helfe Ihnen!"

Dana geht zur Seite, während Hugo die schweren Scheiben nimmt und Dana dann die gewünschten fünf Kilo-Gewichte reicht.

DANA: "Danke! Total nett!"

Dana ist eine herbe Schönheit, die aber Vitalität und Sexappeal ausstrahlt, besonders, wenn sie lächelt.

HUGO: "Tja, man sieht sich!"

DANA (unbekümmert): "Ja, man sieht sich!"

Hugo geht in Richtung der Umkleideräume.

INT. MÄNNERDUSCHE - ABEND

Hugo duscht sich...

INT. MÄNNERUMKLEIDE - ABEND

Hugo steht vor dem Spiegel und kämmt sich akkurat die Haare. Er bedenkt sein Ebenbild mit einem kritischen Lächeln...

INT. IM FAHRSTUHL VOR DEM FITNESSCENTER - ABEND

Hugo kommt herein und drückt den Knopf für die Tiefgarage. Die Türen schließen sich und der Lift setzt sich in Bewegung. Doch schon bei der nächsten Etage hält er an. Die Türen öffnen sich und Dana steigt zu, ebenfalls frisch geduscht und fertig zum Abflug. Die beiden sehen sich etwas überrascht an.

DANA (amüsiert): "Na, wenn das kein Zufall ist!"

HUGO: "Ist keiner! Ich habe ihnen aufgelauert!"

Dana schaut irritiert

HUGO: "War nur ein Spaß!"

Dana lacht hell. Dann sieht sie nach vorne, wie die Lifttüren sich schließen und drückt ebenfalls den Knopf für die Garage.

HUGO: "Sind Sie schon länger im Center? Ich hab Sie noch nie hier gesehen und ich komme gut dreimal die Woche..."

DANA: "Ich mache die Probewochen... Vielleicht bleibe ich!"

HUGO: "Oh! Ich hoffe, Sie tun's!"

Sie dreht sich zu ihm und sieht ihn mit erhobenen Brauen an.

HUGO: "Nicht, dass Sie es nötig hätten! Sie sehen aus, als hätten Sie zu Hause jede Menge Leichtathletik-Gold in der Schublade!"

Dana lächelt und dreht sich wieder zur Tür. Hugo mustert sie von der Seite. Sie trägt eine Lederjacke, ist burschikos gekleidet, aber durchaus anziehend. Der Fahrstuhl hält und Hugo lässt ihr beim Verlassen lächelnd den Vortritt.

INT. IN DER TIEFGARAGE - ABEND

Dana lächelt Hugo noch einmal zu.

DANA: "Schönen Abend!"

Sie geht davon. Hugo sieht ihr interessiert nach. Er wendet sich seufzend seinem Mercedes zu. Er öffnet den Wagen und verstaut seine Sporttasche im Kofferraum. Plötzlich ist da jemand hinter ihm. Er dreht sich um. Da steht Dana...

DANA: "Du, sag mal... hättest du Lust, mit mir zu schlafen?"

Hugo ist perplex und starrt sie mit offenem Mund an.

DANA: "Entscheide dich! Du hast noch drei Sekunden dafür!"

Hugo gewinnt seine Fassung wieder.

HUGO: "Ich brauch nur zwei: Ja! Ja, ich will! (lächelt betont weltmännisch) Zu mir oder zu dir?"

DANA: "Sagen wir zu mir. Aber dafür in deinem geilen Hobel!"

Hugo öffnet geschmeichelt den Schlag seines Mercedes und macht eine einladende Geste...

INT. KÜCHE DANA - NACHT

Hugo steht mit einem Glas Prosecco in der Küche und blickt sich um. Hier sieht alles sehr bürgerlich aus. Der Mann lächelt zufrieden ins sich hinein und trinkt von seinem Sekt.

Da kommt Dana herein. Sie trägt einen transparentes Kleid mit schwarzen Dessous darunter. Hugo lüpft die Brauen.

HUGO: "Wow! Und ich dachte, ich hätte Menschenkenntnis!"

DANA (unschuldig): "Wieso?"

HUGO: "Ich hätte dich eher... schüchtern eingeschätzt!"

Dana lächelt und schenkt ihm Prosecco nach.

DANA: "Oh, ich _bin_ schüchtern!"

HUGO: "Schüchtern? Aber eher so auf die Leopardenart, oder?"

Dana stößt mit ihm an und er trinkt. Sie hingegen nippt nur. Sie zieht ein paar rosa Plüsch-Handschellen hervor.

DANA: "Ich bin so schüchtern, dass ich mich nicht mal traue, dir die hier anzulegen..."

Sie reicht ihm die Plüschfessel. Er nimmt sie und schmunzelt.

HUGO: "Ich hab ja schon manche Frau kennengelernt, aber glaub mir, du bist 'ne Special Edition!"

Er klickt sich die Handschellen um seine Gelenke.

DANA: "So, du böser Junge! Und jetzt gehen wir in den Keller. Schnell..."

Hugo stellt amüsiert sein Glas ab.

HUGO: "Du kannst es wohl kaum erwarten?"

DANA: "Nein. Ich will Dich nur nicht runtertragen müssen..."

Sie zieht ihn aus der Küche.

INT. AUF DER KELLERTREPPE - NACHT

Dana führt Hugo die Treppe hinunter.

HUGO: "Du unterschätzt mich. Das bisschen Prosecco haut mich nicht um!"

DANA: "Das vielleicht nicht. Aber das Brom, dass ich hineingerührt habe, das schon..."

HUGO: "Brom? Wie Brom? Brombeer?"

DANA: "Nein, die Chemikalie. Brom, das chemische Element!"

HUGO: "Wie? Soll das ein Witz sein?"

DANA: "Nein. Ich bin eher so der humorlose Typ, weißt du...?"

Sie sind unten angekommen. Hugo runzelt die Stirn und bleibt stehen.

HUGO: "Hör mal, das ist mir jetzt eine Nummer zu schräg! Mach mich wieder los!"

Er hält ihr seine gefesselten Hände hin.

DANA: "Oh nein! Das mach ich sicher nicht! Betrachte dich einfach als meinen Gefangenen!"

In Hugos Ohren hat Danas Stimme nun einen seltsamen Hall. Er muss zwinkern, denn nun ist eine Unschärfe in seinen Augen.

HUGO: "He! Moment! Was ist... Was, zum Teufel hast du...?"

Alles beginnt sich du drehen. Hugo sieht seine eigenen Arme herumwedeln, als er fällt. Dann sieht er Danas Gesicht...

DANA: "Ich hab dich! Mann, bist du schwer!"

Dann umfängt ihn Schwärze.

INT. IM KELLERRAUM - NACHT

Als Hugo mit leichtem Kopfweh wieder zu sich kommt, liegt er auf einem Bett in einem fensterlosen Kellerraum. Ratlos sieht er sich um. Es scheint eine Art Freizeitraum zu sein. In der Ecke steht ein Allzweck-Fitnessgerät, daneben hängt ein Flachbildfernseher an der Wand. Es gibt einen Tisch und ein Bücher- und DvD-Regal. In der Ecke sieht er eine kleine WC-DUSCH-Zelle. Eine Lampe und eine Kaffeemaschine komplettieren die Ausstattung. Am Tisch sitzt Dana und schraubt an etwas herum, was aussieht, wie ein großes Armbanduhr. Hugo's Miene verfinstert sich. Er setzt sich auf und bemerkt, dass an sein Fuß von einer Metallschelle mit Kette daran umschlossen ist. Durch das Geräusch wird Dana aufmerksam. Sie blickt hinüber.

HUGO (schneidend): "Ich kann ja nur hoffen, dass das hier so eine Art Scherz ist!

DANA: "Ein Scherz? Nein! Ist kein Scherz! Seh' ich aus wie ein Clown?"

Hugo sieht sie irritiert an. Er greift in seine Tasche.

HUGO: "Was ist mein Handy? Meine Brieftasche? Wo ist meine Tasche?"

DANA: "Unter dem Bett! Handy und Schlüssel hab ich genommen."

Hugo zieht seine Sporttasche unter dem Bett hervor und holt seine Brieftasche heraus. Er klappt sie auf. Kreditkarten, Geld, Ausweis etc. sind noch da. Hugo schaut verunsichert...

HUGO: "Was läuft hier? Wieso bin ich angekettet? Gehört das zu einer Art erotischer Phantasie??

DANA (lacht auf): "Nein. Ich bin sexuell eher verklemmt..."

Hugo sieht sie ratlos an. Ihm wird unbehaglich zumute...

HUGO: "Bist... bist du eine Irre, die mich umbringen will?"

DANA: "Umbringen?? Ich? Dich?? Was hast du denn für Ideen?"

HUGO (heiser): "Wieso, verdammt, bin ich dann hier?"

DANA (beugt sich vor): "Weißt du noch, wo du vor 23 Jahren warst?"

Hugo blickt sie verständnislos an.

DANA. "Dachte mir schon, dass du dich nicht erinnerst. Aber weißt du was, Paps, das hab ich von dir auch nicht anders erwartet..."

HUGO (ratlos): "Paps?"

DANA: "Oder Vati, wenn dir das lieber ist!"

HUGO: "Was meinst du mit... 'Vati'?"

DANA: "Na, wieviel Deutungsmöglichkeiten fallen dir denn ein?"

HUGO (schaut verwirrt): "Moment mal! Da liegt ein Irrtum vor! Ich habe keine Kinder!"

DANA (ungerührt): "Doch. Mich! Und es ist auch kein Irrtum! Vor gut einem halben Jahr hat Mama dich wiedererkannt... im Fitnesscenter! Sie hatte noch Tage später Mordgedanken..."

HUGO (verwirrt): "Ihre... Deine Mama?? Jetzt warte mal! Wer soll denn das sein? Hol sie doch bitte mal her!"

DANA: "Würde ich gern. Aber sie ist leider tot!"

HUGO: "Tot?"

DANA: "Krebs. Bauchspeicheldrüse. Das geht schnell, sowas. Vor drei Wochen ist sie gestorben..."

Hugo sieht sie an. Sie macht nicht den Eindruck, als würde sie lügen.

HUGO: "Das... das tut mir leid! Herzliches Beileid..."

DANA: "Danke."

Hugo runzelt mit einem Mal unwillig die Stirn...

HUGO: "Ach Quatsch! Beileid! Ich liege hier in Ketten!! Worüber reden wir hier überhaupt??"

DANA (gepresst): "Wir reden davon, dass du mit Mama zusammen warst. Und dann wurde sie schwanger! Da hast du ihr gesagt, sie soll das Kind abtreiben, oder du bist weg!"

Hugo schaut ratlos und versucht sich zu erinnern.

HUGO: "Vor dreiundzwanzig Jahren, wo war ich da? Ich hatte da überhaupt keine Sachen mit Frauen laufen, außer mit... (bricht ab und sieht sie erschrocken an) Warte mal! Sie hat gesagt... sie macht dich weg!"

DANA (kühl): Ich verstehe deine Verwirrung. Aber kleiner Tip... (beugt sich vertraulich vor) Sie hat es nicht getan!"

HUGO: "Aber... aber...."

DANA: "Obwohl du ihr die Daumenschrauben angesetzt hast!"

HUGO: "Moment! Dass sie das Kind... dich wegmachen soll, hab ich nie gesagt! Ich sagte nur, wenn sie ein Kind will... (stockt verlegen) ...soll sie sich... naja... alleine drum kümmern..."

Dana sieht ihn unbewegt an. Hugo windet sich...

HUGO: "Gut, ich hab mich vielleicht nicht mit Ruhm bekleckert. Aber sie hat auch gesagt, sie nimmt die Pille!"

DANA: "Verstehe! Mama ist also schuld. Typisch Mann: Erst wird fröhlich gepudert und nachher war's der heilige Geist!"

HUGO: "Das war noch nie mein Motto! Ich bin... ...im Gegenteil... sehr romantisch!"

DANA: "Obwohl du dachtest, Mama würde abtreiben, hast du dich aber trotzdem nicht mehr gemeldet..."

Hugo ist verwirrt. Er versucht, sich zu erinnern...

HUGO: "Tut mir leid! Wirklich! Es ist nur so lange her..."

DANA: "Na, dann helf ich Deiner Erinnerung auf die Beine: Du hast die Familie sitzen lassen, weil du einfach weiter Party machen wolltest...! So'n toller Hecht wie du will ja nicht abtreten, bevor er mit einem repräsentativen Querschnitt der weiblichen Erdbevölkerung geschlafen hat!"

HUGO (empört): "So jemand bin ich nicht! Ich bin... ein Ehrenmann!"

DANA: "Der gestern, ohne zu zögern, seine eigene Tochter gepoppt hätte!"

HUGO: "Wieso gestern?"

DANA: "Du hast lange geschlafen!"

HUGO: "Herrjeh! Woher sollte ich wissen, dass du... dass du... naja..."

DANA: "Dass ich deine Tochter bin? Instinkt, eine feine Antenne, Gespür...irgend sowas vielleicht?"

HUGO (wedelt mit den Händen): "Dana! Das sind dreiundzwanzig Jahre her! DREIUNDZWANZIG JAHRE!!"

DANA: "Du meinst, nach so langer Zeit ist eine Vaterschaft verjährt?"

HUGO: "Nein, natürlich nicht... Aber ich hatte... einige Beziehungen... Aber zu einer Schwangerschaft ist dabei höchstens ein, zweimal gekommen!"

DANA: "Na, wenn das nicht die Quote eines Heiligen ist!"

Hugo will etwas erwidern, lässt dann aber die Arme sinken. Er versucht einen vernünftigen Gedanken zu fassen.

HUGO: "Also gut! Selbst wenn du meine Tochter bist, kannst du mich nicht einfach verschleppen und in Ketten legen!"

DANA: "Kann ich nicht? Guck dich mal an!"

HUGO: "Ich meine: Das macht man einfach nicht! Das ist ein absolutes No-Go!"

DANA: "Böse, böse Dana!"

HUGO (rastet aus): "Was, zum Teufel, willst du von mir?? Du bist doch nicht ganz richtig in der Birne! (brüllt los) Ich will jetzt augenblicklich hier raus! Sonst passiert was!!"

DANA (brüllt zurück): "Ach ja? Was denn? Rasselst du mit deiner Kette oder was??"

Hugo will weiter ausrasten, atmet dann aber durch und besinnt sich. Er versucht, ruhig zu bleiben...

HUGO: "Also: Was immer es für Probleme gibt; gehen wir sie doch mal an wie ganz zivilisierte Leute!"

DANA (sarkastisch): "Au ja!"

HUGO: "Es ist natürlich bedauerlich, dass du ohne Vater aufwachsen musstest. Aber es gibt Behandlungsmethoden für Menschen wie dich! Eine Therapie kann Wunder wirken und eines Tages springst du wieder... glücklich über Blumenwiesen...!"

DANA (sieht ihn ungläubig an): "Wow! Viel besser kann es bei der Bergpredigt ja auch nicht gewesen sein!"

HUGO (ärgerlich): "Jetzt hab ich aber die Faxen dicke! Du schließt jetzt auf der Stelle diese Kette auf!"

DANA (wütend): "Mach ich nicht! Dreiundzwanzig Jahre hast du dich vor deinen Pflichten als Vater gedrückt! Jetzt... siehst du ihnen ins Auge!"

HUGO: "Ach so! Ja, und wie genau stellst du dir das vor?"

DANA: "Ich hab keinen Schimmer! Warten wir's doch ab."

Hugo versucht, mit einem Ruck die Kette aus dem Ring an der Wand zu reißen. Aber das Material scheint überaus stabil...

HUGO (wütend): "Ist dir klar, dass _das_ hier Menschenraub ist? Dafür wandert man in den Knast, verstehst du? Ich bin Anwalt und ich sorge dafür, dass du lange einfährst, Kindchen!"

DANA (fauchend): "Du... bist nicht in der Position, _mir_ zu drohen! Und ich rate dir nicht, mich sauer zu machen!"

HUGO: "Tust du nicht? Ist mir doch latte, ob du sauer wirst!"

DANA: "Das ist es dir nicht! Provozier mich besser nicht!!"

HUGO: "Wieso? Verwandelst du dich dann in den Hulk? Glaub ich nicht... (macht große Ohren und singt spottend) Du bist ein Mädchen! Du bist ein Mädchen...!"

Dana stößt einen cholerischen Schrei aus und ballt die Fäuste. Für einen Moment sieht es so aus, als würde sie zuschlagen. Hugo macht mit den angewinkelten Armen Flügel, schlägt sie auf und ab und gackert wie ein Huhn... Dana dreht sich auf dem Absatz um, stapft zur Tür und geht hinaus... Hugo lacht selbstgefällig. Doch da gefriert ihm die Miene... Dana tritt wieder ein und hat ein stattliches Beil in der Hand. Hugo bleibt der Mund offen stehen.

HUGO: "Wawawa...warte! Das hab ich doch so nicht gemeint... Bitte tu nichts, was dir nachher Leid tut...!"

Dana packt das Beil und marschiert geradewegs auf Hugo zu.

HUGO: "Bitte! Ich bin dein Vater! Bitteee, tut die Axt weg!!"

DANA: "Das muss jetzt sein! Hättest mich nicht so sauer machen sollen..."

HUGO (fällt auf seine Knie): "Neeeeeiiinnn!!!!"

DANA (genervt): "Kannst du mal bitte Platz machen, damit ich an das Holz rankomme?"

HUGO: "Hä?"

Dann entdeckt er, dass hinter ihm an der Wand, säuberlich gestapelt, einige Holzscheite liegen. Dana greift sich eines und geht damit zu einem Baumstumpf, der an der Wand steht und als Sitzgelegenheit fungiert. Und als Hackklotz... Dana legt den Holzscheit auf den Hackklotz und packt das Beil mit beiden Fäusten.

Dann, aberwitzige Schreie der Wut ausstoßend, hackt sie mit dem Beil auf das Holz ein, während Hugo wieder vom Boden hochkommt und sie verständnislos anschaut.

DANA (hackend): "Hier hast du! Da! Und da! Und da! Und den!"

Schließlich lässt sie ausgepowert die Hand-Axt sinken und starrt schweratmend auf das ganze Kleinholz.

HUGO (verstört): "Was... was tust du da?"

DANA (atmet schwer): "Schon als ich klein war, hatte ich oft Stress mit anderen Kindern. Der Schulpsychologe meinte damals, ich sollte meine Wut kanalisieren... und der Vorschlag mit dem Beil und dem Hackklotz hat mir am besten gefallen... (breitet die Arme aus) Und wie du siehst, bin ich schon wieder ganz entspannt!"

Sie geht zum Tisch und trinkt aus einer Wasserflasche. Hugo nimmt die Augen nicht von ihr. Er räuspert sich dezent...

HUGO: "Man... wird mich suchen! Schon mal daran gedacht?"

DANA: "Wird man nicht."

HUGO: "Wird man nicht?"

DANA: "Ich hab alles gut vorbereitet! Ich bin dir ein paar Mal vom Fitness bis nach Hause gefolgt. Und jetzt, wo ich dich hab, bin ich mit deinen Schlüsseln in dein Apartment und habe ein paar E-Mails von deinem Account losgeschickt..."

HUGO: "Wie? Ohne mein Kennwort?"

DANA: "Dein Computer war nicht runtergefahren. Und nun denken alle, du bist in die Dominikanische Republik geflogen, weil dein schwarzer Halbbruder einen Nierenspender braucht..."

Hugo starrt sie fassungslos an.

HUGO: "Mein schwarzer Halbbruder? In der dominikanischen Republik? Das ist doch... total durchgeknallt!"

DANA: "Durchgeknallt hat was für sich... Wirkt oft viel glaubwürdiger! Deine Leute dürften dich vorerst jedenfalls nicht zurückerwarten!"

HUGO (entsetzt): "Sechs Wochen?? Heißt das, du willst mich solange hier... festhalten?"

DANA: "Sieh uns zwei Kaputniks doch an! Das hier wird sicher nicht an einem Wochenende über die Bühne gehen!"

HUGO: "Aha! Und wieviel Zeit hast du veranschlagt?"

DANA: "Bis wir beide ein stabiles Verhältnis aufgebaut haben..."

HUGO: "Ein stabiles Verhältnis?? Dir haben sie doch ins Gehirn geschissen! Ein 'stabiles Verhältnis'! Schwachsinn! (hält abrupt inne) Was meinst du eigentlich damit?"

DANA: "Na, du bist mein Vater und hast dich nie um mich gekümmert. Ich war dir scheißegal.. Aber jetzt brauch ich Hilfe und will endlich, was mir zusteht!"

HUGO: "Und was ist das? Was dir "zusteht"?"

DANA (es bricht aus ihr heraus): "Da fragst du noch? Mein ganzes Leben ist ein einziger Haufen Scheiße. Und warum? Weil ich nie einen Papa hatte. Nur eine Mama, mit dem Credo, dass du ihr Leben zerstört hast! Und immer wenn ich mal nicht auf Linie war, hieß es: Wie dein Vater! Sie hat dich gehasst, und den Teil von dir, der in mir steckt, gleich mit dazu! Und jetzt ist Mama tot! Für sie war ich das Kuckuckskind und für dich so lästig, wie ein Jucken am Sack! (atmet tief durch) Oh ja! Du bist mir was schuldig, PAPS!!"

Für einen Moment ist Stille. Hugo sieht sich unbehaglich um. Dana geht durch den Raum und bleibt vor dem Fernseher stehen.

DANA: "Seit Mamas Tod könnte ich den ganzen Tag die Wände hochgehen! Ich dreh noch durch...! (sieht ihn an) Und weiß du, woran ich seitdem pausenlos denke... an Selbstmord!"

Hugo sieht sie an und ist nun betroffen.

DANA: "Ich komm nicht mehr klar, verstehst du? Ich bin total am Arsch! Und deswegen brauch ich jetzt, verdammt noch mal! Ich brauch endlich meinen Papa!"

HUGO (bedächtig): "Okay. Du bist traurig. Und wütend. Aber du kannst nicht einfach deinen Vater kidnappen und in Ketten legen! Das ist keine Lösung!"

DANA: "Du meinst also: Wenn ich mich vor dich hingestellt und gesagt hätte: 'Hallo, ich bin deine Tochter!' hättest du mich gleich in deine Arme geschlossen?"

HUGO (windet sich): "Ehm... das nehm ich doch schwer an...!"

DANA: "Du wolltest auch gleich wieder bei Mama zurück sein, als du damals 'kurz' los bist, um dein Auto aus der Feuerwehreinfahrt zu fahren... (nickt bitter) Mama hat noch auf dich gewartet, als ich Erstkommunion hatte!"

HUGO: "Ich bedaure das als alles wirklich sehr!"

DANA: "Schön! Du kannst es hier gerne wieder gut machen!"

HUGO: "So funktioniert das nicht! Man kann niemanden zwingen, einen zu lieben!"

DANA: "Vielleicht. Aber ich, deine Tochter, könnte dich ja ebenfalls lieben...! Anstatt dich, wie im Moment, für eine charakterlose Hyäne zu halten!"

Hugo sieht sie bedröppelt an. Sie geht samt Jacke zur Tür.

HUGO: "Moment? Wo willst du denn hin? Wir sind hier noch nicht fertig!"

DANA: "Es war echt ein anstrengender Tag. Du hast keine Ahnung, wie brutal das schlaucht, jemanden zu entführen. Ich hau mich mal hin!"

HUGO (entsetzt): "Du... haust dich hin? Und ich?"

DANA: "Du? Du kannst von mir aus noch aufbleiben..."

Bevor Hugo antworten kann, ist sie zur Tür hinaus.

HUGO: "Dana! Bitte! Komm zur Vernunft! Ich muss morgen früh zur Arbeit! Das ist doch alles Irrsinn! Dana...!!!"

INT. IM KELLERRAUM - MORGEN

Hugo schreckt aus unruhigem Schlaf hoch. Das Licht brennt. Er ist allein. Auf dem Tisch steht ein Tablett mit Brötchen, Marmelade und einer Thermoskanne. Hugo entdeckt, dass die Kette am Fuß ausgetauscht und durch ein längeres Modell ersetzt wurde. Auch die Schelle ist neu und eine Diode daran blinkt rot. Hugo erhebt sich, geht zum Tisch und begibt sich dann zur Tür. Die ist aus Metall und abgeschlossen.

HUGO: "Das ist alles nicht wahr! Das glaubt mir kein Mensch, hier!! (er holt tief Luft) Hilfee!! Hiiiiillfffeeeeeeee...!"

EXT. VOR DANAS DOPPELHAUSHÄLFTE - MORGEN

Ein Doppelhaus in einem Vorort. Ein Rasengrundstück mit dichten Hecken umgibt das Gebäude. Man hört nichts. Nur die Vögel zwitschern...

INT. IM KELLERRAUM - ABEND

Dana schließt die Tür auf, als Hugo sie von hinten packt.

HUGO: "So, Mädchen! Jetzt hab ich dich!"

Dana hat so etwas erwartet und bleibt ganz ruhig.

DANA: "Paps! Entspann dich! Alles ist gut!"

Aber Hugo hält sie weiterhin stählern gepackt.

HUGO: "Ist es nicht! Ich hätte heute vor Gericht mein Abschlussplädoyer im Fall Wolf halten müssen! Ich wäre nächsten Monat Partner geworden, in der Kanzlei! Stattdessen sitz ich hier in einem Kellerloch mit einer Geistesgestörten, die sich für meine Tochter hält!"

DANA: "Hör zu, Papa! Siehst du mein Handgelenk hier?"

Dana hebt ihre Hand. Hugo sieht hinüber, ohne Dana loszulassen. An ihrem Handgelenk prangt die seltsame Armbanduhr-Vorrichtung, an der Dana herumgeschraubt hat...

HUGO: "Was ist damit?"

DANA: "Das ist ein Sender! Damit kann ich die Manschette an deinem Fuß über Funk unter Strom setzen..."

Hugo starrt ungläubig zu der Vorrichtung hinüber.

HUGO: "Das ist doch ein Bluff, oder?"

DANA (geduldig): "Du kannst mich jetzt loslassen, oder auch gerne eine Demonstration bekommen!"

HUGO: "Da musst du früher aufstehen, wenn du denkst, darauf falle ich herein!"

Dana winkelt den Mittelfinger an und berührt einen Kontakt auf der Handinnenfläche. Ein brizzelndes Geräusch ertönt, als der Stromschlag über die Fußfessel kommt. Hugo wird heftigst durchgeschüttelt und muss Dana loslassen.

DANA: "Das nächste Mal kannst du ruhig ein bisschen mehr Vertrauen zu mir haben! Ich bin deine Tochter, Mann!"

Hugo ist zu Boden gesunken und keucht mit weit aufgerissenen Augen. Ungläubig sieht er Dana an.

DANA: "Glaub mir! Das tut mir mehr weh als dir!"

Sie holt von der Tür eine Tüte, die sie davor abgestellt hat.

DANA: "So! Du wirst Hunger haben. Deswegen habe ich uns was gekocht!"

INT. IM KELLERRAUM - ABEND

Sie sitzen gemeinsam am Tisch und essen.

DANA: "Und? Schmeckt's?"

Hugo sieht sie finster an und sagt nichts. Dana tupft sich den Mund ab und verschränkt die Arme hinter dem Kopf.

DANA: "Versteh das jetzt nicht falsch, Paps! Ich will dich nicht bestrafen, ich will einfach nur mit dir zusammensitzen können!"

HUGO: "Ach ja? Erschieß mich doch und stopf mich aus! Dann könnte ich jeden Abend hier mit dir sitzen!"

DANA (winkt müde ab): "Du, echt... das sind jetzt alles keine neuen Gedanken für mich, glaub mir...!"

Hugo starrt sie entsetzt an.

HUGO (brüllt unvermittelt): "Ich will jetzt hier raus! Ist das klar?? Du bescheuerter Schwachkopf! Ich will hier rauuuss! RAAUUUSSS!!!"

Er bricht ab, als seine Stimme sich überschlägt und zu kieksen beginnt. Dana sieht ihn kopfschüttelnd an.

DANA: "Also, der Ton gefällt mir gar nicht, Papa! Das rüttelt wirklich ganz ungut an meinem Nervensystem."

HUGO (zeternd): "Ich bin ein erwachsener Mann und ich habe meine Rechte! Das ist Freiheitsberaubung und nur weil ich mit meiner Entführerin blutsverwandt bin, wird es nicht automatisch ein Bagatelldelikt!"

DANA: "Mach nur so weiter! Dann wird es garantiert nichts mit unserem gemütlichen Abend zu zweit!"

HUGO (japst nach Luft): "Gemütlicher Abend zu zweit? Denkst du, wir schwenken Kognaks, sehen uns tief in die Augen und erzählen uns unsere geheimsten Geheimnisse?"

DANA: "So in etwa, nur ohne den Kognak..."

HUGO (lacht verächtlich): "Du hast doch echt 'n Riss in der Schüssel, dass es nur so kracht! Ich werde jetzt gehen! Basta! Keine Diskussionen! Mach mich jetzt los!!"

Er hält ihr seinen Fuss mit dem Vorhängeschloss hin.

DANA: "Paps, hör auf damit! Ich lass dich nicht gehen. Und wenn du dich auf den Kopf stellst. Du hast es dir selber eingebrockt. Du hast eine Tochter in die Welt gesetzt und jetzt kümmerst du dich gefälligst um sie!"

HUGO: "Vaterschaft ist juristisch nicht einklagbar!"

DANA: "Eben! Deshalb musste ich dich ja auch schanghaien!"

HUGO (verschränkt die Arme): "So! Ab jetzt rede ich kein Wort mehr! Bis du mich freiläßt!

DANA: "Du weißt nicht, was du verpasst, wenn du dich hier querstellst: Ich hab noch Nachtisch und dann gibt einen Klassiker auf DvD: 'Ein Zombie hing am Glockenseil!'"

HUGO: "Ein Zombie-Film? So'n krankes Zeug guck ich nicht!"

DANA: "Ist aus deiner Wohnung!"

HUGO: "Ähh... ach... wirklich? Aus meiner Wohnung... muss einer meiner Freunde da vergessen haben..."

DANA: "Du hast locker hundert Filme. Und da war nicht einer dabei, der eine Altersfreigabe unter 18 hatte..."

HUGO: "Wie? Warst du etwa an der Schublade mit dem Vorhängeschloss?

DANA: "Du hast den Schlüssel oben auf dem Schrank deponiert! Warum hast du die Lade nicht gleich mit Kaugummi zugeklebt?"

HUGO: "Das... das ist meine Privatsphäre!"

DANA: "Das hab ich dann auch kapiert, als ich auf die zartroten, klebrigen Hüllen ganz hinten gestoßen bin...!"

HUGO (schnappt nach Luft): "Wie kannst du erwarten, dass sich zwischen uns ein Verhältnis entwickelt, wenn du nicht den geringsten Respekt mir gegenüber zeigst! Ich werde Dir jetzt mal sagen, worauf es da ankommt, Fräuleinchen: Erstens...!"

DANA: "Sag mal, wolltest du nicht gerade kein Wort mehr mit mir reden?"

HUGO (hält verwirrt inne): "Äh. Ja. Richtig."

Er hält den Mund. Dana seufzt und räumt die Teller zusammen.

DANA: "Dann geh ich nach oben und wir nehmen dann morgen Abend einen neuen Anlauf!"

HUGO: "Warte mal! Neuen Anlauf? Denk mal nicht, dass ich das Spielchen hier mitmache! Egal, was du tust!"

DANA: "Du änderst schon noch Deine Meinung..."

Sie hat alle Sachen aufs Tablett gepackt und geht zur Tür. Da springt Hugo brüllend auf.

HUGO: "Ich mach aber nicht mit!! Niemals! Du kleine Hexe! Du weißt nicht, mit wem du dich eingelassen hast! Ich verklag dich! Ich mach dich fertig! Hörst du! Ich mach dich fertig!"

Da schließt sich bereits die Tür. Hugo läuft und tritt mit voller Wucht dagegen. Der Erfolg sind unfassliche Schmerzen. Heulend hüpft Hugo auf einem Bein herum, bis er umfällt... Da geht die Tür wieder auf, und Dana steckt den Kopf herein.

DANA: "Ich glaub, ich geb dir besser wieder die kurze Kette!"

EXT. VOR DANAS DOPPELHAUSHÄLFTE - MORGEN

Dana steigt auf ihren Motorroller. Sie knattert davon...

INT. IM KELLERRAUM - VORMITTAG

Von Hugo ist nichts zu sehen. Aber dann rauscht die Spülung vom Klo und er kommt aus der Nasszelle heraus. Hugo hat die kürzere Kette am Fuß und bleibt beim Bücherregal stehen. Er zieht sich ein Buch aus dem Regal. Er sieht es an. Er wirft es beiseite und angelt sich mühselig das nächste.

HUGO: "Hanni und Nanni, Trixi Belden, Biss zum Morgenrot... gibt's hier denn nur Pubertätsschund?"

Da entdeckt er einen Roman.

HUGO: "He! Jules Verne! Na, immerhin!"

Er versucht dranzukommen, aber die Kette ist du kurz. Dann, unvermittelt bekommt er einen cholerischen Anfall. Er schnappt sich den Stuhl, der in seiner Reichweite ist und zertrümmert ihn an der Wand. Dann macht er mit dem Bett weiter, das er in seiner Raserei auch umkippt...

INT. IM KELLERRAUM - ABEND

Als Dana mit einem Fresspaket den Raum öffnet, sitzt Hugo in der Ecke des Raumes neben den Trümmern des Stuhles. Die junge Frau sieht die Holzsplitter an und schüttelt den Kopf.

DANA (vorwurfsvoll): "Paps! Nur weil du Frust hast, ist das kein Grund, alles kaputt zu machen! Das kostet doch Geld!"

HUGO: "Ich weiß! Dana! Könnten wir uns vielleicht... mal ganz vernünftig unterhalten?"

Dana sieht ihn an und lüpft die Brauen.

INT. IM KELLERRAUM - SPÄTER

Während Dana sich Chicken Wings schmecken lässt, versucht Hugo mit ausladenden Gesten Einfluss auf sie zu nehmen...

HUGO: "...und ja, warum sollte der Urlaub eine heilige Kuh sein? Für zwei Wochen mit seiner Tochter sollte ein Vater selbstverständlich Zeit haben! Er nimmt sie sich einfach! Keine Ausreden! Ganz klarer Deal!"

DANA: "Naja, das klingt echt gut!"

HUGO (lächelt): "Ich habe dich viel zu lange vernachlässigt! Und ich empfinde Erleichterung, dass wir uns so einigen...! Es wäre doch unwürdig für uns, so weiter zu verfahren!"

DANA: "Was ist schon würdig?"

HUGO (lacht zustimmend): "Da sagst du was! (entspannt) Wie wär's, wenn wir uns morgen Abend zum Fitness treffen und danach bei Salvatore, meinem Stammitaliener essen gehen? Sein Carpaccio ist ein Traum!"

DANA: "Hört sich gut an. Geht aber nicht!"

HUGO: "Wie? Hast etwas anderes vor?"

DANA: "Ja. Und du auch. Wir werden dann nämlich beide hier sein!"

HUGO (sieht sie mit großen Augen an): "Jetzt warte mal! Du wolltest einen Vater! Und ich habe gerade gesagt, ja, ich mach's! Ich sehe alles ein! Also, wo liegt das Problem?"

DANA: "Es gibt kein Problem. Nur brauchen wir kein Fitness und kein Carpaccio. Wir sind uns nämlich selbst genug!"

HUGO: "Aber hier ist doch nicht die richtige Umgebung für einen Neuanfang! Ein Mandant von mir hat eine Jacht in Cannes. Ein Anruf von mir genügt und wir jetten rüber! Was meinst du, was für einen Spaß wir da haben können...!"

DANA: "He, Paps, ich bin keine hirnlose Biene, die du mal eben einwickeln kannst. Ich bin deine Tochter, die manchmal aus Alpträumen aufwacht und keine Ahnung hat, wer sie ist. Ich will mich nicht mehr so zerrissen fühlen! Ich will heil werden. Mich geliebt wissen. Mit oberflächlicher Zerstreuung kannst du mich nicht ködern...!"

HUGO: "Mensch, begreif doch, worum es wirklich geht im Leben! Man muß etwas leisten, um seine Ziele zu erreichen! Jammern und lamentieren hat noch keinen weiter gebracht. Und jetzt mir den schwarzen Peter zuzuschieben, das ist zu billig!"

DANA: "Kann schon sein. Aber ich probiere es trotzdem!"

Hugo starrt sie und ringt um seine Fassung.

HUGO: "Du bist gemütskrank! Du brauchst dringend Hilfe! Lass mich hier raus, dann werde ich dir helfen!"

DANA: "Zum letzten Mal: Du kommst hier nur auf zweiten Arten raus: Als stolzer Vater... oder mit den Füßen zuerst!"

HUGO (verzweifelt): "Bitte, Dana! Denk doch mal an meine Karriere! Sie stellen einen anderen ein und ich steh mit 48 auf der Straße! Das kannst du nicht wollen!"

DANA: "Natürlich ist das alles bitter für dich. Aber im Moment geht es nicht um dich! Denn jetzt bin ich dran!"

HUGO (rauft sich die Haare): "Verflucht, verflucht... Das kann doch alles nicht wahr sein, hier!"

Einen Moment ist Stille. Dann setzt sich Dana und seufzt.

DANA: "Ich bin heute Nacht schon wieder aufgewacht... Es war schrecklich..."

HUGO (angefressen): "Ach Gottchen? War es das? Hört! Hört!"

DANA: "Paps, bitte! Es ist wichtig...! Ich habe wieder an Selbstmord gedacht! Ich weiß nicht, was das alles hier noch soll! Ich möchte einfach nicht mehr da sein..."

Hugo nickt verständnisvoll und hebt den Finger.

HUGO: "Also, Aristoteles schreibt, wenn man sich in warmem Badewasser die Pulsandern öffnet, dann ist das Sterben wie ein Gleiten durch die Wolken, von berauschender Schönheit..."

Er bricht ab und sieht ihren Blick. Er registriert seinen Faux Pas. Hugo fährt sich nervös durch die Haare...

HUGO: "Tschuldige. Das... das hab ich nicht so gemeint...!"

DANA: "Also, falls du irgendwann bereit wärst, mein Papa zu sein, gib mir Bescheid!"

HUGO: "Gebe ich hiermit! Nur ein kleines Telefonat würd' ich gern vorher noch führen! Oder gibt's Einwände?"

DANA: "Tu nicht, als wär ich eine Idiotin! Ich bin vielleicht etwas labil, aber keine von deinen Ex-und-Hop-Blondinen, die nachts mit Gucci-Sonnenbrillen gegen die Wand laufen!"

Dana steht auf und räumt die Essensreste zusammen.

HUGO: "Was machst du <u>jetzt</u>? Du... du lässt mich doch nicht wieder alleine?"

DANA: "Ich hab ein Date!"

Hugo stößt einen freudlosen Lacher aus.

HUGO (stößt einen Lacher aus): "Du hast ein Date? Ich hör wohl nicht richtig! Du machst Party und dein alter Vater hockt im Ketten-Kerker und darf Pippi Langstrumpf lesen?"

DANA: "Ketten-Kerker? Das hier war mein Kinderzimmer..."

Sie geht zur Tür. Hugo sinkt der Mut.

HUGO: "Kann ich wenigstens Fernsehen gucken? Ich komme mit der Kette nicht an das Gerät ran..."

DANA: "Fernsehen musst du dir verdienen!"

Sie öffnet die Tür und geht hinaus.

HUGO (verzweifelt): "Dana! Bitte!!!"

Sie bleibt stehen und dreht sich um. Hugo sieht sie kläglich an und deutet auf das Bücher-Regal.

HUGO: "Das Jules-Verne-Buch da! 'Keraban, der Starrkopf'! Kann ich das wenigstens bekommen?"

Dana sieht zum Regal. Dann wieder zu Hugo, der sie flehend ansieht. Sie geht zum Regal, nimmt das Buch und gibt es Hugo.

HUGO: "Das ist... nett! Danke!"

Dana nickt und ist dann aus dem Raum verschwunden.

<u>EXT. VOR DANAS DOPPELHAUSHÄLFTE - DÄMMERUNG</u>

Dana kommt mit ihrem Roller vorgefahren und bockt ihn auf. Dann geht sie in das Haus...

<u>INT. IM KELLERRAUM - DÄMMERUNG</u>

Hugo liegt auf dem Bett und windet sich stöhnend.

HUGO: "Aaaahhhh..."

Der Schlüssel geht in der Tür und Dana kommt herein. Sofort wird Hugos Stöhnen lauter. Schweiß steht ihm auf der Stirn und sein Hemd ist durchgeschwitzt... Er keucht...

HUGO: "Dana... oh Gottseidank, dass du kommst... Mit mir stimmt etwas nicht... Aaahhhhh!"

Er windet sich heulend auf dem Bett. Dana tritt näher.

DANA: "Was ist denn los...?"

HUGO: "Hier... in meiner Seite... das sind wahnsinnige Schmerzen... der Abdomen ist verhärtet... Ich... fürchte, es ist der...aaaaahh...uuh Blinddarm!"

DANA: "Der Blinddarm? Wirklich?"

HUGO: "Es fing kurz nach dem Aufwachen an! Ich glaub, es ist akut... Arrgh.... Ein Durchbruch vielleicht.... Ich brauche Hilfe... aaaahhhrgg..."

DANA: "Bleib hier! Ich beeile mich!"

HUGO: "Gott schütze dich! Ooooohhh....!!"

Dana eilt hinaus. Hugo sieht zur Tür und stöhnt weiter.

HUGO (leise knurrend): "Schätze, du hast dich mit dem Falschen angelegt, Fräulein Hirnbeiß!"

Er tupft sich von seiner Wasserflasche Flüssigkeit auf die Stirn, um Schweiß zu türken. Dana kommt mit einem großen 1. Hilfe-Koffer zurück, wuchtet ihn auf den Tisch und öffnet ihn. Sie packt so einiges aus. Hugo stöhnt herzerweichend weiter. Dana tritt zu Hugo und öffnet eine Flasche Gin.

DANA: "Hier! Trink!"

HUGO (schaut verwirrt): "Wie? Gin?"

DANA: "Ich hab ihn aus deiner Wohnung! Es ist deine Marke!"

HUGO: "Äh... warte! Ich beschwere mich nicht wegen der Marke, nur halte ich es für keine gute Idee, Schnaps auf einen akuten Blinddarm zu trinken!"

DANA: "Das ist für die Narkose!"

HUGO (perplex): "Welche Narkose!?"

DANA: "Wenn der Blinddarm durchgebrochen ist, ist keine zu Zeit verlieren! Wir müssen sofort operieren!"

HUGO: "Operieren...? Wie? Und wen meinst du mit 'wir'?"

DANA: "Uns! Du trinkst nun und ich hole den Blinddarm raus!"

Sie läuft zum Waschbecken und beginnt, sich die Hände und Unterarme zu schrubben.

HUGO: "Du operierst? Aber wieso?"

DANA: "Ich bin Krankenschwester! OP-Schwester. Nicht mal das weißt du über mich, obwohl du jetzt schon so lange da bist!"

HUGO (heiser): "Operieren Krankenschwestern denn heutzutage schon Blinddärme?"

DANA: "Normal nicht. Aber ich hab schon x-mal zugeguckt... Los, trink deinen Gin, das wird jetzt nicht so angenehm, wenn ich dich gleich aufmache!"

Hugos Augen weiten sich vor Schrecken. Dana hält die Arme in der typischen Art der Chirurgen, die sich gerade gewaschen haben und zieht sich die Einweghandschuhe an...

DANA: "Mach dich oben rum frei... ich bereite die Instrumente vor...!"

HUGO: "Wawa... warte! Wir sollten nichts überstürzen! Ich meine, sollte so etwas nicht besser ein Chirurg machen?"

DANA: "In Neu-Guinea machen das auch die Krankenschwestern. Von Haus aus! Hab eine Doku darüber gesehen!"

HUGO (gestikuliert): "Aber... das ist hier nicht Neu-Guinea! Und ich will einen Chirurgen! Laut meiner Versicherung habe ich sogar Anspruch auf Chefarztbehandlung!"

DANA: "Wenn du jetzt auf einem Chefarzt bestehst, dann werden wir nie eine Vater-Tochter-Beziehung aufbauen!"

Hugo schweigt bestürzt. Dana holt ein Spritzenbesteck hervor.

DANA: "Ich habe eine Spritze Morphium! Für die OP wird das schon gehen... und nachher hole ich dir was aus der Apotheke... aber ich denke, von den Schmerzen her wird das hier jetzt trotzdem kein Spaziergang!"

Dana kappt eine Ampulle, steckt die Öffnung der Einwegspritze in das Behältnis und zieht die klare Substanz heraus.

DANA: "Na, los, Hemd runter! Wenn wir zu lange warten, kriegst du einen septischen Schock! Und wenn du erst mal tachicard bist, dann heißt es "So long mit ong!"

Sie schraubt die Kanüle auf die Spritze und will damit auf Hugo los, der zurückweicht.

HUGO: "Warte!"

DANA: "Warten? Bei einem akuten Blinddarm wartet man nicht!"

HUGO (lächelt gequält): "Es ähm... geht mir besser!"

DANA: "Dir geht es besser??"

HUGO: "Vielleicht hab ich auch nur zu überhastet gegessen..."

DANA: "Ich mach dich trotzdem auf! Am Ende ist es nur eine Phantomlinderung und dann haben wir den Salat!"

Sie zieht sein Hemd hoch und legt den Bauch frei.

HUGO (stöhnt): "Hör auf! Ich bin okay, ja? Ich hab nichts! (genervt) Ja, guck nicht so! Ich hab nur so getan! Ich hab nichts am Blinddarm!"

Sie verschränkt die Arme und sieht ihn mit spöttischem Lächeln an. Er zuckt entschuldigend die Achseln...

HUGO: "Das hab' ich grad aus reiner Notwehr getan."

DANA: "So ging's mir auch. Ich bin nämlich auch keine Krankenschwester und wenn du die Spritze zugelassen hättest, dann hätte ich jetzt wirklich den Arzt rufen müssen!"

Hugo sieht sie an und schüttelt dann voller Abscheu den Kopf.

HUGO: "Wie kalt du doch bist!!"

DANA (achselzuckend): "Das sind die Gene."

<u>INT. IM KELLERRAUM - SPäTER</u>

Hugo sitzt, an die Wand gelehnt, auf seinem Bett. Er starrt verdrossen vor sich hin. Er reagiert nicht, als Dana die Tür aufmacht und zwei Einkaufstüten auf dem Tisch abstellt.

DANA: "Ich hab dir was mitgebracht! Deo, Seife, Zahnbürste, Vitamintabletten und so was in der Art..."

Hugo muckst sich nicht.

DANA: "Paps! Willst du lieber allein sein?"

HUGO: "Hör auf mich 'Paps' zu nennen! Ist ja grauenvoll!"

DANA: "Was dann?"

HUGO: "Was weiß ich? Meinetwegen... Papa."

Dana nickt und setzt sich auf den Stuhl.

DANA: "Weißt du Papa, ich nehm's dir nicht übel mit dem Blinddarm... Ich hätte es wahrscheinlich auch versucht..."

HUGO: "Diese Worte aus deinem Munde: Wenn das kein Ritterschlag ist!"

DANA: "Papa, ich will jetzt nicht streiten! Können wir kurz mal über etwas reden...?? Bitte!"

Hugo macht eine Geste zum Himmel, die sagen soll: 'Hab ich eine Wahl?' Dana setzt sich und seufzt bekümmert.

DANA: "Ich hab doch dieses Date gehabt, gestern..."

HUGO (genervt): "Ist ja interessant..."

Aus Dana bricht es plötzlich heraus.

DANA (cholerisch): "Jetzt hör mir doch einfach mal zu!"

Hugo hebt beschwichtigend die Hände und macht eine einladende Geste. Dana atmet tief durch...

DANA: "Also... ich treffe mich zur Zeit mit einem Mann, der mir wirklich sehr gefällt. Er heißt Sascha. Er sieht zwar gut aus und ist auch wirklich nett... aber ich habe irgendwie das dumpfe Gefühl, er will einfach nur mit mir ins Bett..."

Hugo sieht sie an und lacht dann freudlos.

DANA: "Was ist daran so lustig?"

HUGO: "Genau deswegen wollen Männer mit einer Frau zusammen sein: Um zu vögeln! Oder denkst du ernsthaft, wir suchen jemanden, mit dem wir über Proust diskutieren können?"

DANA: "Aber gibt es da nicht einen Unterschied? Manche Männer bleiben ein Leben lang bei einer Frau... (sieht ihn an) ...und andere sind weg, sobald sie schwanger wird...!"

HUGO: "Ja, und pass mal auf, dass es dir nicht eines Tages genauso geht!"

DANA: "Was willst du damit sagen?"

HUGO: "Männer sind Abenteurer, Draufgänger, Freigeister! Man kann sie nicht zähmen. Nicht die Guten! Und noch weniger, wenn man eine Psychopathin ist wie du!"

Danas Mund wird ein schmaler Strich, aber sie beherrscht sich. Sie steht auf, geht zur Tür und sieht zu Hugo.

DANA: "Wir starten morgen einen neuen Versuch!"

HUGO (angeätzt): "Ich kann's kaum erwarten!"

Dana schaut deprimiert zu Boden und verlässt dann den Kellerraum. Wenig später geht der Schlüssel in der Tür und dann verklingen draußen ihre Schritte...

<u>EXT. VOR DANAS DOPPELHAUSHÄLFTE - NACHT</u>

Abnehmender Mond. Es ist tief in der Nacht. Irgendwoher kommt ein Laut, kaum wahrnehmbar...

HUGO: "Hiiiiiilffffeee! Hört mich denn keiner...? Verfluchte Scheiße!!"

EXT. VOR DANAS DOPPELHAUSHÄLFTE - TAG

Dana steigt auf ihren Roller und fährt davon.

INT. IM KELLERRAUM - ABEND

Dana schließt die Tür auf und tritt ein. Hugo sitzt finster am Tisch und schlürft einen Kaffee.

DANA: "Hallo Papa! Alles klar?"

HUGO: "Oh, na sicher! Man glaubt gar nicht, wie schnell man sich in so eine Einzelhaft einlebt. Ich erinnere mich kaum noch an mein altes Leben..."

Dana setzt sich und verschränkt die Arme.

DANA: "Sei mal bloß nicht so wehleidig! Was meinst du, wie es mir ging, als ich mit sieben Jahren hier versauert bin, wenn Mama abends ausging und ewig nicht wiederkam? Wie fühlt sich da ein kleines Mädchen, immer in der Angst, daß die Mutter tödlich verunglückt sein könnte? Und kein Vater weit und breit, der es auffangen könnte. Meinst du, das war lustig?"

HUGO: "Wahrscheinlich nicht."

DANA: "Nein. Und wenn sich dann die Mutter beim Vater-Kind-Nachmittag vom Hort hinstellt und sagt: 'Ich bin meiner Dana Vater und Mutter in einem. Ist doch okay, wenn ich hier mitmache?' Das ist megapeinlich, sag ich dir!"

Hugo sieht Dana an und schweigt.

DANA: "Ich hab so Rabatz gemacht, dass mich beim nächsten Mal ihr Cousin Stefan begleitet hat!"

HUGO: "Stefan? Warte mal...! Der war nicht zufällig Alkoholiker?"

DANA: "Drag-Queen."

HUGO (seufzt bekümmert): "Okay, schön ist sowas sicher nicht, aber... aber man sollte auch keine Vorurteile gegen Homosexuelle haben!"

DANA: "Ach, deswegen ist wohl dieser Aufkleber auf deinem Auto: 'Geh'n sie noch zur Schule, brems' ich auch für Schwule'!"

HUGO: "Wie jetzt? Das geht doch jetzt nicht speziell gegen Schwule! Das ist einfach nur ein Bombengag! Der würde auch mit... was weiß ich... 'Investmentbanker' funktionieren!"

DANA: "Das reimt sich aber dann nicht."

HUGO (ihm kommt da etwas): "Warte! Apropos Aufkleber an meinem Wagen! Was ist überhaupt mit dem? Es ist ein Mercedes! Der steht doch hoffentlich noch vor der Tür?"

DANA: "Nein! Bin ich bescheuert? Ich musste ihn loswerden."

HUGO (tonlos): "Mir bleibt gerade das Herz stehen!"

DANA: "Dein Flitzer ist an einem recht sicheren Ort."

HUGO: "Recht sicher?? Rede!! Wo ist der Wagen??"

DANA: "Drüben hat ein Schrotthändler dicht gemacht. Aber an einer Stelle ist der Zaun kaputt. Ich hab den Wagen hinter einem riesigen Autoberg geparkt... Da kommt keiner hin!"

Hugo schnappt nach Atem. Seine Stimme überschlägt sich fast.

HUGO: "Ein Schrottplatz? Jetzt hör mal! Wir sprechen hier von einem Mercedes 280 SL Pagode! Es gibt Menschen, die stellen Kerzen auf so einen Wagen und verharren in stiller Anbetung!"

DANA: "Da fällt mir ein: als ich durch den Zaun gefahren bin, hat es rechts so ein hässliches Geräusch gegeben..."

HUGO (atemlos): "Hässliches Geräusch? Was??"

DANA: "Es hörte sich an, wie ein... Ratschen! Wie Zaun auf Lack..."

Hugo zieht scharf die Luft durch die Nase ein.

DANA (ungeduldig): "Können wir dann mal ernsthaft reden, wenn du deinen Kfz-Herzinfarkt hinter dir hast?"

Hugo verschränkt die Arme und dreht sich demonstrativ weg. Dana zuckt mit den Achseln. Sie steht auf und verlässt den Kellerraum. Hugo lässt sich seufzend auf das Bett fallen.

HUGO: "Wieso hab ich auf Teilkasko umgestellt... Wieso nur?"

INT. IM KELLERRAUM - NACHT

Dana trägt eine Auflaufform herein. Hugo sitzt auf dem Bett und legt sein Jules-Verne-Buch zur Seite. Hugo schnuppert.

HUGO: "Was ist das?"

DANA: "Makkaroni-Auflauf! Mit Speck und Kapern!"

HUGO: "Mit Kapern?? Ich ess keine Kapern!"

DANA: "Jetzt komm! Ich hab eine Stunde am Herd gestanden!"

HUGO: "Ich ess aber trotzdem keine Kapern!"

DANA: "Gott, dann tu die Kapern eben raus!"

HUGO: "Aber dieses widerliche Kapern-Aroma durchzieht doch alles! Das iss mal alleine! Ich nehm ne Pizza!"

DANA: "Und wo soll ich die hernehmen?"

HUGO: "Es gibt Bring-Services!"

DANA: "Ja, wenn man einen Dukatenesel in der Küche stehen hat... Hab ich aber nicht! Und deshalb gibt es jetzt für alle Kapernlasagne! Oder du fastest...!"

HUGO: "Ich will aber nicht fasten!"

DANA: "Dann iss mein Essen! Probier es wenigstens!"

HUGO: "Eher untervermiete ich meine Ohren als Spinnennester!"

DANA: "He! Dass eins klar ist: Bei mir wird nicht am Essen rumgemäkelt!

HUGO: "Gewöhn du dich daran, dass ich jetzt überhaupt nichts mehr esse! Ich trete in den Streik!"

DANA: "Ein Essenstreik? Das ist aber nicht ohne! Meinst du, du packst das?"

HUGO: "Wenn ich hier erst mal liege wie ein Gunter von Hagens-Plastinat, dann wirst du anders reden...!"

DANA: "Na gut. Aber du hast doch nichts dagegen, dass ich was esse!"

Dana kostet. Sie schließt verzückt die Augen und seufzt vor Wonne.

DANA: "Hmmm... es ist wirklich gelungen! Ich hab mittelalten Gouda genommen und Sahne, und auch so ein bisschen Thunfisch! Ist ein Gedicht!"

Hugo schluckt feucht. Natürlich ist er hungrig, aber er würde sich eher die Zunge abbeißen, als einen Rückzieher zu machen.

DANA: "Ich muss zum Training! Weißt du was, wenn du deine Meinung noch änderst... ich lass dir den Auflauf mal da!"

HUGO: "Das... das tust du nicht! Das ist unfair!"

Aber Dana hat den Keller bereits verlassen.

<u>INT. IM KELLERRAUM - NACHT</u>

Hugo liegt wach im Halbdunkel. Sein Magen knurrt vernehmlich. Er sieht zum Tisch hinüber, wo immer noch der inzwischen erkaltete Auflauf steht. Hugo setzt sich mit einem gequälten Laut auf. Er schaltet die Beleuchtung ein und geht zum Tisch. Ein sauberer Löffel sieht ihn einladend an. Hugo nimmt ihn in die Hand. Er kämpft mit sich. Dann wirft er den Löffel wütend hin und geht, die Fuß-Kette hinter sich herziehend, zum Blumentopf in der Ecke. Er polkt eine Handvoll Blumenerde heraus und streuselt sie gleichmäßig über den Auflauf. Dann nimmt er den Löffel und drückt die Erde tief in das Essen.

HUGO: "So, du Scheiß-Auflauf! Noch Fragen?"

Er geht wieder zum Bett und lässt darauf fallen. Er seufzt und schließt die Augen...

INT. IM KELLERRAUM - MORGEN

Auf dem Tisch steht ein feudales Frühstück. Auf einem Stövchen brutzelt in einer kleine Pfanne Speck. Hugo erwacht und schnuppert. Er setzt sich auf und sieht Dana am Frühstückstisch sitzen und ihren Kaffee zuckern...

DANA: "Morgen, Papa! Einen Kaffee??"

Der Kaffeeduft ist verlockend. Hugo steht auf und setzt sich an den Tisch. Dana schenkt ihm eine Tasse Kaffee ein.

HUGO: "Hmm, das sieht ja wirklich gut aus!

Er greift anerkennend nach einem lecker aussehenden Mohnbrötchen, nimmt ein Messer und schneidet es auf.

HUGO: "Ich sage immer: Mohnbrötchen sind das Aushängeschild eines Bäckers! Nicht totgebacken, trotzdem knusprig und flächendeckend Mohn auf der Obersei..."

Mitten in der Bewegung des Aufschneidens hält er inne. Er sieht Dana an, die unschuldig zurückschaut.

DANA: "Irgendwas nicht in Ordnung?"

HUGO (legt das Brot wütend zurück): "Du Natter! Du weißt genau, dass ich im Hungerstreik bin!!"

DANA: "Ach ja... Hab ich auch mal versucht: Nichts zu Essen. War aber nichts für mich! Ist ne Typfrage, schätz ich..." (nimmt sich vom Speck) Speck ist ja im Grunde gar nicht gut! Aber ich sterbe für knusprigen Bacon!"

Sie beißt genüsslich ab. Hugo lehnt sich verärgert zurück und verschränkt die Arme, sie finster beobachtend...

HUGO: "Ich geh jetzt mal nicht davon aus, dass du mich in den nächsten fünf Stunden freilässt, oder?

DANA: "Gute Prognose! Du solltest das Wetter vorhersagen!"

HUGO: "Also, wenn du nicht willst, dass ich hier einen Lagerkoller kriege, dann will ich mal ne Zeitung haben! Und die Fernbedienung für die Glotze! Heute ist Samstag! Da kommt immerhin auch die Sportschau!"

DANA: "Das läuft aber nur Quid pro quo!"

HUGO: "Quid pro quo? Ach so, das wird hier so ne Art Hannibal Lecter-Nummer..."

DANA: "Du kennst den Film?"

HUGO: "Was sonst! Absolutes Meisterwerk!"

DANA: "Nicht wahr? Hast du die Bücher gelesen?"

HUGO (stöhnt gequält): "So! Lektion eins im Umgang mit Männern: Wenn ihr über einen Film sprecht, frag ihn nie nie... nie... ob er auch das Buch dazu gelesen hat!!"

DANA: "Wieso nicht?"

HUGO: "Schau: Wenn ein Mann einen Asterix liest, dann liest er ihn und ist damit zufrieden. Er denkt nachher nicht: Die Geschichte würde ich zu gern auch mal als Operette sehen!"

Er nimmt frauengenervt ein Brötchen und schneidet es auf. Dana runzelt die Stirn. Hugo bemerkt es und hält inne. Wütend starrt er auf das Brötchen und wirft es zornig auf den Tisch.

HUGO: "Kannst du den Mist hier nicht mal wegräumen? Ich kann mich überhaupt nicht konzentrieren!"

DANA: "Wir waren beim Quid pro quo!"

HUGO: "Jaja. Also red weiter..."

DANA: "Wenn ich dir eine Zeitung bringe, reden wir! Also, von Tochter zu Vater und Vater zu Tochter!"

HUGO: "Und die Sportschau? Und was ist mit 'nem Bierchen? Und wie lange soll das Gequatsche überhaupt dauern?"

DANA: "Naja, von jetzt bis zur Sportschau!"

HUGO: "Was?? Das sind ja sechs Stunden!!"

DANA: "Du vergisst die Mittagspause!"

HUGO: "Ich bin im Hungerstreik, Mann!"

DANA: "Aber zum Mittagessen gibt es Ente Orange! Und die wird hier serviert! Meine Kruste ist mit Rosmarinbutter behandelt! Du stirbst!"

Hugo sieht sie unglücklich an.

DANA: "Dazu schönen Rotwein und als Nachtisch Makronen-Pudding mit beschwipsten Piemont-Kirschen..."

Hugo gibt ein gequältes Wimmern von sich. Dana lächelt verständnisvoll, beugt sich vor und nimmt seine Hand.

DANA: "Papa! Was soll denn dieser alberne Streik? Du wirst den ganzen Tag schlechte Laune haben. Und ich sag dir, du wirst dich auch nicht über die Bundesliga freuen können, wenn du nicht auf vollen Magen ein kühles Blondes zischen kannst!"

Hugo macht einen kleinen Mund und muss zusehen, wie Dana neue Speckstreifen in die Pfanne legt, die sofort knatternd anbraten. Hugo starrt wie gebannt auf das Fleisch.

HUGO (räuspert umständlich): "Gut. Es wäre wirklich unfair, wenn ich meinen Teil der Abmachung, also unser Gespräch... schlecht gelaunt und ungeduldig ableisten würde..."

Dana lächelt und reicht ihm das Brotkörbchen.

DANA (reicht ihm den Brotkorb): "Seh ich genauso. Greif zu!"

Hugo seufzt. Diese Schlacht hat er verloren. Er nimmt eines der Brötchen und deutet auf das Pfännchen.

HUGO: "Wo du schon gerade dabei bist: Für mich noch drei Spiegeleier, bitte! Ach was! Mach vier draus!"

INT. IM KELLERRAUM - ETWAS SPÄTER

Hugo sitzt allein im Raum und leidet. Dana kommt herein und reicht ihm einen Portionsstreifen mit flüssigem Magenmittel.

DANA: "Es wäre nicht nötig gewesen, für drei Tage im Voraus zu essen!"

HUGO: "Gib schon her!"

DANA: "Bestimmt ist dein Kreislauf unten! Du hast hier ja kaum Bewegung..."

Hugo schüttet sich das Magenmittel in den Rachen.

DANA: "Machen wir doch nachher gleich isometrische Übungen!"

HUGO: "Isometrisch? Pfui Deibel! Das kommt in der Hitliste der Männer-Hassvokabeln direkt hinter "makrobiotisch" und "Kopfweh"!"

DANA: "Und wenn es danach zur Belohnung zwei Flaschen eiskaltes Pils gibt?"

HUGO: "Ehm... vernünftigen Argumenten verschließe ich mich nicht..."

DANA: "Dann kann es jetzt also losgehen, mit dem Vater-Tochter-Gespräch?"

Hugo macht eine einladende Geste. Dana sammelt sich. Sie wirkt nun unsicher und sucht nach Worten.

HUGO: "Was ist?"

DANA: "Es... es ist nicht ganz so leicht, weißt du? Ich... ich meine, du bist mein...Pa...pa..."

Dana beginnt zu schluchzen. Sie weint und weint und weint...

HUGO (leicht genervt): "Wie lange soll das jetzt so gehen?"

DANA (schreit wütend los): "Du siehst dir das jetzt an, egal, wie lange das geht, ist das klar??"

HUGO: "Jaja! Okay! Mach dir mal nicht gleich ins Hemd!!"

Dana gelingt der Spagat von der Aggression wieder in die Schwäche zu gehen und weiter zu schluchzen. Hugo schaut auf die Uhr. Dana sieht das und schaut leidend...

DANA: "Wieso guckst du auf die Uhr? Es fällt dir wohl nicht ein, mich mal in den Arm zu nehmen...?"

HUGO: "Ich dachte, es sollte ein Gespräch werden..."

DANA (wütend und schluchzend): "Aber jetzt muss ich heulen! Wie kann man nur so herzlos sein! In mir, da steckt ein hilfloses fünfjähriges Mädchen, das zum ersten Mal seinen Papa sieht und Angst vor ihm hat! ... Du Arschloch!!"

Sie läuft zum Bett sinkt darauf nieder und schluchzt haltlos. Hugo schließt gepeinigt die Augen. Dann steht er auf und geht zu der jungen Frau. Er legt ihr die Hand auf den Rücken.

HUGO: "Also, dann nehm ich dich jetzt in den Arm! Ich meine, was soll sein?"

DANA (dreht sich empört herum): "Was soll sein? Für was hältst du das hier? Für ein Partyspiel!?"

HUGO: "Nein. Natürlich nicht! Komm her, komm in Papas Arme!"

DANA (trotzig): "Nein. Jetzt will ich nicht mehr!"

HUGO (lacht kopfschüttelnd): "War ja _so_ klar!"

Hugo setzt sich mit etwas Abstand neben Dana. Die sieht auf ihre Hände und beruhigt sich etwas...

DANA: "Lange Zeit dachte ich, ich brauch dich nicht. Aber dann kam der Tag, als wir die Hausaufgabe hatten, von unseren Vätern ihre drei goldenen Lebensregeln zu erfragen..."

HUGO: "Oh! Ich ahne, die folgende Geschichte wird kein Sylvester-Evergreen..."

DANA: "Ich hab lange überlegt, was wohl die drei Sätze wären, die du mir über das Leben sagen würdest, aber am Ende klangen sie alle böse. Sowas wie: 'Denk nur an dich und scheiß auf andere!' Oder: 'Verantwortung ist was für Loser' Oder: 'Wozu Brücken? Geh doch über Leichen!'"

HUGO: "Jetzt aber mal halblang!"

DANA (heftig zu Hugo): "Halblang wäre super gewesen! Aber dazu hätte ich _dich_ gebraucht! Bis heute habe ich keine Ahnung, was das für drei Sätze sein könnten bei dir!"

HUGO: "Wenn ich einen Bootsunfall gehabt hätte, hättest du mich auch nicht gehabt! Echt, du heulst zu viel rum!"

Dana steht auf und schmettert die Faust auf den Tisch.

DANA: "Ich heule rum? Ich?? Na, woll'n wir doch mal sehen, wie gut _du_ im Einstecken bist!"

Sie geht zur Tür und verlässt den Kellerraum. Hugo kratzt sich ratlos am Kopf...

HUGO: "Was meint sie jetzt damit?"

EXT. VOR DANAS DOPPELHAUSHÄLFTE - DÄMMERUNG

Langsam wird es Nacht über der Stadt...

INT. IM KELLERRAUM - ABEND

Hugo schlägt mit einem Schuh gegen die Tür.

HUGO (jammernd): "Danaaaa! Daaaanaaaa! Es ist viertel nach sieben! Gleich kommt die Zusammenfassung von Schalke gegen die Zecken! Bitte! Hab doch ein Herz..!"

Nun ist es an ihm, an der Tür herunterzurutschen, zu flennen und sich in eine Embryohaltung zusammenzurollen...

INT. IM KELLERRAUM - SPÄTER

Hugo sitzt verstört auf seinem Bett. Da geht die Tür auf und Dana kommt mit einem Leinensack herein.

DANA: "So, Papa, Zeit für den Sport!"

HUGO (giftig): "Vergiss es! Du hast mich um meine Bundesliga gebracht! Das war's! Schluss, aus, end of story!"

DANA (zeigt eine DVD): "Man kann Bundesliga auch aufnehmen!"

Hugo sieht sie für einen Moment verständnislos an, bekommt dann große Augen und fährt von dem Bett hoch.

HUGO: "Wie jetzt? Kein Scheiß??"

DANA: "Dortmund-Schalke! Das Revierderby! Drei Rote Karten und neun Tore! Ein Jahrhundertspiel! Wer das verpasst, muss fortan ein Glöckchen läuten, wenn er unter Fußballfans geht!"

HUGO (wimmernd): "Angucken will! Jetzt! Bitte!!"

DANA: "Erst der Sport, dann die Schau!"

Sie greift in den Leinensack und wirft Hugo einen Kopfschutz zu. Der sieht verdutzt darauf.

HUGO: "Was wird das jetzt?"

DANA: "Eine Runde Sparring!"

HUGO (auflachend): "Wie? Du willst gegen mich boxen?"

DANA: "Ich nehm dich schon nicht zu hart ran!"

HUGO (lacht amüsiert): "Da fällt mir ein Stein vom Herzen! Nee, aber mal im Ernst: Schon mal was von Gewichtsklassen gehört? Ich wiege locker vierzig Pfund mehr als du! Zudem bist du nur unwesentlich größer als ein Hydrant!"

Ihm fliegen Boxhandschuhe ins Gesicht.

DANA: "Zieh an und hör auf, mir Hämorrhoiden ans Ohr zu labern..."

INT. IM KELLERRAUM - NOCH SPÄTER

Hugo trägt Kopf- und Zahnschutz und die Boxhandschuhe. Ebenso Dana, die vor ihm herumtänzelt. Sie tasten sich noch ab. Dann wagt Dana einen Ausfall und deckt Hugo mit einem Hagel von saftigen Schlägen ein. Der ist sichtlich beeindruckt.

DANA: "Du hast eine Scheißbeinarbeit, Papa!"

Er sieht auf seine Beine und fängt sich einen direkten Treffer am Kopf... Hugo runzelt ärgerlich die Stirn...

DANA: "Und lass dich besser nicht von Trashtalk ablenken!"

Sie springt vor und verpasst Hugo eine Schlagabfolge.

DANA: "Und Deckung hoch, alter Mann!"

Sie will wieder auf ihn los, doch Hugo hebt die Hände.

HUGO: "Nu iss aber gut, du Zwerg! Ich mach dich darauf aufmerksam, dass ich jetzt ein, zwei Gänge höher schalte...!"

Dana zuckt die Achseln und Hugo nimmt die Fäuste wieder hoch. Plötzlich explodiert er förmlich und schießt eine wuchtige Schlagkombination ab, die Dana völlig überrascht. Sie taumelt gegen die Wand.

HUGO: "So'n Bollwerk ist deine Deckung aber auch nicht!"

Wieder deckt er sie mit wuchtigen und gekonnten Schlägen ein, gegen die sie gar kein Mittel weiß.

HUGO: "Gar nicht so leicht, an die Beinarbeit zu denken, wenn man die Fresse vollkriegt, was?"

Zwei weitere Hiebe und Dana wankt benommen wie ein Schilfrohr im Wind. Ihre Arme hängen nach unten. Hugo holt zum finalen Schlag aus. Aber als er sieht, dass sie stehend K.o. ist, bringt er es nicht über sich. In genau diesem Moment ist der Mattscheibenmoment bei Dana vorbei. Sie blinzelt, schießt schnell einen Uppercut aus der Hüfte und trifft perfekt...

HUGO (verdattert): "Nicht...! Der Kampf ist längst aus...!"

Dann drehen die Augen weg, und er stürzt in sich zusammen...

DANA: "Ja. Seh ich auch so!"

Hugo liegt weggetreten da, mit einem dümmlichen Lächeln auf den Lippen.

EXT. VOR DANAS DOPPELHAUSHÄLFTE - TAG

Es regnet Bindfäden. Ein Sonntag zum zu Hause bleiben...

INT. IM KELLERRAUM - TAG

Dana und Hugo sitzen sich gegenüber.

DANA: "Fühlst du dich okay?"

HUGO: "Das war ein Lucky Punch, Fräulein!"

DANA: "Für mich sah es eher nach Glaskinn aus!"

HUGO (aufgebracht): "Ich hab dich verschont, eyh!!"

DANA: "Oh! Verstehe: Du bist eben zu gut für diese Welt!"

HUGO (wütend): "Ich hätte gewonnen!!!"

DANA: "Hätte, hätte, macht ins Bette!"

Hugo beherrscht sich und grummelt etwas Undefinierbares.

DANA: "Dann fangen wir jetzt an, okay?"

HUGO (finster): "Du hast meine volle Aufmerksamkeit!"

DANA (zieht einen Block hervor): "Ich möchte dir ein paar Fragen stellen: Die habe ich hier notiert!"

HUGO: "Fragen! Hört sich doch gut an! Leg los!"

DANA: "Aber bitte beantworte alles wahrheitsgetreu!"

HUGO: "Was denkst du, mit wem du redest? Ich bin Anwalt!"

DANA: "Genau deswegen sag ich's ja!"

HUGO (hebt stöhnend die Schwurhand): "Ich werde die Wahrheit sagen! So wahr mir Gott helfe!"

Dana steht auf und geht hinaus. Hugo runzelt die Stirn.

HUGO: "Und was ist jetzt schon wieder?"

Dana rollt ein Wägelchen herein, mit einer technischen Vorrichtung. Hugo wird bleich...

HUGO: "Was ist das? Doch nicht was zum Foltern, oder?"

DANA: "Jetzt sei nicht albern... Das ist ein Lügendetektor!"

Hugo bleibt einen Moment der Mund offen stehen, als Dana ihm schon ein verkabeltes Käppchen auf den Kopf stülpt.

HUGO: "He, jetzt warte mal! Das... das war nicht abgemacht!"

DANA: "Du willst doch die Wahrheit sagen! Was ist dann das Problem mit einem Lügendetektor?

Hugo guckt unglücklich. Dana schließt Dioden an Hugo an.

DANA: "Ich bin eine leidenschaftliche Elektronik-Bastlerin. Ich war mal in der Endausscheidung bei "Jungend forscht" Ich hatte ein Gerät gebaut, mit dem man ein Ei weich kochen kann und das mit der Energie einer einzigen Wunderkerze!"

HUGO: "Der Vater von Edison könnte nicht stolzer sein als ich jetzt..."

Dana sieht ihn genervt an. Hugo lenkt ein. Er deutet auf den Detektor, der schwer nach Marke Eigenbau aussieht...

HUGO: "Und das da hast du selber zusammengeschraubt?"

DANA: "Ursprünglich war es für 'Wahrheit oder Pflicht' gedacht, aber es hat sich nicht durchgesetzt..."

HUGO: "Es funktioniert also nicht?"

DANA: "Im Gegenteil. Es war so gut, sich beim letzten Spieleabend ein Ehepaar getrennt hat..."

Dana schaltet das Gerät ein. Einige bunte Lämpchen beginnen zu leuchten und ein feines Surren ertönt. Dana setzt sich nun und sieht auf ihren Block, während Hugo bange schaut...

DANA: "Ich fange mit einfachen Fragen an. Bist du bereit?"

Hugo nickt und lockert sich unbehaglich den Kragen.

DANA: "Als wir uns im Fitnesscenter begegnet sind, hattest du da den Wunsch, mit mir zu schlafen?"

HUGO: "Wie? Das nennst du eine einfache kleine Frage?"

DANA: "Verstehst du irgendwas daran nicht?"

HUGO (schaut gequält): "Nein, ich hatte nicht den Wunsch..."

Vom Lügendetektor kommt ein schnarrender Misston. Hugo sieht Dana nervös an. Die schüttelt vorwurfsvoll den Kopf.

DANA: "Was seid ihr Typen nur für Tiere? Ich bin doch nur ganz kurz an dir vorbeigegangen!"

HUGO: "Nur ganz kurz? Du hast mir den Hintern so derartig krass entgegengestreckt, dass ich einen akuten Bongo-Reflex niederkämpfen musste!"

DANA (winkt ab): "Vergiss es. Es waren ja noch andere Frauen da. Wie oft hast du an diesem Abend an Sex gedacht?

HUGO (aufstöhnend): "Was weiß ich? Ein, zwei mal!"

Das Gerät zeigt akustisch die Lüge an.

HUGO: "Herrjeh! Ich bin ein gesunder Mann! Mit all den heißen Aerobic-Miezen bei uns im Club, könnte ich locker den neuen Playboy-Kalender gestalten!"

Der Detektor schweigt. Dana nickt und macht eine Notiz.

DANA: "Bist du bisexuell oder hattest du Sex mit Männern?"

HUGO: "Mit Männern? Bist du irre? Nein!!!"

DANA: "Ich frag nur, weil du diesen schwulenfeindlichen Aufkleber im Auto hast!"

HUGO: "Ja, und?"

DANA: "Männer, die schwulenfeindlich sind, versuchen mit so was oft eigene homosexuelle Tendenzen zu überdecken!"

HUGO: "Ich aber nicht! Ich bin einfach nur (aggressiv knurrend) ...ein Typ mit Humor, verflucht!"

Das Gerät bleibt diesmal stumm.

HUGO (sieht vom Gerät zu Dana): "Wenn er nichts macht, heißt das, ich sage die Wahrheit?"

DANA: "Ja. Sieht aus, als wärest du nicht schwul..."

Hugo bekreuzigt sich. Dann holt er tief Luft...

HUGO: "Nächste Frage! Jetzt bin ich warm... (hält inne) Also nicht _so_ warm, sondern äh... aufgewärmt. Bereit eben...!"

DANA: "Hast du Mama gesagt, du würdest abhauen, wenn sie nicht abtreibt?"

Wieder so eine Frage. Hugo schaut flehentlich zum Himmel und fährt sich in die Ecke getrieben über das Gesicht.

HUGO: "Jetzt versteh doch! Ich war noch blutjung! Vielleicht war ich betrunken und hab dann so was gesagt. Vielleicht...!"

DANA: "Papa, du bist doch Anwalt! Ich muss dir doch keine Lügendetektoren erklären!? Ja oder Nein!"

HUGO: "Jeder, der verhört wird, hat das Recht, seine Antwort zu begründen oder auszuführen!"

DANA: "Ich frage anders: Wenn du heute einen One-Night-Stand mit einer Frau hättest und sie würde schwanger werden, würdest du sie heiraten und dich um das Kind kümmern?"

HUGO: "Ähhh... ich... ehm... nun... ja, also... mit an Sicherheit grenzender Wahrscheinlichkeit!"

Das Gerät gibt wieder den Misston von sich.

HUGO (ertappt): "Verdammt!"

DANA: "Würdest du dich wenigstens um dein Kind kümmern!?"

Hugo grübelt, mit angstvollem Seitenblick zum Detektor.

HUGO: "Nach den Erfahrungen in jüngster Zeit, ja!"

Das Gerät bleibt dieses Mal stumm. Hugo seufzt erleichtert.

DANA: "Denkst du, du bist unschuldig hier?"

HUGO: "So ganz unschuldig... sicher nicht! Aber trotzdem finde ich es absolut nicht richtig, wenn..."

DANA: "Danke! Keine weiteren Fragen! (schaltet ab) Siehst du nicht ein, dass es falsch war, dein Kind im Stich zu lassen? Ich meine, ich hätte jetzt mit so etwas wie einer Entschuldigung gerechnet..."

HUGO: "Wie? Das ist alles? Eine Entschuldigung? Dann sage ich es: Tut mir leid! Bitte verzeih, kommt nicht wieder vor!"

DANA: "Was soll denn immer dieses Rumgealber? Du nimmst das hier gar nicht ernst!"

HUGO: "Was erwartest du? Ich liege hier in Ketten! Ich werde mit Stromstößen gefoltert und im Schrank meiner Tochter hängen Zwangsjacken in allen Größen!"

DANA (nickt langsam): "Du liegst gar nicht so falsch! In der Psychiatrie war ich auch schon! Weil ich mal die fixe Idee hatte, der Kinderarzt wäre mein Vater!"

HUGO: "Und ich bin wieder schuld! Tja, den Schwefelgeruch kriege ich auch mit dem besten After shave nicht weg. Oh, warte... (kratzt sich am Bein) ...mich juckt mein Huf!"

DANA: "Papa, so klappt das nicht! Das führt zu nichts!"

HUGO: "Da stimm ich dir zu! Und nun?"

DANA: "Wir führen jetzt ein Zwiegespräch!"

HUGO (lacht auf): "Ein Zwiegespräch! Ein Narr, der jetzt denkt, es würde sich dabei um eine normale Unterhaltung drehen..."

DANA: "Jeder redet drei Minuten! Dabei wird er nicht unterbrochen. Und jeder bleibt bei sich!"

HUGO: "Bei sich? Klaro! Na, wohin sollte einer auch gehen, mit einer Kette am Fuß?"

DANA: "Bei einem Zwiegespräch redet man nur über sich und seine eigenen Gefühle, okay? Also: Keine Du-Botschaften!"

HUGO: "Hast du dir das gerade ausgedacht?"

DANA: "Ich war in der Psychiatrie. Da lernt man so was... Also?"

HUGO: "Ja, von mir aus. Fang du an!"

Dana sammelt sich. Wieder kommen ihr die Tränen, aber sie kämpft sie tapfer nieder...

DANA: "Tja... erstmal danke für Deine Aufmerksamkeit... Ich... ich fühle mich ziemlich miserabel. Ich weiß nicht, ob es wirklich richtig ist, dich hier festzuhalten..."

HUGO (klatscht in die Hände): "Hosianna! Das erste vernünftige Wort, dass ich hier höre! Es ist natürlich nicht richtig! Nicht nur nicht richtig, sondern eine Straftat...!"

DANA (scharf): "Papa!!"

HUGO: "Was??!"

DANA: "Bei einem Zwiegespräch darfst du mich nicht unterbrechen! Du sollst auch keine Rückmeldungen geben..."

HUGO: "Sollte man es dann nicht lieber 'Monolog' nennen?"

Dana sieht ihn finster an. Hugo hebt entschuldigend die Hand.

DANA: Also... der Tod von Mama, das war heftig! Ich bin irgendwie erleichtert und gleichzeitig habe ich das Gefühl, die schlechteste Tochter der ganzen Welt zu sein..."

Hugo grummelt sehr zustimmend.

DANA (gereizt): "Was?!!"

Hugo macht eine wegwischende Geste, nichts.

DANA: "Das allererste Mal, dass ich darüber nachgedacht habe, dich zu entführen, war nach meinem fünften Geburtstag..."

Hugo blickt auf.

DANA: "Ich hatte gebetet. Ich habe zu Gott gesagt, mach, dass mein Papa zu meinem fünften Geburtstag kommt. Ich werde meine Aufgaben machen, ich bin nicht frech zu Mama und werde keine größeren Jungs auf dem Schulhof mehr verletzen."

HUGO: "Du hast größere Jungen verletzt...?"

DANA: "Ich hatte das Schraubrad von einem alten Wasserhahn als Schlagring!"

HUGO: "Ah!"

DANA: "Ich hab sogar in der Kirche Kerzen angezündet... Und irgendwann, da war ich mir ganz sicher: Du kommst...!"

Hugo hört zu und macht ein unglückliches Gesicht.

DANA: "Ich hab es dann der Mama gesagt. Der Papa kommt, hab ich gesagt. Der Papa kommt sicher..."

Sie beginnt zu weinen. Hugo schließt die Augen und seufzt.

HUGO: "Dana, man... man macht auch keine Verträge mit Gott!"

DANA (weinend) Alle meine Freundinnen hatten einen Papa. Einen, der ihnen das Fahrrad repariert, einen der ihnen bei den Aufgaben hilft, einer, der sie auch mal in den Arm genommen hat... (unter Tränen zu Hugo) Ich hab es mir so sehr gewünscht! Zu jedem Geburtstag habe ich dir hundert Bilder gemalt! Ich hätte dich so gebraucht! So sehr, Papa!"

Hugo stehen nun selbst Tränen in den Augen.

HUGO: "Das ist schlimm! Das kann ich gut nachvollziehen!"

DANA: "Das kannst du eben nicht!"

HUGO (heftig): "Kann ich verdammt doch, du dumme Nuss!"

DANA (blickt auf): "He! Keine Du-Botschaften!"

HUGO: "Ja, gut! Keine Du-Botschaften! Aber eine dumme Nuss bist du trotzdem!"

DANA: "Nachdem, was du mir angetan hast, musst du mir nicht auch noch dumme Nuss sagen! Ich meine, geht's noch?"

HUGO (bösartig knurrend): "So, und jetzt hältst du mal die Klappe! Und hörst zur Abwechslung zu! (schwer atmend) Du denkst, du bist die Einzige, die keinen Vater hatte? Die Einzige, für die Geburtstag und Weihnachten reine Alpträume sind, weil der wichtigste Mensch auf der Welt nicht kommt? Oh nein, ich muss dich enttäuschen. Mir ist es nämlich keinen Deut besser gegangen als dir! Mein Alter hat was mit einer Kollegin angefangen, als ich drei war. Und ehe man es sich versah, ist er mit ihr weggezogen! Er hat nicht mal tschüss gesagt! Er ist einfach gefahren und war weg! Geld geschickt hat er, damit ich auf Internate gehen konnte. Aber die Besuchstermine hat er alle platzen lassen. Und den einen Tag, den er dann wirklich mal da war, hat er hauptsächlich damit verbracht, die Con-Rektorin im Kartenraum zu vögeln..."

Hugo schluchzt plötzlich. Dana sieht ihn betroffen an.

DANA: "Das ist ja furchtbar!"

HUGO (stockend und schniefend): "Und dann... hatte er einen Herzinfarkt! Und für was? Weil er mit sechzig noch einmal auf Hawaii beim Iron-Man mitmachen wollte, der Idiot...!"

Er beißt sich in die Faust von seinen schmerzlichen Erinnerungen gebeutelt. Dana hängt an seinen Lippen, die Hände fast andächtig gefaltet.

HUGO: "Er starb innerhalb von Stunden. Da stand ich mit zwölf, in kurzen Hosen und die Welt hat mich gehasst... Also, wenn du denkst, man hat dir das Herz rausgerissen, dann willkommen im Club, Madame!"

Er sieht sie an, dann überwältigen ihn die Gefühle, er verbirgt sein Gesicht in seinen Händen und seine Schultern zucken. Dana sieht ihn fasziniert und mitfühlend zugleich an.

DANA: "Das tut mir wirklich leid für dich... Möchtest du, dass ich dich in den Arm nehme?"

Hugo blickt überfordert auf. Sie setzt sich neben ihn und nimmt ihn in die Arme.

DANA: "Wein dich ruhig aus! Nur so kann der Schmerz raus..."

Hugo legt sich mit dem Kopf auf ihren Schoß und hält inne.

HUGO: "Tut mir Leid! Aber das geht so nicht! Du bist meine Tochter und ich soll mich hier gehenlassen??"

DANA: "Klar! In der Psychiatrie kennen sie ohne Ende Tricks!"

Dana kneift ihm kurzerhand derbe in die Brust. Hugo schreit vor Schmerz, und dann heult er los und alles tief in ihm Verdrängte hat freie Bahn. Dana streichelt ihn dabei...

EXT. VOR DANAS DOPPELHAUSHÄLFTE - ABEND

Die Dunkelheit bricht an. Die Straßenlaternen springen an...

INT. IM KELLERRAUM - ABEND

Hugo liegt mit geschlossenen Augen auf seinem Bett. Da geht die Tür auf und Dana trägt ein Tablett zum Tisch. Mehrere Sorten Bauernwurst, Käse, Senf, Meerrettich und ein beschlagener Maßkrug stehen darauf. Hugo tritt näher.

HUGO: "Das sieht gut aus! Äh... darf ich mal?"

Dana deutet ihm an sich frei zu fühlen. Er greift nach dem Maßkrug und trinkt in langen durstigen Zügen.

HUGO (seufzend): "Besser!"

INT. IM KELLERRAUM - ABEND

Dana und Hugo sitzen sich gegenüber und essen. Es ist eine seltsame Stimmung. Hugo leert den Maßkrug und stellt ihn ab. Er sieht Dana an und wartet, bis sie seinen Blick erwidert.

HUGO: "Dana, ich möchte dir etwas sagen...! Es ist wahr! Ich habe mich dir gegenüber... unverzeihlich benommen. Irgendwie hab ich erst jetzt kapiert, was für ein Unrecht ich an dir begangen habe...!"

Dana sieht ihn mit großen Augen an und hört auf zu kauen.

HUGO: "Natürlich kann ich nichts mehr von dem, was ich verbockt habe, rückgängig machen, aber ich möchte dir wenigstens sagen, wie leid es mir tut und wie sehr ich mich jetzt für mein Verhalten schäme..."

Dana sieht ihn an und stille Tränen kullern ihr über das Gesicht. Hugo sieht sie verunsichert an...

HUGO: "Alles in Ordnung?"

Dana nickt schnell und wischt sich die Tränen weg.

DANA: "Ja. Ja, sicher. Danke! Das... das tat gut zu hören..."

HUGO (lächelt): "Also, ich will versuchen, so gut es geht, das wiedergutzumachen, was ich wiedergutmachen kann..."

Dana huscht ein Funken des Glücks über das Gesicht.

DANA: "Mir tut es auch Leid, was dir passiert ist...!"

HUGO: "Danke. Dafür, dass ich dachte, das Thema mit meinem Vater wäre lange abgehakt, ging es mir nass rein... (sieht sie an und lächelt) Ich muss zugeben, ich fühl mich erstaunlich. So erleichtert... Also, ich möchte auch für dich so da sein... (mustert sie prüfend) Und was mir grad am meisten Sorgen macht, sind deine... Selbstmordfantasien!"

Dana blickt zu ihm und nickt.

HUGO: "Hast du... es schon mal versucht?"

Dana schüttelt den Kopf.

HUGO: "Wieso willst du nicht mehr leben? Nur meinetwegen?"

DANA: "Ach, das hat viele Gründe. Ich hab einfach total die Seuche... Ich hab drei Ausbildungen abgebrochen... Friseur, Automechaniker und Koch..."

HUGO: "Als Koch? Abgebrochen? Wieso? Du kochst doch gut!"

DANA (lächelt): "Der Meister hat mir immer Klapse auf den Po gegeben. Beim letzten Mal habe ich ihm dann einen 'Klaps' zurück gegeben. Einen von der Sorte, die man nachher mit einem rohen Schnitzel behandelt!"

HUGO: "Und dann hat er dich gefeuert? So ein Arschloch!"

Dana tut es sichtlich gut, dass Hugo auf ihrer Seite ist.

HUGO: "Na dann... und die Friseurin?"

DANA: "War einfach ein öder Laden. Lauter reiche Tussen, die einen wie Domestiken behandelt haben. Wenn mir eine zu blöd kam, hab ich ihr zack! mal eben ins Ohr geschnitzt!"

Hugo verzieht in Anteil nehmendem Schmerz die Miene.

DANA: "Irgendwann fiel es auf, dass die anderen nach dem Haareschneiden den Boden fegten, während ich immer feucht durchwischte..."

HUGO: "Eine gute Berufswahl dauert manchmal ihre Zeit... Wie ging es mit deiner Mutter?"

DANA (seufzt): "Hab's ja schon gesagt: superkompliziert! Und dazu kommt noch, dass mein Liebesleben ungefähr so erfolgreich ist, wie das von Mister Bean!"

HUGO (mustert sie): "Aber du siehst doch nicht schlecht aus!"

DANA: "Weiß ich nicht. Aber ich bin ein Freak! Irgendwie emotional kaputt... ich habe eben eine Schraube locker..."

HUGO: "Nicht, dass ich in einem Prozess Einspruch einlegen würde, aber woran machst du das fest?"

DANA: "Na, jedesmal, wenn ich in meinem Leben einen Mann geküsst habe, wollte ich danach einfach nur noch weglaufen!"

HUGO: "Ach! Du hast also noch nicht...?"

DANA: "Doch, natürlich hab ich schon! Und immer wenn ich Sex hatte, dachte ich hinterher: Wärst du doch schon nach dem ersten Kuss abgehauen...! Mit mir stimmt was nicht...!"

HUGO: "Schau, im Körper laufen eben sehr komplexe Prozesse ab. Nicbt jeder Partner passt. Nur der Körper mit seiner feinen Sensorik merkt es durch die Speichelprobe eben früher als du. Da ist absolut nicht Unnormales daran!"

DANA: "Ich hab aber schon locker zwanzig Typen geküsst...!"

HUGO (seufzt): "Ich glaube, du setzt dich einfach zu sehr unter Druck. Du sagtest doch, du datest grad jemanden?"

DANA: "Ja, aber den hab ich noch nicht geküsst..."

HUGO: "Vergiss mal den Kuss! Erstmal sollte gucken, ob der Kandidat nicht schon in der Vorauswahl rausfliegt... Also: Ich bin ja selber... kein Kind von Traurigkeit und ganz unter uns: Von meiner Sorte rate ich dir dringend ab!"

DANA (überrascht): "Ach! Wieso?"

HUGO: "Ich geh nach Äußerlichkeiten. Die Figur muss stimmen. Und ich vermeide Beziehungen. Der Weg von der Sexgöttin zur Nörgeltante ist kurz und alles endet in Telefonterror, bei dem sie dir erzählen will, wie ihr Tag war!"

DANA: "Ich weiß nicht, ob Rudi so ist. Manchmal denke ich, er ist ziemlich schüchtern, trotzdem er so super aussieht!"

HUGO: "Du brauchst jemanden, der dich stabilisiert, keinen Playboy! Einen Mann, der es ernst meint! Aber eher kriegst du eine Privataudienz beim Papst, als so einen zu finden..."

DANA: "Ich wünscht mir, Rudi wäre so ein Mann. Wenn ich seine Stimme höre, wird mir heiß und kalt zugleich!"

HUGO: "Was ist er für ein Typ? Was macht er beruflich?"

DANA: "Er ist Anästhesist im Krankenhaus."

HUGO: "Arzt? Das ist schon mal ganz schlecht...! Ärzte sind es gewohnt, im Trüben zu fischen, mit den ganzen heißen Schwestern und den notgeilen Patientinnen...! Das heißt, sie erleben ein ständiges Überangebot an Sex und haben es so schwer, das weibliche Individuum zu schätzen..."

DANA: "Wow! Du bist aber gut informiert!"

HUGO: "Ich vertrete viele Ärzte. Glaub mir: Alles Schweine!"

Dana senkt den Blick. Sie wirkt unglücklich. Hugo sieht das.

HUGO: "Wie alt ist Rudi denn überhaupt?"

DANA: "Oh, das hab ich ihn nicht gefragt... Aber du kennst ihn vielleicht. Ich hab ihn im Fitnessclub kennengelernt..."

HUGO: "Naja, da laufen eine Menge Pannemänner rum..."

DANA: "Er ist groß, hat einen kahlrasierten Kopf, und am Rand von dem einem Ohr hat er so fünf Brillis stecken...!"

HUGO: "Meister Proper? Du meinst nicht Meister Proper!?"

DANA (unwillig): "Er heißt nicht Meister Proper!"

HUGO: "Wir nennen ihn so. Aber das kann nicht dein Ernst sein: Der ist ja locker zehn Jahre älter als ich!"

DANA: "Na und? Wer will schon ein Greenhorn? Da dauert der Sex so lang wie ein Werbespot, ist aber nicht annähernd so unterhaltend!"

HUGO: "Gut! Der Altersunterschied muss nicht zwingend ein Problem sein. Aber sehen wir mal auf seinen Charakter!"

DANA: "Der Charakter ist gut! Er bezahlt beim Fitness jedesmal das Elektrolytgetränk für mich!"

HUGO (seufzt): "Wenn du ihn willst, musst du ihn testen!"

DANA: "Testen! Ich soll ihn küssen?"

HUGO: "Du bittest ihn, mit dir einen Aidstest zu machen!"

DANA (irritiert): "Warum sollte er mir das verweigern?"

HUGO: "Wenn ich eben mal vögeln will, dann nehm ich 'nen Gummi und fertig. Denkst du, ich hock ewig in einem Wartezimmer, lass mir ne Blutprobe nehmen und spiel tagelang an mir rum, bis das Ergebnis kommt?"

DANA: "Aah! Ich kann dir folgen..."

HUGO: "Ein Aidstest ist wie ein verkapptes Aufgebot! Frauen, die dir mit sowas kommen, sind Hardcore-Emanzen, also genau die Sorte Frau, die du nehmen musst, wenn du mal Männer in wilder Flucht erleben willst!"

DANA: "Und wenn es ihm aber ernst ist?"

HUGO: "Dann macht er den Test!"

DANA (lächelt erleichtert) : "Das ist gut! Mensch, jetzt fühl ich mich besser! Viel besser! Danke!"

Sie steht auf.

HUGO: "Du gehst?"

DANA: "Ja, ich muss um fünf raus."

HUGO: "Um fünf? Was arbeitest du denn?"

DANA (zuckt die Achseln): "Ich putze Büros!"

Hugo sieht sie bestürzt an.

DANA: "Guck nicht so! Ich bin gut im Putzen!"

Sie geht zum Fernseher, holt die Fernbedienung und gibt sie ihm. Hugo lächelt und nickt dankbar. Sie geht zur Tür.

HUGO: "Dana! Hast du eine Ahnung, wie lange du mich hier noch festhalten willst?"

DANA: "Ich weiß es nicht. Ein Teil von mir vertraut dir schon irgendwie und möchte dich am liebsten sofort freilassen!"

HUGO: "Ach! Schön zu hören!"

DANA (ihr Blick verdunkelt sich): "Aber der andere Teil in mir findet, dass jemand, der sich zwanzig Jahre nicht um sein Kind gekümmert hat, hier ruhig ein ganzes Jahr sitzen sollte! Und der Teil hält im Moment bei weitem die Aktienmehrheit!"

Sie nickt ihm grimmig zu und ist dann hinaus.

EXT. VOR DANAS DOPPELHAUSHÄLFTE - NACHTS

Dana kommt aus dem Haus und geht zu ihrem Roller. Es ist früher Morgen und noch niemand auf den Straßen. Sie startet den Roller und fährt los...

INT. IM KELLERRAUM - NACHMITTAG

Hugo liegt auf dem Bett und liest in einem Buch mit dem Titel: "Black Beauty und der verirrte Messdiener". Da geht plötzlich ein Schlüssel in der Tür. Sie geht auf, ein etwa siebenjähriges Mädchen huscht herein und läuft zum Regal.

Dort beginnt es, sich einige Comics herauszusuchen. Hugo runzelt verblüfft die Stirn.

HUGO: "Wer bist du denn?"

Das Mädchen fährt herum und sieht Hugo entgeistert an.

ZOE: "Oh! Ich wusste nicht, dass jemand da ist! Verzeihung!"

Sie will schnell hinaus.

HUGO: "Warte! WARTE! Ich tu dir nichts!!"

Das Mädchen, fast schon an der Tür, bleibt stehen.

HUGO: "Nimm dir ruhig ein paar von den Comics! Alles gut!"

ZOE: "Dana will aber nicht, dass ich ihre Comics nehme..."

HUGO: "Und wieso lässt sie dich herein?"

ZOE: "Tut sie nicht. Aber ich weiß, wo sie die Schlüssel versteckt hat!"

Zoe sieht die Kette am Fuß von Hugo.

ZOE: "Wieso hast du eine Kette am Fuß? Wer bist du?"

HUGO (räuspert sich): "Ich bin Danas Papa!"

ZOE (baff): "Wirklich??"

HUGO: "Ja. Denk dir nur! Sie hat mich hier eingesperrt! Gegen meinen Willen! Kannst du mir vielleicht helfen?"

ZOE: "Iiich? Wieso denn ich?"

HUGO: "Keiner weiß, dass ich hier bin! Bitte, hilf mir!"

ZOE: "Nee, lieber nicht. Dana kann ganz schön sauer werden, weißt du?"

Hugo will weiter in sie drängen, doch da das Mädchen sich weiter zur Tür orientiert, lässt er es.

HUGO: "Sag mal, wie heißt du überhaupt?"

ZOE: "Zoe!"

HUGO: "Zoe! Toller Name! Weißt du, was ich gerade lese? Black Beauty! Das ist ein schwarzes Pferd!"

ZOE: "Kenn ich!"

HUGO: "Ich hab nämlich auch ein Pferd! Aber kein schwarzes! Einen Falben!"

ZOE (macht große Augen): "Wirklich?"

HUGO: "Oh ja! Und es ist sehr lieb! Am liebsten ißt es Mohrrüben!"

ZOE: "Wie süüüß! Und mag es auch Zucker?"

HUGO: "Was denkst du? Es ist verrückt danach! (tut, als käme ihm ein Gedanke) Sag mal, hättest du mal Lust, mit mir und Dana auf den Hof zu fahren? Dann könntest du auch mal ein paar Runden auf Josephine reiten!"

ZOE: "Heißt dein Pferd Josephine?"

HUGO: "Genau! Also, hättest du Lust?"

ZOE: "Ja, schon. Aber ich muss erst meine Mama fragen!"

HUGO: "Du, dann lauf doch rüber und frag sie! Sag, der Mann, der bei Dana im Keller angekettet ist, würde Zoe's Mama auch noch mitnehmen... Und richte ihr ein SOS von mir aus!"

ZOE: "Was ist ein SOS?"

DANA (O.S.): "Das ist nicht so wichtig!"

Zoe und Hugo drehen die Köpfe. Dana steht da, frisch von der Arbeit heimgekehrt. Und sie sieht nicht sehr fröhlich aus...

DANA: "Zoe, komm doch mal kurz raus, bitte!"

Dana schickt Hugo einen strafenden Blick und geht dann mit dem kleinen Mädchen hinaus.

INT. IM ZWISCHENKELLER - TAG

Dana geht in die Hocke und nimmt Zoe bei den Schultern.

DANA: "Was hat er dir erzählt?"

ZOE: "Dass er dein Papa ist und ein Pferd hat!"

DANA (schaut genervt): "Du weißt genau, dass du nicht einfach hier hereinkommen darfst!"

ZOE (mürrisch): " Ja, weiß ich. Ich hatte es nur ganz kurz vergessen... ganz ehrlich!"

DANA: "Du sagst deiner Mama gar nichts! Nichts von meinem Papa und nichts vom Reiten, überhaupt nichts! Sonst erzähle ich ihr, dass du wieder hier eingedrungen bist!"

Zoe nickt still.

DANA: "Dann ist es gut. Geh jetzt!"

ZOE: "Warum hat dein Papa eine Kette am Fuß?"

Dana sieht Zoe nervös an.

DANA: "Das... ist eine Art Spiel, weißt du? Mal trägt er die Kette, mal ich. Das... das verstehst du noch nicht!"

ZOE: "Aber dein Papa sagt, du hast ihn eingesperrt!"

DANA: "Zoe! Das geht dich jetzt wirklich nichts an!"

ZOE: "Gut! Dann erzähl ich eben alles meiner Mama!"

Dana sieht das Kind an und verdreht gequält dann die Augen...

INT. IM KELLERRAUM - NACHMITTAG

Die Axt fährt krachend in das Holz. Dana ist wieder dabei ihre Wut an einem unschuldigen Holzscheit abzureagieren. Hugo sitzt auf seinem Bett und sieht ihr unbehaglich zu...

HUGO: "Was ist denn los?"

DANA (hält keuchend inne): "Zoe ist los! Die Nachbarstochter, dieser kleine Satansbraten!"

HUGO: "Wo liegt das Problem?"

DANA: "Zoe ist eine böse kleine Petze! Kein Wunder, bei ihr fehlt auch ein Vater im Haus, der ihr mal ordentlich den Hosenboden versohlt! (seufzt müde) Ich kam aus der Nummer nicht mehr raus. Sie hat gedroht, alles ihrer Mutter zu erzählen, wenn ich ihr nicht die Wahrheit sage!"

HUGO: "Die Wahrheit? Du hast der Kleinen alles erzählt?"

DANA: "Von A bis Z!"

HUGO (muss schallend lachen): "Sorry, aber wenn du jetzt dein Gesicht sehen könntest! Das ist wirklich zu komisch!"

Er lacht und lacht und lacht. Dana mustert ihn kühl.

DANA: "Sie will was von dir abhaben!"

Hugo lacht, dann aber bricht seine Heiterkeit abrupt ab.

HUGO: "Wie? Sie will was von mir abhaben?"

DANA: "Hab ich doch gerade gesagt: Zoe's Vater hat sich vertschüsst! Und sie findet meine Idee genial, den Papa einfach im Keller anzuketten, damit er für mich da ist!"

HUGO: "Ich versteh immer noch nicht ganz!"

DANA: "Sie will dich mit mir teilen! Sie will, dass du gleich morgen mit ihr malst, singst und ihr Geschichten vorliest!"

HUGO (mit kaltem Entsetzen): "Ist jetzt nicht wahr, oder?"

DAN: "Ist wahr! Und du machst es auch, denn ich will nicht auffliegen!"

HUGO: "Und was ist eigentlich mein Motiv, bei dem Quatsch mitzumachen?"

DANA: "Du kriegst dafür ne Flasche Gin!"

HUGO (wiegt den Kopf): "Sagen wir eine Flasche für jede Session! Und Tonic und Eis dazu!"

Dana nickt, geht zur Tür und dreht sich noch einmal um.

DANA: "Ich steh unter wahnsinnigem Druck, Papa! Bitte schieß jetzt nicht quer! Ich fang gerade an, dich zu mögen...!"

Hugo sieht sie an und nickt dann.

HUGO (seufzt und nickt): "Ja, nein! Tu ich nicht. (lächelt aufmunternd) Ich fange auch an, dich zu mögen!"

DANA: "Ich kann nicht bei dir bleiben, weil ich mich heute Abend mit Rudi treffe... das ist doch okay, oder?"

HUGO (hebt die Fernbedienung): "Sicher! Ich hab ja die hier!"

DANA: "Ach richtig!"

Sie kommt heran, nimmt ihm die Fernbedienung aus der Hand und legt sie wieder, unerreichbar für ihn, zum Flachbildschirm.

DANA: "Strafe muss sein! Für die krumme Nummer mit Zoe!"

Hugo sieht entsetzt, wie sie den Keller verlässt.

HUGO: "Aber heute kommt das Topspiel der zweiten Liga!!"

EXT. VOR DANAS DOPPELHAUSHÄLFTE - MORGENDÄMMERUNG

Der Zeitungsmann rollt auf seiner knatternden Vespa heran und wirft eine Zeitung ein. Dann tuckert er weiter...

INT. IM KELLERRAUM - NACHMITTAG

Zoe sitzt bei Hugo auf dem Schoß, während der ihr, sich in sein Schicksal fügend, aus einem Bilderbuch vorliest.

HUGO: "Und da wusste Kleiner Bär, dass er nie mehr bei solch gefährlichen Mutproben mitmachen wollte! (lächelt Zoe an) Nicht übel! Und lehrreich dazu!"

ZOE (ungnädig): "Lehrreich? Pah! Auch wenn ich die Geschichte nicht kennen würde, würde ich doch keine Mutprobe machen, die so geht, dass man schlafende Pumas mit Kaktusteilen bewirft!"

Hugo nickt. So gesehen... Zoe zieht ein anderes Buch hervor.

ZOE: "Jetzt das hier!"

HUGO: "Wie? Die Geschichten von Pipi und Stinkwurst?? Was ist das denn?"

ZOE: "Ist voll cool! Lies die Geschichte, wo sich Pipi und Stinkwurst heimlich an Bord der Mondrakete schleichen...!"

HUGO: "Wie? Pipi und Stinkwurst auf einer Mondrakete?"

ZOE: "Ja, Pipi träumt von der Schwerelosigkeit, wo sie zu einer perfekten Kugel wird und damit ihrem großen Vorbild nahekommt!"

HUGO: "Vorbild? Einem Tennisball?"

ZOE: "Nein, der Sonne!"

HUGO: "Pipi und... Stinkwurst fliegen also zum Mond?"

ZOE: "Nein, ein aufmerksamer Mechaniker bricht den Start ab, weil er in der Schleuse Kackstreifen entdeckt!"

Hugo schüttelt angewidert den Kopf.

HUGO: "Puuh! Das lese ich nicht. Das ist eklig!"

ZOE: "Ach komm! Dann wenigstens: Pipi und Stinkwurst treffen Archibald Blunk!"

HUGO: "Und wer ist Archibald Blunk?"

ZOE: "Ein immerfröhlicher Kuhfladen!"

Hugo stößt einen unwilligen Laut aus und wirft das Buch hin. Zoe ist verunsichert und sagt erstmal nichts.

HUGO: "Wieso kümmert sich dein Vater nicht um dich?"

Zoe schaut auf ihre Hände und zuckt die Achseln.

HUGO: "Aber du hast doch deine Mama. Das ist doch viel wichtiger für ein Mädchen, oder nicht!?"

ZOE: "Eine Mama ist überhaupt nicht wichtig! Die schimpft nur mit mir... Das würde mein Papa bestimmt nicht machen..."

HUGO (nickt bedächtig): "Und wenn dein Papa nun doch käme, was müsste er tun, damit du glücklich bist?

ZOE (überlegt einen Moment): "Ich will auf seinem Schoß sitzen und er soll mir Pipi und Stinkwurst vorlesen! Und er soll es genauso toll finden wie ich!"

HUGO: "Ja, sicher... das ist nachzuvollziehen."

ZOE: "Du hast gesagt, dass du mir ein Pferd malst!"

HUGO (zieht einen Fünfzig-Euroschein hervor): "Guck mal her, Zoe: Stell dir mal vor, der würde dir gehören...!"

ZOE: "Wieso?"

HUGO: "Ich würde ihn dir geben, wenn du die Polizei alarmierst..."

ZOE: "Fünfzig Euro?"

HUGO: "Auch wenn du es nicht verstehst, aber es geht hier auf Leben und Tod! Es geht um _mein_ Leben!"

ZOE: "Ein Leben ist aber mehr wert als fünfzig Euro! Zufällig weiß ich, dass ein Leben über eine Million wert ist! Ich glaube, es sind sogar _zwei_ Millionen!"

Hugo verdreht die Augen und steckt das Geld weg.

ZOE: "Können wir jetzt Pferde malen? Mit einem Fohlen aber!"

Sie gehen zum Tisch und Zoe packt die Malsachen aus. Sie beginnen zu malen. Das heißt, Hugo malt und Zoe schaut zu.

ZOE: "So geht doch kein Pferd! Was bist du denn für ein Papa? Komm, ich zeig dir mal, wie ein Pferd geht!"

HUGO: "Wo steckt eigentlich dein Vater?"

ZOE (zuckt die Achseln): "Er wohnt in der Südstadt... Aber er kommt nicht, weil ich ihm egal bin!"

HUGO (überlegend): "Wenn ich es hinkriege, dass dich dein Vater besuchen kommt, hätte ich dann was gut bei dir?"

Zoe sieht zu ihm auf, überlegt und nickt dann.

HUGO: "Gut, dann nimm einen Stift und ein Malblatt... Wir schreiben ihm einen Brief! Du schreibst! Ich diktiere!"

ZOE: "Ich bin im Schreiben aber nicht die Beste in der Klasse..."

HUGO: "Fehler sind egal. Du bist ein Kind! Also los, schreib!"

INT. IM KELLERRAUM - MINUTEN SPÄTER - TAG

Hugo hat das Papier in den Händen und liest Zoes Gekrakel.

HUGO: "Liob Pamu! Ihadu fnd ruspne sapagut, degbrmvglst, kitti raben euter birl! Manno suppengott!"

ZOE: "Ich sag ja, ich bin im Schreiben nicht so krass!"

HUGO: "Ich würd sagen, wir radieren und verbessern ein wenig, damit er wenigstens den Sinn versteht..."

EXT. VOR DANAS DOPPELHAUSHÄLFTE - NACHMITTAG

Dana kommt und schiebt den kaputten Roller vor das Haus. Sie bockt ihn auf und zieht den Schlüssel aus ihrer Tasche...

INT. IM KELLERRAUM - NACHMITTAG

Hugo setzt gerade an der Kaffeemaschine einen neuen Kaffee an, als Dana plötzlich hereinstürmt, mit Zoe im Schlepptau.

HUGO: "Oh, hallo!"

Dana hält Hugo fassungslos ein Blatt Papier unter die Nase.

DANA: "Darf ich mal fragen, was du dir dabei gedacht hast?"

ZOE: "Dana, das ist <u>mein</u> Brief! Gib ihn sofort wieder her!"

Aber Dana hält den Brief außer Reichweite des Kindes.

DANA: "Ist das wirklich dein Ernst!? (sie liest den Brief) Lieber Papa! Ich wollte dir nur sagen, dass ich es voll verstehe, dass du keine Kinder wolltest! Du bist eben ein unbezähmbarer Mann, der seine Freiheit braucht, einer der letzten Abenteurer! Ich würde auch gar keinen Papa wollen, der mit der Schürze in der Küche steht und abwäscht...!"

Dana sieht Hugo empört an. Zoe springt und greift nach dem Blatt, das Dana aber außer ihrer Reichweite hält.

DANA: "Das ist doch der nackte Hohn!"

HUGO: "Es ist nur so, wie Männer die Sache sehen!"

DANA: "Ach sooo! Na dann bin ich beruhigt! (liest weiter) Und von der Mama finde ich es oberlink, ungefragt schwanger zu werden! Schade, dass ich kein Junge geworden bin, weil ich genau so werden will, wie du! Bleib weiter mein stolzer unbeugsamer Papa, dein glühender Fan Zoe! (zu Zoe, die nach dem Blatt grapscht) Zoe, das <u>kannst</u> du deinem Vater nicht schicken! Das ist zynisch! Und ein Verrat an allen Frauen!"

Zoe tritt Dana gegen das Knie. Die schreit vor Schmerz. Zoe greift den Brief und haut ab. Dana sieht wütend zu Hugo.

DANA: "Bleib weiter mein stolzer unbeugsamer unbezähmbarer Papa?? So siehst du dich? Als tollen Abenteurer??"

HUGO: "Es ist ein Brief für Zoe's Vater! Damit er sie mal besuchen kommt! Es ist nicht die Wahrheit: Es ist ein Köder!"

Dana haut Hugo eine runter. Und dann nach eine. Den dritten Schlag fängt er aber ab. Er mustert sie stirnrunzelnd.

HUGO: "Was ist denn los mit dir?"

Sie sieht ihn an, erschlafft und beginnt zu weinen.

INT. IM KELLERRAUM - ABEND

Dana sitzt schluchzend neben Hugo auf dem Bett. Er hält den Arm um sie.

DANA: "Ausgelacht hat er mich... der Scheiß-Meister-Proper! Wie er geguckt hat, als ich ihm mit dem Aids-Test kam. Als hätte ich gefragt, ob wir spontan nach Las Vegas fliegen und heiraten!"

HUGO: "Immerhin hast du jetzt Klarheit!"

DANA: "Ich hab mir so gewünscht, dass es endlich mal klappt... Ich werde nie einen Partner haben! Warum müssen alle Männer so Scheißkerle sein?"

HUGO: "Die Evolution will es so!"

DANA: "Ah! Und woher kennst den Trick mit dem Aids-Test?"

HUGO: "Bin selbst mal durchgefallen..."

DANA: "Und die Frau hat es dir nachher dann verraten?"

HUGO: "Ne, aber später hat eine andere nochmal die gleiche Tour versucht, da habe ich das ganze Mal unter 'Die geheimen Dating-Tricks der Frauen' gegoogelt!"

Dana sieht ihren Vater an und muss unwillkürlich lachen. Die Stimmung ist entspannt, fast herzlich. Dana schließt die Augen und kuschelt ihren Kopf in seine Halsbeuge.

DANA: "Danach hab ich mich immer gesehnt! Wenn es mal nicht so läuft, bei meinem Papa unter den Flügel zu kriechen..."

HUGO: "Glaub mir, Dana! Der Richtige kommt noch. Wenn der Moment kommt, wirst du es wissen! Und du hast es auch nicht nötig, dich mit einem Trostpreis zufrieden zu geben!"

DANA (irritiert): "Was redest du denn da? Guck mich doch an: Ich bin ein Nervenbündel! Ich hab ständig kurze Lunte, bin suizidgefährdet, chaotisch, hab einen dicken Po, lache wie einen Hyäne und gebe der fiesen Nachbarskatze heimlich Bier!"

Hugo steht auf, stellt sich vor Dana und mustert sie.

HUGO: "Erst dachte ich auch, dass du total durchgeknallt bist... Aber das stimmt nicht! Du bist eigentlich ziemlich gut organisiert. Vielleicht bist Du emotional etwas konfus, aber ansonsten recht klar! Dein Plan, mich zu entführen war mutig! Du bist sogar ziemlich reflektiert und deutlich reifer, als ich in deinem Alter..."

DANA (misstrauisch): "Das Surren, was ich da grad höre, ist nicht zufällig deine Süßholzraspel?"

HUGO: "Nein. Ganz und gar nicht. Irgendwie bin ich sogar... stolz auf dich! Du boxt fast so gut wie dein Alter und davon verstehe ich was. Aber am weitesten daneben liegst du mit der Vogelscheuche... Ich finde, du hast etwas ganz Einzigartiges! Als dein Vater bilde ich mir sogar ein, direkt in dein Herz sehen zu können. Also für mich... bist du wunderschön!"

Dana laufen wieder die Tränen herunter. Hugo zieht sie hoch. Er nimmt sie in die Arme und lässt sie weinen.

HUGO: "Du bist mein großes Mädchen! Hörst du? Mein großes tapferes Mädchen!"

INT. IM KELLERRAUM - EINE DREIVIERTELSTUNDE SPÄTER

Dana sitzt neben Hugo auf dem Bett. Sie hat sich beruhigt und sieht nun sehr gelöst aus.

DANA: "Weißt du was, Papa?"

HUGO: "Hmm?"

DANA: "Morgen lass ich dich gehen!"

HUGO (sieht sie überrascht an): "Nicht dein Ernst?"

DANA: "Ich wollte eine Beziehung mit dir. Und jetzt hab ich eine... oder?"

HUGO: "Ja. Sieht aus, als hättest du am Ende alles richtig gemacht!"

DANA: "Nimm mich noch mal ganz fest in die Arme und drück mich, ja?"

Hugo nimmt sie in die Arme und drückt sie an sich.

DANA: "So könnte es jetzt bleiben... (sie löst sich) Weißt du, ich überleg schon die ganze Zeit, ob ich dir nicht etwas zeige..."

HUGO: "Was zeigen?"

DANA: "Ich... naja, ich singe!"

HUGO: "Was du nicht sagst!"

DANA: "Ich würde dir gerne ein Lied vorsingen... ich hab es selber geschrieben..."

HUGO: "Wie heißt es denn?"

DANA (zögernd): "Es heißt: 'Papa, du verdammtes Arschloch!'"

Hugo sieht sie indigniert an.

DANA (entschuldigend): "Es ist natürlich etwas provokant! Das ist den Umständen geschuldet!"

HUGO: "Tja, dann las mal hören!"

INT. IM KELLERRAUM - KURZ DARAUF

Dana spielt auf einer Gitarre, während sie singt:

DANA: "Lieber Gott, ich red zu dir, ich frag dich frank und frei, ohne Blech und ohne Zier und ohne Laberbrei: Ich hab nur eine halbe Welt, warum, weshalb, wieso? Ne Mama nur, die immer sagt, der Papa ist fürs Klo! Nur Yin, kein Yang, nur Weiberzeit, das kotz mich alles an, ich will ein' Dad, ganz ultracool, mit dem ich protzen kann! Lieber Gott, nun frag ich dich, wofür ist das die Straf? Ich hab hier ohne Fleisch nur Fisch, fall ungeküsst in' Schlaf! Ich hab nur eine halbe Welt, warum, weshalb, wieso? Ne Mama nur, die immer sagt, der Papa ist fürs Klo! Nur Yin, kein Yang, nur Weiberzeit, das kotz mich alles an, ich will nen Dad, ganz smart und hip, mit dem ich pokern kann! Lieber Gott, ich bitte dich, sei nicht so'n fieser Knopf, rück meinen Alten endlich raus, sonst kapp ich dir den Zopf! Ich hab nur eine halbe Welt, warum, weshalb, wieso? Ne Mama nur, die immer sagt, der Papa ist fürs Klo! Nur Yin, kein Yang, nur Weiberzeit, das kotz mich alles an, ich will mit Dad ganz ultracool, zum Pferde stehlen ran... Yeah, yeah... zum Pferde stehlen ran..."

Ein raues Lied, impulsiv und gefühlvoll zugleich, zart und sensibel interpretiert. Als sie geendet hat, sieht sie Hugo an der sie Stirn gerunzelt hat. Dana stellt die Gitarre weg.

HUGO: "Wieso heißt das Lied 'Papa, du verdammtes Arschloch?'"

DANA: "Ich hatte zuerst den Titel... und danach kam erst der Text. Ich weiß, es passt gar nicht zusammen, aber ich fand den Titel eben so geil...! Was denkst du? Bin ich schlecht?"

HUGO: "Nein! Überhaupt nicht. Es war gut! Richtig gut! Ich staune allmählich, was du alles für Talente hast...!"

DANA: "Lüg mich nicht an! Es kommt nämlich nicht gut, wenn man Dieter Bohlen erzählt, Papi und Omi hätten einen ermutigt und man klingt dann wie Darth Vader in der Badewanne!"

HUGO: "Gut! Ich weiß nicht, ob du so gut wirst wie Aretha, aber solltest du jemals auftreten, kauf ich eine Karte!"

DANA (mit feuchten Augen): "Danke, Papa!"

Sie kommt und er nimmt sie in die Arme. Hugo lacht befreit.

HUGO: "Wir beide...! Naja, der Apfel fällt nicht weit vom Stamm... "

Dana fällt etwas ein, und sie löst sich von ihm.

DANA: "Oh, ich hab doch etwas vorbereitet!"

Sie steht auf.

HUGO: "Was vorbereitet? Gekocht?"

DANA: "Nein, das nicht. Aber für den Fall, dass es ein Happy end gibt, habe ich etwas besorgt... aus deiner Vergangenheit! Es wird dir gefallen! Warte, dann hol ich es!"

INT. IM KELLERRAUM - KURZ DARAUF

Dana kommt herein und schaltet mit dem Ellenbogen das Licht aus. Dann trägt sie ein Tablett mit zwei bläulich brennenden Schnäpsen herein. Hugo macht ein sehr interessiertes Gesicht.

HUGO (grinst breit): "Brennende Flüssigkeiten in kleinen Gläschen! Dafür bin ich zuständig!"

DANA: "Friesengeist! Bist du bereit?"

Hugo lächelt. Dana hebt ein kleines Pfännchen und liest ab.

DANA: "Tief aus dem Moor flammt es empor, blas aus, trink aus, genieße leise, auf echte Friesenweise, den Friesen zur Ehr, vom Friesengeist mehr!"

Sie löscht die Flammen mit dem Pfännchen.

DANA: "Und jetzt, auf dich, Papa!"

Sie lüpft das Stamperl und kippt sich den Friesengeist in den Schlund. Hugo tut es ihr nach.

HUGO: "Brrr!! Das zieht durch! Schmeckt wirklich nach mehr!"

INT. IM KELLERRAUM - VIEL SPÄTER

Wieder werden zwei brennende Friesengeister gelöscht. Hugo und Dana haben schon schwerste Schlagseite.

HUGO (mit schwerer Zunge): "Du solltest langsam aufhören! Mit 56 Prozent ist nicht zu spaßen!"

DANA: "Mich hat noch keiner unter den Tisch getrunken, Papa!"

HUGO: "Die Flasche ist fast leer! Und da ist massig Zucker drin. Das wirst einen Schädel haben wie die Freiheitsstatue!"

Sie kichert, und er lacht mit.

HUGO: "Was hast du eigentlich damit gemeint, als du gesagt hast, du hättest was aus meiner Vergangenheit besorgt!"

DANA: "Naja, den Friesengeist halt!"

Hugo sieht sie ratlos an.

DANA: "Als du und Mama auf Norderney wart! Im kleinen Fischlokal! Mit diesem netten Kellner! Und da habt ihr nach jedem Essen brennenden Friesengeist getrunken!"

Hugo starrt sie an.

HUGO: "Ich war in meinem ganzen Leben noch nicht auf Norderney!!"

DANA: "Klar warst du! Ich wurde auf Norderney gezeugt!"

HUGO: "Dana! Ich... war... nie... auf Norderney!!"

DANA: "Aber meine Mutter hat mir davon erzählt! Ich weiß es noch... (macht Mama nach) Da haben Lutz und ich immer Eis gegessen, da haben Lutz und ich immer der Kurmusik gelauscht und da haben Lutz und ich uns mit Quallen beworfen..."

Hugo beugt sich vor und legt Dana die Hand auf den Arm...

HUGO: "Und ich heiße nicht Lutz!"

INT. IM KELLERRAUM - NACH MITTERNACHT

Der Raum ist hell erleuchtet und die weinselige Stimmung einer großen Ernüchterung gewichen.

DANA: "Du heißt... Hugo? Wirklich!??"

HUGO: "Ja, tu ich. Hugo Schmiedebach!"

DANA (bestürzt): "Deshalb auch diese bescheuerte E-Mail-Adresse: 'HugowarseinName@gmx.de'!"

HUGO: "An meiner Wohnungstür steht groß und breit SCHMIEDEBACH! Ist dir das nicht merkwürdig vorgekommen?"

DANA: "Nein, wieso? Mama hat immer nur von 'Lutz, dem Filou' gesprochen, oder 'Lutz, dem Strolch' oder "Lutz, dem Lurch!'"

Einen Moment herrscht bedröppeltes Schweigen.

HUGO: "Krass! Das ganze Theater hier, weil die Braut ins Fitnesscenter ist und bei den Typen Ene mene mu gemacht hat!"

DANA: "Aber ich dachte wirklich, du bist mein Vater! Meine Mutter hat dich mir doch gezeigt! Damals im Club..."

Rückblende

INT. IM FITNESSCENTER - ABEND

Danas Mutter und sie selber stehen in Workout-Klamotten an der Bar und trinken etwas. Da erstarrt Danas Mutter...

MUTTER VON DANA: "Das gibt es nicht! Dana! Ich glaub's nicht, aber da ist das Schwein! Guck nicht hin!"

DANA: "Schwein? Welches Schwein?"

MUTTER VON DANA: "Lutz! Dein Vater! Da sitzt er, als wäre nichts gewesen, das Schwein! Dass er uns bloß nicht bemerkt!"

Dana sieht hinüber. Vorne sitzt ein Glatzkopf mit dicker Brille und Schmerbauch und unweit dahinter der gut aussehende Hugo. Während ihre Mutter den Glatzkopf ansieht, geht Dana davon aus, dass es sich um Hugo dreht...

ÜBERBLENDE

INT. IM KELLERRAUM - NACHTS

Hugo schüttelt den Kopf.

HUGO: "Ihr müsst doch Fotos von deinem Vater gehabt haben!!"

DANA: "Mama hat alles von Lutz verbrannt, als sie im achten Monat war!"

HUGO (stöhnend): "Okay, ist ja nun auch nicht mehr zu ändern! Mach mich los, damit ich gehen kann!"

DANA (weicht zurück): "Warte! Ich... ich weiß grad nicht, ob das so eine gute Idee ist..."

HUGO (gereizt): "Weißt du nicht? Ist ja reizend!"

DANA: "Wenn du mein Vater gewesen wärst, hättest du bestimmt nichts gegen mich unternommen... Aber jetzt..."

HUGO (stöhnt): "Und was willst du jetzt machen? Mich hier festhalten, bis ich zu gebrechlich bin, um zur Polizei zu gehen?"

DANA (nervös): "Ich... ich muss nachdenken!"

HUGO: "Das musst du nicht! Wenn ich hier eines kapiert habe, dann, das man für das, was man angerichtet hat, auch geradestehen muss! Man muss die Verantwortung übernehmen! So einfach ist das! (fixiert sie) Also, kannst du's nur einfordern oder kannst du es auch selber tun?"

Dana sieht ihn gequält an, dann ist sie hinaus. Hugo geht zum Tisch und nimmt die Flasche mit Friesengeist. Sie ist leer.

HUGO: "Leer! Na, typisch! Wenn du denkst, es kann nicht schlimmer kommen..."

Er knallt wütend die Flasche auf den Tisch.

EXT. VOR DANAS DOPPELHAUSHÄLFTE - TAG

Danas Roller steht vor der Tür. Ein Taxi fährt heran und Dana steigt aus. Sie geht ins Haus.

INT. IM KELLERRAUM - TAG

Dana schließt die Tür auf und kommt herein. Hugo liegt im Bett und schläft. Dana sieht ihn mit deprimierter Miene an.

DANA: "Ich hab nachgedacht... Und du hast Recht mit dem, was du gesagt hast!"

Sie zückt einen Schlüssel und schließt das Vorhängeschloss auf, dass die Fußkette mit dem Haken in der Wand verbindet.

DANA: "Du bist frei! Es tut mir Leid... das ganze Missverständnis! Und ja, ich werd die Konsequenzen tragen..."

Sie sieht auf die Bettdecke, die seltsam starr wirkt.

DANA: "Hugo?"

Sie rüttelt an seinem Bein und reißt erschrocken die Augen auf, als dort gar kein Bein ist. Dana zieht die Bettdecke weg und darunter sind nur Kissen und Kleidungsstücke... Dana nimmt die Kette und stellt fest, dass sie durchgesägt wurde.

ZOE (O.S.): "Hugo, bist du noch da?"

Zoe kommt herein, heute mal leger mit Jeans und Monstershirt und sieht zu ihrem Entsetzen Dana mit der Kette in der Hand.

ZOE: "Äh... tschuldige, hab nur meinen MP3-Player vergessen!"

Sie schnappt ihn und will flüchten, aber Dana stößt die Tür mit dem Fuß die Tür zu. Zoe sieht sie bange an.

INT. IM KELLERRAUM - SPÄTER

Dana schiebt Zoe Kekse und ein Glas Milch hin.

ZOE: "Es stimmt! Mama konnte es nicht glauben, aber Papa wollte wirklich mit mir sprechen. Er hat gesagt, dass ich ein sehr kluges Mädchen bin und er mich nun doch kennenlernen möchte!"

DANA: "Wegen dem endbeknackten Brief???"

ZOE: "Er hat gesagt, dass ich schon viel mehr verstehe von Frauen als die gesamte Chefredaktion von EMMA!"

DANA (schließt die Augen): "Himmel hilf uns! Und dann?"

ZOE: "Ich hatte deinem Papa versprochen, dass ich ihm helfe, wenn mein Papa kommt! Und Versprechen muss man halten!"

DANA: "Hugo ist nicht mein Papa!"

ZOE (schaut ratlos): "Hä?"

DANA: "Lass! Nimm deine Kekse und hau ab!"

ZOE: "Bist du jetzt sehr böse auf mich?"

DANA (BÖSE zischend): "Was denkst du denn, du Laus!? Deinetwegen werde ich in den Knast gehen! Also mach, dass du rauskommst, bevor ich deinen Poppes durch die Wolken trete!"

Zoe läuft zur Tür. Da dreht sie sich nochmal um.

ZOE: "Das erzähl ich alles meinem Vater, wenn er mich besuchen kommt: Dann kannst du was erleben, Bitch!"

Ein Milchglas zerschellt an der Tür, die das kleine Mädchen aber rechtzeitig vorher geschlossen hat... Dana sitzt nun alleine am Tisch und rauft sich kummervoll die Haare...

EXT. VOR DANAS DOPPELHAUSHÄLFTE - NACHMITTAG

Dana kommt mit ihrem Roller heran. Sie wirkt müde, als sie absteigt. Da tritt ihr plötzlich ein Mann mit Glatze und dunkler Sonnenbrille entgegen.

LUTZ: "Dana?"

Dana bleibt stehen und sieht den korpulenten Mann verwundert an. Es ist der Mann, den ihre Mutter ihr im Fitnesscenter eigentlich zeigen wollte...

DANA: "Ja?"

LUTZ: "Ich... ich bin Lutz, dein Vater!"

DANA (erstickt): "Oh!"

LUTZ: "Ein Bekannter hat mich... ähm ... überzeugt, dass es interessant wäre, dich mal kennenzulernen..."

Er nimmt die Sonnenbrille ab und ein schillerndes blaues Auge kommt zum Vorschein. Der Mann wirkt unsicher und verlegen. Dana starrt ihn an und steht unter Schock.

DANA: "Doch! Ja! Das... das wäre... sehr interessant...!"

Lutz wirkt etwas erleichterter, aber er ist auch zerknirscht.

LUTZ: "Du... du hast allen Grund, mich zu hassen, das weiß ich und ich..."

DANA: "Komm doch einfach rein... Papa!"

Er sieht sie überrascht an. Dann gehen die beiden ins Haus...

EXT. TOTALE STADT - ZEITRAFFER

Es wird im Zeitraffertempo dunkel und der Mond geht auf. Es wird wieder hell und auch die Sonne beschreibt eine schnelle Bahn über den Himmel. Dann wird es wieder dunkel, wieder hell, wieder dunkel, wieder hell und ein letztes Mal dunkel.

EXT. AMERICAN BAR - ABEND

Hugo und Dana sitzen beim Essen. Während Dana toll aussieht in ihrem kleinen Schwarzen, trägt Hugo lässige Tweedkaros.

HUGO: "Die Enchiladas hier schmecken wirklich super!"

DANA: "Sie haben einen mexikanischen Koch! Der ist klasse!"

HUGO: "So! Jetzt erzähl mal: wie war es mit deinem Vater?"

DANA (muss lächeln): "Wirklich spannend! Er sagt, ich soll nicht singen, sondern meine Kochlehre weitermachen..."

HUGO: "Hast du ihm was gekocht?"

DANA: "Nur was ganz Schnelles. So aus der Lameng... Aber er fand es brillant! Er wollte zweimal Nachschlag... und dann Kaisers Natron..."

HUGO: "Und? Wie geht es jetzt weiter?"

DANA: "Wir treffen uns bald wieder. Es ist etwas zäh, so das Kennenlernen... Geht schneller, wenn man jemand ankettet..."

Hugo lacht.

DANA: "Aber ich glaub, er hat Recht. Das Kochen ist vernünftig! In jeder Küche braucht man jemanden wie mich! Weil, ich kann ja auch gut putzen!"

Hugo sieht sie an, lächelt und nickt. Dana mustert ihn und legt nervös ihr Besteck zur Seite.

DANA: "Du bist nicht zur Polizei gegangen...!"

HUGO (nickt): "Ich hab mit dem Gedanken gespielt! Besonders nachdem ich mich bei meiner Kanzlei zurückgemeldet habe!"

DANA: "Sie haben dich gefeuert?"

HUGO: "Nein! Schlimmer! Sie haben jedes Wort von deiner Nierenspendergeschichte für meinen schwarzen Halbbruder geglaubt und mich befördert, als Vorbild für die ganze Belegschaft!"

DANA: "Und darüber ärgerst du dich?"

HUGO: "Nein, nicht darüber. Darüber, dass der Seniorpartner leider nicht davon abzubringen war, mich wegen vorbildlicher Integration für ein Bundesverdienstkreuz vorzuschlagen!"

DANA: "Oh, das ist natürlich delikat..."

HUGO: "Das ist untertrieben! Was, wenn sie mich bei der Verleihung bitten, ihnen die OP-Narbe zu zeigen?"

Dana kichert.

HUGO (seufzt und winkt ab): "Wenigstens hab ich meinen Mercedes wohlbehalten auf dem Schrottplatz wiedergefunden! Erst hab ich ihn gar nicht gesehen, weil Du ihn mit einem Nato-Netz getarnt hast! Dir gelingt es immer wieder, mich zu überraschen..."

DANA: "Also, du musst mir glauben, ich wollte dich freilassen! Ich bin extra früher von der Arbeit weg, weil es mir keine Ruhe gelassen hat..."

HUGO: "Ja, ich weiß. Als du mit deinem Roller kamst, konnte ich gerade noch ins Gebüsch hechten..."

DANA: "Wovor hast du denn Angst gehabt?"

HUGO: "Dir, meine Teuerste, traue ich ohne weiteres zu, dass du eine geladene 38er aus der Tasche holst... Neenee, ich hab schon Respekt!"

Dana senkt den Blick und schaut auf ihre Finger.

DANA: "Du hattest allen Grund, sauer auf mich zu sein! Und dann bringst du meinen Vater dazu, hier aufzukreuzen! Warum hast du das für mich getan, nach all dem Ärger?"

Hugo legt ebenfalls sein Besteck zur Seite.

HUGO: "Sowas, wie du hier mit mir abgezogen hast, geht nicht spurlos an einem vorüber... Und wenn ich heute zurückblicke, dann wundere ich mich, was für ein Idiot ich gewesen bin! Gerade als Vater...!"

DANA: "Wie? Als Vater?"

HUGO: "Na, was denkst du, wieso ich geglaubt hab, dass du meine Tochter bist? Ich hab damals wirklich eine Frau geschwängert und mich aus dem Staub gemacht... (atmet tief durch) Jetzt hab ich mich hingesetzt und nach ihr gesucht..."

DANA (mit großen Augen): "Ist nicht wahr!"

HUGO: "Ich hab die Adresse über einen Bekannten bei der Polizei rausgekriegt und hab angerufen!"

DANA (fasziniert): "Und? Erzähl!"

HUGO: "Um der Wahrheit Genüge zu tun, ich habe mir erst mal Mut angetrunken... Ich hatte eine Scheißangst! Als Elfie mir aufmachte, hab ich gemerkt, die hasst mich immer noch, wie am letzten Tag! Aber am Ende hat sie mich dann doch zu meiner Tochter gelassen, sie heißt Svenja!"

Hugo atmet bei dem Gedanken tief durch.

DANA: "Und? Wie hat sie reagiert...?"

HUGO: "Sie hat so getan, wie wenn ihr alles total egal war, aber sie musste neunmal Pipi! Jedenfalls treff ich sie am Wochenende in einer Eisdiele! Dann geht's weiter! Und das Gute: Ich hab so eine Ahnung, was sie von mir erwartet..."

DANA: "Na, Mensch! Gratuliere!"

HUGO (sieht sie warm an): "Die Wahrheit ist: Ich hab dir eine Menge zu verdanken, Dana! Ich sehe das Leben jetzt mit anderen Augen und bin grad dabei, alles total umzukrempeln... Und zum ersten Mal hab ich das Gefühl, dass das Dasein nicht völlig sinnlos ist... Also: Das gehört an dieser Stelle nun mal her: Vielen Dank!"

Dana sieht ihn an und fährt sich verlegen durch die Haare.

DANA: "So heilig war es nicht geplant, das weißt du!"

HUGO: "Es war aber beeindruckend. Du warst beeindruckend..."

Sie lächeln sich an.

DANA: "Hugo, ich hab einen Anschlag auf dich vor!"

HUGO: "Einen Anschlag? Hört, hört! Worum dreht es sich!"

DANA (mit leuchtenden Augen): "Ich hab da einen Typen kennengelernt! Der ist hot hot hot!"

HUGO: "Und wozu brauchst du mich?"

INT. FITNESSCENTER, GERÄTEBEREICH - ABEND

Hugo und Dana trainieren zusammen am Butterfly. Sie spähen hinüber zu Toni, einem schwarzhaarigen Burschen, der perfekt austrainiert ist und wie ein Filmstar aussieht.

DANA: "Guck nicht so auffällig rüber!"

HUGO: "Verzeihung! Aber denkst du wirklich, der ist richtig? Das ist doch ein Womanizer, wie er im Buche steht!"

DANA: "Ich hab dich kleingekriegt, krieg ich den auch klein!"

HUGO: "Auch wieder wahr!"

Der Schwarzhaarige sieht zu Dana herüber und lächelt. Sie jedoch ignoriert ihn demonstrativ.

DANA (zu Hugo): "Und? Wie reagiert er?"

HUGO (linst hinüber): "Er flirtet mit einer Rothaarigen. Wow! Die hat einen richtigen XXL-Balkon!"

Dana schaut hinüber und eine steile Falte bildet sich auf ihrer Stirn. Toni küsst gerade die Rothaarige...

DANA (zischend): "Das macht er mit Absicht! (zu Hugo) Komm küss mich!"

HUGO (perplex): "Was?

DANA: "Küss mich! So, dass er es sieht! Mach schon!"

Hugo fügt sich und küsst Dana. Er lugt an ihr vorbei und sieht, dass der Schwarzhaarige herüberschaut und offenbar gefällt dem Schönling gar nicht, was er da sieht.

HUGO (löst sich von Dana): "Ich glaub, es hat funktioniert!"

Doch Dana antwortet nicht. Hugo sieht sie an. Sie schaut abwesend.

HUGO (raunend): "Es hat geklappt! Die Rothaarige ist weg!"

Erst jetzt merkt er, dass Dana ihn anstarrt.

HUGO: "Was ist?"

DANA: "Du... du hast mich geküsst!"

HUGO (irritiert): "Ja. Sollte ich doch, oder?"

DANA: "Ja schon. Aber... es ist anders gewesen!"

HUGO: "Was? Wovon redest du denn?"

DANA: "Der Kuss! Der Kuss war anders!"

HUGO: "Anders als was?"

DANA (ärgerlich): "Sag mal, hörst du mir überhaupt zu? Ich hab dir doch erzählt, dass ich schon viele Jungen geküsst habe und danach jedesmal einen Fluchtreflex hatte! Aber jetzt gerade nicht... Es war anders! Es war richtig schön...!"

HUGO: "Dana, bitte! Es war ein Scheinkuss!"

DANA: "Wir versuchen es nochmal!"

HUGO: "Was?"

Dana küsst ihn und Hugo weiß erst nicht, wie ihm geschieht.

TONI (tritt heran): "Hallöchen!"

Hugo und Dana lösen sich. Der Schwarzhaarige grinst Dana spöttisch an.

TONI: "Also, die Botschaft ist angekommen! Komm, Hase, ich lad dich zu einer Fassbrause ein!"

Einen Moment ist Stille.

DANA (frostig): "Ich hab dir keine Botschaft geschickt. Fassbrause trinke ich auch nicht und die Anrede "Hase" kannst du dir in deinen Arsch schieben! Noch Fragen?"

Toni ist das Gesicht heruntergefallen. Er schluckt.

TONI: "Äh nein. Sorry!"

Er geht schnell davon. Hugo sieht Dana ratlos an.

HUGO: "Was war das jetzt? Ich meine, das Prinzip 'kalte Schulter' ist ja nicht grundsätzlich falsch, aber du hast gerade das ganze Schiff versenkt!"

DANA: "Ich will dich nochmal küssen!"

HUGO: "Mich? Was? Aber wieso?"

DANA: "Ich fand's super! Beide Male! Du nicht?"

HUGO (hilflos): "Ich... hab gar nicht drauf geachtet...!"

DANA: "Dann nochmal! Und jetzt lass dich drauf ein! Konzentrier dich mal, okay?"

Hugo will etwas sagen, aber da küsst Dana ihn erneut. Seine Augen sind erst offen, dann aber gibt er seine Spannung auf. Sie küssen sich. Lange.

DANA (löst sich): "Und?"

HUGO: "Was soll ich sagen? Ja. Hat mir auch gefallen..."

DANA: "Oh Mann! Ich könnte dich den ganzen Abend küssen!"

HUGO: "Aber... aber... Dana...!"

DANA: "Ein kluger Mann hat mir in einem Kellerverlies mal gesagt, wenn ich den Richtigen treffe, werde ich es wissen! Und er hatte recht! Keine Ahnung wieso, aber ich merke es irgendwie am Kuss! Und jetzt weiß ich: Du bist es!"

HUGO: "Ich bin es?! Aber Dana, echt jetzt: das können wir nicht machen!"

DANA: "Nicht? Wieviel Frösche soll ich denn küssen, bis ich endlich wieder einen finde, der passt? Und den muss ich dann auch noch neu anlernen! Auf gar keinen Fall!"

HUGO: "Ich versteh dich, aber es geht trotzdem nicht!"

DANA: "Wieso?"

HUGO (windet sich): "Herrgott, du weisst, wieso!"

DANA: "Ich bin nicht deine Tochter. Lösch einfach das mal aus deinem Kopf!"

HUGO: "Löschen? Du meinst, einfach auf 'Delete' drücken?"

DANA: "Ja. Einfach auf 'delete' drücken!"

Hugo sieht sie unglücklich an. Sie sieht ihn auffordernd an. Dann schließt er die Augen und konzentriert sich. Er öffnet die Augen nach einer Weile wieder.

DANA: "Und?"

HUGO: "Ehm... ja, ist gelöscht!"

DANA: "Na, super!"

Sie beugt sich vor und küsst ihn erneut. Hugo seufzt, gibt die Zurückhaltung auf und umarmt sie. Erst nach einer Weile lösen sie sich.

DANA (strahlend): "Gut, oder?"

HUGO: "Auf die Gefahr hin, dass ich mich wiederhole: Du bist immer wieder für eine Überraschung gut!"

DANA: "Komm, lass uns gehen!"

HUGO: "Und was ist mit duschen?"

DANA: "Wir duschen bei dir! Dann stellen wir unsere Beziehung auf die Beine und danach... machen wir ein kaltes Bier auf und gucken noch einen Film aus deiner Zombie-Sammlung!"

HUGO (muss lächeln): "Dana, ich muss es mal sagen: Du bist einfach der Kracher!"

Dana lacht und Hand in Hand gehen sie zur Umkleide.

ENDE

"Im Arsch"

Ich habe noch das Pilotbuch einer von mir entwickelten Sitcom in diese Zehnerriege aufgenommen. Ich hatte eigentlich selbst nicht gedacht, dass eine Palliativ-Station mit Todkranken der Schauplatz für eine Comedy sein könnte. Aber ich habe es dann einfach mal ausprobiert. Und verblüffenderweise funktioniert dieses Format. Die Verquickung von existenzieller Todesnähe und Situationskomik erzeugt eine Atmosphäre, das einem das Tabuthema "Sterben" auf eine erträgliche Art näherbringt. Ich bekam sehr viel positives Feedback für das Pilotbuch, sogar von einigen ganz harten Hunden der Branche.
Damit man besser hineinfindet, starte ich mit der Konzeption, in der die Hauptfiguren anskizziert sind. Am Ende reiße ich auch noch einige weitere Episoden an. So bekommt man einen ganz guten Überblick darüber, dass man sicherlich genug Stoff hätte für zwei oder drei Staffeln. Mir ist bewusst, dass für manche Menschen hier eine Grenze überschritten wird, die man eigentlich nicht überschreiten sollte. Ich wollte niemanden provozieren. Und hätte ich diese Art von Geschichten nicht mit meinem guten Gewissen vereinbaren können, hätte ich es nicht angeboten. Trotzdem bitte ich diejenigen um Nachsicht, die derartige Geschichten aus Überzeugung ablehnen. Ich kann sie auch verstehen.

Konzept zu einer Palliativ Sitcom von Rochus Hahn

Die Idee: Die Palliativ-Station des Krankenhauses am Hardt ist mit vier Männern belegt, die "austherapiert" sind und ihrem Ende entgegensehen. Das Prinzip der Palliativ-Medizin besteht darin, den Menschen ein würdiges Ende zu ermöglichen und den letzten Tagen eine inhaltliche Qualität zu geben. Denn jeder Moment ist kostbar...

Die ständigen Charaktere:

<u>Hans-Arno Zach (55)</u> war katholischer Geistlicher und hat immer ein frommes und keusches Leben geführt. Als er dann aber Knochenkrebs bekam, brach er mit Gott. Jetzt blickt er verbittert auf ein Leben zurück, in dem er niemals eine Frau hatte...
<u>Detlev Urbansky (38)</u> hat Leukämie. Er war Broker an der Börse und hatte seine Schäfchen finanziell im Trockenen. Er neigt zu Pedanterie und zwanghaftem Verhalten. Detlev ist ein Snob, der sich gerne mal Sonderrechte rausnimmt. Hier nun ist er Gleicher unter Gleichen...
<u>Eduard „Eddie" Breukmann (45)</u> hat in seinem Leben viele Jobs gemacht. Ein Malocher und Bauchmensch wie er im Buche steht. Durch seine physische Präsenz und seine Coolness war er ein Frauenmagnet. Seine Aggressivität und sein Zynismus bilden den Schild, hinter dem sich eine sensible Seele verbirgt...
<u>Jan Richter (27)</u> ist Mathematik-Student mit Top-IQ. Aber er ist auch ein naiver Nerd, der sich mit seinem Krebs nicht abfinden will. Er will nicht aufgeben...
<u>Schwester Sina (26)</u> ist eine bildhübsche Krankenschwester und trifft genau den Ton. Sie packt ihre Jungs nicht in Watte, hat aber auch Fingerspitzengefühl und ist den Kranken unerschrocken Mama, Coach und Animateurin zugleich...

"IM ARSCH" Pilotbuch

EXT. KRANKENHAUS AM HARDT - TAG

Der Himmel ist bedeckt. Es nieselt. Das Krankenhaus ist ein trister Kasten mit sechs Stockwerken...

INT. FLUR PALLIATIV-STATION

Lange, schöne Beine aus einem Krankenschwesternkittel ragend, streben auf das letzte Zimmer im Gang zu.

INT. IM VIER-BETTZIMMER

Drei der Betten sind belegt. Am Fenster sitzt Hans-Arno Zach, ein Mann Mitte fünfzig, und schaut gedankenverloren hinaus. Er ist an einen Tropf angeschlossen. Am Bett bei der Tür liegt Eduard "Eddie" Breukmann (45) und döst. Gegenüber liegt Detlev Urbansky (38). Aus einem Tropf läuft auch bei ihm eine Flüssigkeit in seinen Arm. Da geht die Tür auf und die gutgelaunte Schwester Sina (26) betritt den Raum.

SINA: "Eine schönen guten Morgen, meine Herren! Auf! Auf! Ein wundervoller neuer Tag beginnt!"

EDDIE BREUKMANN: "Schwester Sina! Das letzte Mal, als Sie das gesagt haben, hat Hans-Arno Blut gehustet, ich hatte eine Not-OP und Gladbach hat in Augsburg verloren!"

SINA: "Eddie! Sie kennen doch unseren Wahlspruch: Wir wollen nicht mehr Tage im Leben sondern..."

EDDIE BREUKMANN/ HANS-ARNO/ DETLEV (angeödet): "...mehr Leben in den Tagen!"

SINA: "Na bitte! So! Der Tagesplan! Hans-Arno, Pfarrer Metzler wollte vorbeischauen... auf ein kleines Gespräch unter Kollegen!"

HANS-ARNO (stöhnend): "Wir sind keine Kollegen! Ich habe den Priesterkragen abgelegt!"

SINA: "Glauben Sie mir: Am Ende finden Sie wieder zum Herrn!"

HANS-ARNO (aufbrausend): "Kapieren Sie das nicht? Ich hatte Gott mein Leben geweiht! Ich habe die frohe Botschaft gepredigt und danach gelebt! Und jetzt habe ich Darmkrebs?? Das mag vielleicht Gottes Sinn für Humor sein, aber _ich_... kann nicht darüber lachen! Ich bin fertig mit dem Sack!"

SINA (macht eine Notiz): "Hans-Arno! Ein einfaches 'Nein' hätte gereicht! Ich sage es ab... (lächelt Eddie an) Eddie, die Geschäftsleitung hat Ihrem Wunsch nach einem Call-Girl leider nicht entsprechen können!"

EDDIE BREUKMANN: "Moment! Ist das nicht das Konzept einer Palliativ-Klinik? Den Patienten die letzten Tage so nett wie möglich zu gestalten?"

SINA: "Tja, leider gibt es noch nicht so viele Palliativ-Einrichtungen mit einer Sex & Drugs & Rock'n Roll-Philosophie!"

DETLEV: "Was ist mit meinem Einzelzimmer? Das steht mir zu! Ich bin schließlich kein Kassenpatient!"

SINA: "Leider sind wir überbelegt!"

DETLEV: "Kacke!"

SINA: "Um 10 Uhr ist Gottesdienst in der Kapelle, Gymnastik um 18 Uhr. Der Singkreis ist am Mittwoch! Bitte die Mundorgel bereithalten!"

Gequältes Stöhnen in der Runde.

EDDIE BREUKMANN: "Könnten wir nicht _erst_ sterben und _dann_ in den Singkreis?"

SINA: "Ach, Eddie, Sie sind soo witzig! Sie werde ich wirklich vermissen!"

Eddie runzelt pikiert die Stirn.

SINA: "Ach ja! Sie bekommen heute noch einen Neuzugang: Jan Richter!"

HANS-ARNO (schaut verblüfft auf): "Was?? Schwester! Ich protestiere! Vier Leute auf 18 Quadratmetern!"

SINA: "Nur Mut! (lächelt) Sie sind bestimmt bald wieder zu dritt!"

Damit geht sie hinaus.

HANS-ARNO: "Ist doch echt zum Kotzen!"

EDDIE BREUKMANN: "Und dann noch dieser verdammte Singkreis! Woanders kann man sich wenigstens krank melden..."

INT. FLUR KRANKENHAUS - TAG

Die Lifttür geht auf und drei Clowns in weißen Arztkitteln kommen heraus. Clemens (60) hat das ganze Gesicht weiß und ein Hütchen auf. Guido (35), trägt einen Hut mit langer Blume. Marina (28), hat eine rote Nase und ist als _Dumme Augustine_ geschminkt. Clemens studiert auf seinen Plan.

CLOWN CLEMENS: "Auf dem Plan sieht es anders aus: Aber 5. Stock, Haus VI stimmt! Wir sind sicher richtig!"

CLOWN GUIDO: "Als du das das letzte Mal gesagt hast, standen in der Leichenhalle und ich hab mir 'nen Schnupfen geholt!"

DUMME AUGUSTINE: "Ich frag nochmal: Skifahrerwitze in der Orthopädie? Ja oder nein?"

CLOWN CLEMENS: "Herrgott! Marina! Du bist ein Clown! Sei einfach komisch!"

CLOWN GUIDO: "Ja, am besten genau wie gestern, als du bei dem Patienten mit der Rollvene einen Zugang legen wolltest!"

DUMME AUGUSTINE: "Was willst'n jetzt damit sagen?"

CLOWN GUIDO: "Na, du oder ein Hornissenangriff, für den Patienten ist das gleich!"

ClOWN CLEMENS: "Hört auf! Das drinnen liegen ein paar Leute mit gebrochen Knochen, die wollen aufgemuntert werden!"

Die drei Clowns gehen durch die Tür. Diese schließt sich hinter ihnen. Die Aufschrift: "Palliativ-Station".

INT. IM VIER-BETTZIMMER - TAG

Detlev schnippt mit den Fingern gegen seinen Tropf.

DETLEV: "Du, Hans-Arno! Bei meinem Tropf kommt nichts mehr!"

HANS-ARNO: "Dann ruf halt Schwester Sina!"

DETLEV: "Die ist aber immer so grob!"

HANS-ARNO: "Dann ruf sie eben nicht. Deine Entscheidung!"

DETLEV (zischend): "Du mit deinem Darmkrebs hast gut reden! Aber ich hab Leukämie, das ist ne andere Liga!"

Da geht die Tür auf und die Clowns kommen herein. Sie stellen sich nebeneinander auf und beginnen zu singen...

ALLE CLOWNS: "Hickeldy, Pickeldy, Puck und Pu, fuhren übers Meer in einem alten Schuh! Hickeldy konnte am weitesten sehen, deshalb war er der Kapitän...! Schubidu, schubidu, schubidubidubidu...!"

Hans-Arno, Detlev und Eddie sehen sich perplex an. Clown Clemens breitet die Arme aus.

CLOWN CLEMENS: "Darf ist vorstellen: Die Bozo-Drillinge! Eineiig!"

Alle drei hauen sich ein rohes Ei über den Kopf.

ALLE IM CHOR: "It's Rednose Day!!"

Die Dumme Augustine springt zu Detlev und bietet ihm fröhlich quiekend ein Kaugummi an.

DUMME AUGUSTINE: "Wau, ist das ein Kau! Und völlig umsonst! Mund auf!"

Detlev öffnet überrumpelt den Mund, und die Frau steckt das Kaugummi hinein.

DUMME AUGUSTINE: "Vierfrucht Aroma: Ananas, Apfel, Kiwi... und was war das vierte?? Es liegt mir auf der Zunge..."

DETLEV (keuchend): "Der Kaugummi! Was ist das...??"

DUMME AUGUSTINE (schnipsend): "Ach, jetzt fällt mir die vierte Frucht wieder ein: Es ist Chili!!"

DETLEV: "Wasser! WASSER!!"

Er greift nach seinem Krug und trinkt gierig..

Clown Guido ist bei Eddie, ergreift seine Hand und aus seiner Hut-Wippblume spritzt Wasser in das Gesicht des Kranken.

EDDIE BREUKMANN (fassungslos): "Sind.. sind Sie irre?"

CLOWN GUIDO: "Oh! Ist das Wasser? Sorry, sollte eigentlich Kaffee sein!"

Diesmal spritzt es aus der Blume an seinem Revers. Es ist Kaffee und auch der trifft Eddie im Gesicht.

Clown Clemens tänzelt auf Hans-Arno Zach zu und reicht ihm die Hand.

ClOWN CLEMENS: "Gib Flosse, Genosse!"

Verdattert reicht Hans-Arno ihm die Hand. Die aber löst sich überraschend vom Arm des Clowns und der Patient hält nur noch einen blutigen Stumpf in der Hand. Hans-Arno kriegt vor Schreck beinahe einen Herzschlag.

ClOWN CLEMENS: "Spaß muss sein, was, mein Lieber? (zieht ihn hoch) Komm, lass dich umarmen!"

Hans-Arno weiß nicht, wie ihm geschieht. Der dicke Clown drückt ihn zurück, aber er hat vorher ein Pupskissen auf den Stuhl praktiziert. Es gibt üble Furz-Geräusche, als Hans-Arno sich wieder setzt.

ClOWN CLEMENS: "Öha! Unangenehme Darmwinde, was? (schnuppert) Hmm... lassen Sie mich raten: Sie hatten eine Pizza mit Anchovis und mit extra Knoblauch, stimmt's?"

Hans-Arno starrt den Mann vor sich in Schockstarre an.

ClOWN GUIDO : "Und nun machen wir ein paar lustige Charaden! Ihr werdet sehen, da kommt Freude auf!"

Er grimassiert und macht sich mit Zeige- und Mittelfinger beidseitig lange Ohren und tritt von einem Bein aufs andere. Dann sieht er beifallsheischend zu den Patienten...

CLOWN GUIDO: "Na, was ist das? He? HE?? (lacht meckernd) Commander Spock vorm besetzten Zugklo!"

HANS-ARNO (donnernd): "Schluss jetzt! Sofort aufhören!"

DUMME AUGUSTINE: "Wir fangen doch gerade an! Kennen Sie den Unterschied zwischen 'nem Pinguin und 'nem Skifahrer?"

HANS-ARNO (scharf): "Mund halten! Sofort! Was sind Sie drei? Gottes achte Plage?"

ClOWN CLEMENS (wird ärgerlich): "Moment mal! So geht's ja nicht! Wir sind hier alles approbierte Ärzte und diese Clownsarbeit, die machen wir in ehrenamtlich! Anpöbeln lassen müssen wir uns nicht!"

DUMME AUGUSTINE: "Und wenn Sie keine Skifahrerwitze wollen, sagen Sie's halt! Kein Grund, gleich in Schnappatmung zu verfallen!"

ClOWN GUIDO: "Lachen ist nun mal die beste Medizin! Wiehern Sie mal so richtig ab! Dann sind Sie bald wieder raus hier!"

HANS-ARNO: "Raus hier? Wovon reden Sie? Wir sind unheilbar krank!"

Eine Sekunde ist Pause. Man könnte eine Stecknadel fallen hören. Die Clowns wechseln nervöse Blicke.

CLOWN CLEMENS: "Moment! Das hier ist doch das Gebäude VI! 5. Stock: Orthopädische Station für Sportverletzungen!?"

EDDIE BREUKMANN: "Stimmt alles. Nur ist es nicht die Orthopädie, sondern das Sterbezimmer!"

CLOWN GUIDO (schluckt): "Echt jetzt? Kein Scheiß?"

HANS-ARNO: "Kein Scheiß! Über so einen herzerfrischenden Sinn für Humor wie Sie verfügen wir leider nicht!"

Die Clowns sehen sich bestürzt an.

CLOWN CLEMENS: "Das tut uns sehr leid, wirklich!"

DUMME AUGUSTINE: "Ähm... wo wir schon mal da sind... Sollen wir was singen? Oder ein paar Witze erzählen?"

HANS-ARNO: "Eher springe ich mit Nasenbluten ins Haifischbecken als mir noch eine Nummer aus Ihrem Repertoire anzutun!"

CLOWN GUIDO (lacht nervös): "Ja, wie heißt es doch? Wenn's am schönsten ist, soll man gehen! Also kommt, Leute!"

DUMME AUGUSTINE (dreht sich an der Tür): "Äh, tja dann! Nichts für ungut... und noch eine...äh gute Zeit!"

Damit sind die drei Clowns hinaus. Gleichzeitig kommt Schwester Sina wieder herein.

SCHWESTER SINA: "Was wollten die denn hier?

HANS-ARNO: "Keine Ahnung! Aber für mich sah's nach aktiver Sterbehilfe aus!"

DETLEV: "Schwester Sina. Äh, mein Tropf!"

Die hübsche Schwester schaut, nickt und wechselt mit resoluten Bewegungen den Zugang aus.

DETLEV: "Aua!!!"

SINA: "Detlev! Sie sagen immer "Aua", noch <u>bevor</u> ich reingestochen habe!"

DETLEV: "Das ist nur, weil Sie... Aua!!"

SINA: "Sehen Sie! <u>Jetzt</u> durften Sie!"

Sie geht wieder hinaus. Detlev sieht ihr finster nach.

DETLEV: "Sie ist böse, Schwester Sina! Ja, äußerlich hübsch! Aber sie hat ein schwarzes Herz! Sie quält mich aus purer Bosheit!"

EDDIE BREUKMANN: "Nur weil du so ein Mädchen bist!"

DETLEV: "Was? Das muss ich mir nicht sagen lassen! Nicht von einem wie dir!"

EDDIE BREUKMANN: "Von einem wie mir? Na hör mal! Ich habe die Fenster von Wolkenkratzern geputzt! Commerzbank Frankfurt! 900 Fenster in sieben Tagen! Und zwar ganz oben! Da brauchst du Nerven aus Edelstahl!"

DETLEV: "Das ist nichts, was ein gut dressierter Schimpanse nicht auch tun könnte!"

EDDIE BREUKMANN: "Ach! Und was warst du? Herrgottschnitzer?"

DETLEV: "Ich war Klavierlehrer!"

EDDIE BREUKMANN: "Verstehe. Ein sadistischer Kinderquäler!"

Detlev schnappt nach Luft.

HANS-ARNO: "So, das reicht jetzt mal! Habt ihr keine anderen Sorgen?"

EDDIE BREUKMANN: "Andere Sorgen? Warte mal? (tut, als überlege er) Nö! Außer dass ich hier bald elend abkratze, eigentlich nicht!"

Die Tür geht auf und Schwester Sina fährt einen jungen Mann, Mitte 20 in einem Rollstuhl herein, Jan.

SINA: "Darf ich vorstellen... Der Herr hier vorne ist Eduard Breukmann, ihm gegenüber Detlev Urbansky und das am Fenster ist Pfarrer Hans-Arno Zach! Meine Herren, Ihr neuer Zimmergenosse, Jan Richter!"

Sie geht ab. Jan sieht die anderen Männer etwas beklommen an. Hans-Arno tritt zu ihm und reicht ihm die Hand.

HANS-ARNO: "Willkommen hier bei uns!"

EDDIE BREUKMANN: "Ja, im Hotel Krepinsky!"

Jan verliert die Fassung und beginnt zu weinen... Die anderen drei sehen sich an...

INT. IM VIER-BETTZIMMER - ETWAS SPÄTER

Die vier Patienten sitzen in ihren Betten und haben zu Abend gegessen. Jan sieht schüchtern zu Hans-Arno hin...

JAN: "Und Sie... sind Pfarrer?"

HANS-ARNO: "Du kannst "du" sagen. Und ja, bin ich. Oder besser, war ich."

JAN: "Katholisch oder evangelisch!?"

EDDIE BREUKMANN: "Katholisch! Weißt du, er steht nicht so auf Frauen!"

HANS-ARNO: "Das ist doch Blödsinn!"

EDDIE BREUKMANN (zu Hans-Arno): "Ach! Erzähl: Wie ist es denn als Pfaffe? Bindest du dir die Eier mit Bindfaden ab oder nimmt man einfach ne Kneifzange?"

HANS-ARNO (geduldig): "Wenn es dich wirklich interessiert, erklär ich's dir!"

DETLEV (zu Eddie): "Das bedeutet, du musst versuchen zuzuhören und gleichzeitig zu denken! Ich geb acht, wann dir das Blut aus den Ohren läuft..."

Eddie macht eine wegwerfende Geste in Detlev Richtung.

EDDIE BREUKMANN: "Also, Zachi-Boy! Dann erzähl mal!"

HANS-ARNO (sammelt sich): "Wer sich auf die Suche nach Gott macht, geht auf eine Reise! Er versenkt sich durch inneres Gebet in sich selbst! Denn nur dort finden wir den göttlichen Funken, den wir alle suchen! Wer diesen Funken also finden will, sollte sich nicht ablenken lassen. Auch und besonders nicht durch Sexualität! Es ist eine Entscheidung, die der Gottsucher ganz bewusst trifft!"

Eddie sieht ihn lange an.

HANS-ARNO: "Und?"

EDDIE BREUKMANN: "Ich überlege nur gerade, ob es eine Geschichte gibt, in der Donald Duck Priester wird... Ich meine, er hat ja fast jeden Job gemacht!"

HANS-ARNO: "Ist das jetzt deine Antwort?"

EDDIE BREUKMANN: "Komm, erzähl mir nichts! Du bist ein Kerl! Und wenn du'n Weib mit 'nem Knackarsch siehst, stehen deine Schwellkörper sicher nicht da und beten den Rosenkranz!"

Hans-Arno sieht Eddie finster an. Dann seufzt er.

HANS-ARNO: "Das tun sie in der Tat nicht..."

EDDIE BREUKMANN: "Ah! Also: Dein Körper produziert 80 Millionen Samenfäden am Tag... Darf man fragen, wo die bleiben?"

HANS-ARNO: "Sie entsorgen sich auf ganz natürliche Weise..."

EDDIE BREUKMANN: "Wie jetzt? Mit 'nem Playboy und ne Tube Handcreme?"

HANS-ARNO (seufzend): "Herrgott, Ich habe feuchte Träume."

EDDIE BREUKMANN: "Mit Nonnen?"

HANS-ARNO (wütend): "Herrgott nein, verflucht nochmal!"

EDDIE BREUKMANN: "Feuchte Träume also...! Davon redet der Papst aber nicht, wenn er den Segen Obi Wan Kenobi spendet!"

HANS-ARNO: "Urbi et orbi!"

EDDIE BREUKMANN: "Geschenkt. Wenigstens hast du mal Klartext geredet. Und? Fühlst du dich jetzt nicht besser?"

Hans-Arno wendet sich Jan zu, der blass in seinem Bett sitzt.

HANS-ARNO: "Und, Jan? Was ist es bei dir?"

JAN: "Tja... ehm... Knochenkrebs!"

EDDIE BREUKMANN: "Oh! Ein echter Hauptgewinn! Vielleicht überholst du uns noch!"

JAN (entschlossen): "Ich... ich will kämpfen!"

Die anderen sehen ihn an. Stille. Dann lacht Eddie los...

JAN: "Was soll das? Hab ich was gesagt?"

EDDIE BREUKMANN: "Der Kampf ist vorbei, Süßer!"

Jan sieht Eddie verstört an. Doch da klopft es an die Tür und eine bildschöne junge Frau kommt herein... Hans-Arno, Eddie und Detlev sehen sie an wie eine Erscheinung...

ANNIKA: "Hallo! Störe ich?"

JAN (mit leuchtenden Augen): "Annika! Aber nein! Komm, wir gehen in den Aufenthaltsraum!"

Die Schönheit nickt den anderen Bewohnern scheu zu und verlässt mit Jan den Raum.

EDDIE BREUKMANN: "Holla, die Waldfee! Ich glaube, jetzt kämpfe ich auch noch mal!"

INT. IM WOHNZIMMER - TAG

Ein gemütliches Zimmer mit Couch, Buchregal und Fernseher. Jan sitzt bei Annika und hat den Arm um sie gelegt.

ANNIKA: "Und? Wie fühlst du dich?"

JAN (lächelt tapfer): "Nicht ganz so wie Obelix, nachdem er in den Zaubertrank gefallen ist, aber es geht. Und solange du da bist, weiß ich, alles wird gut!"

Die beiden bemerken Detlev nicht, der im Bademantel im Flur steht und sie belauscht.

ANNIKA: "Wann... soll ich dich besuchen? Eher früh, oder nach der Arbeit? Oder willst du deine Ruhe?"

JAN: "Komm bitte jeden Tag! Morgens und abends! Weißt du: Du bist mein Lebenselixier!"

Annika lächelt. Es wirkt ein bisschen angestrengt...

INT. IM VIER-BETTZIMMER - TAG

Detlev kommt zurück in das Vierbettzimmer. Eddie sitzt mit einem Mini-DvD-Spieler auf seinem Bett und sieht sich etwas an. Hans-Arno liegt im Bett auf der Seite, hat die Augen geschlossen. Als er die Tür hört, öffnen sich seine Lider.

DETLEV: "Unser Neuer, das ist vielleicht ein Herzchen, sag ich euch!"

EDDIE BREUKMANN: "Hast du sie belauscht? War klar!"

DETLEV: "Ich stand da ganz zufällig!"

EDDIE BREUKMANN: "Mich wundert nur, dass sich ein rückratloser Wurm wie du überhaupt in der Senkrechten halten kann!"

Bevor Detlev antworten kann, klopft es an die Tür. Ein UPS-Bote tritt mit einem kleinen Päckchen ein.

UPS-BOTE: "Ein Päckchen für Jan Richter! Kann jemand von Ihnen quittieren?"

DETLEV: "Mach ich!"

Detlev unterschreibt auf dem Gerät, und der UPS-Bote händigt ihm das Päckchen aus. Damit geht er. Detlev begutachtet das Päckchen und schüttelt es an seinem Ohr.

Da geht die Tür geht und Jan kommt zurück. Er sieht das Päckchen in Detlev Hand und sein Gesicht erhellt sich.

JAN: "Ah! Mein Sendung ist da! Prima!"

Er nimmt Detlev das Päckchen aus der Hand.

DETLEV: "Was ist es denn?"

JAN: "Es ist ein Ring! Ein Verlobungsring, um genau zu sein!"

Die anderen wechseln überraschte Blicke.

EDDIE BREUKMANN: "Ach nee! Aber doch nicht etwa für die Schnuckelmaus von gerade?"

Jan lächelt versonnen und nickt.

Hans-Arno Zach richtet sich auf und runzelt die Stirn.

HANS-ARNO: "Wie jetzt? Du liegst auf einer Palliativstation und willst noch heiraten?"

JAN: "Ich denke eben positiv!"

EDDIE BREUKMANN: "'Denken' würd ich das jetzt nicht nennen!"

JAN: "Wie gesagt! Ich gebe mich nicht auf! Ich sehe nach vorne, auf das Leben, das noch vor mir liegt!"

EDDIE BREUKMANN: "Auf 'ne neue Jahreszeit würde ich aber nicht mehr spekulieren!"

HANS-ARNO: "Wie lange kennt ihr euch denn, du und...?"

JAN: "Annika! Seit drei Monaten!"

HANS-ARNO: "Seit drei Monaten? Und da willst du sie schon heiraten?"

JAN: "Oh ja! Ich liebe sie sehr!"

EDDIE BREUKMANN: "Gott, bist du ein Arschloch!"

JAN (guckt verwirrt): "Ein Arschloch? Ich? Wieso denn?

HANS-ARNO: "Naja... Es erscheint uns egoistisch! Annika ist noch sehr jung... Und so wie sie hier reinkam, schien ihr gar nicht wohl in ihrer Haut zu sein!

JAN: "Sie ist ein Steher! Sie hilft mir da durch!"

DETLEV: "Du bist wirklich ein Arschloch!"

JAN (aufgebracht): "Sagt mal, ist das hier Mobbing? Auf einer Palliativstation? Das ist zynisch! Und so etwas muss ich mir auch nicht sagen lassen! Annika und ich gehen unseren Weg, gemeinsam, bis zum bitteren Ende, wenn es sein muss!"

EDDIE BREUKMANN: "Nur: Du hast es dann hinter dir! Aber sie steht dann blöd da..."

JAN: "Was seid ihr nur für Menschen? Gönnt Ihr mir mein Glück nicht?"

HANS-ARNO: "Ganz ruhig! Vielleicht soll es ja so sein, wie du sagst. Aber du könntest ihr so eine drastische Erfahrung auch ersparen...!"

Jan hört nicht und packt einen kleinen feinen Ring aus.

JAN: "Das hier ist ein 11-Karäter! Und morgen werde ich ihn ihr geben! Ich stoße mit ihr an... und sie wird diesen Ring auf dem Boden des Sektglases finden!"

EDDIE BREUKMANN (stöhnt auf): "Du bist also nicht nur ein Arschloch, du bist auch noch ein Idiot!"

DETLEV: "Ich gebe Eddie recht! Die rechnet doch nicht damit! Was, wenn sie ihn verschluckt?"

JAN: "Das ist doch Unsinn! Es ist ein Ring! Kein Maiskorn! Niemand würde ihn verschlucken!"

HANS-ARNO: "Junge, ich will dir wirklich nicht reinreden, aber lass es!"

JAN: "Es ist aber genau die Art, wie ich um ihre Hand anhalten möchte! Der Plan steht seit langem! Und die Idee ist wirklich gut: Ich wette, sie bekommt feuchte Augen!"

EDDIE BREUKMANN: "Wenn du den Ring mit Zwiebelsaft einreibst, bestimmt!"

JAN: "Gebt euch keine Mühe! Ich werd das durchziehen!"

HANS-ARNO: "Das können wir nicht verhindern. Aber was auffällt ist, dass es eben deine Fantasie ist. Annika hat wenig damit zu tun: Sie soll gerührt sein und 'ja' hauchen."

JAN: "Was ist daran falsch?"

HANS-ARNO (zuckt die Achseln): "Es ist leider traurig."

Er dreht sich um und geht zurück in sein Bett. Eddie wendet sich wieder seinem Film zu und auch Detlev wendet sich ab. Jan sieht die anderen feindselig an. Dann schaut er auf seinen Ring und lächelt in Vorfreude...

<u>EXT. KRANKENHAUS AM HARDT - NACHT</u>

Es regnet.

<u>EXT. KRANKENHAUS AM HARDT - MORGEN</u>

Eine Hand rüttelt an Hans-Arnos Schulter. Er macht die Augen auf und schaut irritiert auf. Es ist Jan...